KB268231

이홍구 평전

이홍구 평전

효당(曉堂) 이홍구(李洪九) 전 국무총리의
정치철학과 현장실천

김학준 지음

중앙books

차례

머리말

1

이 책은 효당(曉堂) 이홍구(李洪九) 전 국무총리 평전이다. 저자는 이 책을 통해 2022년 5월로 만 88세를 넘긴 그가 살아온 궤적을 살피는 가운데, 정치학 교수로 출발해 장관과 대사(大使)를 거쳐 국무총리 그리고 국회의원으로 집권여당 대표에 올랐던 그의 정치철학이 형성된 과정 그리고 그것이 정치현장에서 실천된 과정을 기술하고 분석하며 평가하고자 한다.

2

그러면 왜 이 책을 쓰고자 하는가? 그 까닭은 대체로 다음 다섯 가지다.

첫째, 저자는 오랜 세월 동안 오늘날 우리가 정치학이라고 부르는 학문이 한국에 수용되고 성장·발전한 과정에 깊은 관심을 가져왔다. 구한말에 고산자(古山子) 김정호(金正浩, 1804~1866 추정)는 "저 산은 어디서 솟아올라 저기로 뻗어내렸고, 저 강은 어디서 발원해 저기에 이르렀나?"라는 의문을 품고 여러 지역을 답사하기도 하고 기존의 지도들을 참고한 뒤 철종 12년인 1861년에 불후의 대작 「대동여지도(大東輿地圖)」를 제작했다. 「대동여지도」에 관한 이러한 해설을 들으면서, 저자는 저자의 전공인 정치학에 관해 비슷한 질문을 던져보았다. "한국에서 정치학을 강의하고 정치학에 관한 책과 논문을 쓴 학자들은 언제, 어디서, 누구에게, 무슨 책을 소개받고 어떤 이론을 배웠으며 그것을 어떻게 이해해서

후학에게 전수하고 있는가?"가 그것이다.

저자는 그 질문에 대한 대답을 체계적으로 정리함으로써 한국 정치학계의 담론이 어떻게 형성되었으며 흔히 말하는 학맥·학풍·학파가 어떻게 이뤄졌는가를 보여주는 '한국정치학의 대동여지도'를 그리고 싶었다. 그리하여 이 주제와 관련해 1987년부터 이에 관한 책들과 논문들을 꾸준히 출판했다. 출판한 순서대로가 아니라 분석의 대상으로 삼은 인물이 역사의 무대에 등장한 순서에 따라 소개하면 다음과 같다.

(ⅰ)『구한말의 서양정치학 수용 연구: 유길준(俞吉濬)·안국선(安國善)·이승만(李承晚)을 중심으로』(서울대학교출판부, 2000년 초판; 2011년 서울대학교출판문화원 수정증보판).

유길준(1856~1914)은 우리나라 최초의 근대 정치학 책으로 평가되는『서유견문(西遊見聞)』을 1889년에 탈고하고 1895년에 출판했으며 1896년에『정치학』을 탈고해 출판하지 않은 채 원고로 남겼다. 안국선(1878~1926)은 1907년에『정치원론』을 출판했으며, 이승만(1875~1965)은 하버드대학교 대학원「역사학·정치학·경제학과」에서 석사학위를 받은 데 이어 프린스턴대학교 대학원「역사학·정치학·경제학과」에서「미국의 영향을 받은 중립("Neutrality As Influenced by the United States")」이라는 논문으로 1910년에 조선=한국인으로서는 처음으로 정치학박사 학위를 받았다.

(ⅱ)「서평: 한반도 현대사에 대한 한 독립운동가의 시각, *Korea and the United States through War and Peace, 1943~1960* by Henry Chung」,『한국정치학회보』제34권 제3호(2000년 12월), 331~336쪽.

제목에 나오는 Henry Chung은 정한경(鄭翰景, 1890~1985)이다. 그는 이승만을 도와 미국에서 독립운동에 참여하면서 1921년에 아메리칸대학교(American University) 대학원에서「일제에 의한 대한제국의 멸망을 국제정치의 시각에서 분석한 코리아의 사례」라는 논문으로 정치학박사 학위를 받았다.

(ⅲ)「서평: 안자산(安自山)의『조선문명사(조선정치사)』」,『사회과학과 정책연구』(서울대학교 사회과학연구소) 제8권 제3호(1987년 2월), 117~127쪽.

제목에 나오는 안자산은 일제강점기에 도쿄의 니혼대학(日本大學)에서 정치학을 전공한 안확(安廓, 1886~1946)을 말한다. 그는 정당정치에 관한 역사와 이론을 소개했다.

(ⅳ)「자료 소개: 잊혀진 정치학자 한치진; 그의 학문세계의 복원을 위한 시도」,『한국정치연구』(서울대학교 한국정치연구소) 제23집 제2호 (2014년 6월), 387~393쪽.

한치진(韓稚振, 1901년~6·25전쟁 때 납북)은 항일독립운동에 참가한 뒤 미국 서던캘리포니아대학교(University of Southern California)에서 정치학·철학·심리학·사회학을 전공해 1928년에 박사학위를 받고 이화 여자전문학교 교수로 봉직했다. 그는 미군정 때인 1947년에『민주주의 원론』전 3권을 출판하고 1948년에『미국민주주의: 미국의 이상과 문화』를 출판했다.

(ⅴ)『이동화(李東華) 평전: 한 민주사회주의자의 생애』(민음사, 1987);『두산(斗山) 이동화 평전: 한국에서 민주사회주의 운동을 개척한 정치학자의 이념과 행동』(단국대학교출판부, 2012년 수정증보판).

이동화(1907~1995)는 일제강점기인 1936년에 도쿄제국대학 법학부 정치학과를 졸업했으며 오늘날의 동국대학교의 전신인 중앙불교전문학교 흥아과(興亞科) 전임강사로 교직을 출발했고, 일제 패망 이후 김일성종합대학 정치경제학부 '교원'을 역임했다. 월남한 그는 경북대학교→성균관대학교→동국대학교 교수로 봉직하며 마르크시즘과 레닌이즘의 비판 그리고 민주사회주의론의 전파를 이끌었다.

(ⅵ) 『공삼(公三) 민병태(閔丙台) 교수의 정치학: 해방 이후 한국에서 정치학이 소생·성장·발전한 과정의 맥락에서』(서울대학교출판문화원, 2013).

민병태(1913~1977)는 일제강점기인 1937년에 게이오대학 법학부 정치학과를 졸업하고 게이오대학 대학원 정치학과에서 석사과정을 밟은 뒤 게이오대학 아시아문제연구소 연구원으로 봉직했다. 이 과정에서 그는 영국의 민주사회주의 이론가 해롤드 라스키(Harold J. Laski, 1893~1950)의 다원적 국가론을 비롯해 서양에서 발전한 국가학을 깊이 연구했다. 일제 패망 이후 연희대학교→대구대학→동국대학교 교수를 거쳐 서울대학교 문리대 정치학과 주임교수로 부임했으며, 라스키와 매키버(Robert M. MacIver, 1882~1970)의 다원국가론(多元國家論)을 중심으로 서구민주주의 이론을 강의했다.

(ⅶ) 『인산(仁山) 김영국(金榮國) 교수의 정치학: 은사를 빛내는 조연을 자처하며 서양정치철학 연구의 전통을 이어가다』(인간사랑, 2019).

김영국(1930~2000) 교수는 민병태 교수의 학통을 이어받아 장 자크 루소(Jean Jacques Rousseau, 1712~1778)의 국가론 그리고 레오 스트라우스(Leo Strauss, 1899~1973)를 비롯한 서양정치철학을 소개하는 데 주도적 역할을 수행했다.

(ⅷ) 「구범모 선생님의 학문세계: 선생님의 미수에 즈음하여」, 준봉(峻峰)구범모(具範謨)교수미수기념논총편집위원회 편, 『한국정치학과 세계정치학의 새 비전: 준봉구범모교수미수기념논총』(뿌쉬낀하우스, 2021), 13~47쪽.

구범모(1934~현재) 교수는 김영국 교수와 마찬가지로 민병태 교수의 학통을 이어받아 에드먼드 버크(Edmund Burke, 1729~1797)의 보수주의 정치이론으로 출발해 비교정치학을 개척하는 가운데 근대화 정치론을 소개했다. 그의 학문적 관심은 궁극적으로 한국정치 분석에 집중됐다.

이 저서들과 논문들을 통해 저자는 조선=한국정치학계가 서양정치학을 수용하고 그 내용을 전파한 과정을 자세히 설명했다. 여기서 하나의 그림이 떠오르는데, 그것은 다음과 같이 요약할 수 있다.

(가) 이미 구한말에 서양의 정치학은 조선의 지식인 사이에 수용됐다. 플라톤과 아리스토텔레스로부터 홉스와 로크 및 루소를 거쳐 헤겔과 마르크스 및 레닌에 이르기까지 고대 이후 주요한 정치사상가들의 이론 또는 학설은 물론이고, 몽테스키외의 삼권분립론을 비롯한 비교정부론과 비교정치체제론 그리고 제국주의론과 식민지론을 비롯한 국제정치론 등이 모두 받아들여져 있었다. 이 시기에 구한말의 지식인들은 정치학을 '구국의 학문'으로 존중했다. 정치학을 제대로 배워야 제국주의의 침략에 효율적으로 저항하고 국가의 독립을 지킬 수 있다고 믿었기 때문이다.

그런데 여기서 상기되어야 할 점은 구한말의 지식인들은 일본인들의 저술에 의존하고 있었다는 사실이다. 메이지유신(明治維新) 이후 일본인들은 서양의 제도와 문물 그리고 학문을 받아들이는 과정에서 서양인들의 저술을 번역하거나 해설한 책들을 출판했는데, 그것들을 그대로 수용한 것이다. 물론 그것은 그때의 상황에 미루어볼 때 불가피한 일이었다.

(나) 대한제국 말기로부터 일제강점기에 이르는 시기에 조선=한국인들은 일본과 미국의 대학 정치학과에서 서구의 정치학을 정식으로 공부했다. 일본에서 공부한 대표적 사례들이 안확·이동화·민병태였으며,

미국에서 공부한 대표적 사례들이 서병규(徐丙圭)·이승만·박용만(朴容萬)·정한경·김려식(金麗植)·한치진 등이었다. 그들은 일본인에 의한 번역서가 아니라 영어 원전을 통해 서양의 정치학을 수용했다.

일제는 조선에서 정치학이 반체제적 이론 또는 '불온한' 사상을 전달할 수 있다는 판단 아래 정치학과의 개설을 허락하지 않았으며 정치학의 강의와 출판을 금지하거나 제한했다. 자연히 구한말에 시작된 서양정치학 수용과 연구의 맥은 사실상 끊겼는데, 후자의 경우, 항일독립운동에 전념하게 되어 자신들이 배운 서구정치학을 국내에 소개하지 못했기에 그러한 상황의 개선에 도움을 주지는 못했다.

(다) 일제 패망 이후 미군정이 수립되면서 정치학은 '소생'했고, 이 시기에 미국에서 박사학위를 받은 한치진 교수의 활동이 컸다. 대한민국 정부가 수립된 이후 정치학은 빠르게 성장했다. 이 과정에서, 민병태 교수가 주도적으로 활동했으며 그 학통은 김영국 교수에게 이어졌다.

(라) 우리가 앞에서 검토의 대상으로 삼은 조선=한국정치학의 선구자들은 거의 모두 항일독립운동에 참여함에 따라 영예스러우나 개인적 희생이 뒤따른 비장한 삶을 살았다. 유길준은 구금과 망명, 안국선은 투옥, 서병규는 망명, 이승만은 투옥과 망명 및 독립투쟁, 박용만은 망명과 독립투쟁 및 암살, 정한경과 김려식은 망명과 독립투쟁, 안확은 투옥과 망명, 신채호는 망명과 독립투쟁 및 옥사, 한치진은 망명과 투옥, 이동화는 세 차례에 걸친 투옥 등의 고통을 겪었다.

그러면 정치학박사학위를 받은 뒤 20년에 걸쳐 서울대학교에서 정치학을 강의하고 정치학에 관한 저술을 출판한 이홍구 교수는 한국에서의 정치학 성장·발달사에서 어떤 역할을 맡았고 어떤 위치에 있는 것인가?

그는 대한민국 정부 수립 이후에 정치학을 공부하고 가르쳤기에 분명히 한국정치학사에 있어서 선구적 세대에 속하는 것은 아니며 그 세대를 이어받은 제2세대에 속한다고 말할 수 있다. 이러한 맥락에서, 그의 정치학은 우리가 이제까지 거론한 정치학자들의 정치학에 대비할 때 어떤 점에서 공통되고 어떤 점에서 차이를 보이는가? 그의 한국정치학계에 대한 학문적 기여는 무엇인가? 이 책은 우선 이 물음에 초점을 맞추기로 하겠다.

둘째, 저자는 오랜 기간에 걸쳐 정치전기학에 관심을 가져왔다. 미국의 정치학은 정치전기학을 1950년대 후반 이후 정치학의 한 분야로 공인했고, 특히 정치리더십 또는 대통령학에 관련해 많은 저술을 출판했다. 그 선구적이며 대표적 사례가 제임스 번스(James M. Burns)의 『루스벨트: 사자와 여우, 1882~1940』이다.[1] 미국의 퓰리처상(Pulitzer Prize, 1917년 제정)과 밴크로프트상(Bancroft Prize, 1948년 제정) 그리고 전미도서상(National Book Award, 1950년 제정)은 모두 수상자에 대통령을 비롯한 정치지도자의 전기를 쓴 저자를 포함하고 있다. 이렇게 정치전기학이 성장하는 과정에서, 루이스 에딘저(Lewis J. Edinger) 교수의 공이 컸다. 그는 일련의 논문을 통해 정치학 연구에 있어서 정치전기학 연구의 중요성을 강조한 것이다.[2]

---

1) James M. Burns, *Roosevelt: The Lion and the Fox, 1882~1940* (New York: Harcourt, Brace, 1956). 제임스 번스는 교수로서의 일생을 윌리엄스칼리지(Williams College) 교수로 보내며, 미국정치학계에 정치리더십 또는 정치전기학을 하나의 분야로 설정하는 데 결정적 역할을 수행했다. 루스벨트 대통령에 관한 그의 또 하나의 저서는 다음과 같다. James M. Burns, *Roosevelt: The Soldier of Freedom, 1940~1945*(New York: Harcourt, Brace, 1970). 저자는 이 책으로 1971년에 퓰리처상과 프랜시스 파크맨상(Francis Parkman Prize)을 받았다.

2) Lewis J. Edinger, "Political Science and Political Biography: Reflections on the Study of Leadership (Ⅰ)," *Journal of Politics*, Vol. 26, No. 2(May 1964), pp.423~439; ____, "Political Science and Political Biography: Reflections on the Study of Leadership (Ⅱ)," *Journal of Politics*, Vol. 26, No. 3(August 1964), pp.64~676.

이러한 흐름을 염두에 두면서, 정치전기학 연구 또는 정치지도자 연구를 아카데미즘의 영역이 아니라 저널리즘의 영역이라고 논평하는 한국정치학계 일각의 시각을 의식하면서도, 저자는 일찍부터 한국정치 연구에 있어서 정치지도자 연구의 중요성을 강조했다. 실제로 저자는 이 분야에서 다음과 같은 책 또는 논문을 발표했다.

(i) 「한국정치지도자의 어제 오늘」, 『월간조선』(1980년 6월), 88~95쪽; 『한국민족주의의 통일논리』(집문당, 1983), 242~255쪽에 재수록.

한국의 정치지도자들을 지사형, 마키아벨리스트형, 폭력형, 측근형, 관료형, 정상배형 등으로 분류했다.

(ii) 「몽양(夢陽) 여운형(呂運亨)의 독립·통일노선: 해방이후의 그의 정치활동과 관련하여」, 인곡(仁谷)황성모(黃性模)박사화갑기념논문집간행위원회 편, 『사회구조와 사회사상: 인곡황성모박사화갑기념』(심설당, 1986), 171~196쪽.

여운형(1886~1947)은 항일독립운동에 참여했으며 투옥됐다. 일제 패망 직후 조선건국준비위원회→조선인민공화국을 발족시켰고 곧이어 조선인민당→근로인민당을 창당했다가 암살됐다.

(iii) 『가인(街人) 김병로(金炳魯) 평전: 민족주의적 법률가·정치가의 생애』(민음사, 1988; 2001년 개정판).

김병로(1887~1964)는 항일독립운동에 참여했으며 일제 패망 직후 한국민주당 창당에 참여했다가 탈당하고 김규식이 이끈 민족자주연맹에 참여했으며 대한민국 정부 수립 이후 초대 대법원장으로 봉직했다. 5·16군사정변 직후에는 윤보선(尹潽善) 제2공화국 대통령 및 허정(許政) 과도정부 수반과 함께 재야세력을 결집하는 운동을 이끌었다.

(iv) 이정식(李庭植) 면담/김학준 편집·해설, 『혁명가들의 항일회상: 김성숙(金星淑)·장건상(張建相)·정화암(鄭華岩)·이강훈(李康勳)의 독립투쟁』(민음사, 1988; 김용호[金容浩] 수정, 2005).

김성숙(1868~1969), 장건상(1883~1974), 정화암(1896~1981), 이강훈(1903~2003)은 상해를 중심으로 항일독립운동에 참여했다.

(ⅴ) 『고하(古下) 송진우(宋鎭禹) 평전: 민족민주주의 언론인·정치가의 생애』(동아일보사, 1990).

송진우(1890~1945)는 항일독립운동에 참여해 투옥됐으며 『동아일보』 사장으로 비타협노선을 고수했다. 일제 패망 직후 한국민주당 창당을 이끌었다가 암살됐다.

(vi) 『해방공간의 주역들: 여운형(呂運亨)·박헌영(朴憲永)·송진우(宋鎭禹)·하지(John R. Hodge)·이승만(李承晩)·김구(金九)·조소앙(趙素昻)·김창숙(金昌淑)·김성수(金性洙)·신익희(申翼熙)·김병로(金炳魯)·샤브신(Anatoli I. Shabshin)·김규식(金奎植)·허헌(許憲)·백남운(白南雲)·이범석(李範奭)·안재홍(安在鴻)·서재필(徐載弼)·장덕수(張德秀)·조병옥(趙炳玉)』(동아일보사, 1996).

일제 패망 직후 남한에서 미군정을 이끌었던 하지 중장(1893~1963) 그리고 남한 주재 소련총영사관 부총영사로 조선 공산주의자들을 지원했던 샤브신(오늘날의 표기로는 샵신, 1910~1967)을 제외한 18인의 조선=한국인 정치지도자들을 다뤘다. 그들은 이 책의 주제가 말하듯, 해방공간에서 주요한 정치적 역할을 수행했다.

(vii) 『매헌(梅軒) 윤봉길(尹奉吉) 의사 평전: 선구적 농민운동가·독립운동가의 생애』(동아일보사, 2022).

윤봉길(1908~1932)은 일제강점기의 대표적 항일운동가로 1932년 4

월 29일에 상하이 훙커우공원(虹口公園)에서 일제 참략자들을 도륙했다. 결국 일제에 의해 '처형'됐다.

그러면 위에서 거론한 조선=한국인 정치지도자들을 정치전기학 또는 정치리더십 연구라는 맥락에서 어떻게 분류할 수 있을까?

(가) 그들의 거의 모두(서재필·이승만·김구·김규식·조소앙·신익희·여운형·박헌영·김창숙·이범석·김성숙·장건상·정화암·이강훈 등 14명)는 해외로 망명해 항일독립운동에 직접 참여했다. 그들 가운데 대부분은 망명 이전에 투옥됐던 경험을 공유했다. 망명 이전에 투옥되지는 않았지만, 망명지에서 국내나 일본으로 압송된 뒤 투옥된 사례(여운형·김창숙·박헌영·이강훈)도 있었다. 김병로·안재홍·조병옥 등은 국내에서 항일독립운동에 직접 참여했다가 투옥되거나 은둔의 생활을 보냈다. 이러한 점에서, 그들은, 특히 전자의 경우에는 '혁명가적 정치지도자'로 분류될 수 있겠는데, 특히 이승만의 경우에는 구한말 조선에서의 줄기찬 투쟁 경력에 미국에서의 독립운동 경력이 겹쳐 '카리스마적 정치지도자'의 대표적 사례를 보여주었다.

'혁명가적 정치지도자'라고 해도, 그들은 투쟁방식에서 차이를 보였다. 이승만은 국제연맹과 미국을 상대로 외교와 선전을 통한 독립 실현에 주력했으며, 김규식 역시 비슷한 방식에 의존했다. 이범석은 무장투쟁에 참여했고, 김구와 정화암 및 이강훈은 작탄의열투쟁에 참여했다. 조소앙은 삼균주의(三均主義)라는 이데올로기를 창안해 '이념가적 정치지도자'의 전형이 됐다. 다른 한편으로, 김창숙은 조선의 전통적 선비의 올곧은 자세로 조금만큼의 타협도 없이 일제에 저항해 '선비형 정치지도자'의 전형이 됐다.

(나) 김구·김규식·조소앙·신익희·김성숙·장건상 등은 대한민국 임시정부를 중심으로 활동했고, 여운형은 대한민국 임시정부와 일시적으로 연관을 맺었다가 귀국한 뒤 지하조직인 조선건국동맹을 중심으로 활동했으며 조병옥은 신간회를 중심으로 활동했다. 박헌영은 국제공산주의운동 기구인 코민테른(Communist International: Comintern)과 직접적 연관을 맺고 국내에서 공산주의운동을 이끌었다.

(다) 그들은 이념적으로 볼 때 이미 항일독립투쟁의 시기에 좌·우·중도 등 세 갈래로 나뉘어 있었다. 일제 패망 이후 남한의 정국에서 그 이념적 갈등은 표면화됐으며, 좌·우 대결이 격렬해지면서 대화와 협상을 통한 '국민적 합의'의 창출은 어려워졌고, 좌·우 모두에서 테러리즘을 발동해 그 결과 송진우·여운형·장덕수가 차례로 암살됐다. 대한민국 정부가 수립된 뒤 김구가 암살됐다. 신익희는 김일성을 비롯한 북한 공산정권의 지도자들을 상대로 하는 의열테러단을 북파하기도 했다. 공산주의자 박헌영·허헌·백남운은 1946~1947년에 월북해 '조선민주주의인민공화국'의 창건에 협조했고, 김규식과 조소앙 및 안재홍은 6·25전쟁 발발 직후 납북됐다.

(라) 해방공간에서 이승만·김구·신익희·여운형 등은 대중 동원의 방법에 의존하는 경향을 보였다. 대조적으로 김규식은 대화를 통한 설득을 중시하는 경향을 보였는데, 그는 대중연설이 아니라 토론장에서의 연설에 능했으며 '설득형 정치지도자'의 전형을 보였다. 여운형과 신익희는 대중연설에 강해 때로는 '대중선동가'의 면모를 보이기도 했다. 조병옥은 자유민주주의의 신념을 고수하면서도 제주 4·3사태의 '진압'에서 나타났듯 공권력의 발동을 주저하지 않았으며 이로써 '위압적 정치지도자(coercive political leadership)'의 모습도 보였다.

　　이홍구 교수는 1988년 2월부터 2000년 8월까지 12년 6개월에 걸쳐 대한민국 정치지도부의 일원으로 활동했다. 대통령부(大統領府)에서 대통령정치담당특별보좌관으로 봉직했고, 내각에서 국토통일원장관과 민주평화통일자문회의 수석부의장 및 통일부총리를 거쳐 마침내 국무총리에 올랐으며, 국회에서 국회의원으로 활동함과 아울러 신한국당 대표위원으로 집권여당을 이끌었다. 1997년 12월에 실시될 제15대 대통령선거를 앞두고는 신한국당의 후보 경선에 참여도 했다. 그는 또 주영대사와 주미대사를 차례로 맡아 외교현장의 일선에 서기도 했다.

　　그러면 이처럼 여러 분야에서 다양하게 그리고 동시에 화려하게 활동한 그는 정치전기학 또는 정치적 리더십이라는 시각에서 어떻게 평가될 수 있을 것인가? 그는 앞에서 살핀 항일독립운동기나 대한민국 정부수립기(또는 대한민국 건국기)의 지도자들이 살았던 시대와 확연히 구별되는 대한민국 정부수립기 이후의 시대에 활동했다. 이 점을 고려하면서 다음과 같은 질문을 제기하게 된다. "1948년 대한민국 수립 후 초대 이승만 정부로부터 19대 문재인(文在寅) 정부에 이르기까지 배출된 47명의 국무총리 가운데 28대 이홍구 총리는 어떤 유형의 정치가였으며 어떤 업적을 보여준 것인가? 그의 업적은 여타의 국무총리들과 어떤 점에서 공통되고 어떤 점에서 구별되는가?" 이 책은 두 번째로 이 물음에 초점을 맞추기로 하겠다.

　　셋째, 저자는 1972년에 「아시아 세력균형 속에서의 코리아의 통일」이라는[3] 학위논문을 쓴 이후 반세기 넘게 남북한 관계와 그리고 한반도의 평화와 통일에 관해 깊은 관심을 두고 공부하면서 여러 책과 논문을 출판해왔다. 이 과정에서, 이홍구 전 총리가 이미 서울대학교 교수 시절이

---

3)　Hakjoon Kim, "Korean Unification in the Asian Balance of Power," unpub. Ph.D. diss., University of Pittsburgh, 1972.

던 1975년에 '코리안 코먼웰스(Korean Commonwealth)'라는 개념을 중심으로 한반도의 통일방안을 발표했고, 국토통일원장관으로 입각한 이후 1989년에 자신의 이 방안을 정부의 정책으로 공식화했음은 물론 국회에서 평화민주당 김대중(金大中) 총재와 통일민주당 김영삼(金泳三) 총재 그리고 신민주공화당 김종필(金鍾泌) 총재를 설득해 동의를 받아냈음에 주목했다.

그는 또 통일부총리 때인 1994년 6월에는 김영삼 대통령과 김일성 주석 사이에 원칙적으로 합의된 남북정상회담 개최안을 북한대표 김용순(金容淳) 조선로동당 중앙위원회 대남담당비서와의 직접적 협상을 통해 구체화했다. 주미대사 때인 1998년에는 빌 클린턴(Bill Clinton) 미국 대통령을 비롯한 미국의 정계·관계·재계 지도자들을 만나 우리가 흔히 'IMF사태'라고 부르는 외환위기를 극복하는 데 일정하게 이바지했다.

우리나라 총리급 정치지도자 가운데 그리고 여당 대표 가운데 이렇게 대북관계와 대외관계에서 괄목할 만한 성과를 거둔 사례는 드물다. 그러면 무엇이 그가 이처럼 드문 성과를 거두게 한 것인가? 이 책은 세 번째로 이 물음에 초점을 맞추기로 하겠다.

넷째, 이홍구 전 총리는 66세 때인 2000년 8월에 주미대사직을 마지막으로 공직을 떠났지만 이후 오늘날에 이르기까지 22년 넘게 여러 형태로 여러 분야에서 국가원로로서 역할을 수행해왔다. 중앙일보사에서는 고문으로 칼럼을 정기적으로 발표하면서 국내외의 현안에 대한 통찰력 높은 의견을 개진했다. 김대중 대통령과 노무현(盧武鉉) 대통령 때는 「대통령통일고문회의」 일원으로, 그리고 이명박(李明博) 대통령 때는 이 회의의 의장으로 정부의 통일정책 수립과 집행을 도왔고 또 「국민원로회의」의 일원으로 대통령의 국정수행에 관해 충고를 아끼지 않았다. 박근혜(朴槿惠) 대통령과 문재인 대통령 때도 사실상 동일한 역할을 맡았다.

국내외적으로 중요한 과제와 쟁점이 제기될 때는 여러 분야의 지도자들과 함께 위원회 또는 포럼을 발족시키고 위원장 또는 좌장을 맡았다. 예컨대, 2012년에는 「세계자연보존총회(World Conservation Congress: WCC)」 조직위원장으로 세계자연보존운동을 이끌었고, 2015년 7월 「동아시아평화회의」를 조직하고 좌장으로서 한반도의 평화를 위한 계획과 성명 등을 발표했으며, 특히 해방 70주년을 맞은 8월 광복절을 기해 일본의 총리였던 무라야마 도미이치(村山富市) 전 일본 총리와 함께 「동아시아평화선언」을 발표했다. 서울국제포럼에서는 이사장으로 한반도 및 아시아의 평화는 물론 세계평화를 위한 한·일, 한·인도, 한·대만, 한·캐나다 등과 정기적인 국제회의를 이끌고 있으며, 망백(望百)이 가까운 오늘날에도 이 일을 쉬지 않고 있다.

그러면 무엇이 그가 이러한 책임을 맡도록 만들어주었을까? 삼부 요인을 지낸 원로들도 적잖은데, 시국이 지도자에게 방향의 제시를 요구할 때 우리 사회는 왜 그를 찾는 것이고 왜 그는 응하는 것일까? 이 책은 네 번째로 이 물음에 초점을 맞추기로 하겠다.

다섯째, 이홍구 전 총리를 논하면서 빠뜨릴 수 없는 것이 그의 인품이다. 학력과 경력에 있어서 세계무대에 내놓아도 손색이 없는 그이지만 사람을 대함에 있어서 언제나 따뜻하고 겸손하며, 잘난 체하는 모습을 전혀 볼 수 없다. 자신이 상대하는 사람을 편하게 만들어주는 그의 독특한 성품은 타고난 것일 수 있다. 그러나 꾸준한 자기수양의 결과일 수도 있다. 특히 상기돼야 할 점은 그의 오랜 공직생활과 이후의 사회활동에서 어떠한 형태의 스캔들이나 잡음에 휘말린 적이 전혀 없다는 사실이다. 그만큼 그는 깨끗한 삶을 살아왔다. 이것은 그가 얼마나 자기관리에 철저했는가를 말해준다.

그의 인품과 관련해 덧붙일 것은 '고민하는 지성인'으로서의 면모다. 겉으로만 보기에 그는 여유 있는 집안에서 태어나 최상급의 교육을 받으며 귀족적인 삶을 살아온, 그래서 고민과는 거리가 먼 상류계급의 국제신사로 여겨질 수 있다. 그러나 그의 내면세계는 언제나 국가와 사회에 대한 진지한 고뇌, 현실의 부조리에 대한 분노, 그리고 어려운 형편의 이웃에 대한 연민으로 가득 차 있었다. 그것을 말하는 그의 대표적 평론 가운데 하나가 「고민으로 향한 고집의 자세: 어떤 한국 정치학자의 경우」이다.[4] 권위주의체제 아래 한국 정치를 논하는 정치학자에게 '고민'은 최소한의 자존심을 지키는 도구라고 역설한 그는 이후의 여러 글에서도 '고민' 또는 '번민'이라는 단어를 되풀이해 쓴 것이다.[5] 그는 또 「근대화와 비인간화: 다른 측면에서」를 통해 사람의 죽음에 무감각해진 한국사회의 분위기를 개탄했다.[6]

그는 고민과 개탄에 머물러 있지 않았다. 민주화운동가로 직접 행동에 나섰던 것은 아니었지만, 그는 반정부적 성향이 강했던 「한국크리스천아카데미」와 긴밀한 유대를 형성하고 그곳에서 열린 여러 학술대회를 통해 정부의 노선과 시책을 비판하는 연설을 자주 했다. 이 책은 다섯 번째로 그의 이러한 인품에 초점을 맞추기로 하겠다.

3

이러한 문제의식에서 출발해, 저자는 이 책을 다음과 같이 연대기적으로 구성했다.

제1장은 출생(1934년)으로부터 도미 유학 직전(1954년)까지의 20년을 다룬다. 서울의 전형적인 유가(儒家)에서 성장한 그는 기본적으로 유교의 가르침을 받았다. 초등학교 때 8·15해방을 맞은 그는 중학생 때 좌·우익 투쟁과 대한민국 정부 수립을 목격했으며 고등학생 때 6·25전

---

4) 『문화비평』(1971년 봄), 66~70쪽; 『이홍구문집』 I , 101~106쪽에 재수록.
5) 예컨대, 이홍구, 「저항, 용기, 비극 없는 지성은 공허하다」, 『이대학보』(1972년 4월 17일), 3쪽; 『이홍구문집』 I , 120~122쪽에 재수록.
6) 『대화』(크리스천아카데미) 17(1970년 12월), 44~47쪽; 『이홍구문집』 II , 39~43쪽에 재수록.

쟁을 겪었고 대학생 때 휴전을 보았다. 유교교육의 내용에, 역사적 격변을 현장에서 체험하며 터득한 깨달음을 결합해 그는 자신의 인생관(人生觀)·세계관(世界觀)·국가관(國家觀)·정치관(政治觀)의 기반을 형성할 수 있었다. 서로 연결되는 이 관념들은 그의 개인생활에 대해서도 그러했지만, 특히 그의 공직생활에 큰 영향을 주었다. 제1장은 그가 받은 유교의 가르침 그리고 그가 터득한 깨달음이 무엇이었는가에 대답하고자 한다.

제2장은 에모리대학교(Emory University) 입학(1954년)으로부터 예일대학교(Yale University)에서 박사학위를 받기까지(1968년) 14년을 다룬다. 그사이에 그는 에모리대학교에서 방문조교수, 케이스웨스턴리저브대학교(Case Western Reserve University)에서 조교수로 봉직했다. 이처럼 긴 시기에 그는 누구의 무엇을 누구로부터 배웠고 어떻게 받아들였으며 무엇을 전수했는가? 그가 배운 정치학은 우리가 앞에서 검토한 구한말 이후의 정치학과 어떻게 구별되는가? 제2장은 이 물음에 답하고자 한다.

여기서 미리 강조해두고자 하는 것은 그의 박사학위논문인 「사회보존과 정치발전: 메이지시대의 일본에 특별히 유의해 살핀 정치적 변화에 대한 규범적 접근」[7]의 중요성이다. 저자는 이 책을 쓰기 위해 이 논문을 처음 읽었으며, 이해하기가 쉽지 않다고 판단해 다섯 차례에 걸쳐 통독하고 나서야 비로소 이 논문의 담론 또는 논지가 매우 심각한 논쟁성(論爭性)을 지니고 있고 그가 귀국한 이후, 특히 공직에 발을 들여놓은 이후 보여주었던 언행 또는 결정을 이해함에 필수적이라는 결론에 이르렀다. 그의 평생의 지론 가운데 핵심적 명제인 '인텔렉추얼 디베이트

---

7) 이 논문의 영어 제목은 다음과 같다. "Social Conservation and Political Development: A Normative Approach to Political Change with Special Reference to Meiji, Japan."

(intellcetual debate)에[8] 근거를 둔 정치’와 ‘정치에서의 윤리적 가치존중’ 및 ‘인간의 존엄성이 수반되는 근대화’ 그리고 ‘규범적 판단을 필수적으로 여기는 정치학’ 등은 이 논문에 제시되어 있다. 그는 오랜 기간에 걸쳐 의원내각제를 지지해왔는데, 이 논문에서 깊이 있게 논의된 ‘인텔렉추얼 디베이트에 근거를 둔 정치’를 읽으면 그가 왜 그러한 정견을 유지했는지 이해하게 된다.

이렇게 볼 때, 이 논문은 그 중요성에도 불구하고 이제까지 학계에서 진지하게 검토되지 않았다는 것이 저자의 의견이다. 2021년 10월에서야 비로소 고려대학교 정경대학 정치외교학과 교수 최장집(崔章集) 박사에 의해 이 논문에 관한 최초의 분석이 시도됐다는 사실이 그 점을 말한다.[9] 그래서 제2장에서는 이 교수의 이 논문을 자세히 설명하겠다.

제3장은 그의 귀국(1968년)부터 유신체제 등장 직전(1972년)까지 서울대학교 정치학과 교수로 봉직하는 가운데 발표한 저술들의 분석에 초점을 맞춘다. 주요 학술지들과 그리고 사회적 요구에 따라 국내의 유력지들에 발표한 그의 논설들은 박정희 대통령이 추구하는 ‘근대화’의 의미가 무엇인지를 구명하는 가운데 박 대통령이 주로 물질적 성장에 치중하는 ‘근대화’를 추구하고 있다고 비판하면서, 그러한 ‘근대화’ 아래서는 ‘인간소외’가 깊어질 것이기 때문에 방향을 전환해야 한다고 논평했다. 같은 맥락에서, 그는 박 대통령이 ‘근대화’를 위한다는 명분 아래 행정의 효율성을 앞세우며 정치를 희생시키는, 이른바 ‘정치의 비정치화(非政治化)’를 추구하고 있다고 비판하면서, ‘정치의 회복’을 일관되게 제의했다.

---

8)　여기서는 이 용어를 우리말로 번역하지 않기로 한다. ‘인텔렉추얼’에 대한 해석을 포함해 이 용어에 대해서는 제2장에서 자세히 다루기로 한다.
9)　최장집, 「이홍구의 ‘사회적 보전 공리’와 한국 민주주의에 대한 하나의 성찰」, 이정복 외 16인 지음, 『이홍구선생미수기념문집2: 대전환기의 한국 민주정치』(중앙books, 2021), 141~172쪽.

제4장은 유신체제의 등장(1972년)으로부터 박 대통령의 '시해'에 따른 유신체제의 붕괴(1979년)까지 서울대학교 정치학과 교수로 봉직하는 가운데 발표한 저술들의 분석에 초점을 맞춘다. 대학과 지식인사회에 대한 공안기관의 통제가 그 이전에 비해 훨씬 강화됐던 이 시기에도 그는 '국민참여의 확대'를 통한 '정치의 회복'을 제의했다. 동시에 1975년에는 국제학술회의에서 남북한의 통일방안으로 '코리안 코먼웰스(Korean Commonwealth)'안을 제의했다.

제5장은 유신체제 붕괴(1979년)로부터 제6공화국 출범(1988년) 직전까지의 시기에 여전히 서울대학교 정치학과 교수로 봉직한 그의 언행들과 저술들을 분석했다. 유신체제가 붕괴하면서 곧바로 개헌 논의가 활발해지자, 한국방송공사(KBS)는 헌법 개정에 관한 공개토론회를 몇 차례 열었는데, 그때마다 좌장을 맡은 그의 토론회 진행방식과 발언 내용이 장안의 화제로 떠올랐다. 특히 반독재민주화운동의 선봉이었던 김영삼과 김대중 두 정치지도자 모두 직선대통령제로의 개헌을 통해 대통령에 선출되려는 강한 집념을 보이는 상황에서, 이제 우리나라는 대통령제보다는 의원내각제를 채택하는 것이 바람직하다고 역설한 그의 발제는 학계와 언론계를 포함한 지식인사회에서 주목을 받았다.

12·12 군사반란을 거쳐 제5공화국 수립을 주도한 신군부는 국민 사이에 인기 있는 그를 끌어들이려고 했다. 그 한 보기로, 그를 상대로 우선 대통령교육문화수석비서관으로 들어온 뒤 문교부장관 또는 국토통일원장관 또는 외무부장관으로 일했으면 좋겠다고 당시 실세 가운데 꼽히던 몇몇 요인이 끈질기게 회유도 하고 '협박'도 했다. 그러나 그는 특유의 미소로써 거절했다.

제6장은 민주화를 개시한 제6공화국의 첫 대통령인 노태우(盧泰愚)

대통령이 이끈 정부에서의 공직생활을 다룬다. 그는 노 대통령의 권유를 받아들여 국토통일원장관으로 입각해 자신의 개인적인 구상이었던 '코리안 코먼웰스'안을 '한민족공동체통일방안'으로 다듬어 정부의 통일방안으로 공식화했으며 국회의 여러 정당으로부터 지지를 받아내 적어도 그 국내적 기반을 확고하게 만들었다. 그는 곧 대통령정치담당특별보좌관으로 자리를 옮겼다가 주영대사로 봉직했다.

제7장은 제6공화국의 두 번째 대통령인 김영삼 대통령 정부에서의 공직생활을 다룬다. 그는 주영대사를 떠나 귀국한 직후 대통령 자문기관인 민주평화통일자문회의 수석부의장(부총리급)으로 출발해 통일부총리로 봉직했다. 통일부총리로 봉직하던 때인 1994년 6월에 김영삼 대통령과 김일성 주석은 미국 카터 전 대통령의 알선에 따라 7월 하순에 남북정상회담을 개최한다는 데 원칙적으로 합의했다. 이홍구 부총리는 곧바로 판문점에서 북한 대표단과 회담하고 남북정상회담을 구체적으로 어디서 어떠한 방식으로 어떤 의제를 놓고 개최할 것인가에 대한 합의를 여덟 시간 만에, 그것도 북한에 어떤 대가도 치르지 않고 끌어냈다. 그러나 김일성이 뜻밖에 1994년 7월 8일에 사망함에 따라 이 합의는 실현되지 못했다. 이 부총리는 곧 국무총리로 기용됐으며, 1996년 4월에 실시된 15대 국회에 여당인 신한국당 전국구 국회의원으로 당선됐고 신한국당 대표위원으로 활동했다.

제8장은 우선 제6공화국의 세 번째 대통령인 김대중 대통령이 이끈 정부에서의 공직생활을 다룬다. 김대중 정부가 출범했을 때 이홍구 전 총리는 신한국당 대표위원이면서 국회의원이었다. 그런데도 김대중 대통령은 김영삼 정부의 마지막 단계에서 일어난 외환위기의 수습을 위해 당시 미국 행정부를 이끌던 클린턴 대통령을 비롯해 그 보좌관들과 가까운 이 전 총리의 역할이 긴요하다고 판단해 주미대사직을 제의했고,

이 전 총리는 '6·25전쟁 이후 최대의 국난'으로 불리던 이 위기를 극복하는 데 일조한다는 공인으로서의 마음가짐으로 그 제의를 받아들여 현장에서 최선을 다했다. 이로써 그는 직업공무원 출신이 아닌 사람으로 노태우 대통령과 김영삼 대통령 및 김대중 대통령 등 세 대통령을 모시고 고위직에서 일한 특유한 경력을 보여주었다.

이어 2000년 8월에 주미대사를 사임하고 귀국한 이후, 앞에서 설명했듯, 여러 분야에서 국가원로로 밟은 길을 다룬다. 여기서 우리는 그가 동아시아의 평화와 공동번영을 실현하고 그것을 굳히기 위해 과거에만 매달릴 것이 아니라 미래를 향해 공동보조를 취해야 한다고 역설했으며, 북한에 대해서도 핵무기에 집착할 것이 아니라 개혁과 개방의 길로 스스로 전환할 것을, 그리고 서방세계는 북한의 전환을 유도할 대안을 제시해야 한다고 제의했다.

맺음말에서, 저자는 이 책의 논점들을 정리하고 동시에 그의 인품에 대한 여러 사람의 증언을 소개하기로 한다. 맺음말을 잇는 이 책의 마지막 부분은 저자가 이 전 총리와의 인연을 중심으로 이미 발표했던 두 개의 글을 다시 옮긴 것이다.

4

이 책을 쓰는 데 활용한 자료는 다음과 같다.

첫째, 이홍구 전 총리의 개인과 집안에 관한 기록들이다. 조선왕조 9대 군주 성종(成宗)의 13번째 아들인 영산군(寧山君, 1490~1538)의 15대 종손인 그의 족보는 물론이고, 지난날의 용어로 호적등본, 그리고 오늘날의 용어로 가족관계증명서와 주민등록표 등이 거기에 포함된다.

둘째, 학교에 관한 기록들이다. 그가 수학했던 서울의 재동초등학교, 경기중·고등학교, 서울대학교 법과대학, 미국의 에모리대학교 철학과,

예일대학교 대학원 철학과 및 정치학과에서의 성적표와 수강과목 목록을 비롯한 여러 기록, 그리고 그가 재직했던 서울대학교 인사기록카드가 거기에 포함된다.

셋째, 『이홍구문집』 전 5권(나남출판, 1996)이다. 여기에는 그의 예일대학교 정치학박사학위논문을 비롯해 1968년 6월에 귀국한 이후 1994년 12월까지 26년 6개월에 걸쳐 발표한 도합 221개의 학술논문·시평·서평·칼럼·좌담회에서의 발언 등이 수록됐다. 그런데 이 기간의 신문·잡지를 꼼꼼히 챙기다가 『이홍구문집』에 수록되지 않은 여섯 편의 시론과 두 편의 좌담 및 세 편의 짧은 글을 찾아낼 수 있었다. 그리고 프레데릭 왓킨스(Frederick M. Watkins) 교수의 『이데올로기의 시대』[10]를 번역한 『근대정치사상사』(을유문화사, 1973)에 게재된 이 교수의 「역자서문」이 이 『문집』에 포함됐더라면 좋았을 것으로 생각하게 됐다.

국토통일원이 1989년에 발행한 『민족공동체 형성을 통한 통일로의 전진: 이홍구 국토통일원장관 강론집(1988.2~1989.5)』(국토통일원, 1989)은 이 장관이 국토통일원장관 전반기에 행한 강연 또는 회견을 모았다. 여기에는 『이홍구문집』에 수록되지 않은 몇 개의 대담이 포함됐다.

넷째, 이 문집이 출판된 1996년 9월 이후 26년 동안에도 그는 계속해서 칼럼을 썼고, 학술대회나 시민 집회에서 발제하거나 연설했다. 이것들은 저자의 조교가 인터넷에서 충실하게 출력해주었고, 때로는 저자 스스로 신문에서 스크랩하기도 했다.

다섯째, 이홍구 전 총리의 저·역서 및 편저들이다. 여기에는 서울대학교 사회과학대학 정치학과 편, 『정치학개론』(서울대학교출판부, 1975; 개정판 『신정치학개론』, 1978)에 수록된 「제7편 현대정치사상」(『신정치학개론 기준, 483~521쪽), 김영국 편, 『현대정치학의 대상과 방법』(법문사,

---

10) 원서의 서지사항은 다음과 같다. Frederick M. Watkins, *The Age of Ideology: Political Thought, 1750 to the Present*(New York: Prentice-Hall, 1964).

1991)에 수록된 「제2장 서양정치사상」(19~44쪽), 프레데릭 왓킨스 교수의 『이데올로기의 시대』를 번역한 『근대정치사상사』(을유문화사, 1973), 쉴로모 아비네리 교수의 『칼 마르크스의 사회·정치사상』을 번역한 『칼 마르크스의 사회사상과 정치사상』(까치, 1983) 그리고 이홍구 편, 『마르크시즘 100년』(문학과지성사, 1984) 등이 포함된다.

여섯째, 그에 관한 언론매체의 보도와 논평이다. 앞에서 지적했듯 그는 여러 책임 있는 자리를 맡았었기에 언론매체의 관심을 받았고 그 스스로 회견 형식을 통해 자신의 의견을 개진하기도 했다.

일곱째, 그에 관한 여러 다른 사람들의 관찰과 평가를 담은 글이다. 여기에는 주로 그의 제자들과 동료들, 그가 이끌었던 기관과 조직 내 직원들의 회상 등이 포함된다.

여덟째, 저자의 이 전 총리와의 면담이다. 저자는 2021년 11월 18일 오전의 첫 번째 면담 이후 2022년 6월 7일 오전·오후의 네 번째 면담까지 그를 면담할 때마다 대체로 두 시간 정도 이야기를 나누고 기록으로 남겼다.

마지막으로, 외래어 표기에 관해 한 가지만 밝히고자 한다. 이홍구 교수는 Karl Marx를 '칼 마르크스' 또는 '카를 마르크스로' 표기하지 않고 '칼 맑스' 또는 '맑스'로 표기했다. 이 교수의 글로부터 인용하는 경우 그의 표기를 존중하기로 한다.

5

이 책이 출판될 수 있도록 도와준 이들에게 고마움을 표시하고자 한다. 우선 서울대학교 부총장과 총장직무대리를 맡았던 박찬욱(朴贊郁) 서울대학교 사회과학대학 정치외교학부 명예교수, 서울대학교 사회과학대학 학장을 역임한 서울대학교 사회과학대학 정치외교학부 유홍림(柳弘林) 교수, 그리고 고려대학교 국제대학원 원장을 역임한 이재승(李在勝) 교수는 각각 서울대학교와 예일대학교에 소장된 이홍구 교수에 관한 자료들을 보내주었다.

　서양정치철학 전공의 서울대학교 정치외교학부 김홍우(金弘宇) 명예교수는 저자의 졸고를 통독하면서 서양정치철학에 밝지 못한 저자의 설명 가운데 미흡한 부분을 바로잡아주었고, 서울대학교 대학원 정치학과에서 서양정치철학을 전공해 석·박사학위를 받은 김동수(金東洙) 국립통일교육원 정년퇴임교수는 남북한관계와 한국의 통일정책에 관한 저자의 기술 가운데 미흡한 부분을 바로잡아주었다. 서울대학교 문리대 정치학과를 졸업하고 서울대학교 대학원 정치학과에서 석사학위를 받은 데 이어 하와이대학교 대학원 정치학과에서 민세(民世) 안재홍(安在鴻)의 정치리더십 연구로 정치학박사학위를 받은 한국학중앙연구원 정윤재(鄭允在) 명예교수는 이 책의 주제 가운데 하나인 정치리더십에 관한 국내외 자료를 보내주었다. 서울대학교 사회과학대학 정치학과를 졸업하고 서울대학교 대학원 정치학과에서 석사학위를 받은 뒤 국비 장학생으로 선발돼 시카고대학교 대학원 정치학과에서 장 자크 루소의 정치철학을 전공해 박사학위를 받은 김용민(金容敏) 한국외국어대학교 사회과학대학 정치외교학과 명예교수는 이 책이 다루고 있는 루소에 대한 기술을 꼼꼼히 읽어보고 다듬어주었다.

　저자와 동명이인(同名異人)인 조교에게 고맙다고 인사하고자 한다. 그는 단국대학교 문과대학 국어국문학과 4학년 때부터 시작해 졸업한 이후에도 저자를 정성껏 도와주었다. 국어국문학도답게 때때로 저자의 문장을 다듬어주었다. 단국대학교 문과대학 국어국문학과 4년생인 양승빈(梁承斌) 군도 마찬가지였다. 사단법인 매헌윤봉길의사기념사업회 상임이사 이성섭(李聖燮) 님, 사무국장 민병덕(閔丙德) 님, 연구사 정혜은(鄭慧恩) 님, 연구사 박원익(朴願益) 님도 저자를 도와주었다. 또 동아일보 지식서비스센터 콘텐츠파트장 구미애(具美愛) 님은 지난날 이홍구 교수가 『동아일보』와 『신동아』에 기고한 글들을 찾아내어 보내주었다.

단국대학교 중앙도서관인 죽전 캠퍼스의 퇴계기념중앙도서관, 그리고 단국대학교 천안 캠퍼스의 율곡기념도서관의 도움도 잊을 수 없다. 특히 퇴계기념중앙도서관 사서 이인숙(李仁淑) 님, 임예지(林叡智) 님, 박지원(朴智元) 님은 집필에 필요한 자료들을 성심성의껏 찾아주었다. 누구보다도 단국대학교 이사장과 총장을 역임하고 현재 명예이사장으로 봉직하시는 중재(中齋) 장충식(張忠植) 선생님에게 감사하고자 한다. 선생님은 장기간에 걸쳐 저자를 단국대학교 석좌교수로 임명해주시면서 연구와 집필을 독려해주셨다.

출판을 맡아준 중앙일보사 중앙books에게도 감사하고자 한다. 특히 이정아 본부장님과 조한별 님을 비롯해 편집에서 교열에 이르기까지 여러 일을 맡아준 여러분에게도 감사의 뜻을 기록하기로 한다.

마지막으로, 이홍구 교수의 여러 저술과 발언을 해석함에 잘못을 저지른 것이 없는지 두렵다는 마음을 털어놓기로 한다. 특히 그의 저술은 서양의 정치사상과 정치철학에 바탕을 두고 있어서 이 방면에 공부가 짧은 저자에게는 힘에 겨웠음이 사실이다. 그래서 몇 차례 읽고 또 읽으며, 그래도 이해가 되지 않을 때는 이 교수에게 직접 여쭤보았다. 그렇게 했지만, 이 책에 잘못이 있다면 그 책임은 오로지 저자 한 사람에게 있음을 밝혀둔다.

2022년 8월 15일
광복 77주년 그리고 대한민국 정부 수립 74주년의 날에
김학준

1934

1부

국내외에서의
배움의 시절

1968

제1장

전통적 유교교육 속에서
정치관(政治觀)의
기반을 형성하다:
출생에서 도미 직전까지

(1934년 5월~1954년 1월)

제1절
집안 내력과 가정교육

제1항
조선왕조 영산군의 종손

이홍구 전 국무총리의 뿌리는 '삼국시대'를 마감한 후인 '통일신라'로 거슬러 올라간다. '통일신라' 후기에 해당하는 9세기에 관직을 맡았던 이한(李翰)을 시조로 하는 전주이씨(全州李氏)의 후손이기 때문이다. 오늘날 본관을 기준으로 삼은 대한민국의 인구 조사에서 전주이씨는 약 261만 명으로, 약 412만 명의 김해김씨(金海金氏)와 약 303만 명의 밀양박씨(密陽朴氏)에 이어 세 번째다.[1]

이한의 생몰년은 밝혀지지 않았다. 다만 46대 문성왕(文聖王, 재위 839~857) 때 '사지(舍知)'라는 관직에 있었으며, 29대 태종무열왕(太宗武烈王), 곧 김춘추(金春秋)의 10세손 김은의(金殷義)의 딸과 결혼했고 그 사이에서 아들 이자연(李自延 또는 李子延)을 낳았다는 사실이 기록으로 전한다. 이자연은 신라의 마지막 왕인 56대 경순왕(敬順王, 재위 927~935) 때 고위직인 시중(侍中)에 올랐다는 기록이 있지만 확실하지는 않다.

이한의 직책인 '사지'는 국내의 여러 책에 한문으로 '司空'·'司功'·'司工' 등으로 기록됐는데, '통일신라' 말기의 관제에 정통한 영남대학교 정치외교학과 김영수(金永壽) 교수는 모두 맞지 않는 기록이라고 단언했

---

[1] 위키백과 가운데 「전주이씨」(2022년 6월 3일 13:58 기준).

다. 이러한 직명은 없었는데도 훗날 그를 빛내기 위해 중국에서 쓰이던 그러한 직명, 특히 '司空'을 붙인 것 같다고 풀이한다. '司空'은 중국의 여러 왕조에서 우리 식으로 말한다면 재무장관 또는 기획재정부장관에 해당하는 요직이었다. 반면에 사지는 왕도(王都) 경주의 성곽을 쌓고 고치는 일을 맡은 관아 경성주작전(京城周作典)에서의 관직으로, 신라 경위(京位) 17관등(官等) 가운데 제13등에 해당한다.[2]

이한의 21대손(孫)이 조선왕조 태조 이성계(李成桂, 1335~1408: 재위 1392~1398)이며, 이 태조의 후손인 9대 성종(成宗, 1457~1495: 재위 1469~1495)은 4명의 왕비와 8명의 후궁을 통해 16남 12녀를 두었다. 그들 가운데 왕후와의 사이에서 태어난 대군(大君)은 둘이었다. 폐비 윤씨(尹氏)와의 사이에 태어난 대군으로 10대 국왕으로 즉위했으나 폐위된 연산군(燕山君)이 첫째요, 폐비 윤씨 이후 정현왕후(貞顯王后)와의 사이에 태어난 대군이 진성대군(晉城大君)으로, 폭정으로 군림한 연산군을 몰아내고 반정(反正)으로 11대 국왕에 즉위한 중종(中宗, 1488~1544: 재위 1506~1544)이 둘째였다.

성종의 제13자는 숙용(淑容) 심씨(沈氏) 사이에서 태어난 영산군(寧山君, 1490~1538)으로, '숙용'은 왕의 후궁에게 내린 작호(爵號) 가운데 하나로 종삼품(從三品)에 해당했다. 영산군은 휘(諱)가 이전(李恮), 시호(諡號)는 충희공(忠僖公)이다. 몸을 던져 임금을 받들어 모신다고 하여 충(忠)이요, 마음으로 늘 조심하고 공손하게 삼가니 희(僖)라 했다. 시호는 영산군이 경기도 고양군(高陽郡) 신도면(神道面) 진관리(津寬里)로 낙향해 지내다 49세를 일기로 별세한 후 중종이 그의 충정을 뒤늦게 챙겨 내려주었다. 전주이씨 영산군파의 파시조(派始祖)인 그는 어려서부터 인물이 훤칠했고 인품이 어진 데다가 총명하고 강직해 주위 사람들의 칭

---

2) 김영수(金永壽), 「김영수 교수의 '조선을 만든 사람들' 19: '영원한 동북인' 이성계 (1)」, 『월간중앙』 (2017년 8월호 부록), 34~41쪽. 김영수 교수와의 전화 통화(2022년 6월 5일 오전 11시).

찬을 받았다고 한다. 자신의 15대 조부가 되는 영산군에 관해, 그의 15대 종손인 이홍구는 통일부총리 때 다음과 같이 설명했다.

> 기록에 보면 영산군은 중종 등극에 상당한 공헌을 한 것으로 되어 있습니다. 그때 진관사(津寬寺) 근동의 땅을 꽤 하사받으신 것 같습니다. 하지만 저희 선대는 큰형님이신 연산군이 비록 폐위가 됐다고는 하나 돌아가신 형님에 대한 예에 맞춰 제사는 제대로 지내야 한다고 주장했고 그것이 중종의 귀에 거슬려 크게 벌을 받고 사이가 소원해졌다는 얘기가 집안에 전해져 내려오고 있습니다.[3]

실제로 영산군과 영산군 어머니 숙용 심씨의 묘소는 진관사 근동인 서울특별시 은평구 진관동 산39, 산103-1에 있다. 현재 대한불교조계종에 소속된 진관사는 고려 제8대 현종(顯宗, 992~1031: 재위 1009~1031) 때인 1011년에 현종의 어명에 따라 지어진 천년고찰(千年古刹)이다. 오랜 기간에 걸쳐 경기도 고양군 신도면에 속했으나, 현재 서울특별시 은평구 진관길 73에 있다. 이 일대는 북한산국립공원 안에 포함되어 있다.

특히 영산군의 어머니 숙용 심씨의 묘소는 실기(失機)로 찾지 못했지만, 묘석은 일본 도쿄에서 찾게 되었다. 임진왜란 때 왜군은 왕릉들을 파괴했고, 그곳에서 출토된 유물들과 외장석물(外裝石物) 등 많은 우리 고유의 유물들을 본국으로 가져갔다. 그 속에 포함됐던 숙용 심씨 묘비는 도쿄도(東京都) 미나토쿠(港區) 아카사카(赤坂)에 있는 「다카하시고레키 요옹기념공원(高橋是清翁記念公園)」의 정원에 방치됐는데, 2000년에 『부산일보』 도쿄지사가 「임진왜란 상처 찾기」라는 기획에 따라 일본 전역을 조사하는 과정에서 기적적으로 발견한 것이다.[4]

---

3) 이홍구·김재홍, 「대담: 「남북기본합의서」의 감동으로 돌아가자」, 『신동아』(1994년 6월), 338~352쪽 가운데 342~343쪽.

이 사실을 인지하게 된 영산군 후손들은 영산군파 파종(派宗) 회장인 이명구(李明九, 1924~2005) 성균관대학교 국어국문학과 명예교수를 중심으로 한국으로의 봉환운동을 벌였다. 마침 서울의 종로구가 미나토쿠와 자매결연을 맺고 있어서 두 구청 사이의 교섭은 순조로웠다. 무엇보다 영산군파 후손들이 비석에 숙용 심씨라고 선명하게 새겨 있는 사실을 상기시키고 집안의 족보를 보여주면서 숙용 심씨가 누구라는 것을 설명하자 미나토쿠 담당자들도 모두 시인하게 됐다. 그렇게 1년 남짓한 교섭을 벌인 끝에 이 비석은 후손들의 엄숙한 기념식을 거쳐 영산군 묘역 안에 안치됐다. 영산군 묘역의 석물과 묘석 등은 2007년 2월 15일에 서울특별시 문화재위원회에 의해 서울특별시 기념물 제26호로 지정됐다.

그러면 숙용 심씨의 비석이 방치되어 있었던 「다카하시고레키요옹기념공원(高橋是淸翁記念公園)」은 무엇인가? 다카하시 고레키요(1854~1936)는 도쿄의 옛 이름인 에도(江戸) 출신으로, 우리나라의 기획재정부장관에 해당하는 대장대신(大藏大臣)을 23년에 걸쳐 일곱 차례나 지냈으며, 그 과정에서 제20대 내각총리대신을 역임했다. 일본 정계의 거물로, 군부의 예산을 줄이기 위해 노력했지만 이것이 빌미가 돼 1936년 2월 26일에 일어난 군부의 반란, 이른바 2·26사건 때 청년 장교들 손에 암살됐다. 1938년에 다카하시고레키요기념사업회가 발족하고 그가 살던 저택을 국가에 헌납하자 1941년에 이것을 기념공원으로 만든 것이다.

---

4) 「임란 때 약탈 성종 후궁 숙용 심씨 묘비, 400여 년만에 국내 옮겨」, 『부산일보』(2001년 4월 18일).

제2항
아버지와 어머니 그리고 전통예절과 겸손을 강조한 가르침

이홍구의 선조는 영산군파의 종가(宗家)로서 중종이 하사한 진관사 근동의 농지, 임야, 대지 등을 지난 450여 년 동안 지키고 유지해 왔다. 일가친척들은 경기도 장단·남양주·강화, 충청북도 청주, 전라북도 고창, 경상북도 상주, 경상남도 거제 등 여러 곳으로 흩어져 살아왔지만, 1년에 한 차례 조상을 생각하며 가을걷이를 끝낸 후 지내는 제향인 시제(時祭) 때는 전국에서 많은 일가가 참여하고 있다.[5]

이홍구의 고조부·증조부·조부는 모두 경상북도 상주에서 살았다. 11대 종손인 이기환(李基煥)은 비록 척박한 땅이었지만 지금의 진관동 일대에서 살았다. 그러다가 정조 때 닥친 극심한 가뭄으로 인해 가세가 어려워졌고 양반의 체면을 지키려 상주 오대리에 집성촌을 일궈 지내던 일가의 도움으로 오대리로 이주하게 되었다. 이후 5대에 걸친 경상도에서의 생활이 시작됐으며, 13대 종손인 조부 이채술(李采述)과 아내 이사동(李寺洞)은 1915년 9월 17일, 이곳에서 장남 이봉훈(李鳳薰)을 낳았다. 이홍구의 아버지인 14대 종손 이봉훈은 12~13세 때인 1927~1928년에 진관사 부근인 경기도 고양군 신도면 구파발리로 돌아왔다. 그 후 이홍구의 본적지는 경기도 고양군 신도면 진관외리 52였으며, 이 지번(地番)은 현재 서울특별시 은평구 진관동 126번지의 3이다.

이봉훈은 거기서 1928년 12월 1일에 개교한 신도공립보통학교를 졸업했다. 그는 홀로되신 어머님을 모시며 누님과 동생을 거느리는 소년가장으로 가세가 넉넉지 못했던 까닭에 상급학교로 진학하지는 못했으나,

---

5) 제1장에서 이홍구의 부모와 조상에 관한 서술은 특별한 출전을 밝히기 전에는 대체로 이홍구 교수와의 제1차 면담(2021년 11월 18일 오전, 중앙일보사 고문실)과 제2차 면담(2021년 11월 27일, 중앙일보사 고문실)에 의존한 것이다.

집안의 어른으로 이름 있는 한학자였던 이채옥으로부터 한문과 서예를 배웠다. 그의 모교인 신도공립보통학교는 이 일대가 1973년 7월, 서울특별시로 편입됨에 따라 서울신도국민학교(新道國民學校)로, 1996년 3월 1일에는 서울신도초등학교로 바뀌었다.

어머니 주인임(朱寅妊)의 본관은 신안주씨(新安朱氏)다. 전라남도 신안을 본관으로 하는 신안주씨는 능성주씨(綾城朱氏)라고도 하며 2000년 현재 약 15만 명에 이른다. 중국 송(宋)나라 때 성리학을 집대성한 주자(朱子)의 증손 주잠(朱潛)은 자신이 관직을 맡았던 남송 조정이 몽골에 대항하지 못할 뿐만 아니라 간신들에 농단되는 것에 불만을 품고 항몽의 자세를 분명히 하는 고려를 높이 평가해 고려 고종 때인 1224년에 식솔과 7명의 문하생과 함께 배를 타고 고려로 망명했다. 처음 도착한 곳은 오늘날의 전라남도 신안군 해안이었다. 주잠 일행은 이웃의 나주에 정착했다가, 남송을 멸망시킨 원(元)나라가 고려로 망명한 남송 관리들을 잡아 원으로 압송하라고 고려왕조를 압박한다는 말을 듣고 모두 이름을 바꾸면서 화순군 능주면(綾州面)으로 옮겨 살았다.

주잠의 후손들은 1905년에 전라남도 화순군 능주면 천덕리 회덕마을 남쪽 연주산(連珠山) 기슭에 있는 주잠의 묘 옆에 영모당(永慕堂)이라는 이름으로 주자묘를 세웠다. 그들은 1973년 5월 13일에 신안주씨중앙종친회를 창립하고, 1978년 10월 9일에 철근과 콘크리트를 써서 현대식으로 개축하면서 주자 그리고 신안주씨의 시조인 주잠을 포함한 6인의 위패를 모셨다. 중앙종친회는 2003년 5월 5일에 주잠의 묘 옆에 주잠이 고려로 망명해 생활한 사실을 기록한 사적비(事蹟碑)를 세웠다. 「신안주씨 동국시조 남송 한림학사 청계공(淸溪公) 주잠의 사적비」로 명명된 이 비 바로 옆에 별도의 석판을 세워 건립에 헌금한 후손들의 성명과 단체들의 명칭을 기록했는데, 거기에는 '외손 서울 이홍구'가 포함됐다. 2003년 5월 5일이면 그가 주미대사를 마지막으로 관직을 떠난 때로부터 3년이 채 안 된 시점이었고 중앙일보사 고문으로 봉직하던 때였다.

어머니는 주노성(朱老星)과 정씨(鄭氏) 사이에서 경기도 장단군 진남면 덕산리에서 1914년 7월 22일에 태어났다. 어머니 집안은 중농으로 그때의 기준으로 살림이 넉넉한 편에 속했다. 그렇기에 어머니의 3대나 4대 위의 어른들이 중국에 가서 주자의 영상을 가져다 절 같은 집을 짓고 모실 수 있었다.

어머니는 장단에 살던 이봉훈 일가친척의 중매로 진관사 부근으로 시집을 왔다. 회임한 후 해산을 할 때가 되자 그때의 풍습으로 첫아이는 친정에서 출산해야 한다 해서, 일찍 돌아가셔서 안 계신 친정부모님 댁 대신 숙부님 댁에서 해산을 하고 이홍구를 낳았다. 이홍구는 아버지가 19세 때인 1934년 5월 9일에 경기도 개성시 남산동(南山洞) 623번지에서 첫아이로 태어났다. 아버지는 항렬 '九'를 지키면서 '洪九'라고 이름을 지었다. '洪'은 고종이 1894년 갑오경장 때 제도개혁을 다짐하여 직접 발표한 '홍범(洪範) 14조'에서 따왔다. 학자들에 따라서는 이것을 '우리나라에서의 최초의 헌법적 성격의 국가적 틀'로 받아들인다.[6]

아버지는 첫아들의 호(號)도 지어주었다. 이홍구가 박사학위를 받고 귀국해 교수가 된 무렵에, '曉堂'이라는 호를 지어준 것이다. '曉'는 '새벽' 또는 '깨달음'이라는 뜻으로, 원효(元曉) 대선사의 '曉'가 바로 그것이다. '새벽녘 깨달음의 집'이라는 이 호는 학문의 길을 걸으며 많은 저술을 남긴 그에게 어울렸다.

개성은 오늘날 북한 땅으로, 평양에 이어 두 번째 특별시로 대접받고 있다. 그가 훗날 북한을 반드시 다뤄야 할 대한민국의 국토통일원장관으로, 또는 통일부총리로 봉직하게 되는 지연(地緣)이 출생으로 이뤄진 것이다. 그는 자신이 중학교 3학년이던 때인 1949년에 개성과 생가를 찾아갔었다고 회상하면서, "제가 통일원장관이 된 후에 이북 5도에서 많은 성원을 해주신 것도 제가 개성 태생이기 때문으로 생각합니다."라고 덧

---

6) 이광린(李光麟), 『한국사강좌』 5(『근대편』)(일조각, 2002년 수정판), 337~378쪽.

붙였다.[7]

아버지 이봉훈은 개성에서 조용환(趙容煥) 회장이 세운 조선산업에 취직해 개성상인으로의 길에 들어섰다. 고려왕조의 수도였던 개성의 옛 이름은 송도(松都)로, 흔히 송상(松商)이라고 불린 개성상인들은 복식부기를 개발할 정도로 상업에 매우 유능했다. 오랜 기간에 걸쳐 서방의 학자들은 복식부기를 처음 개발한 사람들은 이탈리아의 상인이라고 보았다. 그러나 20세기에 들어와 개성상인들이 개발한 '사개송도치부법(四介松都治簿法)'이 이탈리아에서 개발된 부기학(簿記學)보다 2세기 정도 앞섰다는 해석이 널리 받아들여지고 있다.[8] 그들은 '신용'과 '정성'을 생명으로 여겼고, 이 정신으로 사업을 이끌었기에 일제강점기에도 상권을 일본인에게 빼앗기지 않았다고 한다.

이봉훈은 '신용'과 '정성'의 정신에 충실하게 살고자 노력했고, 그 결과 이미 20대에 성실함이 인정돼 개성에서 아주 가까운 연백군(延白郡) 배천(白川)의 지점장으로 승진했다. 이 회사는 황해도의 연백평야에서 많이 생산되는 쌀을 다뤘다. 이렇게 개성과 그 일대에서 활동하면서, 이봉훈은 세 살 아래의 개성 출신 민관식(閔寬植)과 친구가 됐다. 민관식은 훗날 민주당 정권에서 국회의원을 역임했고 이후 박정희 정부와 노태우 정부에서 계속해 요직을 역임했다.

조선산업에서의 경험을 바탕으로 이봉훈은 곧 서울에서 삼화양행(三和洋行)이라는 조그만 곡물 수출회사를 세웠다. 회사는 그때 조선인이 서울에 세운 유일한 백화점이었던 종로 2가의 화신백화점 바로 맞은편에 있던 한청빌딩 3층에 있었다. 일제가 이른바 대동아전쟁을 벌이던 때 곡물을 해외로 내보낸다고 시비를 걸어와 곤경을 겪다가 결국 문을 닫

---

7) 이홍구·김재홍, 342~343쪽.

8) 이 점에 대해서는 다음에서 자세히 설명됐다. 김학준, 『남북한문전』 전 15권(단국대학교출판부, 2019~2023) 가운데 제3권(『중세: 통일신라·발해·후삼국·고려』)(2019), 457~461쪽.

왔다. 이어 6·25전쟁 직전, 조선의 전통주에 소주와 정종을 생산하는 동양주조주식회사를 인수했다. 이 회사는 그때 주조회사가 많이 모여 있던 동대문구 신설동에 있었다.

이봉훈은 장남 이홍구가 서너 살 되던 해에 처음으로 서울에 집을 샀다. 종로구 사직동에 있는 한옥으로, 자신의 처남이 사직동과 붙어 있는 종로구 필운동에 살고 있던 것도 고려했던 것 같다. 그러나 곧 매동초등학교 바로 뒤의 필운동으로 이사했으며, 아들이 일곱 살쯤 되어 보통학교(지금의 초등학교) 입학을 앞두게 되자 그는 북촌(北村)의 중심이었던 종로구 가회동(嘉會洞) 31번지로 다시 이사를 한다. 아들을 장차 경성제1고등보통학교에 입학시키려는 꿈을 지녔던 아버지는 이 학교에 많이 입학시키는 것으로 정평이 있던 재동학교에 입학시킬 수 있는 학군에 속한 가회동을 선택한 것이다.

● **아버지를 통해 받은 유교교육의 내용**

아버지는 자식교육과 관련해 '명문'에만 집착했던 것은 아니다. 집안 자체가 전통적인 유교예절을 중시하는 엄격한 가풍을 지니고 있었지만, 그 점에서는 특히 아버지가 앞장을 섰다. 이홍구는 자신이 네다섯 살 때부터 아버지가 "너는 영산군 15대 종손임을 잊지 않고 종손답게 책임감을 지니며 살라."라고 가르쳤고 그래서 "어려서부터 나라에 대한 주인의식과 책임의식이 컸다."라고 회상하면서, "제가 여기까지 오는 데는 아버지의 계획적인 구상이 컸다."라고 덧붙였다. 그의 회상은 다음으로 이어졌다.

기업가시던 아버님은 언제나 저에게 유교적인 우리나라 전통예절이 얼마나 아름다운가를 설명해주셨고, 인간관계에서는 예의가 무엇보다 중요함을 강조하셨습니다.[9]

41

아버지는 자신을 가르쳤던 집안 어른 이채옥 님에게 아들을 가르치게 했다. 그래서 이홍구는 그로부터 천자문을 배우면서 유학의 기초를 닦았다. 아버지는 또 아들에게 유교사상에서 파생된 동양의 절대 미덕 가운데 하나인 '겸손'을 가르쳤다. 아들이 이미 어려서부터 남다르게 영민함을 보인다고 느낀 아버지는 아들에게 "겸손하게 처신하며 살라."라고 가르치고 싶었다. 그래서 3·1운동 때 '민족대표 33인' 가운데 한 분이었던 위창(葦滄) 오세창(吳世昌) 선생으로부터 '겸손의 방'이라는 뜻의 '謙室'이라는 붓글씨를 받아 아들의 머리맡에 걸어놓게 했다.[10]

부모의 영향과 관련해, 그는 다음과 같이 부연했다.

내가 학창시절을 보내던 시대는 우리나라 보통의 젊은이라면 누구나 겪었을 격동의 시대였지요. 하지만 나는 부모님을 잘 만난 때문인지 기억에 남을 만큼 커다란 고생은 하지 않았다고 생각됩니다. 그 젊은 시절의 선택받은 인생 때문에 오늘의 내가 있을 수 있었다는 생각을 하면 사회를 위한 모든 일에 숙연해지곤 합니다. 젊은 시절 받은 혜택을 조금이라도 보답하는 길은 사회를 위해 봉사하고 나라를 위해 열심히 일하는 것이라는 생각을 항상 하고 있습니다.[11]

이렇게 어려서부터 아버지를 비롯한 집안 어른의 영향을 강하게 받은 그는 훗날 유교의 통치사상을 공부하면서 여러 논문을 발표했다. 거기에 관류하는 명제는 "유교 통치사상의 핵심은 모든 것을 공정하게 보아야

<hr>

9) 박성숙, 「탐방: 최선을 다한 후 결과는 운명에 맡겨야: 2002년 월드컵축구유치위원회 이홍구 위원장을 찾아서」, 『인생을 어떻게 살아야 하는가』(1994년 봄); 『이홍구문집』 IV, 685~688쪽에 재수록. 인용된 부분은 687쪽에 있다.
10) 전진우(全津雨), "'시대착오적, 투쟁적 리더십으론 이제 안돼': 신한국당 이홍구 대표", 『신동아』(1996년 8월), 148~159쪽 가운데 159쪽.
11) 박성숙, 「탐방: 최선을 다한 후 결과는 운명에 맡겨야」; 『이홍구문집』 IV, 685~688쪽에 재수록. 인용된 부분은 686~687쪽에 있다.

하며 자기의 특별한 관점에서 모든 것을 보려는 것을 금기(禁忌)로 여긴 다는 데 있으며, 배운 사람이 정치를 해야 한다."라는 것이다. 그는 이러 한 관점에서, 1970년대 이후 교조주의·아집·독선에 반대하는 글을 여러 차례 썼는데, 이 점에 대해서는 우리가 제3장 이후 때때로 살피기로 한다.

1957년 4월 3일 자유당 정권의 제2인자로 불리던 이기붕(李起鵬) 국회의장의 도움으로 전주이씨대동종약원(全州李氏大同宗約院)이 사단법인의 형태로 출범했다. 이봉훈은 전주이씨에 대한 자부심이 대단했으며 종약원의 출범부터 자신의 별세 전까지 오랜 시간을 종현(宗顯)의 일에 지속적으로 봉사했다. 이세정(李世楨, 1895~1972) 전 진명여자중·고등학교 교장과, 자유당 정권에서 상공부장관을 지낸 이재형(李載灐) 전 국회의장이 각각 이사장을 맡았을 때는 부이사장으로도 봉사했다. 아버지의 강력한 권유를 받아들인 이기붕 의장의 주도로 마련된 전주이씨대동종약원 건물은 서울특별시 종로구 와룡동 139번지에 있는 이화회관(李花會館)으로, 조선조의 국보적인 궁궐인 창경궁을 마주하고 있다.

어머니는 아들이 서울대학교 교수이던 때인 1978년 8월 25일 오전에 강남구 삼성동 산 45번지의 357에서 향년 64세로 별세하며, 아버지는 아들이 대통령특별보좌관이던 때인 1990년 9월 19일 오후에 서울대학교병원에서 향년 76세로 별세한다.

● **이홍구, 서울21세기위원장으로 선임되다**

성실하고 유능한 기업인으로 성장한 이봉훈은 번족했다. 이홍구 아래로 딸 영일(英一)이 1940년 8월 20일에 서울특별시 종로구 가회동 31번지 79에서, 딸 명희(明喜)가 1945년 10월 13일에 서울특별시 서대문구 진관외동 52번지에서, 아들 성구(成九)가 1949년 10월 13일에 서울특별시 종로구 돈의동(敦義洞) 43번지 7에서, 딸 명덕(明德)이 1954년 7월 29일에 성구가 태어난 주소와 같은 주소에서, 딸 영인(永仁)이 1957년 6월 3일에 서울특별시 종로구 와룡동(臥龍洞) 57번지에서, 그리고 딸 은미(恩

美)가 1960년 8월 8일에 영인이 태어난 주소와 같은 주소에서 태어난다. 이들 2남 5녀의 맏이가 이홍구다.

위에서 보았듯, 이 전 총리는 영산군 이래 15대에 이르기까지 진관사 근동의 땅과 집을 유지했다. 통일부총리 때 그는 이 사실을 상기시키면서 "서울의 토박이가 아니냐."라고 묻는 기자에게 다음과 같이 설명했다.

> 정확한 토박이라고 보기는 어렵습니다. 중간에 다른 데 가서 산 일도 있으니까요. 그러나 저희처럼 서울에서 15대를 걸쳐서 같은 자리에 집을 가진 사람은 많지 않을 것입니다. 저는 지금은 강남에 거주하지만, 은평구 진관외동에도 집을 갖고 있습니다. 이 집은 거주지라기보다는 제사를 위한 곳입니다.[12]

이렇게 볼 때, 그가 서울 정도(定都) 600주년을 1년 앞둔 1993년 1월 1일에 발족한 서울21세기위원회(1993년 1월 1일~1994년 12월 31일) 위원장으로 선임된 것은 자연스러웠다.[13] 1392년 8월 13일(음력 7월 17일)에 즉위한 태조 이성계는 1394년 9월 27일(음력 8월 24일)에 수도를 한양으로 정하고 개성에서 옮기기로 했다. 서울특별시는 1994년 9월 27일을 정도 600주년으로 간주하고 서울 정도 600주년 기념행사를 벌였다. 이 행사의 하나로 서울21세기위원회를 발족시킨 후, 그가 주영대사를 마치고 귀국하자 초대 위원장으로 추대한 것이다.

---

12) 이홍구·김재홍, 342쪽.

13) 박성숙, 「탐방: 최선을 다한 후 결과는 운명에 맡겨야」; 『이홍구문집』 IV, 685~688쪽에 재수록.

제2절
학교

제1항
재동초등학교

아버지의 희망과 계획대로, 이홍구는 만 7세가 되기 직전인 1941년 4월 1일에 재동학교, 곧 경성재동공립심상소학교(京城齋洞公立尋常小學校)에 입학했다. 이해 12월 8일에 일제는 미국령 하와이의 진주만을 기습공격하면서 태평양전쟁을 일으켰다. 이홍구는 바로 이날 조회시간에 무라카미 일본인 교장이 이 사실을 호기롭게 발표했다고 회상했다.

'심상소학교(尋常小學校)'는 일제 학제의 이름으로, 우리 식으로 풀이한다면 보통학교라는 뜻에 가깝다. 이 학교는 고종 31년인 1894년의 갑오개혁 이후 정부가 서울에 설립하기 시작한 최초의 근대식 초등교육기관의 하나였다. 1895년 8월 10일에 오늘날 종로구 가회동에 해당하는 가회방(嘉會坊)에서 개교했는데, 교명은 관립계동소학교였다. 가회방에 포함된 여러 동(洞) 이름 가운데 하나인 계동(桂洞)을 딴 것이다. 이 학교는 을사늑약 직후인 1906년 9월 1일에 역시 가회방에 포함된 여러 동 이름 가운데 하나인 재동(齋洞)을 따서 관립재동보통학교로 개칭했으며, 경술국치 직후인 1911년 11월 1일에 재동공립보통학교로 개칭했고, 1938년 4월 1일에 경성재동공립심상소학교로 개칭했다.

일제는 1941년 2월 28일에 칙령 제148호로써 「국민학교령」을 제정·공포했고, 이에 따라 조선총독부는 1941년 3월 25일에 칙령 제254호로써「조선교육령」을 개정한 데 이어 3월 31일에 총독부령 제90호로써「국민학교 규정」을 공포해 기존에 사용하던 '심상소학교'라는 이름을 '황국신민의 학교'라는 뜻을 담은 '국민학교'로 바꾸게 했다. 이에 따라 경성재동공립심상소학교는 이 전 총리의 입학 시점인 1941년 4월 1일에 경성재동공립국민학교로 개칭했다.

이 학교는 8·15광복 다음 해인 1946년 9월 28일, 서울재동국민학교로 개칭했다. 이 유서 깊은 학교는 김영삼 대통령이 1995년 8월 11일에 "일제의 잔재를 깨끗이 청산하고 민족정기를 바로 세우기 위해 국민학교의 명칭을 초등학교로 변경하기로 한다."라는 방침을 세움에 따라, 1996년 3월 1일에 전국의 모든 국민학교가 초등학교로 개칭했듯 서울재동초등학교로 개칭해 오늘에 이르고 있다. 교지(校地)는 처음부터 종로구 가회동이었고, 현재의 도로명 지번으로는 종로구 북촌로 4길의 7이다.

한때 학생 수와 교직원 수로 서울의 '10대 초등학교' 가운데 하나로 꼽혔던 이 학교는 1970년대 중반 이후 강남이 개발되고 강북의 시민들과 학교들 가운데 다수가 강남으로 이전함에 따라 도심 공동화 현상이 생겼고 이에 더해 저출산이란 악재가 겹쳐 학생 수가 격감했다. 그래서 비슷한 상황에 직면한 이웃의 교동초등학교와의 통폐합 논의가 뒤따랐다. 다행히 서울특별시 교육청이 작은 학교를 대상으로 지원을 해주는 '서울형 작은학교' 사업에 두 학교 모두 포함되어 거주지 학군과 관계없이 전·입학이 허용됐다. 그 결과, 2016년에 30여 명으로 내려간 입학생 수가 2017년부터 다시 늘어나 2018년에는 44명이 입학했다.

2022년 현재 개교 127주년을 기록하며 많은 졸업생을 배출했다. 전 국회의장 이기붕, 전 국무총리 변영태(卞榮泰), 전 국무총리 백두진(白斗鎭), 전 국무총리 이홍구, 그리고 건국대학교 명예교수 강인숙(姜仁淑), 「아침 이슬」의 작사·작곡가 김민기(金敏基), 전 동아일보사 회장 김병관(金炳琯), 배우 출신의 전 국회의원 김을동(金乙東), 전 한양대학교 자연과학대학장 문국진(文國珍), 전 국가보훈처장 박유철(朴維徹), 배우 배두

나(裵斗娜), 작곡가 손목인(孫牧人), 전 대법관 손지열(孫智烈), 전 국회의원 손혜원(孫惠園), 가수 양희은(楊姬銀), 클라리넷 연주자 엄토미(嚴吐美), 전 고려대학교 총장 유진오(兪鎭午), 작가 유호(兪湖), 핵물리학자 이동녕(李東寧), 가수 이상은(李尙恩), 영화감독 이장호(李長鎬), 효성그룹 명예회장 조석래(趙錫來), 작가 최인호(崔仁浩), 가야금 명인 황병기(黃秉冀)[가나다순] 등이 거기에 포함된다. 2020년 현재 교직원 20명에 학생 209명이다.

이 전 총리를 가르쳤던 교사들 가운데 한 분이 송남헌(宋南憲, 1914~2001) 선생이다. 그는 대구사범학교를 졸업하고 당시의 공식명칭으로는 이 학교의 '훈도(訓導)'로 부임했던 것이다. 그는 8·15해방 이후 대한민국 임시정부 부주석을 역임한 독립운동가 우사(尤史) 김규식(金奎植)을 모시고 좌·우 합작운동에 이어 남북협상에 참여했으며, 대한민국 정부 수립 이후 혁신운동에 참여해 고초를 겪었다. 그는 자신이 재동에서, 훗날 대한민국 4대 대통령이 되는 윤보선(尹潽善)의 아버지 윤치소(尹致昭)의 손녀 윤경남(尹慶男), 훗날 서울대학교 교수가 된 임종철(林鍾哲)과 그의 형 임종국(林鍾國) 그리고 이홍구 등을 가르쳤고, 특히 이홍구가 서울대학교 교수이던 때 서울대학교로 초청해줘 「현대사 특강」에서 강의했으며 이홍구가 국토통일원장관이던 때 고문으로 일할 수 있게 해줬고 그 자격으로 난생처음 소련·동구·중국을 여행할 수 있었다고 회고했다.[14)

이홍구는 줄곧 우등생으로 다녔던 재동학교를 1947년 3월 제39회로 졸업했다. 그를 비롯해 약 30명이 1947년 4월 1일에 경기중학교에 입학했다. 입학 당시에 6년제 중학교였던 학제는 그가 중학교 4학년이던 1951년 8월 31일 개정된 교육법에 따라 중학교 3년, 고등학교 3년으로

---

14) 우사연구회 엮음/심지연(沈之淵) 지음, 『송남헌회고록: 김규식과 함께한 길』(한울, 2000), 26쪽 각주12 및 196쪽 각주9.

나뉘었고, 자동적으로 고등학생이 된 그는 2년을 더 공부하고 졸업했다.

이홍구는 재동과 경기를 거치며 평생의 벗들을 만나게 된다. 특히 재동 1학년부터 6학년까지 한 반에서 어울렸던 한만청(韓萬靑)과 박병석(朴炳奭)이 그들이다. 한만청은 동아일보사 편집국장을 역임한 독립운동가 월봉(月峯) 한기악(韓基岳, 1898~1941) 선생의 셋째 아들로, 이홍구와 마찬가지로 재동을 졸업한 후 경기중·고등학교를 졸업했다. 서울대학교 의과대학을 졸업하고 서울대학교 대학원 의학과에서 석·박사학위를 받고 서울대학교병원장으로 봉직했으며, 현재 이 대학교 명예교수다. 그는 2021년 10월 28일에 서울대학교 구내 호암교수회관에서 열린 이홍구의 미수기념문집 출판 행사 때 참석해 자신이 이홍구와 맺은 인연과 우정을 감동적으로 회상했다. 박병석은 화신산업(和信産業) 박흥식(朴興植) 사주의 장남으로, 역시 재동과 경기중·고등학교를 함께 다니며 맺은 돈독한 관계는 평생 유지됐다.

제2항
경기중·고등학교

경기중·고등학교의 역사는 1899년 4월 4일에 공포된 대한제국 칙령 제11호로 거슬러 올라간다. 이 칙령은 '중학교 심상과 4년 고등과 3년'의 관제를 공포했고, 이것에 근거를 두고 1900년 10월 3일에 관립한성중학교가 오늘날의 종로구 화동(花洞) 1번지에서 개교한 것이다. 이곳은 그때 조선조 명문거족들이 모여 살던 홍현(紅峴)이었고, 학교는 갑신정변의 주역이었던 김옥균(金玉均, 1851~1894)의 집터였다고 한다. 그 시점에서 유일한 관립중학교였던 이 학교는 2008년 10월 2일 오전 10시에 개교 100주년 기념식과 100주년 기념관 개관식을 열었는데, 이홍구는 이 식에 참석했다.

이홍구가 경기중학교에 입학했을 때 교장은 이관섭(李寬燮) 선생이었다. 그러나 대한민국 정부가 수립되면서 김종무(金鍾武) 서울대학교 문리대 사학과 교수가 교장으로 부임했고, 그의 뒤를 이어 6·25전쟁이 일어나기 직전에 맹주천(孟柱天) 교장이 부임했다.

이홍구는 종로구 내수동에 있는 집에서 별로 멀지 않은 화동의 학교로 등교했다. 그는 친구의 권유로 종로구 도렴동에 있는 종교교회(琮橋敎會)에 다녔다. 우리가 제2장 제1절 제1항에서 보게 되듯, 구한말의 개혁운동가였던 윤치호는 미국 조지아주 에모리대학교의 2년제 문리대인 옥스퍼드칼리지를 졸업하고 귀국한 뒤 에모리대학교의 종교적 기반인 남(南)감리교의 교회를 조선에도 세우고 싶어 했다. 그의 노력의 결과로 몇 단계를 거쳐 결국 오늘날의 배화학당(培花學堂)을 세운 조세핀 캠벨(Josephine Eaton Peel Campbell) 선교사는 서울에 교회를 세우기에 이르렀다. 이 교회가 바로 종교교회다.

또한 이홍구는 한경직(韓景職) 목사의 설교를 들으러 중구 수표동의 장로교 교회인 영락교회에도 갔었다고 회상한다. 특히 1950년 6월 25일 북한의 기습 남침으로 전쟁이 시작된 바로 그날, 한 목사의 설교를 듣고 나오는데 "전쟁이 일어났다. 군인들은 모두 일선으로 돌아가라."라는 마이크 방송을 들었다고 기억했다. 이렇게 교회를 다니기는 했지만, 종손으로 어려서부터 받은 유교적 전통의 강력한 영향 때문에 기독교를 받아들이지는 않았다. 그는 진관사와 오랜 기간에 걸쳐 인연을 맺어 온 집안 내력 때문인지 기독교보다 불교가 더 편했다고 회상했다.[15]

중학교 4학년 때 일어난 6·25전쟁은 그에게도 시련을 안겨주었다. 피난을 가지 못한 많은 시민이 그러했듯, 그 역시 부모님과 함께 두려움과 불안 속에 적치를 경험할 수밖에 없었다. 무엇보다 북한군으로의 강제징집인 '의용군'으로 끌려가는 것을 피하고자 일정한 기간에 걸쳐 지

---

15) 이홍구 교수와의 제3차 면담(2022년 2월 12일 오전, 서울국제포럼사무실).

하실에 숨어 지내기도 했다. 1951년 1월 4일에 중공군이 서울을 점령함에 따라 이른바 1·4후퇴가 시작되자 그는 부모님을 따라 부산으로 피난했고 학교가 4월 3일에 부산에서 피난학교를 열자 거기서 학교를 다니고 대학에 입학하게 된다. 미군이 주둔했던 화동 교사로의 복귀는 1955년 8월에야 이뤄졌기에 화동 교사를 다시 밟지는 못한 채 부산의 가교사에서 졸업하게 됐다.[16]

그는 학업에 충실하면서 운동도 게을리하지 않았다. 이 점과 관련해, 『경기90년사』는 "가교사생활 속에서도 이응선(李應善)·이홍구·이희섭(李喜燮) 등이 배구팀을 이끌며 두 차례에 걸쳐 전국고등학생배구대회에서 우승함으로써 일제 때부터 내려온 '경기배구'의 전통을 이었다."라고 특기했다.[17] 이홍구 스스로 "학자 중에서 저만큼 스포츠를 좋아하는 사람도 드물 겁니다. 중·고교와 대학 시절 배구선수 생활을 했을 정도로 스포츠에 관해서는 관심을 많이 가지고 있습니다."라고 회상했다.[18] 특히 배구계 원로인 박계조(朴啓祚) 선생의 지도를 받았으며, 이 인연으로 그는 2007년 1월 11일에 대한배구협회 상임고문으로 추대됐다.[19]

이홍구는 경기고등학교를 1953년 3월 18일에 제49회로 졸업했다. 졸업생은 모두 309명으로, 그들 가운데는 훗날 서울대학교 의과대학 교수를 거쳐 단국대학교 의무부총장이 되는 김건열(金建烈), 아주대학교 총장을 거쳐 교육부장관이 되는 김덕중(金德中), 주독대사와 주일대사를 역임하는 김태지(金太智), 대법관이 되는 오성환(吳成煥), 서울대학교 의과대학 교수가 되는 이상복(李尙馥), 대한변호사협회 회장을 역임한 이

---

16) 경기백년사편찬위원회 편, 『경기100년사, 1900~2000』(경기고등학교동창회, 2000), 422~423쪽.
17) 경기90년사편찬위원회 편, 『경기90년사, 1900~1990』(경기고등학교동창회, 1990), 249쪽.
18) 박성숙, 「탐방: 최선을 다한 후 결과는 운명에 맡겨야」, 『이홍구문집』 IV, 685~688쪽에 재수록.
19) 「이홍구 전 총리, 배구협(協) 상임고문 추대」, 『문화일보』(2007년 1월 13일).

세중(李世中), 감사원장을 거쳐 국무총리가 되는 이회창(李會昌), 세계적 물리학자로 명성을 떨치다가 불행히도 교통사고로 별세하는 이휘소(李輝昭), 재무부장관을 거쳐 경제부총리가 되는 정인용(鄭寅用), 주미대사를 거쳐 외무부장관이 되는 최광수(崔侊洙) 등이 포함됐다. 정·관계에서뿐만 아니라, 경제계와 이공계 등에서 뛰어난 실력을 발휘한 친구들도 많았다.[20] 이주용(李珠龍) KCC정보통신 회장이 대표적 사례다. 이홍구는 그들 모두와 가깝게 지냈지만, 특히 경기중학교를 수석으로 입학하고 서울법대를 함께 다닌 최광수와 가까웠다. 최광수는 고등고시 행정과 3부(외교)를 거쳐 외무부에 들어갔다가 조지타운대학교에서 연수를 받던 때 이홍구가 조지아주 애틀랜타의 에모리대학교로 유학을 왔다는 소식만 듣고 무작정 찾아올 정도로, 두 사람은 각별했다.

제3항
서울대학교 법과대학

이홍구는 임시수도 부산에서 서울대학교 법과대학 입학시험을 치렀다. 법학과를 지망한 그는 무난히 합격했으며, 1953년 4월 13일에 경상남도 부산시 서대신동 구덕산록(九德山麓)에 자리를 잡은 서울대학교 가교사에서 입학식을 치렀다.

서울대학교 법과대학의 뿌리는 조선왕조 26대 군주 고종 때 당시 법원을 의미하던 평리원(平理院)에 세워진 법관양성소였다. 6개월의 단기과정이었던 법관양성소는 1896년에 폐지됐다가 1903년에 다시 개교했으며, 대한제국 시대인 1908년에 법학교로 바뀌었고, 경술국치 직후인

---

20) 경기90년사편찬위원회 편, 『경기90년사, 1900~1990』, 462~464쪽. 이홍구의 이름은 463쪽에 있다.

1911년에 경성전수학교로 바뀌었다. 이 기간에 모두 209명의 졸업생이 나왔는데, 그들 가운데 대표적 인물로 헤이그 특사 가운데 한 사람으로 활약한 이준(李儁) 열사, 대한민국 임시정부의 국무령을 역임한 홍진(洪震) 그리고 대한민국 제3대 부통령이었던 함태영(咸台永)이 있다.

경성전수학교는 1923년에 경성법학전문학교로 바뀌었다. 이 학교와 별도로 1924년에 경성제국대학이 개교하면서 그 안에 법문학부가 개설됐고 법문학부 안에 법학과가 개설됐다. 8·15해방과 더불어 경성제국대학은 경성대학으로 바뀌었고 그 안에서 법문학부는 존속됐다. 미군정은 1946년에 「국립서울대학교 설립안(약칭 국대안)」을 추진해 국립서울대학교를 세우면서, 경성제국대학 법문학부 법학과와 경성법학전문학교를 합쳐 국립서울대학교 안에 법학과와 행정학과로 구성된 법과대학을 세웠다.

『서울대학교법과대학백년사: 1895~1995』는 서울대학교 법과대학 개설로부터 1995년까지의 49년을 네 시기로 나누면서, 1946~1953년을 '서울법대 초창기'로, 1953~1960년을 '서울법대 정착기'로, 1960~1974년을 '서울법대 성장기'로, 1975~1995년을 '서울법대 중흥기'로 명명했다. 이 분류에 따르면, 이홍구는 '서울법대 정착기'의 첫해에 입학한 것이다.

동시에 그는 "서울법대 사상 가장 뛰어난 기(期)를 자부한다."라는 '서울법대 11기'가 되었다. 이 11기는 참으로 많은 인재를 각계에서 배출했다. 이회창과 이홍구 등 국무총리 2명, 경제부총리 정인용과 통일부총리 권오기(權五琦) 등 부총리 2명, 박우동(朴禹東)·오성환·이명희(李明熙)·최재호(崔在護) 등 대법관[가나다순] 4명, 조승형(趙昇衡) 헌법재판소 재판관 등이 그 대표적 사례들이다. '장래의 대법관 또는 대법원장'으로 촉망을 받던 김동환(金東煥)과 이세중은 판사직을 떠나 재야 법조인의 길을 걸었으며, 김동환은 방송광고심의위원장을, 이세중은 대한변호사협회장을 역임했다.

국무위원도 7명을 배출했다. 김동익(金東益) 정무제1장관, 김석휘(金

錫輝) 법무부장관, 김용래(金庸來) 총무처장관, 이규효(李圭孝) 건설부
장관, 이대순(李大淳) 체신부장관, 정종택(鄭宗澤) 농수산부장관, 최광수
외무부장관[가나다순] 등이 그들이다. 외교계에서는 김태지 일본대사,
박동순(朴東淳) 이스라엘대사, 신동원(申東元) 독일대사, 이창범(李昌範)
호주대사, 장명하(張溟河) 터키대사, 주병국(朱炳國) 사우디아라비아대
사, 한탁채(韓鐸埰) 태국대사, 채의석(蔡義錫) 스웨덴대사[가나다순] 등
을 배출했으며, 입법부에서는 구용상(具龍相)·나석호(羅碩昊)·이택돈
(李宅敦)·임두빈(任斗彬)·조남욱(趙南煜)[가나다순] 등 국회의원 여럿
을 배출했다. 학계에서는 권영성(權寧星) 서울대학교 법과대학 교수, 금
동신(琴東信) 단국대학교 부총장, 오기평(吳淇坪) 서강대학교 부총장[가
나다순] 등을 배출했고, 언론계에서는 김동익 중앙일보사 사장, 김창열
(金昌悅) 한국일보 사장 및 방송위원회 위원장 등을 배출했다.

　　입학 때의 법대 학장은 고병국(高秉國, 1909~1976) 교수였다. 도쿄제
국대학 법학부 법학과를 졸업한 그는 일제강점기에 고등문관시험 사법
과와 행정과 모두를 합격했다. 그러나 사법부나 행정부 어느 쪽으로도
나가지 않고 도쿄제국대학 대학원 법학과에서 석사과정을 밟았으며 이
후 변호사로 일관했다. 귀국한 뒤 연희전문학교 교수를 거쳐 8·15해방
직후 경성법학전문학교 교장으로 취임했고, 1946년 10월에 서울대학교
법과대학이 세워지자 초대 학장으로, 이어 4대 학장(1952~1957)으로 취
임했다. 서울법대를 떠나면서 단국대학 학장으로 취임한 그는 민법의 대
가로 인정을 받아 대한민국학술원 회원으로 선출됐으며, 훗날 경희대학
교 총장으로 봉직했다.[21]

　　고병국 학장 아래로, 신태환(申泰煥, 경제원론)과 정광현(鄭光鉉, 친족
상속법)이 정(正)교수로 봉직하고 있었다. 신태환(1912~1993) 교수는 오

---

21) 　서울대학교법과대학동창회 편, 『서울대학교법과대학 백년사: 1895~1995』(서울대학교법과대
학동창회, 2004), 271~272쪽.

늘날 히토츠바시대학(一橋大學)의 전신인 도쿄상과대학을 졸업하고, 연희전문학교 교수를 거쳐 8·15해방 이후 동국대학 경제학과 교수를 역임했으며 1951년에 서울법대 교수로 부임했다. 그는 훗날 부흥부장관을 거쳐 서울대학교 총장으로 부임한다. 이홍구는 1학년 때 고병국 교수로부터 「법학개론」을, 신태환 교수로부터 「경제원론」을 배웠다. 우리가 제6장에서 보게 되듯, 신태환 교수는 국토통일원 초대 장관으로, 이홍구는 14대 장관으로 봉직하게 된다.

정광현(1902~1980) 교수는 도쿄제국대학 법학부 법학과를 졸업하고 연희전문학교 교수로 봉직한 변호사였다. 그의 형 정두현(鄭斗鉉, 1888~미상)은 도쿄제국대학·도호쿠제국대학·대북제국대학 등 세 개의 제국대학을 차례로 졸업한 뒤 평양의학전문학교 교장으로 봉직하다가 김일성종합대학 개교에 참여했고 북한 정권의 수립에도 일정하게 참여했다. 그러나 1949년 이후 그의 행방은 전혀 알려지지 않았다. 형 정두현이 북한에서 자신의 동생에 대해 침묵하며 살았듯, 동생 정광현도 남한에서 자신의 형에 대해 침묵하며 살았다. 정치체제가 달라진 남과 북에서 떨어져 살며 자신의 존재가 혹시 상대방의 안위에 해를 끼치지 않을까 하는 배려였을 것이다.[22]

세 분의 정(正)교수 아래, 도쿄제국대학 법학부 법학과 출신의 유기천(劉基天, 형법)이 부(副)교수로 있었다. 그러나 이홍구가 입학했을 때, 그는 예일대학교 법과대학원에서 법학박사학위과정을 밟고 있었다, 그는 「한국의 문화와 형사적 책임」이라는 논문으로 법학박사학위를 받고 1958년에 귀국하며,[23] 1965~1966년에 서울대학교 총장으로 봉직한다.

---

22) 정종현(鄭鍾賢), 『특별한 형제들: 친일과 항일, 좌익과 우익을 넘나드는 근현대 형제 열전』(휴머니스트, 2021), 13~31쪽.

23) 논문의 서지사항은 다음과 같다. Paul Kichyun Ryu, "Korean Culture and Criminal Responsibility: An Application of a Scientific Approach to Law," unpub. J.S.D. diss., Yale University, 1958.

이상의 네 분 아래 11명의 조교수가 있었다. 그들 가운데 도시샤대학(同志社大學) 출신의 배복석(裵福石, 1915~2006)은 교무과장으로 재정학·경제사·통계학을, 김증한(金曾漢, 1920~1988)은 학생과장으로 민법·대륙법·서양법제사·로마법을 강의했다. 김증한은 경성제국대학 법문학부 법과 출신으로, 훗날 문교부차관, 서울대학교 법과대학 학장, 서울대학교 대학원 원장 등을 역임한다.

이어 도쿄제국대학 법학부 법학과 출신의 김기두(金箕斗, 1920~1993)는 형법·형사소송법을, 메이지대학 법과 출신의 김기선(金基善)은 민법을, 교토제국대학 법학부 법학과 출신의 서돈각(徐燉珏, 1920~2004)은 상법을, 주오대학 법학부 정치학과 출신의 이상조(李相助)는 정치학을, 도쿄제국대학 법학부 법학과 출신의 이한기(李漢基, 1917~1995)는 국제법을, 인영환(印英煥)은 체육을, 교토제국대학 법학부 정치학과 출신의 정인흥(鄭仁興, 1916~1982)은 정치학을, 와세다대학 법학부 법학과 출신의 한태연(韓泰淵, 1916~2010)은 헌법을, 경성제국대학 법문학부 법과 출신의 황산덕(黃山德, 1917~1989)은 형법·법철학·국제사법을 강의했다. 그들 가운데 이한기 교수는 훗날 감사원장과 국무총리서리를 역임하고, 황산덕 교수는 성균관대학교 총장을 거쳐 법무부장관과 문교부장관을 역임한다.

전임 교수 밖에도 26명의 시간강사가 있었다. 그들 가운데에는 훗날 서울대학교 법과대학 교수를 거쳐 법제처장이 되는 김도창(金道昶, 1922~2006), 훗날 대법관이 되는 백한성(白漢成, 1899~1971) 변호사, 훗날 재무부장관이 되는 이정환(李廷煥, 1919~2008), 훗날 외무부장관이 되는 정일형(鄭一亨, 1904~1982) 박사, 훗날 대법원장이 되는 조진만(趙鎭滿, 1903~1979) 변호사, 훗날 고려대학교 총장이 되는 차낙훈(車洛勳, 1912~1993)[가나다순] 등이 포함됐다.

제4항
도미 유학의 길에 오르다

이홍구는 1953년 여름, 서울로 환도해 1학년 2학기를 이화동 캠퍼스에서 시작하면서 도미 유학을 결심한다. 법대에 입학할 때는 고등고시를 거쳐 판사가 되기를 희망한 아버지의 뜻을 따랐지만, 그는 철학 그리고 사회과학 전반에 관심이 컸기에 자신의 길을 걷기로 마음먹은 것이다. 마침 어머니의 큰오빠의 딸로, 서울대학교 사범대학 교육학과를 수료하고 조지아주립여자대학(Georgia State College for Women: GSCW)을 졸업한 뒤 테네시주립대학교에서 교육학석사학위를 받고 1953년에 귀국한 주정일(朱貞一, 1927~2014) 교수가 도움을 주었다. 주정일 교수는 서울대학교 사범대학 교수로 출발해 숙명여자대학교로 옮겨 아동복지학과를 신설하고 거기서 정년퇴임한다.

사촌 누이의 주선으로 햄비 바튼(J. Hamby Barton, 1921~2013) 감리교 목사 내외의 도움을 받아 조지아주 애틀랜타의 에모리대학교에 장학생으로 입학할 수 있었다. 우리가 제2장 제1절에서 곧 살피게 되듯, 남(南)감리교 계통의 에모리대학교는 한국에 대해 좋은 인상을 갖고 있었다. 구한말의 윤치호가 이 학교를 졸업한 후 귀국해 남감리교 교회를 세우는 데 크게 노력한 사실을 귀중하게 기억한 것이다. 출국할 때 집 주소는 서울특별시 동대문구 숭인동 72의 6이었다. 팬암(PANAM) 항공기편으로 서울에서 출발해, 도쿄·호놀룰루·샌프란시스코를 거쳐 시카고에 도착했으며, 거기서 기차로 애틀랜타에 도착했다.

曉堂　李洪九

14년에 걸친 미국에서의 연구와 교수 생활: 특히 에모리대학교와 예일대학교에서의 연구 생활을 중심으로

(1954년 1월~1968년 6월)

제1절
에모리대학교에서 철학을 전공하다

제1항
에모리대학교의 역사 그리고 한국인

에모리대학교는 1836년에 조지아주 감리교회 신자들이 조지아주의 작은 도시 옥스퍼드에서 조지아주 감리교회의 유명한 목사였던 고(故) 존 에모리(John Emory, 1789~1835) 감독의 이름을 따서 세운 에모리칼리지(Emory College)로 출발했다. 에모리칼리지는 1833년에 조지아주 메이컨(Macon)에서 개교한 머서대학교(Mercer University)에 이어 조지아주에서 두 번째로 개교한 고등교육기관이었다.

조지아주는 1861~1865년의 남북전쟁기에 남부, 곧 아메리카연합국(Confederate States of America) 또는 남부연맹(Southern Confederacy)에 가담했으며 이 전쟁의 주요무대들 가운데 하나가 됐다. 에모리칼리지는 불가피하게 휴교했다가 남부가 북부, 곧 에이브러햄 링컨(Abraham Lincoln) 대통령이 이끈 아메리카합중국(United States of America)에 항복한 때로부터 1년 뒤인 1866년에 수업을 재개했다.

출발 때부터 재정문제를 겪던 에모리대학교는 1915년에 새 전기를 맞게 된다. 코카콜라 회사의 창립자인 아사 캔들러(Asa Griggs Candler, 1851~1929)는 조지아주 애틀랜타에 소유하고 있던 부지를 에모리대학에 기증했고, 때맞춰 애틀랜타 외곽 옥스퍼드에 있던 에모리칼리지는 이 부지로 캠퍼스를 이전하고 경영대학을 신설하면서 에모리대학교로 개칭했다. 이후 코카콜라 회사의 지속적인 지원을 받아 대학교를 키웠으며, 1953년에는 남녀공학으로 전환했다. 현재 문리대를 비롯한 4개 단과대학에 대학원·법학전문대학원·의학전문대학원·간호전문대학원·신학전문대학원 등 모두 9개의 대학 및 대학원을 거느린 큰 대학교로 자리를 잡았다. 교훈은 "슬기로운 마음이 지식을 얻게 되리라("Cor prudentis possidebit scientiam.")"이다.[1]

연구 중심의 사립 종합대학교로서 미국에서뿐만 아니라 국제사회에서도 명성이 높다. 매년 미국의 대학교들을 여러 범주로 나누어 등급을 정하는 것으로 유명한 주간지 『유에스 뉴스 앤드 월드 리포트(*US News and World Report*)』에 따르면, 에모리대학교는 2017~2018년도에는 미국의 모든 대학교 가운데 21위를 차지했고 세계의 모든 대학교 가운데 71위를 차지했다.

조선=한국인으로 이 대학교를 졸업한 대표적 인물이 구한말의 정치인이면서 기독교 지도자였던 윤치호(尹致昊, 1865~1945)였다. 그는 이 대학교의 2년제 문리대인 옥스퍼드칼리지(Oxford College)를 1894년에 졸업했다. 그의 뒤를 이어 구영숙(具永淑, 1892~1976)과 오한영(吳漢泳, 1898~1952)이 에모리대학교 의과대학을 졸업했다. 구영숙은 세브란스 의과전문학교 교수를 거쳐 대한민국 초대 보건부장관을 역임했으며, 오한영은 세브란스병원장과 2대 보건부장관을 역임했다.[2] 대한민국 초기에는 보건부와 사회부가 각각 독립된 부서로 설립됐고, 1955년에 두 부서가 보건사회부로 통합됐으며, 1994년에 보건복지부로 개칭됐다.

이후 오갑환(吳甲煥)·임희섭(林熺燮)·한완상(韓完相)·함인희(咸仁姬)[가나다순] 등 한국을 대표하는 사회학자들이 이 대학교에서 사회학

---

1) Thomas H. English, *Emory University, 1915~1965: A Semicentennial History*(Atlanta, G.A.: Emory University, 1966); Gary S. Hauk, *A Legacy of Heart and Mind: Emory Since 1836*(Atlanta, G.A.: Book House Group, Inc., 1999).
2) 안형주(安炯株), 『박용만과 한인소년병학교』(지식산업사, 2007), 146~147쪽.

석·박사학위를 받았다. 그들 가운데 한완상은 서울대학교 교수로 제4공화국과 제5공화국 때 민주화운동에 투신해 옥고를 치르기도 했으나, 김영삼 정부에서는 통일부총리를, 김대중 정부에서는 교육부총리를 역임했다. 한성대학교 총장을 비롯해 몇몇 대학교에서 총장을 맡았고, 대한적십자사 총재로도 활동했다. 김외식(金外植)·이후정(李厚政) 등 신학자들도 이 대학교에서 신학박사학위를 받았는데, 김외식 박사는 감리교신학대학교 총장을 역임했으며 이후정 박사는 현재 감리교신학대학교 총장이다. 또한 이곳에서 의학석사학위를 받은 김집(金潗)도 훗날 국회의원과 체육부장관을 역임했다.

김대중 대통령은 대통령이 되기 이전인 1983년 5월 16일에 에모리대학교 제임스 레이니(James T. Laney) 총장으로부터 한국의 민주화에 이바지한 공로가 인정돼 명예 법학박사학위를 받았고,[3] 서울대학교 사회과학대학 정치학과 이홍구 교수는 1986년 12월 10일에 에모리대학교 개교 150주년을 맞아 제임스 레이니 총장으로부터 명예 인문학박사학위를 받았다. 예일대학교 경제학과에 재학하던 때 제2차 세계대전을 만나 징집된 제임스 레이니는 종전과 함께 한국에서 방첩대 대원으로 복무했으며, 제대한 뒤 예일대학교 경제학과를 졸업하고 예일대학교 신학대학을 거쳐 감리교 목사가 됐다. 그리고 예일대학교 대학원에서 기독교철학을 전공해 철학박사학위를 받은 뒤 에모리대학교에서 교수직을 시작했다. 1977년부터 16년에 걸쳐 에모리대학교 총장으로 봉직한 제임스 레이니는 클린턴 대통령에 의해 1993년 10월에 주한미국대사로 임명을 받아 1997년 2월까지 봉직한다.

---

3) 김대중, 『김대중 자서전』 전 2권(삼인, 2011) 제2권, 581쪽.

에모리에 입학한 이홍구는 곧 햄비 바튼(J. Hamby Barton, 1921~2013) 감리교 목사를 만나게 됐다. 그는 조지아주 교구 중의 하나인 애틀랜타 서북쪽 롬(Rome)교구의 감독(Superintendent)으로 사역하고 있었다. 그는 물론이고 부인 에타 바튼(Etta P. Barton) 여사도 이홍구를 따뜻하게 보살피며 학업을 독려했다.[4]

한 학기가 지난 1955년 초에 감기 기운으로 대학병원에 갔다가 결핵에 감염된 사실을 알았다. 이미 이 시절에 미국은 법으로 결핵환자를 병원에서 격리 치료하게 했고, 그는 롬에 있는 배티주립병원(Battey State Hospital)에 입원하게 됐다. 그는 결국 이 병원에서 약 30개월을 머물며 치료를 받는데, 그 기간에 바튼 목사 내외분은 주말마다 찾아와 기도해주며 큰 용기를 북돋워주었다.

담당의는 중국계 미국인으로 이 병원 부원장인 셱(Dr. Shek) 박사였다. 외과의사인 그는 투약 치료만으로는 재발의 위험이 있다며 오른쪽 폐의 '중간부위'를 제거하는 수술을 하지 않으면 안 된다고 결정했고, 결국 그의 집도로 수술이 진행됐다. 다행히 수술은 성공적으로 끝났다. 그러나 수혈이 더 중요한 문제로 남았다. 일반적인 정상인의 몸에는 피가 14파인트(1pint: 0.473L)로 대략 6.6L 정도를 지니고 있다. 그러나 그는 수술 후 피가 지혈되지 않아 매우 위험한 상황까지 가게 되었다. 수혈은 계속됐고 바튼 내외분의 호소에 의해 교회와 학교에까지 알려져 주변의 지인들과 학생의 헌혈로 필요한 양을 채울 수 있었다. 이틀 즉 48시간을 넘기고 드디어 29파인트의 수혈 끝에 지혈이 되어 목숨을 건졌다. 이때를 회상하며 그는 "하나님이 도와주셔서 살았다."라는 말로써 하나님께

62

다시 감사했다.

수술이 끝난 후 완전히 회복해 퇴원할 때까지 그는 약 3년에서 조금 모자라는 30개월이라는 긴 기간을 병상에 누운 채 쉬었다. 병원에 텔레비전이 없어, 주로 라디오만 들으면서 어느 날인가부터 영어는 저절로 습득되었고, 이후부터는 영어에 문제가 없어졌다고 회상했다. 1957년 5월 병원에서 퇴원 후 9월 복교하기 전까지 그는 여름 학기(summer school)를 통해 입원으로 수강하지 못한 과목을 보충해 가며, 9월부터 시작된 학기는 물론 이듬해 여름 학기도 쉬지 않고 보충하여 1958년까지 정규과정을 모두 이수하고 우수한 성적으로 1959년 6월 졸업했다. 그런가 하면 1957년에는 1776년부터 시작되어 지금까지 이어져온 전 미국의 인문대학에서 상위 10%의 우수 대학생들만이 멤버의 자격을 갖는 클럽인 「파이 베타 카파 소사이어티(Phi Beta Kappa Society)」에서 수여하는 '파이 베타 카파' 메달 수여자로 뽑혔다.

이러한 것도 중요했지만, 또 중요했던 것은 그가 수술과 요양을 거치며 인생에 대해 자기 나름의 관념을 세웠다는 사실이다. 죽기에는 너무나 아깝고 억울한, 앞날이 창창한 만 22세에 수륙(水陸)을 만리(萬里)나 격(隔)한 이국땅의 한 병원에서 부모형제의 돌봄도 없이 삶과 죽음의 경계를 넘나들다가 겨우 목숨을 건진 그는 세상만사를 조바심내지 않고 참을성을 가지면서 너그럽게 대할 수 있는, 글자 그대로 달관(達觀)의 경지에 도달한 것이다.

공자는 태어나면서 곧바로 모든 것을 아는 것을 '생이지지(生而知之)'라고 부르며 그것은 성인(聖人)에게나 가능하다고 말하고, 보통사람은 그저 배워서 알게 된다는 뜻으로 '학이지지(學而知之)'라는 말을 썼다. 공자는 거기서 한 걸음 더 나아가 사람은 배고픔·목마름·추위 등 곤경(困境)을 겪으며 책에서 배우지 못한 것을 배우게 된다고 말하며 그것을 '곤이지지(困而知之)'라고 불렀다. 공자는, 하늘은 앞으로 크게 쓰일 사람에게 곤경의 시련을 겪게 하고 그것을 통해 '큰 그릇' 곧 '대기(大

器)'를 길러낸다고 말했다. 이홍구는 배움을 통해서도 많은 것을 알고 깨달음에 이르렀지만 바로 이 곤경의 시련을 통해 세상과 사람을 제대로 보는 눈을 갖게 됐고 그것이 그를 '대기'로 만들어낸 것이다.

제3항
핫스혼 교수의 지도를 받다

이홍구는 에모리대학교 철학과에서 그의 인생의 멘토가 되는 찰스 핫스혼(Charles Hartshorne, 1897~2000) 교수를 만난다. 핫스혼 교수에 대해 이홍구는 1996년에 쓴 글에서 "그가 나의 세계관 및 인생관에 끼친 영향이 얼마나 큰 것인가를 아는 사람은 거의 없고, 이에 대하여는 먼 훗날 나의 지적 자서전에 자세히 기록할 생각이다."라고 회상했다.[5] 이 정도로 중요한 사람이기에 다음에서 그에 대해 자세히 살피기로 하겠다.

핫스혼 교수는 펜실베이니아주의 키타닝(Kittanning)에서 목사의 아들로 태어났다. 펜실베이니아주의 헤이버포드칼리지(Haverford College)를 거쳐 1921년에 하버드칼리지를 졸업했고 하버드대학교 대학원 철학과에서 형이상학을 전공해 1922년에 석사학위를 받은 데 이어 1923년에 「절대적 또는 신적(神的) 선(善)에서의 존재의 통합에 대한 논증」[6]이라는 논문으로 박사학위를 받았다. 하버드대학교로 전학한 때로부터 4년 이내에 학·석·박사학위를 모두 받았는데, 이 기록은 아직 깨지지 않았다.

---

5) 이홍구, 「머리말」, 『이홍구문집』 Ⅰ, 5~9쪽 가운데 6쪽.

6) 영어 제목은 다음과 같다. "An Outline and Defense of the Argument for the Unity of Being in the Absolute on Divine Good."

핫스혼은 박사학위를 받은 뒤, 곧 박사후과정을 밟기 위해 독일로 건너가 프라이부르크대학교(Albert-Ludwigs-Universitat Freiburg)에서 현상학(現象學, Phenomenology)의 창시자인 에드문트 후설(Edmund Husserl, 1859~1938) 교수를 만났고, 마르부르크대학교(Philipps-Universität Marburg)에서 후설의 제자로 '존재철학'을 정립한 마르틴 하이데거(Martin Heidegger, 1889~1976) 교수를 만났다. 하이데거 교수를 사사한 후 그는 다시 하버드대학교에 연구원으로 돌아오게 되며, 그무렵 당대 세계적 철학자로 명성이 높았던 알프레드 화이트헤드(Alfred North Whitehead, 1861~1947)의 지도를 받게 되었다.

화이트헤드는 영국 성공회 신부의 아들로 케임브리지대학교에서 수학 전공으로 졸업한 뒤 전임교원이 되면서 당대 최고의 수학자이며 철학자로 손꼽히던 이 대학교의 버트런드 러셀(Bertrand Russell, 1872~1970) 교수와 함께 『수학 원리』 전 3권을 완성했다. 1910년 49세로 런던대학교 교수가 됐고, 63세가 된 1924년에 하버드대학교 철학과 교수로 부임했다. 화이트헤드는, 플라톤과 아리스토텔레스 그리고 이후의 철학자들이 영구 불변이라고 본 '실재(reality)'를 '실체(substance)'가 아니라 '과정(process)'으로 이해했고, 이러한 관점에서 '과정철학(process philosophy)'의 정립에 결정적으로 이바지했다. 핫스혼은 화이트헤드와의 대화를 통해 그의 '과정철학'에 영향을 받게 됐고 스스로 '과정신학(process theology)'을 정립하게 됐다. 그에 따르면, "모든 존재는 시간에 의해 영향을 받는다." 따라서 "[공간보다] 시간이 가장 중요한 것이다." 이홍구는 훗날 석가모니가 철학에서의 주요한 주제 가운데 하나인 존재론과 관해 시간을 중시했음을 알았다고 술회했다.[7]

핫스혼은 1928~1955년에 시카고대학교 철학과 교수로 재직하며 『신

---

7) 이홍구 교수와의 2차 면담(2021년 11월 27일, 중앙일보사 고문실).

(神)의 상대성: 신에 대한 사회적 개념』[8]이라는 저서로 명성을 얻었다. 이 저서를 통해 그는 '신고전주의적 유신론(neo-classical theism)'을 확립했다. 이후 1955~1962년에 에모리대학교 철학과에서 교수로 봉직한 데 이어 텍사스대학교 오스틴 캠퍼스 철학과에서 종신명예교수로 96세까지 논문을 발표하고 98세까지 강의했다. 저서인 『화이트헤드의 철학: 1935~1970까지의 에세이 선집』[9]과 『아퀴나스에서 화이트헤드까지: 7세기에 걸친 종교 중심의 형이상학』[10]은 그의 중요한 업적이다.

제4항
댄포스 펠로로 뽑히다

이홍구는 2년여의 병고로 다소 늦어졌지만 25세를 갓 넘긴 1959년 6월 5일에 '우등생(high honors)'으로 에모리대학교 철학과를 졸업했다. 대학원 진학을 앞두고 준비하던 그에게 댄포스재단(Danforth Foundation)의 펠로십 수상자로 뽑혔다는 소식이 전해졌다.[11] 서류심사에 현지방문심사를 겸한 2중의 엄격한 심사를 통과한 것이다.

윌리엄 댄포스(William H. Danforth, 1870~1955)는 자신의 고향인 미주리주 세인트루이스시(市)에 전국적 규모의 식료품 및 동물사료 회사인 랄스톤 퓨리나(Ralston Purina)를 세워 큰 성공을 거두며 거대 기업으로 성장하게 되자 1927년에 자신의 이름을 딴 이 재단을 세워, 대학원

---

8)　서지사항은 다음과 같다. *The Divine Relativity: A Social Conception of God*(New Haven, C.T.: Yale University Press, 1948).

9)　서지사항은 다음과 같다. *Whitehead's Philosophy: Selected Essays, 1935~1970*(Lincoln, N.E.: University of Nebraska Press, 1972).

10)　서지사항은 다음과 같다. *Aquinas to Whitehead: Seven Centuries of Metaphysics of Religion*(Milwaukee, W.I.: Marquette University Press, 1976).

11)　이 사실은 예일대학교에 소장된 이홍구의 성적표에 기재되어 있다.

에 진학하려는 미국의 모든 대학교 졸업생들 가운데 매년 100명을 엄선해 대학원 과정을 밟을 때 소요되는 학비와 도서 구입비는 물론 생활비를 포함해 일정한 금액을 지급했다. 여기에 뽑힌 학생을 '댄포스 파운데이션 펠로(약칭 댄포스 펠로)'라고 불렀는데, 미국사회에서는 매우 영예롭게 받아들여졌다.

이홍구는 한국인으로는 자신과 윌리엄스칼리지(Williams College) 정치학과를 졸업한 김경원(金瓊元, 1936~2012) 둘이 뽑혔다고 회상했다.[12] 김경원은 이 펠로십을 받아 하버드대학교 대학원 정치학과로 진학해 스탠리 호프만(Stanley Hoffmann, 1928~2015) 교수와 헨리 키신저(Henry Alfred Kissinger, 1923~현재) 교수의 지도를 받아 「전쟁과 이데올로기: 프랑스혁명전쟁(1792~1795)에 대한 연구」[13]라는 논문으로 1963년에 정치학박사학위를 받는다. 그는 캐나다 요크대학교 조교수와 뉴욕대학교 부교수를 거쳐 고려대학교 정경대학 정치외교학과 교수로 부임하며, 대통령특별보좌관과 대통령비서실장을 거쳐 주유엔대사와 주미대사를 역임한다. 공직에서 물러난 뒤 그는 서울에서 김준엽(金俊燁) 전 고려대학교 총장을 이사장으로 모시고 사회과학원을 창설하면서 계간지 『사상』을 발행했다.[14] 1989년에 창간된 이 계간지는 2004년에 발행을 중단했다.

이홍구는 김경원과의 개인적 인연을 존중해 그가 별세한 뒤 그를 높이 평가하는 조사를 발표했다. 김경원이 평안남도 진남포의 중학생이던 1950년 겨울에 자유가 철저히 억압된 북한 통치를 벗어나 서울로 가야 한다는 어머니의 결단에 따라 어머니 그리고 남동생과 함께 어선 한 척

---

12) 김경원은 윌리엄스칼리지를 우등(Magna Cum Laude)로 졸업하고 댄포스 펠로로 선발됐다. 한승주(韓昇洲) 편, 『신세계질서와 아태지역: 김경원박사화갑기념논문집』(나남출판, 1996), vi.

13) 영어 제목은 다음과 같다. "War and Ideology: A Study in the French Revolutionary War, 1792~1795." 이 논문은 다음과 같이 출판됐다. Kyung-won Kim. *Revolution and International System: The Impact of the French Revolution on Europe* (New York: New York University Press, 1970).

14) 김경원 교수의 학·경력은 다음에서 읽을 수 있다. 한승주 편, 『신세계질서와 아태지역』, vi~viii.

에 몸을 의탁한 채 탈북한 이야기로부터 시작해 '자유주의적 현실주의'
를 지니게 된 경위를 감동적으로 회상했다.[15]

---

15) 이홍구, 「김경원의 자유주의적 현실주의」, 『중앙일보』(2013년 8월 26일), 31쪽.

제2절
예일대학교 대학원에서 철학과 정치학을 전공하다

제1항
예일대학교를 선택한 배경

이홍구는 핫스혼 교수의 강력한 추천을 받아 하버드대학교 대학원 철학과와 예일대학교 대학원 철학과에 동시 지원했으며, 두 곳 모두에서 합격 통지를 받았다. 이홍구는 하버드대학교에 관심이 컸으나 핫스혼은 이홍구에게 폴 와이스(Paul Weiss, 1901~2022) 교수가 아직도 형이상학을 강의하고 있는 예일로 진학할 것을 권고했고, 그는 그 권고를 받아들였다. 와이스 교수는 뉴욕시립대학교 철학과를 졸업한 뒤 하버드대학교 대학원 철학과에서 화이트헤드 교수의 지도를 받아 1929년에 박사학위를 받았다. 곧 브린모어칼리지(College of Bryn Mawr)에서 조교수로 출발해 예일대학교 철학과 교수가 됐다.

핫스혼과 와이스는 하버드대학교 철학과에서 함께 공부한 젊은 교수들로서 당시 미국 출신 철학자로 높은 평가를 받다 세상을 떠난 찰스 퍼스(Charles Sanders Peirce, 1839~1914)가 하버드에 남긴 약 1650개의 원고를 함께 정리했다. 약 10만 쪽에 이르는 출간되지 않은 원고는 결국 핫스혼과 와이스에 의해 전 6권으로 편집·출판됐고, 그 후 아서 벅스(Arthur W. Burks)에 의해 제7~제8권으로 편집·출간됐으며 이 전집은 세계철학사에 중요한 공헌으로 남아 있다. 이것들은 러셀을 비롯한 세계의 몇몇 뛰어난 철학자들로 하여금 그의 철학체계를 높이 평가하게 만들었다.

그러면 이홍구가 선택한 예일대학교는 어떤 곳이었나? 예일대학교의 역사는 1701년에 하버드대학교 출신의 개신교 목사 10명이 코넷티컷주 킬링워스에 목사를 길러내기 위해 세운 칼리지어트스쿨(Collegiate School)에서 시작했다. 1636년에 매사추세츠주 케임브리지에서 개교한 하버드대학교와 1693년에 버지니아주 윌리엄스버그(Williamsburg)에서 개교한 윌리엄앤메리대학(College of William and Mary)에 이어 미국 전역에서 세 번째로 개교했다. 이 학교는 곧 코넷티컷주 세이브룩(Saybrook)으로 옮겼으며, 1716년에 오늘날의 교지(校地) 뉴헤이븐(New Haven)으로 옮겼고, 1718년에 발전기금 기증자 일라이후 예일(Elihu Yale)의 이름을 따서 예일칼리지로 불리기 시작했다. 남북전쟁을 견뎌내며 빠르게 성장해 1887년에 예일대학교로 교명을 변경했다. 교훈은 '빛과 진실(Lux et Veritas)'이다.[16]

예일대학교는 학부의 경우, 『유에스 뉴스 앤드 월드 리포트』의 조사에서 한 번도 3위 밖으로 내려간 일이 없으며, 법학전문대학원의 경우 언제나 1위를 차지한다. 전반적으로, 모든 세계적 조사기관에서 10위 안팎에 들어가는데, 예컨대, 2013년도 영국 QS세계대학순위에서 세계 8위를 차지했다.

미국에서 동부의 명문대학교로 꼽히는 여덟 대학교를 흔히 '아이비리그(Ivy League)'라고 부른다. 모두 교사가 '아이비' 곧 담장이넝쿨로 감싸여 있기 때문이다. 이 이름은 1954년 전미대학축구협회(National Collegiate Athletic Association: NCAA)에 의해 공식화됐다. 여기에 속하는 여덟 대학교는 하버드(1636), 예일(1701), 펜실베이니아(1740), 프린스턴(1746), 컬럼비아(1754), 브라운(1764), 다트머스(1769), 코넬(1865)로 전미대학축구대회 때 하나의 리그를 형성한다.

---

16) Brooks Mater Kelley, *Yale: A History*(New Haven, C.T.: Yale University Press, 1999).

제2항
철학과에서 석사학위를 받다

이홍구는 1959년 가을학기에 예일대학교 대학원 철학과에서 학위과정을 밟기 시작했다. 입학생은 모두 15명으로, 한국인으로는 이광세(李光世)와 승계호(承啓浩, T. K. Seung)가 있었다. 이광세는 서울대학교 문리대 정치학과 학생 때 국비 장학생으로 뽑혀 아이다호대학(College of Idaho)에서 우등생으로 학부과정을 마치고 예일대학교 대학원 철학과에 진학한 것이다. 그는 1965년에 칸트철학에 관한 연구로 박사학위를 받고 오하이오주의 켄트주립대학교(Kent State University) 교수로 봉직했다. 승계호는 6·25전쟁이 발발하자 연희대학교 재학생의 신분으로 군 장교에 입대하였으며 당시 동료였던 예일대 출신의 장교들의 추천으로 예일대학교로 유학한 후 학부를 우등생으로 졸업했다. 그리고 예일대학교 대학원 철학과에서 중세 스콜라철학을 깊이 연구하여 서사시 『신곡(神曲)』을 쓴 이탈리아의 시인 단테(Dante, 1265~1321)에 관한 연구로 박사학위를 받았고 텍사스대학교 오스틴 캠퍼스 철학과 교수로 봉직하며 칸트철학에 관한 여러 책을 출판했다.

이홍구는 예일대학교에 다니면서 철학과에 개설된 「지식과 형이상학에서의 고전적 문제」, 「아리스토텔레스의 형이상학」, 「화이트헤드의 철학」, 「현대 윤리적·법적 철학」, 「윤리·법·정치에서의 자연법」, 「지식과 형이상학에서의 칸트의 이론」 등을 수강했다. 그는 훗날 서울대학교 정치학과에서 「법과 정치」라는 과목을 개설하는데, 그 기원을 뒤의 두 과목에서 찾을 수 있다. 그는 동시에 정치학과가 개설한 로버트 달(Robert A. Dahl) 교수의 「경험적 정치이론」과 해롤드 라스웰(Harold D. Lasswell) 교수의 「정치분석에서의 문제」 등도 수강했다. 성적은 거의 모두가 '최우수(high pass)'였다.

　2년 뒤인 1961년(예일대학 260년) 6월 14일에 예일대학교 제16대 총장인 알프레드 휘트니 그리스월드(Alfred Whitney Griswold, 1906~1963)로부터 석사학위를 받았다. 그리스월드는 예일대학교 사학과에서 학·석사학위를 받고 역시 같은 곳에서 「성공에 대한 미국인의 숭배("The American Cult of Success")」라는 논문으로 1933년에 박사학위를 받았다. 일생을 예일대학교 교수로 봉직한 그의 여러 저술 가운데 『미국의 극동정책』이 널리 알려졌다.[17]

제3항
정치학과에서 박사과정을 밟다

　　　　이홍구가 철학과에서 석사과정을 밟던 때, 미국철학계의 주된 관심은 형이상학으로부터 과학철학으로 옮겨져 있었다. 이홍구는 수학의 원리와 논리학 등을 중시하는 과학철학에 "별로 재미를 느끼지 못했다." 자신이 귀국한 뒤 가르칠 한국에도 크게 도움이 될 것 같지 않다고 느꼈다. 그래서 철학과에 재학하며 수강했던 정치학에 더 큰 관심을 두게 됐다. 마침 정치학과의 로버트 달 교수가 출판한 『누가 통치하는가?』라는 책이 널리 읽히고 있었다. 그래서 정치학과로 전과를 결심했고, 달 교수의 추천으로 전과가 이뤄졌다.[18] 철학과와 마찬가지로 정치학과 역시 대학원 과정에 입학하는 학생의 수를 아주 제한하고 있었다. 달 교수는 자신의 강의 내용을 요약한 메모지 몇 장을 교탁 위에 놓고 강의했는데, 어느 날 창문이 열렸는지 그 종이가 바람에 흩날렸다. 그러자 달

---

17)　서지사항은 다음과 같다. Alfred Whitney Griswold, *The Far Eastern Policy of the United Stats* (New Haven, C.T.: Yale University, Institute of International Studies, 1938).

18)　이홍구 교수와의 3차 면담(2022년 2월 12일 오전, 서울국제포럼사무실).

은 "어어! 진리가 날아간다. 잡아라." 했다는 것이다.[19]

이홍구가 정치학과로 전과했을 때는 일정한 기간에 걸쳐 개설된 과목들이 다섯 분야에 걸쳐 약 50개였다.[20] 첫째, 「현대국가에서의 정치제도들과 행태」였다. 이 분야에 「정당과 이익단체」, 「여론형성과 선거행태」, 「정책형성과정」, 「비교정치행태」, 「행정」, 「행정에서의 문제들」, 「국가와 지방정부」, 「비교행정」, 「정부의 규제」, 「법적 제도와 과정」, 「법과 정치행태」, 「서구의 정부와 정치」, 「비교정부」, 「민주주의의 조건들」, 「소비에트 정치체제」, 「소비에트 민족정책과 문제들」 등이 개설되어 있었다.

둘째, 「근대화하고 있는 국가들에서의 정치제도들과 행태」였다. 이 분야에 「일본의 정부와 정치」, 「동아시아·동남아시아·남아시아의 정부와 정치」, 「경제발전의 정치와 계획: 인도의 사례」, 「아프리카학 개론」, 「아프리카의 정치」, 「라틴아메리카 연구」 등이 개설되어 있었다.

셋째, 「국제관계」였다. 이 분야에는 「국제정치: 정책과 힘에 대한 분석」, 「국방과 국가안보정책」, 「동아시아·동남아시아·태평양의 국제관계」, 「소련과 세계」, 「국제기구와 국제행정」, 「대외정책의 형성과 집행」, 「라틴아메리카의 정치」 등이 개설되어 있었다.

넷째, 「규범적 정치이론」이었다. 이 분야에 「플라톤으로부터 마키아벨리까지의 정치사상」, 「종교개혁으로부터 오늘날까지의 정치사상」, 「19세기의 정치사상」, 「헤겔과 그의 후계자들」, 「그리스 정치철학」, 「중국과 일본의 전통적 정치사상」, 「소비에트 정치사상」, 「원시적 및 전근대적 정치체계들」 등이 개설됐다.

다섯째, 「경험적 정치이론」이었다. 이 분야에 「정치학의 범위와 방법」, 「최근의 민주주의이론」, 「경험적 정치이론: 정치체계들의 집행

---

19) 최명, 「축사」, 김홍우 외 15인 지음, 『이홍구선생미수기념문집: 정치사상과 사회발전』(중앙 books, 2021), 7쪽.

20) Yale University, *Bulletin of Yale University: University Directory*(1967~1968)(New Haven, C.T.: Yale University Press, 1969), p.331.

현황」,「정치분석의 문제들: 정보와 평가」,「정치분석의 문제들: 성격
(personality)과 정치」,「결정형성: 개별적 및 집단적」,「행정이론」,「정치
통계학」 등이 개설됐다.

교수진은 방문교수를 포함해 30명 안팎으로 구성됐다. 그들은 거
의 모두가 거장들로, 미국의 정치학계뿐만 아니라 세계의 정치학계에
큰 영향을 미치고 있었다. 시기에 따라 변화가 있었지만, 로버트 레인
(Robert E. Lane) 교수가 학과장을 맡고 있었고, 조지프 햄버거(Joseph
Hamburger) 부교수가 대학원 과정의 주임교수를 맡고 있었다. 그들 이
외의 교수들은 다음과 같았다.

정교수: 프레데릭 바군(Frederick C. Barghoorn), 찰스 블랙 2세(Charles
L. Black, Jr.), 새뮤얼 브라우넬(Samuel M. Brownell), 로버트 달(Robert
A. Dahl), 제임스 훼슬러(James W. Fesler), 허버트 카우프먼(Herbert
Kaufman), 조지프 라팔롬바라(Joseph LaPalombara), 해롤드 라스웰
(Harold D. Lasswell), 찰스 린드블럼(Charles E. Lindblom), 데이비드
로우(David N. Rowe), 프레데릭 왓킨스(Frederick M. Watkins), 브래
드포드 웨스터필드(H. Bradford Westerfield), 치토시 야나가(Chitoshi
Yanaga).

방문교수: 프레드 그린스타인(Fred I. Greenstein).

부교수: 헤이워드 알커 2세(Hayward R. Alker, Jr.), 제임스 바버(James
D. Barber), 데이비드 더넬스키(David J. Danelski), 윌리엄 훨츠
(William J. Fortz), 브루스 러셋(Bruce M. Russett), 로버트 틸먼(Robert
O. Tilman), 제임스 세웰(James P. Sewell), 시드니 태로(Sidney
Tarrow).

조교수: 데이비드 칼레오(David P. Calleo), 어윈 거트족(Irwin N. Gertzog),
마빈 켄드릭(W. Marvin Kendrick).

방문강사: 쉴로모 아비네리(Shlomo Avineri), 더글러스 찰머스

(Douglas Chalmers), 도널드 푸찰라(Donald Puchala).

세계적 정치학자로 특히 근대화와 정치발전 분야에서 선구적인 저술들을 출판했던 가브리엘 알몬드(Gabriel A. Almond, 1911~2002) 교수는 시카고대학교에서 학부를 마치고 시카고대학교 대학원 정치학과에서 석·박사학위를 받았다. 뉴욕시립대학교 브루클린칼리지에서 조교수로 출발해 예일대학교 정치학과 교수와 프린스턴대학교 교수를 거쳐 이홍구가 예일대학교 대학원 철학과 석사과정에 입학한 1959년에 다시 예일로 돌아왔고, 1963년에 스탠퍼드대학교로 옮겨갔다. 그는 곧 미국정치학회 회장으로 봉사했고, 1981년에는 미국정치학회의 「제임스 매디슨 상(James Madison Award)」을 받았으며, 1997년에는 미국국제정치학회의 「칼 도이치 상(Karl Deutsch Award)」을 받았다. 그가 시드니 버바(Sidney Verba)와 함께 5개국의 정치문화를 비교해 쓴 『시민문화』는 정치문화에 관한 표준적 교과서로 쓰였다.[21]

알몬드가 떠난 대신에 역시 세계적 정치학자로 국제통합 분야와 커뮤니케이션 분야에서 선구적인 저술들을 출판했던 칼 도이치(Karl Deutsch, 1912~1992) 교수가 MIT로부터 예일로 옮겨왔다. 도이치는 오스트리아·헝가리합병제국에 속해 있었던 프라하에서 태어났고, 1차 대전에서 이 제국이 패전에 따라 해체되자 프라하를 수도로 하는 신생국 체코슬로바키아의 국민이 됐다. 프라하의 최고 명문으로 꼽히던 찰스대학교(Charles University)에서 법학사학위와 정치학박사학위를 받고, 나치의 승세를 목격하자 미국으로 망명해 하버드대학교 대학원 정치학과에서 다시 정치학박사학위를 받았다. 예일에 부임해 약 15년 봉직하다가 하버드로 옮겨 「스탠필드 국제평화교수(Stanfield Professor of

---

21) 서지사항은 다음과 같다. Gabriel A. Almond and Sidney Verba, *The Civic Culture: Political Attitudes and Democracy in Five Nations*(Princeton, N.J.: Princeton University Press, 1963).

International Peace)」에 취임했다. 미국정치학회 회장과 세계정치학회 회장을 역임한 가운데『통치의 신경(神經)』과 같은 개척적 저서를 비롯한 다수의 저서를 출판했다.[22]

왓킨스 교수는 1910년에 로드아일랜드주 프로비던스시(市)에서 태어났다. 하버드대학교 학부를 수석(Summa Cum Laude)으로 졸업하고 하버드대학교 대학원 정치학과에서 석사학위를 받은 데 이어 1937년에「독일 [바이마르]공화국 아래서의 헌법적 비상대권의 실패」[23]라는 논문으로 정치학박사학위를 받았다. 이후 코넬대학교와 맥길대학교 교수를 차례로 역임하고 1952년에 예일대학교 정치학과 교수로 부임해 1971년까지 20년에 걸쳐 정치사상사를 강의하다가 1972년에 고향 프로비던스시에서 62세로 별세했다. 그사이『서양의 정치사상: 현대자유주의의 발전에 관한 연구』[24]를 출판했으며,『데이비드 흄의 정치이론』[25]을 편집·출판했고,『장 자크 루소의 정치저술들』[26]을 편집·번역했다.

이어 왓킨스 교수는『이데올로기의 시대: 1750년으로부터 현재까지의 정치사상』을 출판했다.[27] 이 책은 서양에서 근대사상의 막이 일제히 올라간, 특히 영국의 토머스 홉스(Thomas Hobbes, 1588~1679)와 존 로크(John Locke, 1632~1704) 및 데이비드 흄(David Hume, 1711~1776), 그리고 프

---

22)　서지사항은 다음과 같다. Karl W. Deutsch, *The Nerves of Government: Models of Political Communication and Control*(New York: Collier-Macmillan, 1966).

23)　영어 제목은 다음과 같다. "The Failure of Constitutional Emergency Powers under the German Republic."

24)　서지사항은 다음과 같다. *The Political Tradition of the West: A Study in the Development of Modern Liberalism*(Cambridge, M.A.: Harvard University Press, 1948). 이 책은 다음과 같이 번역됐다. 조순승(趙淳昇),『서양의 정치전통』(을유문화사, 1963).

25)　서지사항은 다음과 같다. *David Hume's Theory of Politics*(Edinburgh: Nelson, 1951).

26)　서지사항은 다음과 같다. *Jean-Jacques Rousseau, Political Writings*(Edinburgh: Nelson, 1953).

27)　서지사항은 다음과 같다. *The Age of Ideology: Political Thought, 1750 to the Present*(Hoboken, N.J.: Prentice-Hall, 1964). 이 책은 다음과 같이 번역됐다. 이홍구 역,『근대정치사상사』(을유문화사, 1973).

랑스의 장 자크 루소(Jean Jacques Rousseau, 1712~1778) 등으로 대표되는 사회계약론자들이 국가의 기원과 시민의 권리를 논하기 시작한 18세기 중엽으로부터 200년에 걸친 시대에 전개된 서양정치사상의 흐름을 간결하면서도 정확하게 정리했다. 훗날 이 책을 번역·출판한 이홍구 교수는 "평생 독신으로 지내며 오르간으로 바하를 치는 것을 취미로 삼던 그의 응접실을 겸한 연구실에서 [그의] 지도를 받았다."라고 회상했다.[28]

로버트 달(1915~2014) 교수는 워싱턴대학교(University of Washington)에서 1936년에 학사학위를 받고 예일대학교 대학원 정치학과로 진학해 1940년에 「사회주의적 프로그램과 민주적 정치: 하나의 분석」[29]이라는 논문으로 박사학위를 받았다. 1946년부터 은퇴한 1986년까지 예일대학교 교수로 봉직한 그는 『민주주의 이론에 대한 서문』[30]을 비롯해 민주주의에 관한 여러 저술을 발표해 미국정치학계에서 민주주의 담론을 주도했다.[31]

달 교수는 미국정치학회가 매년 최우수 저작의 저자에게 수여하는 「우드로 윌슨 상(Woodrow Wilson Foundation Award)」을 두 차례 받았으며, 정치학계의 노벨상이라 불리는 「요한 쉬테 정치학 상(Johan Skytte Prize in Political Science)」의 최초 수상자가 됐다. 예일대학교에서, 예일대학교 졸업생으로 세계은행 총재를 역임한 유진 마이어(Eugene Isaac

---

28) 위와 같음, 13~14쪽.
29) 영어 제목은 다음과 같다. "Socialist Programs and Democratic Politics: An Analysis."
30) 서지사항은 다음과 같다. *A Preface to Democratic Theory*(Chicago, I.L.: University of Chicago Press. 1956). 그는 이 책의 출판 50년을 맞아 두 편의 논문을 붙여 2006년에 증보판을 출판했다. 이 증보판은 다음과 같이 번역됐다. 한상정, 『민주주의이론을 위한 서설』(후마니타스, 2022).
31) 달 교수의 대표적인 저서는 다음과 같다.
(ⅰ) *Who Governs?: Democracy and Power in an American City*(New Haven, C.T.: Yale University Press, 1961).
(ⅱ) *Pluralist Democracy in the United States: Conflict and Consent*(Chicago, I.L.: Rand McNally & Company, 1969).
(ⅲ) *Polyarchy: Participation and Opposition*(New Haven, C.T.: Yale University Press, 1971).
(ⅳ) *Democracy and Its Critics*(New Haven, C.T.: Yale University Press, 1989).
(ⅴ) *On Political Equality*(New Haven, C.T.: Yale University Press, 2007).

Meyer, 1875~1959)와 그 집안이 제정한 「유진 마이어 교수(Eugene Meyer Professor)」 그리고 역시 예일대학교 졸업생으로 변호사인 존 스털링 (John William Sterling, 1844~1918)과 그 집안이 제정한 「스털링 교수 (Sterling Professor)」에 차례로 선임됐다. 예일대학교에서 「스털링 교수」 는 교수 가운데 교수, 곧 최고의 교수로 꼽힌다. 달 교수는 미국학술원 회원으로 선임됐으며, 미국정치학회 회장을 역임했다. 그의 학문적 기여 를 기리기 위해 미국정치학회는 2016년에 「로버트 달 상(Robert A. Dahl Award)」을 제정했다.[32]

조지프 라팔롬바라(Joseph LaPalombara, 1925~현재) 교수는 이홍구 에게 특별한 의미를 갖는다. 그의 박사학위심사위원장을 맡았기 때문이 다. 라팔롬바라 교수는 이탈리아 이민의 아들로 일리노이주 시카고의 빈 민가에서 태어나 성장하다가 고등학교를 중퇴했다. 곧 철공장을 비롯 해 여러 공장에서 일하며 이 세계에 눈을 떴다. 2차대전 때 방위산업체 에서 일하는 가운데 일정한 과정을 밟아 일리노이대학교 학부에 입학할 수 있었고 졸업한 뒤 이 대학교 대학원 정치학과에서 석사학위를 받은 데 이어 프린스턴대학교 대학원 정치학과에서 석·박사학위를 받았다. 정당과 이익단체 등을 중심으로 여러 나라의 정치를 분석하며 비교정치 분야에서 주요한 저서를 잇달아 출판한 그는 특히 그때 미국정치학계에 생소한 이탈리아정치에 관한 몇몇 저서로 명성을 쌓았다.[33] 미시간주립

---

32) 달 교수는 다음과 같은 책도 썼다. Robert A. Dahl, *How Democratic Is the American Constitution?*(New Haven, C.T.: Yale University Press, 2001). 이 책은 다음과 같이 번역됐다. 최 장집 해설/박상훈·박수형 옮김, 『미국 헌법과 민주주의』(후마니타스, 2016). 이 번역판에 달 교수의 생애와 연구 업적이 자세히 소개됐다. 최장집, 「한국어판 해설: 민주주의와 헌정주의: 미국과 한 국」, 217~289쪽.

33) 이탈리아정치에 관한 그의 대표적 저서는 다음이다. *The Italian Labor Movement: Problems and Prospects*(Ithaca, N.Y.: Cornell University Press, 1957); *Interest Groups in Italian Politics*(Princeton, N.J.: Princeton University Press, 1964); *Italy: The Politics of Planning*(Syracuse, N.Y.: Syracuse University Press, 1966). 그는 만년에 이탈리아정치에 관해 다음의 책을 출판했다. *Democracy, Italian Style*(New Haven, C.T.: Yale University Press, 1989).

대학교 교수로 봉직하다가 1964년에 예일대학교 교수로 부임했다. 이후 미국과 이탈리아의 여러 대학교에서 강의했고, 예일대학교에서 영예로운 「아놀드 볼퍼스(Arnold Wolfers) 교수」로 선임됐다.

아놀드 볼퍼스(1892~1968)는 스위스 태생으로 독일 베를린대학교 법과대학을 졸업해 변호사가 됐으며 다시 스위스 취리히대학교 법과대학에서 민법과 교회법을 전공해 법학박사학위를 받은 데 이어 독일 기센대학교(Justus-Liebig-Universität Gießen)에서 공법·정치학을 전공해 박사학위를 받았다. 1933년에 방문교수로 예일대학교에 온 이후 결국 교수가 되면서 미국시민으로 귀화했다. 국제관계 분야에서 여러 개척적 저서를 출판했고 예일대학교에 국제관계 프로그램을 열었으며 존스홉킨스대학교로 옮겨 워싱턴대외정책연구소를 개설했다.

이홍구는 이처럼 명성이 높은 라팔롬바라의 지도를 받으며 이탈리아의 정치에 대해 새로운 관심을 갖게 됐다. 그리고 그것은 우리가 제5장 제3절 제2항에서 보게 되듯, 1980년 여름에 이탈리아의 유럽대학교에서 이탈리아공산당의 보수세력과의 '역사적 화해' 그리고 이탈리아와 스페인 및 포르투갈 등 지중해 연안 국가들의 '연합구조의 정치'를 깊이 연구하게 만들었고, 그것은 그가 이미 박사학위논문에서 개발한 제15명제(연합구조적 정치론)를 더욱 발전시켜 '융합주의적 연립구조'론을 정립하게 했다.

치토시 야나가(柳永千壽, 1903~1985) 교수는 그의 박사학위심사위원회 위원이었다. 하와이에서 태어난 일본계 미국인인 야나가 교수는 하와이대학교 정치학과를 졸업하고 버클리 캘리포니아대학교 대학원 정치학과에서 일본정치를 전공해 1934년에 박사학위를 받았으며, 1945년에 예일대학교 교수로 부임했고 『일본정치에서의 대기업』이라는 저서로 명성을 얻었다.[34]

---

34) 서지사항은 다음과 같다. Chitoshi Yanaga, *Big Business in Japanese Politics*(New Haven, C.T.: Yale University Press, 1968).

그러면 이홍구는 어떤 과목을 수강했나? 알몬드의 「비교정치행태」, 왓킨스의 「플라톤으로부터 마키아벨리까지의 정치사상」과 「종교개혁으로부터 현대까지의 정치사상」 및 「흄·칸트·루소」, 잭슨의 「정치학의 범위와 방법」, 그린스타인의 「정당과 이익단체」, 야나가의 「동아시아 및 남아시아의 정부와 정치」 및 「일본의 정부와 정치」, 로스토의 「유럽의 민주정치」 등이 그 대표적 사례들이다.

제4항
에모리대학교와 케이스웨스턴리저브대학교에서
조교수로 강의하다

이홍구는 1962년 5월 17일에 박사학위논문 제출 직전에 필수적으로 요구되는 제2외국어 시험에서 프랑스어와 일본어에 응시해 통과했다. 이어 1962년 5월 17일에 종합시험을 통과했다. 이 종합시험을 보고 난 직후, 결과가 발표되기 전인데, 길에서 이홍구는 우연히 달 교수와 마주쳤다. 그러자 달 교수는 이홍구에게 "걱정이 되나("Are you worried?")"라고 웃으며 말했다고 한다.[35] 이홍구는 이 시험에 합격했고, 1962년 10월 30일에 박사학위논문 제목이 박사학위심사위원회를 통과했다.

이홍구는 1963~1964학년도에 에모리대학교 정치학과에 방문조교수로 부임했다. 그때 소련의 정치와 외교를 담당했던 교수가 안식년으로 쉬게 되어 대타로 가르친 것이다.

그는 이어 1964~1967학년도에 케이스웨스턴리저브대학교 정치학과 조교수로 부임했다. 케이스웨스턴리저브대학교의 역사는 1826년에

---

35) 최명, 「축사」, 8쪽.

오하이오주 허드슨(Hudson)에서 개교한 웨스턴리저브칼리지(Western Reserve College)에서 시작했다. 노예제에 반대하는 신학자들이 중심이 되어 목사가 부족했던 오하이오주에서 목사를 양성한다는 뜻에서 개교했으며, 신학자들이 목사를 양성하기 위해 세운 예일대학교를 선례로 삼아 교훈('빛과 진리')을 비롯해 교과목과 입학기준을 예일대학교의 그것과 똑같게 채택해 '서쪽의 예일(Yale of the West)'로 불렸다. 54년 뒤인 1880년에 예일대학교 수학과를 졸업하고 신시내티대학교 법과대학을 졸업한 변호사 레너드 케이스 2세(Leonard Case, Jr., 1820~1880)는 오하이오주 클리블랜드에서 케이스응용과학대학(Case School of Applied Science)을 개교했는데, 이 학교는 1947년에 케이스공과대학(Case Institute of Technology)으로 확대됐다. 두 학교가 1967년에 통합함으로써 오늘날의 케이스웨스턴리저브대학교가 성립됐다.[36]

현재 문리대·공대·간호대 등 단과대학과 대학원·법학전문대학원·경영전문대학원·의학전문대학원·치의학전문대학원 등으로 구성되어 있다. 『유에스 뉴스 앤드 월드 리포트』는 2021년에 이 대학교를 미국의 모든 대학교 가운데 42위로 선정했고, 세계의 모든 대학교 가운데 155위로 선정했다. 이 학교에서 이홍구는 자신이 예일대학교에서 전공한 서양 정치사상을 중심으로 강의했다.

---

36) Charles H. Cramen, *Case Western Reserve University*(Boston, M.A.: Little, Brown and Co., 1976).

제3절
근대화와 정치발전에 대한 규범적 해석을 시도한 박사학위논문을 제출하다

제1항
논문에 대한 개관

이홍구 교수는 케이스웨스턴리저브대학교 조교수의 마지막 해인 1966년 9월에 조교수직을 유지한 채 예일대학교 대학원 정치학과에 다시 등록했다. 박사학위논문을 마무리하기 위해서였다. 1년 뒤인 1967년 6월에는 아예 케이스웨스턴리저브대학교 조교수직을 사임하고 예일대학교로 돌아와 당시 뉴헤이븐한인회 회장이던 박병윤(朴炳潤) 씨 집에서 기거하며 박사학위 마무리에 힘을 쏟았다. 서울에서 경복고등학교를 졸업하고 도미해 대학을 졸업한 뒤 뉴헤이븐에서 상업에 종사하던 그와 그리고 예일대학교 의과대학에서 영양학자로 일하던 부인의 호의 속에, 이 교수는 숙식의 불편을 덜고 논문에 몰두할 수 있었다. 이 무렵 5·16군사정변 세력이 1962년에 제정한 정치활동정화법에 묶여 미국 뉴헤이븐의 동서(同壻) 집에 머물며 '망명' 중이던 소석(素石) 이철승(李哲承, 1922~2016) 전 국회 국방위원장과 자주 만나 환담을 나눴다.[37]

이 교수가 선택한 주제는 「사회보존과 정치발전: 메이지시대의 일

본에 특별히 유의해 살핀 정치적 변화에 대한 규범적 접근」이었다.[38] 칼 만하임(Karl Mannheim, 1893~1947)으로 시작해 헤겔(Georg Wilhelm Friedrich Hegel, 1770~1831)로 끝난 이 논문은 플라톤과 아리스토텔레스로 시작되는 서양의 고전으로부터 근대의 몽테스키외(Baron de Montesquieu, 1689~1755)와 데이비드 흄(David Hume, 1711~1776) 및 존 스튜어트 밀(John Stuart Mill, 1806~1873) 등을 거쳐 현대의 해롤드 라스웰(Harold D. Lasswell, 1902~1978)과 월트 로스토(Walt W. Rostow, 1916~2003) 및 즈비그뉴 브레진스키(Zbigniew F. Brzezinski, 1928~2017)에 이르기까지 수많은 사회과학자의 이론, 그리고 알베르 카뮈(Albert Camus, 1913~1960)와 같은 작가의 '저항의 이론'에 대한 분석을 포함했기에, 읽기가 여간 어렵지 않다. 난해(難解)함과 관련해, 정치학의 고전에 밝을 뿐만 아니라 한국정치학회의 정상급 원로학자인 최장집 교수조차 "독자들이 긴장해서 집중하지 않고 그냥 읽어나간다면 저자가 말하려는 의미를 이해하기 어렵거나 놓치기 쉽다."라고 썼다.[39]

이 논문은 일차적으로 당시 미국정치학의 중심적 과제들 가운데 하나이던 비(非)서구사회에서의 정치적 변화를 대상으로 삼았다. 정치적 변화는 '정치적 발전'으로 이어질 수 있고 '정치적 퇴화'로 이어질 수 있다. 그래서 우선 이 일련의 주제에 관한 연구를 이끌던 가브리엘 알몬드(Gabriel A. Almond, 1911~2002), 제임스 콜먼(James S. Coleman, 1926~1995), 시드니 버바(Sidney Verba, 1932~2019), 칼 도이치(Karl W. Deutsch, 1912~1992), 새뮤얼 헌팅턴(Samuel P. Huntington, 1927~2008), 프레드 릭스(Fred W. Riggs, 1917~2008), 루시안 파이(Lucian W. Pye,

---

38) 이 논문은 『이홍구문집』 V (*Social Conservation and Political Development*), pp.15~192에 전문이 수록됐다.
39) 최장집, 「이홍구의 "사회적 보전 공리"와 한국 민주주의에 대한 그 적용」, 이정복 외 16인 지음, 『이홍구선생미수기념문집2: 대전환기의 한국 민주정치』(중앙books, 2021), 141~172쪽 가운데 149쪽.

1921~2008), 다니엘 러너(Daniel Lerner, 1917~1980), 시릴 블랙(Cyril E. Black, 1915~1989), 에드워드 쉴즈(Edward Shils, 1910~1995), 데이비드 앱터(David E. Apter, 1924~2010), 세이무어 마틴 립셋(Seymour Martin Lipset, 1922~2006), 로버트 A. 파켄함(Robert A. Packenham) 등이 제시한 이론들을 분석했다.

이 논문은 이어 그 주제에 관해 미국정치학이 개발한 이론을 비(非)서구사회였던 메이지시대의 일본에 적용해 살폈다. '쇼군(將軍)'을 정점으로 하는 군사통치체제인 일본의 바쿠후체제(幕府體制)는 1853년 무력으로 압박하며 개항을 요구한 미국의 페리(Matthew C. Perry) 제독에 이어 영국·러시아·프랑스·네덜란드 등 서구 제국주의 국가들의 강력한 개항 요구에 드디어 1858년 굴욕적인 조약으로 응하게 되었으며, 그 이후 바쿠후체제의 바탕부터 크게 흔들리게 됨으로써 마침내는 1867년에 바쿠후가 국가 통치권을 천황으로 돌려준 '대정봉환(大政奉還)'과 '왕정복고(王政復古)'로 이어졌다. 이것을 계기로 일본은 1868년에 이른바 메이지유신(明治維新)을 단행하면서 서구의 이데올로기와 제도 등을 도입했으며 그 하나로 1889년에 '메이지헌법'을 제정·공포했다.

이러한 변화의 과정에서 일본은 '주체성의 위기(identity crisis)'와 '정통성의 위기(legitimacy crisis)'를 경험하게 됐다. 이때 일본의 정치지도층이 이것들을 어떻게 대처했던가를 이 교수는 메이지유신 100주년이 된 1968년의 시점에서 다뤘다.

이 논문이 메이지시대를 분석의 대상으로 설정한 만큼, 이 교수는 일본을 연구한 일본의 사상가들과 학자들의 저서 그리고 그들에 대한 연구서를 분석했다. 거기에 포함된 일본인 사상가들 또는 학자들로는 사쿠마 쇼잔(佐久間象山, 1811~1864), 요시다 쇼인(吉田松陰, 1830~1859), 하시모토 사나이(橋本左内, 1834~1859), 후쿠자와 유키치(福澤諭吉, 1835~1901), 나카에 조민(中江兆民, 1847~1901), 구가 가쓰난(陸羯南, 1857~1907), 호즈미 야츠카(穗積八束, 1860~1912), 우치무라 간조

(內村鑑三, 1861~1930), 가와카미 하지메(河上肇, 1879~1946)를 비롯해, 마루야마 마사오(丸山眞男, 1914~1996), 마스미 준노스케(升味準之輔, 1926~2010), 로야마 마사미치(蠟山政道, 1895~1980), 히라노 요시타로(平野義太郎, 1897~1980), 이노키 마사미치(猪木正道, 1914~2012) 등이 있다. 또 일본을 연구한 미국인 학자들로는 에드윈 라이샤워(Edwin O. Reischauer, 1910~1990), 로버트 스칼라피노(Robert A. Scalapino, 1919~2011), 로버트 워드(Robert E. Ward, 1916~2009), 조지 베크만(George M. Beckmann, 1926~미확인), 앨버트 크레이그(Albert M. Craig, 1927~2021), 버나드 실버맨(Bernard S. Silberman, 미확인) 등이 있다.

이 논문의 특징은, 부제에 등장하는 '규범적'이라는 단어가 말하듯, 정치발전을 변화의 현상(現象)에 대한 서술적 방법에서가 아니라 가치판단을 전제로 한 철학적 시각에서 분석했다는 데 있다. 이것은 물론 이 교수가 학부에서부터 석사과정에 이르기까지 전공한 철학, 그리고 박사과정에서 전공한 정치철학을 반영한 것으로, 그때까지는 정치발전에 관한 규범적 접근이 거의 없었음을 생각할 때 그 독창성이 인정된다.

제2항
"미국정치학계의 정치발전론을
비(非)서구사회에 적용하는 데는 한계가 있다"

그러면 이 논문을 통해 이 교수가 제시한 논지는 무엇이었나? 그는 "사회과학자가 진리를 추구함에 있어서 자신의 이데올로기적 성향으로 말미암은 편협한 관심과 왜곡에 의해 제약을 받을 수 있다."라는 헝가리 출신의 독일 및 영국 사회학자 칼 만하임(Karl Mannheim, 1893~1947)의 '역설(逆說)'로부터 시작했다. 이것은 서구의 사회과학자가 비(非)서구사회에서의 정치변화를 분석함에 있어서 서구적 가치관과

이데올로기에 의해 제약을 받을 수 있음을 지적한 것이었다.[40]

이 교수의 이러한 지적에 깔린 것은 미국의 정치학계가 1960년대에 개발한 '근대화'와 '정치발전'에 대한 이론에 대한 불신 또는 비판이다. 이 점과 관련해, 그는 귀국한 뒤 자신의 박사학위청구논문의 제목과 같은 제목 아래 발표한 논문에서,[41] 미국의 정치학이 사회현상의 서술과 설명을 주관적 가치판단으로부터 분리함으로써 사화과학의 객관성이 가능하다는 독일의 사회과학자 막스 베버(Max Weber)의 '가치중립(value-free)'론을 금언으로 받아들이고 '과학화(科學化)'를 시도함에 따라 거둔 학문적 효과를 일정하게 인정한 데 이어 그것에 못잖게 제기된 문제 역시 공평하게 지적했다. 후자와 관련해, 그는 다음과 같이 부연했다.

> 정치학은 어떠한 보편타당한 영구불변의 진리를 탐구하는 것보다는 시대성을 띤 정치현상을 이해하고 설명하며 또한 정치적 문제의 해결이나 정책적 결정의 선택을 처방하는 데 더욱 기본적인 목적이 있는 학문이다. 따라서 우선적으로 정치학의 범위가 그러한 목적을 중심으로 책정되고, 그 후에 그 범위에 합당한 방법이 선택되는 것이 가장 합리적이다. 그런데 정치학의 과학화에 대한 지나친 강조는 학문의 범위가 방법을 결정하는 것이 아니라 방법이 범위를 결정하는 듯한 전도된 경향을 자아내었고, 그 결과로 가치나 규범의 문제가 정치학으로부터 소외되는 위험마저 초래했다.[42]

정치학을 포함한 사회과학이 자연과학의 수준처럼 '과학화'되는 데는 한계가 있다는 주장은 일제강점기에 하버드대학교에서 학부를 마

---

40)　박사학위청구논문 원전, 1쪽.
41)　이홍구, 「사회보존과 정치발전」, 김경동(金璟東)·임종철(林鍾哲)·이홍구·김여수(金麗壽) 분담 집필, 『근대화: 그 현실과 미래』(서울대학교출판부, 1979), 149~196쪽; 『이홍구문집』 II, 93~127쪽에 재수록.
42)　위와 같음, 97쪽.

치고 대학원 사회학과에서「유럽과 미국의 사회과학자 41명이 천명한 136개 사회법칙에 대한 요약과 분류 및 철저한 분석」[43]이라는 논문으로 1928년에 박사학위를 받은 한국인 하경덕(河敬德, Kyung Durk Har)에 의해서도 제시됐었다. 이 논문은 학계에서 호평을 받아『사회법칙: 사회학적 일반화에 관한 한 연구』[44]라는 단행본으로 출판됐는데, 이 교수는 자신의 박사학위청구논문에서 자신의 논지를 뒷받침하기 위해 인용한 여러 선학의 저서를 소개하면서 하 박사의 이 저서도 간략하게 인용했다.[45] 이 교수는 귀국한 뒤『대학신문』(1972년 4월 17일)에「사회과학의 방법과 전통: 하경덕,『사회법칙』출간 40주」를 기고해 국내에 잘 알려지지 않았던 하 박사의 이론을 소개한다.[46]

이처럼 사회과학의 '과학화' 그리고 특히 정치학의 '과학화'에는 규범적 판단의 배제로 말미암아 한계가 있다고 지적하면서, 이 교수는 자신의 박사학위청구논문에서 미국의 정치학이 개발한 '근대화'라는 용어를 비판적으로 보았다. 미국의 정치학은 정치적 규범이나 목적보다는 수단에 치중함으로써 근대화라고 하면 그저 물질적으로 잘살게 되는 방향으로의 변화라고 이해하는 경향이 짙다는 것이다. 흔히 비전공의 일반인들은 이 교수가 미국에서 정치학박사학위를 받았고 정치학 교수로 봉직했다는 사실에만 주목해 그가 미국의 정치학을 아무런 비판 없이 수용한 것으로 오해할 수 있다. 그러나 그의 학위논문 그리고 귀국 이후의 논

---

43) 서지사항은 다음과 같다. "A Digest, Classification and Critical Examination of One Hundred Thirty-Six Social Laws, as Enunciated by Forty-One Social Scientists, European and American."

44) 서지사항은 다음과 같다. *Social Laws: A Study of the Sociological Generalizations*(Chapel Hill, N. C.: University of North Carolina Press, 1930).

45) 박사학위청구논문 원전, 199쪽.

46) 이 서평은『이홍구문집』IV, 39~40쪽에 재수록됐다. 하경덕 박사는 1897년에 전라북도 익산군에서 태어나 1913년에 전주 신흥학교를 졸업하고 1915년에 평양 숭실학교를 졸업했다. 박사학위를 받은 이듬해에 귀국해 연희전문학교 교수로 봉직했으며 8·15해방 이후 서울신문사 사장으로 활동하다가 1951년에 도쿄에서 병사했다.

문들에는 미국의 정치학에 대한 그의 비판이 곳곳에 들어 있다.[47]

'근대화'라는 용어에 대한 미국정치학계의 이해를 비판적으로 보았듯, '정치발전'이라는 용어에 대한 미국정치학계의 이해에 대해서도 비판적으로 보았다. 이 교수는 자신의 박사학위청구논문에서 '정치발전'에 전제된 개념인 '정치변화'부터 규범적으로 판단할 것을 제의하고, "정치발전에 관한 규범이론의 필요는 피할 수 없다."라고 단언했다. 여기서 이 교수는 정치변화의 양태(樣態, mode)를 두 가지로 나누었다. 그 두 가지가 완전히 상호배타적인 것은 아니라고 전제하고, 그는 (ⅰ) 한 사회 안에서 내부의 힘이 주도한 변화 그리고 (ⅱ) 한 사회 밖으로부터의 영향과 압력에 의해 수입된 정치제도와 규범에 의한 변화로 구분한 뒤, 전자를 'transition'이라고 명명했으며, 후자를 'transplantation'이라고 명명했다. 그는 귀국 이후 발표한 논문에서 'transition'을 '추이(推移)' 또는 '변천(變遷)'이라고 번역했으며, 'transplantation'은 '이식(移植)'이라고 번역했다.[48]

그는 우선 19세기에 영국과 프랑스에서의 정치적 변화와 발전은 '추이'임에 비해, 비서구사회에서의 정치적 변화와 발전은 '추이와 이식의 상호작용의 결과'라고 보았다. 이러한 구분 위에서, 그는 전자의 특징을 중심으로 전개된 정치적 변화와 발전에 관한 이론을 그 성격이 다른 비서구사회에 적용하는 것은 적절하지 못하다고 정확히 지적하고, 만일 그렇게 적용하는 경우, 정치적 변화와 발전은, 또는 정치발전과 때때로 동일시되는 근대화는 '맹목적인 서양화'를 지향하는 것으로 나타나게 되

---

47) 이홍구, 「정치발전의 정의문제: 한국의 정치발전과 정치학」, 『정경연구』(1969년 2월), 105~111쪽; 『이홍구문집』, II, 15~25쪽에 재수록.

48) 이 구별은 이 교수의 박사학위청구논문 26~27쪽에서, 그리고 그 전문을 수록한 『이홍구문집』 V, 35~36쪽에서 읽을 수 있다. '추이' 또는 '변천' 그리고 '이식'은 다음에서 볼 수 있다. 이홍구, 「국민총화와 민주정치」, 『존 듀이 19주기 기념세미나』(1970), 『이홍구문집』 I, 284~293쪽에 재수록. 또 이홍구, 「사회보존과 정치발전」; 『이홍구문집』 II, 93~127쪽에 재수록.

고, 그럴 경우, '주체성의 유지'라는 점에서 문제가 발생한다고 경고했다. 여기서 그는 '주체성의 유지'와 관련해 귀국한 뒤 발표한 같은 제목의 논문에서 다음과 같이 부연했다.

> 그것은 정치·경제 등 모든 면에서 강대국에 의존하고 있던 실정과 그 가운데서 논의된 근대화이론이 거의 예외 없이 서양학자들의 이론을 수입한 것이었다는 종속적 상황에 대한 의식적 반항이라는 측면도 내포하고 있었다. 정치발전을 사회보존의 공리(the axiom of social conservation)에 입각하여 정의하려는 우리의 노력도 바로 그러한 주체성의 강조를 핵심으로 한 작업이었다.[49]

이 교수는 자신이 영어로 표현한 'social conservation'을 귀국한 뒤 '사회보존'으로 번역했다. 대조적으로, 최장집 교수는 이 교수의 보존을 보전으로 수정하여 '사회보전'이라고 번역했다. '사회보존'과 '사회보전'은 큰 차이가 없으나 '사회보전'이 더 나은 것 같다는 의견을 덧붙이겠다.

제3항
"사회보존의 공리"에 입각해 정치발전을 정의해야 한다

그러면 '사회보존의 공리'란 무슨 뜻인가? 이 교수는 자신의 박사학위청구논문에서 데이비드 흄(David Hume, 1711~1776), 게오르크 빌헬름 프리드리히 헤겔(Georg Wilhelm Friedrich Hegel, 1770~1831), 에드먼드 버크(Edmund Burke, 1729~1797), 칼 마르크스(Karl Marx, 1818~1883)를 비롯한 많은 서양의 철학자들과 역사학자들

---

49) 위와 같음, 95쪽.

의 이론을 참조하며, 사회보존의 공리를 다음과 같이 정의했다.

그리고 그 논리로부터 '정치발전'을 '정치적 근대화'와 구별하면서, "정치발전은 사회의 궁극적 가치들로부터 연역되고 사회의 궁극적 가치들을 보존하려는 정치적 목표들을 증진시키기 위한 인간의 결정에 의해 상당한 정도로 만들어진 정치체계의 유형화된 변화이다."라고 정의했다.[51] 이 교수는 자신의 이 정의가 비서구사회 모두에 적용될 수는 없을 것임을 시인하면서 비서구사회의 정치발전을 "비서구사회에서의 정치발전은, 사회의 질서 있는 성장을 방해하며 그 사회의 기초를 위협하는 정치적·경제적·사회적 위기를 해결하는 정치체제의 지속적인 성공으로 간주될 수 있다."라고 정의했다.[52]

비서구사회의 정치발전과 관련해 이 교수는 그 사회의 한 정치체제가 특히 '이식'에 의해서나 '변천과 이식의 복합'에 의해 변화를 겪을 때 '주체성의 위기' 또는 '정통성의 위기'를 겪게 된다는 역사적 사실에 주

---

50) 영어로는 다음과 같다. "The axiom of social conservation in its simplest form reads: The basic goals of polity ought to be derived from (what are) the ultimate values of society." 박사학위논문 4쪽; 『이홍구문집』 V, 18쪽.

51) 영어로는 다음과 같다. "Political development is a patterned change of political system which is produced to a significant degree by human decisions in order to promote political goals that are derived from, and are intended to conserve, the ultimate values of society." 박사학위논문 34쪽; 『이홍구문집』 V, 42쪽.

52) 영어로는 다음과 같다. "Political development in a non-Western society can be viewed as the sustained success of the polity in resolving the political, economic, and social crises which hamper the orderly growth and indeed threaten the very foundation of that society." 출전은 위와 같다.

목했다. 정통성의 위기와 관련해 이 교수는 두 개의 경우를 상정했다. 하나는 "사회는 변화했는데도 정체(政體)는 변화하지 않아 변화된 사회를 수용하지 못한 경우이다." 1789년에 일어난 프랑스대혁명 직전의 '앙시앵 레짐(ancien régime, 구체제)', 1917년에 일어난 러시아혁명 직전의 차리스트러시아, 1911년에 일어난 신해혁명 직전의 청제국, 그리고 1922년에 붕괴한 오토만제국 등이 이 경우에 속하는데, 그 정체들은 결국 정통성의 위기를 극복하지 못하고 붕괴하고 말았다. 다른 하나는 "사회는 변화하지 않았는데 정체가 과격하게 변화한 경우이다." 이 경우에는 사회가 정치적 변화를 수용하지 못함으로써 또는 정체가 사회의 기본적 성격과 가치를 보전하지 못함으로써 정통성의 위기가 발생한다.

제4항
"메이지유신은 성공적 정치혁명이었으며 따라서 정치발전이었다"

일본을 비롯한 동아시아 국가들은 19세기 후반에 서양제국주의 국가들의 개항 압력에 직면해 국가 자체를 빼앗기거나 비록 그렇지는 않더라도 사실상의 식민지로 전락할 위기에 빠져들었다. 이 교수는 동아시아 국가들 가운데 오로지 일본만이 메이지유신을 통해 그러한 위기를 이겨냈을 뿐만 아니라 왕정과 의회주의를 병행시키는 가운데 산업화도 이룩할 수 있었다고 평가했다. 그러면 일본은 어떻게 그러한 성공을 이뤄낼 수 있었던가?

이 교수는 우선 당시 일본의 정치체제가 아리스토텔레스의 용어를 빌린다면 과두정(oligarchy)이었음을 지적하고, 그 과두정이 일본이 직면한 위기의 본질을 정확히 이해하고 사회보존의 공리를 지키는 가운데 구체적 정치목표를 달성할 수 있는 도구로 (ⅰ) 이데올로기, (ⅱ) 헌법,

(iii) '의회와 정당의 제도화에 근거한 일본 정치과정에서의 완전히 새로운 정치구조'를 선택하고 운영했기에 가능했다고 부연했다. 그는 '의회와 정당의 제도화에 근거한 일본 정치과정에서의 완전히 새로운 정치구조'와 관련해 주요한 논점을 제시했다. 메이지의 과두정은 '완전히 새로운 정치구조'에서 야당이 '정당 중심의 내각(a party cabinet)'에 참여할 수 있도록 문을 열어놓음으로써 '엘리트의 순환'을 가능하게 만들어주었고 반대세력에게 정당성을 부여했으며 정치체제가 안정성을 유지할 수 있도록 뒷받침했다는 것이다. 이 교수는 "메이지유신은 인민에 의해서가 아니라 엘리트들에 의해 새로운 정치질서가 창출된 성공적 정치혁명이었다."라고 평가하면서 메이지시대 일본의 정치적 변화를 '정치발전'으로 규정했다.[53]

이 교수는 이데올로기와 관련해서는 민족주의를 특정했다. 칼튼 헤이즈(Carlton J. H. Hayes, 1882~1964)와 한스 콘(Hans Kohn, 1891~1971) 등 민족주의 연구를 이끌었던 학자들의 이론도 참고하면서, 그는 "우리가 민족주의를 사회보존과 정치발전에 가장 적절한 이데올로기라고 지정한 중요한 이유의 하나는, 민족주의가 국민적 합의를 보존과 발전의 방향으로 이끄는 데 가장 효율적이라고 믿기 때문이다."라고 부연했다.

이러한 큰 틀 속에서 이 교수는 메이지시대의 일본 지식인들이 서양의 정치적·이념적 관념을 받아들이면서도 일본의 역사적·문화적·관습적 토양을 잊지 않고 전통의 유지를 통한 서구화를 추진했으며 그것은 1890년 10월 30일에 천황의 이름으로 발표된 '교육칙어(教育勅語)'에 잘 나타나 있다고 강조했다. 이 교수는 이 '교육칙어'를 '메이지 민족주의의 가장 중요한 문서'라고 명명했다. 같은 맥락에서, 이 교수는 "나카에 조민은 서양에서 발전한 '민권'을 일본 고유의 '유교적' 틀 안에서 개념화해 소개했고, 우치무라 간조는 서양의 기독교를 일본의 무사도적 토양

---

53) 예컨대, 박사학위청구논문, 39쪽 및 54쪽, 『이홍구문집』 Ⅴ, 46쪽 및 59쪽.

위에서 받아들였으며, 가와카미 하지메는 마르크시즘을 '유교적 마르크시즘'으로 정립했다."라고 설명했다.

이 대목에서, 이 교수는 당시 미국 사회과학계 일각에서 강력하게 제기된 '이데올로기 쇠락론'이 도전과 반론에 직면해 있다고 지적하고, 그 대표적 반론자인 조지프 라팔롬바라(Joseph LaPalombara) 교수의 설명에 동의했다. 이 교수는 비서구사회와 같이 변화하는 사회에 있어서 이데올로기가 수행하는 역할을 중시한 것이다.[54] 이데올로기는 자신이 속한 국가 또는 사회에 대한 '역사의식(historical consciousness)'과 직접 연결되어 있다. 그리고 영국의 역사학자 로빈 조지 콜링우드(Robin George Collingwood, 1889~1943)를 비롯해 여러 학자가 지적했듯이, 역사의식은 고정된 것이 아니라 새로운 역사적 현실에 직면할 때마다 '재창조'된다.[55] 이 점에서, 이 교수는 우선 마르크스가 제시한 '결정론적 역사의식' 또는 '역사의 필연성'을 배격했다. 이 교수는 이어 그 국가 또는 사회에서 '역사의식을 발전시킬 능력을 가진 사회집단, 곧 인텔렉추얼(intellectual)'을 중시하면서 '인텔렉추얼 엘리트들(intellectual elites)' 사이에서의 국가목표의 선정에 관한 '변증법적 대화'가 활발히 이뤄져야 한다고 제의했다.[56] 여기서 이 교수가 말한 '변증법적 대화'는 물론 서로 대립되는 주장에 대해 헤겔이 제시한 정(正)·반(反)·합(合)에 따른 변증법적 해법을 의미한 것이다.

그러면 '인텔렉추얼 엘리트들'이라고 할 때, 그것은 우리말로 어떻게 번역하는 것이 좋을까? 흔히 '지적(知的) 엘리트들' 또는 '지성적 엘리트들'로 번역한다. 이에 대해, 이 교수는 그 번역에 동의하면서도, '인텔렉추얼'을 우리가 전통적으로 쉽게 써온 '공부하는 사람' 또는 '배운 사람'

---

54)박사학위청구논문, 75쪽; 『이홍구문집』 V, 76~80쪽.

54) 박사학위청구논문, 75쪽; 『이홍구문집』 V, 76~80쪽.
55) 박사학위청구논문, 12쪽의 각주17; 『이홍구문집』 V, 24쪽의 각주17.
56) 박사학위청구논문, 198쪽; 『이홍구문집』 V, 179쪽.

으로 번역하는 것도 좋은 대안이 될 것이라고 말한다. 어떤 사안 또는 사물에 대해 과거의 역사와 전통을 오늘날의 현실에 연결하는 안목을 지닌 채 늘 꾸준히 독서하고 사색하며 '공부하는 사람'이라는 뜻이다. 이 정의와 관련해 이 교수는 다음과 같이 썼다.

> 사색하지 않는 지성이란 불가능하다. 모든 지식이 바로 지성으로 연결되는 것은 아니며 또한 지식이 지성의 충분조건도 아니지만 필요조건임에는 틀림없다. 무식한 지성이란 존재할 수 없으며, 따라서 무지가 반지성(反知性)의 원천인 것이다. 사색 그 자체를 아끼고 사색을 통한 이성적 판단을 내릴 수 있을 때 그것이 곧 지성의 자세인 것이다.[57]

조선왕조 시대에는 '학문을 닦는 사람', 특히 '유교적 이념을 적극 수용하여 사회에 적절히 구현함으로써 선행을 베푸는 인격체'를 '선비'라고 불렀다. 이 교수는 자신의 몇몇 글에서 '선비' 그 자체를 긍정적으로 평가하고 거기서 더 나아가 '선비'가 중심이 된 조선왕조 시대의 정치를 긍정적으로 평가했는데,[58] 이러한 흐름 속에서 볼 때, 그가 말한 '인텔렉추얼 엘리트들'은 '선비'를 의미한 것으로도 해석할 수도 있겠다.

이 교수는 민족주의라는 이데올로기를 통한 '민족적 주체성의 강조'가 가져올 위험성에 대해서도 경고하는 것을 잊지 않았다. 그러면서도

---

57) 이홍구, 「저항, 용기, 비극 없는 지성은 공허하다」, 『이대학보』(1972년 4월 17일), 3쪽; 『이홍구문집』 I, 120~122쪽에 재수록. 인용된 부분은 121쪽에 있다.

58) (i) 이홍구, 「한국사회와 대학」, 『대학신문』(1971년 12월 6일), 5쪽; 『이홍구문집』 I, 116~119쪽에 재수록.
(ii) 이홍구, 「역자서문」, 프레데릭 왓킨스 저/이홍구 역, 『근대정치사상사』(을유문화사, 1973), 1~14쪽 가운데 1~2쪽.
(iii) 이홍구, 「한국민족주의 연구를 위한 기초적 사고」, 효강(曉岡)최문환(崔文煥)선생기념사업추진위원회 편, 『효강최문환박사추념논문집』(효강최문환선생기념사업추진위원회, 1977), 377~408쪽; 『이홍구문집』 III, 93~127쪽에 재수록.

'수구가 아닌 발전을 위한 보존이라는 각도에서 주체성을 강조하고 정치발전을 정의할 것'을 제의하면서, "그것은 민족적 주체성의 보존이라는 차원에서 근대화와 민주화를 창조적으로 일치시키는 노력이고 서양화를 막으면서 민주화를 진행하는 근대화의 정치구조를 고찰하는 것"이라고 설명했다.

여기서 이 교수는 정치는 결국, 비록 민주정치를 표방한다고 해도 소수 엘리트에 의한 과두지배일 수밖에 없다는 제임스 브라이스(James Bryce, 1838~1922)와 로베르트 미헬스(Robert Michels, 1876~1936) 및 가에타노 모스카(Gaetano Mosca, 1858~1941) 등의 이론을 원용하면서,[59] '사회보존의 공리' 속에서 '정치발전'을 추구할 수 있으려면 '현재의 집권자들'은 '목표'의 선정 등과 관련해 바로 이 '지적 엘리트들의 변증법적 대화'가 활발해지도록 뒷받침해야 하고 또 그들과의 '변증법적 대화'를 유지해야 하며 궁극적으로는 이러한 대화의 과정이 변증법적 합의의 계기가 되어야 한다고 제안했다.[60] 그러나 그는 훗날 발표한 논문에서 자신의 기존이론을 대중 스스로의 능동적 참여를 포함하는 쪽으로 보완될 필요가 있음을 인정했다.[61]

이 교수는 자신의 이 박사학위청구논문을 헤겔이 『법철학 강요(Grundlinien der Philosophie des Rechts)』(1820)의 「서문」에서 남긴 유명한 구절인 "세상이 어떻게 나아가야 하는가에 대해 가르치려 하는 강한 욕구가 있어도 이 같은 목적에 비해 철학은 항상 너무 늦게 등장한다는 것이다."라는 구절로 끝을 맺으면서 다음과 같이 덧붙였다: "정치에 대한 연구는 순수한 철학도 아니고 순수한 과학도 아니다. 그것은 인간적 가치들을 평가하고 보존하며 증진함에 있어서 유용한 사회적 기술(a

---

59) 박사학위청구논문, 125~127쪽; 『이홍구문집』 V, 118~120쪽.
60) 위와 같음, 179쪽.
61) 위와 같음, 587쪽.

social art)이다."[62]

　전반적으로, 이 논문은 최장집 교수의 평가에 따르면, "요약하기도 이해하기도 쉽지 않은, 매우 다층적이고 복잡한 층위들 간의 상호관계를 치밀하게 분석한, 높은 수준의 이론적 이해를 필요로 하는 지극히 철학적이고 정치이론적이며 분석적인 논문이다."[63] 그러했기 때문인지, 박사학위심사위원회의 몇몇 교수들조차 처음에는 잘 이해하지 않았던 것 같다. 이 점과 관련해, 이 교수는 다음과 같이 회상했다.

　　예일대학원에서 박사학위논문을 준비하던 60년대 초반에는 구미정치학계에서도 근대화에 대한 수다(數多)한 이론이 활발히 전개되었다. 은사인 알몬드 교수 등이 전개한 근대화이론에 상당한 정도 공감하면서도 그 이론에 토대가 된 규범적 전제가 어디까지나 서구적 가치관과 전통이라는 사실이, 그리고 비(非)서구적 사회에서의 근대화는 그 사회 특유의 가치관을 토대로 할 수밖에 없다는 생각이 나로 하여금 강력한 이론(異論)을 제기하지 않을 수 없게 하였다. '사회보존론'이란 나의 입장을 설명하고 나의 논문을 통과시키는 데 적지 않은 노력과 시간이 소요되었던 것은 어쩔 수 없는 일이었다.[64]

　박사학위심사위원회는 1968년 5월 초에 그의 논문을 통과시켰고, 이에 따라 그는 예일대학교 267년인 1968년 6월 11일에 정치학박사학위를 받았다. 이때 예일대학교 총장은 킹만 브루스터 2세(Kingman Brewster, Jr., 1919~1988)였다. 그는 예일대학교를 졸업하고 하버드대학교 법과대학을 졸업한 변호사로, 하버드대학교 법과대학 교수를 거쳐 예일대학교

---

62)　박사학위청구논문, 199쪽; 『이홍구문집』 V, 179쪽.

63)　최장집, 「이홍구의 "사회적 보전 공리"와 한국 민주주의에 대한 그 적용」, 141~172쪽 가운데 149쪽.

64)　『이홍구문집』 I, 7쪽.

총장을 맡았다. 이후 주영대사를 거쳐 옥스퍼드대학교를 구성하는 칼리지들 가운데 하나인 유니버시티칼리지의 총장을 역임했다.

제5항
박사학위에서의 논지를 귀국한 이후 발표한 논문들에서 일관되게 다시 제시하다

학위를 받은 이 교수는 곧바로 귀국길에 올랐다. 뉴헤이븐에서 가까운 뉴욕시 공항에서 노스웨스트에어라인(NWA)편으로 시카고에 기착해 바로 아래 여동생 영일의 집에서 머문 뒤 곧 샌프란시스코와 호놀룰루에 이어 도쿄를 경유해 1968년 6월 25일에 서울에 도착했다. 한국을 떠난 지 14년 만이었다. 스무 살을 막 넘긴 나이에 떠난 아들이 34세 청년으로 장성해 돌아온, 더욱이 명문 예일대학교에서 박사학위를 받고 돌아온 아들을 부모님은 기쁜 눈물로 맞이했다.

귀국한 뒤 이 교수는 우리가 다음의 제3~제8장에서 보듯, 여러 수많은 저술을 발표하고 발언했는데, 그것들은 거의 모두가 박사학위청구논문에서 제시하고 전개한 논지와 일치한다. 이것은 그가 시대의 흐름에 따라 자신의 주견을 바꾸는 쪽이 아니라 오히려 꿋꿋하게 논리적 일관성을 유지했음을 의미한다. 이 교수가 자신의 박사학위청구논문을 스스로 요약한 국어논문 「사회보존과 정치발전」에서 제시한 명제는 최소한 다음과 같은 16개로 나눌 수 있다.

제1명제. 미국정치학계의 '정치의 과학적 연구' 비판: "가치와 규범의 문제를 떠난 정치학은 불완전한 정치학이다."
제2명제. 미국정치학계의 '근대화론' 비판: "물질우선적 근대화는 인간소외를 가져오기 쉽다. '근대화과정에서 경제는 정치를 결정한다.'

라는 명제는 받아들일 수 없다."

제3명제. 미국정치학계의 '정치발전론' 비판: "미국정치학계가 물질우선주의에 근거를 두고 전개한 근대화론에서의 근대화는 정치발전으로 연결될 수 없고 오히려 정치퇴화로 연결될 수 있다."

제4명제. 대중의 등장에 따른 '이데올로기의 시대'의 중요성 강조: "민족주의와 자유주의에 바탕을 둔 이데올로기를 발전시켜야 한다."

제5명제. 사회가 정체(政體)보다 우선한다는 명제: "사회는 정체를 위한 필요조건이나 정체는 사회를 위한 필요조건이 아니다. 정치체계는 사회체계의 하부체계다."

제6명제. '역사의식을 공유하는 인텔렉추얼 엘리트들의 변증법적 대화를 통한 정치'(1): "부단한 역사 재해석을 통해 역사의식과 역사 그 자체를 재창조해야 한다."

제7명제. '역사의식을 공유하는 인텔렉추얼 엘리트들의 변증법적 대화를 통한 정치'(2): "이성이 발달한 지성적 엘리트들 사이에서의 변증법적 대화가 긴요하다."

제8명제. '역사의식을 공유하는 인텔렉추얼 엘리트들의 변증법적 대화를 통한 정치'(3) : "역사의식은 정치문화로 연결되며 한국정치의 이해를 위해 정치문화 연구는 필수적이다."

제9명제. '역사의식을 공유하는 인텔렉추얼 엘리트들의 변증법적 대화를 통한 정치'(4): "배운 계층이 변증법적 대화를 통해 주체성의 위기를 극복해야 한다."

제10명제. 자율적 의지의 중요성 확인과 '역사의 필연성'론 배격: "정치는 이성을 가진 인간이 자율적 의지로써 하는 것이며, 따라서 어떠한 필연적 법칙에 의해 이루어지는 것은 아니다."

제11명제. 자유와 평등의 중요성 옹호: "우리는 빈곤·무지·폭력·비굴이라는 부자유의 준령을 넘어서서 번영·예지·평화·긍지가 충만한 자유의 평원으로 행진해야 한다. […] 평등은 자유가 정립된 상황에서 이루어지는 것이지, 반대로 자유를 억누르고 강압된 평등은 끝내 자유를 가져오지 못한다."

제12명제. 헌법의 중요성 강조: "우리의 고유한 정치문화와 민족경험을 토대로 한 역사의식에 의하여 창조되는 규범체계를 헌법의 기본규범으로 삼아야 한다."

제13명제. 의회의 중요성 강조: "민주정치는 합리적 대결의 제도화이며, 그 제도화의 상징이 국회다."

제14명제. 정당의 중요성 강조: "지성의 대화를 정치제도화하여 정당들 사이의 경쟁관계로 치환하는 것이 한국 정당에 주어진 임무이다."

제15명제. 야당의 내각 참여를 통한 정치엘리트들 사이의 순환: "야당의 정치내각 참여를 통해 야당의 정당성을 뒷받침해주고 정치엘리트들 사이의 순환을 뒷받침해줌으로써 정권의 정당성을 강화한다."

제16명제, 혁명이론: "정치체제가 사회의 변화를 따라가지 못한 채 정체되어 있을 때 그 정치체제에는 정통성의 위기가 발생하고 그것은 혁명으로 이어지게 된다."

이 16개의 명제는 메이지유신과 거기에 따른 메이지시대의 일본을 분석하는 데만 한정되지 않는다. 그 명제들에 담긴 함의는 그 범위를 넘어서서 적어도 다음과 같은 일련의 문제들에 관해 관심을 두게 한다. 첫째, 메이지일본과 동시대를 살았던 조선왕조가 '근대화'에 실패하고 종국에는 일본에게 국권을 빼앗기는 원인에 대해서다. 이것은 자연히 구한말에 전개된 지식인 중심의 구국운동, 예컨대, 위정척사(衛正斥邪) 운동과 갑신정변 및 갑오경장, 그리고 민중의 구국운동, 예컨대, 의병운동과 동학농민봉기에 대한 연구로 이어진다. 실제로 이 교수는 우리가 제3장 및 제5장에서 보게 되듯 이 주제에 관한 논문을 여러 차례 발표한다.

둘째, 메이지일본이 '민주화'와 '산업화'에 성공한 역사적 경험이 대한민국이, 특히 박정희 정부가 추진한 '민주화'와 '산업화'에 주는 의미에 대해, 그리하여 현대 한국의 민주주의의 방향을 생각함에 주는 암시에 대해서다. 우리가 제3장에서 보게 되듯, 이 교수는 이 주제에 관해서도 여러 논문을 발표한다.

셋째, 조선왕조가 일제에 국권을 빼앗긴 비극이 결국 분단으로 이어졌음을 생각할 때, 한반도 분단체제의 기본적 성격을 구명하고 남북한관계의 전개방향을 이해함에 주는 시사(示唆)에 대해서다. 우리가 제3장에서 보게 되듯, 이 교수는 이 주제에 관해서도 여러 논문을 발표한다.

● 박사학위청구논문에서 다루지 않았던 주제들:
대한민국의 대외관계 및 국제문제 그리고 한국정치학의 현황 등

이 교수는 귀국한 이후 자신의 박사학위청구논문에서 다루지 않았던 주제들에 대해서도 많은 글을 썼다. 그것들은 크게 보아 다음 다섯 가지로 나눌 수 있다. 첫째, 자신이 회원이었으며 한때 회장을 맡았던 한국정치학회와 한국의 정치학 현황, 그리고 자신이 집행위원을 맡았던 세계정치학회(International Political Science Association: IPSA)에 관해서다. 둘째, 자신이 속한 서울대학교를 비롯한 한국의 대학들과 교육제도에 관해, 그리고 지식인사회와 청년문화에 관해서다. 셋째, 남북한관계와 통일, 한미관계·한일관계를 비롯한 한국의 주요한 국가들과의 관계에 관해서다. 넷째, 자원문제와 공해문제 및 환경보호문제 등을 포함한 국제적 쟁점들에 관해서다. 이 글들에서 그는 제17명제로부터 제25명제까지 아홉 개의 명제를 제시했다. 다섯째, 국내외에서 출판된 저서들을 대상으로 한 서평이다.

우리는 다음의 제3장으로부터 제8장까지 여섯 개의 장에서 그가 박사학위청구논문에서 제기한 주제들에 관련된 그의 저술 또는 연설, 그리고 거기서 제기하지 않았으나 귀국 이후 직면한 국가적 과제들에 관련된 그의 저술 또는 연설 등을 자세히 살피기로 하겠다.

曉堂 李洪九

1968

2부

학계 시절

1988

정치학의 고전들을 강의하면서 '민주정치의 부활'과 '정치적 자유의 보장'을 요구하다: 서울대학교 교수로 제3공화국 후반기에 발표한 저술들

(1968년 6월~1972년 10월)

　　34세의 청년 이홍구가 귀국한 1968년 6월 26일로부터 유신체제가 시작된 1972년 10월 17일 직전까지의 4년 4개월 동안 대한민국은 대내외적으로 엄중한 상황에 처했으며 중요한 사건이 잇달아 일어났다. 우선 대외적 상황을 살펴보면, 북한의 무장공비 남파가 잦았고(1968년), 미 해군함 푸에블로호 나포와 미 해군정찰기 EC-121 격추 등 미국에 대한 무력도발이 일어났다(1968~1969년). 미국이 중화인민공화국과의 긴장 완화를 추구함에 따라 중화인민공화국이 유엔 안전보장이사회에서 중화민국을 대체한 채 상임이사국으로 진출했고(1971년), 두 나라는 한반도를 포함한 동아시아에서의 긴장 완화를 다짐하는 상하이공동성명을 채택했다(1972년). 이 과정에서 박 대통령은 '8·15평화통일구상선언'을 발표했고(1970년) 남북적십자회담이 열렸으며(1971년), 그 연장선 위에서 남북한은 자주·평화·민족대단결의 원칙을 다짐한 7·4공동성명을 발표했다(1972년).

　　대내적으로, 한국에서는 박 대통령이 3선을 추구하기 위해 대통령의 임기를 두 차례에 한정한 헌법을 고치는 개헌을 시도해 무리한 방법으로 성사시켰고(1969년), 이에 따라 제1야당 김대중 후보와의 격렬한 선거를 거쳐 대통령직을 계속할 수 있었다(1972년). 다른 한편으로, 박 대통령이 추구한 경제성장 우위 중심의 근대화 정책은 계층과 지역 사이에 불평등과 갈등을 조성해 전태일(全泰壹) 열사의 분신자살 항의사건이 일어난 데 이어(1970년), '광주대단지사건(일명 8·10성남민권운동)'과 '한진 파월기술자 집단시위사건' 등이 일어났다(1971년). 박 대통령의 권위주의 체제와 통치방식은 대학과 법원 및 교회를 중심으로 한 지식인 사회에서 큰 반발을 불러일으켜 '사법파동'과 '대학 자주화선언 운동' 등이 일어났다(1971년). 여기에 박 대통령은 대학에 군대를 투입하는 위수령을 발동하는 것으로 대응했다.

　　이 4년 4개월의 시기는 자연히 청년 지식인 이홍구에게 고뇌의 시기로, 그는 자신의 고뇌와 항의를 여러 글에 나타냈으며 세미나에서 발표했다. 그가 1988년 2월에 국토통일원장관으로 정부에 들어가기에 앞서 발표한 논문·평론·단평 등은 모두 206개로, 그 가운데 100개 곧 49%가 이 4년 4개월의 시기에 발표한 것이다. 나머지 106개 곧 51%는 이후 네 배 가까운 15년 4개월의 작품이었다. 다른 각도에서 볼 때,『이홍구문집』 전 5권에는 1969년부터 1994년까지 25년에 걸쳐 그가 발표한 각종 저술 241개가 수록됐는데, 4년 4개월의 기간에 발표한 것이 그 가운데 41%에 해당한다. 이것은 그때 만 35~38세였던 그가 젊은 정치학자다운 기개로 조국의 현실이 제기하는 문제를 외면하지 않고 정면으로 대응했음을 의미했다.

다른 한편으로 이 시기는, 그에게 가정적으로나 학문적으로 매우 생산적인 시기였다. 우선 그는 만 35세로 결혼해 세 자녀를 두며 독립된 일가를 이루었고, 서울대학교 교양과정부에 이어 문리대 정치학과 교수로 안정된 전임직을 확보해 강의와 저술에 힘을 쏟을 수 있었다. 특히 저술과 관련해, 아리스토텔레스, 로크, 루소, 밀, 베버, 프리드리히, 산타야나 등 서양의 정치사상사 또는 정치학사에서 중요한 위치를 차지하는 정치철학자들에 관한 학술논문을 발표했고, 그때로는 매우 생소한 '시민사회론'을 국내 최초로 소개해 학계에 자극을 주었다.

제1절
서울대학교 교양과정부를 거쳐 문리대 정치학과 조교수로 자리를 잡다(1968년 9월~1971년 3월)

제1항
서울대학교 교양과정부에서 출발하다

어려서부터 학자가 되기를 소망했던 이홍구 박사는 귀국과 동시에 당연히 대학 정치학과에서 전임직을 얻고자 했다. 그에게는 유리한 점도 있었고 그렇지 못한 점도 있었다. 한국에서 정치학과가 아니라 법과대학에서 수학했던 것이 정치학과 졸업생을 우선시하던 당시의 전임 채용 관행에서 유리하지 않았다.

그렇지만 세계적 명문인 예일대학교에서 박사학위를 받았다는 사실은 크게 유리했다. 당시 국내에는 서방 선진국에서 박사학위를 받고 돌아온 정치학자의 수는 10명이 되지 않아 미국에서 박사학위를 받았다는 사실만으로도 주목을 받을 수 있었지만, 미국 동부(東部)의 명문대학을 뜻하는 이른바 아이비스쿨 출신의 정치학 박사는 그가 유일했다. 게다가 그는 당시 한국정치학계의 연구 동향에서 주류로 등장한 정치발전론을 정치철학의 관점에서 접근한 논문으로 학위를 받았기에 주목을 받기에 넉넉했다. 그것뿐만이 아니었다. 그가 미국의 저명한 대학인 에모리대학교에서 방문조교수로 1년, 케이스웨스턴리저브대학교에서 조교수로 3년에 걸쳐 가르친 경력은 적잖은 보탬이 되었다. 잰 체하지 않고 겸손하며 타인을 편안하게 만들어주는 인간적 면모는 그를 처음 대한 사람에게도 좋은 인상을 심어주었다.

● 「정치발전론」 강좌를 개설하다

　이러한 장점이 겹쳐 그를 찾는 학교들이 나타났다. 육군사관학교를 비롯해 고려대학교 대학원 정치외교학과와 서울대학교 행정대학원 등이 그곳들이었다. 그는 1968년 7월부터 육사에서 '외부교수: 교관'의 자격으로 「정치학원론」 강좌를, 1968년 9월 학기에 서울대학교 행정대학원에서 시간강사의 자격으로 「정치발전론」 강좌를, 고려대학교 대학원에서 역시 시간강사의 자격으로 「서양정치사상사」 강좌를 각각 맡았다.[1]

　특히 고려대학교 대학원에서 이 강좌를 수강한 학생들 가운데 대표적 사례가 최장집 군이었다. 고려대학교 정경대학 정치외교학과를 졸업하고 군 복무를 마친 뒤 대학원 석사과정에 재학 중이던 그는 이 교수의 강의에 영향을 받아 「홉스 정치사상의 근대적 이론의 성격: 권리와 의무의 문제」라는 논문으로 석사학위를 받았다. 그는 시카고대학교 대학원 정치학과로 유학해 세계적 정치학자로 명성을 떨치던 필립 슈미터(Philippe C. Schmitter) 교수의 지도 아래 남한의 노동계급에 대한 논문으로 정치학박사학위를 받고 귀국해 고려대학교 정경대학 정치외교학과 교수로 부임한 이후 마르크스국가학, 민주주의론, 특히 독재체제가 민주체제로 전환하는 과정과 그 과정에서 발생하는 문제 등에 관한 연구에서 단연 독보적 위상을 차지한다.

　세 곳 모두에서 강의 평가는 높게 나왔다. 이어 1969학년도가 시작되면서 서울대학교 문리대 정치학과에서도 「정치학특강: 정치발전론을 중심으로」 강좌를 맡았다.[2]

---

1)　「서울대학교 인사기록카드: 이홍구」에 첨부된 육군사관학교와 고려대학교 및 서울대학교 행정대학원의 증빙서류.
2)　『대학신문』(1969년 4월 7일), 8쪽.

● **결혼으로 일가를 이루다**

이홍구는 서울대학교 교양과정부 강사이던 때인 1969년 4월 13일에 이무자(李武子, 훗날 이현경[李賢卿]으로 개명) 양과 결혼했다. 본관이 성산(星山)인 신부는 이근직(李根直) 전 내무부장관-농림부장관과 이강숙(李康淑) 여사 사이의 3남 3녀 가운데 다섯째로 1943년 2월 22일에 태어났으며, 이화여자대학교 문리대 불어불문학과를 졸업했다. 두 분 사이에 장녀 소영(素姈)이 1970년 4월 7일에 서울특별시 동대문구 숭인동 70번지 6에서, 차녀 민영(敏姈)이 1971년 4월 1일에 위와 같은 주소에서 각각 태어났다. 이 교수는 서울대학교 문리대 정치학과 조교수이던 때 부인 및 두 딸과 함께 워싱턴의 우드로월슨센터와 하버드대학교 동아시아법률센터에 펠로(Fellow)로 가 있었는데, 장남 현우(炫雨)가 1974년 11월 26일에 태어났다.

장녀 이소영은 영국에 본사를 둔 국제적 로펌 링클레이터스(Linklater's)의 파트너 변호사인 이상훈(李相勳)과 결혼해 이태희(李太熙, 2000년 12월 12일)와 이재희(李宰熙, 2007년 10월 20일) 두 아들을 두었다. 차녀 이민영은 현재 동덕여자대학교 음악대학 피아노과 교수로, 한국예술종합학교 음악원 원장인 이강호(李康豪)와의 사이에 딸 이희윤(李禧允, 2005년 9월 21일)과 아들 이희재(李禧宰, 2007년 12월 19일)를 두었다. 이강호는 장인 이홍구의 모교인 예일대학교에서 석사학위를 받고 뉴잉글랜드 음악원에서 음악학박사학위를 받은 첼리스트다.

제16대 종손이 되는 아들 현우는 윌리엄스칼리지를 졸업하고 워싱턴에 본사를 둔 글로벌 에너지 파트너스(Global Energy Partners)의 아시아 담당 대표로 홍콩에서 활동하고 있다. 부인 황지영(黃智暎)과의 사이에 장녀 이규원(李奎沅, 2002년 10월 1일), 장남 이준형(李準珩, 2004년 10월 26일), 차녀 이준원(李俊沅, 2010년 6월 12일)을 두었다. 장녀 이규원은 할아버지의 모교인 예일대학교 2학년에, 장남 이준형은 영국 유나이티드월드칼리지(United World College: UWC)의 애틀랜틱칼리지(Atlantic

College) 2학년에, 차녀 이준원은 홍콩의 차이니스 인터내셔널 스쿨 (Chinese International School: CIS) 중학교 2학년에 재학하고 있다.

● **검소하게 생활한 박한옥 여사**

첫 부인은 이 교수가 서울대학교 문리대 정치학과 부교수이던 때인 1976년 6월 15일에 급환으로 별세했다. 이에 따라 이 교수는 1978년 4월 22일에 밀양을 본관으로 하는 박한옥(朴漢玉) 양과 다시 결혼했다. 신부는 박건용(朴健鎔)·김흥숙(金興淑) 두 분 사이의 1남 3녀 가운데 장녀로 1947년 10월 17일에 태어났다. 이화여자대학교 사범대학 교육학과를 졸업하고 이화여자대학교 부속 초등학교 교사로 봉직하고 있었으며, 초혼이었다. 두 분 사이에는 자녀가 없다. 그렇지만 남편이 초혼에서 얻은 1남 2녀를 자기 자신의 자식처럼 애정을 갖고 키웠으며, 그리하여 네 명의 손자와 세 명의 손녀를 두기에 이르렀다. 이 교수는 두 부인에 대해 "감사할 뿐이다."라고 말했다. "두 사람 모두 나보다 머리가 더 좋고 어질어서 내 처신에 많은 도움을 주었다."라고 부연했다.[3]

박한옥 여사에 대해서는 이홍구 교수가 훗날 국무총리가 되었을 때 국무총리비서실에서 근무했던 한 공무원이 다음과 같이 회상했다.

이 총리 부인은 이 총리와는 달리 매사가 적극적이고 활달한 성격이었다. 웬만한 일도 사람을 시키는 법이 없었다. 못도 직접 박고 드라이버도 직접 돌리고 자재도 손수 구해서 직접 작업을 했다. 총리로 취임하기 전에 사택의 지붕을 고칠 일이 있어서 이 총리한테 올라가 보라고 했더니 몇 계단 올라가다가 다리가 후들거린다며 내려와 버려서, 결국 부인이 올라가 고치고 말았다는 뒷얘기도 있다.[4]

---

3) 이홍구 교수와의 제1차 면담(2021년 11월 18일 오전, 중앙일보사 고문실).
4) 정두언, 『최고의 총리 최악의 총리: 공직생활 20년의 정두언이 털어놓는 행정부 실태』(나비의 활주로, 2011), 174쪽.

● **교양과정부 조교수로 임명을 받다**

이 무렵 서울대학교는 서울대학교 본부가 직접 담당하는 교양과정부를 서울대학교 공과대학 캠퍼스 안에 신설했다. 원래 서울대학교는 교양교육을 강화하고 전공과목 연구에 요구되는 기초학문에 대해 학생들이 넓은 안목을 갖게 한다는 취지에서 1956년 봄학기에 문리대 안에 교양과를 신설하고 당시 문리대와 그 인근에 있었던 문리대·법대·음대·미대·수의대 등 5개 대학 신입생들은 문리대 교양과에서 1년에 걸쳐 교양과목을 수강하게 했고, 문리대 권역(圈域) 밖에 있었던 사범대·공대·농대·상대 등 4개 대학 신입생들은 각각 자신이 속한 캠퍼스에서 역시 1년에 걸쳐 교양과목을 수강하게 했다. 서울대학교는 1년 뒤인 1957년에 교양과를 교양과정부로 승격시키고 문리대 국어국문학과의 이숭녕(李崇寧) 교수를 부장으로 임명해 교양교육을 강화하게 했으나 1959년에 교양과정부를 해체했다. 이후 교양교육은 각 단과대학이 자신의 재량 아래 실시했다.[5]

그러나 서울대학교 전체 차원에서의 교양교육의 필요성이 끊임없이 제기됨에 따라 최문환(崔文煥) 10대 총장 때인 1967년 12월에 1년 과정의 교양과정부를 법·제도적 기구로 부활시켰고, 부장에는 문리대 사학과의 민석홍(閔錫泓) 교수를 임명했다. 서울대학교 안에서 하나의 단과대학과 같은 지위를 확보한 교양과정부는 기존의 교양과목 담당 교수 이외에 새로운 교수들을 충원하게 되었다.

이때 정치학 분야에서 교양과정부 조교수로 기용된 이가 장위돈(張偉敦) 박사다. 장 박사는 서울대학교 문리대 정치학과 3년을 수료하고 통역장교를 거쳐 일리노이주의 녹스칼리지(Knox College) 정치학과를 졸업한 데 이어 테네시주의 밴더빌트대학교(Vanderbilt University) 대학

---

5) 　서울대학교50년사편찬위원회 편,『서울대학교 50년사(1946~1996)』(서울대학교출판부, 1996), 158쪽.

원 정치학과에서 석사학위를 받고 오리건주의 오리건대학교(University of Oregon) 대학원 정치학과에서 「정치발전 이론의 비판」[6]이라는 논문으로 1966년에 박사학위를 받았다. 그는 콜로라도아담스주립대학(Adams State College of Colorado) 조교수를 거쳐 서울대학교 교양과정부 조교수로 임명된 때로부터 1년 뒤인 1969년 봄학기에 서울대학교 문리대 정치학과 조교수로 옮겨갔다.[7]

장 교수가 교양과정부 조교수였던 때 그의 조교로 봉직했던 이가 백영철(白榮哲) 석사였다. 백 석사는 서울대학교 문리대 외교학과를 졸업하고 서울대학교 대학원 정치학과에서 정치사상을 전공해 「George Sorel의 반주지주의(反主知主義) 정치철학 연구」로 정치학석사학위를 받았다. 조르주 소렐(1847~1922)은 프랑스의 저널리스트이면서 정치사상가로 특히 『폭력론(Réflexions sur la Violence)』(1908)으로 명성을 얻었다. 이 석사학위논문이 말해주듯, 서양의 정치사상에 깊은 관심을 가졌던 그는 고려대학교 대학원 정치외교학과에 개설된 이홍구 박사의 「서양정치사상사」 강좌를 청강하며 많은 영향을 받았다. 이후 이스트웨스트센터 장학생으로 뽑혀 하와이대학교 마노아 캠퍼스 대학원 정치학과에서 의회정치론을 전공해 정치학박사학위를 받으며,[8] 귀국한 뒤 건국대학교 국제대학원 원장과 한국정치학회 회장을 역임한다.

장위돈 교수의 후임이 그사이 문리대 정치학과와 교양과정부에 강사로 출강했던 이홍구 박사였다. 이미 이 박사에 대해 호감을 지녔던 서울대학교 최문환 총장, 이해영(李海英) 교무처장, 민석홍 교양과정부장 등

---

6) Wee-don Chang, "Political Development: A Critique of Theories," unpub. Ph.D. diss., University of Oregon, 1966.

7) 서울대학교정치학과60년사발간위원회 편, 『서울대학교 정치학과 60년사』(서울대학교사회과학대학정치학과, 2009), 57쪽.

8) Young-chul Paik, "Legislative Institutionalization and Political Instability in the Modernization Process: A Case Study of the First Republic of Korea," unpub. Ph.D. diss., University of Hawaii, Manoa, 1985.

이 문교부에 상신(上申)함에 따라 박정희 대통령은 1969년 6월 1일에 그를 교양과정부 조교수로 임명했다.[9] 서울대학교 교수는 국가공무원이기 때문에 국가기관의 신원조사를 통과해야 한다. 서울대학교에 소장된 김형욱(金炯旭) 중앙정보부장 명의의 「중앙정보부 신원조사회보서」(1969년 2월 13일)는, 「사실관계」란에서 "용의점 발견하지 못함"이라고 기록했고 「성질·소행」란에서 '온순 단정한 편임'이라고 기록했다. 서울대학교 의과대학 부속병원장 명의의 「채용신체검사서」(1969년 3월 7일)는, '신장 178cm, 체중 69kg, 흉위 97cm, 혈압 125/85, 시력(0.5 0.4/교정안 1.0 1.0)'으로 기록했고, 호흡질환과 소화질환을 포함한 모든 '질환'란에 '정상'으로 기록했다.[10] 이로써, 이홍구의 서울대학교 교수로서의 생활은 시작됐다.

이때 이 교수의 조교로 봉직한 이가 김홍우(金弘宇) 석사였다. 그가 서울대학교 문리대 정치학과를 졸업하고 공군 장교로 서울대학교 대학원 정치학과에서 서양정치사상을 전공해 석사학위를 받은 직후였다. 그는 이 교수의 학문적 영향을 받아 이 교수의 주된 관심의 대상이었던 데이비드 흄 그리고 에드문트 후설의 정치사상에 관심을 두게 됐고, 곧 풀브라이트 장학생으로 선발돼 미국 조지아대학교 대학원 정치학과로 유학하며 거기서 데이비드 흄의 정치사상에 관한 논문으로 석사학위를 받은 데 이어 에드문트 후설의 정치사상에 관한 논문으로 박사학위를 받는다.[11] 이후 경희대학교 정경대학 정치외교학과 교수를 거쳐 서울대학교 사회과학대학 정치학과 교수로 정년퇴임하며 이어 경희대학교 인류

---

9) 「서울대학교 인사기록카드: 이홍구」, 2쪽.

10) 위와 같음.

11) Hong-woo Kim, "David Hume and Edmund Husserl: A Comparative Study of Their Epistemological Foundations for Political Inquiry," unpub. M.A. thesis., University of Georgia, 1972; _____, "Phenomenology and Political Philosophy: A Study of the Political Implications of Husserl's Account of the Life-World," unpub. Ph.D. diss., University of Georgia, 1975.

사회재건연구원 원장으로 봉직한다. 현재 서울대학교 명예교수이면서 대한민국학술원 회원이다. 이 교수의 학문적 전통을 이어받은 대표적 정치학자가 바로 김홍우 교수다.

1969년 3월 학기와 9월 학기 두 학기에 걸쳐 이 교수로부터「정치학개론」강의를 수강했던 이서항(李瑞恒) 박사(전 외무부 외교안보연구원 연구실장, 전 인도 뭄바이총영사, 전 단국대학교 초빙교수, 전 한국해양전략연구소 소장, 현 한국외교협회 부회장)를 비롯한 그의 동기생들은 다음과 같은 취지로 회상했다.

이홍구 교수는 미국 정치학자 레슬리 립슨(Leslie Lipson)의 『정치의 큰 쟁점들: 정치학개론』[12]을 교재로 삼아 강의했다. 립슨 교수는 영국인으로 옥스퍼드대학교를 졸업하고 미국으로 건너와 시카고대학교에서 정치학박사학위를 받은 뒤 버클리 캘리포니아대학교 정치학과에서 교수로 봉직한 당대 정상급 정치학자였다. 두툼한 분량의 이 책은 미국에서도 많은 대학에 의해 정치학개론 교과서로 채택되어 널리 읽혔으며 쇄(刷)를 거듭했다. 정치학을 처음 접한 우리로서 립슨 교수의 어려운 이론에 대한 이 교수의 쉬운 설명에 매료됐다.

특히 바바리코트를 입은 장신(長身)의 끼끗하면서도 훤칠한 외모는 금세 화제가 됐다. 그 무렵 교양과정부에는 미국인 학자가 외래교수로 출강할 것이라는 소문이 나돌고 있었는데, 어떤 학우들은 이 교수를 보자 소문의 그 미국인이 부임한 것으로 잠시 착각했다.

이 해에는 박 대통령의 3선 개헌 시도에 반대하는 학내 시위가 봄학기부터 가을학기까지 자주 일어났다. 자연히 강의가 제대로 이루어지지 못해 이 교수의 명강의를 제대로 수강할 수 없어서 많은 학생이 아쉬워했다.[13]

---

12)   서지사항은 다음과 같다. *The Great Issues of Politics: An Introduction to Political Science*(New York: Prentice Hall, 1954; 1960; 1965).

13)   이서항 박사와의 전화 통화(2021년 12월 4일 오후 1시 30분).

● 「서울대학교종합화계획」에 참여하다

이홍구 교수는 「서울대학교종합화계획」의 입안과 집행과정에도 일정하게 참여했다. 서울대학교는 현재 관악구 관악로 1(옛 주소로는 관악구 신림동 산 56-1)에 단일 캠퍼스로 이전하기 전에는 본부와 문리대·미대·법대·의대·치대·대학원 등이 있는 종로구 동숭동과 이화동 및 연건동 일대, 공대가 있는 옛 성북구 공릉동(현 노원구 공릉동) 일대, 사범대가 있는 동대문구 용두동 일대, 상대가 있는 성북구 안암동 일대, 음대가 있는 중구 을지로 일대, 그리고 농대가 있는 경기도 수원시 서둔동 일대에 흩어져 있었다. 자연히 단과대학 사이의 유대감이 강하지 못했으며 연합대학으로서의 성격이 두드러졌었다. 이러한 상황에서 벗어나 하나의 통합된 캠퍼스로 모아야 한다는 구상이 서울대학교 안에서도 제기되던 터에 박 대통령 역시 같은 생각을 하고 1970년 3월 초에 관악산 일대의 광활한 부지에 새 캠퍼스를 건설한다는 결정을 내림에 따라 최문환 총장의 지휘 아래 「서울대학교종합화계획」이 추진되기 시작했다.

이홍구 교수는 곧 이 계획을 환영하는 글을 발표했다. 그는 우선 "서울대학교가 한때 떠돌았던 지방 도시로의 이전설을 가라앉힌 채 서울 안에 머무르게 된 데는 시대적 의의가 있다."라고 지적하고, "대학의 사명이 사회와 국가가 직면하는 여러 문제를 이성적으로 해결하는 토대를 마련하는 것이라면, 서울의 번잡을 피하여 시외로 이사하여 버린다는 것은 현실로부터의 도피이며 대학의 사명을 저버리는 결과를 가져올 수 있는 것이다."라고 부연했다. 그는 이어 "전원적인 환경을 필요로 하면서도 도시적인 문제와 맞부딪쳐야 하는 것이 오늘날의 대학의 입장이다. 서울을 떠나지 않으면서 관악의 조용함을 찾아가는 서울대학의 앞날에 큰 기대를 걸어본다."라고 썼다.[14]

박 대통령의 결정이 발표된 터에 이 교수의 이 글에 압축적으로 나

---

14) 이홍구, 「대학과 도시」, 『대학신문』(1970년 3월 13일); 『이홍구문집』 I , 65~66쪽에 재수록.

타난 서울대학교 구성원들의 환영에 힘을 입어 최 총장은 1970년 5월 1
일에 한심석(韓沁錫) 부총장을 위원장으로 하는「서울대학교종합화계
획 기획위원회」를 발족시켰으며, 같은 날에 그 핵심적 기관으로「교육연
구 및 기구조직분과위원회」를 발족시켰다. 위원장으로는 나웅배(羅雄培,
상대: 버클리 캘리포니아대학교 경영학박사), 위원으로는 권숙일(權肅一, 문
리대: 유타대학교 물리학박사), 박원희(朴源熺, 공대: 미네소타대학교 화공학
박사), 이광호(李洸鎬, 의대: 서울대학교 의학박사), 이홍구(李洪九, 교양과정
부: 예일대학교 정치학박사), 정원식(鄭元植, 사대: 조지피바디대학교 교육학
박사), 조석준(趙錫俊, 행정대학원: 미네소타대학교 행정학박사) 등 모두 7명
을 위촉했다. 그들 가운데 이광호 교수를 제외한 6명의 위원은 모두 미국
에서 박사학위를 받았다. 이것은 서울대학교를 국제적 안목에서 재구성
하고 발전시킨다는 최 총장과 한 부총장의 뜻을 반영한 것이었다.[15]

그들 가운데 훗날 정원식 교수가 문교부장관을 거쳐 국무총리로, 이
홍구 교수가 국토통일원장관과 주영대사 및 통일부총리를 거쳐 국무총
리로, 나웅배 교수가 재무장관과 상공장관을 거쳐 경제부총리 및 통일부
총리로, 권숙일 교수가 과학기술처장관으로 각각 정부에서도 활동한다.
권숙일 교수는 서울대학교 자연과학대학 학장을 역임한 뒤 대한민국학
술원 회장으로 학계를 위해 봉사하기도 한다. 해부학 전공이었던 이광호
교수는 서울대학교 의과대학 학장 때인 1992년에 만 61세로 별세하면서
의학발전에 조금이라도 도움을 주려는 뜻에서 제자들에게 자신의 시체
를 해부하도록 유언했고 제자들은 눈물을 흘리며 그 유언을 따랐다.

위원으로 활동하던 이 교수는 위원회의 결정에 따라 1970년 여름
에 이스라엘의 대표적 대학교인 예루살렘의 히브리대학교(Hebrew
University of Jerusalem)를 방문했다. 이 대학교가 자신의 종합화계획을

세우고 거기에 따라 몇몇 곳에 분산되어 있던 단과대학들을 스코프산(Mount Scopus) 일대로 이전시킨 과정과 현황을 현지에서 살펴고자 한 것이다. 이때 그는 저명한 정치철학자 쉴로모 아비네리(Shlomo Avineri) 교수를 만나기도 했다.[16]

위원들은 1971년 3월 15일에 대학신문사에서 좌담을 열고 자신들의 구상을 상세하게 밝혔다. 여기서 이홍구 교수는 각 위원의 의견이 학내의 여러 반대 또는 비판 의견 때문에 원래 안이 반영되기 어려웠으며 타협안을 마련할 수밖에 없었다고 발언했다. 그는 특히 기초학문 세 분야를 인문학부·사회과학부·자연과학부로 명명하는 것이 좋겠다고 생각했으나 그 취지가 받아들여지지 않아 결국 인문대학·사회과학대학·자연과학대학으로 매듭지어졌다고 말했다.[17]

「서울대학교종합화계획」에 대한 이 교수의 관심은 종합화계획 시행 첫해인 1974학년도 신입생 계열별 모집부터 의과대학, 치의과대학, 수의과대학 등을 제외한 거의 모든 단과대학이 관악 캠퍼스로 통합·이전된 1976년 이후에도 계속됐다. 특히 어느 특정한 계열에 입학한 뒤 1년 또는 1년 6개월을 수학하고 나서 자신의 전공 학과를 선택하게 될 때 '인기 학과' '비인기 학과'로 분할되어 비인기 학과가 정원을 채우지 못하는 폐해에 대한 해법도 제시하고 있다. 그의 해법은 "이미 독립된 대학으로 운영되는 법학과 경영학 등을 새 계열로 만들어주고, 인문대학·사회과학대학·자연과학대학 등 '기본 세 대학' 안에서도 학문의 성격으로 보아 한 단위를 이룰 수 있는 학과들은 세분화된 계열로 독립시키며, 계열

---

16) 이홍구, 「나의 정치학과 시절」, 서울대학교정치학과60년사발간위원회 편, 『서울대학교정치학과60년사』, 173쪽.

17) 「종합화의 이상과 현실」, 『대학신문』(1971년 3월 28일), 4~5쪽. 이 부분은 『이홍구문집』에는 수록되지 않았다. 종합화계획에 대한 이홍구 교수의 해설은 다음이다. Hongkoo Lee, *Meeting the Pressure for Change: Seoul National University's Ten Year Development Plan*(The Asian Foundation, 1971); 『이홍구문집』 V, pp.243~251에 재수록. 10개년계획에 대한 해설이다. 이 계획을 지원한 아시아재단에 대한 보고서인 것으로 보인다.

별 안팎에서의 복수전공을 권장한다."라는 것이었다.[18]

제2항
서울대학교 문리대 정치학과로 옮기다

1970년 12월 9일에 박정희 대통령은 청와대에 특별보좌관 제를 신설하고 9명의 특별보좌관을 임명했다. 대학원장을 마지막으로 서울대학교를 떠난 뒤 성균관대학교 유학대학장과 한양대학교 문리대 학장을 차례로 역임한 당대의 정상급 철학자 박종홍(朴鍾鴻) 교수, 함태영 제3대 부통령의 막내아들로 하버드대학교 법과대학에서 법무박사학 위를 받고 연세대학교 정법대학 법학과에서 봉직하던 함병춘(咸秉春) 교수, 미네소타대학교에서 농경제학박사학위를 받고 서울대학교 농과대 학에서 봉직하던 박진환(朴振煥) 교수, 그리고 장위돈 교수 등이 임명을 받았다.[19] 공석이 된 문리대 정치학과 교수에 최문환 총장은 교양과정부 의 이홍구 교수를 1971년 3월 30일에 임명했다.[20] 이때는 문리대학장이 대학원장으로 전임된 민병태(閔丙台) 교수에서 고병익(高柄翊) 교수로 바뀐 직후였다.[21]

여기서 한 가지 상기될 일이 있다. 그것은 서울대학교 문리대 정치학 과의 개방성이다. 오늘날과는 달리 1990년대 이전만 해도 서울대학교는, 특히 문리대는 순혈주의를 고수해 자신의 학과를 졸업한 사람이 아니 면 전임으로 기용하지 않았다. 그런데 이미 1968년에 문리대 정치학과는

---

18) 이홍구, 「계열별 모집과 복수전공제」, 『대학신문』(1978년 3월 13일), 3쪽; 『이홍구문집』 Ⅰ, 147~149쪽에 재수록.

19) 『동아일보』(1970년 12월 10일), 1쪽.

20) 「서울대학교 인사기록카드: 이홍구」.

21) 『대학신문』(1970년 3월 9일), 1쪽.

문리대 정치학과 출신도 아니고 서울대학교 졸업생도 아닌 구영록(具永祿, 1934~2001) 박사를 조교수로 기용했다. 그는 미국 켄터키웨슬리안칼리지(Kentucky Wesleyan College) 경제학과를 졸업하고 밴더빌트대학교 대학원 정치학과에서 정치학석사학위를 받은 데 이어 미시간대학교(University of Michigan) 대학원 정치학과에서 국제정치 분야의 거장들 가운데 한 사람인 이니스 클로드(Inis Claude, 1922~2013) 교수의 지도 아래 「세계 사건들에 대한 미국의 개입을 반대한 사람들: 브리커 개정운동의 정치적 분석」이라는 논문으로 1966년에 정치학박사학위를 받았으며[22] 이스턴미시간대학교(Eastern Michigan University) 정치학과 조교수로 봉직했는데, 문리대 정치학과는 그의 이러한 학·경력을 평가해 조교수로 받아들인 것이다. 이것은 매우 파격적인 사례로 주목을 받았다. 문리대 정치학과는 구영록 교수에 이어 역시 문리대 정치학과 졸업생이 아닌 이홍구 교수를 조교수로 받아들여, 교수 채용에의 전통적인 폐쇄성을 깨뜨리는 데 앞장을 선 것이다.

이 교수는 문리대 교수진의 일원이 된 데 대해 훗날 "그것은 나에게는 큰 행운이었다."라고 회상하고, 다음과 같이 부연했다.

해방 후 새로이 출발한 여러 학문분야에서 개척자적 역할을 담당했던 대가들과 그 학맥을 이어가는 후배 학자들로 구성된 문리대 교수사회의 특유한 분위기는 나에게 여간 깊은 인상을 주지 않았다. 끝없는 학문적 정진과 인간적 수양에 바탕을 두고 전문영역의 벽을 넘어선 학자들의 공동체적 인간관계의 깊은 정리는 귀국 전 미국 대학에서 경험한 교수사회의 분위기와는

---

22) 박사학위청구논문의 영어 제목은 다음과 같다. "Dissenters from American Involvement in World Affairs: A Political Analysis of the Movement for the Bricker Amendment." 이 논문은 다음과 같이 출판됐다. Youngnok Koo, *Politics of Dissent in U.S. Foreign Policy: A Political Analysis of the Movement for the Bricker Amendment*(Seoul: American Studies Institute, Seoul National University. 1978).

확실히 다른 문리대만의 기풍으로 나에게 많은 것을 터득하게 하였으며, 장기간의 유학이 가져다준 정서적 공백을 채워주는 경험이었다.[23]

문리대 정치학과에 새롭게 자리를 잡은 이홍구 교수는 강의와 집필에 그 이전 시기보다 훨씬 더 많은 시간과 정력을 쏟을 수 있었다. 무엇보다 자신의 전공인 서양정치사상사 분야에서 강의할 수 있게 된 것이 큰 보람이었다. 그때 문리대 정치학과에서는 서양정치사상사 전공인 김영국 교수가 이 분야의 강좌를 개설하고 있었는데, 이 교수는 그 강좌와의 중복을 피하면서 자기 나름의 강좌를 개설할 수 있었다. 학부에서는 「희랍의 정치사상」과 「중세의 정치사상」 및 「사회계약론」을, 그리고 대학원에서는 「플라톤의 정치사상」과 「루소의 정치사상」 등을 개설한 것이다. 그는 특히 플라톤의 『국가』와 아리스토텔레스의 『정치학』의 중요성을 강조했다. 이와 관련해, 2007년 그는 다음과 같이 회상했다.

당시 우리 학생들의 정치사상에 대한 관심은 대단했다. 그러다 보니 마침 철학과 정치학을 전공하고 돌아온 나의 정치사상 강의는 많은 학생이 관심을 집중하는 몇 강좌 가운데 하나가 되었다. 그러나 대학에 재학 중 유학으로 대부분 영어 서적과 강의를 통해 터득했던 나의 지식을 평이하게 우리 학생들에게 전달하는 데 적지 않은 한계에 부닥치곤 했다. 이러한 나의 한계를 극복하는 데는 많은 정치학과 동창생들과 대학원생들의 도움이 있었기에 가능했다. 특히 현재 건국대학교에 봉직하는 백영철 교수, 얼마 전 서울대학교에서 정년한 김홍우 교수, 현재 한림대학교에 봉직하는 홍광엽 교수 등은 그 시절 나의 원고 및 번역 정리 등 여러 면에서 특별히 많은 도움을 주었다.[24]

---

23) 이홍구, 「나의 정치학과 시절」, 172쪽.
24) 위와 같음.

1971년 3월에 정치학과에 입학한 천상덕(千相德) 군은 이홍구 교수의 강의에 대해 다음과 같이 회고했다.

이홍구 교수님은 「정치학개론」, 「정치사상」, 「정치학방법론」을 강의하였다. […] 그는 「정치사상」 과목에서는 서양정치사상의 고전인 플라톤의 『국가』와 아리스토텔레스의 『정치학』이 가지는 중요성을 강조하였고, 마키아벨리, 보댕, 홉스, 로크, 루소의 근대정치사상도 강의했다. 그는 「정치학방법론」 과목에서는 달의 민주주의론, 라스웰의 정치학을 다루었다. 그는 '정치와 정치학이란 무엇인가'라는 주제에 대하여 "정치와 정치학은 구별되는 개념이다. 정치학은 모든 사람만큼이나 존재한다. 정치학도는 만나는 사람들의 말에 모두 귀를 기울이는 자세가 필요하다."라고 하였다.[25]

천상덕 군은 해군 장교로 복무한 뒤 서울대학교 대학원 정치학과에서 석사학위를 받았으며, 동국대학교 대학원 정치학과에서 박사학위를 받았다. 국책연구기관인 산업연구원에서 전문위원과 연구위원으로 봉직하고 명예퇴임했으며, 이후 명지대학교·경원대학교·상명대학교·경기대학교·단국대학교 등에서 강의했고, 서예에 능해 전국서예협회 서예초대작가로 활동했다. 현재 이름은 천상준(千尙准)이다.

---

25) 천상준, 『매산의 자서』(광승인쇄, 2021), 97쪽.

제2절
서양정치사상에 관한 논문들을 발표하다

교양과정부 그리고 문리대 조교수로 봉직하며, 이홍구 교수는 여러 전문적인 논문을 학술지에 발표했다. 그것들을 발표한 시기의 순서에 따라 소개하면 다음과 같다.

제1항
루소의 정치사상

첫째, 「루소에서의 추상과 구체: Volonté générale을 중심으로」이다.[26] 이 논문은 이 교수가 귀국한 이후 처음 발표한 논문으로, 먼저 상기돼야 할 점은 그가 여러 논문이나 시론에서 자주 인용한 서양의 정치사상가들 가운데 플라톤과 아리스토텔레스를 제외한다면 18세기 프랑스의 장 자크 루소가 으뜸을 차지했다는 사실이다.[27] 그 이유로 두 가지를 생각해볼 수 있다. 첫째, 이 교수는 "프랑스의 근대정치철학은 루소로부터 시작된다고도 할 수 있다."라고 쓰면서,[28] 루소를 높이 평가한 것이다. 둘째, 그의 예일대학교 은사 프레데릭 왓킨스 교수는, 우리가 제2장 제2절 제3항에서 보았듯, 루소의 여러 저술을 모아 『장 자크 루소의 정치

---

26) 『논문집: 인문·사회과학편』(서울대학교 교양과정부) 1(1969년 4월), 413~420쪽; 『이홍구문집』 II, 195~205쪽에 재수록.

저술들』을 편집·번역했는데, 이 교수는 은사의 영향을 받은 것이다.[29]

이 논문에서, 이 교수는 루소 사상의 '진정한 의미'가 무엇인가 하는 기존의 끝없는 논의를 정리하고 자신의 의견을 개진했다. 이 교수는 우선 루소 사상의 해석이 '지극히 어렵다'는 사실을 인정했다. 중간중간에 루소의 글에는 "진정한 의미가 선명히 드러나지 않는다."라거나, "한층 더 미묘한 점이 많다."라거나, "석연치 않은 구절이 있다."가 등장하는

---

27)　루소를 논했거나 언급한 그의 논문들에는 다음이 포함됐다.

(i)「적극적 자유에로의 지향, 한국적 참여정치의 방향: 소외에서 참여로」, 『정경연구』(1969년 8월), 70~76쪽; 『이홍구문집』 I, 228~238쪽에 재수록.

(ii)「영웅의 독재와 성웅의 저항: 나폴레옹 탄생 200주와 간디 탄생 100주를 맞아」, 『신동아』(1969년 10월), 69~79쪽; 『이홍구문집』 I, 239~255쪽에 재수록.

(iii)「현대정치와 인간소외: 인간소외의 본질과 한국근대화의 방향」, 『세대』(1971년 1월), 90~97쪽; 『이홍구문집』 III, 57~66쪽에 재수록.

(iv)「죽음과 불평등」, 『대학신문』(1970년 4월 28일); 『이홍구문집』 I, 75~76쪽에 재수록.

(v)「근대화와 비인간화: 다른 측면에서」, 『대화』17(1970년 12월), 44~47쪽; 『이홍구문집』 II, 39~43쪽에 재수록.

(vi)「칼 J. 프리드리히의 정치철학」, 동아일보사 신동아 편집실 편, 『현대의 사상 77인』(동아일보사, 1971년 1월, 『신동아』 신년호 특집 별책), 136~139쪽; 『이홍구문집』 II, 241~248쪽에 재수록.

(vii)「개인적 자유와 사회적 규제: 산타야나의 자유론을 중심으로」, 『문리대학보』(서울대학교 문리대 학생회) 제18권 제1·2합병호(1972년 4월), 171~180쪽; 『이홍구문집』 II, 249~264쪽에 재수록.

(viii) 이홍구, 「역자서문」, 프레데릭 왓킨스 저/이홍구 역, 『근대정치사상사』(을유문화사, 1973), 1~14쪽.

(ix)「사회복지와 사회정의: Rawls 정의론에 연관된 사색」, 『한국정치학회보』 제15집(1981년 12월), 253~263쪽; 『이홍구문집』 II, 329~345쪽에 재수록.

(x)「서평: Collingwood의 독일전통 비판: *The New Leviathan*을 중심으로」, 한우근박사정년기념사학논총간행준비위원회 편, 『한우근박사정년기념사학논총』(지식산업사, 1981), 835~844쪽; 『이홍구문집』 IV, 69~81쪽.

(xi)「맑스 100년과 정치이론」, 『사회과학과 정책연구』 제5권 제2호(1983년 10월), 1~24쪽; 『이홍구문집』 II, 373~400쪽.

(xii)「제8장 정치사상·철학·이데올로기」, 서울대학교 사회과학대학 정치학과 편, 『정치학개론』(박영사, 1986), 301~339쪽; 『이홍구문집』 II, 433~468쪽에 재수록.

28)　이홍구, 「뚜렷한 역사의식: 드골의 정치철학」, 『한국일보』(1970년 11월 12일); 『이홍구문집』 I, 94쪽에 재수록.

29)　이 점은 「루소에서의 추상과 구체: Volonté générale을 중심으로」, 『논문집: 인문·사회과학 편』(서울대학교 교양과정부) 1(1969년 4월), 413~420쪽 가운데 420쪽에 잘 나타나 있다.

것이 그 점을 말한다.

이 교수는 우선 루소에 관한 어니스트 바커(Ernest Barker) 교수, 어니스트 라이트(Ernest Wright) 교수, 찰스 본(Charles E. Vaughn) 교수, 그리고 조지 콜(G. D. H. Cole) 교수 등의 해석을 소개했으며, 이어 루소 사상 안에 공존하는 '추상(抽象)과 구체(具體) 간의 현저한 갈등'에 주목하면서 '추상성'은 플라톤과 로크로부터 이어받은 것인 데 비해 '구체성'은 몽테스키외로부터 이어받은 것이라고 설명했다. 이 교수는 루소 사상에 내재된 그 갈등을 풀어보려는 시도에서 루소가 『사회계약 또는 정치법의 원리(*Du Contrat Social ou Principes du droit politique*)』(1762)와 『정치경제학 논고(*Le discours sur l'économie politique*)』(1755) 및 『에밀(*Émile, ou De l'éducation*)』(1762) 등에서 사용한 'volonté générale'이라는 개념부터 분석했다. 흔히 '일반의사(一般意思)'로 번역되는 이 개념을 그는 '공의(公意)'라고 번역하면서, 다음과 같은 주해를 덧붙였다.

'일반의사'란 '공의(共意)'나 마찬가지로 어떤 수적(數的)인 일반성을 뜻하는 듯 보이기 쉽고, 따라서 루소가 'volonté générale'과 엄격히 구분한 'volonté de tous(전체의사)'와 혼동될 위험성이 있다. 公意란 수량적이기보다는 규범적 개념으로 사용되며, 따라서 이 표현이 루소가 말하는 'volonté générale'에 좀 더 충실한 번역일 듯싶다.[30]

마지막으로, 이 교수는 다음과 같은 결론을 제시했다.

루소는 개인과 국가 간의 정당한 관계에 대한 하나의 기준을 제시한 것이다. [독일의 철학자] 에른스트 카시러(Ernst Cassirer, 1874~1945)의 말을 빌리면, '공의'는 단지 기질이나 충동이나 항시 변하는 욕구의 경험적 집적

---

30) 『이홍구문집』 II, 197쪽의 주6.

이 아니라 윤리적 성격을 가진 의사가 존재하는 형상인 것이다. […] 루소 사상의 모호성은 그의 생각에 일관성이 결여되어 있었던 것보다는 논리적 경험적 명제의 차이, 그리고 추상적 요소와 구체적 요소의 구분이 화려한 그의 사고와 문장 속에서 특유한 양식으로 어울렸다는 데 보다 큰 이유가 있는지도 모르겠다.[31]

그러면 이 교수의 이 논문은 루소에 관한 한국정치학계를 포함한 한국학계의 연구에서 어떠한 위치를 차지하는가? 이 물음에 대답하기 위해 우리는 먼저 루소에 관한 연구가 조선＝한국에서 어떻게 진행되어 왔는가를 살필 필요가 있겠는데, 이 주제에 관해서는, 시카고대학교 대학원 정치학과에서 루소의 정치사상에 관한 논문으로 박사학위를 받고 귀국한 뒤 한국외국어대학교 정치외교학과에서 봉직한 김용민(金容敏) 교수가 이미 밝혔다.[32] 그에 따르면, 구한말에서 오늘날에 이르기까지 루소에 관한 연구는 제1기(1895~1905) → 제2기(1905~1910) → 제3기(1910~1919) → 제4기(1920~1930) → 제5기(1931~1945) → 제6기(1945~1978) → 제7기(1979~현재)의 과정을 거쳐 진행되어왔다. 이것을 크게 구한말에서 일제 패망까지의 단계와 그리고 일제 패망 이후의 단계로 나눌 수 있다. 앞의 단계에서는 대체로 중국과 일본에, 특히 일본에 수용되고 분석된 루소가 조선에 소개됐고, 뒤의 단계에서는 한국인에 의해 루소 저작의 번역과 분석이 이루어졌다. 이 교수의 논문은 제6기에서도 초기에 해당하는 것으로, 루소에 관한 구미 학계의 분석을 참고하면서 자신의 독자적 해석을 덧붙인 것인데, 한국정치학계로 좁혀 말한다면 개척적인 논문이라고 평가될 수 있다.

---

31) 위와 같음, 205쪽.
32) Yong Min Kim, "The Utility of Conscience in the Philosophical Education of Emile," unpub. Ph.D. diss., University of Chicago, 1993; 김용민, 「한국에서 루소사상 수용과 연구현황에 관한 일(一) 고찰」, 『정치사상연구』 18(2012년 11월), 87~111쪽.

문리대 정치학과에는 루소를 전공한 학자로 이미 김영국 교수가 있었다. 서양정치철학을 전공한 김 교수는 루소의 『인간불평등의 기원 및 근거에 관한 논고(*Discours sur l'origine et les fondements de l'inégalité parmi les hommes*)』(1754)를 번역해 1956년에 『인간불평등기원론』을 출판했었다.[33] 이것은 이 책의 최초의 한국어 번역이어서 학계의 주목을 받았다. 김 교수는 이 교수가 자신과 마찬가지로 서양정치철학을 전공했으며 특히 루소에 관한 연구가 깊다는 사실에 주목하고 이 교수가 교양과정부에서 문리대 정치학과로 옮겨오도록 돕는다. 이 사실과 관련해 이 교수는 다음과 같이 회상했다.

> 1968년에 아무 예고 없이 미국에서 돌아온 나를 김 교수는 반가이 맞아주었으며 별다른 연고도 없던 정치학과의 울타리 안에 넣어주셨다. 그때로부터 내가 정부로 가게 된 1988년까지 20년 동안 김 선생님은 나에게 가장 가까운 선배이며 형님이 되어주셨다. 나는 그의 밑에서 조교수, 부교수, 교수가 되었고 또 후계자가 될 수 있다는 가능성을 무척 자랑스럽게 생각하며 대학생활에 보람을 느껴왔다.[34]

제2항
'자유권'과 '재산권'에 관한 논쟁

둘째, 「기본권 해석의 변천: 존 로크의 사상과 미 대법원 판례에 나타난 '자유권'과 '재산권'의 해석을 중심으로」이다.[35] 이 교수의

---

[33] 김영국, 『인간불평등기원론』(현대문화사, 1956; 신아사, 1958).

[34] 이홍구, 「하서(賀序)」, 김영국 외, 『레오 스트라우스의 정치철학』(서울대학교출판부, 1995), vi.

[35] 『미국학논집』(한국아메리카학회) 1(1969년 5월), 3~21쪽; 『이홍구문집』 II, 207~226쪽에 재수록.

두 번째 논문인 이 논문에서 그는 미국의 민주정치가 20세기 후반에 접어들면서 '미국 역사상 가장 고독한 시련'을 겪고 있다고 지적하고, "그 시련은 베트남전쟁을 비롯한 국제정세에서 비롯되는 것도 사실이나 근본적으로는 국내적 갈등과 모순에 기인한다."라고 평가했다. 이어 그는 그러한 갈등이 '오랜 정치적·사회적·경제적 차별에서 벗어나 해방을 추구하는 흑인의 민권운동'으로 구체화했다고 지적했다.

이 교수는 여기에 자유권과 재산권을 핵심으로 하는 국민기본권에 관한 논쟁이 내재되어 있다고 보면서, 자유권과 재산권의 문제를 둘러싼 논쟁에서 많은 영향을 끼친 존 로크의 정치사상 그리고 특히 미국의 정치과정 안에서 정치적 해결의 방향을 제시해온 연방대법원의 판례들을 중심으로 주제에 접근했다. 우선 로크와 관련해, 이 교수는 로크가 자신의 『정부에 관한 두 번째 논고(*Second Treatise of Government*)』(1689)에서 "재산(property)이란 물건만이 아니라 사람 자신도 의미하는 것으로 이해되어야 한다."라고 쓴 데 이어, "정부의 권력은 시민의 생명과 자유와 소유물을 전단적(專斷的)으로 제한할 수 없으며, 정부의 목적은 시민의 생명과 자유와 소유물을 보호하는 데 있다."라고 주장한 사실을 상기시켰다. 이 교수는 이어, 그렇지만 로크가 "'생명과 자유와 소유물'을 말하는 '재산'에 대한 권리는 다수인의 대표로써 이룩된 공공권력에 의해 규율된다."라는 뜻을 밝힌 것으로 해석했다.

그러면 연방대법원은 사유재산권문제에 대해 어떤 태도를 보여온 것인가? 이 교수는 이 문제에 관해 연방대법원이 내린 판결들을 분석한 뒤 매우 조심스러운 해석을 제시했는데, 그 해석을 단순화시켜 정리하면 다음과 같다.

건국 초기에는 1798년의 판결, 1810년의 판결, 1827년의 판결 등을 통해 사유재산권의 절대성을 옹호했다. 그러나 평민층 또는 서민층이 미국의 정치무대에 진출하기 시작한 때인 앤드류 잭슨(Andrew Jackson,

1767~1845, 재임 1829~1837) 7대 대통령 이후 연방대법원은 1837년의 판결을 계기로 사유재산권의 의미를 조금씩 수정하기 시작했다. 대조적으로, 19세기 말 이후 연방대법원은 사유재산권의 보호에 역점을 두는 판결을 내렸다. 그렇지만 1929~1939년의 대공황을 계기로 연방대법원은 다시 공공복리를 앞세우는 판결을 내렸다. 특히 1964년 12월 14일에 연방대법원은 1964년에 공포된 민권법의 합헌성을 전원 일치로 판정하면서 인종차별로부터 자유를 보장하기 위해 사유재산권은 마땅히 제한을 받아야 한다는 입장을 보여주었다. 이 판결은 연방대법원이 자유의 개념을 계약과 사유재산권의 테두리로부터 계속해서 해방시켜오고 있음을 보여주었다. 그리고 그것은 로크의 사상과도 일치하는 것이다.

결론적으로, 이 교수는 미국 헌정사에서 민권과 재산권의 관계는 시대적 필요에 따라 여러 차례에 걸쳐 수정을 받았다고 상기시킨 뒤 "이 사실은 입헌적 민주정치의 진취 가능성을 명백히 시사해준다."라고 논평했다.

재산권에 관한 이 교수의 입장은 그의 「민족적 자유주의: 한국적 자유론의 서장」에서 되풀이된다. 여기서 그는 "개인의 재산권이란 오로지 사회관계 안에서만 그 구체적 의미를 가지며, 사회 안에서의 소유권이란 사회복리의 원칙에 입각하여 인위적으로 규정된 기본권이다. 재산권의 법적 정당성은 사회정의를 토대로만 확고하게 수립되는 것이며, 개인의 자유가 자유로운 사회 안에서만 가능하듯이, 재산권의 신성함도 사회정의를 토대로 함으로써만 가능하다."라고 썼다.[36]

---

36) 『창작과 비평』 제5권 제1호(1970년 봄), 73~81쪽; 『이홍구문집』 III, 43~55쪽에 재수록. 인용된 부분은 48쪽에 있다.

제3항
존 스튜어트 밀의 『자유론』

셋째, 「적극적 자유와 소극적 자유: 존 스튜어트 밀의 『자유론』을 중심으로」이다.[37] 이 논문에서 이 교수는 우선 토머스 홉스, 존 로크, 장 자크 루소, 요한 피히테(Johann G. Fichte, 1762~1814), 헤겔, 토머스 힐 그린(Thomas Hill Green, 1836~1882), 버나드 보상케(Bernard Bosanquet, 1848~1923) 등 근대 유럽의 정치사상을 발전시킨 철학자들의 자유론을 소개했다. 그는 이어 해롤드 라스키, 에리히 프롬(Erich S. Fromm, 1900~1980), 이사야 벌린(Isaiah Berlin, 1909~1997), 레오 스트라우스 등 그들 이후의 사상가들이 전개한 자유론을 분석했다.

이러한 기초 위에서, 이 교수는 존 스튜어트 밀이 1859년에 출판한 『자유론(On Liberty)』을 분석했다. 이 교수의 해석에 따르면, 이 책은 '사회가 개인에 대하여 정당하게 행사할 수 있는 권력의 성격과 한계'를 규정하는 사회적 자유의 문제를 논의의 중심으로 삼고 있다. 이 교수는 "밀의 『자유론』은 소극적 자유의 개념으로 시작하여 적극적 자유의 개념으로 끝난다고 이해할 수도 있다."라고 지적한 데 이어, "그러나 밀이 논의의 일관성을 견지하지 못한 직접적 이유는 그가 소극적 자유와 적극적 자유의 개념적 차이를 명확히 인식하고 있지 못하였다는 데에 있을 것 같다."라고 논평했다. 그는 다음과 같은 결론을 제시했다.

밀의 『자유론』이 지닌 고전적 가치는 그것이 자유에 관한 모든 문제를 해결하지 못하였다고 하여 감소되는 것은 결코 아니다. 『자유론』은 '자유'의 개념이 일반적 상용의 차원을 벗어나 학술적 차원에서 약정적 정의를 받아야만 된다는 것을 명시하고, 그러한 정의의 시도가 직면하는 문제점들을

---

37) 『한국정치학회보』 제3집(1969년 12월) 213~221쪽; 『이홍구문집』 II, 227~240쪽에 재수록.

부각시켰다. 그의 이론적 일관성은 별문제로 치고, 밀의 개인적 자유에 대한 투철한 신념은 아직도 자유의 전면적 구현을 희원하고 있는 우리에게 자유를 진지하게 논의케 하는 계기가 되는 것이다.

제4항
아리스토텔레스의 형이상학

넷째, "Actuality and Potentiality in Aristotle's Metaphysics" 이다.[38] 제목에 나오는 'actuality'와 'potentiality'는 어떻게 번역될 수 있을까? 이홍구 교수는 훗날 자신의 논문에서 그것을 '현재(顯在)'와 '잠재(潛在)'로 번역했고,[39] 아리스토텔레스의 정치철학에 밝은 김용민 교수는 각각 '현실태(現實態)'와 '가능태(可能態)'로 번역했다.[40] 이 교수는 아리스토텔레스의 형이상학에서의 이 두 가지 중요한 개념을 논한 것이다.

이 논문을 씀에 있어서 이 교수는 우선 리처드 맥케온(Richard McKeon, 1900~1985)이 편집한 『아리스토텔레스의 기본 저술』[41]바탕으로 삼았다. 맥케온은 컬럼비아대학교에서 철학을 전공해 학사·석사·박사학위를 받고 교수로서의 일생을 시카고대학교 철학과 교수로 보내며, 희랍철학과 중세철학을 강의하는 가운데 아리스토텔레스에 대해 여러 저술을 출판했다.

이 교수는 이어 에티엔 질송(Étienne Gilson, 1884~1978)의 『존재와

---

38) 『논문집: 인문·사회과학편』(서울대학교 교양과정부), 2(1970년 4월), 427~435쪽.

39) 이홍구, 「제2장 서양정치사상」, 서울대학교 사회과학대학 정치학과 기획/김영국 편, 『현대정치학의 대상과 방법』(법문사, 1981), 19~44쪽; 『이홍구문집』 II, 347~372쪽에 재수록.

40) 저자와의 전화 통화(2022년 1월 17일 오전 11시).

41) 서지사항은 다음과 같다. *The Basic Works of Aristotle*(New York: Random House, 1941).

철학자들』[42]을 참고했다. 에티엔 질송은 파리대학교를 졸업하고 소르본에서 데카르트를 전공해 박사학위를 받은 데 이어 역시 소르본에서 중세철학을 전공해 교수자격시험을 통과했다. 그의 명성은 북미에까지 알려져 토론토대학교와 하버드대학교에서 각각 초빙교수로도 봉직할 수 있었으며, 프랑스학술원 회원으로 선출됐다. 이 교수는 가톨릭 사제이면서 캐나다학술원 회원인 조지프 오웬스(Joseph Owens, 1908~2005) 박사가 쓴 『아리스토텔레스 형이상학에서의 존재의 교리: 중세사상의 희랍 배경에 대한 연구』[43] 등도 참고했다.

새삼 지적할 필요조차 없이, 아리스토텔레스는 이 교수의 정치학적 사고와 저술에 있어서 매우 중요한 자리를 차지하고 있다. 그의 수많은 저술 가운데 아리스토텔레스를 설명하지 않거나 언급하지 않은 사례는 보기 드물다. 아리스토텔레스를 언급하는 경우, 특히 그가 『정치학』에서 말한 '좋은 인간과 좋은 시민의 관계'를 상기시키곤 했다. 아리스토텔레스는 "좋은 인간이라는 것이 언제나 좋은 시민이라는 필연성은 존재하지 않는다. 전제왕국에서의 좋은 시민이 민주공화국에서도 좋은 시민이 될 수 없듯, 좋은 시민의 기준이란 구체적인 국체(國體)와 정체(政體)에 따라서 결정되는 것이다."라는 취지로 설명했는데, 이 교수는 이 설명을 때때로 인용한 것이다.[44]

---

42)　서지사항은 다음과 같다. *Being and Some Philosophers*(Toronto: Pontifical Institute of Mediaeval Studies, 1952).

43)　서지사항은 다음과 같다. *The Doctrine of Being in the Aristotelian Metaphysics: A Study in the Greek Background of Mediaeval Thought*(Toronto: Pontifical Institute of Mediaeval Studies, 1957).

44)　「근대화와 비인간화」; 『이홍구문집』 II, 39~43쪽에 재수록. 인용된 부분은 42쪽에 있다.

제5항
프리드리히의 정치철학

다섯째, 「칼 J. 프리드리히의 정치철학」이다.[45] 이 교수의 이 논문은 단순히 칼 프리드리히 교수의 정치학 또는 정치철학을 소개하는 것에 그치지 않고 프리드리히 교수의 전공 가운데 하나인 헌법에 대한 프리드리히의 설명을 통해 헌법 그 자체의 성격과 내용을 자세히 소개했다는 점에서 의미가 크다. 그러면 프리드리히의 이론은 무엇이었나?

칼 J. 프리드리히(1901~1984)는 하이델베르크대학교에서 막스 베버의 동생인 알프레드 베버의 지도를 받으며 헌법·정치학·경제학·사회학 등을 전공해 1925년에 하이델베르크대학교를 졸업했고 1930년에 그 대학교에서 박사학위를 받았다. 나치가 집권하는 것을 보고 미국에 귀화해 하버드대학교에서 강사로 출발한 데 이어 정교수로 승진했으며, 2차 대전이 끝난 이후 하이델베르크대학교 교수를 겸했다. 그사이에 미국정치학회 회장과 세계정치학회 회장을 차례로 역임했다.

그는 『입헌정부와 정치』를 1937년에 출판해 명성을 얻었다.[46] 소련에서 스탈린이 자신의 전체주의적 독재체제를 강화하면서 '대숙청'을 진행하고, 독일에서 히틀러가 자신의 파시스트체제를 최고 수위로 끌어올렸던 1937년에, 그는 앞의 책을 출판하면서 아리스토텔레스의 정치학에 바탕을 두고 입헌민주주의에 대한 신념을 피력했던 것이다. 이 점과 관련해, 이 교수는 다음과 같이 설명했다.

---

45) 동아일보사 신동아 편집실 편, 『현대의 사상 77인』(동아일보사, 1971년 1월, 『신동아』 신년호 특집 별책), 136~139쪽; 『이홍구문집』 II, 241~248쪽에 재수록.

46) *Constitutional Government and Politics*(New York: Harper and Brothers, 1937). 1941년에 『입헌정부와 민주주의(*Constitutional Government and Democracy*)』(Boston, M.A.: Little, Brown, and Co.)로 게재됐고 증보됐다. 이후 이 책은 여러 차례 증쇄되면서 널리 읽혔다.

인간은 이성의 소유자인 동시에 정치적 존재이다. 정치적 조직으로서의 국가의 목적은 모든 시민으로 하여금 이성에 입각한 윤리적 생활을 가능케 하는 것이다. 그러한 정치제도의 운영은 첫째, 모든 시민의 참여를 토대로 하고, 둘째, 어떤 개인의 사의(私意)에 따르기보다 제도화하고 관습화한 법에 의거할 때만 정상화하는 것이다. 이러한 희랍적 정치규범의 본질적 타당성을 전체주의가 상승하는 30년대에 프리드리히는 고집한 것이다.[47]

프리드리히는 1956년에는 브레진스키와 함께 『전체주의적 독재와 전제정치』[48]를 출판해, 스탈린의 소련과 히틀러의 독일 그리고 무솔리니의 이탈리아에서 나타난 '전체주의적 독재'의 본질과 위험성을 일깨웠다. 이 대목에서, 이 교수는 프리드리히 교수와 브레진스키 교수가 제시한 '근대 전체주의독재의 여섯 가지 성격'을 자세히 소개했다. 누구도 그 타당성에 대해 질문하거나 의심할 수 없는 유일한 이데올로기, 그 이데올로기의 구현자로서의 단일한 지도자, 그 단일한 지도자를 유일한 지도자로 떠받드는 대중적 정당, 정치적 반대자는 물론이고 무고한 시민에 대해서도 테러를 일삼는 비밀경찰을 통한 폭력의 독점, 매스컴의 독점을 통한 철저한 언론통제, 경제의 완전한 중앙집권적 기획 등이 그것들이다. 이것은 우리가 북한 정치체제의 기본 성격을 분석함에 매우 유용하다. 쉽게 말해, 북한 정치체제는 위의 여섯 가지 특성을 그대로 갖고 있는 것이다. 이 교수는 프리드리히와 브레진스키의 이 설명을 자신의 다른 논문에서 되풀이한다.[49]

프리드리히와 브레진스키는 전체주의적 독재체제가 히틀러의 나치

---

47) 『이홍구문집』 II, 243쪽.

48) 서지사항은 다음과 같다. *Totalitarian Dictatorship and Autocracy*(Cambridge, M.A.: Harvard University Press, 1956).

49) 이홍구, 「공산주의의 이론과 실제」, 서울대학교 사회과학대학 정치학과 편, 『정치학개론』(서울대학교출판부, 1975), 422~437쪽; 『이홍구문집』 II, 509~522쪽에 재수록.

즘체제와 무솔리니의 파시즘체제에서 입증됐듯 반드시 쿠데타나 비합법적 폭력을 통해서만 성립되는 것이 아니며 합법적 절차를 통해 성립될 수 있음을 경고했다. 이렇게 전체주의적 독재가 '합법적 절차'를 통해 이뤄진 사실을 상기시키면서, 프리드리히 교수는 (그리고 이 교수는) "전체주의와 민주주의가 실제적 차원에서 가진 차이점은 집권절차의 합법성보다도 권력행사의 방법과 범위에서 찾아볼 수 있다고 주장하고, 그러한 차이점이 가장 뚜렷하게 부각되는 것이 민주헌법이 마련한 비상대권이 발동되는 국가적 비상시의 경우이다."라고 지적했다. 여기서 이 교수는 다음과 같이 부연했다.

> 헌법의 정상적인 운영을 정지시키는 비상권의 발동과 계엄의 선포가 입헌민주정치를 위협한다는 것은 더 말할 필요도 없다. 그러나 국가의 비상시라는 것이 바로 입헌체제가 위기에 처하였다는 것을 말하는 것이므로 비상권의 발동이나 계엄의 선포는 입헌의 수호를 위하여 헌법적 절차의 권리를 정지시킨다는 어쩔 수 없는 피상적 모순을 내포하고 있는 것이다. 그러기에 프리드리히는 헌법적 절차에 따른 '독재'가 입헌정치의 최종의 테스트라고 말하는 것이다.[50]

여기서 이 교수는 "국가적 위기에 처하여 비상권에 입각한 사실상의 독재력을 가지면서도 입헌민주정치의 정신에 충실하고 전체주의독재의 경향으로 흐르지 않을 정치체제는 어떻게 조성될 것인가?"라고 물었다. 그는 "어떠한 법률적이나 절차적 기교도 입헌민주정치의 생명을 보장하지는 못한다."라고 대답한 뒤, 다시 프리드리히 교수의 설명에 바탕을 두고, "정치학이 해결해야 할 최대의 과제는 능률적이면서 강력한 행정을 할 수 있으면서도 독재적인 힘의 집결을 초래하지 않을 정치체제를 인

---

50) 『이홍구문집』 II, 244~245쪽.

간이 지닌 모든 슬기를 동원해 찾아내는 것이다."라는 명제를 제시했다.

그러면 '인간이 지닌 모든 슬기'란 무엇인가? 이 물음에 대해, 이 교수는 프리드리히 교수의 용어를 빌리면서 "그것은 정치에 실제로 관련되는 살아있는 지혜라는 뜻에서 경험적 지식이라고 할 수 있다. 그리고 정치에 관한 지혜란 언제나 가치판단을 수반한다는 뜻에서 단순한 서술적 지식이 아니라 규범적 지식인 것이다."라고 단언했다. 이러한 맥락에서, 그는 프리드리히 교수의 『인간과 정치: 정치에 대한 경험적 이론』[51]을 높이 평가했다.

정치사상사와 정치학사에서 이처럼 중요한 위치를 차지한 프리드리히 교수에 대해 이 교수는 위에 적시한 논문에서 그의 학·경력과 저술들을 중심으로 자세하면서도 정확하게 설명했다. 이 교수는 우선 "20세기 중엽에 [아리스토텔레스적] 전통에 가장 충실한 정치학자로서 우리는 칼 프리드리히를 들 수 있다."라고 지적하면서, "아리스토텔레스가 대부분의 국가가 실제적으로 채택할 수 있는 가장 이상적인 정체(政體)라고 제시하였던 민주정체를 프리드리히는 20세기적 상황 속에서 입헌민주정치라고 규정지었다."라고 부연했다. 마지막 부분에서, 이 교수는 프리드리히 정치학의 성격과 한계를 다음과 같이 썼다.

프리드리히는 정치학이 이데올로기를 초월하여야 할 시점에 이르렀다고 생각한다. 따라서 전체주의의 악폐를 제거하기 위하여는 어떠한 교조적인 이데올로기도 그 수단으로 사용하는 것이 부당하다고 주장한다. 그의 입장은 자유주의도 보수주의도 모두 초월한 것이라고 스스로 말하지만, 프리드리히의 정치철학은 결국 자유주의의 전개과정 속에서 그 위치를 규정지을 수밖에 없을 것이다. 정치를 언제나 변동하는 과정으로 보고 인간은 이성

---

51) Carl Joachim Friedrich, *Man and His Government: An Empirical Theory of Politics*(New York and London: McGraw Hill, 1963).

에 입각하여 정치를 창조적 과정으로 만들 수 있다는 그의 신념은 18세기로부터 뚜렷하여진 계몽적 자유주의와 일맥상통하는 것이다. 입헌적 민주정치를 최선의 체제로 고집하는 프리드리히는 정치의 윤리성과 인간의 존엄성을 서양문화의 토대로 만든 희랍과 로마의 전통을 부활시킨 근대시민정신에 투철함을 반영하는 것이다. 그러한 시민정신에 입각한 자유주의의 전개가 공업화로 말미암은 사회문제와 제국주의의 대두로 연유된 국제분쟁을 만족하게 해결하지 못하였다는 것은, 곧 프리드리히의 정치사상이 지닌 시대적 한계점도 시사하는 것이다.

제6항
산타야나의 자유론

여섯째, 「개인적 자유와 사회적 규제: Santayana의 자유론을 중심으로」이다.[52] 시인이자 철학자이며 평생을 독신으로 살았던 조지 산타야나(George Santayana, 1863~1952)는 스페인에서 태어나 하버드칼리지를 졸업하고 하버드대학교 대학원 철학과에서 철학박사학위를 받았으며 하버드대학교 철학과가 '황금시대'를 맞이했던 때 교수진의 일원이 되었다. 그러나 48세 때인 1912년에 유럽으로 돌아가 파리와 옥스퍼드 등에서 생활하다가 로마에서 생을 마쳤다. 그 과정에서, 어머니의 유산 밖에도 그의 소설 『마지막 청교도』(1935)가 베스트셀러가 된 덕분에 계속 들어오는 인세로 아무런 직업을 갖지 않고도 생활을 유지할 수 있었다. 그는 한국에는 별로 알려지지 않았지만, 그가 자신의 저서 『상식에서의 이성』(1910)에서 "과거의 일을 기억하지 못하는 자들은 과거의

---

52) 『문리대학보』(서울대학교문리대 학생회) 제18권 1·2합병호(1972년 4월), 171~180쪽; 『이홍구 문집』 II, 249~264쪽에 재수록.

일을 반복하고야 만다."라고 쓴 경구는 때때로 인용됐다.[53]

위의 논문에서 이 교수는 이 세계적 철학자를 그의 생애와 저술 및 사상을 중심으로 설명한 뒤 특히 그의 『지배와 권력: 자유·사회·정부에 관한 성찰』[54]에 나타난 자유론을 루소의 자유론과 대비시키면서 자세하게 소개했다. 루소는 개인적 자유를 '원시적 자유'와 '시민적 자유' 및 '도덕적 자유'로 나누어 설명했으나 개인적 자유와 사회적 규제와의 관계에 대해 만족스러운 답을 주지는 못했다. 산타야나는 개인적 자유를 '공허한 자유', '논리적 자유', '무관심한 자유', '중추적 자유'로 나누면서 루소가 제시하지 못한 해답을 찾고자 했다. 그런데 이 교수의 의견으로는 산타야나는 '지극히 이상주의적인 세계국가론'이라는 실망스러운 해답을 주는 것으로 그쳤다. 이와 관련해, 이 교수는 다음과 같이 논평했다.

산타야나의 자유론은 인간이 추구하는 행복이 아름다운 것이어야 한다는 철학적 확신을 토대로 하였는지도 모른다. 그러한 경우에 우리가 건설하고자 꿈꾸는 사회는 무엇보다도 아름다워야 한다는 결론에 이를 것이며, 그러한 정치사회에 대한 심미적 꿈은 메마른 정치의 물결 속에 휩쓸리는 현대인에겐 무척 소중한 것이 될 수도 있다. 그러나 그 아름다운 사회의 조직 속에서 개인의 자유가 어떻게 보장될 수 있느냐는 문제에 대한 구체적 프로그램을 산타야나에게서 발견 못 하는 데서 우리의 아쉬움이 있는 것이다.

그러면 이 교수의 이 논문은 어떤 의미를 지니는 것일까? 이 시점에서 볼 때, 이 논문은 한국정치학계에서뿐만 아니라 한국학계에서의 산타야나에 관한 최초의 학술논문이라는 점에서 의미가 있다고 하겠다. 동아

---

53) 이 경구의 원문은 다음과 같다. "Those who cannot remember the past are condemned to repeat it."

54) 이 책의 서지사항은 다음과 같다. George Santayana, *Dominations and Powers: Reflections on Liberty, Society, and Government*(1951).

일보사 신동아 편, 『현대의 사상 77인』(동아일보사, 1971년 신년호 부록)은 당시 세계적으로 공인된 현대의 사상가 77인을 선정해 소개했는데 마땅히 들어가야 할 조지 산타야나는 빠졌다. 이것은 산타야나가 아직 한국의 학계에 알려지지 않았음을 의미했는데 그다음 해에 이르러 이 교수에 의해 소개된 것이다. 이 논문의 뒤를 이어 1973년 2월에 범대순(范大錞) 시인이 산타야나의 시론(詩論)을 번역했고 1975년에 영문학자 김용권(金容權) 교수가 산타야나의 예술론에 관한 논문을 발표함으로써[55] 산타야나는 한국학계에 널리 알려지기 시작했다.

● 「시민사회론」을 처음 소개하다

이 교수는 학술적인 논문은 아니지만, 월간지에서의 대담과 한 시민단체의 강연을 통해 시민사회에 관한 이론을 소개했다.[56] 그는 우선 시민사회의 특징으로 세 가지를 꼽았다. 경제적 측면에서 중산계급이 사회구성원의 대부분을 이루고 있다는 점, 정치적 측면에서 대중이 정치에 참여한다는 점, 그리고 사상적 측면에서 대중이 자유를 갈망하고 자유의 구현을 위해 적극적이라는 점 등이 그것이다. 그는 이어 "여기서 강조하지 않으면 안 될 것은 서구에서 시민사회의 성립은 경제적 중산층이 생겨남으로써 이루어진 것은 사실이나 그보다 더욱 중요한 것은 대중을 정치에 참여하게 하고 자유를 갈망하게 하며 자유를 구현하도록 한 이데올로기가 있었기 때문에 가능했다는 점이다."라고 부연했다.

---

55) 조지 산타야나 저/범대순 역, 「시와 종교의 사색: 세계의 시론」, 『현대시학』(1973년 2월), 36~58쪽; 김용권, 「예술론에서의 표현의 문제」, 『성곡논총』6(1975년 11월), 598~629쪽.

56) 함병춘·이홍구, 「대담: 시민정신」, 『세대』(1969년 10월), 52~65쪽; 『이홍구문집』 IV, 103~122쪽에 재수록; 이홍구, 「민족적 자유주의」, 『세대』(1970년 1월), 126~129쪽. 이 평론은 그가 1969년 11월 6일에 YMCA시민논단에서 발표한 강연을 요약한 것이다. 『이홍구문집』 III, 31~36쪽에 재수록. 여기에는 이 논문의 제목이 「민족적 민주주의」로 표기되어 있는데, 그것은 편집자의 착오였을 것이다. 이 교수는 다음에서도 시민사회론을 전개했다. 이홍구, 「70년대의 정치사상과 시민사회」, 『논단』(1972년 1월 27일); 『이홍구문집』 I, 301~302쪽에 재수록.

이러한 전제 아래, 그는 한국에서 70년대에 시민사회가 성립할 것인가의 질문에 대답하고자 했다. 그는 "경제적 발전의 결과 중산계급이 대두한다고 해서 자연히 시민사회가 재래(齎來)되는 것은 아니다. 중산계층이 새로운 자유를 원한다는 것과 자국의 운명을 결정하는 정책 결정 과정에 적극 참여하겠다는 두 가지의 의식을 갖고 있어야 한다."라고 단언한 뒤, 그 두 가지 의식을 '민족적 자유주의'라는 이데올로기로 압축했다. "만일 민족적 자유주의라는 이데올로기를 가지고 시민사회를 발전시키기 위해 노력한다면 시민사회는 성립할 수 있을 것이지만 그렇지 못하다면 시민사회는 성립할 수 없을 것"이라고 대답했다.

여기서 주목되는 것은 대담은 1969년 9월 5일에 이뤄졌고 평론은 1969년 11월 6일에 발표됐다는 사실이다. 1980년대 이후, 특히 1990년대에 들어와 우리 사회에서 널리 쓰이는 '시민사회'라는 용어 그 자체는 출판물만을 놓고 고증할 때 이 시점에서 처음 등장한 것이다. '시민사회'라는 용어를 누가 처음 사용했는지는 정확히 알 수 없다. 그러나 데이비드 흄이 이미 18세기에 이 용어를 쓴 것은 확실하다. 이 교수는 자신의 주된 연구 대상이었던 데이비드 흄을 깊이 이해하고 있었기에 이 용어를 국내에 최초로 소개했던 것 같다.

● 『아시아정치론』 서평

미국의 저명한 비교정치학자들인 미시간대학교 로버트 워드(Robert E. Ward) 교수와 브랜다이스대학교 로이 매크리디스(Roy C. Macridis) 교수는 『현대 정치체제: 아시아』를 공저했다. 이 책은 우선 중국·인도·일본을 다뤘다. 이어 동남아 국가로는 버마·캄보디아·인도네시아·라오스·말라야연방·필리핀·태국·남베트남을 다뤘으며, 서남아 국가로는 터키·이란·아프가니스탄·이라크·요르단·시리아·레바논·사우디아라비아·예멘·이스라엘을 다뤘다. 버마는 오늘날 미얀마로 불리고 있으며, 말라야연방은 오늘날 말레이시아로 확대 개편됐다. 모두 21개국을 다룬 것으로, 미국 대학교에서 아시아 정부·정치론의 표준적 교과서로 널리 쓰여 쇄(刷)를 거듭했다.

　서울대학교 문리대 정치학과에서 「비교정치론」을 담당한 구범모 교수는 이 책을 번역했고, 이 교수는 원서와 역서를 중심으로 서평했다. 이 교수는 이 책이 '정치적 근대화'라는 관점에서 아시아 21개국을 비교·분석했다고 논평하고, 그런데도 한국을 다루지 않은 사실을 지적했다.[57]

---

57)　이홍구, 「서평: Robert E. Ward and Roy C. Macridis, eds., *Modern Political Systems: Asia*(Englewood Cliffs, N.J.: Prentice-Hall, 1969)/구범모 역, 『아시아정치론』(서울대학교출판부, 1969)」, 『대학신문』(1969년 12월 15일), 4쪽; 『이홍구문집』 IV, 15~17쪽에 재수록.

제3절
박정희 정부의 '물질우선적 근대화론' 그리고 거기에 기초한 '의회 경시, 행정부 중심의 정치'를 비판하다

제1항
"한국의 근대화는 어떠한 방향으로 나아가야 할 것인가?": 귀국 직후의 일차적 관심

강의와 연구에 있어서, 이 교수의 주된 관심은, 그의 표현으로, "한국의 근대화는 어떠한 규범이나 가치를 기준으로 처방되고 또 평가되어야 하느냐는 문제였다."[58] 당시 한국은 근대화의 열기와 진통에 휩싸여 있었기에 근대화와 정치발전을 주제로 박사학위논문을 마친 그로서 이 문제에 관심을 둔다는 것은 당연했다. 그는 "근대화와 민주화 사이의 일견 상충되는, 또는 역기능적인 관계에서 [우리는 진통을 겪어야 했다.]"라고 파악하면서, "근대화 작업의 능률적 추진을 위하여는 권위주의적 정치체제를 꼭 필요로 하는 것인가?"라는 물음에 대해, 집권세력은 긍정적인 대답을 제시함과 아울러 그것을 정통성의 근거로 삼고 있지만 "많은 국민은 이에 동의하지 않았다."라고 보았다. 그는 훗날 당시 자신이 교단에 서면서 가졌던 인식을 다음과 같이 회상했다.

권위주의체제가 근대화작업의 효율성을 높인다고 해서 근대화와 민주화를 동시에 성공적으로 진전시킬 수 있다는 가능성을 배제할 수는 없는 일이다.

---

58)　이홍구, 「머리말」, 『이홍구문집』 Ⅰ, 5~9쪽 가운데 7쪽.

자유로운 참여를 통하여 인간의 권리와 존엄성을 구현하겠다는 민주화는 근대화의 수단이 아니라 목적으로 이해되어야 하며 국민의 꿈의 결집이라고 할 수 있다. 근대화작업을 지속적으로 추진하면서 어떻게 민주화도 동시에 실현하느냐는 고민스런 과제를 한국의 지성인은 피할 수 없었고 나도 물론 예외가 아니었다.[59]

이 교수의 이러한 인식은 이후 그의 논설들과 발언들에 그대로 반영되며, 고민을 함께 나누는 자리로 강원용(姜元龍) 목사가 주도하던 「한국크리스천아카데미」의 '대화모임'을 선택하게 된다. 이 교수는 다음과 같이 회상했다.

이러한 고민스러운 시대적 과제들을 비교적 즐거운 분위기 속에서 생각과 글로 정리할 수 있었던 것은 귀중한 대화의 장(場)이 마련되어 있었기 때문이다. 강원용 목사가 주도한 「크리스천아카데미」의 대화모임은 바로 그러한 오아시스의 대표적 예였다. 근대화와 민주화가 수반하는 여러 가지 문제를 인간화(人間化)와 복지화(福祉化)라는 차원에서 조명하여 보려는 동지적 노력에 참여할 수 있었던 것은 나에게 참으로 소중한 경험이었다.[60]

「한국크리스천아카데미」는 한국기독교장로회 산하 경동교회의 강원용 목사가 캐나다 매니토바대학교에서 신학사학위를 받고 뉴욕의 유니언신학대학(Union Theological Seminary)에서 석사학위를 받은 데 이어 「사회연구를 위한 뉴 스쿨(New School for Social Research)」 대학원 사회학과에서 박사과정을 마치고 귀국한 직후인 1959년에 세운 「한국기독

---

59) 위와 같음, 7~8쪽.
60) 위와 같음, 8쪽.

교사회문제연구회」에서 시작됐다. 이 연구회는 독일에서 아카데미 운동을 주도한 에버하르트 뮬러(Eberhard Muller) 박사의 지원에도 힘입어 1965년 5월 7일에 「재단법인 한국크리스천아카데미」로 확대됐으며 박정희 정부에 비판적인 지식인들을 중심으로 '대화'를 이어갔다. 그 과정에서 강 목사는 유신헌법의 철폐를 촉구하며 1974년 12월에 발족한 「민주회복국민회의」에 참여했다. 그는 또 1978년부터 「한국크리스천아카데미」를 통해 '중간집단교육' 프로그램을 시행하다가 기획위원들이 국가보안법 및 반공법 위반 혐의로 구속되고 유죄 판결을 받는 일을 겪기도 했는데, 그것은 유신체제에 의한 탄압으로 비쳤다.[61]

「한국크리스천아카데미」는 창립 35주년을 맞이한 2000년에 「대화문화아카데미」로 새롭게 출발했으며, 2015년에 강 목사의 아호 여해(如海)를 딴 「재단법인 여해와 함께」가 발족하면서 그 산하기관의 하나로 오늘날에 이르고 있다. 현재 「대화문화아카데미」는 이삼열(李三悅) 교수가 이사장으로 이끌고 있다. 이삼열 교수는 서울대학교 문리대 철학과를 졸업하고 서울대학교 대학원 철학과에서 석사학위를 받은 데 이어 독일 괴팅겐대학교 대학원 철학과에서 사회철학을 전공해 박사학위를 받고 귀국해 숭실대학교 철학과 교수와 한국철학회 회장을 거쳐 유네스코 한국위원회 사무총장을 역임했다. 독일에서 유학하던 때부터 반독재 민주화운동과 한반도 평화통일운동에 일관되게 참여해왔다.

이홍구 교수는 강원용 목사가 2000년 6월에 김대중 대한민국 대통령과 김정일 '조선민주주의인민공화국' 국방위원장 사이에 평양에서 열렸던 제1차 남북정상회담에서의 합의를 일정하게 비판하면서도 기본정신을 존중한다는 뜻에서 2000년 10월에 「사단법인 평화포럼」을 발족했을

---

61) 강원용, 『역사의 언덕에서: 젊은이들에게 들려주는 나의 현대사 체험』 전 5권(한길사, 2003), 제4권(『미완성의 민주화』), 167~292쪽; 박명림(朴明林)·장훈각(張訓珏), 『여해(如海) 강원용 평전: 강원용 인간화의 길 평화의 길』(한길사, 2017).

때 이사로 참여했으며 그가 2006년 8월에 별세하자 2007년 1월에 이사를 사임했다. 이어 2011년 5월 3일에 「대화문화아카데미」에 고문으로 참여한 이후 「재단법인 여해와 함께」에도 고문으로 참여하고 있다.

이 교수는 또 「한국크리스천아카데미」에서 김수환(金壽煥, 1922~2009) 추기경을 때때로 만날 수 있었다. 강 목사나 김 추기경 가운데 어느 분도 이 교수에게 기독교를 받아들인다거나 교회(성당)에 나오라거나 또는 세례(영세)를 받으라거나 하는 말을 하지 않았다고 회상하면서, 이 교수는 자신이 이 두 교계 지도자들로부터 적잖은 영향을 받았다고 고백했다.[62]

이 교수는 강원용 목사와 김수환 추기경 같은 기독교계의 지도자들과만 대화한 것이 아니다. 그는 학생 기독교운동의 모임에도 기꺼이 나가 강연했다. 예컨대, 1970년 9월에 한국기독학생회총연맹(KSCF)의 초청을 받아들여 한국기독교회관 대강당에서 「아시아발전과 학생운동」이라는 주제로 특별강연을 했다.[63]

제2항
제1명제(미국의 정치학에 대한 비판):
"정치현상을 가치나 규범의 문제를 소외시킨 채 '과학적'으로 접근함으로써 '정치학의 불완전화'를 초래했다"

이 교수는 박 대통령의 '근대화론'이 궁극적으로 미국의 정치학이 제시한 근대화론에 이어져 있다고 파악하고 미국정치학을 비판하는 일련의 논문을 출판했다. 이것은 거듭 말하지만 그가 제시했던 제1

---

62) 이홍구 교수와의 제3차 면담(2022년 2월 12일 오전, 서울국제포럼사무실).
63) 안재웅(安在雄), 『역사가 내미는 손 잡고: 안재웅목사회고록』(대한기독교서회, 2021), 58~59쪽.

명제, 미국정치학계의 '정치의 과학적 연구'에 대한 비판의 계속이었다.

그 대표적 논문이 「가치중립적 정치학에 대한 성찰」이다.[64] 이 논문에서, 이 교수는 미국정치학계가 막스 베버가 말한 '가치중립론'을 중시해 정치현상도 '가치중립'의 입장에서 분석할 수 있다고 주장하며 정치현상을 가치나 규범의 문제를 소외시킨 채 '과학적'으로 접근하려고 시도함으로써 '정치학의 불완전화(不完全化)'를 초래하게 되었다고 비판했다. 그러한 비판의 연장선 위에서, 이 교수는 "그러나 가치나 규범의 문제는 고전적 정치학의 전통 속에서 언제나 정치학의 중심과제"였음을 상기시켰다. 다른 논문에서는, 그는 "미국정치학이 정치규범이나 목적보다는 수단에 치중하고 있다."라고 비판했다.[65] 이러한 비판의 대상은 미국정치학계가 정립하고 전파한 '정치행태론'으로까지 확대됐다.[66]

같은 맥락에서, 이 교수는 정치를 '기능적'인 측면에서만 접근해서는 옳지 않고, '윤리적'이면서 '규범적'인 측면에서도 접근해야 한다고 여러 저술에서 반복적으로 주장했다. 인간에게는 '윤리적'이면서 '규범적'인 측면이 중요한데, 인간이 만들어내는 정치를 '윤리적'이면서 '규범적'인 측면을 배제한 채 연구하는 것은 적절한 해답에 도달하지 못한다고 경고하기도 했다. 그러한 맥락에서, 그는 「현대정치와 인간소외」에서 다음과 같이 역설했다.

정치는 단순히 사회의 운영을 위하여, 그 안전보장을 위하여 그리고 여러 가지 수요를 공급하기 위하여 존재하는 것이 아니어야 한다. 정치사회, 즉

---

64) 영어 제목은 다음과 같다. "Reflections on Value-Free Science of Politics." 이 논문은 출전이 소개되지 않은 채 『이홍구문집』 V, 219~242쪽에 수록됐다. 원래의 출전은 다음과 같다. 『논문집: 인문사회과학 편』(서울대학교 교양과정부), 3(1971년 4월), 299~314쪽.
65) 이홍구, 「정치발전의 정의문제」. 『이홍구문집』 II, 15~25쪽에 재수록. 인용된 부분은 24쪽에 있다.
66) 위와 같음, '정치행태론'에 대한 비판은 22쪽에서 읽을 수 있다.

국가란 궁극적으로 인간성을 개발하고 보존하기 위하여, 그리고 인간성의 일부(一部)인 정치참여를 가능하게 하기 위하여 존재하는 것이다. 그런 뜻에서 정치는 윤리적 차원을 떠나서는 그 최상의 의미를 잃게 되는 것이며 비인간화하는 것이다. 현대정치는 인간소외의 극복을 목표로 하고 인간화를 지상과제로 삼았을 때, 즉 정치가 순화되었을 때 비로소 근대화가 수반한 어지럽고 탁한 물결로부터 인간과 사회를 구제하는 실마리를 찾게 되는 것이다.[67]

미국정치학에 대한 이 교수의 비판은 한국의 정치학이 한국의 정치상황을 규범적으로 접근하는 학문으로 발전해야 한다는 지론으로 이어졌다. 이미 자신의 박사학위청구논문에서 역사에 대한 보편적인 이론 또는 일반적인 이론으로 특정한 국가 또는 사회의 역사를 설명하거나 재단해서는 안 되며 그 국가 또는 사회의 특수성을 인정해야 한다고 주장했던[68] 그는 한국의 정치학이 세계의 정치학과 흐름을 같이 하되, "한국정치가 지닌 특수성, 특히 건국과 분단극복이라는 역사적 과업을 위한 학문적 기초와 처방을 마련하는 데 [힘을 써야 한다.]"라고 제의한 것이다.[69] 이 점과 관련해, 장훈(張勳) 교수는 "[이 교수는] 한국의 특수성을 외면한 일반론이나 외국정치에 절대적 비중을 두는 정치학보다 서구의 영향 속에서 이루어진 급속한 근대화가 가져온 정치적 퇴행이 당대의 정치학 연구의 대상이어야 함을 역설한 것이다."라고 긍정적으로 논평했다.[70]

---

67) 『상황 '80』(다락원, 1980), 76~81쪽; 『이홍구문집』 II, 129~135쪽에 재수록. 인용된 부분은 135쪽에 있다.

68) 『이홍구문집』 V, 21쪽.

69) 이홍구, 「서울대학교 정치학 40년: 그 흐름과 학풍」, 『서울대학교학문연구40년』 전 2권(서울대학교출판부, 1987년 7월) 제1권(총괄·인문·사회과학), 241~255쪽; 『이홍구문집』 II, 469~488쪽에 재수록.

70) 장훈, 「이홍구 정치학의 전개와 한국 민주주의 연구」, 이정복 외 16인 지음, 『이홍구선생미수기념문집2: 대전환기의 한국 민주정치』(중앙books, 2021), 240~257쪽 가운데 244쪽.

제3항
제2명제(미국정치학계의 '근대화론' 비판):
"근대화는 양적 증가보다는 질적 변화로 이해되어야 하는 과정이다"

자신의 박사학위청구논문에서 미국정치학계가 개발한 '근대화론'을 비판했던 이 교수는 이 명제를 귀국한 이후 발표한 일련의 논문들에서 일관되게 유지했다. 그는 "사회의 근대화 속에서도 정치의 퇴화가 있을 수 있다는 가능성을 생각하지 않을 수 없다."라고 지적하고 다음과 같이 논평했다.

> 영국 식민지로서의 인도 사회가 어느 정도의 근대화를 이룩하였다고 하여 인도 안에서의 식민통치과정을 정치발전이라고 부르는 것은 좀 거북하다고 할 수밖에 없다. 근대화과정 안의 모든 정치변화를 일률적으로 정치발전이라고 정의하는 것은 퇴화도 발전이라고 우기는 우스꽝스러운 결론을 빚어낼 수도 있다.[71]

이 교수의 이러한 일관된 주장은 시민단체에서도 주목을 받았다. 그리하여 그는 흥사단이 개최하는 「금요개척자 좌담」의 초청을 받아 1970년 11월 20일에 「현대정치와 인간소외: 인간소외의 본질과 한국근대화의 방향」이라는 제목으로 강연하며 "근대화의 부산물로 발생하는 인간소외의 문제를 해결하려면 정치를 '기능적 차원'에서만 이해할 것이 아니라 '윤리적 차원'에서 이해해야 한다."라는 취지로 역설했다.[72] 이어

---

71) 이홍구, 「정치발전의 정의문제」; 『이홍구문집』 II, 15~25쪽에 재수록. 인용된 부분은 23쪽에 있다.

72) 이 강연은 다음에 출판됐다. 「현대정치와 인간소외」; 『이홍구문집』 III, 57~66쪽에 재수록.

「한국크리스천아카데미」가 1970년 12월에 마련한 '대화'에서도 이 교수는 자신의 소신을 반복했다. 그는 근대화의 긍정적 측면을 인정하면서도 근대화라는 이름 아래 진행된 산업화는 '기계화된 사회'를 낳았으며, 그리하여 '인간의 죽음을 무감각하게 느끼게 하는 사회'가 나타났다고 개탄하면서, "인간의 죽음이 무감각하게 느껴지는 사회에서는 인간의 삶도 무의미하게 생각될 수밖에 없다."라는 명언을 남겼다.[73]

같은 맥락에서, 그는 근대화가 물질적 풍요를 가져올 수 있다는 주장에 동의하면서도, 근대화를 산업화 및 과학화와 동일시하는 경우 "인간을 빈곤의 소유자로서보다도 빈곤을 해결하는 방법 또는 도구로써 생각할 수 있는 환각을 자아내었다."라고 비판했다. 그의 비판은 다음으로 이어졌다.

과학화로서 이해되는 근대화가 인간의 도구화를 허용하는 분위기를 조성하였다는 것은 물론 과학의 성격 때문이 아니라 근대화를 물질적 빈곤의 문제로만 집약시켜 생각한 사회적 정신 자세 때문이었다. 그러한 기계화의 자세는 물질이나 정신의 자유 가운데서 양자택일할 수밖에 없다는, 즉 양자를 조화시킬 여유는 전혀 존재하지 않는다는 긴박감과 위기의식에 사로잡힌 채 근대사의 성격을 판단한 데서 기인한 것이다. 또 이렇게 조성된 위기의식은 폭력과 공포에 의한 사회체제의 유지를 허용하고, 기계적 능률성을 지닌 비인간화의 촉진을 두둔했던 것이다.[74]

물질적 성장을 앞세운 근대화 정책은 공해(公害)문제를 빚어냈다. 이 교수는 이 문제를 피해가지 않고 직설적인 어법으로 다뤘다.[75] 그는 우

---

73) 이홍구, 「근대화와 비인간화: 다른 측면에서」; 『이홍구문집』 II, 39~43쪽에 재수록.

74) 위와 같음. 인용된 부분은 41쪽에 있다.

75) 이홍구, 「환상을 넘어서 4」, 『신동아』(1972년 11월), 228~231쪽; 『이홍구문집』 I, 324~330쪽에 재수록. 『신동아』(1972년 11월)는 유신 선포 직전인 1972년 10월 중순에 출판됐다.

리 사회가 지나치게 '경제성장' 또는 '경제발전'에 매달린 결과로 '몸을 버려가면서도 잘 살아야겠다'는 분위기, 그래서 공해문제에 둔감하거나 너그러운 분위기가 조성됐다고 비판하면서, 그러한 분위기는 '지극히 위험하다'고 단언했다. "공해는 무엇보다도 빈곤과 직결되어 있기 때문에, […] 특히 경제발전 속의 가난은 우리를 공해 앞에 적나라하게 노출시키기 때문에" 그러하다는 것이었다. 이러한 분석으로부터, 그는 "경제적 불평등이 공해문제에까지 불평등으로 연장되는 것은 정치적으로 용납될 수 없다."라고 주장한 데 이어, "공해와 정치적 평등의 관계는 국내적 상황뿐 아니라 국제관계에도 적용되는 것이다."라고 부연했다. 여기서 그는 한 걸음 더 나아가 "선진국의 공해산업이 한국으로의 이전을 기도한다면 이것은 크나큰 정치적 폭탄이 될 것이다."라고 경고하면서, "가난한 바에야 몸이라도 튼튼하여야 될 것이 아닌가!"라고 절규했다. 공해에 대한 이 교수의 이러한 입장을 우리는 제17명제로 명명하기로 하고 제4장에서 다시 다루기로 한다.

박 대통령이 자신의 국정목표로 설정하고 사실상 정통성의 근거인 것처럼 강조한 '근대화'에 대한 이 교수의 비판은 계속됐다. 그의 비판은 여러 평론에서 나타났지만, 특히 「근대화·서양화·민주화: 근대화의 방향정립을 위한 성찰」에서 강하게 나타났다.[76] 이 평론에서, 이 교수는 박 대통령이라든가 공화당 정부라든가 하는 용어는 전혀 쓰지 않았다. 그러나 숙독한 독자라면 박 대통령이 반복적으로 강조하는 '근대화' 또는 '조국 근대화'의 성격과 방향에 대해 깊은 의문을 갖게 되고 더 나아가 비판적 자세를 취하게 됐을 것이다.

첫째, 당시에 쓰이던 '근대화'의 정확한 의미를 대다수의 국민들이나 정치지도자들도 모르고 있으며, 그래서 이 용어는 '개념상 혼란'에 빠진 채 쓰이고 있다고 비판했다.

---

76) 『아세아』(1969년 5월), 52~57쪽; 『이홍구문집』 I, 193~204쪽에 재수록.

둘째, 그는 "근대화는 한 갈래 길이 아니다." 또는 "근대화란 어떤 주어진 목적을 향한 행진이 아니다."라고 단언하면서, '공업화'를 근대화인 것처럼 또는 '국민소득과 국민총생산의 고도적(高度的) 증대'를 근대화인 것처럼 설명하는 당시 정부당국의 자세를 비판했다. 여기서 그는 "근대화는 양적 증가보다는 질적 변화로 이해되어야 하는 과정인 것이다."라고 지적하면서, 근대화를 기능적 차원에서만 보아서는 안 되고 윤리적 차원에서도 보아야 한다고 역설했다.

셋째, 이러한 맥락에서, 그는 "근대화과정에서의 우리의 기본적 의무는 우리가 걸어갈 길의 선택인 것이다."라고 주장하고, 다음과 같이 부연했다.

어떤 식의 근대화를 택하고 어떤 식의 근대화를 버리는가 하는 선택을 우리는 피할 수 없을 것이다. 우리에게 가장 타당하고 효과적인 근대화의 도정을 선택한다는 것은 결국 근대화의 문제를 규범분석의 차원으로 환원시키는 것이다. 우리는 근대화라면 다 바라는 것이 아니라 우리가 원하는 근대화만을 실현하려는 것이다.

이 대목에서 그는 '과학적 이성'의 중요성을 강조했다. 유럽에서 근대화가 과학의 발전 또는 '과학적 이성'의 전개를 토대로 이뤄졌음을 상기시키면서, 근대화를 추진한다는 한국에서 무엇보다 '과학적 이성'을 중시해야 한다고 역설했다. 여기서 상기돼야 할 점은 그가 우리 역사에서도 '과학적 이성'이 발현된 사실이 있다고 지적한 사실이다. 그는 "[조선왕조의] 영·정조시대에 전개된 실학정신이 과학적 이성을 한국적 전통과 권위의 테두리로부터 해방시키려는, 즉 이성의 자유화를 기초로 한 사상이었다."고 논평했다. 실학정신에 대한 그의 존중은 「한국정치학회」가 매년 선정하는 학술상의 저작부문에서 김한식(金漢植) 교수의 『실학의 정치사상』(일지사, 1979)을 강력히 추천해 1980년에 수상작으로 결정

되는 것으로 나타난다.[77]

넷째, 그는 이처럼 '과학적 이성'을 '근대화의 필요조건'이라고 보면서, '전통적 권위의식으로부터 이성의 해방'을 구현하려면 '자유로운 대화'가 반드시 따라야 한다고 단언했다. 이러한 맥락에서, 그는 "조국 근대화는 자유로운 대화로부터"라는 결론을 끌어냈다. 이것은 중요한 함의를 갖는다. 박정희 정부가 '조국 근대화'를 실현하기 위해서는 민주정치과정이 축약되어도 괜찮고 실제로 정부에 대해 비판적이거나 반대하는 언동을 억압한 사실을 상기한다면, 그의 그 결론은 박정희 정부의 노선에 대한 비판이었던 것이다.

다섯째, 그는 '근대화'가 우리 사회 일각에서 '서양화(西洋化)'로 이해되고 있는 경향이 있음을 지적한 뒤 그 경향을 무작정 비판할 수는 없다고 전제하고 그렇지만 근대화가 곧 서양화는 아니라고 주장했다. 그러한 맥락에서, 그는 "[우리가] 서양화로서의 근대화를 택하지 않겠다면, 그리고 민족적 주체성의 선양을 근대화의 중추적 성격으로 삼겠다면, 근대화과정의 성격은 새로운 규범적 정의를 받아야 하는 것이다."라고 부연했다. 종합적으로 말해, "서구사회에서의 근대화와 […] 우리의 근대화는 […] 특정한 시간과 장소에서의 구체적이고 개별적인 근대화의 문제이다."라고 지적하고, "우리의 민족적 과업은 근대화하면서 규범을 창조하고 규범을 창조하면서 근대화하는 것이다."라는 명언을 남겼다.[78]

서양화에 대한 이 교수의 경계는 영국제국주의의 식민지 치하에서 항영독립운동을 전개하며 영국제국주의에 의한 인도의 서양화를 경계했던 간디의 입장을 소개하는 것으로 이어졌다. 이 교수는 간디가 인도의 정치적 독립의 상실에 못지않게 문화적 식민화를, 곧 주체성의 위기를 우

---

77)　이 교수는 이 책에 대한 서평도 발표했다. 이홍구, 「서평: 김한식 저, 『실학의 정치사상』」, 『한국정치학회보』 제13집(1979년 12월), 261~265쪽; 『이홍구문집』 IV, 61~68쪽에 재수록.

78)　위와 같음, 203쪽.

려했다고 상기시키면서 간디가 외래품 대신 국산품의 사용을 고창하는 '스와라지운동'을 전개한 것도, 손으로 짜서 만든 고유 의상인 '카디'의 착용을 장려한 것도, 한가지로 인도의 주체성을 보존하고 앙양하려는 데 궁극적 목적이 있었다고 부연했다. 이어 이 교수는 "간디는 인도의 정치적 독립을 위한 투쟁을 했을 뿐만 아니라 인도인과 인도사회의 주체성을 수호한 각고의 노력으로 길이 기억될 것이다."라고 덧붙였다.[79]

다시 말하지만, 박정희 대통령이 표방한 근대화론에 대한 이홍구 교수의 비판은 그 의미가 컸다. 이정복(李正馥) 교수는 "근대화론은 군사독재시대를 합리화해주는 이론으로 전락한 경우가 많았다."라고 지적했었는데,[80] 이 지적을 염두에 둘 때, 이홍구 교수는 '군사독재시대를 합리화해주는' 쪽에 서지 않고 비판하는 쪽에 서 있었음을 의미했다.

제4항
제3명제(미국정치학계의 '정치발전론' 비판):
"정치발전 역시 규범적 판단의 대상이 되어야 한다"

자신의 박사학위청구논문에서 미국정치학계가 개발한 '근대화론'을 비판한 연장선 위에서 역시 미국정치학계가 개발한 '정치발전론'을 비판했던 이 교수는 자신의 이 명제를 계속해서 유지했다. 이 점과 관련해, 우선 「정치발전의 정의(定義)문제: 한국의 정치발전과 정치학」을 지적할 수 있다.

그는 '정치발전'이라는 용어 자체가 그 기본적인 발상에서 '가치중립

---

79)　이홍구, 「영웅의 독재와 성웅의 저항: 나폴레옹 탄생 200주와 간디 탄생 100주를 맞아」; 『이홍구문집』 I, 239~255쪽에 재수록. 인용된 부분은 251쪽에 있다.

80)　이정복, 「제1장 한국정치학의 변화와 발전방향」, 임희섭(林憙燮) 편, 『사회와 과학의 새로운 지평』(나남출판, 1999), 33~51쪽 가운데 44쪽.

적 사회과학론'에서 출발했음을 상기시킨 뒤, '정치발전' 역시 규범적 판단의 대상이 되어야 한다고 주장하면서, "미국학계를 중심으로 이룩된 정치발전론의 가장 큰 약점은 발전은 왜 좋은 것이냐 하는 문제에 대한 고찰과, 이와 관련하여 왜 발전을 정치목적으로 취해야 하느냐는 근본적인 문제에 관한 이론적 성찰의 결여에 기인하는 것이다."라고 부연했다.

이 교수의 '정치발전론' 비판에는 정치퇴화에 대한 우려가 짙게 배어 있다. 자신의 박사학위청구논문에서 나타냈던 우려를 그는 귀국 이후에 발표한 일련의 논문들 그리고 강의에서도 되풀이했다. 예컨대, 1971년 4월 27일에 치러진 제7대 대통령선거의 결과를 평가하는 평론에서, 대통령선거가 '민족적 규범의 부재 속에서 팽배해진 지역적 대결'로 치러졌음을 개탄하며, "규범을 잃은 정치가 [지역감정의 동원과 같은] 기술에만 의존하게 되는 것은 당연한 귀결이다."라고 지적하고, 그러한 현상은 '정치퇴화의 추세'를 말해주는 것으로 심각하게 받아들여져야 한다고 경고했다.[81]

'정치퇴화'론과 관련해, 서울대학교 사회과학대학 정치학과 학부와 대학원 석사과정에서 이 교수의 강의를 들었던 장훈 교수는 다음과 같이 회고했는데, 이 교수가 출판물에서 사용한 '정치퇴화'를 장 교수는 '정치퇴행'으로 옮겼다.

선생의 정치퇴행론은 아리스토텔레스가 강조한 바와 같이 군주정, 귀족정, 민주정이라는 세 가지 일반적 형태의 정치체제는 언제든지 타락하기 마련이고 군주정은 전제정으로, 민주정은 다수제의 폭정으로 퇴행한다는 통찰을 받아들인 것이라고 할 수 있다. 이 점에서 이홍구 선생이 강조하는 정치퇴행론은 근대화론의 단선적인 목표지향적 세계관과는 확연히 구분되며,

---

81) 이홍구, 「민족적 규범의 공백과 정치퇴화」, 『동아일보』(1971년 5월 3일), 5쪽; 『이홍구문집』 I, 297~300쪽에 재수록.

153

발전과 쇠퇴, 성장과 퇴행의 양면을 모두 담는 열린 인식론이 이홍구 정치학의 핵심 기둥인 셈이다. […] 서구의 압도적인 영향 아래 이뤄진 사회경제적 근대화 속에서 정치는 퇴행하고 있다는 문제의식은 […] 단선적이고 서구 중심적인 역사관의 거부로 이어진다.[82]

새삼 설명할 필요 없이, '정치퇴화' 또는 '정치퇴행'은 새뮤얼 헌팅턴 교수가 사용한 'political decay'를 옮긴 것이다. 헌팅턴 교수는 정치체제가 충분히 제도화되지 못했을 때 정치체제는 '퇴화'하여 군부의 출현이나 포퓰리스트 독재자가 집권하는 '집정관주의(Praetorianism)' 또는 '집정관정치체제'가 나타나게 된다고 경고했었다.[83]

장훈 교수는 이 교수의 정치퇴행론에 대해 높은 의미를 부여했다. "정치는 근본적으로 발전과 퇴보를 반복하고 사회경제발전이 정치퇴행을 가져올 수 있다는 통찰은 요즘 전 세계적으로 벌어지고 있는 민주주의의 세 번째 역류(逆流)를 이해하는 데 지대한 도움을 준다."라고 쓴 데 이어, "우리가 목격하는 바와 같이 1980년대 이후 전 세계적으로 확산되어 나가던 민주주의는 미국과 영국을 비롯한 1세대 민주주의국가들뿐만 아니라 헝가리와 폴란드를 비롯한 중유럽의 후발민주주의국가들, 예컨대 필리핀과 태국 및 미얀마를 비롯한 아시아 후발민주주의국가들 그리고 베네수엘라와 브라질을 위시한 남미 후발민주주의국가들에서 현저하게 후퇴하고 있다."라고 진단했다.[84]

---

82) 장훈, 「이홍구 정치학의 전개와 한국 민주주의 연구」, 240~257쪽 가운데 245~246쪽.

83) Samuel P. Huntington, "Political Development and Political Decay," *World Politics*, Vol. 17, No. 3(April 1965), pp.386~430. 정치발전과 정치퇴화에 대한 헌팅턴의 이론은 그의 다음 저서에서 훨씬 더 자세하게 설명됐다. Samuel P. Huntington, *Political Order in Changing Societies*(New Haven, C.T.: Yale University Press, 1968).

84) 장훈, 「이홍구 정치학의 전개와 한국 민주주의 연구」, 240~257쪽 가운데 246~247쪽.

제5항
제4명제(대중의 등장에 따른 '이데올로기의 시대'의 강조):
"한국이 정치의 빈곤에서 벗어나려면 '새로운 이데올로기'가 발전해야 한다"

이 교수는 자신의 박사학위청구논문에서 18세기에 들어와 '대중'이 등장했으며 이에 따라 '이데올로기의 시대'가 열렸음을 강조했다. 이러한 관찰은 물론 이 교수의 독창적인 발상의 산물은 아니며, 『이데올로기의 시대』를 출판한 그의 예일대학교 은사 프레데릭 왓킨스 교수의 가르침에 영향을 받은 것이다. 특히 이 교수는 자신의 박사학위청구논문에서 메이지유신 시대의 일본이 '정치발전'을 이룩했다고 평가하는 가운데 그러한 '정치발전'을 뒷받침한 한 요소로 당시 일본의 지배층이 '이데올로기'를 적절하게 창조한 데 주목했었는데, 그는 귀국한 이후 근대화와 민족통일을 추진하는 한국에서 '새로운 이데올로기'가 창출되거나 발전해야 한다고 거듭 강조했다.

그러면 이 교수가 말하는 '이데올로기의 시대'란 무엇이며 그가 기대하는 '새로운 이데올로기'의 내용은 무엇인가? 이 물음과 관련해, 이 문제를 다룬 그의 수많은 저술 가운데 여덟 개의 논문과 한 개의 대담에 한정해 살피기로 한다.[85]

이 교수는, 자신의 박사학위청구논문에서 썼듯, 이 글들에서도 "서구에서는 이데올로기 종말론이 유행하고 있으나, 한국에서는 이데올로기의 종말이 아니라 여명을 기다리고 있다."라고 거듭 쓰면서, "1970년부터 2000년에 이르는 시대는 한국에서는 이데올로기의 세대이다."라고 단언했다. 이데올로기가 빈곤하기에 정치가 빈곤하다는 진단으로부터, 그는 한국이 정치의 빈곤에서 벗어나려면 '새로운 이데올로기'가 발전해야 한다고 역설했다. 그는 특히 "지금 우리는 경제성장을 원하고 있지만 이데올로기가 형성되어 있지 않은 한 우리는 가장 비(非)시민적인 상황에 놓

이게 될 것이며 그렇기에 1970년대는 이데올로기의 시대가 되어야 한다.” 라고 역설했다.[86]

그러면 이 교수가 말하는 이데올로기란 도대체 무엇인가? 그는 “이데올로기는 근대적 정치과정 안에서만 존재가치를 갖는, 즉 근대적인 정치현상이다. 근대정치가 대중참여의 정치라는 사실이 바로 이데올로기의 기능을 규정지어 주는 것이다.”라고 전제했다.[87] 여기서 강조돼야 할 점은 그가 이데올로기를 근대의 산물로 보고 있으며 민족주의라는 이데올로기도 역시 근대의 산물로 보고 있다는 사실이다. 그래서 그는 ‘중세적 민족주의’ 또는 ‘조선 초기의 민족주의’라는 말은 성립될 수 없다고 강조했다.[88] 이러한 전제 아래, 그는 “근대적 이데올로기란 정책결정에 일관성을 부여하고 국민의 정치참여의 목표와 도화선을 마련하는 기능을

---

85)　(ⅰ)「역사의 재창조와 정치규범: 3·1운동의 정치사상을 중심으로」,『신동아』(1969년 3월), 196~204쪽;『이홍구문집』Ⅲ, 15~29쪽에 재수록.
(ⅱ)「한국의 헌법이념과 정치현실: 규범과 현실과의 괴리」,『세대』(1969년 7월), 70~76쪽;『이홍구문집』Ⅰ, 217~227쪽에 재수록.
(ⅲ)「민족적 자유주의」,『세대』(1970년 1월), 126~129쪽;『이홍구문집』Ⅲ, 31~36쪽에 재수록.
(ⅳ)「민족적 자유주의: 한국적 자유론의 서장」,『창작과 비평』제5권 제1호(1970년 봄), 73~81쪽;『이홍구문집』Ⅲ, 43~55쪽에 재수록.
(ⅴ)「민주화의 과제: 문제점과 방향」, 남재희 편,『현대 한국의 위치와 과제: 현대문명과 한국』(현대사상사, 1970년 12월), 96~110쪽;『이홍구문집』Ⅰ, 273~283쪽에 재수록.
(ⅵ)「한국통일을 위한 정치이념의 전개: 그 필요와 방향」,『국토통일』(1971년 3월), 11~20쪽.
(ⅶ)「70년대의 정치사상과 시민사회」,『논단』(1972년 1월 27일);『이홍구문집』Ⅰ, 301~302쪽에 재수록.
(ⅷ)「한국민족주의의 본질과 방향」,『신동아』(1972년 6월), 54~63쪽;『이홍구문집』Ⅲ, 75~88쪽에 재수록.
(대담)「한국민족주의의 향방」,『대학신문』(1972년 3월 13일), 4쪽;『이홍구문집』Ⅳ, 291~305쪽에 재수록.
86)　이홍구,「70년대의 정치사상과 시민사회」;『이홍구문집』Ⅰ, 301~302쪽에 재수록. 인용된 부분은 302쪽에 있다.
87)　이홍구,「한국의 헌법이념과 정치현실: 규범과 현실과의 괴리」;『이홍구문집』Ⅰ, 217~227쪽에 재수록. 인용된 부분은 226쪽에 있다.
88)　이홍구,「한국민족주의의 본질과 방향」;『이홍구문집』Ⅲ, 75~88쪽에 재수록. 인용된 부분은 79쪽에 있다.

동시에 충족하려는 정치규범체계인 것이다."라고 정의하고, 그 구체적 내용으로 자유·평등·주체성의 셋을 꼽았다. 그는 그것을 '민족주의와 자유주의'로 압축시켰으며, 때로는 '민족적 자유주의'로 압축시켰다.[89]

자유주의에 대해서는 제12항에서 따로 설명하기로 하고 민족주의에 대해 말한다면, 그는 그것을 사실상 '주체성' 또는 '세련된 자주성'으로 표현하면서, "우리의 전통과 가치를 함유한 민중의 뜻을 뿌리로 하였을 때만 진정한 의미에서의 세련된 자주성을 갖게 되는 것이다."라고 부연했다.[90] 여기서 그가 거론한 '주체성'을 그는 다른 저술들에서도 되풀이하며 강조했다.

제6항
제5명제(정체〔政體〕에 대한 사회의 우선):
"사회는 정체를 위한 필요조건이나 정체는 사회를 위한 필요조건이 아니다. 정치체계는 사회체계의 하부체계다"

이 명제의 타당성은 루소를 비롯한 근대의 사회계약론자들에게는 물론 서방세계의 정치학자들 모두에게 받아들여지고 있다. 예컨대, 우리가 앞에서 인용했던 레슬리 립슨 교수는 사회가 먼저 형성됐고 그 안에서 정치가 발생했으며 그 결과로 국가가 형성됐고 국가 안에서 정부가 형성됐다는 자신의 이론을 네 개의 동심원(同心圓) 그림으로써 설명했다. 가장 큰 원이 사회이고 그 안의 원이 정치이며 그 안의 원이 국가이

---

89) 이홍구, 「민족적 자유주의: 한국적 자유론의 서장」; 『이홍구문집』 III, 43~55쪽에 재수록. 인용된 구절은 35쪽에 있다.

90) 이홍구, 「우리는 어디에 서 있는가: 극복해야 할 열등감, 씻어야 할 허세; 자주성과 사대성」, 『조선일보』(1978년 8월 29일), 4쪽; 『이홍구문집』 I , 353~359쪽에 재수록. 인용된 부분은 358쪽에 있다.

고 그 안의 원이 정부인 것으로 그린 것이다. 이 이론은 정부는 물론 국가가 간섭하거나 침해할 수 없는 독자적 영역이 사회에는 있음을 인정하는 것이며, 따라서 정부는 물론 국가가 자의적으로 간섭하거나 침해할 수 없는 각기 사회구성원의 독자적 영역이 있음을 인정하는 것이다.[91]

이 이론을 정면으로 부정하는 이론이 전체주의 이론이다. 전체주의적 독재국가는 사회의 독자적 영역을 부인하는 전제 아래 (그래서 예컨대 가정의 독자적 영역도 부인하면서), 집권 공산당이 국가를 이끌며 그 국가가 정부를 이끈다는 논리를 전개하는 것이다.

이 교수는 현대정치학에서 널리 수용된 '정체에 대한 사회의 우선론'을 구태여 부연하지 않았다. 다만 자신의 박사학위청구논문의 요지에 자신의 해설을 덧붙여 국어로 출판한 논문 「사회보존과 정치발전」에서, "사회가 국가나 정치체제보다 기초적인 존재이다."라는 명제를 되풀이했다.[92]

제7항
제6명제(역사의식을 공유하는 인텔렉추얼 엘리트들의 변증법적 대화를 통한 정치): "부단한 역사 재해석을 통해 역사의식과 역사 그 자체를 창조해야 한다"

이 교수는 자신의 박사학위청구논문에서 '역사의식을 공유하는 인텔렉추얼 엘리트들의 변증법적 대화를 통한 정치'를 강조했는데, 귀국 이후 이 명제를 일관되게 되풀이했다. 이 명제는 대단히 중요하기

---

91) Leslie Lipson, *The Great Issues of Politics: An Introduction to Political Science*(New York: Prentice Hall, 1954; 1960; 1965), 6th ed.(1981), pp.48~50.

92) 이홍구, 「사회보존과 정치발전」, 김경동·임종철·이홍구·김여수 분담집필, 『근대화: 그 현실과 미래』(서울대학교출판부, 1979), 149~196쪽; 『이홍구문집』 II, 93~127쪽에 재수록. 인용된 부분은 102쪽에 있다.

때문에 넷(제7항, 제8항, 제9항, 제10항)으로 나누어 살피기로 하겠는데,
우선 '역사의식'에 대해서다.

도대체 '역사의식'이란 무엇인가? 이 물음과 관련하여 그가 발표한
수많은 논문들 가운데 우선 「역사의 재창조와 정치규범: 3·1운동의 정
치사상을 중심으로」를 토론의 대상으로 삼을 수 있다.[93] 그는 "역사의식
이란 역사적 사실이나 경험에 대한 의식적인 재인식과 재평가를 말하는
것이다."라고 설명한 데 이어, "역사의 의의는 역사의 재창조를 통해서
만 생기는 것이다."라고 논평하고, "우리의 민주주의적 정치규범은 이미
3·1운동의 정치사상을 통하여 우리 민족의 경험 속에 뿌리를 박았던 것
이다."라고 단언했다. 거기서 한 걸음 더 나아가 다음과 같이 부연했다.

> 우리의 정치규범으로서의 민주이념은 이미 3·1운동에서 전개되었고 2차
> 대전 후에 이식되어 온 것이 결코 아니다. […] 3·1사상 속에 전개된 민주
> 이념은 민의를 단순한 통계학적 여론이 아니라 시대적 전통에서 생성된
> 민족적 경험으로 취급하는 데에 그 특색이 있는 것이다. 그것은 진정 한국
> 적 민주이념이지 이식된 민주이념이 아니었다. 그러기에 3·1사상은 우리
> 정치규범 건설에 견고한 기반이 되는 것이다.[94]

그는 또 「정치체계에서의 기억과 의식(意識): 민족주의와 사회보
존」[95]이라는 논문을 통해, "과거의 사건들에 대한 인식은 현재의 사건들
의 재건설이라는 뜻에서 '역사는 재창조된 과거'이다."라고 주장하고, 바

---

93) 『신동아』(1969년 3월), 196~204쪽. 『이홍구문집』 III, 15~29쪽에 재수록.

94) 위와 같음, 26쪽.

95) Hongkoo Lee, "Memory and Consciousness in Political System: Nationalism and
Social Conservation," a paper presented at the 10th World Congress of the International
Political Science Association(IPSA) held on August 15~21, 1976 Edinburgh, Scotland; 『이홍
구문집』 V, pp.353~382.

로 '지속적으로 재창조된 역사'에 대한 인식이 '역사의식'이라고 정의한 뒤, 한국을 포함한 동아시아 국가에서는 역사의식을 유지할 때 외래사상의 강력한 전파와 영향 속에서도 주체성을 유지하면서 사회를 보존할 수 있다고 강조했다.[96]

이 대목에서 보이듯, 이 교수는 자신의 여러 다른 글에서도 '민족의 주체성'을 일관되게 중시했다. '주체성'은 물론 영어로는 'identity'인데, 한 민족이 자신의 역사에 대한 의식을 제대로 정립하지 못하고 유지하지 못할 때 '주체성의 위기'에 빠진다고 경고한 것이다. 이 주제와 관련해 그는 자신의 「민족적 주체성의 정의와 정립」을 통해 '우리의 민족적 주체성을 위협하는 밖으로부터의 압력'으로 '서양화의 물결'과 '전체주의적 독재의 파도'를 지적했다. 그는 다음과 같은 결론을 제시했다.

이러한 서양화와 독재화의 위기를 극복하기 위하여 우리는 한층 더 민족적 주체성의 정의를 정확히 인식하고 이에 확고한 정립을 위하여 노력하여야 할 것이다. 그러한 노력의 첫 단계가 바로 역사의식의 앙양을 통한 민족사의 재창조인 것은 두말 할 필요도 없다. 그러한 역사의식이 자연적 산물이 아니라 창조적 결과라면, 역사의식에 투철한 창조적 지도층이 존재할 때만 민족적 주체성은 정립될 수 있다고 결론지을 수 있다. 또 그러한 역사의식의 창조적 발전을 위하여서는 지적 독창력이 존경을 받는 자유로운 분위기가 필요하다는 것도 단언할 수 있다.[97]

역사의식의 정립과 유지를 위해 자기 나라의 역사에 대한 연구는 필수적이다. 이렇게 볼 때, 이 교수의 수많은 저술에 한국사로부터의 인용

---

96) 전문은 다음에 포함됐다. 『이홍구문집』 V, 353~382쪽.

97) 『기러기』(흥사단) 74(1970년 9월), 33~36쪽; 『이홍구문집』 III, 37~41쪽. 인용된 부분은 41쪽에 있다.

이 자주 등장하는 것은 당연하다. 그는 실학사상을 비롯해 개항·갑신정변·동학혁명·3·1운동·항일독립운동 등 한국사의 여러 중요한 사건에 대해 자세히 설명하고 그것의 역사적 의미를 되새기는 가운데 한국의 정치적 전통과 규범을 논한 것이다.

제8항
제7명제(이성에 의한 정치): "이성이 발달한 지성적 엘리트들 사이에서의 변증법적 대화가 긴요하다"

이 교수는 박사학위청구논문에서 아리스토텔레스적 정치학에, 또는 서양정치사상 연구의 대가들이 제시한 해석에 충실해 '이성에 의한 정치'를 중시했는데, 이 입장을 귀국한 이후에 발표한 여러 저술에서도 되풀이했다. 이 점을 가장 적절히 드러낸 논문들 가운데 하나가 「적극적 자유에로의 지향: 한국적 참여정치의 방향; 소외에서 참여로」이다.[98] 이 논문에서 그는 "'국민의, 국민을 위한, 국민에 의한 정치'를 호소한 링컨의 명언을 '국민의, 국민을 위한, 엘리트에 의한 정치'라고 수정한 [프랑스의 정치학자] 모리스 뒤베르제(Maurice Duverger)의 입장을 우리는 수락하지 않을 수 없다. 현대정치를 민주정치라고 부르는 것은 국민으로부터 나온 '국민적 엘리트'에 의한 정치가 시대적 풍조를 이루고 있음을 지적하는 것이다."라고 쓴 데 이어, "한국적 민주정치에서의 국민적 엘리트에 요구되는 특성은 어떠한 것인가?"라고 묻고 다음과 같이 대답한 것이다.

한국정치에서의 적극적 참여는 정치목적 결정을 위한 변증법적 대화를 중

---

98) 『정경연구』(1969년 8월), 70~76쪽; 『이홍구문집』Ⅰ, 228~238쪽에 재수록.

심으로 생각되어야 한다는 것과 아울러 그러한 변증법적 대화는 오로지 역사의식을 토대로만 가능하다는 것은 이미 지적하였다. 역사의식이 이성 (理性)을 토대로 한 역사의 재창조를 내용으로 한다면, 그러한 의식의 소유는 이성이 발달된 지성적 엘리트만이 가능할 것이라는 사실은 쉽사리 인정할 수 있는 것이다. 국민 대다수가 이성에 입각한 역사의식을 갖는다는 것은 현실적으로 기대하기 어려우며, 따라서 정치목적 결정을 위한 변증법적 대화에 대중이 직접 참여한다는 것은 그 실효성이 지극히 희박하다고 단정할 수밖에 없다.[99]

이 교수는 이성적 판단을 해야 할 지성적 엘리트에게는 '용기'가 필요하다고 역설했다. "이성적 판단을 고집한다는 것이 언제나 이롭고 쉬운 것이 아니라는 것은 역사가 보여주는 사실이다."라고 전제하고, "이성적 판단을 구체화하기 위한 행동을 취한다는 것은 바로 지성의 용기를 필요로 하는 것이다."라고 부연하면서, "그것은 곧 생존을 자율로 장식하려는 믿음의 소산일 것이다. 그러한 지성의 용기가 가져온 결과는 통속적인 이해(利害)의 차원을 넘어서서 궁극적인 지성의 승리라고 축하할 수도 있다."라고 주장했다. 그런데 여기서 그는 그러한 용기의 발휘가 '죽음과 아픔, 그리고 쓰라림과 같은 비극적 요소'를 수반할 수 있음을 지적하는 것을 잊지 않았다. 이러한 맥락에서, 그는 다음과 같이 썼다.

저항할 수밖에 없는 고집을 운명으로 하는 지성의 말로는 감정의 세계에서는 엄숙한 비극임에 틀림없다. 고민하는 양심이 사색을 통한 행동으로 폭발할 때 지성은 화사한 비극으로, 즐겁기에는 너무 차갑고 슬프기에는 너무 엄숙한 결과를 자아낸다는 것이다. "인간의 양심이란 괴팍하고 어리석지만 그래도 그것만은 우리의 것이고 우리의 자유는 양심에 순응하여

---

99)　위와 같음, 233쪽.

행동함으로써만 이루어진다.”라는 라스키의 표현이 바로 지성의 행동적·사색적·감정적 측면을 함축하고 있는 것이다.[100]

위에서 여러 차례 보았듯, 이 교수는 지성적 엘리트의 이성에 바탕을 둔 정치를 중시했다. 그러했기에 이 교수는 “한국처럼 도시를 중심으로 한 정치적 인구와 농촌에 산재한 비정치적 인구의 격차가 심한 상황에서의 변증법적 대화는 도시에 집중되어 있는 소수의 지성적 엘리트 사이에서 보다 용이하게 전개될 수 있는 것이다.”라고 주장한 데 이어, “따라서 한국 민주정치의 발전을 위하여는 국민 대다수를 차지하는 농촌의 비정치적 인구가 참여하는 총선거보다도 도시의 정치적 인구, 특히 극소수에 지나지 않는 지성적 엘리트의 변증법적 대화에의 참여를 적극 장려하고 보장하여야 할 것이다.”라고 부연했다.

거기서 한 걸음 더 나아가 그는 “총선거에 얼마나 많은 유권자가 참여하는가 하는 통계상의 숫자보다도 지성적 엘리트가 얼마나 활발하게 자유롭고도 창조적인 대화에 참여할 수 있느냐 하는 것이 한국적 정치참여의 발전을 위하여는 한층 더 긴요한 문제인 것이다.”라고 주장하면서, “지성적 엘리트의 대화를 통한 정치참여를 위하여는 정당 외에도 대화를 위한 조직체가 필요하다.”라고 덧붙이고 특히 “다양한 매개체의 건립과 발전이 장려되어야 할 것이다.”라고 강조했다. 같은 맥락에서, 그는 ‘정치와 지성의 유리(遊離)’를 경계해야 한다고 주장하면서 ‘이성과 현실의 창조적 관계’를 모색해야 한다고 제의했다.[101]

이러한 논지의 바탕에는 정치의 방향에 대한 ‘대중의 압력’을 경계하는 그의 시각이 깔려있다. 이 시각은 그의 박사학위청구논문에 간간이

---

100) 「저항, 용기, 비극없는 지성은 공허하다」, 『이대학보』(1972년 4월 17일), 3쪽; 『이홍구문집』 I, 120~122쪽. 인용된 부분은 121~122쪽에 있다.

101) 이홍구, 「역사의식의 긍정적 배양」, 『동아일보』(1972년 1월 28일), 5쪽; 『이홍구문집』 IV, 32~35쪽에 재수록. 인용된 부분은 33쪽에 있다.

나타났지만, 이 논문에서는 훨씬 더 강하게 드러났다. 그는 버나드 베렐슨(Bernard Berelson, 1912~1979) 교수, 레스터 밀브래스(Lester Walter Milbrath, 1925~2007) 교수, 그리고 저명한 저널리스트 월터 리프맨(Walter Lippmann, 1889~1974) 등의 이론을 원용하면서, 고도로 정치화된 대중의 정치참여가 가져올 수 있는 '자유민주주의에 대한 위험'을 경고했다. 이 점과 관련해, 그는 "우리가 추구하는 민주정치는 참여정치이며 이것은 전 국민의 고도의 정치참여를 의미하는 것이라는 안이하고도 막연한 생각만으로는 한국적 참여정치의 성격과 방향을 이해할 수는 없는 것이다."라고 썼다.[102]

그는 자신의 이 매우 도발적인 주장을 자세하게 풀이하면서, 결론에서는 그 기본적 조건으로 '정치적 자유의 중요성'을 강조했다. "엘리트의 대화도, 민족적 저력의 발로도, 민주적 매개체의 발전도 다 같이 정치적 자유가 충만한 분위기 안에서만 순조로이 진행될 수 있는 것이다. […] 근대정치의 모든 기본적 문제는 결국 자유의 문제로 환원된다는 명제는 한국적 참여정치의 방향을 정립하는 데 지극히 타당한 것이다."라는 말로써 이 시론을 끝냈다. 같은 맥락에서, 그는 당시 경제가 일정하게 발전한 만큼 거기에 상응해 정신문화가 개발되어야 한다는 사회 일각의 '정신문화 개발'론에 대해서도 그것은 '자유로운 분위기와 스스로의 자세를 고집할 수 있는 인간의 존엄성이 보장되는 조건 아래 이성의 대화가 가능할 때' 진지하게 논의될 수 있다고 주장했다.[103]

---

102) 「적극적 자유에로의 지향, 한국적 참여정치의 방향: 소외에서 참여로」; 『이홍구문집』 I , 228~238쪽에 재수록. 인용된 부분은 231쪽에 있다.

103) 이홍구, 「주체성·역사성·창조성: 어느 학자의 입장에서」, 『독서신문』(1971년 6월 6일), 7쪽; 『이홍구문집』 I , 107~111쪽에 재수록. 인용된 부분은 111쪽에 있다.

제9항

제8명제(정치문화의 중요성 강조): "역사의식은 정치문화로 연결되며 한국정치의 이해를 위해 정치문화 연구는 필수적이다"

박사학위청구논문에서 이미 나타났지만, 역사의식에 대한 강조는 자연히 역사와 직접적 연관성을 갖는 정치문화에 대한 빈번한 언급으로 이어졌다. 이 주제에 관한 이 교수의 저술들 가운데 우선 「정치권력·정치규범·정치문화: 정치변화와 헌법개정」을 지적할 수 있다.[104] 그는 정치문화를 다음과 같이 설명했다.

> 20세기에는 대중을 떠난 정치란 불가능하다. 그러한 대중의 정치적 성향—정치권력과 규범에 대한 의식, 습관 행태—은 정치문화의 소산이며 내용이다. 정치문화는 많은 인구에게 보급된 공동적 성향이라는 공간적 측면과 더불어 그 사회의 구체적 전통을 상속받았다는 시간적 측면도 내포하고 있다. 따라서 어떤 나라의 정치문화든지 그 나라가 가진 가장 구체적인 경험이 살아있는 과정이므로 이를 무시한 권력도 규범도 장기적인 안정을 기할 수는 없다.[105]

이러한 설명으로부터 그는 정치문화의 내용을 두 가지 차원으로 나누었다. 첫째는 관습적이며 잠재적인 대중의 성향이며, 둘째는 의식적이고 표현된 판단이다. 그는 "그 후자, 즉 의식적인 판단이 계통적으로 표현된 것이 정치규범이며, 그러한 정치규범이 헌법이라는 형식으로 명문화될 수 있다."라고 정의했다. 여기서 한 걸음 더 나아가 그는 정치권력·정치규범·정치문화 3자의 상호관계를 상하적인 것보다도 유기적 상호

---

104) Fides, Vol. 16, No. 1(April 1970), 60~62쪽; 『이홍구문집』 I , 266~272쪽에 재수록.
105) 위와 같음, 268쪽.

관계로 보고, 여덟 개 조합의 가능성을 제시한 뒤, 그 각개의 조합을 '정치변화'라는 관점에서 평가했다. 그에 따르면, 여덟 개 조합 가운데 '이상적 발전형'으로 으뜸가는 것의 사례가 메이지유신이다. 이러한 분류방법을 토대로, 그는 한국의 '정치변화'가 어떤 유형에 속하는가를 따져 보았는데, 이러한 시도는 적어도 한국의 정치학계에서 전무후무하며 그 점에서 독창성이 인정된다.

전반적으로, 이 교수는 한국의 정치문화에 대해 다음과 같은 의견을 제시했다. 첫째, 그는 한국의 정치문화가 '분열' 또는 '이원화' 되어 있다고 보았다. 1969년 시점에서 볼 때, 일제강점기를 경험한 40대와 그 이상은 강압적 통치권력에 무조건 복종했던 관습의 결과로 '신민형(臣民型)'의 정치문화를 갖고 있고, 그 이하의 세대는, 특히 대학생들은 '시민형(市民型)'의 정치문화를 갖고 있다고 본 것이다. 이러한 인식에서, 그는 우리가 신민정치문화에서 벗어나 시민정치문화를 확산시켜야 한다고 제의했다.[106] 여기서 신민형 또는 시민형은 그의 예일대학교 은사인 가브리엘 알몬드 교수가 중심이 되어 개발한 개념이다.

이 교수는 또 한국의 정치문화가 '정치적 인구와 비정치적 인구 사이의 정치감도(政治感度)의 극심한 차이에서 오는 분열'을 겪고 있다고 진단했다. 그는 구체적으로 "우리나라에서는 아직 정확한 조사를 행하지는 못하였으나 도시에 집중된 고도의 정치적 인구와 농촌에 산재해 있는 비정치적 대다수의 인구 사이에는 극심한 정치감도상의 차이와, 이와 관련하여 정치의식의 내용과 방향에도 현저한 차이가 있다고 추정하지

---

106) 이홍구, 「한국의 헌법이념과 정치현실: 규범과 현실과의 괴리」; 『이홍구문집』 I , 217~227쪽에 재수록. 인용된 부분은 220쪽에 있다. 이홍구·함병춘 「대담: 시민정신」; 『이홍구문집』 IV, 103~122쪽에 재수록. 고영복(高永復)·구범모(具範謨)·손제석(孫製錫)·이정식(李廷植)·이홍구(李洪九), 「좌담: 한국사회와 민주정치」, 『대학신문』(1969년 12월 21일), 4~5쪽; 『이홍구문집』 IV, 123~145쪽에 재수록. 인용된 부분은 134쪽 및 136쪽에 있다. 「좌담: 4·19를 재평가해본다」, 『조선일보』(1970년 4월 19일), 5쪽; 『이홍구문집』 IV, 165~172쪽에 재수록. '이원화'라는 표현은 169쪽에 있다.

않을 수 없다."라고 부연했다.[107]

둘째, 그는 한국의 정치문화에서 주류를 이루고 있는 것은 '유교적 성향'이라고 파악하면서, 그것은 '반(反)자유주의적'이라고 보았다. 그는 다음과 같이 부연했다.

> 유교적 성향은 개인을 언제나 기존의 사회체제나 신분제도 안에서 지위, 직업, 역할, 신분 등에 연관시켜서만 이해한다는 데에 그 반자유주의적 성격을 나타내고 있다. 앞서 지적한 대로 근대자유주의에 대한 '개인의 발견'은 인간을 단지 인간으로 태어났다는 사실만으로 독자적 인격을 지닌 개체로 보고 존중한다는 데서 비롯된다. 그러한 입장은 비(非)유교적일 뿐 아니라 한 걸음 나아가서 전통적 정치문화, 특히 위계질서를 중요시하는 생활관습에는 정면으로 반대되는 도전이라고도 할 수 있다. 그렇다면 유교적 전통이 반자유주의적 성향을 띠는 것은 오히려 당연한 귀결이라고 할 수 있다.[108]

셋째, 그는 한국의 정치문화는 '개인을 전체보다 우선시하는 자유주의적 사고'와 거리가 있다고 논평했다. "자유주의적 성향은 전체나 국가의 권력이나 간섭으로부터 어떻게 개인을 보호하느냐에 주안점을 두는 데 비하여 우리의 전통적 정치문화는 국가나 전체에 대한 개인의 충성·봉사·기여 등에 관심의 초점을 두었다."라는 것이다. 같은 맥락에서, 그는 "자유주의가 강조하는 인간의 기본권, 즉 천부의 권리에 대한 이해나 인정이 우리의 전통문화 속에서는 대단히 희박하였다."라고 보았다. 이

---

107) 이홍구, 「한국의 헌법이념과 정치현실: 규범과 현실과의 괴리」, 『세대』(1969년 7월), 70~76쪽; 『이홍구문집』Ⅰ, 217~227쪽에 재수록. 인용된 부분은 220쪽에 있다. 정치문화에 대한 이 교수의 인식은 다음에서도 읽을 수 있다. 함병춘·이홍구, 「대담: 시민정신」, 『이홍구문집』Ⅳ, 103~122쪽에 재수록.

108) 이홍구, 「'반(反)자유주의적 민주주의'와 한국정치문화」, 서울대학교 사회과학연구소 편, 『한국사회의 변동과 발전: 농석(農石)이해영(李海英)교수추념논문집』(범문사, 1985), 35~45쪽; 『이홍구문집』Ⅱ, 181~192쪽에 재수록. 인용된 부분은 187~188쪽에 있다.

점에 대해 그는 "한국의 정치문화 속에서 개인의 자유에 대한 감각은 비교적 무디다."라고 표현했다.

장훈 교수는 이 교수의 이러한 '반자유적 민주주의론'을 높이 평가했다. 장 교수는 다음과 같이 논평했다.

> 한국 민주화운동에 내재된 반자유주의적 성격, 근대세계에 편입된 이후 한국인들의 구체적인 역사적 경험 속에서 개인과 자유를 발견하는 자유주의의 순간이 부재하였다는 선생의 진단은 결국 민주화 30여 년의 역사를 쌓아올린 오늘날 커다란 함의를 지닌 것으로 판명되고 있다. […] 결국 일찍이 개인과 자유의 발견이 이루어지지 못한 한국근대정치사와 정치문화의 특징을 깊이 논구하였던 이홍구 정치학은 한국 민주주의의 성숙과 동요의 순환을 이해하는 길잡이로 여전히 그리고 앞으로 오랫동안 남아있을 것이다.[109]

한국의 정치문화에 대한 이 교수의 연구는 현장조사 또는 사회조사로 이어졌다. 그 결과가 (i)「한국의 정치문화와 정치발전: 서울시 저소득층 정치성향의 한 단면」이고, (ii)「이데올로기적 혼란과 시민적 정치문화의 발전」이다.[110] 첫 번째 논문은 청계천 하류 연변의 판자촌 일대의 241가구 그리고 영등포 지대의 무허가 주택 지역의 179가구, 도합 420가구를 연구의 대상으로 삼아 20명의 조사원이 1970년 11월 23~27일에 면접조사한 결과이며, 두 번째 논문은 1976년 11월 현재 고등학생과 대학생의 정치적 정향을 다각적으로 분석했다.

---

109) 장훈,「이홍구 정치학의 전개와 한국 민주주의 연구」, 256~257쪽.

110) 영어 제목은 다음과 같다. "Ideological Confusion and the Development of Citizen Political Culture." 앞의 논문은 『한국정치학회보』 제11집(1977년 12월), 114~134쪽에 수록됐고, 『이홍구문집』 II, 45~75쪽에 재수록됐다. 뒤의 논문은 *Korea Journal*, Vol. 18, No. 4(April 1978), pp.12~21에 수록됐고, 『이홍구문집』 V, pp.383~407에 재수록됐다.

제10항

제9명제(인텔렉추얼 엘리트들의 변증법적 대화 강조): "배운 계층이 변증법적 대화를 통해 주체성의 위기를 극복해야 한다"

이 교수는 박사학위청구논문에서 자주 썼던 '인텔렉추얼 엘리트들'이라는 용어를 귀국 이후의 저술 또는 대담에서도 자주 썼다. 이것을 '지식인', '지성인', '지적 엘리트'라고 표현하기도 하고, 때로는 '배운 계층'[111]이라고 표현하기도 했다. '배운 계층'이라는 용어에 대해 그는 '사회의 엘리트인 배운 사람들'이라고 표현하면서, '대중을 교육해야 하는 지도계층'이라고 정의하기도 했다. 이 문제와 관련해, 그는 '합리적 인간'이라는 제목 아래서의 대담에서 다음과 같이 말했다.

이른바 '배운 계층'의 윤리적 결단이 요구된다는 것입니다. 대중은 습관에 매여 살게 마련이지만 사회의 엘리트인 배운 사람들에게는 모든 일을 의식적으로 분석하고 창조하고 실천하는 노력이 그의 과제라고 할 것입니다. 그가 바로 권력층이냐 아니냐는 별개문제로 하더라도 지도적 계층에서 합리의 개념을 정립하지 못하고 소신도 없을뿐더러 실천 능력도 갖고 있지 않다는 것은 우리 사회의 불합리성을 말해주는 것이 아닐 수 없습니다. 대중을 교육해야 하는 지도계층의 윤리적 결단 — 이것이 합리적 인간을 위한 가장 큰 요청입니다.[112]

이 교수는 이 '배운 계층'에 의한 정치를 '식자정치(識者政治)'라고도 표현하면서, 조선왕조 때 쓰였던 '유현수의(儒賢收議)'와 '현자우대(賢者

---

111) 「합리적 인간」, 『한국일보』(1971년 12월 18일); 『이홍구문집』 IV, 285~290쪽에 재수록. 인용된 문구는 289쪽에 있다.

112) 위와 같음.

優待)'라는 말을 소환했다.[113] 그런데, 다시 이 교수에 따르면, 1970년의 시점에서 한국사회에는 '인텔렉추얼 엘리트'가 '결여'되어 있다. 그는 다음과 같이 부연했다.

한국적인 상황에서 필요한 것은 지배층과 피지배층 사이의 대화이며, 한편으로는 지배자 자신 내지는 엘리트 자신 사이의 대화가 필요한 것이다. 이 대화는 모든 국민이 다 같이 참여해야만 하는 것이 아니라 근대화에 참여할 수 있는 엘리트 자신의 대화가 더욱 중요한 것이다.
한국의 엘리트는 이런 중차대한 사명을 아직 명확하게 의식하지 못하고 그네들이 수행해야 할 역사적 과업에서 소외를 느끼고 있다. 그것은 엘리트가 그들 자신의 투쟁목표인 자유의 개념과 내용, 정치참여에 대하여 분명하게 의식하고 있지 못하기 때문이다. 이러한 엘리트의 결여는 70년대 한국에서 시민사회를 성립시키는 데 많은 난투(難鬪)를 초래할 것이다.[114]

종합적으로 말해, 그는 '지성을 토대로 운영되는 정치'를 '이상(理想)'으로 상정했다. 그러한 맥락에서, 그는 "다소 비민주적인 생각일는지 몰라도 조선시대의 선비적인 전통의 부활이 필요하다고 말할 수 있다."라고 조심스럽게 쓰면서 다음과 같이 부연했다.

보통 조선시대의 선비의 이미지란 어떤 의미에서는 아주 독선적이고 봉건적이어서 시민사상, 변증법적인 사고방식과는 아주 상반되는 것으로 인식하고 있지만 [오늘날 우리가 말하는 지성인과] 같은 점이 전혀 없었다고 볼 수는 없다. 그중에서도 객관적인 태도로써 혁신하려는 기질을 중심으로

---

113) 「민족적 자유주의: 한국적 자유론의 서장」, 『이홍구문집』 III, 43~55쪽에 재수록; 인용된 부분은 51쪽에 있다.
114) 「민족적 민주주의」, 『세대』(1970년 1월), 126~129쪽; 『이홍구문집』 III, 31~36쪽에 재수록. 인용된 부분은 32~33쪽에 있다.

새로운 선비의 전통을 재평가하고 창조하는 것이 오히려 공리적인, 소시민
적인 사상을 발전시켜 나가는 것보다 더 낫다고 할 수 있다.[115]

제11항
제10명제(정치의 자율적 성격 강조와 '역사의 필연성'론 배격): "정치는 이성을 가진 인간이 자율적 의지로써 하는 것이며, 따라서 어떠한 필연적 법칙에 의해 이루어지는 것은 아니다"

이 교수는 자신의 박사학위청구논문에서와 마찬가지로 '자
율적 정치'론을 고수했다. 그는 정치는 사람이 자신의 의지에 따라 내린
결정으로 이루어지는 것이라는 점을 누누이 강조했는데, 예컨대, 「역사
의 재창조와 정치규범: 3 · 1운동의 정치사상을 중심으로」에서 다음과 같
이 썼다.

정치란 필연적 과정이 아니다. 정치의 특징은 그것이 어떤 실재적인 사실
들이나 조건들에 의하여 만들어진 어쩔 수 없는 결과가 아니라 정치에 참
여한 사람의 결정에 따라 이룩된 현상이라는 것이다. […] 역사의 필연성
을 인정하는 것은 곧 정치의 자율성을 부인하는 것이다. 역사의 진행이 어
떤 불가피한 그리고 선결된 필연성을 가지고 있다는 주장은 원칙적으로
숙명론적인 태도가 아닐 수 없다. 이미 일어난 사실들은 일어날 수밖에 없
는 일들이고 앞으로 일어날 사실들도 역시 일어나지 않을 수 없는 일들이
라고 말하는 것이다. 역사의 필연성은 보편적 역사의 법칙에 따르는 것이
라고 말하는 수다한 철학적 논리의 타당성 여부를 논할 필요도 없이 그러
한 입장은 정치가 자유로운 선택(강제당한 '선택'은 선택일 수 없다.)에 의

---

115)　위와 같음, 34쪽.

하여 만들어지는 현상이라는 것을 부인하는 것임을 지적해야 한다.[116]

'자율성'론은 마르크스가 강조한 '결정론적 역사의식' 또는 '역사의 필연성'론에 대한 강력한 배격이다. 그의 이러한 입장은 「영국정치의 생리와 인상: 70년 총선거를 관망하며」에서 엿보인다. 그는 1970년 6월 18일에 실시된 영국 총선거에서 "'특권층의 추방, 계급의식의 추방, 당 운영의 서민화'를 정강으로 내세운 보수당이 승리한 것은 정치를 [역사적 필연론에 바탕을 두고] 계급투쟁의 전장으로 오해한 맑스주의의 허점을 한 번 더 실증하였다."라고 논평했다.[117]

그의 그러한 시각은 「민족적 주체성의 정의와 정립」에서 더욱 확연하게 드러난다. 그는 다음과 같이 썼다.

맑스주의를 바탕으로 하는 공산전체주의는 어떠한 사회나 국가의 독자성도 초월한 보편타당한 역사의 법칙을 가지고 이를 행동으로 실현시킨다는 강력한 정치적 이데올로기를 전파시켜 왔다. 그러한 공산전체주의는 우선 우리의 민족적 전통과는 무관한 서양 정신사 및 사회사를 배경으로 만들어졌다는 데서 이미 우리와는 이질적인 성격을 지닌 정치이념인 것이다. 더욱이 각 민족의 독특한 구체적 전통을, 인위적으로 조작한 이른바 세계사적 법칙으로 타살한다는 것은 곧 민족적 주체성과 정면으로 대치되는 것이다. 이러한 전체주의가 우리 국토에 한 발을 들여놓고 이의 완전한 지배를 획책하는 현상에서 우리는 민족적 주체성의 위기를 인정하지 않을

---

116)　이홍구, 「역사의 재창조와 정치규범: 3·1운동의 정치사상을 중심으로」; 『이홍구문집』 III, 15~29쪽에 재수록. 인용된 부분은 15쪽 및 18쪽에 있다.

117)　이홍구, 「영국정치의 생리와 인상: 70년 총선거를 관망하며」, 『대학신문』(1970년 6월 29일), 1쪽; 『이홍구문집』 I, 97~100쪽에 재수록. 인용된 부분은 99쪽에 있다.

수 없는 것이다.[118]

우리가 앞으로 보게 되듯, 그는 마르크스가 말한 역사결정론, 그리고 그것에 기초한 마르크시즘에 대한 비판을 자신의 여러 다른 저술에서도 되풀이한다.[119]

제12항

제11명제(자유와 평등의 중요성 옹호): "우리는 빈곤·무지·폭력·비굴이라는 부자유의 준령을 넘어서서 번영·예지·평화·긍지가 충만한 자유의 평원으로 행진해야 한다. […] 평등은 자유가 정립된 상황에서 이루어지는 것이지, 반대로 자유를 억누르고 강압된 평등은 끝내 자유를 가져오지 못한다"

이 교수는 자신의 박사학위청구논문에서 그렇게 했듯, 귀국 이후의 여러 많은 논문과 발언에서 '자유'를 철저히 옹호했다. 그의 여러 많은 저술을 통독하고 나면 그의 이념적 귀결점은 '자유'라는 결론에 도달하게 되는데, 그의 자유론은 먼저 「민족적 민주주의」에서 개진됐지만 「민족적 자유주의: 한국적 자유론의 서장」에서 훨씬 더 명료하게 전개됐다.[120]

뒤의 논문을, 그는 "자유는 추상(抽象)이 아니라 구체(具體)일 때만 그 의미가 있는 것이다. 개인의 구체적 자유를 떠난 어떠한 자유의 개념도 공허한 추상에 지나지 않는다."라는 문장으로 시작했다. 그는 다음과

---

118) 「민족적 주체성의 정의와 정립」; 『이홍구문집』 III, 37~41쪽. 인용된 부분은 41쪽에 있다.

119) 예컨대, 『이홍구문집』 II 에서 「맑스주의와 공산주의」라는 항목 아래 수록된 8개의 논문.

120) 앞의 논문은 『세대』(1970년 1월), 126~129쪽; 『이홍구문집』 III, 31~36쪽에 재수록됐고, 뒤의 논문은 『창작과 비평』 제5권 1호(1970년 봄), 73~81쪽; 『이홍구문집』 III, 43~55쪽에 재수록됐다.

같이 부연했다.

> 자유는 각개 인격의 독자적 구현으로서의 자아실현의 원동력이며, 자유화
> (自由化)는 숭고한 인격정신의 정화(精華)가 성장 확대되는 과정인 것이
> 다. 사회나 국가는 그러한 개인의 기본적 자유를 침해할 수 없는 것이며,
> 다수에 의한 횡포는 필연적으로 자유의 가능성을 박탈하는 것이다. 개인의
> 자유는 각 개인이 존재하는 구체적인 시간적 공간적 상황, 다시 말해 사회
> 관계를 통해서만 그 진정한 의미를 지니게 된다. 민족적 자유는 각 개인의
> 자유를 알맹이로 한 다양성으로 창조되는 통일이며, 개인의 자유는 민족이
> 라는 공동체 안에서 구체화하는 개별성인 것이다.

그는 이어 "우리는 보편적, 필연적, 타율적 이데올로기를 부인하며
나아가 구체적이고 자율적인 민족적 이데올로기를 요구한다."라고 썼다.
이 문장에서도 우리는 '결정론적 역사의식' 또는 '역사의 필연성'론에 대
한 그의 강력한 반발을 확인하게 된다.

자유와 관련해, 그는 보다 구체적으로 '빈곤으로부터의 자유', '무지
로부터의 자유', '폭력으로부터의 자유', '비굴로부터의 자유'를 꼽았다.
인간의 자유와 관련해 가장 유명한 것은 미국 32대 대통령 프랭클린 루
스벨트가 2차대전이 진행되던 때인 1941년 1월 6일에 발표한 연두교서
연설에서 천명한 '네 가지 자유(Four Freedoms)'이다. 전체주의적 독재
체제에 대항한 이 전쟁에서 그는 언론과 의사 표현의 자유, 신앙의 자유,
결핍으로부터의 자유, 공포로부터의 자유를 제창함으로써 승전을 통해
인간의 자유를 지키겠다는 굳은 의지를 밝혔는데, 이것은 루스벨트 미국
대통령과 처칠 영국 총리 사이의 대서양헌장(1941년 8월 12일), 국제연
합헌장(1945년 6월 26일 서명, 10월 24일 발효) 그리고 국제연합이 채택한
세계인권선언(1948년 12월 10일) 등에서 다시 확인됐다.

이 네 가지 자유와 이 교수가 제의한 네 가지 자유 사이에는 우선 공통

점이 두드러졌다. 이 교수가 말한 '빈곤으로부터의 자유'는 루스벨트 대통령의 '결핍으로부터의 자유'와 같은 것이고 또 이 교수의 '폭력으로부터의 자유'는 루스벨트 대통령의 '공포로부터의 자유'와 맥을 같이 한다.

대조적으로, 이 교수의 '무지로부터의 자유' 더구나 '비굴로부터의 자유'는 독특하다고 말할 수 있다. 그러면 '무지로부터의 자유'는 무슨 뜻인가? 이 교수는 '무지'를 서양의 고전적 정치철학의 바탕 위에서 자신이 강조해 온 '이성'의 대칭으로 파악하고 그것을 '파괴와 타락과 모든 비인간화의 원동력'이라고 단정한 데 이어, "무지로부터의 자유만이 자아(自我)의 실현을 가능하게 하는 개인의 자유를 보장한다."라고 부연했다. 여기서 한 걸음 더 나아가, 그는 "우리의 자유로운 사회는 무지의 통치를 거부하고 이성의 정치로 운영되어야 한다."라고 제의했다. "우리가 직면하는 국가적 문제나 민족적 과업은 맹목적 흥분이 아니라 확고한 이성에 입각하여 해결되고 수행되어야 할 것이다."라고 설명하면서, 그는 "무지의 집결이 아니라 이성의 교화를 정치의 참 성격으로 설정해야 한다. 무지로부터의 자유는 한국적 민주주의의 반석이다."라는 명언을 남겼다. 이것은 그가 '이성에 의한 정치'를 강조한 제7명제의 다른 표현이었다.

이어 '비굴로부터의 자유'에 대한 이 교수의 설명을 들어보자. 그는 다음과 같이 설명했다.

비굴은 인격의 형성을 저해하는 노예의 근성인 것이다. 이렇게 비천한 인간의 속성은 […] 반세기에 가까운 일제의 점령이 우리 땅에 남겨놓은 식민지적 잔재의 산물이다. […] 주체성의 위기는 시민 각자의 비굴함과 비례하는 것이다. 우리의 민족적 양심은 건전한 인격의 발전을 명령하고 있지만, 우리의 불우한 민족적 수난은 식민통치로 말미암은 비굴의 습성을 남겨놓았다. 왕권을 중심으로 하는 신민정치문화와 신분적 질서를 강조하는 유교규범이 그러한 식민통치의 고초를 겪으면서 비굴은 내면화되었다.

권력과 금력에 대한 아부나 관존민비의 폐습은 단순한 생활을 위한 방편으로부터 점차 노예화라는 전염병으로 변모하였던 것이다.

그는 '비굴'을 왕권통치와 일제 식민통치의 유산으로만 간주하지 않았다. 현대 산업사회 아래서도 '비굴'은 강요될 수 있다고 보면서 그는 다음과 같이 부연했다.

고도로 기계화된 현대산업사회가 인격의 개별성을 무시한 운영의 합리성에 매몰되어 개인의 비인간화를 가져올 위험을 내포하고 있다는 사실은 근대화를 산업화, 기계화, 합리화로만 이해하는 풍조가 짙은 우리 사회에선 냉철하게 반성되어야 한다. 한 인간의 다른 인간에 대한 비굴이나 기계나 제도에 대한 비굴은 인간의 존엄성을 파괴하고 노예화를 야기할 것이다.[121]

그는 이러한 발상의 연장선 위에서 다음과 같은 결론을 웅변적인 어조로 제시했다.

자유로 향한 세계사적 대조류를 시대적 배경으로 한 민족사의 창조적 전개는 한국적 자유를 실현시키는 겨레의 대행진인 것이다. 민족의 전통과 양심은 창조를 속박하는 빈곤을, 문화를 파괴하는 폭력을, 이성을 배반하는 무지를, 그리고 인간을 노예화하는 비굴을 송두리째 뽑아버릴 것을 명령하고 있다. 이제 우리는 빈곤, 무지, 폭력 그리고 비굴이라는 부자유의 준령을 넘어서서 번영과 예지와 평화와 긍지가 충만한 자유의 평원으로 전진할 뿐이다. 따라서 미래의 모든 정치적 행동은 민족적 자유주의에 의하여 규율되어야 할 것이다. 그것만이 이 땅에서 공산주의를 비롯한 일체의 반민주적 반자유적 반인도적 요소를 구축하는 길이다. 민족적 자유주의

---

121) 위와 같음, 54~55쪽.

의 전개는 한국적 자유의 구현을 위한 진지한 시도인 것이다.[122]

이 교수는 한반도의 통일문제에 대해서도 많은 글을 발표했다. 이 글들에서도 그는 '자유'의 중요성을 늘 강조했다. 예컨대, 「민족통일에의 의지와 논의: '통일문제 국제학술회의'의 성과」에서는 자신의 지론인 4대 자유론을 되풀이하고 이 4대 자유가 통일된 한반도에서도 실현돼야 한다고 주장했다.[123]

우리는 자유를 말할 때 으레 평등 역시 말한다. 세계의 정치학계에서도 그렇지만 한국의 정치학계에서도 자유와 평등을 어떻게 조화할 수 있느냐는 오랫동안의 주제였다. 이 주제에 대한 이 교수의 고뇌는 우선 「정치의 방향: 자유와 평등 개념조화로 자율적 정치규범 창조해야」에서 읽을 수 있다.[124] 그는 "국민의 자유와 평등이 다 같이 한국의 민주정치가 달성하려는 목적이라고 하여도 양자 사이에 존재하는 불가피한 변증법적 상반관계에 대한 뚜렷한 인식이 부족하다."라고 지적하고, "무한정한 자유는 평등을 불가능하게 하고 절대적 평등은 자유를 무의미하게 한다는 자유와 평등의 관계를 어떻게 자율적으로 규정하느냐 하는 문제에는 아직 아무런 구체적 해답도 모색되지 않았던 것이 사실이다."라고 썼다.[125]

이 교수는 자유와 평등을 조화하는 길을 찾는 노력을 포기해서는 안된다고 역설하면서도 자유를 더 중시했다. 그는 "평등은 자유가 정립된 상황에서 이루어지는 것이지, 반대로 자유를 억누르고 강압된 평등은 끝내 자유를 가져오지 못한다."라고 말하면서, 그 증거로 사회주의혁명의 실패를 지적했다. 그는 "사회주의의 실현은 자유를 핵심으로 할 수밖에

---

122) 위와 같음, 55쪽.
123) 『신동아』(1970년 10월), 92~100쪽; 『이홍구문집』 III, 163~177쪽에 재수록.
124) 『대학신문』(1969년 4월 7일), 5쪽; 『이홍구문집』 I, 189~192쪽에 재수록.
125) 위와 같음.

177

없었다는 원칙이 망각된 사회주의혁명은 절대로 성공할 수 없다는 것이다."라는 결론을 제시했다.[126]

제13항
제12명제(헌법의 중요성 강조): "우리의 고유한 정치문화와 민족경험을 토대로 한 역사의식에 의하여 창조되는 규범체계를 헌법의 기본 규범으로 삼아야 한다"

이 교수는 자신의 박사학위청구논문에서 일본의 메이지시대를 상세히 분석하는 가운데 당대의 지도자들이 그 시대의 일본에 적합한 이데올로기를 만들어냈고 또 메이지유신을 성공시킬 수 있는 국가기관, 예컨대 의회와 정당을 만들어냈으며 그것을 담는 헌법을 제정함으로써 이데올로기의 제도화에 성공했다고 평가했다. 원래 서울대학교 법과대학을 다니며 법학에 관심을 키웠던 그가 예일대학교 대학원 철학과와 정치학과에서 법철학에 관해 공부를 계속했던 사실을 상기할 때, 그가 귀국 이후에 발표한 저술들에 헌법·의회·정당을 주제로 한 사례가 많은 것은 당연했다.

그러한 기초 위에서 그는 서울대학교 사회과학대학 정치학과 교수로 봉직하던 때 「법과 정치」라는 강좌를 개설했던 것으로, 교과서 가운데 하나로 경성제국대학과 도쿄제국대학에서 각각 법철학을 강의했던 오타카 도모(尾高朝雄, 1899~1956) 교수의 『국가구조론』(도쿄: 이와나미쇼텐, 1936), 『실정법질서론』(도쿄: 이와나미쇼텐, 1942), 『법철학개론』(도쿄: 혼효론샤, 1949) 등을 소개했다. 오타카 교수는 "정치는 법을 만드는 힘

---

126) 이홍구, 「환상을 넘어서: 혁명세계에의 환상」, 『신동아』(1972년 8월), 202~205쪽; 『이홍구문집』 I, 303~309쪽에 재수록. 인용된 부분은 308쪽에 있다.

178

도 법을 깨뜨리는 힘도 가진 것이다."라는 말을 남겼는데, 이 교수는 이 말을 소개하기도 했다.[127]

헌법에 관한 이 교수의 인식은 (ⅰ)「한국의 헌법이념과 정치현실: 규범과 현실과의 괴리」, (ⅱ)「정치권력·정치규범·정치문화: 정치변화와 헌법개정」, (ⅲ)「칼 J. 프리드리히의 정치철학」 등에 잘 나타나 있다.[128] 원래 우리가 쓰는 헌법이라는 단어는 영어로는 'constitution'이고 프랑스어로는 역시 'constitution'이며 독일어로는 'verfassung'인데, 사전적 정의로는 '뼈대', '골격', '구조'이다. 이러한 맥락에서, 그 역시 헌법을 아리스토텔레스의 용례(用例)에 따라 '국가구조'로 이해했는데,[129] 헌법에 관한 그의 출발점은 다음과 같은 설명이다.

> 헌법의 성격과 기능에 관련하여 서술적 및 규범적 차원에서 각각 수다한 정의가 가능하다. 우리가 헌법을 광의에서의 정치현상의 일부로 이해한다면, 특정한 국가의 헌법은 한편으로는 그 사회 안에 존재하는 정치문화와 다른 한편으로는 그 국가의 정치구조에 대한 관계로써 그 성격이 규정된다고 말할 수 있다.[130]

여기서 그는 정치문화와 헌법의 관계에 관해, 나폴레옹이 스페인에게 주었던 헌법에 대한 헤겔의 관찰을 원용하면서, "헌법은 국민들 사이

---

127) 오타카 교수에 대한 이 교수의 설명은 다음에서 읽을 수 있다. 이홍구,「법과 권력」,『대학신문』(1978년 5월 1일), 4쪽;『이홍구문집』Ⅰ, 150~153쪽에 재수록. 인용된 부분은 151쪽에 있다.

128) (ⅰ)『세대』(1969년 7월), 70~76쪽;『이홍구문집』Ⅰ, 217~227쪽에 재수록.
(ⅱ) *Fides*, Vol. 16, No. 1(April 1970), 60~62쪽;『이홍구문집』Ⅰ, 266~272쪽에 재수록.
(ⅲ) 동아일보사 신동아 편집실 편,『현대의 사상 77인』(동아일보사, 1971년 1월,『신동아』신년호 특집별책), 136~139쪽;『이홍구문집』Ⅱ, 241~248쪽에 재수록.

129) 이홍구,「사회보존과 정치발전」;『이홍구문집』Ⅱ, 93~127쪽에 재수록. 인용된 부분은 118쪽에 있다.

130) 이홍구,「한국의 헌법이념과 정치현실: 규범과 현실과의 괴리」;『이홍구문집』Ⅰ, 217~227쪽에 재수록. 인용된 부분은 218쪽에 있다.

에서 오랜 시간을 두고 발전한 이성에 대한 인식상의 발전이기 때문에
[…] 고유한 정치문화에 입각하지 않은 헌법은 규범성이 미약하다."라고
단언했다.[131] 이러한 인식에서, 그는 정치문화와 헌법 사이에, 특히 '이식'
된 헌법 사이에 괴리가 있을 때, 정통성의 위기와 주체성의 위기가 발생
할 수 있음을 경고하고, 그 위기를 예방하기 위해 "이식된 민주정치의
구조와 이념을 전통적 정치문화의 발전과정으로 동화시키는 길을 찾아
야 한다."라고 역설했다.

　종합적으로, 그는 "우리의 정치문화와 민족경험을 토대로 역사의식
에 입각한 헌법이념을 체계화하고, 그러한 이념 밑에 만들어진 헌법규범
에 따라서 정치구조와 권력행사가 이루어질 때 정상적인 입헌정치가 가
능한 것이다."라는 명제를 제시하고, "그러한데도 우리의 헌정사는 정치
문화가 아닌 정치구조로부터 시작되었다는 데 가장 커다란 문제점이 있
는 것이다."라고 진단했다. 그는 다음과 같이 부연했다.

　한국의 민주정치구조는 국민이 민주주의에 관한 자율적인 정치의식을 가
　진 후에 국민의 선택에 의하여 세워진 것이 아니라 시대적 조류와 유행에
　따라서 이식되었다고 볼 수 있다. 헌법규범이 민주정치구조를 처방한 것이
　아니라 민주정치구조가 그의 정당성을 확립하기 위하여 헌법을 처방한 것
　이라고 생각할 수 있을 것이다. 만약에 헌법규범이 이식된 정치구조의 정
　당화를 위하여 만들어졌다면 그 규범 자체도 정치문화나 민족경험을 토대
　로 창조되었다기보다는 정치구조와 더불어 이식되어 왔을 가능성을 부인
　할 수 없다.

　여기서 그의 논의는 '한국적 이데올로기의 발전'론으로 이어졌다. 그
는 다음과 같이 썼다.

---

131)　위와 같음, 223쪽.

우리의 헌법이념이나 정치현실에 대한 불만은 한가지로 자율적으로 창조된 규범체계의 공백에 기인한다고 말할 수 있다. 우리의 고유한 정치문화와 민족경험을 토대로 한 역사의식에 의하여 창조되는 규범체계를 헌법의 기본규범으로 삼을 때, 한국 헌법은 비로소 한국정치의 성격과 방향을 규율하는 실질적 규범이 될 수 있는 것이다. 그러한 자율적인 규범체계는 분명히 이데올로기로 볼 수 있으며, 우리 헌법은 곧 이데올로기적 토대를 필요로 하고 있는 것이다. […] 확고한 주체성과 정통성 위에서 민주정치를 이룩하려면 우리는 무엇보다 확고한 자율적인 헌법규범이 필요하고, 그러한 규범의 확립을 위해서는 한국적 이데올로기의 발전이 시급한 것이다. 우리는 이데올로기의 종말이 아니라 여명을 기다리고 있는 것이다.

제14항
제13명제(의회의 중요성 강조):
"민주정치는 합리적 대결의 제도화이며, 그 제도화의 상징이 국회다"

이 교수는 자신의 박사학위청구논문에서 메이지유신 시대의 일본이 서방 선진국의 의회제도를 모방해 '국회'를 창설한 점을 상기시킨 뒤, 이 국회가 수행한 역할을 '정치발전'론의 시각에서 대체로 긍정적으로 평가했다. 그는 귀국 이후의 논문 또는 대담에서 한국에서는 국회가 국민의 대의기관으로 기능하지 못하고 있는 현실을 '딱한 현실'이라고 개탄하고 국회의 정상화를 촉구했다. 그 대표적 사례가 우리가 다음 제4절 제1항에서 자세히 살필 「박 대통령 연두회견의 정치적 의의」이다.[132] 그것에 이어 우리는 그의 (ⅰ)「선거의 의의와 여운: [1971년]

---

132) 『신동아』(1969년 2월), 68~75쪽. 이 중요한 평론이 『이홍구문집』에는 수록되지 않았다.

4·27 대통령선거의 결산」, (ⅱ)「[1971년] 5·25는 의정회복 갈림길」, (ⅲ)「환상을 넘어서 3: 무기명과 무책임」 등을 살피기로 한다.[133]

이 교수는 한국정치의 중심은 국회여야 한다는 소신을 흔들림 없이 되풀이했다. "의회란 엘리트 사이의 변증법적 토론과 그에 따른 국가목표 선택을 진행시키는 제도화된 장소"라고 정의한[134] 그는 한국정치의 중심이 그러한 성격의 국회여야 하는데도, 박 대통령의 "정치는 적으면 적을수록 좋고 행정이 정치를 대체해야 한다."라는 믿음에 따라 국회가 행정부에 의해, 그리고 행정부의 강력한 영향 아래 놓인 집권여당에 의해 이끌려 다님으로써 '정치의 비정치화' 또는 '행정의 정치화'가 이루어졌다고 보았다. 보다 구체적으로, 그는 '정치의 비정치화' 그리고 '행정의 정치화' 아래 국회는 무력해지고 행정과 기업의 결합이 이루어졌으며 이에 따라 사회 전반이 '관료화'에 빠졌으며 소외계층이 발생했다고 보았다.

국회를 이렇게 중시했기에 그는 특히 정치의식이 높은 도시사람들은 기권하고 정치의식이 낮은 농촌사람들은 어떠한 수단에 의해서든 투표에 많이 참여하는 경향이 있다고 지적하면서, "우리나라 정치는 정치의식이 낮은 사람들에 의해서 이루어진다는 점이 아이러니라고 하겠다."라고 논평했다. 그는 이어 도시사람들의 낮은 투표율에 우려를 표시하고, "기권은 민주주의에 대한 죄악이다."라고 단죄했다.[135]

이 교수는 국회의 운영과 관련해 '무기명 투표'제를 비판했다. "무기명 투표는 무책임한 투표를 조장함으로써 정치를 무책임한 정치로 그리고 정치인을 무책임한 정치인으로 만들어버린다."라는 것이다. 이 대목

---

133) (ⅰ)『대학신문』(1971년 5월 3일), 1쪽;『이홍구문집』Ⅰ, 294~296쪽에 재수록.
(ⅱ)『동아일보』(1971년 5월 24일), 3쪽;『이홍구문집』Ⅳ, 225~230쪽에 재수록.
(ⅲ)『신동아』(1972년 10월), 284~287쪽;『이홍구문집』Ⅰ, 317~323쪽에 재수록.
134) 이홍구, 「사회보존과 정치발전」;『이홍구문집』Ⅱ, 93~127쪽에 재수록. 인용된 부분은 125쪽에 있다.
135) 「좌담: 5·25는 의정회복 갈림길」,『동아일보』(1971년 5월 24일), 3쪽;『이홍구문집』Ⅳ, 225~230쪽에 재수록. 인용된 구절은 228쪽에 있다.

에서 그는 "의회의 중요한 표결에 무기명 비밀투표를 하는 민주정체가 드문 것은 지극히 당연하다."라고 쓰고 기명투표를 하는 나라들의 실례를 다음과 같이 사실적으로 묘사했다. 정치학자들에게는 널리 알려진 사실이지만 일반 독자들에게 자극을 주기 위해 비록 길다고 해도 그대로 인용하기로 한다.

이스라엘과 모나코에서는 모든 표결을 거수투표로 행한다. 오스트리아, 벨기에, 그리고 스웨덴을 비롯한 북유럽의 민주국가 의회에선 주로 기립투표의 방법을 많이 사용하고 있다.

그러나 공개기명투표(公開記名投票)의 원칙을 가장 적절히 나타낸 방법은, 따라서 투표를 통한 정치적 책임의 결정을 가장 극적으로 나타낸 방법은, 영국 하원의 양분투표(division)와 미국 상원의 호명투표(roll call)라고 할 수 있다. 영국 하원에서 중요한 표결이 있을 때엔 우선 표결을 알리는 종이 의사당 내에 울리고, 모든 출석의원이 의석에 자리 잡으면 의장은 그 좌우 양측에 있는 문을 통하여 모든 의원이 좌우 두 개의 로비로 나갈 것을 명한다. 그 표결에서 찬성투표 할 의원은 바른쪽의 문으로 그리고 반대투표 할 의원은 왼쪽의 문으로 나가라는 것이다. 여당내각의 신임을 묻는 투표에서 여당의원이 같은 당의 동료들을 떠나서 야당 쪽으로 건너와서, 왼쪽 문으로 나간다는 것은 크나큰 용기를 보여주는 동시에 자기투표에 대한 정치적 책임을 질 것을 명백히 하는 것이다.

[…] 미국 상원의 호명투표에선 의원 한 사람 한 사람의 이름이 상원 서기의 무거운 목소리로 불릴 때마다 각 의원은 찬성, 반대, 기권을 구두로 직접 대답한다. 각 의원이 어떻게 투표할 것인가는 본인이 호명에 대답하는 순간까지 하나님 외에는 아무도 모르고 있기 때문에 의회에서의 투표는 민주정치과정의 가장 극적인 클라이맥스가 되는 것이다.[136]

제15항
제14명제(정당의 중요성 강조):
"지성의 대화를 정치제도화하여 정당들 사이의 경쟁관계로
치환하는 것이 한국 정당에 주어진 임무이다"

이 교수는 자신의 박사학위청구논문에서 메이지유신 시대
의 일본정치를 논하는 가운데 정당정치의 중요성을 지적했다. 그의 예일
대학교 박사학위 지도교수가 정당정치론 분야의 세계적 거장들 가운데
한 사람인 조지프 라팔롬바라 교수였으며 박사학위청구논문에서 메이
지시대의 정치발전을 분석하는 가운데 정당의 역할을 긍정적으로 평가
한 사실을 상기할 때, 그가 귀국 이후에 한국의 정당정치에 대해서도 자
주 논평한 것은 자연스러웠다.

정당과 정당정치에 대한 이 교수의 관념은 「한국 정당의 성격과 방
향: 신민당 제3차 전당대회를 참관하고」에 잘 나타났다.[137] 이 글은 이 교
수가 한국정치를 분석하기 위해 연구실에 매달려 있는 것만이 아니라
현장에 뛰어듦을 말해주는데, 1969년 5월 21일에 서울시민회관에서 열
린 제1야당 신민당의 제3차 전당대회를 참관하고 쓴 것이다.

첫째, 이 교수는 자신의 박사학위청구논문에서 제시한 '정치적 엘리
트의 변증법적 대화' 또는 '지성의 대화'를 이 평론의 기조로 삼았다. 이
용어가 무려 여덟 차례 등장한 사실에서 그가 정치를 어떻게 이해하고
있었는가를 확인하게 된다. 보다 구체적 사례로, 그는 "지성의 대화를 정
치제도화하여 정당간의 경쟁관계로 치환하는 것이 한국정당에 주어진
임무인 것이다."라거나 "국민의 의사를 정당간의 변증법적 대화의 밑받

---

136) 「환상을 넘어서 3: 무기명(無記名)과 무책임」, 『신동아』(1972년 10월), 284~287쪽; 『이홍구
문집』 I , 317~323쪽에 재수록. 인용된 부분은 322~323쪽에 있다.
137) 『신동아』(1969년 7월), 81~87쪽; 『이홍구문집』 I , 205~216쪽에 재수록.

침으로 만들고, 또 역사의식이 지시하는 방향으로 대중의 감성을 이끄는 것은 한국정당의 기본적 책임인 것이다."라고 썼다.

둘째, 같은 맥락에서, 이 교수는 '사회 안에 존재하는 다원적인 이권과 권력자원을 집합시켜 국가적 정치과정으로 도입시키는 것이 정당의 역할'이라고 정의하고, 정당의 '파벌현상'을 '당연하고도 자연스러운 것이며 […] 당내 민주주의의 구체화'라고 보았다. 그러나 신민당 안에서의 '파벌현상'에 내포된 몇 가지 문제점을 지적하는 것을 잊지 않았다. 그것들 가운데 하나로 그는 당내 파벌활동이 심화되면서 당외 재야세력과의 단합을 저지시킴으로써 신민당이 범(汎)야당으로 발달할 수 있는 길을 막게 된다고 경고한 것이다.

셋째, 이 교수는 "[우리나라에서는] 당이 지도자의 승리를 보장하는 것보다 지도자가 당의 집권을 가능하게 [하기 때문에] 신민당이 새로운 리더십을 선출하거나 현 지도자의 이미지를 바꾸어보라."라고 조언했다. 이러한 맥락에서, 이 교수는 "민주정치는, 더구나 전당대회 같은 민주정당의 행사는 국민대중 앞에서의 연극이라고도 할 수 있다."라고 솔직하게 시인하면서, "그러한 국가적 드라마에 출연하는 주역의 이미지는 지극히 조심스럽고 치밀한 기획 하에서 연출되어야 할 것이다."라고 부연했다. 그러한 시각에서, 이 교수는 "이 전당대회에서 유진오(俞鎭五) 당수의 이미지를 극적으로 부각시키려는 노력의 흔적은 전혀 찾아볼 수 없었다. 전당대회 날 시민회관의 무대는 너무나 허전하였다."라고 비판하고, "소수당의 약점을 제거하려는 유일한 방도로 대중의 더욱 광범위한 지지를 획득해야 할 신민당이 그러한 과업수행의 선결조건인 지도자의 이미지 확립을 소홀히 한 것은 치명적인 실책이라고 하지 않을 수 없다."라고 꼬집었다.

훗날 이 교수의 제자들 가운데 한 사람인 김용호(金容浩) 인하대학교 명예교수는 이 논문을 높이 평가했다. "[이 글을] 읽어보면 당시 야당이었던 신민당에 대한 조언은 오늘날의 야당도 참고할 만한 것이다."라고

185

쓴 것이다.[138]

제16항
제15명제(야당의 내각참여를 통한 정치엘리트들 사이의 순환):
"야당의 정치내각 참여를 통해 야당의 정당성을 뒷받침해주고 정치엘리트들 사이의 순환을 뒷받침해줌으로써 정권의 정당성을 강화한다"

이 교수는 닉슨 대통령이 1972년 2월에 베이징을 방문해 마오쩌둥과 회담한 데 이어 상하이에서 미중공동성명을 발표하고 그 여파가 한반도에 밀려와 남북대화가 남북적십자회담을 통해 전개되는 상황을 바라보며 '연립구조(聯立構造)'에 의하여 구축되는 계승의 정치'라는 신조어를 쓰면서, 그것에 바탕을 둔 '통일의 정치'에 대한 구상을 발표했다. 이 발상은 이 교수가 자신의 박사학위청구논문에서 제시한 제15명제에 연결되어 있다는 인상을 준다. 그는 다음과 같이 부연했다.[139]

대중의 참여를 개발한 기존 정당 내의, 그리고 특히 정당 외의 '중간보스'적 정치엘리트의 출현을 권장하고 그들의 연립을 통한 '정치의 정치화'를 가져오자는 '연립구조론'의 내용을 여기서 되풀이할 필요는 없다. 단지 통일의 정치를 전개한다는 것은 정치체제가 감당하여야 할 부담과 과제가 급격히 증가한다는 것, 그러한 과제를 성공적으로 처리하기 위하여는 더 큰 정치력을 필요로 한다는 것, 그러한 정치력의 급격한 증가는 새로운 권

---

138) 김용호, 「신민당 리더십의 세대교체가 주는 정치적 교훈: 1969년의 40대 기수론」, 이정복 외 16인 지음, 『이홍구선생미수기념문집2: 대전환기의 한국 민주정치』, 173~195쪽 가운데 174쪽.
139) 「70년대의 의의와 통일의 정치: 민주적 민족주의세력의 형성」, 『세대』(1972년 7월), 78~85쪽; 『이홍구문집』 III, 189~199쪽에 재수록.

력자원을 필요로 한다는 것, 그리한 권력자원을 헌법적 질서 안에서 개발
하기 위하여는 새로운 동력화의 구조가 필요하다는 것이 명확하게 이해되
어야 할 것이다.

통일의 정치를 위한 권력자원은 어디까지나 자유를 아끼는 국민들이고 그
러한 자원을 개발하는 구조로서 '연립구조'가 제시되는 것이며, 그러한 개
발은 우리의 민주헌법질서의 정신에 입각하여 관리될 수 있다는 것이다.
이것은 곧 통일에 대비한 민주적 민족주체세력 형성에 대한 우리의 의견
인 것이다.[140]

이 교수는 자신의 '연립구조론'을 이후 '연계구조론'으로 표현하기도
하면서 깊은 학문적 관심을 보였다. 우리는 이 점을 제5장 제3절 제2항
에서 다시 확인하기로 한다.

제17항
제16명제(혁명이론):
**"정치체제가 사회의 변화를 따라가지 못한 채 정체되어 있을
때 그 정치체제에는 정통성의 위기가 발생하고 그것은 혁명
으로 이어지게 된다"**

이 교수는 자신의 박사학위청구논문에서, 위의 명제를 제시
하고, 그 사례로 1789년 프랑스대혁명 직전의 앙시앵 레짐, 1917년 러시
아혁명 직전의 차리스트러시아, 그리고 1911년 신해혁명 직전의 청제국
을 꼽았으며 1922년에 붕괴한 오토만제국(또는 오스만제국)도 그러한 사
례에 속할 수 있을 것이라고 썼다. 이어 그는 근대정치사상의 핵심적 3

---

140) 「70년대의 의의와 통일의 정치: 민주적 민족주의세력의 형성」; 『이홍구문집』 III, 199쪽.

대 주제에 우리가 이미 살핀 '이성'(제7명제)과 '자유'(제11명제)에 이어 '혁명'을 포함시켰다.

그러면 '혁명'에 대해 이 교수는 어떤 의견을 제시했던가? 이 물음에 대답을 주는 평론과 좌담에서의 발언은 여러 가지다.[141] 그렇지만 그 대표적 사례로 우선 「미국의 반체제운동과 젊은이」를 살피기로 한다.[142]

이 교수가 이 평론을 발표하게 된 직접적 계기는 1970년 5월에 미국 오하이오주 켄트주립대학교(Kent State University)에서 「민주사회를 위한 학생들(Students for a Democratic Society: SDS)」 주도의 베트남전쟁 반대운동이 일어났을 때 주지사가 주방위군을 동원해 해산시키는 과정에서 한 학생이 방위군의 총에 맞아 죽은 사건이었다. 이 사건은 1960년대 중반 이후 미국의 대학가를 중심으로 일어난 반전운동이 확산되고 유럽에서는 기존질서에 저항하는 학생운동이 확산되던 시점에 발생해 미국사회에 대해서는 물론 서방세계 전반에 대해 큰 충격을 주었다.

이 일련의 과정에서, 독일 출신의 마르크시스트로 나치의 유대인 박해를 피해 미국으로 망명해 보스턴 근교의 브랜다이스대학교(Brandeis University) 교수로 봉직하던 철학자 허버트 마르쿠제(Herbert Marcuse, 1898~1979)의 영향이 컸다. 그는 마르크시즘을 휴머니즘의 시각에서 접근한 '네오마르크시즘'을 앞세우며 미국을 비롯한 서구 산업사회를 비판적으로 평가하는 '신좌파(新左派: New Left) 운동'의 정신적 대부로 자리를 잡았는데, 특히 그의 『일차원적 인간: 선진산업사회의 이데올로기 연

---

141) 예컨대, (i) 이만갑·이홍구, 「대담: 스튜던트 파워」, 『세대』(1969년 4월), 52~63쪽; 『이홍구문집』 IV, 85~101쪽. 『이홍구문집』에는 이 대담이 『창작과 비평』(1969년 봄)에 게재됐다고 기록했다. 그러나 그것은 착오다. 『세대』(1969년 4월)에 게재됐다. (ii) 강원용·이규호·함병춘·이홍구, 「좌담: 시민사회의 성숙과 그에 대응하는 시민정신의 기조」, 『세대』(1970년 1월), 118~123쪽. 이 좌담은 『이홍구문집』에는 빠져있다.

142) 『제5차 아메리카나 심포지엄: 미국의 청소년상』(한국아메리카학회, 1970년 9월); 『이홍구문집』 II, 27~38쪽에 재수록.

구』[143]는 '뉴 레프트 운동'에 기울어진 대학생들에게 영향력을 행사했다.

이 교수는 우선 마르쿠제가 자신의 『일차원적 인간』에서 제시한 해석을 다음과 같이 요약해서 소개했다.

> 물질적 풍요와 매스컴의 조작은 미국의 대중을 무능력한 노예로 만들었으며, 따라서 대중의 의사를 존중해야 한다는 민주주의의 원칙을 무의미하게 만들었다. 미국의 민주주의란 대중의 통제를 가능하게 하는 근대적 방법에 지나지 않으며, 그러한 사회 안에 존재하는 일차원적인 인간들은 이미 저항의 능력을 상실했다. 따라서 이러한 절망적인 상태에서 돌파구를 마련하는 힘을 체제 내부에서는 기대할 수 없으므로 체제 외부로부터 나오는 반체제적인 힘을 기다릴 수밖에 없다.[144]

이 교수의 해석에 따르면, 마르쿠제는 1960년대 후반에 격화된 일부 학생들의 극단적인 행동이 바로 그러한 반체제의 힘이라고 정의하고, 그러한 학생들의 행동이 모든 기존질서를 무시할 수 있는 타당성을 지녔다고 옹호했으며, 한 걸음 더 나아가 현존하는 민주정치의 절차를 지키는 것은 단지 현자의 부도덕을 연장시키는 것이므로 반체제운동은 마땅히 비민주적이고 폭력적인 방법을 사용할 권리와 의무가 있다고까지 주장했다.

이 교수는 이러한 마르쿠제의 주장을 비판했다. 이 교수는 마르쿠제의 주장은 "[1789년의 프랑스대혁명에서 과격한 노선을 이끌었던] 로베스피에르 또는 [1930~40년대에 이탈리아에서 파시스트독재정권을 이끌었던] 무솔리니가 그들의 독재를 정당화하려고 사용하던 언사와 너무나

---

143)　이 책의 서지사항은 다음과 같다. Herbert Marcuse, *One-Dimensional Man: Studies in Ideology of Advanced Industrial Society*(Boston: Beacon Press, 1964).

144)　위와 같음, 36쪽.

흡사하다."라고 지적한 데 이어 "맑스주의자의 이론은 궁극적으로 독재이론으로 흐를 수밖에 없다는 것을 다시 한번 보여주고 있다."라고 논평했다. 이렇게 마르쿠제의 이론을 비판한 뒤, 이 교수는 "70년대의 신좌파는 어떤 집중적인 행동력을 오히려 잃어가고 있다."라는 존스홉킨스대학교 로버트 터커(Robert W. Tucker, 1924~현재) 교수의 분석에 동의했다. 이 교수는 이후 자신의 다른 평론에서도 마르쿠제의 이론을 비판한 뉴욕시립대학교 시드니 후크(Sidney Hook, 1902~1989) 교수를 인용하며 마르쿠제의 이론에 대해 비판적 시각을 보였다.[145]

이 교수의 이 글은 한국의 학생운동에 대해서는 전혀 언급하지 않았다. 그러나 당시 한국의 학생운동계에서도 거론되던 미국의 반체제운동과 마르쿠제의 이론을 분석하고 설명함으로써 한국의 대학생들에게 일정하게 영향을 주었다.

그러면 이 교수는 우리가 흔히 '4월혁명'이라고 부르는 1960년 4월 19~26일에 일어난 대학생 중심의 반정부운동 그리고 한때 '5월군사혁명'이라고 불렀던 1961년 5월 16일에 일어난 군사정변을 그의 혁명론의 시각에서 어떻게 평가했을까? 우선 그는 4월혁명 또는 4·19혁명이라는 말을 전혀 쓰지 않았다. 그저 '4·19' 또는 '4·19사태'라고 부르며, 혁명으로 보는 견해를 받아들이지 않았다. 그의 표현으로, "4·19는 화사한 표현을 빌리면 혁명이라고 할 수도 있으나 20세기 이데올로기에 토대한 정치적 혁명과는 다르다는 점에서 혁명이라기보다 혁명적 전개과정"이다. 그는 이어 "4·19는 과연 한국정치나 한국사회의 구조적 변화를 가져왔느냐는 기본적 차원에서 볼 때 혁명이 아니었는지 모른다."라고 쓰면서, "그러나 4·19는 우리의 민중 속에 혁명을 가져올 수 있는 능력이 잠재하고 있다는 것을 보여주었다."라고 매듭지었다.[146]

5·16에 대해서도 이 교수는 그것을 혁명으로 보지 않았다. 그는

---

145) 이홍구, 「역사의식의 긍정적 배양」; 『이홍구문집』 IV, 32~35쪽.

5·16 군사지도자들은 어떤 특정한 정치적 이데올로기를 갖고 있지 않은 채 자신들의 표현인 '혁명'을 일으켰고, 이후 제대로 된 정치에 의해 문제를 해결할 노력보다는 정치를 하지 않아야 일이 잘될 것이라는 잘못된 발상에서 '비정치적인 정치'를 했기에 문제를 더욱 키웠다는 취지로 발언했다. 그는 대학생들의 반정부운동 배경에는 '5·16혁명' 자체의 정당성에 대한 의문이 깔려있다고 지적했다.[147]

당시 학원가에서 특히 서울대학교에서 자주 일어났던 반정부운동에 대해 이 교수는 대체로 따뜻한 눈길을 보냈다. 당시의 대학 상황을 '봄에는 휴업령 가을에는 위수령'으로 표현하고[148] 정권의 물리력 행사 앞에 무력할 수밖에 없었던 현실에 자괴감을 표시하면서, 그는 대학가 일각에서 성장하던 '청년문화'에 대해서도, 그리고 반정부운동에 참여했다가 투옥되거나 박해를 받는 학생들에 대해서도[149] 이해하는 자세를 보였다.

---

146) 「좌담: 4·19를 재평가해본다」; 『이홍구문집』 IV, 165~172쪽에 재수록; ____, 「4·19학생운동 오늘의 의의」, 『대구일보』(1970년 4월 22일); 『이홍구문집』 I, 73~74쪽에 재수록. 「4·19세대의 새로운 의의」, 『동아일보』(1972년 4월 19일); 『이홍구문집』 I, 123~125쪽; 「정치이념의 혼란과 전개: 해방30년 시련과 극복의 역정 2」, 『대학신문』(1975년 6월 9일), 4쪽; 『이홍구문집』 I, 331~340쪽에 재수록. 그는 마지막 논문에서도 4·19를 두 차례 언급하며 그저 4·19라고만 불렀다.

147) 「좌담: 정치과정과 청년학생」, 『정경연구』(1970년 7월), 40~58쪽; 『이홍구문집』 IV, 173~198쪽에 재수록.

148) 이홍구, 「한국사회와 대학」, 『대학신문』(1971년 12월 6일), 5쪽; 『이홍구문집』 I, 116~119쪽 가운데 116쪽.

149) 「젊은이와 창조적 부정: 청년문화의 시대성과 방향」, 『독서신문』(1970년 10월); 『이홍구문집』 I, 89~92쪽; 「좌담: 10·15사태와 대학정상화」, 『대학신문』(1971년 11월 22일), 4~5쪽; 『이홍구문집』 IV, 267~284쪽에 재수록; 「한국사회와 대학」; 『이홍구문집』 I, 116~119쪽.

'정치의 비(非)정치화'와 '행정의 정치화'를 비판하면서 '정치의 회복'을 요구하다

제1항
「박 대통령 연두회견의 정치적 의의」 발표

이 교수의 16개 명제가 압축된 대표적 평론이 그가 1969년 2월에 발표한 「박 대통령 연두회견의 정치적 의의」였다.[150] 박 대통령이 1969년 1월 9일에 청와대 출입기자단을 상대로 가진 연두회견을 분석한 200자 원고지 약 55매 분량의 이 평론은 이 교수가 귀국한 뒤 처음 발표한 평론이라는 점만으로도 분석의 대상이 될 만하지만, 그가 이 평론에서 전개한 논지는 그가 박사학위청구논문에서 제시했던 논지의 연속이면서 이후 평론·대담·서평 등을 통해 전개한 논지의 원형이라는 점에서 자세히 논의될 만하다.

첫째, 이 평론은 과격 또는 흥분과는 거리가 먼 온화하면서도 침착하고 그러나 문제라고 하면 핵심을 피하지 않고 맞닥뜨리는 이 교수의 강직한 평소 성격을 그대로 반영하고 있다. 다시 말해, 때로는 에둘러 표현하지만 주요한 의제는 자신의 논의에서 제외하지 않는 화법 또는 필법을 보여주고 있다. 이것은 다른 시각에서 볼 때, 그가 선동가는 결코 될 수 없으며 수십만 청중 앞에서 사자후(獅子吼)를 토하는 '대중적 웅변가'

---

150) 이홍구, 「박 대통령 연두회견의 정치적 의의」, 『신동아』(1969년 2월), 68~75쪽. 이 논문은 『이홍구문집』의 어느 곳에도 수록되지 않았다. 아마도 편집위원회가 이 논문을 찾지 못했던 것 같다.

라기보다는 내각과 의회에서 차분하게 자신의 정견을 피력하는 '설득형의 지도자' 또는 '대화의 마당에서의 성실한 발제자이면서 토론자'임을 의미한다.

둘째, 이 평론은 이 교수가 14년에 걸쳐 미국에서 서양철학과 정치학을 연구하고 강의한 학자이지만 전혀 현학적이지 않음을 보여주었다. 어느 한 곳에서도 저명한 학자나 사상가 또는 저서의 이름을 인용하지 않았다. 또 14년이라는 긴 세월을 영어로만 공부하고 생활했는데도 그 티를 전혀 나타내지 않은 채 한국어로 유려하면서도 쉬운 필치로 썼다는 것도 또 하나의 특징이다. 동시에 한국정치의 현재와 미래에 대한 통찰력과 예지를 곳곳에서 보여주었다.

셋째, 이 평론은 이 교수가 자신의 박사학위청구논문에서 강조했으며 이후 평생의 지론이 되는 '지적(知的) 대화의 정치'를 강조하고 있다. 그는 민주정치를 '지적 대화의 정치'라고 정의하면서, 정당과 정당 사이의, 그리고 정치권과 사회지도세력 사이의 지적 대화를 활성화하고 그것을 통해 정치를 부활시킬 것을 역설한 것이다. 지금의 생각으로는 그러한 주장은 너무나 당연하다. 그러나 그때는 정권이 언론과 야당을 탄압하면서, 특히 박 대통령에 대한 비판을 철저히 금압하면서 대화의 정치를 공개적으로 제기하지 못하도록 했던 시대였음을 상기한다면, 그러한 주장을 제기하는 것이 한 지식인에게 쉬운 일은 아니었다.

이 평론을 일관하는 이 교수의 민주정치론을 좀 더 부연하기로 하자. 이 교수는 한국정치가 민주주의 원칙에 따라 운영되어야 한다는 대전제 아래 자신의 논지를 전개했는데, 그렇다면 민주주의 원칙은 어떤 것인가? 민주주의는 인간사회에는 개인과 개인 사이에, 집단과 집단 사이에, 계층과 계층 사이에, 그리고 지역과 지역 사이에 이해충돌이 있을 수 있고 그 이해충돌은 정치적·경제적·사회적 갈등으로 표출될 수 있음을 전제로 하며, 그러한 갈등을 '민주정치 제도'와 '민주정치 과정'을 통해 해결해나갈 것을 제의하고 있다. 여기서 '민주정치 제도'로 중요한 것은 정당과 국회이며, 정당과 국회에서의 대화와 협상이라는 '민주정치 과정'을 통해 갈등을 해소하는 것이 바로 국정의 민주주의적 운영인 것이다. 이 교수는 '민주정치 제도'와 '민주정치 과정'을 통해 갈등을 해소하면서 국정을 운영하는 것을 '정치'라고 요약하고 있다.

그런데, 이 교수가 보기에, 박 대통령 아래서 정치는 제 기능을 수행하지 못하고 '국정의 앞자리에서 뒷자리로 밀려나면서 […] 비정치화(非政治化)'되고 있다. 이 현상을 이 교수는 '정치의 비정치화'라고 명명하면서, "정치가 적으면 적을수록 행정이나 경제의 발전이 클 것이라는 가정(假定)은 설사 그것이 정책의 전제가 아닌 대중적인 '짐작'에 불과하다고 하더라도 지극히 그릇된 것임을 지적하지 않을 수 없다."라고 경고했다. 그는 다음과 같이 부연했다.

> "박 대통령이 그의 연두회견에서 자주국방의 확립과 2차 5개년계획의 성공적 완결을 향해 매진하는 이 해에 가능한 한 정치적 '잡음'을 막기 위해 정치보다는 행정을 강조한 것은 한 개의 정치적 전략으로서는 넉넉히 이해될 수 있다. 단지 그것이 정치의 '비정치화'가 국가발전을 위하여는 오히려 정상적인 경향이라는 오해를 일반국민이나 정치인 사이에 초래한다면 그것은 우리와 민주정치 발전에 장애가 될 수 있다는 점을 잊어서는 안 될 것이다."[151]

이 교수는 '정치의 비정치화' 아래서는 '혁신적인 행정'도 실현이 불가능하며 '정치퇴화'가 일어날 수 있다는 경고를 덧붙였다. 우리는 '정치의 비정치화'에 관한 그의 일련의 해석을 제17명제로 명명하기로 한다.

여기서 상기되어야 할 점은 '정치의 비정치화'라는 용어는 적어도 출판물만을 놓고 볼 때 이 교수가 처음 사용했다는 사실이다. 제3공화국과

---

151) 이홍구, 「박 대통령 연두회견의 정치적 의의」, 72쪽.

제4공화국을 포함해 박 대통령 시대의 정치를 압축적으로 설명할 수 있는 용어로 '독재정치' 또는 '권위주의정치' 또는 '반(反)민주정치' 등 여럿이 있을 수 있다. 그것들 말고 온건한 비판의 뜻을 담은 용어로는 '민주주의를 대체한 근대화의 정치'를 꼽을 수 있다. 예컨대, 이용희(李用熙) 교수는 "근대화가 민주주의라는 대의명분을 대체하고 있다."라고 주장했으며,[152] 또 대통령 비서실 중심의, 특히 비서실장 중심의 '측근정치'가 의회정치를 대체하는 경향을 보이고 있다고 경고했다.[153] 그렇지만 '정치의 비정치화'라는 용어로써 박 대통령 시대의 정치를 비판한 것은 이 논문이 처음일 것이다.

이 교수는 우리가 제4장 제5절 제2항과 제5장 제1절 제2항에서 보게 되듯, '정치의 비정치화'를 경고하는 발상의 연장선 위에서 '권력의 적자운영(赤字運營)'과 '권력의 흑자운영(黑字運營)'이라는 용어도 만들어냈다. 국민의 지지를 증대시키지 못함으로써 권력을 뒷받침하는 '수입(收入)'이 적은 데도 권력을 과도하게 행사함으로써, 달리 말해, '지출'을 늘림으로써 '권력의 적자운영'이 이루어지고 있다고 평가한 뒤, 정부와 정책에 대한 국민의 지지를 증대시키고 권력의 과도한 행사를 축소함으로써 '권력의 흑자운영'을 도모해야 한다고 제의한 것이다.[154]

---

152) Yong-hee Lee, "The Political Legitimation of Modernization in Free Developing Nations: the Korean Case," Asiatic Research Center, Korea University, ed., *Report: International Conference on the Problems of Modernization in Asia*(Seoul: Asiatic Research Center, Korea University, 1965) pp.430~434; 이용희, 「정치명분으로서의 '근대화': 한국의 케이스를 중심으로」, 『신동아』(1965년 8월), 178~183쪽; 동주기념사업회(東洲記念事業會) 편, 『동주이용희전집』(경기도 고양시: 연암서가, 2017) 전 10권 가운데 제2권(『정치사상과 한국민족주의』), 223~232쪽에 재수록.

153) 이용희(李用熙), 「한국을 말한다: 서울대 문리대 교수 이용희」, 『중앙일보』(1965년 9월 22일), 10쪽.

154) 「좌담: 한국정치, 향후 10년을 전망한다」, 『이대학보』(1979년 4월 20일), 4쪽; 『이홍구문집』 IV, 465~473쪽에 재수록. 이홍구, 「한국적 정치발전의 과제: 80년대에 거는 기대」, 『신동아』(1980년 1월), 110~115쪽; 『이홍구문집』 I, 370~379쪽에 재수록.

여기서 저자가 주목하는 대목은 이 교수의 조어(造語) 능력이다. '정치의 비정치화' 그리고 '권력의 적자운영'이라는 조어도 그렇지만, 우리가 흔히 쓰는 '8·15해방'이라는 용어를 자신도 그대로 쓰면서 '8·15해방'이 있었던 1945년이 을유년(乙酉年)이었음을 상기하며 '을유해방' 또는 '을유광복'이라는 말을 따로 만들어냈다.[155] 그는 또 "빈부귀천의 불평등도 인간이 죽을 때는 똑같은 한 줌의 흙으로 돌아간다."라는 뜻에서 '죽음의 평등'이라는 말을 만들어냈다.[156] 우리가 앞에서 보았던 '비굴로부터의 자유'라는 말도 전무후무하게 그가 만들어냈다.

● **'정치의 정치화' 제의**

그러면 '민주정치발전에 대한 장애'가 되는 '정치의 비정치화'를 바로잡는 방안은 무엇일까? 이 교수는 '정치를 국정의 앞자리에 세우는 것' 즉 '정치의 정치화'[157] 또는 '정치의 부활'을 제의했다. 박 대통령이 강조하는 '정치안정'이 '보수적이 아니고 혁신적인 체질을 갖도록' 하기 위해, 국회를 '한국정치의 중심'에 세워야 하고, 그 전제 아래 '대화의 정치'를 활성화해야 한다고 역설한 것이다. 거기에 덧붙여, '정치과정에 활동적으로 참여할 수 있는 잠재적인 능력을 가진 집단과 계층으로 하여

---

155)　예컨대, 「역사의 재창조와 정치규범: 3·1운동의 정치사상을 중심으로」; 『이홍구문집』 Ⅲ, 15~29쪽에 재수록. 「근대화·서양화·민주화: 근대화의 방향정립을 위한 성찰」; 『이홍구문집』 Ⅰ, 193~204쪽에 재수록; 「민족통일에의 의지와 논의: '통일문제 국제학술회의'의 성과」; 『이홍구문집』 Ⅲ, 163~177쪽에 재수록. 또 _____, 「고민으로 향한 고집의 자세: 어떤 한국정치학자의 경우」, 『문화비평』(1971년 봄), 66~70쪽; 『이홍구문집』 Ⅰ, 101~106쪽에 재수록. 또 _____, 「의지 속의 불꽃」, 『문학사상』(1977년 10월), 121~125쪽; 『이홍구문집』 Ⅰ, 139~142쪽에 재수록.

156)　이홍구, 「죽음과 불평등」, 『이홍구문집』 Ⅰ, 75~76쪽 가운데 75쪽. 『이홍구문집』 Ⅰ은 이 글이 『대학신문』(1970년 4월 28일)에 수록됐다고 기록했으나 거기에는 없다. 이 글의 출전을 찾을 수 없었다.

157)　「좌담: 정치에 대하여」에서의 발언, 『신동아』(1978년 5월), 56~73쪽; 『이홍구문집』 Ⅳ, 447쪽. 이 용어는 다음에서 보인다. 이홍구, 「현대정치와 인간소외」, 『상황 '80』(다락원, 1980), 76~81쪽; 『이홍구문집』 Ⅱ, 129~136쪽에 재수록.

금 […] 좀 더 적극적으로 [국정의 과제와 방향에 관한 토론에] 참가하게 이끄는 분위기를 힘써 만들어야 한다.'라고 제의하면서 '지성의 대화'가 활발해지기를 요청했다. 여기서 다시 상기돼야 할 점은 '지성의 대화'는 그가 이미 자신의 박사학위청구논문에서 제의했었다는 사실이다.

이 교수가 '지성의 대화를 바탕으로 한 정치'를 거듭 강조할 때, 그 아래에 깔린 것은 "정치는 이성(理性)으로 해야 한다."라는 명제이다. 이미 박사학위청구논문에서 제시했던 이 제7명제를 여기서 되풀이한 것이다. 그는 이후에도 자신의 여러 다른 논설에서도 이 명제를 반복한다. 그 한 보기는 "정치는 만용으로 뛰어드는 투기가 아니라 차근차근한 이성으로 이룩될 수 있는 예술인 것이다."라는 주장이다.[158]

이러한 취지에서, 이 교수는 박 대통령이 국민과의 소통을 위해 청와대에서 연두기자회견을 갖는 것보다는 국회에서 연두교서를 발표하는 것이 바람직하다는 의견도 제시했다. 그렇게 함으로써 대통령이 국회를 국민의 대의기관으로 존중하며 국정의 많은 문제를 국회에서 토론과 협상을 통해 해결한다는 의지를 강하게 표현할 수 있을 것으로 본 것이다. 돌이켜보면, 박 대통령은 처음 대통령으로 취임한 직후인 1964년 1월부터 1967년 1월까지 연초에 한 차례 국회에 출석하고 연두교서 발표라는 형식을 통해 연설했던 것인데, 1967년 5월 3일에 실시된 제6대 대통령선거에서 당선된 뒤 첫해인 1968년 1월부터 국회를 의도적으로 무시하거나 경시하는 방법의 하나로 연두교서 제도를 폐지하면서 그것을 대체해 청와대에서 출입기자들을 상대로 연두기자회견을 열었던 것이다. 그러한데도 다시 연두교서 제도로 돌아가라고 권고한 이 교수의 이 평론은 문제의 정곡을 날카롭게 찌른 셈이었다.

이 교수는 이어 민주화와 근대화의 관계에 대해 자세히 설명하고 여

---

158) 이홍구, 「가능과 불가능」, 『대학신문』(1970년 1월 15일); 『이홍구문집』 I, 47~48쪽에 재수록. 인용된 구절은 48쪽에 있다. 『대학신문』에서 확인할 수 없었다.

러 구상을 제의했는데, 그것들 가운데 하나는 "지성 엘리트 사이에서, 특히 관점을 달리하는 엘리트 사이에서 변증법적 논의를 계속한다는 것은 사회보존의 공리에 입각한 정치발전을 실현하는 데 절대로 필요한 것이다."라는 명제이다. 이 명제와 관련해, 그는 "그처럼 필요한 변증법적 대화와 토론을 위해서는 지성 엘리트의 언론의 자유가 지극히 중요한 것이다. 정치발전을 위해서는 국민 전체가 즐기는 언론의 자유는 필요에 의하여 다소 제한되더라도 지성인의 언론의 자유는 반드시 보장되어야 한다는 결론에 도달하는 것이다."라고 부연했다.

● 「한국사회와 민주정치」 등

이 교수의 이러한 논지는 그가 서울대학교 교양과정부 조교수로 부임한 1969년 6월 1일 이후 그의 여러 논문 또는 발언에서 되풀이된다. 예컨대, 『대학신문』(1969년 12월 1일)이 마련한 좌담회 「한국사회와 민주정치」에서 그는 다음과 같이 훨씬 더 쉽게 설명했다.

60년대의 경향을 저는 '정치의 비정치화'와 '행정의 정치화'라고 표현합니다. 60년대에 와서는 정치를 하면 할수록 일이 되지 않는다는 풍조가 생겼습니다. 정치가 끼지 않으면 않을수록 일이 잘된다는 점에서 행정의 중요성은 강조되는 것 아닙니까. 반면 정치를 경원하는 정치의 비정치화가 계속되었습니다. 이것은 근본적으로 불가능합니다. 왜냐하면 정부의 행동에는 정치적 경쟁이 따라야 하기 때문입니다. 결과는 행정 자체가 정치를 하게 됐습니다. 이는 정당의 사회적 위치가 저하된 탓도 있습니다만, 정상적 정치활동보다 행정과정 자체에서 정치적 기능을 대행해서 하는 것이 일이 더 잘된다고 생각하기 때문입니다.[159]

---

159) 『신동아』(1972년 10월), 202~205쪽; 『이홍구문집』 Ⅰ, 317~323쪽.

이 교수는 이어 『대학신문』(1970년 5월 26일)에 발표한 「자존과 자만」에서는 70년대에는 60년대를 지배한 '정치의 비정치화'가 중단되고 '정상적인 정치화' 곧 '정치의 정상화'가 실현되기를 기대했다.[160] 그의 이러한 일련의 논설과 발언의 바탕에는 '정치의 비정치화' 아래서의 근대화는 인간사회를 기능적인 차원에서 볼 때 물질적으로 넉넉하고 편안하게 만들어주는 데 일정하게 기여했지만 그러나 윤리적 차원에서 볼 때 결국 빈부격차와 사회 불평등 등으로 말미암은 인간소외를 해결하지 못했다는 평소의 소신이 깔려있다.

'정치의 비정치화'와 그 아래서의 '근대화'에 대한 이 교수의 우려는 계속됐다. 예컨대, 1971년 4월 27일에 실시된 제7대 대통령선거에 대해 논평한 「선거의 의의와 여운: 4·27 대통령선거의 결산」에서는 '정치의 비정치화' 현상에 따라 '한국사회의 점진적인 관료화'와 '국회의 무력화(無力化)' 현상이 깊어졌다고 비판했다.[161] '관료화'에 대한 비판은 1970년대에 발표한 그의 일련의 논문에서 거듭됐다. "관료화의 가장 큰 폐단은 목전의 능률에 치우친 나머지 사회변동이나 인간생활의 기본적 문제에 대하여 철저한 맹목이 되어버리는 것이다."라는 지적이 그 한 보기였다.[162] 이어 「환상을 넘어서 3: 무기명(無記名)과 무책임」에서는 "'정치의 비정치화'는 오늘날 상황적 여건에 의하여 더욱 짙어지고 있다. […] 오늘의 국회가 비교적 허전한 곳이 되었다면 그것은 바로 한국정치의 비정치화 과정을 가장 뚜렷하게 반영하고 있기 때문이다."라고 개탄했다.[163]

「박 대통령 연두회견의 정치적 의의」와 동시에 발표된 평론이 「정치발전의 정의문제: 한국의 정치발전과 정치학」이다. 그 내용에 대해서

---

160) 『이홍구문집』Ⅰ, 77~78쪽.

161) 『대학신문』(1971년 5월 3일), 1쪽; 『이홍구문집』Ⅰ, 294~296쪽에 재수록.

162) 이홍구, 「서평: 낙관적 정치평론의 실험; 남재희(南載熙) 저, 『모래 위에 쓰는 글』(경미문화사, 1978)」, 『세대』(1978년 8월), 188~191쪽.

163) 『신동아』(1972년 10월), 202~205쪽; 『이홍구문집』Ⅰ, 317~323쪽.

는 우리가 이미 제3장 제3절 제4항에서 자세히 살폈기에 중복을 피하기로 한다. 다만 여기서는 이 교수가 "경제성장을 위해서는 정치는 희생되어도 어쩔 수 없다."라는 취지로 당시 집권세력이 펼치던 논리를 강하게 비판했다는 사실에 한정해 다시 살피기로 한다.

이 교수는 경제성장 위주의 논리는 '일종의 물질주의적 입장'이며, 정치가 '정치규범에 입각한 정치적 선택이나 결정으로 말미암아 이룩되는 과정'임을 '너무나 소홀히 다루는 것'이라고 비판했다.[164] 달리 표현한다면, '정치의 비정치화'에서 벗어나 정치를 회복시켜야 한다고 제의한 것이다. 이상에서 살폈듯, 이 교수는 귀국한 이후 '정치의 비정치화'라는 명제를 일관되게 제시했다.

제2항
박정희 정부의 3선 개헌과 선거관리에 비판적 논조를 유지하다: "우리의 민주화는 곧 독재와 부자유에 대한 국민의 항거인 것이다"

이홍구 교수는 박정희 정부의 '조국근대화'에 대해 비판적이었을 뿐만 아니라 3선 개헌에 대해서도 비판적이었다. 그는 자신의 비판을 반대운동에 참여하는 것으로 연결하지는 않았다. 그러나 그의 다음과 같은 일련의 논설은 그의 비판적 시각을 보여준다.

첫째, 「한국의 헌법이념과 정치현실: 규범과 현실과의 괴리」라는 논문이다.[165] 이 논문에 대해서는 우리가 이 제3장 제3절 제13항에서 자세

---

164) 「정치발전의 정의문제: 한국의 정치발전과 정치학」, 『정경연구』(1969년 2월), 105~111쪽; 『이홍구문집』 II, 15~25쪽에 재수록. 인용된 부분은 23쪽에 있다.
165) 이 논문은 다음에 수록됐다. 『세대』(1969년 7월), 70~76쪽; 『이홍구문집』 I, 217~227쪽에 재수록.

히 살폈다. 그런데도 여기서 다시 거론하는 것은 이 논문이 발표됐던 시대적 배경을 상기시키기 위해서다. 박 대통령은 대통령이 2회에 한하여 당선될 수 있도록 규정한 헌법을 고쳐 3선을 이루기 위해 1968년 12월부터 자신이 당 총재를 맡은 민주공화당을 통해 개헌 의사를 밝혔으며 1969년 4~5월에 들어가 개헌 작업을 본격적으로 추진하기 시작했다. 이러한 배경에서 월간지인 『세대』는 헌법문제를 다루는 특집을 마련했던 것으로, 이 교수는 정치학자로서 원리원칙에 따라 이 글을 썼다. 그는 찬반을 명백하게 밝히지는 않았으나 이 글 전체를 관류하는 흐름은 헌법을 집권자의 뜻에 맞추어 함부로 고치는 것이 아니라는 명제이다.

둘째, 「영웅의 독재와 성웅의 저항: 나폴레옹 탄생 200주와 간디 탄생 100주를 맞아」라는 논문이다.[166] 바로 앞에서 지적했듯, 박 대통령은 자신의 3선 출마를 위해 1969년 10월 17일에 국민투표를 시행했다. 물론 이 국민투표는 개헌안을 뒷받침해주었다. 국민투표가 시행되기 1개월 전에 반정부적 성향의 『신동아』는 이 교수의 이 논문을 게재했다. 1969년 10월호이지만 1969년 9월에 발행된 이 월간지에서 이 교수는 박 대통령이나 공화당 정권이라는 말은 전혀 쓰지 않았지만, 나폴레옹이 자신의 독재권 확립 과정에서 국민투표를 활용한 사례를 비판했다. 그는 다음과 같은 사실을 상기시켰다.

나폴레옹이 […] 대중의 통계숫자적 지지를 토대로 그의 독재를 정당화한 것은 그가 무엇보다도 국민투표를 자주 이용하였다는 것으로도 엿볼 수 있다. […] 대중의 감정을 정치화하여 독재에 정통성을 부여하는 수단으로써 국민투표를 이용한 것은 나폴레옹이 처음이었다. 그를 제1통령으로 만든 1799년 헌법의 승인이나 그를 종신통령으로 만든 1802년의 헌법개정

---

166) 이 논문은 다음에 수록됐다. 『신동아』(1969년 10월), 69~79쪽; 『이홍구문집』 Ⅰ, 239~255쪽에 재수록.

이나 또 황제로 즉위하게 한 1804년의 헌법개정은 한 가지로 국민투표에 의거한 것이었다. […] 나폴레옹은 국민투표에서 매번 대중으로부터 압도적 숫자의 찬표를 받았다. 그러나 그러한 대중의 지지는 결과적으로 지성인의 자유를 압제하는 나폴레옹의 독재를 정당화하는 데 사용되었다는 점에서 나폴레옹의 반혁명적 성격이 부각되는 것이다.[167]

그러면 프랑스 제5공화국 대통령 드골이 국민투표를 시행한 것은 어떻게 평가돼야 할 것인가? 이 물음에 대해, 이 교수는 "드골은 국민기본권을 보장하는 데 철저하였고 급기야는 국민투표 결과를 존중하여 사임하였다. 그것은 그가 국민투표를 독재의 수단으로 사용하지 않았음을 입증하는 것이라 하겠다."라고 대답했다. 마지막으로, 이 교수는 "민주정치가 배격하는 것은 영웅이 아니라 독재인 것이다."라고 단언했다.[168]

박 대통령은 1962년 12월 17일에 대한민국 역사에서 처음으로 국민투표를 시행해 제3공화국 헌법을 확정했고 이 헌법에 따라 1963년 10월 15일에 실시된 제5대 대통령선거에서 당선됐다. 그는 1969년 10월 17일에 두 번째로 국민투표를 시행해 대통령 3선의 길을 열었으며, 1972년 11월 21일에 세 번째로 국민투표를 시행해 자신의 영구집권을 허용하는 '유신헌법'을 채택하게 했고, 1975년 2월 12일에 네 번째로 국민투표를 시행해 '유신헌법'에 대한 국민적 지지를 '재확인'했다. 전두환(全斗煥) 대통령도 자신의 집권과정에서 국민투표제를 활용했다. 그는 1980년 10월 22일에 제5공화국헌법안을 국민투표에 부쳐 확정짓고 그 헌법에 의해 제12대 대통령에 취임했던 것이다. 이렇게 볼 때, 국민투표가 독재의 길을 열어주는 제도로 악용될 수 있다고 경고한 이 교수의 이 논문은 의미가 깊었다고 하겠다.

---

167) 인용된 부분은 『이홍구문집』 I, 246~247쪽에 있다.
168) 위와 같음, 255쪽.

셋째, 「정치권력 · 정치규범 · 정치문화: 정치변화와 헌법개정」이라는 논문이다.[169] 이 교수는 "헌법개정에 관하여는 그 합법성 여부를 논하는 것보다는 그것이 정치발전을 돕는가 또는 정치퇴화를 초래하는가를 고찰하는 것이 더욱 중요하다."라고 쓰면서, 다음과 같이 부정적인 논리를 전개했다. 그의 출발점은 자신이 박사학위청구논문에서 핵심적 주제로 다뤘던 '사회적 가치의 보존이라는 틀 안에서의 정치발전'론이다. 그는 그 논문에서 "사회적으로 보존되는 가치로부터 괴리된 정치는 주체성도 정통성도 가질 수 없다."라고 지적했었는데, 이러한 시각에서 그는 위에 적시한 논문에서 다음과 같이 썼다.

> 변화하는 상황 속에서 사회 가치의 보존을 한층 더 효과적으로 이룩하여 정통성과 주체성을 지킬 목적으로 수행되는 자율적인 규범의 변화는 정치발전을 촉진시키는 것이며 그러한 규범의 변화를 제도적으로 명시하려는 헌법개정은 마땅히 환영되어야 한다. 그 반대로, 자율적으로 정립된 정치규범을 무시하고 그 규범을 내포한 헌법을 정치문화로부터 소외된 정치권력이 개정하는 것은 필경 정치의 퇴화를 초래하는 것이다. 그것은 규범으로부터 소외된 권력은 그 자체의 타락과 정치문화의 불안정을 한꺼번에 수반하기 때문이다.

겉으로 보기에는 온건한 비판이지만 개헌을 성사시킨 박정희 정부에 대해서는 매서운 질책이었으며 경고였다. 이 개헌이 '정치의 퇴화'를 가져올 뿐만 아니라 박정희 정부의 '타락'을 가져올 것이라는 예언은 2년 뒤에 '유신쿠데타'로, 그리고 그때로부터 7년 뒤에 현직 대통령이 중앙정보부장에 의해 암살되는 '10 · 26사태'로 현실화한 것이다.

---

169) 이 논문은 다음에 수록됐다. *Fides*, Vol. 16, No. 1(April 1970), 60~62쪽; 「이홍구문집」 I, 266~272쪽에 재수록.

넷째, 「민주화의 과제: 문제점과 방향」이라는 논문이다.[170] 이 논문은 1971년 4월 27일에 실시될 제7대 대통령선거를 4개월 앞둔 시점에서, 그리고 3선을 추구하는 박정희 대통령과 그에 맞선 제1야당 신민당의 김대중 후보 사이의 격전이 이미 예고된 시점에서 발표됐다는 사실을 염두에 두고 읽을 필요가 있다. 이 교수는 우선 "선거운영의 공정이 보장될 수 없을 때 진정한 참여의 의의가 무엇인가 의심할 수도 있다."라고 썼다. 이것은 당시 관권선거와 금권선거, 특히 교묘한 수단에 의한 부정선거를 우려하고 경계하던 분위기를 지적한 것으로 볼 수 있다. 보다 구체적으로, 그는 다음과 같이 부연했다.

> 대체로 집권층이 패배할 수 있는 가능성이 실제로 다분히 존재하는 선거만이 구체적 참여정치의 제도라고 볼 수 있다. 여당의 승리만이 보장된 선거란 권력행사를 하고 있는 기존의 소수인에게 계속적인 타당성을 부여하기 위한 정치적 장식의 창조과정에 지나지 않을 수도 있다. 그러한 경우, 선거는 국민동의보다는 국민통제를 위한 수단으로 된다. 여당이 항상 승리하게 마련인 선거에, 4년마다 한 번씩 투표소에 왕래하는 것이 민주정치의 기본조건이 국민참여를 충족시키는 것이라면, 민주정치는 대중에게는 참으로 허전한 과정이 아닐 수 없다.[171]

그는 선거가 공정하게 실시·운영되지 않는다면, 국민은 '참여의 시늉'을 하는 것으로 그치고 만다고 경고하면서 '그러한 민주정치의 파탄을 방지하기 위한' 대책을 제시했다. 그것은 '다양한 정치적 매개체의 건립과 발전'이다. 그는 "매개체를 인정하지 않는 직접적 민주정치란 독재

---

170) 이 논문은 다음에 수록됐다. 남재희 편, 『현대 한국의 위치와 과제』 96~110쪽; 『이홍구문집』 I, 273~283쪽에 재수록.
171) 『이홍구문집』 I, 281쪽.

정치에로의 비약의 토대가 되어버린다."라고 경고하고, "각 계층마다, 직장마다, 지역마다 권력의 행사에 관한 대화와 참여가 권장되고 그러한 참여의 횟수가 거듭될 때에만 민주정치는 발전할 수 있다."라고 주장했다.[172] 그의 지론 가운데 핵심적 부분인 '대화'와 '참여'가 거듭 강조된 것이다.

이미 1969년에, 한국정치가 '교도적(敎導的) 통치스타일로' 운영되고 있다고 표현함으로써 간접적으로 박 대통령의 국정운영을 비판했던[173] 이 교수는 이 평론을 "우리의 민주화는 곧 독재와 부자유에 대한 국민의 항거인 것이다."라는 문장으로 끝을 맺었다. 여기서 우리는 박 정권의 독재에 대한 그의 반발을 읽게 된다.

---

172) 인용된 부분은 『이홍구문집』 I, 283쪽에 있다.
173) 이홍구, 「한국 정당의 성격과 방향: 신민당 제3차 전당대회를 참관하고」, 『이홍구문집』 I, 205~216쪽에 재수록.

제5절
공산권문제 및 남북통일문제

이 교수는 공산권문제와 남북통일문제에 대해서도 의견을 개진했다.

제1항
세계공산주의운동과 국제정세

첫째, 「제9차 세계공산당대회」라는 단평으로,[174] 이 교수가 교양과정부 조교수로 발령을 받은 이후 처음 발표한 것이다. 그는 1969년 6월 5일에 모스크바에서 열린 제9차 세계공산당대회가 세계공산당의 역사에서 갖는 의미를 주로 이데올로기적 동향에 초점을 맞추어 분석했다. 소련공산당 중앙위원회 제1서기 겸 내각 총리 니키타 흐루쇼프(Nikita S. Khrushchev, 1894~1971)가 1956년 2월에 모스크바에서 열린 소련공산당 제20차 대회에서 스탈린 격하와 동서 평화공존을 중심으로 하는 역사적인 연설을 한 이후 한때 소련공산당을 중심으로 하는 일석주의적(monolithic) 지배체제를 유지했던 세계공산주의운동은 빠르게 분열되기 시작하고 마침내 다원체제(polycentrism)로 바뀌기 시작했다. 그 과정에서 가장 중요한 변화는 중국공산당의 성장과 소련공산당 헤게모

---

174)　이 단평은 다음에 수록됐다. 『대학신문』(1969년 6월 16일), 1쪽; 『이홍구문집』 II, 505~507쪽에 재수록.

니에 대한 도전으로 빚어졌다.

이 대회는 중국공산당을 비롯해 흐루쇼프의 노선에 비판적인 5개국의 공산당이 불참했을 뿐만 아니라 참가국 사이에서도 큰 이견을 드러낸 채 6월 18일에 막을 내렸다. 폐막 직전에 발표한 이 단평에서 이 교수는 제9차 세계공산당대회가 소련공산당이 추구했던 '단합'을 이룩하지 못했으며 오히려 '맑스·레닌주의의 종말'을 공식화했다고 논평했다. 여기서 주목되는 부분은 그가 두 차례나 사용한 '소련의 서양화'라는 문구이다. 이 용어에 대해 그는 자세하게 해설하지는 않았다. 그러나 행간을 읽어보면 "아시아적 성격을 강하게 가진 러시아의 문화적 전통을 배경으로 역시 아시아적 성격이 짙었던 스탈린이 사망한 뒤 소련공산당은 미국을 비롯한 서방세계와 접촉을 점진적으로 확대함에 따라 서방세계의 사회적·문화적 분위기에 서서히 동화되기 시작했다."라는 뜻으로 풀이된다.

이 교수는 이 단평을 통해 그사이 우리나라에서는 거의 알려지지 않았던 이탈리아공산당(Partito Comunista Italiano: PCI) 서기장 팔미로 톨리아티(Palmiro Togliatti, 1893~1964)의 '다원체제론'을 부분적으로나마 소개했다. 톨리아티는 변호사이면서 언론인으로 1892년에 창당된 이탈리아사회당(Partito Socialista Italiano: PSI)에서 활동하다가 이탈리아사회당의 '타협주의적' 노선에 불만을 품고 역시 변호사이면서 언론인이었던 안토니오 그람시(Antonio Gramsci, 1891~1937)와 함께 1921년에 이탈리아공산당을 창당했다. 같은 시점에 무솔리니는 국가파시스트당(Partito Nazionale Fascista: PNF)을 창당하고 1922년에 폭력집단인 '검은 셔츠단'을 앞세워 '로마로의 진격'을 성사시켜 집권한 뒤 이탈리아를 파시스트적 수법으로 통치하는 가운데 1926년에 이탈리아공산당을 불법화시켰다. 이때 모스크바에서 열린 국제공산주의운동 곧 코민테른 회의에 참석 중이었던 톨리아티는 무솔리니에 반대하는 입장을 표명하고 모스크바에 체류하는 길을 택했다. 반면에 그람시는 로마에서 구속돼 장기간 투옥됐다가 사실상 옥사했다.

1943년에 이탈리아가 항복하고 1944년에 무솔리니가 처형되자 귀국한 톨리아티는 레닌주의적 폭력혁명론은 아니지만 본질적으로 폭력혁명론에 가까운 투쟁노선을 표방했던 그람시와는 달리 비폭력혁명론을 내세운 채 공산주의운동을 이끌며 이탈리아공산당을 강력한 제1야당으로 성장시키는 데 성공했다. 사후에 발표된 그의 「유서」는 흐루쇼프의 일당독재노선을 비판하면서 유럽의 사회주의 정당과 공산주의 정당은 '실용적 사회주의'의 길을 걸어야 한다고 권고했다.

이 교수는 이후에도 국제공산주의운동에 대해 평론을 발표하는데 그 논지는 이 평론에서의 논지와 동일하게 "국제공산주의운동은 특히 중·소 대결을 계기로 분열되고 있으며, 각국의 공산당은 대체로 자국의 현실에 맞는 노선을 추구하고 있다."라는 명제이다. 우리는 이 명제를 제18명제로 명명하기로 하고 제4장에서 다시 다루기로 한다.

둘째, 한국미래학회에서 발표한 「국제정치의 미래: 그 전망과 희망」이다.[175] 한국미래학회는 서울대학교 행정대학원 원장 이한빈(李漢彬) 박사와 독일 베를린 자유대학교에서 현대사와 저널리즘을 전공해 박사학위를 받고 귀국한 최정호(崔禎鎬) 박사의 주도 아래 1968년 10월에 발족했다. 이 학회에 이사로 참여한 이홍구 교수는 1970년 3월에 열린 「미래를 묻는다」라는 제목의 세미나에 참여해 이 논문을 발표했다.

이 논문에서 이 교수는 우선 자신의 제10명제에 충실하게 "정치는 주어진 여러 여건에 의해 제약을 받는 반면에 절대적 필연성을 거부하고 자율적 전개과정을 그 특성으로 갖는다."라고 지적하면서, "정치의 미래를 정확히 예견한다는 것은 원칙적으로 불가능한 일이다."라고 단언했다. 이처럼 '예측'은 어렵지만 '처방'은 가능하되 그 처방은 가치판단과 규범을 토대로만 이루어질 수 있음을 강조했다.

---

175) 이 논문은 다음에 수록됐다. 한국미래학회 편, 『미래를 묻는다』(서울대학교출판부, 1971), 66~73쪽; 『이홍구문집』 I, 256~265쪽에 재수록.

　　이러한 전제 아래, 이 교수는 "2000년으로 향한 새 세대에는 지역사회를 중심으로 한 새로운 제국주의가 전개될 수도 있다."라고 전망하고, "국제정치의 새로운 제국주의는 첫째, 지역사회 간의 관계와 둘째, 지역사회 내의 각 국가 간의 관계라는 두 가지 차원에서 전개될 수 있다."라고 부연했다. 그러나 "'신제국주의'는 19세기적 제국주의와 달리 군사적 폭력에 의하여 뒷받침되지 않으며 빈곤한 지역사회의 경제발전 자체를 결코 방해하지 않고 오히려 지원할 수도 있다."라고 설명했다. 이 교수는 다음과 같은 기대를 표현했다.

　　전쟁에 의한 국제분쟁의 해결도 그리고 평화적인 방법에 의한 경제적 불평등의 제거도 그 실현의 가능성이 희박한 미래의 국제사회에서 다양성을 토대로 한 질서를 건립하는 길은 오직 각 국가와 각 지역사회가 가진 문화적 특수성을 서로 인정하고 그의 개별적인 발전을 장려하는 것이다. '세계문화'의 건립을 통한 평화의 성취보다도 개별적인 여러 문화가 공존 발전할 수 있는 세계가 아름다운 평화를 이룩할 수 있는 것이다.
　　각 민족과 국가의 역사적 주체성과 정통성이 존중되는 국제정치를 이룩하려면 폭력적이건 비폭력적이건 간에 세계적 통일을 '강요'하는 사상이나 행동은 점진적으로 배제되어야 할 것이다. 각 개별국가의 구체적인 특수성보다도 선험적인 보편성을 '진리'로 고집하는 모든 이데올로기와 종교는 몰락의 길로 들어서야 할 것이다. 맑스주의의 퇴조가 그러한 희망에 대한 낙관적인 전망을 가능하게 하여 주는 것이다.[176]

　　이 세미나를 계기로 이 교수는 한국미래학회와 긴밀한 관계를 유지하며 현재 한국미래학회 자문위원장을 맡고 있다.

---

176) 『이홍구문집』 Ⅰ, 265쪽.

제2항
민족통일의 문제:
"국토통일이 아니라 장구한 역사적 전통을 고려한 민족통일을 성취해야 한다"

이 제3장의 서두에서 지적했듯, 박 대통령은 한반도를 둘러싼 국제관계가 적어도 외양에 있어서는 대결에서 긴장완화로 옮겨가고 있으며 그러한 분위기가 한반도에 대해서도 직접적 영향을 끼치고 있음을 감지하고 1970년 8월 15일의 광복절 25주년 연설을 통해 남과 북이 군사대결로 말미암은 긴장을 완화시키면서 '선의의 경쟁'으로 들어갈 것을 제의했다. 북은 이 제의를 거부했다. 그러나 박 대통령의 제의는 통일문제에 대한 토론을 금압했던 종전의 정부 정책에 일정한 변화를 가져왔으며, 자연히 학술회의와 좌담이 여러 형태로 열렸다. 더구나 1971년 8월 12일에 대한적십자사가 북한을 상대로 이산가족의 재회문제를 포함한 여러 현안에 대해 회담할 것을 제의하고 북한이 응함에 따라 1971년 8월 20일부터 남북적십자회담이 열리고 그 연장선 위에서 1972년 7월 4일에 남북공동성명이 발표되자 학술회의와 좌담은 더욱 빈번하게 열렸다.

이 교수는 이 일련의 학술회의와 좌담에 자주 초청을 받는 가운데 영문 논문 한 편과 국문 논문 세 편을 발표했고, 다섯 차례 좌담회에 참석했다. 이것은 2년 미만의 기간에 통일문제에 관해 모두 아홉 차례에 걸쳐 자신의 의견을 개진했음을 의미했다. 그러면 그의 기본적 인식과 제의는 무엇이었나?

첫째, 이 교수는 박 대통령의 8·15선언에 대한 지지를 확실하게 나타냈다. 그는 특히 남과 북이 상대방에 대해 폭력을 사용하지 않는 방향으로 통일을 성취해야 한다는 뜻을 나타냈다.[177]

둘째, 이 교수는 "우리의 통일문제는 일차적으로 38도선 또는 휴전선을 철폐한다는 뜻이 강한, 곧 공간적 시각에서 접근한 '국토통일'이나 '조국통일'의 관점에서가 아니라 장구하게 이어져 온, 곧 시간적 시각에서 접근한 민족사적 전통과 유산을 되살림으로써 현재 남·북 두 사회로 '분열'됐고 그 관계가 '단절'된 상태를 극복한다는 뜻이 강한 '민족통일'의 관점에서 접근해야 한다."라는 명제를 제시했다.[178] 그는 이 명제를 시간과 공간을 동시에 고려한 '2차원적 사고'의 결과라고 주장했다. 우리는 이 명제를 제19명제로 명명하기로 한다. 이 교수는 우리가 제4장에서 보게 되듯 1975년 6월에 한반도문제의 해법으로 '코리안 코먼웰스(Korean Commonwealth)'안을 처음으로 제시하고 1988년 2월에 출범한 노태우 정부의 국토통일원장관으로 봉직하면서 이 안을 대한민국 정부의 통일방안으로 공식화하는데, 그 발상의 기초에는 이 제19명제가 놓여 있었다.

셋째, 이 교수는 통일문제의 해결에 있어서 국제환경의 개선은 필요조건일 뿐 충분조건은 아니라고 역설했다. 이 역설이 압축적으로 가장 잘 나타난 논문이 「민족통일에의 의지와 논의」이다. 박 대통령의 8·15선언에 발을 맞추어 고려대학교 아세아문제연구소가 1970년 8월 24~29일에 서울에서 개최한 한반도 통일문제에 관한 국제학술회의에 주제 발표자들 가운데 한 사람으로 참석한 이 교수는 우선 "설사 미·소·일·중국이 억지로라도 한국의 통일방안에 합의하였다 하더라도, 혹은 국제연합총회가 만장일치로 그 방안을 채택하였다 하더라도, 통일이 꼭 이루어지리라는 법은 없다."라고 전제하고, "우리와 북한의 대결은 그 시초는 국제적 압력관계에서 비롯되었지만 25년이라는 세월이 흐르는 동안에 그

---

177) 「좌담: 통일에의 방향과 지표」, 『세대』(1970년 9월), 68~79쪽; 『이홍구문집』 Ⅳ, 199~215쪽에 재수록.

178) 「민족통일에의 의지와 논의: 통일문제 국제학술회의'의 성과」; 『이홍구문집』 Ⅲ, 163~177쪽에 재수록. 인용된 부분은 172~173쪽에 있다; 「대담: 한국민족주의의 향방」, 『대학신문』(1972년 3월 13일), 4쪽; 『이홍구문집』 Ⅳ, 291~305쪽에 재수록. 인용된 부분은 304~305쪽에 있다.

자체로서의 타성을 지니게 되었고 오늘날 어떠한 국제회의가 자동적으로 그러한 타성을 파괴할 수 있는가에 대해서는 의문의 여지가 많다."라고 쓴 데 이어 다음과 같이 부연했다.

우리와 북한의 관계는 이미 일시적인 충돌이 아니라 제도화한 대결인 것이다. 1970년의 한국은 1945년의 한국이 아니다. 우리와 북한의 정치력·경제력·군사력은 한반도의 운명을 결정할 마지막 관건을 국제사회로부터 한반도 안으로 끌어들인 것이다. 따라서 우리의 통일을 위한 여하한 최적의 국제환경도 통일 달성을 위한 필요조건에 지나지 않을 뿐 충분조건은 될 수가 없는 것이다.

넷째, 북한 정권에 대한 냉철한 현실주의적 인식이다. 이 교수는 같은 논문에서 "한국통일의 가능성을 논하는 데에 있어, 무력에 의한 적화통일을 위하여 전력을 기울이는 북한체제가 과연 평화통일로 그 기본자세를 바꿀 수 있는 능력을 보유하였느냐 하는 것은 가장 핵심적인 문제의 하나다."라고 쓰고, 북한체제는 결코 그 기본자세를 버리지 않을 것으로 진단했다. 그는 다음과 같은 논리를 전개했다.

전체주의독재체제의 권력집단에는 계속되는 국내외의 긴장상태가 그 존속에 필요조건이라는 이론과 실례를 우리는 허다하게 알고 있다. 김일성집단이 전쟁준비에 광분하는 것은 무력통일이라는 목적보다도 북한사회를 요새화함으로써 그들의 독재적 권좌를 유지하려는 데에 더 직접적인 이유가 있는 것이다. 따라서 김일성독재체제가 그들의 권력상실의 모험을 무릅쓰고라도 평화통일을 위한 긴장완화와 그를 위한 통일방안을 선의로 받아들일 노력이 있다고 단정 지을 아무런 근거도 존재하지 않는다는 것이 현실임에 틀림없다.

이 문단을 읽는 독자들 가운데 어떤 젊은이는 이 교수가 '수구보수꼴통'의 논리를 대변했다고 비판할 수도 있다. 그러나 우리는 그가 이 논문을 발표한 시점이 1970년 10월임을 염두에 둘 필요가 있다. 이 시점에서 그리고 그 이후 일정한 기간에 걸쳐 북한을 '괴뢰집단'으로 간주하는 국가보안법과 반공법이 존속하고 있었던 것이다. 그렇다고 해서 이 교수가 그러한 법적 제약에 구속되어 그러한 표현을 사용했다고 말하는 것은 아니다. 그는 북한 정권 또는 김일성 정권의 본질 그리고 그 정권이 표방하는 '평화통일'에 대해 낭만적이거나 감상적(感傷的)인 인식이 아니라 냉철한 현실주의적 인식을 가졌던 것이다. 이 시점에서, 북한은 특히 경제력에 있어서 남한을 훨씬 앞지르고 있었으며, 그래서 여러 형태의 대남경제원조안을 거듭 제의하면서 '남조선혁명'을 위한 심리적 여건을 남한사회 안에 조성하는 데 진력하고 있었던 것이다.[179] 이 교수는 자신의 이 북한관을 이후에도 일관되게 유지하는데, 우리는 그의 이 북한관을 제20명제로 명명하기로 한다.

다섯째, 이러한 냉철한 현실주의적 인식으로부터 그는 "이러한 북한에 평화통일을 누가 어떻게 강요할 수 있을 것인가?"라고 물은 다음 "물론 국제환경의 변화가 북한의 자세를 변화하도록 압력을 가할 수도 있겠으나, 궁극적으로는 우리의 민족적 힘만이 그들의 위치를 바꾸게 할 수 있을 것이다."라고 대답했다. 이렇게 대한민국의 역할에 일차적 무게를 실어주면서, 이 교수는 "통일이란 낭만적 감상의 소산은 아니며 그것은 너무나도 험하고 험난한 여정이다. 그러기에 우리는 오히려 통일의 성취를 우발적 사건의 결과로 얻어지는 것으로 내버려두는 자폭론으로 빠질 수도 있다."라고 경고하고, "통일 그 자체는 어디까지나 주어지는

---

179) 이 점에 대한 설명은 다음에서 읽을 수 있다. Soon Sung Cho, "The Politics of North Korea's Unification Policies, 1950-1965," *World Politics*, Vol. 18, No. 2(January 1967), pp.218~241.

것이 아니라 우리가 이루어놓아야만 할 것이다."라고 다짐했다.

이러한 전제 아래, 그는 "통일교육을 통해 통일에 대한 민족적 문제의식을 제기시켜야 한다."라고 역설하면서 "한국통일을 위한 하나의 실천적 가설로서 민족의 자유화 또는 민족적 자유주의를 제창한다."라고 썼다.[180] 같은 맥락에서, 그는 "통일 계획이나 방안을 마련함에 있어서는 외래의 이데올로기가 아니라 민족의식을 깊이 고려해야 그 정당성이 형성된다."라고 역설했다.[181]

여섯째, 이렇게 썼다고 하여 이 교수가 한반도를 둘러싼 국제환경은 무시되어도 좋다고 쓴 것은 전혀 아니다. 이 교수는 우선 "격동하는 역사의 흐름 속에서 각국은 저마다의 이익을 수시로 재정립하면서 이익추구를 위한 새로운 방법과 동맹을 모색하기 때문에 [우리로서는] 통일을 포함한 우리의 국가이익 및 목표를 달성하기 위하여서는 우리를 둘러싸고 있는 열강의 이해관계를 정확히 판단·예측하는 것이 필요하다."라고 전제하고, "따라서 우리로서는 단숨에 통일의 묘안을 만들어내기 전에 미·소·중·일이 지닌 각각의 국가이익의 현재와 미래를 한국통일과 연관해 분석·예측하는 데에 일차적인 노력을 기울이지 않으면 안 될 것이다."라고 주장했다. 그는 이어 이처럼 조심스럽게 전개되기 시작한 통일 논의가 앞으로도 계속되기 위해서는 '이성의 자유' 그리고 '학문을 숭상하는 전통'이 계속돼야 한다고 제의했다.[182]

일곱째, '중립화통일'안에 대한 배척이다. 북한 정권의 본질에 대한 불신, 그리고 한반도통일을 위한 어떠한 형태의 합의도 북한 정권의 무력통일노선에 대한 실질적 포기 없이는 한반도의 평화통일은 기대하기

---

180) 「한국통일을 위한 정치이념의 전개: 그 필요와 방향」; 『이홍구문집』 III, 179~187쪽에 재수록.

181) 「좌담: 통일에 대처할 의지와 지혜」, 『월간 다리』(1970년 10월), 20~27쪽; 『이홍구문집』 IV, 217~223쪽에 재수록.

182) 이홍구, 「민족통일에의 의지와 논의」; 『이홍구문집』 III, 167~168쪽 및 177쪽.

어렵다는 믿음은 중립화통일론에 관한 이 교수의 논문에서 거듭 확인된다.[183] 그는 우선 "이번 회의에서 논의되었던 몇 가지 통일방안들, 예컨대 유엔을 통한 통일안, 중립화통일안, 연방통일안, 협상통일안 등은 북한이 현재의 전투적 자세를 버렸을 때 고려될 수 있는 방안이지, 북한으로 하여금 그러한 자세를 버리게 하는 방안들은 아니었다."라고 논평했다. 그는 이어 한반도통일과 관련해 때때로 등장한 '중립화'안을 분석하면서, 그 분석에 중립화통일안을 제기했던 김삼규(金三奎)·김석길(金錫吉)·김용중(金龍中) 등의 안을 포함시켰다. 이 교수는 '중립화통일'안을 제의하는 연구자들이 '중립(neutrality)'·'중립화(neutralization)'·'중립주의(neutralism)' 등 유사한 용어를 혼동하는 경향이 있다고 지적한 데 이어, 한반도의 '평화적' 통일 그 자체가 이 시점에서 볼 때 매우 어려운 터에 '중립화' 통일의 실현은 사실상 불가능에 가깝다고 진단했다. 북한이 '중립 통일'이든 '중립화 통일'이든 또는 '중립주의 통일'이든 그 어떤 것도 제의하거나 지지한 일이 없었던 사실도 상기시켰다.

여덟째, 7·4남북공동성명에 대한 긍정적 인식이다. 그는 많은 사람은 그것을 '충격'으로 받아들이고 있고 그것이 조금도 이상한 일이 아니라고 논평한 데 이어, 자신은 우리가 주변정세의 급격한 변화에 대해 적절히 대처하고 적응할 수 있는 능력을 보여준 사실에 '안도'하게 됐다고 고백했다. 이 교수는 이어 (i) 한반도를 둘러싼 강대국 관계가 재편되는 상황 속에서 남북한이 '근대민족국가 확립'을 위해 능동적으로 움직인 것은 바람직한 일이고, (ii) 남북적십자회담 등을 통해 남북한의 접촉이 활발해지게 되면 자연히 남북한 비교가 주요한 관심사가 될 것인데 북

---

183) "Neutralization and Unification of Korea: Polemics or Semantics," *Journal of Asiatic Studies*, Vol. 13, No. 4(December 1970), pp.311~316. 『이홍구문집』 V, pp.207~218에 재수록; 이홍구, 「한국의 중립화와 통일」, 고려대학교 아세아문제연구소 공산권연구실 편, 『한국통일의 이론적 기초: '한국통일문제국제학술회의' 발표논문 (3)』(고려대학교 아세아문제연구소, 1973), 193~201쪽.

한의 경우에는 '자유'의 문제가 그리고 남한의 경우에는 '사회복지'의 문
제가 제기될 것이며, (iii) 북한정치체제의 획기적인 변화를 기대하기는
어렵고, (iv) 대학에게는 '통일학(統一學)'의 정립이 중요한 과제가 될 것
이라는 취지로 발언했다.[184]

이상에서 살핀 남북한 관계와 한반도통일에 관한 이 교수의 논문과
발언에 공통되는 것들이 있다. 중복되는 느낌이 있으나, 다시 정리하면
다음과 같다.

(ⅰ) 한반도 분단이 비록 강대국에 의하여 우리에게 주어진 것이지만
그렇다고 해서 한반도 분단의 해소와 통일 역시 강대국에 의해 우리
에게 주어질 것이라는 발상이 있다면 그것은 철저히 배척되어야 하
며 결국 그 과제는 우리가 수행해야 한다.
(ⅱ) 우리는 통일의 과제를 생각할 때 분단이 이루어진 1945년 8월 15
일에 초점을 맞출 것이 아니라 장구한 민족사를 생각하고 그 장구한
민족사 속에서 형성된 역사의식을 반드시 고려해야 한다.
(ⅲ) 통일에의 노력은 "우리 사회의 정통성을 수긍하는 데에서 그 출
발점을 찾는다. 그것은 이상의 완전한 현실화를 증언하는 것이 아니
라 자유로운 조국이 지닌 가능성에 대한 믿음의 발로인 것이다. 이렇
듯 현실을 수긍하고 그 한계 속에서 비롯되는 통일에의 노력은 혁명
적이기보다는 점진적일 수밖에 없다."
(ⅳ) 통일을 추구하기 위해 한국은 그 작업을 내부의 개혁과 발전에서,
예컨대 사회적·경제적 개혁과 발전에서 시작하는 것이 바람직하다.

---

184) 「좌담: '7·4성명'과 대학의 자세」, 『대학신문』(1972년 8월 7일), 4~5쪽; 『이홍구문집』 IV,
313~329쪽에 재수록; 「좌담: 민족통일의 염원과 현실」, 『대학신문』(1972년 9월 11일), 4쪽; 『이홍구
문집』 IV, 331~340쪽.

(ⅴ) 통일의 과제가 아무리 숭고하다고 해도 평화적 방법으로 성취돼야 한다. 그러한 맥락에서, 북한의 폭력 지향적 노선은 결코 받아들일 수 없다.

(ⅵ) 평화라는 가치를 통일이라는 가치와 병립시키는 것이 바람직하다. 평화라는 가치를 단순히 통일이라는 가치를 성취하기 위한 수단으로 간주하는 것은 바람직하지 않다.

이 교수가 이처럼 고뇌하는 지성인으로 조국이 직면한 대내외문제들에 대해 활발히 기고하고 발언하던 때인 1972년 10월 17일에 박정희 대통령은 비상계엄령을 선포하고 국회와 정당의 해산을 명령하면서 국회와 정당 그리고 대학에 군대를 주둔시킴으로써 유신체제의 출범을 알렸다. 곧이어 '대통령의, 대통령에 의한, 대통령을 위한' 유신헌법을 채택하고 1인 종신집권의 길을 열었다. 그것은 이 교수가 역설해온 '정치의 부활' 특히 '민주정치의 실현'과는 정반대되는 방향이었다.

제4장

국민참여의 확대를 제의하면서 동시에 '코리안 코먼웰스'안을 발표하다: 서울대학교 교수로 제4공화국 시기에 발표한 저술들

(1972년 10월~1979년 10월)

유신쿠데타는 많은 국민에게도 그러했지만, 정치에 대한 규범적 평가를 앞세우면서 '정치의 비(非)정치화'를 비판하고 '정치의 부활' 또는 '민주정치의 부활'을 제의해온 이홍구 교수에게 큰 충격이었으며, 결코 동의할 수 없는 일이었다. 이것은 그가 유신정변으로부터 80일이 지난 1973년 1월 7일에 미국의 세계적 연구기관들 가운데 하나인 우드로윌슨 국제연구소(Woodrow Wilson International Center for Scholars)로 떠나면서 이후 2년에 걸쳐 연구에 전념하고 또 1975년 1월 19일에 귀국한 이후 1년을 포함한 전후(前後) 약 3년에 걸친 기간에 국내정치에 관해서는 어떠한 평론이나 논문도 발표하지 않고 침묵한 사실에 나타났다.

유신정변 2개월 직후에 국내정치와는 전혀 무관한 주제로 발표한 짧은 글에서도[1] '우울'이라는 단어를 다섯 차례나 쓰면서, 서울의 분위기를 '음산'하고 '허전'하다고 묘사함으로써 못마땅함을 우회적으로 표현했다. 귀국 이후에 발표한 한 칼럼에서도 그는 '오늘의 젊은이들이 지닌 아픔이나 고민'에 공감을 표시하고 '이 사회가, 특히 기성세대가 안고 있는 도덕적 예속성의 오염'에 대한 반감을 표시함으로써,[2] 시대와의 불화를 감추지 않았다.

꼭 2년 만에 귀국한 이 교수 앞에는 엄혹한 현실이 펼쳐지고 있었다. 국내에서는 유신체제에 저항하는 운동이 대학과 교회를 중심으로 더욱 거세지고 있었으며, 국외에서는 1975년 4~5월에 캄보디아와 남베트남 및 라오스 등 인도차이나 3개국이 차례로 공산화한 가운데 북한의 김일성이 중국을 방문하고 중국의 최고권력자 덩샤오핑(鄧小平, 1904~1997)을 만나 '남조선 해방'을 제기했다. 다행히 덩샤오핑은 부정적으로 대응했으나 그것은 한반도에서 남북 군사대결의 긴박성을 말해주었다. 박 대

---

1) 이홍구, 「1972년을 보내는 세모: 집」, 『서울신문』(1972년 12월 26일), 5쪽; 『이홍구문집』 Ⅰ, 136~138쪽에 재수록.
2) 이홍구, 「의지 속의 불꽃」, 『문학사상』(1977년 10월), 121~125쪽; 『이홍구문집』 Ⅰ, 139~143쪽에 재수록.

통령은 1975년 5월 13일에 북한의 무력도발을 예방하는 데 긴요하다는 명분을 내세우며 국민의 기본권을 훨씬 더 엄격하게 제약하는 긴급조치 9호를 공포하는 것으로 대응했다.

그렇지만 1976년에 들어서서 유신체제에 대한 국내외의 비판과 반대는 더욱 거세졌다. 1976년 3월 1일에 윤보선 전 대통령과 김대중 전 신민당 대통령 후보를 비롯한 저명한 지도자들이 유신헌법 철폐를 공개적으로 요구했으며, 1976년 6월 이후 미국의 주요 매체는 박 정권이 미국 의회를 상대로 벌인 불법적 로비활동, 이른바 코리아게이트(Koreagate)를 폭로했고 의회와 법무부는 조사 또는 수사에 들어갔다. 이것들은 모두 박 정권에게는 큰 부담이었지만 1977년 1월 민주당 출신 지미 카터(James Earl Carter Jr.)의 대통령 취임은 심각한 도전이었다. 그는 '인권'을 앞세우며 유신체제를 비판하고 한 걸음 더 나아가 주한미군 철수를 추진하겠다는 뜻을 밝힌 것이다. 실제로 카터 대통령은 1979년 6월에 서울을 방문하고 박 대통령을 압박했다. 이렇게 격화하는 국내외의 반대속에서, 유신체제는 1979년 10월 26일에 박정희 대통령이 김재규(金載圭) 중앙정보부장 손에 '시해'되는 변고로 마감됐다.

이 교수는 귀국으로부터 유신체제 종말까지 약 4년 9개월 동안, 크게 보아 네 가지 일에 전념했다. (i) 서울대학교 정치학과에서 교수로서 강의하고 서울대학교 정치학과 교수들의 공동작업인 『정치학개론』과 그 수정증보판인 『신정치학개론』 편찬에 참여하면서 자신의 전공인 서양정치사상에 관해 저술한 일, (ii) 서울대학교 사회과학연구소 부소장 그리고 이어 소장으로 계간 학술지 『사회과학과 정책연구』를 펴내며 학술 연구를 이끌어 간 일, (iii) 한국공산권연구협의회 창설에 참여하면서 부회장으로 이 새 학회를 이끌어 간 일, 그리고 (iv) 제1명제로부터 제20명제에 이르기까지 각 명제에 관한 자신의 소신을 평론을 통해서나 좌담회 참석을 통해 밝힌 일 등이었다.

그가 이 기간에 발표한 논문 또는 평론은 모두 33편에 이르렀다. 그것들 가운데 대부분은 현대정치사상 및 국제문제에 대한 해설이었고 유신체제를 옹호한 글은 한 편도 없었으며, 반면에 유신체제가 금기(禁忌)로 여긴 '국민 정치참여의 증대'와 '정치의 부활'을 제의한 글과 발언이 주류를 형성했다. 특기할 점은 이 시기에 그가 남북한의 통일방안으로 '코리안 코먼웰스(Korean Commonwealth)' 곧, '한민족공동체'의 형성을 제의한 논문을 국제학술회의에서 여러 차례 발표했다는 사실이다.

제1절
윌슨센터와 하버드대 동아시아법률센터에서의 연구
(1973년 1월~1975년 1월)

제1항
윌슨센터에서의 연구

1973년 1월 7일에 이 교수는 가족과 함께 워싱턴D.C.에 있는 우드로윌슨국제센터에 펠로 자격으로 출국했다. 이 연구소는 미국의 제28대 대통령 우드로 윌슨(Woodrow Wilson, 1856~1924)을 기념하기 위해 1968년에 연방의회의 결의로써 유서 깊으며 장려(壯麗)한 스미스소니언재단(Smithsonian Institution) 건물 안에 세워졌다. 미국의 역대 대통령들 가운데 유일한 박사학위(Ph. D.) 소지자로, 프린스턴대학교 총장과 뉴저지주 지사를 거쳐 1913년에 대통령에 당선된 뒤 두 임기를 마치는 가운데 제1차 세계대전을 성공적으로 마무리했으며 전후의 국제평화를 위해 국제연맹 창설을 이끌었던 공로를 인정해서였다. 그를 기리고자 동상을 세우자는 의견도 있었으나 그가 평소에 자신을 기념하는 동상을 세우지 말라고 당부한 사실을 존중해 그의 이름을 딴 연구소를 세운 것이다. 이 연구소는 오늘날에도, 펜실베이니아대학교 조사에 따르면, 미국의 세계적 싱크탱크 10개 가운데 하나로 꼽힌다.[3]

이 시점에서 한국인으로 이 연구소의 펠로로 초청을 받은 이는 이 교수와 그리고 이 교수와 함께 선발된 박춘호(朴椿浩, 1930~2008) 박사 둘

---

3) 우드로윌슨국제연구소 홈페이지.

뿐이었다. 박춘호는 서울대학교 문리대 정치학과를 졸업하고 영국 에든 버러대학교(University of Edinburgh)에서 국제해양법으로 박사학위를 받은 이 분야의 세계적 권위자들 가운데 한 사람이었다. 그는 1986년에 고려대학교 법과대학 교수로 기용되고 유엔의 결의에 따라 1996년에 국제해양법재판소가 독일 함부르크에 창설됐을 때 재판관으로 선임된다. 이 교수와 박 교수의 뒤를 이어 고병익 전 서울대학교 총장, 조순(趙淳) 서울대학교 교수(후일 경제부총리 및 서울특별시장), 박권상(朴權相) 전 동아일보사 편집국장(후일 KBS 사장), 김여수 서울대학교 교수(후일 유네스코 한국위원회 사무총장), 구영록 서울대학교 교수(후일 대한민국학술원 회원), 김경동 서울대학교 교수(후일 대한민국학술원 회원) 등이 펠로로 초청을 받는다.

월슨연구소로의 출국과 관련해, 이 교수는 그사이 전혀 알려지지 않았던 일화를 소개했다. 출국 이틀 전에 "박 대통령이 직접 보고 싶어 하니 청와대로 들어와 달라."는 전화가 와서, 다음 날 약속된 시간에 예방했다는 것이다. 그동안 이 교수가 박 대통령을 가까이에서 뵈었던 것은 오로지 박 대통령이 부인 육영수 여사를 동반하고 서울대학교 졸업식에 참석한 경우뿐이었다. 최문환 총장은 졸업식에 참석한 외국인 하객 상대를 이 교수에게 맡겨왔던 것인데, 최 총장이 대학의 주요 인사들을 박 대통령 내외에게 인사시킬 때 이 교수도 포함시켰던 것이다. 이러한 인연밖에 없었기에 청와대로부터의 전화는 뜻밖이었다. 박 대통령과의 청와대 면담에 대한 이 교수의 회상은 다음으로 이어졌다.

그것은 커피를 나누는 자리로 20~30분 정도 계속됐던 것 같다. 박 대통령은 "1970년 12월에 특별보좌관들을 임명할 때 이 교수도 기용하고자 했으나 이 교수를 접촉했던 비서관이 '이 교수가 대학에 온 지 2년도 되지 않은 시점에 대학을 떠난다는 것은 대학에 대한 예의가 아닌 것 같다며 사양합니다.'라고 보고하기에 충분히 이해할 수 있다고 생각했다."라고 말하며,

"윌슨센터에 가면 국회의원을 비롯한 미국 수도의 주요 인사들을 많이 만나게 될 것인데, 우리나라가 유신을 했다고 해도 반드시 민주주의의 길로 전진할 것이니 너무 걱정 말라고 이해시켜주기 바란다."라는 취지로 부탁했다. 나는 국가원수에 대한 예의로 "잘 알겠습니다."라고 대답은 했으나, 대통령의 뜻에 맞게 행동할 생각은 전혀 없었다.

이 교수가 워싱턴에 도착한 때로부터 며칠 뒤 김동조(金東祚) 주미대사로부터 전화가 왔다. 이 교수의 회상은 다음으로 이어졌다.

대사에 대한 인사를 겸해 만났더니, 김 대사는 진지한 표정으로 박 대통령의 친서를 전달하는 것이었다. 거기에는 박 대통령이 출국 직전에 청와대에서 당부한 메시지가 다시 담겨 있었다. 나는 박 대통령의 자상한 성격을 재확인할 수 있었다. 그러나 그렇게 할 생각은 하지 않았다.[4]

이 교수가 박 대통령의 뜻에 맞게 행동하지 않았다는 사실은 1976년에 미국 연방하원 국제관계위원회가 산하 국제기구소위원회를 통해 박 정권이 재미 한국인 로비스트 박동선(朴東宣)과 김한조(金韓祚)를 비롯해 여러 통로를 활용하며 미국 연방의회를 상대로 뇌물을 주는 등 불법적으로 로비활동을 벌인 이른바 코리아게이트를 파헤칠 때 확인됐다. 국제기구소위원회는 여러 차례 청문회를 열고 코리아게이트의 핵심인사인 박동선과 김한조를 비롯해 조금이라도 관련되었다는 혐의를 받는 여러 한국인을 소환해 조사했다. 그뿐만 아니라 한국 정부의 자금을 받고 신문이나 잡지를 출판한 여러 한국인 역시 소환·조사했다. 이 모든 과정에서 이 교수는 거명조차 된 일이 없다.

당시 소위원회의 한 수사관은 훗날 『속임수의 선물들』(영문)이라는

---

4) 이홍구 교수와의 제3차 면담(2022년 2월 12일 오전, 서울국제포럼사무실).

책을 출판하고 코리아게이트에 비록 간접적으로라도 관련된 한국인들을 거명했다. 거기에는 훗날 대한민국의 어느 정부에서 외무부장관으로 기용된 어떤 교수의 이름도 포함됐다.[5] 그러나 코리아게이트에 대한 자세한 기록인 이 책 어디에도 이 교수의 이름은 등장하지 않았다.

월슨센터에서 이 교수의 연구는 세계적인 문제로 떠오른 자원문제, 특히 석유문제를 둘러싼 아시아의 국제관계에 집중됐다. 당시 중국의 석유를 비롯한 에너지 매장량에 대해서는 전문가들 사이에서도 의견이 엇갈렸다. 그러나 중국은 자급자족이 충분한 수준에서 석유 매장량을 확보하고 있었던 것으로 추정됐고, 중국은 그런 것처럼 언행하면서 제3세계를 비롯한 세계 많은 나라에 접근하고 있었으며, 석유 매장량이 부족한 일본은 또 하나의 석유부국인 소련에 접근하고 있었다. 다른 한편으로, 1973년 10월에 제4차 중동전쟁의 발발과 더불어 제1차 석유위기가 발생하면서 아시아에서는 인도네시아가 풍부한 석유 매장량 덕분에 새로운 관심을 유발하고 있었고, 1960년 9월에 발족한 석유수출국기구(OPEC)를 이끄는 사우디아라비아를 비롯한 중동 국가들의 중요성이 새롭게 부상했다. 이 교수는 이러한 문제에 대해 심층적으로 연구할 수 있었다.

---

5) Robert Boettcher with Gordon L. Freedman, *Gifts of Deceit: Sun Myung Moon, Tongsun Park, and the Korean Scandal*(New York: Holt, Rinehart and Winston, 1980).

제2항
하버드대학교 동아시아법률센터에서의 연구(연방하원에서의 증언 포함)

월슨센터에서의 1년을 마친 이 교수는 곧 「록펠러재단의 국제갈등분야 펠로(Rockefeller Foundation Fellow in International Conflict)」로 선발돼 그 지원 아래 가족과 함께 1974년 2월 5일에 하버드대학교 법과대학 산하 동아시아법률센터에 객원연구원으로 부임했다. 이 센터는 중국·일본·한국 그리고 동남아시아 국가들의 법 연구를 위해 1965년에 제롬 코헨(Jerome Alan Cohen, 1930~현재) 교수의 주도로 세워졌다. 코헨 교수는 예일대학교 법과대학 출신의 저명한 법률가로 버클리 캘리포니아대학교 법과대학 교수를 거쳐 1964년에 하버드대학교 법과대학 교수로 부임한 이후 17년에 걸쳐 봉직했다. 그사이 중국의 지도자들과 친교를 맺었으며 1972년에는 미국 학자로서는 처음으로 북한을 방문했다. 그는 1973년 8월에 한국의 야당 지도자인 김대중 전 신민당 대통령 후보가 도쿄에서 한국 중앙정보부 요원들에게 납치되어 서울로 끌려간다는 긴박한 국제전화를 김 후보의 지인으로부터 받고 곧바로 키신저 국무장관에게 전화해 신속하게 개입하게 했고 그 결과 김대중 후보의 생명을 구할 수 있었다고 한다. 이러한 성격의 연구소에서, 이 교수는 월슨센터에서와 마찬가지로 아시아에서의 자원분쟁 또는 자원위기에 관한 연구를 계속할 수 있었다.

하버드대에서 연구를 시작한 때로부터 2주 뒤인 1974년 2월 20일에 이 교수는 미국 연방하원 대외관계위원회 산하 아시아·태평양소위원회가 개최한 「석유와 아시아」라는 청문회의 초청을 받았다. 이 주제 분야의 전문가로 의견을 개진해달라는 요청이었다.

이미 2월 6일에 여전히 월슨센터 펠로로 연구하던 박춘호 박사는 조지워싱턴대학교 중·소연구소 교수 프란츠 마이클(Franz H. Michael)

박사와 함께 증언을 마쳤다. 이 교수는 소위원회 위원장 로버트 닉스 (Robert N. C. Nix) 의원의 소개로 하원 의사당 H-236실에서 오후 2시에 열린 청문회의 연단에 섰다. 그는 주제 논문의 전문을 배포한 뒤 그것을 요약한 내용을 구두로 진술했다.[6]

이 교수는 우선 자원, 특히 석유의 가치가 빠르게 높아지고 있는 상황에서 '자원통제의 정치'가 국제관계에서 새로운 중요한 관심사로 자리를 잡았다고 발언하고, 그러한 전제 아래 미국·소련·중공·일본이 펼치고 있는 외교를 분석했다. 그는 우선 석유수출국기구가 석유자원을 '정치권력'으로 활용하면서 국제정치에는 자원을 둘러싼 커다란 변화가 일어났으며, 특히 자원의 배분이 국가들 사이에서 '극도로 불균형적'으로 이루어지고 있는 현상에 대해 자세히 설명했다. 그는 이러한 상황에서 자원을 얻기 위해 '군사적 정복'을 시도하는 '전통적 방법'은 이제 낡은 것이 되었다고 진술했다. 전반적으로, 자연자원의 가치가 급속도로 증가함에 따라 국제정치에 있어서 자원 확보를 위한 군사적 능력의 상대적 가치는 점진적으로 감소하고 있다고 부연했다.

이 교수는 우선 동서냉전 시대가 끝나가고 있으며 자연히 미·소 양극체제가 해체되면서 다극체제가 자리를 잡고 있다고 분석하고, 이러한 상황에서 중국은 세계를 (ⅰ) 미·소 초강대국 권역(圈域), (ⅱ) 일본과 서구와 같은 선진공업국가들로 구성된 제2의 중간 권역, (ⅲ) 아시아와 아프리카 및 라틴아메리카 등을 제1의 중간 권역으로 나눈 데 이어, 소련과의 협력이라는 정책을 버리고 미국과의 협력이라는 정책을 택하고 동시에 제1 및 제2 중간 권역에 대한 접근을 시도하고 있다고 보았다.

---

6) "Oil and Asian Rivals: Sino-Soviet Conflict; Japan and the Oil Crisis," (February 20, 1974), *Hearings Before the Subcommittee on Asian and Pacific Affairs of the Committee on Foreign Affairs, House of Representatives, Ninety-third Congress, First and Second Sessions*(Washington, D. C.: United States Government Printing Office, 1974), pp.75~86; 『이홍구문집』 V, pp.253~269.

227

달리 표현해, 이 시점에서 '중·미 우호(a Sino-Ameriacn cordiality)'가
진행되고 있으며, 소련은 이것이 '중·미 공동패권(a Sino-Ameriacn co-
hegemony)'으로 발전하는 것을 방지하고자 시도하면서 '러·일동맹(a
Russo-Japanese alliance)'을 추구할 것 같다고 조심스럽게 전망했다.

이러한 전제 아래 이 교수는 우선 일본의 상황을 설명했다. 오늘날
일본에게는 소련의 군사적 위협은 중동의 석유 공급 중단 위협보다 훨
씬 덜 심각해졌다고 분석한 뒤 일본으로서는 미국과의 군사동맹은 여전
히 유지하면서 소련과는 시베리아의 석유자원을 공동개발하는 방향으
로 움직이게 되었다고 덧붙였다.

이 교수는 다극화된 국제관계에서 자원과 같은 '비(非)안보문제'가 중
요한 쟁점으로 부각된 상황에서 중국이 석유를 포함한 여러 자원을 넉넉
히 갖고 있음에 자신감을 갖고 중간 권역 전반에 대해 접근정책을 더 적
극적으로 추진할 것으로 보았다. 구체적으로, 선진공업국가들과는 '제휴'
와 '협력'을 추진하고, 동유럽 국가들에 대해서는 '소련제국주의'를 공격
함으로써 언젠가는 그들이 소련의 '지배'에 저항하도록 유도하고 있다고
보았다. 다른 한편으로, 자연자원이 넉넉한 제3세계에 대해서는 자원의
공동개발과 같은 방안을 제시할 것으로 보았다. 이 교수는 중국의 정책이
지나친 낙관주의에 바탕을 둔 것 같다고 조심스럽게 논평했다.

마지막으로, 이 교수는 동아시아에서 '자원통제의 정치'와 관련해
'즉각적이면서 폭발적인 영역'으로 셋을 꼽았다. (ⅰ) 동중국해를 비롯한
여러 해양에서의 '영해분쟁', (ⅱ) 남베트남 정부의 남중국해에서의 서구
및 일본 석유회사에 대한 개발권 허여(許與)와 그것에 대한 중국과 이웃
나라들의 반발, 그리고 (ⅲ) 말라카해협 자유통행권을 둘러싼 분쟁, 그리
고 그것이 인도네시아·말레이시아·싱가포르·일본에 미치는 영향 등이
그것들이다.

이 교수의 분석을 청취한 뒤, 닉스 소위원장은 몇 가지 질문을 던졌
다. 그것들 가운데 하나는 소련과 중국이 각각 일본에게 일본이 원하는

만큼의 석유를 공급할 것이냐의 문제였다. 이 교수는 자신의 '추정'으로는 그러한 일은 일어나지 않을 것이라고 대답했다. 이 교수는 다시 자신의 '추정'임을 전제하고 소련의 매장량이 중국의 매장량보다 훨씬 많다고 말하면서 소련과 중국 가운데 소련이 일본에게 석유를 공급할 수 있을 것이라고 증언했다. 여기서 닉스 소위원장은 미국이 최우선적으로 고려해야 할 일이 한마디로 요약한다면 무엇이냐고 질문했다. 이 교수는 미국은 중국과의 '친교'를 계속해서 유지하면서 일본이 소련과 '동맹 같은 것'으로 가지 않게 하는 것이 좋을 것이라고 권고했다. 닉스 소위원장은 이 교수의 증언에 대해 감사의 뜻을 표시하는 것으로 청문회를 마쳤다.

하버드로 돌아온 뒤 이 교수는 이 주제에 관한 연구를 계속해, 1975~1976년에 세 편의 논문을 발표한다.[7] 이 세 논문은 석유를 중심으로 하는 세계적 '자원위기' 속에서 중국이 취하고 있는 정책을 검토하고 더 나아가 동아시아에서 일어날 국제관계의 변화를 전망한다는 점에서 공통점을 지닌 채 서로 연결되어 있다. 그것들 가운데 하나는 우리가 제3장 제3절 제3항에서 살핀 제2명제와 흐름을 같이 한다.[8] 이 교수는 환경보호의 문제는 자연과학적·공학적 수준의 기술적 문제에 국한된 문제가 아니라 정치적 문제임을 강조하고 정치를 통해 이 문제를 풀어야 할 것이라고 역설하며 다음과 같은 취지로 썼다.

---

7) (i) "The Politics of Environmental Protection in International Transactions," a position paper delivered at the "Symposium on Private Investment and International Transactions in Asian and South Pacific Countries," Sydney, Australia(August 19~23, 1974); 『이홍구문집』 V, pp.271~275.
(ii) "What China Expects and Plans For," *Worldview*, Vol. 15, No. 5(May 1975), pp.39~41.
(iii) "China in the Politics of Resource Control: From the Socialist Camp to the Third World," *Korean Journal of International Studies*, Vol. 7, No. 3(1976); 『이홍구문집』 V, pp.293~321.
8) "The Politics of Environmental Protection in International Transactions"; 『이홍구문집』 V, pp.271~275.

선진공업국은 경제성장의 산물로 환경오염이 발생하는 경우, 개발도상국가에 진출한 '다국적 기업'을 통해 개발도상국가를 상대로 오염물질을 '수출'("export of pollution")하는 경향이 높다. 자연히 개발도상국가는 그것만으로도 환경오염의 부담을 안게 된다. 그래서 중국은 1973년 봄에 열린 유엔총회의 특별분과 그리고 1974년 여름에 열린 유엔해양법 회의에서 다국적 기업을 '제국주의의 도구'라고 명명하며, 강대국이 개발도상국에 공해를 수출하는 행위는 국제정치에 있어서 주권국가들 사이의 평등과 형평의 원칙을 위반하는 것이라고 비난했다. 중국의 이러한 비난은 호소력이 있기에 많은 나라에서 공감을 불러일으키고 있다. 다른 한편으로, 개발도상국가가 어느 다른 가치보다도 경제성장을 우선시하며 경제성장을 추구하면 자체 내에서 환경오염문제가 발생한다.

이 교수는 특히 개발도상국가의 경우 환경오염문제는 사회적으로 큰 논란을 불러일으키고 그것은 정부의 정책 전반에 대한 논쟁으로 확대되면서 정치체제의 안정에 심각한 영향을 줄 수 있으며 정통성의 위기를 조성할 수 있다고 경고했다. 그는 이어 다국적 기업은 공해 수출을 포기해야 하며, 정부와 기업은 환경보호와 경제성장 사이의 '공평한 균형'을 취하도록 노력하고 그것을 대중이 받아들일 수 있도록 노력해야 한다고 제언했다.

제2절
서양정치사상에 관한 책과 논문을 출판하다

제1항
『근대정치사상사』 번역·출판

이홍구 교수는 윌슨센터로의 출국 직전에 우리가 제2장 제2절 제2항에서 살폈던 자신의 예일대학교 정치학과 은사였던 프레데릭 왓킨스 교수의 『이데올로기의 시대』를 번역해 놓았는데, 을유문화사는 그가 출국한 직후인 1973년 3월에 『근대정치사상사』라는 제목으로 출판했다. "현대는 분명 '이데올로기의 시대'이다."라는 유명한 문장으로 시작한 이 책은 저자 왓킨스 교수의 표현을 빌린다면 '자유주의·공산주의·파시즘 등과 같이 지나간 200년에 걸쳐서 현대정치에 특유하고 결정적 요인으로 등장한 넓고 포괄적인 교의(敎義)들'의 분석과 해설에 초점을 맞추었다. 왓킨스 교수는 다음과 같이 부연했다.

지나간 시대와는 판이한 양상으로서 현대의 전쟁은 이데올로기의 전쟁이며, 정치집단의 갈등은 곧 이데올로기의 갈등이다. 이러한 이데올로기의 본질이나 그 영향에 관한 어느 정도의 이해가 없이는 현대정치에 대한 연구는 거의 무의미한 것이 될 것이다. 이러한 문제를 파악하는 데 입문적 기초를 제공하고자 하는 것이 본서의 목적이다.[9]

---

9) 이홍구, 「저자서문」, 프레데릭 왓킨스 저/이홍구 역, 『근대정치사상사』(을유문화사, 1973), 15쪽.

이 교수는 자신이 담당한 서양정치사상사를 수강하는 학생들을 위해 이 책을 번역한 것으로, 「역자서문」은 이 책의 의미를 자세히 설명함으로써 18세기 이후 서양에서 전개된 정치사상사의 핵심을 이해하기 쉽게 만들어주었다. 우선 18세기 이후 서양에서는 '대중(大衆)'이 출현했고, 이것이 정치 전반에 엄청난 영향을 주고 있음을 상기시켰다. 이 교수는 이어 "인간은 정치적 존재인 동시에 이성(理性)을 지닌 존재라는 것을 잊어서는 안 된다. 그것은 곧 정치란, 인간의 이성을 떠나서는 이해될 수 없다는 지극히 자명하지만 가끔 망각되기 쉬운 명제를 부각시키는 것이다."라는 설명으로써[10] 아리스토텔레스적 입장을 유지했다. 또 '정치이론'과 '정치사상' 및 '정치철학'이 각각 어떤 의미를 갖고 있으면서 서로 연결되어 있는가를 풀이했다. 이 교수는 이 3자에 대해 훗날 자신의 「정치사상·정치철학·정치이론」에서 훨씬 더 자세히 설명한다.[11]

「역자서문」은 그것보다도 정치사상의 중요성을 조선=한국사의 맥락에서 매우 자극적인 명문으로 독자들에게 각인시켰다. 당시에 대학생으로 이 「역자서문」을 읽었던 이들이 반세기가 지난 오늘날에도 그때의 정신적 충격을 회상하고 있음을 고려해, 이 「역자서문」을 비록 길더라도 자세히 소개하도록 하겠다.

사상가가, 특히 정치사상가가 가장 멋있는 인물로 생각되던 시대가 있었다. 그 시대에는 정치사상을 강의하는 학자까지도 무작정 존경의 대상이 될 수 있었다. 그러한 정치사상의 황금시대가 사라져버린 것은 바로 이데올로기 종말론의 유행이 실증하였다. 사상가나 사상에 대한 연구가 점차

---

10)　이홍구, 「역자서문」, 프레데릭 왓킨스 저/이홍구 역, 『근대정치사상사』 1~14쪽 가운데 3~4쪽.

11)　서울대학교 사회과학대학 정치학과 편, 『신정치학개론』(서울대학교출판부, 1978), 479~480쪽. 이 부분은 다음에서 「정치사상·철학·이데올로기」로 개제되어 『이홍구문집』 II, 433~468쪽에 재수록됐다.

인기를 잃어가고 대중의 관심의 초점에서 벗어나고 있다는 사실은 우리 주변에서도 역력히 나타나고 있다.

그리 멀지 않은 과거만 해도 우리 사회에서는 '사상'에 대한 매력이 대단하였다. 그것은 물론 배움을 숭상하고 추상의 세계를 즐기는 선비의 전통이 자아낸 현상이기도 하였다. 그러나 정치사상이나 사상가가 관심과 존경의 대상이 될 수 있었던 것은, 그것이 어떤 개인의 정신적 유희를 위한 공허한 생각이나, 스스로의 안락과 영화를 위한 계획이나 수단이 아니라고 믿어졌기 때문이었다.

여기서 이 교수는 읽는 이들에게 감동적인 분위기를 자아내며 다음과 같이 이어갔다.

'사상'은 개인의 사리(私利)를 초월한 공익, 즉 민족·국가·인류의 장래를 경륜하는 웅대한 생각으로, 그리고 사상가는 그러한 웅대한 생각을 품고 자신의 생명을 희생하면서까지 투쟁하는 극적인 인물로 여겨졌기 때문이었다. '사상'이라는 어휘를 사용하기 시작한 것은 바로 우리 민족이 일제에게 나라를 빼앗기고 쓰라린 시련을 겪던 시절이었다, 그래서 '사상'은 곧 조국의 광복과 발전을 위한 꿈과 예지로, 사상가는 독립운동의 전위대적 역할을 맡고 있는 지성인으로 생각되었던 것이다. 그러한 역사적 상황 속에서 사상가나 사상을 연구하는 학자까지도 무작정 존경의 대상이 되었던 것은 오히려 당연하였다.[12]

이 교수에 따르면, "정치사상에 대한 관심이 높다는 것은 곧 정치(政治)가 꿈에 의하여 이끌어지고 있다는 시대적 성격을 반영하는 것이다." 그런데, 이 교수의 관찰로는, 오늘날 "우리는 꿈보다도 현실의 실리를 추

---

12) 「역자서문」, 1~2쪽.

233

구하는 정치적 분위기 속에서 살고 있다." 그리하여, "대학의 교과과정 속에서 정치사상이 차지하는 위치와 인기도 점차 하락하고 [있고, …] 대학을 찾아오는 우수한 젊은이 가운데서 정치사상을 전공하겠다든가 사상가가 되어보겠다는 학생의 수는 극히 적은 것이 사실이다."[13]

그러나 그러한 상황일수록 정치사상을 공부해야 할 필요성을 외면해서는 안 된다고 이 교수는 역설했다. 그는 자신의 논리를 다음과 같이 제시했다.

> 정치사상이란, 그리고 이를 뒷받침하는 정치규범이란, 구체적인 경험을 떠나서는 무의미한 것이다. 이 경우에 경험이란 정치적 존재로서의 각 개인의 경험이 동시에 정치적 공동체로서의 민족이나 국가의 공동경험을 말하는 것이다. 공동경험에 대한 이해(理解)나 가치판단은 직감적인 기분이나 몇 토막의 정보를 바탕으로 이루어지기는 거의 불가능하다. 그것은 공동경험의 폭이 넓다는 이유뿐만 아니라, 민족이나 국가와 같은 정치공동체의 경험이 대체로 오랜 시간을 두고 축적된다는 경험의 역사성으로부터 말미암은 것이다. 공동경험의 의미와 성격을 역사적 차원에서 이해하고 공동체의 미래를 구상한다는 것은 규범적 차원에서의 체계적인 사고를 토대로 할 수밖에 없고, 그러기에 정치사상의 중요성과 필요성이 자명하여지는 것이다.[14]

이 교수는 「역자서문」에서 전개한 논지를 그가 정치사상과 관련해 훗날 발표하는 일련의 저술에서 더 자세한 해설과 함께 되풀이한다.

---

13) 위와 같음, 2~3쪽.
14) 위와 같음, 7~8쪽.

제2항
『정치학개론』및 『신정치학개론』에서의 서양정치사상 소개

이 교수는 귀국한 직후인 1975년 4월 1일에 부교수로 승진했다. 그때로부터 6주가 지난 1975년 5월 13일에 박 대통령은 긴급조치 9호를 공포해 그동안 철저히 억눌러왔던 국민의 기본권을 더 옥죄었다. 이것만으로도 부족하다고 느꼈는지 유신 정부는 1975년 7월 23일에 교수재임용제도를 도입해, 이미 정년이 보장된 교수들조차 재임용을 위한 심사를 받게 했다. 이것은 물론 유신체제에 비판적인 교수들을 압박하고 길들이기 위해 만든 제도였으며, 실제로 이 제도에 의거해 정권이 자의적으로 '반정부적 교수'로 지목한 교수들을 대학에서 쫓아냈다. 그 대표적인 영예로운 희생자가 이홍구 교수의 에모리대학교 동문인 서울대학교 사회과학대학 사회학과 한완상(韓完相) 박사였다. 이 교수는 심사를 통과할 수 있었으며 1976년 2월 29일에 부교수로 재임용됐다.

이 암울했던 시기에 서울대학교 사회과학대학 정치학과는 소속 교수들이 각자의 전공에 맞춰 집필한 『정치학개론』을 펴내기로 결정했다.[15] 이에 따라 이 교수는 「제5편 현대정치사상」을 담당하고, 「제1장 자유민주주의」(390~404쪽), 「제2장 사회주의」(405~437쪽), 「제3장 파시즘과 국가사회주의」(438~456쪽)를 썼다.

정치학과 교수들은 앞의 책을 전면 개정·증보해 『신정치학개론』을 출판했다.[16] 모두 9편으로 구성된 이 책에서 이 교수는 「제7편 현대정치사상」(463~501쪽)을 집필했다. 이 제7편은 세 개의 장(章)으로 구성됐다.[17]

제1장 「서론: 정치사상의 전통」은, 이 교수의 해설에 따르면, "2천5백

---

15) 『정치학개론』(서울대학교출판부, 1975)

16) 『신정치학개론』(서울대학교출판부, 1978)

17) 『이홍구문집』 II, 291~327쪽에 재수록.

년에 걸친 서양정치사상사를 전반적으로 고려하지 않고 지난 2백 년 동안 전개된 현대정치사상에 관심의 초점을 두었다.” 그 까닭은 “현대정치사상이 그 이전의 정치사상과는 전혀 새로운 성격을 지녔다.”라는 데 있다고 지적하면서, 현대정치사상으로서의 이데올로기는, (ⅰ) “그것이 자유주의든 공산주의든 다 같이 과도한 낙관주의 또는 유토피아적 요소를 다분히 지니고 있고”, (ⅱ) “광범위한 전파를 위하여 그 내용을 단순화하고 특히 우(友)·적(敵)의 구별을 극도로 단순화하는 경향이 짙으며”, (ⅲ) “언제나 엘리트에 의하여 만들어지고 그 전파의 대상을 대중으로 삼고 있으므로 엘리트에 의한 대중의 조작(操作)이라는 일면을 지니고 있다.”라고 설명했다.

이러한 인식 위에서, 그는 이러한 현대정치사상의 두 조류로 자유주의와 사회주의를 꼽았으며, 제2장은 「자유민주주의의 본질과 진화」를 설명했고, 제3장은 「공산주의의 이론과 실제」를 다뤘다. 제2장을 통해, 그는 자유민주주의의 핵심요소로, (ⅰ) 이성존중과 토론에 의한 문제해결, (ⅱ) 기회균등을 통한 평등주의, (ⅲ) 경험주의, (ⅳ) 폭력혁명을 반대하는 점진주의, (ⅴ) 입헌주의, (ⅵ) 다수결의 원칙과 소수의 권리 등을 지적했다. 이어 제3장을 통해, 그는 공산주의를 ‘전체주의적 이데올로기’이면서 ‘자신만이 모든 진리를 독점하고 있다는 교조적인 입장을 고집하는 이데올로기’이고 ‘유토피아의 환상에 매달리는 과도한 이상주의적 이데올로기’라고 철저히 비판했다. 결론에서 그는 ‘인권의 확립과 신장을 핵심으로 하는’ 자유민주주의를 옹호하면서, “오늘날 민주주의체제는 자본주의와 민주적 사회주의라는 두 가지 길을 통해 세계적으로 전파되고 있다.”라는 관찰을 제시했다.

제3항
「서양정치사상의 전통과 본질」 발표

이 교수는 이 논문을 통해 고대 희랍에서 시작해 현대에 이르기까지 전개된 서양정치사상의 역사를 쉽게 해설했다. 거기에는 고대 희랍의 플라톤과 아리스토텔레스, 고대 로마의 키케로와 세네카, 중세의 '기독교적 아리스토텔레스'인 토마스 아퀴나스(Thomas Aquinas), 르네상스 이후의 마키아벨리(Niccolò Machiavelli, 1469~1527), 그리고 토머스 홉스와 존 로크 및 장 자크 루소 등으로 대표되는 사회계약론자들, 그리고 헤겔과 토머스 힐 그린(Thomas Hill Green), 18세기 이후의 칼 마르크스와 생디칼리즘 및 아나키즘 등이 포함됐다. 또 "서양철학사는 플라톤에 대한 주석(註釋)의 역사이다."라고 말한 알프레드 화이트헤드, 『자유의 두 개념』을 써서 적극적 자유와 소극적 자유를 구분한 이사야 벌린, "영원히 동양은 동양이고 서양은 서양일 수밖에 없다."라는 루디야드 키플링(Rudyard Kipling), 반대로『동양과 서양의 만남』을 쓴 휠머 노드롭(Filmer S. C. Northrop) 등에 대한 설명이 포함됐다.

이 교수는 이 논문을 통해, 고대 희랍으로부터 시작된 고전적 사상의 전통은 '이성(理性)'이라는 주제로, 르네상스 이후로 전개된 근대사상은 '자유'라는 규범을 중심으로, 그리고 이른바 이데올로기 시대의 정치사상은 '혁명'이라는 이념을 바탕으로 설명했다. 그러면 이성이란 무엇인가? 이 교수에 따르면, "이성이란 단순한 합리성을 넘어서 물리적 및 논리적 세계에 공통되는 법칙성에 대한 인식, 즉 카시러의 말대로 미토스(Mythos)에 대한 로고스(Logos)를 뜻하는 것이다." 그것은 다음과 같은 네 가지 의미를 내포하고 있다.

첫째, 지식의 보편성이다. 이성에 입각한 지성이란 그것이 서술적이건 규범적이건 간에 어떤 예외를 인정하지 않거나 특수성에 얽매이지 않는 보

237

편성을 지녔을 때에 타당성을 갖는다는 것이다. 둘째, 이성을 바탕으로 한 규범적 처방이나 사실적 설명은 한가지로 '이론적 구조'를 지녔을 때 효력이 있다. 직감적이거나 신비로운 영감에 바탕을 둔 설명이나 처방은 설사 감정적 차원에서의 설득력이 있다 하여도 정치사상으로서의 타당성은 결여되어 있다는 것이다. 셋째, 이성에 입각한 정치사상은 인간을 개인으로서만 취급하지 않고 그가 형성한 사회나 국가의 일원으로 보기 때문에 개인과 전체란 두 차원에서의 설명이나 처방이 일관성 있는 조화를 이룰 수 있을 때에만 성공적이라고 할 수 있다. 넷째, 이성에 의하여 통합된 정치사상이란 여러 가지 상충되는, 그리고 경우에 따라서는 모순되는 개념이란 요소를 합리적으로 융합한 것이기 때문에 그러한 이성의 활동은 적지 않는 지적 시련을 겪어야 할 때가 있다. 따라서 이성의 중요한 의미는 그러한 시련을 극복할 수 있는 이성에 대한 믿음이다.

이렇게 이성의 의미를 설명한 데 이어, 이 교수는 "정치사상의 이성적 본질을 확립한 것은 어디까지나 희랍 정치사상의 공로였으며, 그러한 뜻에서 정치를 이성으로 성격 지으려는 입장을 우리는 고전적 전통이라고 부른다."라고 썼다. 그는 곧 이 '고전적 전통'은 그 이전에 '호머(Homer)의 서사시에서 극적으로 대표되는 영웅적 전통'을 대치하는 것이라고 설명했다. '영웅적 전통' 속에서, 인간의 행동은 개인적 또는 사적 감정과 목적에 따라 좌우됐고, 영웅의 시대는 로고스보다 미토스가 행동을 지배하는 시대였다. 이러한 시대에는 공공적(公共的, public) 차원이 존재하지 않았고 그것은 정치 자체가 존재하지 않았음을 의미했다. 이렇게 볼 때, 이 교수에 따르면, "정치를 더욱이 정치규범을, 설명될 수 없는 신비나 관습의 영역에 방치하지 않고 이성에 의하여 설명되고 납득될 수 있는 체계적 사고의 경지로 끌어들이려는 노력은 바로 서양정치사상의 고전적 전통이 지닌 핵심인 것이다."

고대 희랍에 이어 등장한 고대 로마의 정치사상은 희랍적 전통이 강조한 이성의 의미를 전 인류적 보편성으로 확대·발전시켰으며, 그 과정에서 '이성을 지닌 모든 인간의 평등'이라는 관념을 정립했다. 로마의 정치사상 다음에 나타난 중세의 정치사상은 기독교 신학의 결정적 영향을 받으며 성립됐다. 그렇지만, 다시 이 교수의 설명에 따르면, 성(聖) 아우구스티누스(Sanctus Aurelius Augustinus Hipponensis)로부터 토마스 아퀴나스에 이르는 중세사상도 고전적 전통으로부터 이탈한 것은 아니었다.

중세가 끝나면서 시작된 르네상스 이후의 서양정치사상에 대해, 이 교수는 그것을 '계몽적 전통'이라고 부르면서 "그것은 고전적 전통의 진수를 이루었던 이성의 회복을 [의미했을 뿐만 아니라] 이성이 재발견한 인간의 자유와 권리를 바탕으로 한 새로운 공동사회(community)의 기틀을 마련했다."라고 높이 평가했다. 여기서 한 걸음 더 나아가, 그는 "정치사상의 계몽적 전통이 자아낸 가장 뚜렷한 결과는 국민주권사상이며, 그것은 공동사회 안에서 존재하는 개인의 권리와 자유를 입헌적 차원에서 규정한 것이다."라고 설명했다.

'계몽적 전통'에 뒤를 이어, 근대가 시작되면서, 대중의 복종과 지지가 권력의 형성과 집행에 가장 큰 잠재적 동력이 됐다. 자연히 대중의 힘을 의식한 정치사상이 등장했으며, 그것은 '급진적 전통'을 지니게 됐다. 이 교수에 따르면, "이데올로기적 성격이 짙은 서양정치사상의 급진적 전통은 […] 힘이 곧 법이라는 현실주의, 현존하는 모든 것은 초월되어야 한다는 신비주의, 무지개와 같은 미래는 반드시 도래한다는 유토피아주의, 인류는 멸망할 수밖에 없다는 비관론 등이 뒤섞인 것이었다." 그리고, "[그것들은] 각각이 지닌 논리성 여부보다도 대중에 대한 감정적 설득력에 의해 뒷받침되고 있었고, 특히 산업혁명이 수반한 새로운 계층구조와 빈곤의 집중화·노출화는 대중에게 경제적 평등에 역점을 두는 혁명론이 매력적이 되었다."

고대 이후 근대에 이르기까지 서양정치사상이 전개된 과정을 이렇게 개관한 뒤, 이 교수는 "결국 우리는 '이성' '자유' '혁명'을 아직도 서양정

치사상의 본질적 규범이라고 판단하는 입장에 머물고 있는 것이다."라
는 문장으로써[18] 이 논문을 마쳤다.

18)   이홍구, 「서양정치사상의 전통과 본질」, 연세대학교 동서문제연구원 편, 『동서양사회의 비교
연구』(연세대학교 동서문제연구원, 1979), 117~130쪽; 『이홍구문집』 II, 275~289쪽에 재수록. 인용
된 부분은 289쪽에 있다.

제1항
연구소의 개설

서울대학교종합화계획에 따라 1975년 3월 새 학년도에 서울대학교의 한 단과대학으로 사회과학대학이 신설됐다. 이것은 곧 서울대학교 산하의 연구소들 가운데 하나로 사회과학연구소를 신설하는 것이 필요하다는 의견으로 이어졌으며, 사회학과 이해영 교수와 정치학과 이홍구 교수의 주도로 1976년 4월 24일에 서울대학교 안의 한 법정연구소로 신설되기에 이르렀다. 연구소는 7동 315호에 마련됐다. 정부는 1977년 2월 28일에 대통령령 제8460호로 설립을 인가했다.[19]

이 연구소의 취지는 "사회과학의 기초연구를 향상시키고 국가적인 안목은 물론 국제적인 견지에서 경제성장과 사회발전 분야의 정책연구를 촉진시키고자 하는 데 있다." 이러한 취지 아래, 이 연구소는 서울대학교 재직 중인 사회과학 분야의 교수진뿐만 아니라 국내외 학자들과 협조해 (ⅰ) 지역연구, (ⅱ) 복지연구, (ⅲ) 자원과 환경, (ⅳ) 범세계적 발전의 모형개발, (ⅴ) 사회과학과 정책연구의 방법론 등 다섯 가지 핵심과제에 대하여 제(諸)분과 공동연구를 추진하고 장래에 이 분야에 종사할 대학원 학생을 교육·훈련하는 일 및 이와 관련된 여러 가지 활동을 진행

---

19) 서울대학교 사회과학연구원 홈페이지(http://iss.snu.ac.kr/).

했다.[20]

이 교수는 1976년 6월 9일에 서울대학교 사회과학연구소 부소장을 겸하면서 소장인 이해영 사회학과 교수를 보좌하게 됐다. 이해영 교수는 원래 이홍구 교수를 높이 평가하고 있었고 이홍구 교수는 이해영 교수를 존경하고 있었기에, 서로 호흡을 맞추며 연구소를 잘 이끌었다. 실제로, 이홍구 교수가 '이 연구소의 산파역으로, 또 초창기 발전의 기틀을 마련하신 분'이라고 칭송한[20] 이해영 초대 소장 때만 보아도 사회과학 분야 세미나가 17회 열렸고, 사회과학정책 세미나가 6회 열렸으며, 사회과학연구보고 시리즈를 2회 출판했다.[22]

이 연구소는 2대 소장 이홍구 교수, 3대 소장 김경동 교수(사회학과), 4대 소장 김세원 교수(국제경제학과), 5대 소장 최명 교수(정치학과), 6대 소장 조명한 교수(심리학과), 7대 소장 안청시 교수(정치학과) 등을 거치면서 성장과 발전을 계속했고, 창설로부터 21년 뒤인 1997년 3월 1일에 서울대학교 사회과학연구원으로 확대되며, 2022년 3월 현재 산하에 세계경제연구소, 비교문화연구소, 사회복지연구소, 한국정치연구소, 심리과학연구소, 중국연구소, 행복연구센터, 사회혁신교육연구센터 등 모두 여덟 개의 연구소를 두고 있다.

현재 원장은 2022년 2월에 임명을 받은 정치외교학부 안도경(安度勁) 교수가 맡고 있다. 그는 서울대학교 사회과학대학 정치학과를 졸업하고 서울대학교 대학원 정치학과에서 석사학위를 받은 데 이어 미국 인디애나대학교 블루밍턴 캠퍼스 대학원 정치학과에서 공공선택이론을 전공해 2001년에 정치학박사학위를 받았으며, 플로리다주립대학교 조교수와 고려대학교 정경대학 행정학과 부교수를 거쳐 2010년에 서울대학교 사회과학대학 정치학과 교수로 부임했다.

---

20) 이홍구, 「머리말」, 『사회과학과 정책연구』 제1권 제3호(1979년 12월), ⅰ.
21) 「사회과학연구소 안내」, 『사회과학과 정책연구』 제1권 제1호(1979년 8월), 293쪽.
22) 「사회과학연구소 안내」, 293~298쪽.

- ● **서울대학교『대학신문』주간 대행**

이홍구 교수는 사회과학연구소 일 이외에 서울대학교『대학신문』의 주간을 대행했다. 교내 주간지인 이 신문의 주간으로 활동하던 정치학과의 김영국 교수가 1976년 2월부터 6개월 동안 파리정치대학교에서 연구 생활을 하게 됨에 따라 주간을 대행한 것이다. 그는 당시 시국에 관한 불만을 지면에 반영하고자 하는 학생기자들을 무리없이 이끌었다는 평을 받았다.[23]

제2항
『사회과학과 정책연구』 창간

이홍구 교수는 이해영 소장의 뒤를 이어 1979년 1월 1일에 사회과학연구소 소장을 맡았다.[24] 부소장 겸 연구부장은 사회학과의 김경동 교수가, 자료도서실장은 국제경제학과의 한승수 교수가 각각 맡았다. 서울대학교 문리대 사회학과를 졸업하고 미시간대학교 대학원 사회학과에서 석사학위를 받은 데 이어 코넬대학교 대학원 사회학과에서 박사학위를 받은 김경동 교수는 노스캐롤라이나주립대학교 교수를 거쳐 서울대학교 사회과학대학 사회학과 교수로 부임했으며, 훗날 대한민국 학술원 회원으로 선출된다. 한승수 교수는 연세대학교 정법대학 정치외교학과를 졸업하고 서울대학교 행정대학원에서 석사학위를 받은 데 이어 영국 요크대학교 대학원 경제학과에서 박사학위를 받고 케임브리지 대학교 교수로 봉직한 뒤 서울대학교 사회과학대학 국제경제학과 교수

---

23) 김학준, 『인산 김영국 교수의 정치학: 은사를 빛내는 조연을 자처하며 서양정치철학 연구의 전통을 이어가다』(인간사랑, 2019), 290~291쪽.
24) 「서울대학교 인사기록카드: 이홍구」, 3쪽.

로 부임했으며, 국회의원, 주미대사, 대통령비서실장, 재정경제원장관 겸 경제부총리, 외교통상부장관, 유엔총회 의장을 거쳐 국무총리로 봉직한다.

이홍구 소장 등은 곧바로 연구소의 정기 논문집 출판을 준비하기 시작해 1979년 8월 25일에 계간지 『사회과학과 정책연구』 제1권 제1호를 출판할 수 있었다. 이 창간호의 「창간사」에서 이 소장은 이 계간지의 성격과 방향에 대해 다음과 같이 썼다.

> 우리 사회는 지난 한 세대 동안에 역사적 변화를 경험했다. 그러나 변화의 급류는 아직도 세차게 흘러내리고 있다. 그러한 변화, 즉 근대화·도시화·공업화·기계화 등이 지닌 내용과 성격을 어떻게 설명할 것인가? 또 지속되는 변화의 방향을 어떻게 처방할 것인가? 이에 대한 실증적이고 일관성 있는 대답을 모색하는 것이, 그리고 그 대답을 우리가 지닌 규범, 즉 민주·복지·통일 등의 목표 밑에서 어떻게 체계화하느냐 하는 것이 우리가 피부로 느끼는 한국사회과학의 과제인 것이다. 그러한 구체적 처리 방향과 방법에 대한 연구를 우리는 넓은 의미에서 '정책연구'라고 불러보기로 한다.[25]

이 소장은 곧 연구소의 연구 초점을 공산권 연구에도 맞췄다. 이와 관련해, 그는 우선 "공산권 연구의 중요성이 일찍부터 인식되어왔음에도 불구하고 이렇다 할 연구업적이 적었던 것은 한국적인 특수성이 복잡하게 작용했던 까닭이지만 이제는 더 늦출 수도 없고 늦춰서도 안 된다는 것이 우리의 판단인 것이다."라고 쓰고, "공산권이라는 어휘 자체가 냉전의 잔재와 같은 인상을 풍기기도 하나 한반도가 처해있는 국제정치역학에서의 위치를 감안할 때, 중공과 소련에 대한 연구가 무엇보다도 시급하고 특히 이 두 나라의 한반도정책에 관한 연구가 우선적이어

---

25)　이홍구, 「창간사」, 『사회과학과 정책연구』 제1권 제1호(1979년 8월), ⅰ.

야 한다고 판단했다."라고 덧붙였다.[26]

이러한 배경에서, 연구소는 서울대학교 인문대학 서양사학과 소속으로 러시아사 전공인 이인호(李仁浩) 교수를 '연구교수'의 자격으로 동참시켰다. 이인호 교수는 서울대학교 문리대 사학과에 재학하다가 도미해 웰즐리칼리지(Wellesley College)를 졸업하고 래드클리프칼리지(Radcliffe College) 대학원에서 소련지역학을 전공해 석사학위를 받았으며, 하버드대학교 대학원 사학과에서 러시아사 연구의 거장인 리처드 파이프스(Richard Pipes) 교수의 지도 아래 박사학위를 받았다. 럿거스대학교 조교수와 고려대학교 교수를 역임한 뒤 서울대학교 인문대학 서양사학과 교수로 부임했으며, 김영삼 정부에서 핀란드대사에 이어 러시아대사를 역임한다.

연구소가 제 궤도에 들어선 시점이던 1979년 10월 17일에 이해영 초대 소장이 향년 54세에 급환으로 별세했다. 광복 직후인 1946년 6월 12일에 서울대학교 예과 문과 2년을 수료하고 1949년 7월 15일에 서울대학교 문리대 사회학과를 졸업한 뒤 서울대학교 문리대 사회학과 강사로 교직을 출발한 이해영 교수는 일생을 서울대학교에 바친 가운데 서울대학교 문리대에 인구·발전문제연구소를 세웠고 교무처장과 문리대학장을 역임했다. 오로지 학자 외길을 걸으며 훌륭한 스승으로 존경을 받았던 그의 학덕을 기리고자 이홍구 소장은 『사회과학과 정책연구』 제1권 제3호(1979년 12월)를 추모 특집으로 마련했다.

『사회과학과 정책연구』는 이후 계속해서 출판되다가, 사회과학연구소가 사회과학연구원으로 확대됨과 아울러 1997년부터 『한국사회과학』으로 개제했다. 학계에서 높은 평가를 받던 이 논문집은 산하 연구소가 각각 논문집을 발행함에 따라 2011년에 스스로 발행을 그만두었다.

---

26)　이홍구, 「머리말」, 『사회과학과 정책연구』 제1권 제2호(1979년 12월), ⅰ.

제4절
한국공산권연구협의회 창설에 참여하다

제1항
한국공산권연구협의회 부회장으로 활동하다

정부는 1970년대 후반에 들어오면서 소련과 중공 및 북한을 포함한 공산권에 관한 학술적 연구의 필요성을 절감하고, 국내 4개 대학교의 유관 연구소에 1978년부터 1982년까지 5년에 걸쳐 공산권연구를 재정적으로 지원할 것을 결정하고 예산을 배정했다. 그 연구소들은 고려대학교 아세아문제연구소, 서울대학교 사회과학연구소, 연세대학교 동서문제연구소, 한국외국어대학교 소련·동구문제연구소 등[가나다순]이었다.[27]

이에 따라, 이 네 연구소는 자신들 사이에서 정보를 교환해 공유하고, 각 연구소 간 연구에 중복을 피하며, 필요한 경우 공동연구를 추진하기 위해 1979년 6월에 한국공산권연구협의회를 발족시켰다. 동시에 회장에 고려대학교 아세아문제연구소 설립자이며 소장인 김준엽(金俊燁) 교수를, 부회장에 서울대학교 사회과학연구소 소장인 이홍구 교수를 선출했다. 협의회의 살림을 맡는 총무이사에는 서강대학교 문과대학 정치외교학과 이상우(李相禹) 교수를 선임했다.[28]

---

27) 「문교부, 대학 공산권연구 적극 지원」, 『동아일보』(1978년 11월 3일), 7쪽.

28) 김준엽, 「머리말」, 한국공산권연구협의회 편, 『공산권연구 현황』(법문사, 1981), 3~11쪽; 박수헌·신범식, 「'제3세대' 이후 국내 러시아 연구의 현황과 과제: 사회과학을 중심으로」, 『러시아연구』 제16권 제2호(2006년 12월), 319~353쪽.

제2항
세계정치학회 모스크바대회에 참석하다

한국공산권연구협의회가 발족한 직후인 1979년 8월 12일에 세계정치학회(IPSA)는 제11차 세계대회를 모스크바 노동조합회관에서 개최했다. 세계적 정치학자인 하버드대학교 칼 도이치 교수가 회장으로 주재한 이 세계대회는 '평화·발전·지식에 대한 정치학의 공헌'을 주제로 50여 개국의 학자 1466명이 참가했으며 18일에 폐막했다. 개최국인 소련은 레오니트 브레즈네프(Leonid Ilyich Brezhnev, 1906~1982) 소련공산당 중앙위원회 서기장이 개막식에 즈음해 메시지를 보내는 방식으로 큰 관심을 나타냈다. 당시 소련은 1980년 여름에 모스크바에서 열릴 제22회 하계올림픽대회가 성공적으로 개최될 수 있도록 여러 방면에서 신경을 썼다. 그러한 배경에서, 세계정치학회 세계대회가 모스크바에서 열리게 되자 소련의 최고권력자가 국제평화를 강조하는 메시지를 발표한 것이다.

이홍구 교수는 김세진(金世珍)·김행자(金幸子)·김홍명(金弘明)·라종일(羅鍾一)·박동서(朴東緖)·이경숙(李慶淑)·이상우(李相禹)·이영호(李永鎬) 교수 [가나다순] 등 15명의 한국 학자와 함께 이 대회에 참석했다. 이 교수도 그러했지만, 그들 모두 처음으로 소련을 방문한 것이었다. 한국정치학회가 세계정치학회에 단체회원으로 가입한 것은 1967년 9월 18~23일에 벨기에의 수도 브뤼셀에서 열린 제7차 세계대회 때였다. 이에 따라 한국정치학회는 1970년 8월 31일~9월 5일에 독일 뮌헨에서 열린 제8차 세계대회에 한국정치학회 총무이사인 서울대학교 문리대 정치학과 김영국 교수를 학회의 공식대표로 파견했었다.[29]

이후 한국의 정치학자들은 세계대회에 꾸준히 참석했으나 소련에서

---

29) 한국정치학회50년사편찬위원회 편, 『한국정치학회50년사』(한국정치학회, 2003), 690쪽.

열린 세계대회에 참석한 것은 이번이 처음이었다. 당시 소련은 국제기구 또는 세계적 단체나 학회가 소련에서 회의를 열 때는 미수교국가 또는 '적성국가'의 국민에게도 입국을 허가했으며, 따라서 이 대회에 한국의 정치학자들이 입국할 수 있었던 것은 놀라운 일이 아니었다. 그러나 민감한 '정치'문제를 다루는 회의였기에 혹시 거부하거나 또는 일부만 입국시키는 것이 아닐까 하는 조심스러운 우려가 없지는 않았다. 그래도 출국 이전에 입국 희망자 16명 전원에게 입국사증이 발급됐고 또 모스크바 공항에서 입국이 순조롭게 이뤄진 데다가 대회에서 자유로운 학술토론이 허용되자 국내에서는 큰 관심을 불러일으켰다.[30]

소련의 배려는 거기서 끝나지 않았다. 소련 당국은 세계정치학회 모스크바대회 주최 측과 협의해 참석자들을 그때 레닌그라드로 불렸던 오늘날의 상트페테르부르크(영어로는 세인트피터스버그)로의 집단여행을 마련했다. 이 계제에 이 교수는 이웃 라트비아공화국과 에스토니아공화국도 방문했다. 리투아니아공화국과 함께 '발틱 3국'을 구성하는 이 두 공화국은 중세시대의 건물들을 그대로 지닌 고풍스러운 국가들로 스탈린 때인 1940년에 강제로 소련에 편입됐다가 고르바초프가 소련 대통령이던 때인 1991년 8월에 소련으로부터의 탈퇴에 성공해 오늘날까지 독립된 국가로 존속하고 있다.

이 교수는 8월 14일에 열린 제5분과 제2주제에서 「불균형적 성장의 변증법: 두 개 한국의 사례」를 발표했다.[31] 이 논문에서, 이 교수는 '발전'을 향해 서로 다른 길을 걸어온 남과 북의 체제적 성격과 발전전략을 비교했다. 공산주의 이데올로기를 채택하고 인적 자원과 물적 자원 모두를

---

30) 「모스크바 국제정치학회 개막 한국학자 등 1500명 참석」, 『동아일보』(1979년 8월 13일), 1쪽.
31) Hongkoo Lee, "Dialectics of Unbalanced Growth: The Case of Two Koreas," in Chong-sik Chung and Hakjoon Kim, eds., *Korean Unification Problems in the 1970's*(Seoul: Research Center for Peace and Unification, 1980), pp.50~88; 『이홍구문집』 V, 487~525쪽에 재수록.

철저히 '동원'하는 동원체제(mobilization system)를 운영하며 신속한 공업화를 달성한 북한, 그리고 자유민주주의와 시장경제원리라는 이데올로기를 채택하고 대외개방정책을, 특히 수출정책을 추진하는 가운데 역시 신속한 공업화를 달성한 남한을 비교한 것이다. 이 교수는 남과 북이 그러한 전략을 추구함에 있어서 남북 사이의 군사대결이 빚어낸 군사긴장, 그리고 주변 국가들 사이에서의 적대 및 협력 관계가 남과 북 모두에 끼친 영향에 대해서도 설명했다.

케네스 얀다(Kenneth Janda) 교수와 미하일 일린(Mikhail Ilyin) 교수 및 존 트렌트(John Trent) 교수 등 3인은 모스크바대회로부터 35년이 지난 2014년에 캐나다 몬트리올에서 열린 세계정치학회 23차 세계대회에서 「세계정치학회 11차 모스크바대회 재평가」라는 분과를 마련했다. 그들은 모스크바대회가 당시 소련공산당 중앙위원회 농업담당비서였던 미하일 고르바초프(Mikhail S. Gorbachev, 1931~2022)에게 '큰 영향을 미쳤다'고 논평한 데 이어, 그 영향은 고르바초프가 1985년 3월에 소련공산당 중앙위원회 서기장으로 선출된 뒤 개혁·개방정책을 추구한 것으로 나타났다는 취지로 결론을 내렸다.[32]

---

32) "Video: Special Session; Moscow 1979; The 11th IPSA World Congress; 23rd IPSA World Congress of Political Science in Montreal," July 21, 2014.

제5절
기존의 명제들에 연관된 평론들을 발표하다

이 교수는 자신의 지론을 담은 기존의 명제들에 연관된 평론들을 계속해서 발표했다.

제1항
제4명제(이데올로기의 시대와 민족주의)

우선 이 교수는 현대가 '이데올로기의 시대'임을 강조하면서 한국민족주의를 거론한 제4명제에 관한 평론을 무려 일곱 편이나 발표했다. 이 유신시대에 그가 가장 정력적으로 집필한 주제는 바로 한국민족주의였는데, 발표한 순서대로 그 개요를 살피면 다음과 같다.

첫째, 이 교수는 우선 「정치이념의 혼란과 전개」를 발표했다.[33] 해방 30년의 한국정치를 논할 때 사람들은 흔히 그 시대에 정치이념이 존재하지 않았다는 '정치이념 부재'론을 펴는데, 이 교수는 그것은 사실이 아니라고 말했다. 그는 해방 30년의 한국정치사를 정치이념의 시각에서 두 시기로 나눴다. 그 분기점은 1960년의 4·19였다. 그에 따르면, 4·19 이전의 시기는 '외래적 요소에 의한 정치이념의 혼란기'로, 비록 미국의 영

---

33) 「정치이념의 혼란과 전개: 해방30년, 시련과 극복의 역정 2」, 『대학신문』(1975년 6월 9일), 4쪽; 『이홍구문집』 Ⅰ, 331~340쪽에 재수록.

향 아래 그리고 미·소냉전의 분위기 속에서 자유민주주의가 선두에 섰
으나 한국적 규범으로 만들어지지는 않았다. 그런데 4·19 이후 그 이전
의 '이념적 혼란에 대한 반성을 통해 새로운 주체의식이 이념화되는, 즉
민족주의의 필요성을 통감'하게 됐다. 그는 다음과 같이 부연했다.

> 이것은 국제정치의 냉전적 성격이 점차 흐려가기 시작했다는 국제적 환경,
> 그에 따라 이데올로기 자체의 정치적 효용성을 의심하는 이데올로기 종말
> 론의 유행 등에 영향을 받은 바도 없지 않았다. 그러나 근본적으로는 정치
> 체제의 정당성 여부는 민족사회의 정통성을 바탕으로만 판별될 수 있다는
> 민족의식의 내면적 강화에서 민족주의적 이념들은 노출되기 시작했던 것
> 이다.

여기서 이 교수는 4·19를 계기로 노출된 민족주의적 근원을 18세기
부터 활발히 전개된 실학적 입장과 정통적 성리학에서 찾았고 그것이 19
세기에 들어와 민족의식이라는 차원에서 개화사상과 위정척사사상으
로 발전했고 이 둘이 한국민족주의의 두 개의 주류를 형성했다고 보았
다. 이러한 전제 아래, 그는 우리의 정치이념은 자유와 평등 그리고 주체
성이라는 세 개의 정치규범을 바탕으로 삼기에 이르렀다는 결론을 제시
했다. 특히 주체성과 관련해, 그는 "해방 30년 만에 우리는 스스로에 대
한 어떤 자신을 갖게 되었고, 우리의 민족적 운명은 자율적으로 결정하
여 나가겠다는 믿음이 점차 성숙하여지고 있다. 이것은 전 국민의 통일
에 대한 의지에서도 역력히 찾아볼 수 있다."라고 단언했다.

이 교수의 이러한 논지와 관련해 한 가지 토론되어야 할 논점이 있
다. 그것은 4·19를 분기점으로 삼으면서도 4·19 직후 일정한 기간에 남
한사회에서 '자주'와 '민족주의'를 주제로 전개된 담론과 운동에 대해 전
혀 언급하지 않았다는 사실이다. 특히 흔히 '혁신세력'으로 불린 좌파세
력 또는 '좌파적 진보세력'은 이 두 단어를 빈번히 사용하면서 '남북 사

이의 직접적 대화와 협상을 통한 민족통일'을 제의했으며, 반미적·친북적 성향을 감추지 않고 드러냈다. 때로는 민족자주를 내세우면서 반외세에 근거한 한반도중립화통일론을 제시하고 운동을 벌이기도 했다.[34] 어떻게 보면, '민족자주주의'가 과잉 노출된 시기였다. 5·16세력의 일부도 본질적으로 같은 성향을 드러냈다. 박 대통령이 집권 초기에 표방했던 '민족적 민주주의' 그리고 같은 맥락에서 그의 핵심 측근으로 알려졌던 황용주(黃龍珠) 문화방송사 사장이 1964년에 발표한 논설「강력한 통일정부에의 의지」등은 대한민국의 전통적 보수세력이 형성하고 유지한 반북적·친미적 정치질서를 근본적으로 변혁할 뜻을 담고 있었던 것이다.[35]

둘째,「서평: 신용하,『독립협회연구: 독립신문·독립협회·만민공동회의 사상과 운동』」이다.[36] 서울대학교 사회과학대학 사회학과 신용하 교수가 자신의 이 책을 1976년에 일조각에서 출판하자 이홍구 교수는 곧바로 장문의 서평을 발표했다. 이 교수는 구한말의 민족주의운동과 관련해 중요한 의미를 지닌 서재필(徐載弼) 주도의『독립신문』과 독립협회 그리고 그것들에 바탕을 둔 만민공동회의 사상과 운동을 원자료를 중심으로 치밀하게 분석한 신 교수의 노력을 높이 평가했다. 그러한 전제 아래, 이 교수는 신 교수의 주장이 적어도 두 갈래의 연구 방향을 제시했다고 보면서 다음과 같이 부연했다.

(i) 독립협회의 자주민권자강의 사상이 민족주의와 민주주의 및 근대화 사상의 전개로 연결된다고 할 때 과연 한국의 민족주의와 민주주의 및 근

---

34) Sungjoo Han, *The Failure of Democracy in South Korea*(Berkeley, C.A.: Th University of California Press, 1974), pp.201~203.

35) Hakjoon Kim, *The Domestic Politics of Korean Unification: Debates on the North in the South, 1948~2008*(Seoul: Jimoondang, 2010), pp.120~121.

36) 이홍구,「서평: 신용하,『독립협회연구: 독립신문·독립협회·만민공동회의 사상과 운동』」,『대학신문』(1976년 3월 8일), 4쪽(이 장문의 서평은『이홍구문집』에 수록되지 않았다).

대화사상의 성격은 무엇인가?

(ⅱ) 독립협회의 사회사상이 신흥 사회세력으로 불리는 민중의 인식을 바탕으로 하였다면 그 세력을 구성하는 '신흥 시민층, 성장한 농민층, 새로이 형성된 광산 및 부두 노동자층, 해방된 천민은 우리 사회과학이 처한 중대한 과제의 일부이다.

셋째, 「아메리카 200년과 한국: 한국에 있어서의 미국」을 발표했다.[37] 이 평론이 한국민족주의 그 자체를 다룬 것은 아니지만 한국민족주의에 대한 이 교수의 생각의 일단을 보여준다. 독립 200주년을 맞는 미국의 역사 그리고 그 안에서의 한국과의 관계를 여러 각도에서 살펴면서, 이 교수는 중요한 논점을 제시했다. 그것은 "우리가 미국처럼 강대한 국가와 우호관계를 유지하면서 주체성의 위기를 실감하지 않는 가장 큰 이유는 미국을 제국주의와 결부시키지 않기 때문이다. 우리는 미국을 식민지를 필요로 하는 제국이 아니라 우방을 원하는 공화국으로 믿기 때문이다."라는 명제다.

넷째, 「정치체계에 있어서 기억과 의식(意識)」(Memory and Consciousness in Political System)이다.[38] 이 교수는 1976년 8월 16~21일에 영국 에든버러에서 「시간, 공간 그리고 정치」라는 큰 주제를 걸고 열린 세계정치학회(IPSA) 제10차 세계대회 제6분과 「정치체계들에 있어서 기억과 의식」에서 이 논문을 발표했다. (제6분과의 제목에는 '정치체계들'이라는 문구가 들어갔으나 그는 자신의 논문 제목에서 '정치체계'라는 문구를 썼다.)

---

37) 이홍구, 「특집: 아메리카 200년과 한국: 한국에 있어서의 미국」, 『신동아』(1976년 7월), 76~82쪽; 『이홍구문집』Ⅰ, 341~352쪽.

38) Hongkoo Lee, "Memory and Consciousness in Political System: Nationalism and Social Conservation," a paper presented at the 10th World Congress of the International Political Science Association(IPSA) held on August 15~21, 1976 Edinburgh, Scotland; 『이홍구문집』V, pp.353~382.

이 논문은 한국의 민족주의 그 자체를 다루지는 않았다. 자신의 박사학위청구논문에서 다뤘던 '서구사회의 이데올로기와 제도가 비서구사회로 이식됐을 때 비서구사회가 보여주는 반응'이라는 주제에 연결해, 19세기 말과 20세기 초에 서구사회의 이데올로기와 제도가 비서구사회인 동아시아로 이식됐을 때 중국·일본·조선이 각각 보인 반응을 비교하는 가운데 조선=한국이 보인 반응을 민족주의라는 관점에서 짧게 썼다. 그는 조선=한국이 제국주의국가들의 진출로부터 자신을 방어하고 자신의 독자적 주체성을 보전하는 방향으로 민족주의를 정립했다고 주장했다.[39)]

다섯째, 「한국민족주의 연구를 위한 기초적 사고」이다.[40)] 이 논문은 민족주의에 대한 이 교수의 깊은 관심과 오랜 연구를 보여준다. 그가 왜 자신의 박사학위청구논문에서 '사회보존'을 강조했으며 이후에도 왜 '사회보존공리'에 입각해 한국의 정치를 분석했는가를 이해하게 만들어주는 논문인 만큼 비록 길다고 해도 자세히 토론될 가치가 있다.

"오늘의 정치현상을 세계적인 차원에서 볼 때 민족주의의 문제가 그 핵심을 이루고 있다는 판단이 이른바 이데올로기의 종말론의 유행이 얼마 전까지 팽배하던 서구사회에서까지 밝혀지기 시작한 것은 뒤늦게나마 다행한 일이다."라는 문장으로 시작한 이 논문에서, 그는 민족주의의 압력이 강력히 작용하고 있다는 사실은 적어도 두 가지 차원에서 표출되고 있다고 주장했다. 그는 다음과 같이 부연했다.

（ⅰ）상당수에 이르는 국가의 정치적 성격을 볼 때 평등의 실현을 사회혁명에 의거하여 이룩하려는 좌파적 경향과 체제의 안정을 폭력과 위협으로

---

39) 위와 같음, 382쪽.
40) 이홍구, 「한국민족주의 연구를 위한 기초적 사고」, 효강(曉岡)최문환(崔文煥)선생기념사업추진위원회 편, 『효강최문환박사추념논문집』(효강최문환선생기념사업추진위원회, 1977), 377~408쪽; 『이홍구문집』 Ⅲ, 93~127쪽에 재수록.

라도 보존하려는 우파적 경향의 양극화가 점차 극심하여지므로 격렬한 이데올로기적 폭발의 가능성을 함축하고 있다.

(ⅱ) 오늘의 국제정치에서 국제주의나 세계주의의 이상과 꿈이 한낱 환상으로 취급되고 국가이익의 추구가 유일한 지표처럼 변한 것은 이데올로기의 무력화보다는 내셔널리즘에 의한 인터내셔널리즘의 대치라고 설명될 수도 있다. 예컨대 중·소분쟁은 막스주의의 퇴조과정이란 틀보다도 중국 민족주의의 전개라는 틀 속에서 논의될 수도 있다는 것이다.

이 교수는 이어 민족주의의 힘이 오늘의 정치현상 속에서 생생하게 작용하고 있다는 것은 한국의 경우에도 적용된다고 보았다. 지난 100여 년에 걸친 한국 근대정치의 본질은 한국민족주의의 전개과정을 통해서만 이해될 수 있다는 명제는 남북의 분단이라는 오늘의 현상 속에서도 여전히 타당성을 지니고 있다는 것이다. 이러한 시각에서, 그는 "남북대결을 각론적 차원에서 볼 때 그것은 정통성의 문제에 직결되는 것이며, 그 정통성의 의미는 민족주의의 차원에서만 밝혀질 수 있는 것이다. 민족분열을 넘어선 민족통일로 향한 정치적 행동은 바로 한국민족주의에 의하여 처방되고 정당화될 수밖에 없다."라고 주장했다.

이 대목에서, 이 교수는 "'민족주의'란 물론 내셔널리즘을 번역한 어휘라고 하지만 바로 그 번역어의 선택에서 한국내셔널리즘의 특색이 나타난다고도 할 수 있다."라고 관찰했다. 이 점과 관련해, 그는 다음과 같은 흥미로운 분석을 제시했다.

메이지유신 이후의 일본 내셔널리즘을 대체로 '국가주의(國家主義)'의 성장과정으로 논의하는 데 비하여 한국에선 오직 '민족주의'로 내셔널리즘을 표현한 것은 결코 우발적인 결과가 아니라고 할 수 있다. 우리의 근대사 속에서는 '국가'보다도 '민족사회'가 항상 공동경험을 규정하는 단위로 사용되고 있다는 것은 바로 한국민족주의의 성격을 이해하는 데 크게 도움이 되는 것이다. 그것은 곧 우리의 민족주의가 권력의 문제를 핵심으로 한 정치적 차원에만 얽매이지 않고 경제, 문화, 사회 등 공동경험을 포괄적인 대상으로 삼았다는 것, '국가'란 조직체보다도 민족사회를 형성하는 각 개인과 개인들의 집단을 중요시하는 민본적(民本的) 경향을 뚜렷이 한다는 것을 반영하고 있기 때문이다.

이러한 전제 아래, 이 교수는 민족주의의 공통적 일반성격을 다음과 같이 제시했다.

(i) "민족주의는 민족국가에 대해 의식적으로 표현된 일체감이다."
(ii) "민족주의는 정치적 동기나 목표와 연결된 의식이나 이념이다."
(iii) "민족주의는 민족구성원의 대다수로부터 광범위한 동조를 받고 상당한 기간을 통하여 일관성 있게 전개된 의식이념이다."
(iv) "민족주의는 공동체로서의 민족사회가 지닌 주체성과 독자성에 대한 믿음과 충성 그리고 이의 보존을 절대적 가치로 수긍함을 전제로 전개된 이념이다."
(v) "민족주의는 사회·경제·문화의 발전 그리고 각 개인의 안녕과 행복은 민족사회의 테두리 안에서 그리고 민족의 공동경험을 통하여 최대로 이룩할 수 있다는 입장을 고집한다."
(vi) "민족주의는 민족사회의 운명을 그 궁극적 결과는 어찌되었든 간에 민족 스스로가 자결(自決)하는 것을 독립적인 가치로 주장하는 이념이다."

이상에서 열거한 민족주의의 여섯 가지 본질을 토대로 이 교수는 민족주의를 다음과 같이 정의했다.

민족주의는 민족사회의 주체성과 독자성을 믿고 그 보존과 민족자결을 통하여서만 공동체로서의 민족사회와 개인으로서의 그 구성원의 발전, 복리 및 자유가 실현될 수 있다는 입장을 민족구성원의 대다수가 동조할 수 있도록 의식적으로 일관성 있게 정치이념화한 것이다.

이러한 정의에 기초해, 이 교수는 한국민족주의를 다음과 같이 정의했다.

한국민족주의는 한국민족사회의 주체성과 독자성을 믿고 그 보존과 민족자결을 통하여서만 공동체로서의 민족사회와 각개 한국인의 발전, 복리 및 자유가 실현될 수 있다는 입장을 한국인의 대다수가 동조할 수 있도록 의식적으로 일관성 있게 정치이념화한 것이다.

이렇게 민족주의와 한국민족주의를 정의한 뒤, 이 교수는 '한국민족주의의 구체적 출발점'을 19세기에서 찾았다. 19세기에 일어난 국내외의 상황적 여건의 변화가 민족주의의 출현을 정치적 차원에서 중대한 의미를 지닌 현상으로 인정하게 됐다는 것이다. 여기서 그는 실학사상과 그 연장선 위에서의 북학사상, 위정척사사상, 개화사상, 독립협회운동 등을 포함한 19세기 이후의 조선=한국사를 면밀하게 검토한 뒤 '한국민족주의의 본질'로 다음 네 가지를 지적했다.

첫째, 한국민족주의는 감정적 요소를 부차적인 성격으로 삼고 어디까지나 합리적이고 이성적인 의식과 이념임을 그 본질로 강조한다.
둘째, 한국민족주의는 한국인 대다수의 동조를 받는, 즉 '국민적 화합'을 목적으로 발전되었기 때문에 어느 극단에 치우치는 편파적 경향이나 어느 한 명제의 절대적 타당성만을 고집하는 교조적 성격이나 급격하고 전체적인 변혁을 기도하는 혁명성이 비교적 연약한 반면 중도적이고 타협적이고 전진적이고 보존적인 성격을 그 본질로 삼고 있다.

셋째, 한국민족주의는 언제나 전체 민족구성원의 복리, 특히 모든 한
국인에게 공정할 수 있는 민족사회를 지향함으로써 그 민주적 또는
민본적 본질을 뚜렷이 하고 있다.
넷째, 한국민족주의는 민족의 주체성과 독자성의 보존, 민족적 자결
권의 행사를 제국주의적 침략과 압력이 철저히 저항받고 마침내 제
거된 국제질서 안에서 이룩할 수 있다는 반제국주의적 성격을 정치,
경제, 문화 모든 차원에서 그 본질로 삼고 있다.

이 과정에서, 이 교수는 조선 정치사상가들의 사상과 서양 정치사상
가들의 사상을 대비시킨 매우 흥미로우면서도 대단히 중요한 관점을 제
시했다.

한국민족주의가 '화합(consensus)'과 '공익(commonwealth)'을 지향한
민본적 성격을 굳힌 것은 절대군주적 체제를 정당화하는 신화적 명제가
수긍될 수 없는 이성의 전통이 뿌리박고 있었다는 사실—일본의 경우와
대조되는—그리고 한 걸음 나아가서 정치체제를 치자보다도 피치자의 입
장에서 그 명분과 기능을 규정하는 입장이 표출되기 시작하였다는 것 등
으로 설명될 수 있다. 예컨대 '부유민연후유군(夫有民然後有君)'이란 성
호(星湖) [이익(李瀷)]의 관점이나 치자는 민중을 위하여 존재하게 된 것
인데 그것이 점차 인간의 역사 속에서 뒤집혀버렸다는 즉 흄(Hume)이나
루소(Rousseau)와 우연히 견해를 같이하는 듯한 다산(茶山) [정약용(丁
若鏞)]의 입장이 한국민족주의의 민본적 성격을 굳히는 데 공헌한 것이다.
또 이러한 민본적 본질이 어떻게 한국민족주의가 20세기에 들어와서 왕국
적 입장에서 쉽사리 공화국적 입장으로 전환할 수 있었는가를 설명할 수
있다고도 볼 수 있다.

위에서 설명됐듯, 한국민족주의에는 '화합적 본질'이 개재되어 있다.

이 사실은 이 교수에게 중요했다. 그 본질은 지배층과 대중 사이에 계급의식이 뚜렷하게 존재하지 않았다는 사실과 연관되어 있다는 것이다. 이러한 해석은 계급적 사회는 반드시 계급적 의식을 낳게 된다는 마르크시스트적 해석에 반대된다. 이 점과 관련해 이 교수는 다음과 같이 부연했다.

> 한국민족주의 전개과정에서 계급의식의 존재나 기능은 그리 뚜렷한 것이 아니었다는 것은 결코 신분적 및 경제적, 그리고 정치적 평등으로 향한 규범적 발전이 계속되어왔다는 것을 부인하는 것은 아니다. 그러나 한국적 상황 안에서 이념화된 평등이란 계급적 관점에서 규정된 것이기보다 민족적 사회규범 안에서 모든 한국인이 공정한 대우를 받는 것이 마땅하다는 개인과 민족의 관계로서 생각되었던 것이다. 상품화폐경제의 성장에 따라 상인층의 존재와 역할이 점차 뚜렷하여진 결과는 계급적 대립을 조장한 것이 아니라 일부 상인과 일부 탐관오리의 연합에 의한 반민족적 부정이 새 양상으로 나타났다는 판단을 선비들에게나 민중에게 한가지로 내리게 하여 그러한 부정에 대한 범국민적, 즉 민족적 규탄의 입장을 구성하게 만듦으로써 계급을 넘어선 민족적 화합을 도운 것이다.

여기서 우리는 다음과 같은 의문을 제기할 수 있다. "신분적으로나 경제적으로나 정치적으로나 불평등에서 말미암은 빈곤과 비굴과 부자유를 겪어야 했던 대중이 왜 혁명적 계급의식을 지니지 못하였는가?"라는 의문이 바로 그것이다. 이 의문에 대해, 이 교수는 "그러한 의문은 전통과 관습의 힘을 과소평가하는 데서, 그리고 극단을 피하는 '화합적' 방법이 한국사회 규범 안에서 작용하고 있었다는 사실을 충분히 강조하지 않은 데서 나오는 결과일 수 있다."라고 대답했다. 이어 그는 다음과 같이 부연했다.

농민들의 대거 참여를 가져온 갑오년의 이른바 동학란을 계급의식에 입각한 민중의 투쟁이라고 해석하려는 경향이 없지 않다. 그것이 민중의 참여를 바탕으로 한 민족주의이념의 행동화로서의 투쟁이었음은 사실이지만 계급의식을 바탕으로 한 것은 아니었다. '천심즉민심(天心卽民心)'이라는 민본주의의 기본명제를 바로 종지(宗旨)로 삼은, 즉 '인내천(人乃天)'의 교리를 내세운 동학이 평등사상에, 더욱이 민족주체성을 지켜야 하는 민중을 위한 평등사상에 투철하였지만 그 입장을 계급의식의 발로라고 단정할 수는 없다.

여섯째, 「서평: 양호민·한배호·노재봉·문승익·최상용 공저, 『한국민족주의의 이념』(아세아정책연구원, 1977)」이다.[41] 이 교수는 이 서평을 "우리는 서구에서 흔히 말하는 이데올로기의 황혼을 보고 있는 것이 아니라 바로 그 여명에 서 있는 것이다."라는 문장으로 시작해, "우리는 한국민족주의의 황혼이 아니라 아직도 그 여명에 서 있는지도 모른다."라는 문장으로 끝냈다. 이 서평에서도 우리가 바로 앞에서 살핀 논문이 제시한 논지를 유지하면서, 이 교수는 이 책이 다음과 같은 내용을 담았다며 높이 평가했다.

자주적 근대화를 성취해야 된다는 것, 통일에의 통합된 의지를 가져야 된다는 것, 반드시 북한에 대항해서가 아니라 우리 사회가 성공적으로 근대화와 민족주의를 결합시킬 수 있다는 것을 보여야 된다는 것, 모든 국민의 경제적 평등과 복지향상을 꾀하여야 된다는 것, 다원성에 대한 확신과 관용에 의한 인간상을 길러야 한다는 것 — 이러한 처방들을 단편적으로 모아놓으면 학술적 연구의 결론이기보다는 정치적 표어의 전시로 오해될 수 있다. 우리가 민족에 관한 공동의 의식과 규범을 지니고 있다는 것을 저자

---

41) 이홍구, 「서평: 양호민·한배호·노재봉·문승익·최상용 공저, 『한국민족주의의 이념』(아세아정책연구원, 1977)」, 『국제정치논총』 17(1977년 12월), 229~238쪽; 『이홍구문집』 IV, 41~55쪽에 재수록.

들이 반영하고 있다는 것으로 충분하다.

　일곱째, 「이데올로기적 혼란과 시민정치문화의 발전」(Ideological Confusion and the Development of Citizen Political Culture)이다.[42] 이 논문의 큰 흐름은 첫 번째 논문 「정치이념의 혼란과 전개」의 흐름과 궤를 같이한다. 남한의 정치에는 정치적 이념이 없었다고 흔히 말하지만 그것은 사실이 아니며 오히려 이념적 혼란이 있었다고 주장한 그는 한국 학생들의 정치의식 조사를 통해 학생들이 '독립을 향한 민족주의적 열망'을 갖고 있음을 확인할 수 있었다고 부연했다.

제2항
제5명제(정체[政體]에 대한 사회의 우선)와 제19명제(시·공간적 접근에 의한 민족통일)의 결합: '코리안 코먼웰스'

　이 교수는 정체에 대한 사회의 우선, 곧 "정치체제는 사회체제의 하부구조이다."라는 명제의 시각으로부터 민족통일문제를 바라보았으며 그 결과가 '코리안 코먼웰스'의 제안으로 나타났다. 남한사회와 북한사회의 통합('a societal unity')이 남한 정부와 북한 정부의 통합보다 우선적으로 다루어야 할 과제로 파악한 그의 시각은 매우 독특한 것이었다.

　첫째, 그는 자신의 이 구상을 1975년 6월 16~19일에 영남대학교 통일문제연구소가 서독 뮌헨대학교 국제정치연구소와 뮌헨에서 공동주최한

---

42)　Hongkoo Lee, "Ideological Confusion and the Development of Citizen Political Culture," *Korea Journal*, Vol. 18, No. 4(April 1978), pp.12~21; 『이홍구문집』 V, pp.383~407에 재수록.

제1차 한·독학술회의에서 처음 발표했다.[43] 이 교수는 이 논문을 발표하던 때의 시점에서 북한은 한반도의 상황이 자신에게 유리하게 전환됐다고 판단한다고 주장했다. (ⅰ) 베트남을 비롯한 인도차이나의 공산화는 한반도에서도 남한의 공산화를 실현시킬 수 있는 국내외적 분위기를 조성하고 있으며, (ⅱ) 중동에서의 자원민족주의의 성장 앞에 강대국이 무력함을 드러낸 반면에 제3세계의 존재는 부각됐고, (ⅲ) 오랜 기간에 걸쳐 제3세계와 유대를 강화해온 북한의 국제적 지위는 크게 향상됐다고 오판한다는 것이다. 이러한 배경에서, 북한은 1971년 이후 전개된 남북대화를 중단하고 남한의 공산화를 추진하고 있다고 분석하면서, 이 교수는 한반도 상황의 해법으로 '코리안 코먼웰스(Korean Commonwealth)'의 구성을 제의했다. 그러나 명칭만 제시했을 뿐 그 구체적 내용은 설명하지 않았다.

둘째, 이 교수는 자신의 이 구상을 상세하게 발전시켜 1976년 8월에 멕시코의 수도 멕시코시티에서 열린 한 국제학술회의에서 발표했다.[44] '코리안 코먼웰스'를 우리말로 어떻게 표현하는 것이 좋겠는가? 그는 자신의 이 논문의 취지를 우리말로 설명할 때는 그것을 '한민족공동체'로 불렀다.[45]

---

43) "World Peace and Intra-System Confrontation: The Politics and Dialectics of Korean Unification," Gottfried-Karl Kindermann, ed., *Inter-System Detente in Germany and Korea: World Peace Promotion Through Inter-System Detente in Germany and Korea; A Comparative Evaluation*(München: Tuduv-Verlagsgesellschaft, 1976), pp.51~59; 『이홍구문집』 V, pp.323~334에 재수록.

44) "The Korean Commonwealth and the Asian Community: A Vision for a New Strategy for Peace," a paper presented at the 30th International Congress of Human Science in Asia and North Africa, Mexico City(August 3~8, 1976); *Problem of Korean Unification*(December 1976); 『이홍구문집』 V, pp.283~291에 재수록.

45) 이홍구, 「'민족화합민주통일방안'의 역사적·이념적 조명」, 국토통일원 남북대화사무국 편, 『민족화합민주통일론』 전 5권(국토통일원 남북대화사무국, 1984년 12월) Ⅲ, 9~38쪽; 『이홍구문집』 Ⅲ, 201~225쪽에 재수록. 인용된 부분은 211쪽에 있다.

그는 우선 북한이 1960년 8월 이후 제의한 '남북연방제'를 비판했다. '잠정적인 정치적 조치'로서의 '연방(federation)'은 '사회적 분열(a societal division)'을 영구적으로 제도화할 개연성이 높다고 논평하면서 이러한 '공허한 계획'을 놓고 시간을 허비할 필요가 없다고 주장했다. 이러한 전제 아래 그는 한민족통일을 위해 '가장 정당성이 있으면서도 실현성이 있는 계획'으로 '한국복지공동체'안을 제기한 것인데, 이 안에 대한 그의 설명은 다음과 같다.

민족통일은 정부들의 연방이 아니라 국민의 통일을 의미한다. [⋯] 코먼웰스는 공동의 동의에 의한 정부를 의미한다. 코먼웰스는 어떤 특정한 그룹이나 계급의 이익을 발전시키기 위해서가 아니라 전체 국민의 복지를 향상시키기 위해 창조된다. 코리아의 민족통일은 공동의 동의에 기초한 형태 속에서 그리고 국민의 전반적 복지를 증진시키기 위한 목적에서 성취되어야 한다. 북한이 제의한 것과 같은 정치적 연방은 공동의 동의도 대중적 복지도 보장하지 않는다. 코리안 코먼웰스는 사실상 한민족의 유산의 핵심인 공동의 동의와 전반적 복지의 원칙들에 기초한 민족통일을 가져오기 위해 제안된다.[46]

그는 서독이 추구한 '동방정책'이 서독과 동독 사이의 관계를 안

---

46) 영문은 다음과 같다. "The national unifications means not a federation of governments but an unity of people. [⋯] A commonwealth means a government by common consent. A commonwealth is created not to foster the interests of any special group or class but to enhance the welfare of the entire people. The national unification in Korea is to be achieved in the form based on common consent and for the purpose of promoting general welfare of the people. A political federation, like the one proposed by North Korea, does guarantee neither common consent nor popular welfare. The Korean commonwealth is proposed to bring a national unification based on the principles of common consent and general welfare which in fact are the essence of the Korean heritage."

정시키는 데 기여할 수 있었던 배경에는 유럽경제공동체(European Economic Community: EEC)의 성공이 있었음을 상기시키면서, 유럽의 상황과 아시아의 상황은 다르기 때문에 유럽적 상황에서 성장하고 발전한 유럽경제공동체를 모델로 설정하는 데는 문제가 있을 수 있음을 시인했다. 그러면서도 '아시아공동체(Asian Community)'와 같은 지역공동체를 탄생시키고 성장시킬 수 있게 된다면 북한의 경직된 태도를 변화시키는 데 크게 도움이 될 것이며 그 안에서 '코리안 코먼웰스'의 실현을 기대할 수 있을 것이라고 덧붙였다. 이 논문에서도 그는 평화와 통일은 각각 그 자체가 목적이며, 특히 평화의 경우 통일을 달성하기 위한 수단으로만 간주해서는 안 되고 그 자체가 목적인 것으로 받아들여져야 한다고 강조했다.

셋째, 이 교수는 자신의 '코리안 코먼웰스'안을 국내외에서 여러 차례에 걸쳐 거듭 제의했다. 우선 이상우 교수와의 「대담: 한반도와 그 주변」에서 간략하게 제안한 데 이어,[47] 한국의 전국경제인연합회와 일본의 세계경제조사회가 1978년 11월 15~17일에 도쿄의 일본프레스센터에서 개최한 「동북아시아에 있어서 평화체제의 추구를 위한 국제심포지엄」에서 멕시코시티에서의 제안을 되풀이했다.[48] 이 제안을 홍인근(洪仁根) 동아일보사 도쿄특파원이 『동아일보』에 상세히 보도함으로써[49] 비로소 국내에 널리 알려지게 됐다.

그런데 이 교수는 자신이 '코리안 코먼웰스'안을 제기한 배경으로 국제환경의 실상을 지적하고 거기에 더해 남북한 유엔 동시 가입안에 대

---

47) 「대담: '4강의존'서 '남북주도'로: 한반도와 그 주변 새해 진단」, 『조선일보』(1978년 1월 6일), 3쪽; 『이홍구문집』 IV, 399~406쪽에 재수록.

48) "The Korean Commonwealth: a Road to Unification," a paper delivered at The International Symposium in Search of a Peace System in Northeast Asia, held at the Japan Press Center, Tokyo on November 15~17, 1978; 『이홍구문집』 V, pp.423~434에 재수록.

49) 홍인근·이홍구, 「대담: 남북복지공동체의 필요성: 탈정치로 전쟁억지 도움」, 『동아일보』(1978년 11월 17일), 4쪽; 『이홍구문집』 I, 154~155쪽에 재수록.

한 의견을 추가했다. 그 요지는 다음과 같다.

(ⅰ) 미국의 카터 대통령은 주한미지상군의 철수를 5년 이내에 실현하겠다는 취지의 계획을 발표했다. 이것은 미국이 한반도에서의 세력균형을 변화시키겠다는 뜻을 표시한 것이며 동북아시아의 국제관계에 많은 영향을 줄 것이다. 이러한 새로운 상황은 한반도의 평화와 통일문제를 다시 심각하게 생각하게 만든다.

(ⅱ) 북한은 1975년의 인도차이나 공산화에 고무되어 있으며 제3세계가 자신에 대한 지지를 넓혀가고 있다고 믿고 있다. 북한은 평화를 희생해서라도 통일을 성취하자는 입장이고, 한국은 통일을 희생해서라도 평화를 수호하자는 입장이다. 여기서 우리는 통일의 가치와 평화의 가치를 함께 지키면서 양자 사이의 변증법적 관계를 통해 평화통일을 성취하는 길을 모색해야 한다.

(ⅲ) 그 방법의 하나로 남과 북이 유엔에 동시에 가입하는 것이다. 북은 동시 가입이 분단을 고정화시키는 음모라고 비난한다. 그렇다면 남과 북은 1년이면 1년, 또는 5년이면 5년 서로의 합의 아래 유엔에 동시 가입하고 그 기간이 종료되기 직전에 연장이나 폐기를 다시 협상하는 것이 어떨까 생각한다.

이 세 번째 안은 이 교수의 타고난 낙관적 성격을 반영한다. 당시 북한이 취한 입장을 면밀히 분석해보면 그 안은 북에 의해 전혀 받아들여질 수 없는 구상이었다고 하겠다.

'코리안 코먼웰스'안에 대한 이 교수의 제의는 1978~1979년에도 되풀이됐다.[50] 그는 한반도의 전략적 상황을 주로 억지력과 무기통제를 중심으로 분석한 뒤 자신의 지론인 '코리안 코먼웰스'안을 자세히 설명한 것이다.

● 한·미동맹의 중요성 강조

위에서 부분적으로 노출됐듯, 이 교수의 '코리안 코먼웰스' 제안은
한반도의 국제환경과 남북한 군사대결 상황을 일정하게 고려해서 나온
것이기도 했다. 그는 그러한 상황을 설명하면서 동시에 한·미군사동맹
의 중요성을 강조하는 평론을 발표했다.[51]

북한과 중공 및 소련이 모두 '전체주의적' 체제를 유지하고 있음에
반해, 한국과 일본 및 미국은 '자유주의적' 체제를 유지하거나 그것을 지
향하고 있다는 전제 아래, 한·일·미 세 나라가 동맹의 차원을 넘어 하나
의 공동체를 이룩할 수 있다면 그것은 장차 태평양공동체 형성의 기초
가 될 수 있다는 '이상주의적' 견해를 밝혔다. 그는 또 카터 대통령이 주
한미군 철수를 완료하는 경우 발생할 한반도에서의 군사적 세력균형의
변화에 주목하면서, 한국 정부가 취해야 할 정책을 제시했다. 예컨대, 카
터 대통령이 1979년 6월 29일 서울에 도착하는 날에 맞춰 발표한 시론에

---

50) "The Impact of Partition upon National Self-Image of Korea," Research Center for
Peace and Unification(1978; 원전 불분명); 『이홍구문집』 V, pp.409~414에 재수록: "Deter-
rence, Arms Control and Unification: Towards a New Strategy and Political Design in
the Republic of Korea," C. S. Chung and C. W. Chung, eds., *Major Powers and Peace in
Korea*(Seoul: Research Center for Peace and Unification, 1979), pp.120~135; 『이홍구문집』 V,
pp.443~463에 재수록.

51) "From an Alliance to a Community: An Idealistic Vision for the Future Korea-Ja-
pan-United States Relations," Korea and World Affairs, Vol. 1, No. 1(Spring 1977), pp.5~14;
『이홍구문집』 V, pp.335~352에 재수록. 이 논문은 동아일보사가 1977년 2월 25~26일에 서울
에서 개최한 「1980년대를 향한 한·미·일관계 국제학술대회」에서의 기조연설에 바탕을 두었다:
"Security Issues Confronting the Republic of Korea," a paper presented at the Workshop
on Security and Strategic Issues in Northeast Asia jointly sponsored by Asiatic Research
Center, Korea University and Center for Strategic and International Studies, Georgetown
University November 20~21, 1978; 『이홍구문집』 V, pp.415~421에 재수록; "Psychological
Ambivalence and Security Commitment: A Postcript to 'Security Issue Confronting Ko-
rea,'"(1979, 출전 불분명); 『이홍구문집』 V, pp.435~442; "Seoul-Washington D. C. Ties Based
on Common Interests," *Korea Times*(June 29, 1979), 『이홍구문집』 V, pp.277~282에 재수록;
「좌담: 남북문제, 군사차원에서 정치차원으로」, 『중앙일보』(1979년 7월 3일), 3쪽; 『이홍구문집』 IV,
475~480쪽에 재수록.

서 이 교수는 미국이 한국에 대한 군사적 방위공약을 재확인해줄 것을 기대하며 한·미동맹의 중요성을 강조했고, 카터 대통령이 서울을 떠나기 직전인 7월 1일에 발표된 한·미공동성명이 두 나라 사이의 군사협력뿐만 아니라 '문화·교육의 교류'를 강조한 점에 주목하면서 그것은 두 나라가 같은 가치관을 공유하는 동반자임에 합의한 것이라고 풀이했다.

그런데 여기서 꼭 지적해야 할 점이 있다. 당시 한반도에서의 남북 군사대결 상황을 논할 때 그것을 유신체제와 연결하는 경우가 적지 않았다. 북한의 재침 위협을 예방하기 위해서는 대통령으로의 권력집중이 긴요하며 그러한 시각에서 유신체제가 필요하다는 논리가 그것이었다. 그러나 이 교수는 한 차례도 그러한 논리를 전개하지 않았다.

제3항
제8명제(한국의 정치문화)

이 시기에 이 교수가 한국정치문화의 일단을 지적한 대표적 논문이 「새 정치이론의 중심과제」이다. 이 논문에서 그는 조선=한국의 역사에서 특히 '관료국가적 전통'이 현저했다고 지적하고, 다음과 같이 부연했다.

한국의 경우 우리는 봉건시대로부터 관료국가적 전통을 물려받았으며, 일제하 식민통치 그리고 해방후 분단국가로서 겪어오는 안보상의 취약점은 그러한 관료국가적 전통을 오히려 강화시켰다고 볼 수 있다. 아무튼 우리는 국민생활의 모든 영역에서 정부의 힘이 강력히 작용하는 체제를 갖고 있음이 틀림없고, 그러한 의미에서는 최소한의 정부를 원했던 고전적 자유주의의 꿈과는 정반대의 현상에서 살고 있다.[52]

이삼성 교수는 이 논문의 중요성을 상기시켰다. 그는 "한국의 진보적 지식인 사회에서 국가 부정(否定)의 담론이 풍미하는 현상이 유독 심하다고 할 수 있다면, 그 이유의 하나는 일찍이 이홍구 교수가 지적한 […] '관료국가적 전통'이라는 측면에서도 이해할 수 있다."라고 썼다.[53]

제4항
제14명제(정당의 개혁)와 제17명제(정치의 비정치화에 대한 경고)

이 두 명제는 서로 연결되어 있다. 우선 제17명제에 연결된 이 교수의 평론과 발언을 다시 검토하기로 한다. 우리가 제3장에서 보았던 이 교수의 '정치의 비(非)정치화'에 대한 경고는 유신시대에도 되풀이됐다.

첫째, 남재희 서울신문사 주필 그리고 소흥렬(蘇興烈) 이화여자대학교 철학교수와 함께 가진 이 좌담에서,[54] 이 교수는 "1972년 유신 이전에는 4년마다 있는 선거가 변화의 단계를 설정하는 단위가 되었으나, 유신 이후로는 [100억 달러 수출, 1인당 국민소득 1000달러와 같은] 경제발전의 지표가 한국인의 미래를 가늠하는 시계적(視界的) 기준이 되었다."라고 지적함으로써, 유신시대에는 사실상 정치가 사라졌음을 에둘러 비판했다. 그는 이어, 이러한 상태에서 "노조·언론·기업계·소비자단체 등 각 분야에서 각기 상이한 이익을 대표할 수 있는 이익대변자들의 실질

---

52) 「새 정치이론의 중심과제: 구조·의식·상황의 분석과 모색」, 『한국정치학회보』 제12집(1978년 12월), 13~20쪽; 『이홍구문집』 II, 265~274쪽 가운데 269쪽.

53) 이삼성, 「한나 아렌트의 정치철학에서 국가와 그 너머」, 김홍우 외 15인 지음, 『이홍구선생미수기념문집: 정치사상과 사회발전』(중앙books, 2021), 448~496쪽 가운데 457쪽.

54) 「좌담: 경제발전 이후의 문제들」, 『세대』(1978년 4월), 62~73쪽; 『이홍구문집』 IV, 407~419쪽에 재수록.

적인 참여를 유도해야 한다."라는 취지로 발언하고, 특히 '언론의 견제기
능 강화'를 제의했다.

둘째, 고려대학교 문과대학 사학과 김성식(金成植) 교수와의 양자 대
담에서,[55] 이 교수는 자신의 지론인 '정치의 비정치화'에 대한 경고를 되
풀이했다. 이 교수는 우선 "정치를 안 하면 안 할수록 나라가 잘 된다는
이상한 생각들이 생기기 시작했는데, 그러나 정치라는 것은 대치할 수가
없는 것"이라고 강조하고, 다음과 같이 부연했다.

> 거듭 말하지만, 인간이 공동생활을 영위해나가기 위해서는 항상 권력을
> 어떻게 조직하고 사용하느냐에 대한 기본적인 목표가 있어야 하고 방법
> 이 있어야 합니다. 이것이 정치입니다. 제가 자주 쓰는 표현입니다만 정치
> 를 비정치화할 것 같으면 행정의 정치화 현상이 빚어질 위험이 있습니다.
> […] 그렇게 됐을 때는 국민의 힘을 모으는 가장 적절한 방법인 시민참여
> 의 측면이 많이 위축될 위험성이 생깁니다.

이렇게 말한다고 하여, 이 교수가 행정을 수행하는 관료제 그 자체를
나쁘다고 말하는 것은 아니었다. 그는 "관료체제는 다른 어떤 것보다도
능률적이고 신속한 것은 사실이다."라고 인정했다. 비록 그렇다고 해도,
"관료제가 입법부의 기능을 대치할 수는 없으며, 또 그것이 '정치'의 역
할을 대치할 수 있다고는 보지 않는다."라고 강조했다. 그의 발언은 다음
으로 이어졌다.

> 결국은 경제발전도 그렇지만 인간의 더 인간다운 생활, 인간이 자기가 갖
> 고 있는 인간으로서의 잠재적인 가능성을 발휘할 수 있는 사회를 만들자

---

55) 「좌담: 정치에 대하여」, 『신동아』(1978년 5월), 56~73쪽; 『이홍구문집』 IV, 421~448쪽에 재
수록.

는 데 목적이 있는 것이 아니겠어요. 그것을 이룩하는 게 개인만으로 되는 것이 아니고 개인과 개인, 개인과 전체의 관계 등 정치적인 관계를 제외하고는 할 수가 없으니까 정치가 중요한 것이 됩니다.

이 교수는 비슷한 시점에서 마련된 좌담회에서도 '극심한 관료화' 현상에 대한 우려를 표시했다. 그는 다음과 같이 말했다.

대체로 70년대 말에 이르면서 느낄 수 있는 것은 그동안 우리나라의 급속한 관료화가 발전에 기여한 바가 크다고 하겠지만 극심한 관료화가 그 자체만으로는 어떤 한계에 이른 듯합니다. 따라서 그러한 관료화 현상을 어떤 긍정적인 데로 유도하기 위해서는 정치가 본연의 자세를 회복해야 하리라 생각되며, 그것은 한 걸음 더 나아가 단지 만들어진 안을 효율적으로 집행하는 것을 넘어 장래에 대한 믿음과 비전을 갖고 있는, 도덕적인 우월감을 갖고 있는 정치인들의 관료화의 방향을 근본적으로 바꿀 수 있는 정치의 본령을 확보하지 않고서는 현 상황을 극복할 수 없을 것입니다.[56]

또 다른 좌담에서도 이 교수는 소신을 되풀이했다, 그는 "정치는 덜 하면 덜 할수록 좋고 행정은 더 하면 더 할수록 좋다는 한국적 정치상황이 나타나 행정엘리트가 현재 한국사회를 움직이는 핵심적 요소가 됐다."라고 지적한 데 이어, "이 행정엘리트와 함께 기업엘리트가 부상했으며 양자가 손을 잡고 주도적 역할을 담당함으로써 [⋯] 위로는 정치인의 역할은 무엇이고 아래로는 국민의 역할은 무엇이냐 하는 문제가 생겨났다."라고 지적했다. 이러한 지적으로부터, 이 교수는 중요한 논점을 제기했다.

---

56) 「좌담: 정치하는 마음, 정치하는 몸가짐」, 『세대』(1978년 10월), 64~78쪽; 『이홍구문집』 IV, 449~463쪽에 재수록.

그렇게 기업과 행정이 필연적으로 결합함으로써 생겨나는 문제가 거기서 소외되는 계층의 문제입니다. 정책이나 생산에 참여하지 못한 계층의 이익이 어떻게 대변되느냐 하는 것이지요. 정책집행 때 공적 목표(public ends)를 [지향]한다고 하지만 그 과정에서 정책결정자들의 사적 이익(private interest)이 우선시되는 경향이 있[습니다].[57]

여기서 이 교수는 "우리 사회가 각계각층을 대변하는 중간지도자들을 양성해야 하고 그들이 정치에 참여해 영향력을 행사해야 한다."라고 제의했다. 그는 특히 '도시근로층의 문제'를 제기하면서, "도시근로층을 대변하는 중간지도자들이 정부나 국민에게 하고 싶은 얘기를 할 수 있게 해야 한다."라고 역설했다.

셋째, 남재희 서울신문사 주필이 출판한 『모래 위에 쓰는 글: 한 낙관적 정치평론가의 기록』에 대한 서평이다.[58] 남 주필은 자신의 이 평론집에서 유신체제를 약간의 유보와 함께 옹호했는데, 이 교수는 온건한 필치로 남 주필의 논지를 비판했다. '유신시대를 정치부재의 상황'으로 단정하면서, "이러한 상황 속에서 다수의 동료가 붓을 놓았다. 그것은 상황적 제약 때문만이 아니라 정치적 진공이 가져온 마비증세의 결과"라고 쓴 데 이어 이 교수는 남 주필이 책의 부제를 '한 낙관적 정치평론가의 기록'이라고 붙인 것을 "'정치부재'가 정치평론의 부재를 수반하지 않을 수도 있다고 믿는다면 그것은 정녕 낙관적 자세임에 틀림없다."라고 해학적으로 논평했다.

이 교수는 이어 유신체제의 여러 문제를 역시 온건하게 비판하면서, 신민당 이철승 대표최고위원이 표방한 '중도통합'론을 배척했다. "중도

---

57) 「좌담: 한국정치, 향후 10년을 전망한다」, 『이대학보』(1979년 4월 7일), 4쪽; 『이홍구문집』 IV, 465~473쪽에 재수록. 인용된 부분은 407~408쪽에 있다.
58) 「서평: 낙관적 정치평론의 실험; 남재희 저, 『모래 위에 쓰는 글: 한 낙관적 정치평론가의 기록』(경미문화사, 1978)」, 『세대』(1978년 8월), 188~191쪽; 『이홍구문집』 IV, 56~60쪽에 재수록.

통합론 같은 구상은 여당이나 야당이 국민의 상당수를 대표한다든지 또는 지지를 받고 있다는 것을 전제로 하였을 때만 의미가 있는 것이다." 라고 쓰면서, 이 교수는 다음과 같이 부연했다.

> 한국의 정당은 바로 남 씨가 적절히 지적한 대로 파당에 지나지 않거나 국민과는 특별한 관계가 없는 공중에 뜬 곡예집단인 것 같다. 이들에게서 국민적 대표나 지지의 문제에 대한 해결의 실마리를 찾는다는 것은 마치 이권운동가들 사이에서 집단내각을 기대하는 것 같은 환상에 잠기게 될 위험이 크다. 정당을 규탄의 대상으로 하여 출발한 유신체제가 그 최대의 숙제를 정당관계를 통하여 해결할 수 없는 것은 당연한 것이다.

이 교수는 일련의 좌담에서 "정치는 인간의 창조적 선택과 결정으로 이루어지는 것이다."라는 명제를 반복하고, 그 전제 위에서 우리나라가 직면한 여러 문제를 풀어나가려면 정치를 활성화해야 하는데도 불구하고 정치를 안 하면 안 할수록 나라에 도움이 된다는 잘못된 생각이 만연되어 있다고 지적했다. 이러한 지적은 그의 지론인 "'정치의 비정치화'에서 벗어나야 한다."라는 주장으로 이어졌다. 한 좌담에서 그는 "정치체제는 국민의 참여와 지지의 기반 위에서 유지되는 것인데, 그 참여가 제한되어 있고 지지 역시 제한된 상태에서 과도하게 권력을 행사하다 보니 과대한 권력지출현상이 빚어졌다."라는 취지로 발언하면서 그 결과는 '권력의 적자운영'이었다고 비판했다.[59]

이 교수가 말하는 '정치의 비정치화' 아래서 정당은 자신의 기능을 거의 모두 잃다시피 하고 힘을 잃었으며 그리하여 국민의 신뢰도 잃었다.

---

[59] 「좌담: 한국정치, 향후 10년을 전망하다」; 『이홍구문집』 IV, 465~473쪽에 재수록; 「좌담: 정치에 대하여」; 『이홍구문집』 IV, 421~448쪽에 재수록; 「좌담: 정치하는 마음, 정치하는 몸가짐」; 『이홍구문집』 IV, 449~463쪽.

정당의 이 현실을 이 교수는 정곡을 찌르며 비판했다.[60] 일련의 논문들 또는 좌담에서, 그는 여당이든 야당이든 한국에서의 정당은 국민의 불신과 심지어 조롱의 대상이 되고 있다고 개탄하면서, "구조적인 면에서 우리나라 정당이 국민으로부터 굉장히 괴리되어 있으며 이미지 면에서 이것은 국민의 정당도 아니며 국민을 위한 정당도 아니라는 이미지를 강력히 가지고 있다."라고 부연했다.[61] 이러한 현상은 건전한 정당정치를 통해 민주주의를 발전시킨다는 대의에 비추어볼 때 결코 바람직스럽지 않다고 논평하면서, 그는 건전한 정당정치의 발전을 위해 '국민적 참여를 보장할 수 있는 정당법의 제정이 헌정질서 확립의 관건'이라고 제의하고, 정당의 구조적 개혁을 위한 국민적 압력이 동원돼야 한다고 제의했다.

보다 구체적으로, 그는 1971년 5월에 실시된 제8대 국회총선의 경우, 여당인 민주공화당의 전국구 의원 후보를 사실상 당 총재인 박정희 대통령이 결정하고 야당인 신민당의 전국구 의원 후보 명단을 유진산 총재가 국회의원 후보등록 마감 5분 전에 자기 주머니에서 꺼내 제출한 것을 비판했다. 이어 유신체제에서 전체 의석의 3분의 1을 사실상 대통령이 임명하는 유정회 의원으로 채우는 것을 비판했다. 연세대학교 문과대학 사학과 교수로 봉직하다가 유신체제를 공개적으로 비판했다는 이유로 해직된 김동길(金東吉) 박사와의 대담에서, 이 교수는 "현재 유정회 의원수가 4분의 1이 아니라 3분의 1인데 그 선출방법이 과연 국민의 직접적인 의사를 반영하는 선출방법이냐 하는 데 대해서는 상당한 문제점이 있다."라고 발언한 것이다.[62]

---

60) 「대담: 국민이 바라는 정당」, 『신동아』(1977년 10월), 54~65쪽; 『이홍구문집』 IV, 367~385쪽에 재수록; 「신민당의 당권경쟁: 정책부재를 극복 공당기반 굳혀야」, 『동아일보』(1979년 4월 16일), 4쪽; 『이홍구문집』 I, 157~160쪽에 재수록.

61) 「대담: 국민이 바라는 정당」; 『이홍구문집』 IV, 367~385쪽에 재수록. 인용된 부분은 368쪽에 있다.

62) 위와 같음.

제5항
제16명제(혁명아론)

이 교수는 4·19를 혁명으로 간주할 수 없다는 종래의 입장을 되풀이했다. 그는 해외에서 공부하는 자신의 제자가 보내온 연하장에 대한 답장에서 "4·19가 새 세대의 시민적 성향과 그를 바탕으로 한 새 물결의 힘을 극적으로 보여준 사건임에 틀림없다고 믿고 있네."라고 쓰면서도, "나는 4·19를 진정한 의미에서 혁명이라고 할 수 없다는 입장을 취하여 학생들과 의견을 달리하고 그들에게 가끔 서운함을 안겨주었어."라고 회상했다.[63]

제6항
제18명제(세계공산주의운동의 다원화)

이 교수는 세계공산주의운동의 변화에 관해서도 관심을 보였다. 제3장 제5절 제1항에서 살핀 평론에서 그는 국제공산주의운동이 소련공산당을 정점으로 하는 일석주적(一石柱的) 체제에서 다원체제로 전환하고 있다고 진단했었는데, 이 명제를 일련의 좌담 및 평론에서 재확인한 것이다.

서유럽은 사회주의 정당과 공산주의 정당의 영향력이 큰 곳이었다. 예컨대, 영국과 서독에서는 각각 사회주의 정당인 노동당과 사회민주당이 집권을 하기도 했었고 집권을 하지 못한 경우에는 제1야당으로 강력한 영향력을 행사했다. 사회주의 사상과 운동의 요람인 프랑스에서는 사회주의 정당과 공산주의 정당이 일정한 지지와 의석을 확보하고 있었고, 이탈리

---

63) 「의지 속의 불꽃」; 『이홍구문집』 I, 139~143쪽에 재수록. 인용된 부분은 141쪽에 있다.

아에서는 사회주의 정당보다 공산주의 정당이 상당한 지지와 의석을 확보하고 있었다. 프랑스와 이탈리아의 경우에는 공산주의 정당이 소련공산당의 교조주의적 프롤레타리아혁명론을 추종하는 경향을 보였다.

1970년대에 들어서면서 서유럽에서는 소련공산당의 노선을 추종하는 소련식 공산주의가 아니라 유럽의 상황에 적합한 공산주의, 곧 '유로코뮤니즘(Euro-Communism: 약칭 '유로콤')'을 추구해야 한다는 주장이 확산됐다. 이러한 배경에서 1976년 2월에는 프랑스공산당 22차 대회가 열렸고 1976년 3월에는 프랑스에서 지방선거가 실시됐으며 1976년 6월에는 이탈리아에서 총선거가 실시될 예정이었다. 이 선거들에 앞서 포르투갈에서는 공산당 세력이 침투한 군부가 쿠데타를 시도했다가 좌절됐다. 스페인에서는 장기집권의 독재자 프랑코 총통이 1975년 11월 20일에 죽으면서 왕정이 복고됨과 동시에 민주화가 더디게나마 진전됐는데, 이 과정에서 공산당과 사회노동당이 일정하게 역할을 했다.

이 교수는 세계공산주의운동 연구를 이끌어온 양호민 조선일보사 논설위원과 가진 대담에서[64] 서유럽에서의 공산주의운동의 추이를 이탈리아공산당의 당세 확장에 초점을 맞춰 의견을 나눴다. 그의 주지는 "세계공산주의운동은 계속해서 분화되고 있으며, 특히 이탈리아공산당은 당수에 해당하는 서기장을 엔리코 베를링구에르(Enrico Berlinguer, 1922~1984)가 맡은 이후 '한 계급에만 뿌리를 박은 정당이 아니고 광범위한 계층을 포섭한 정당'으로 성장하면서 소련공산당의 노선을 훨씬 더 적극적으로 비판하는 수준으로까지 탈소노선(脫蘇路線)을 추구하고 있다."라는 것이었다. 상급 귀족 집안에서 태어난 엔리코 베를링구에르는 아버지의 소개로 이탈리아공산당 지도자인 팔미로 톨리아티를 만나 그의 지도를 받으며 반(反)파시스트운동에 참여했고, 2차대전이 끝

---

64) 「좌담: 서구공산당, 변질인가 전술인가」, 『월간중앙』(1976년 7월), 74~91쪽; 『이홍구문집』 IV, 341~365쪽에 재수록.

275

난 이후 이탈리아공산당의 청년단체에서 중요한 직책을 맡으며 정치적
으로 성장해 1968년에 하원의원으로 당선되고 루이지 롱고(Luigi Longo,
1900~1980)의 뒤를 이어 1972년에는 이탈리아공산당 서기장으로 취임
한다.

이 교수는 프랑스의 경우에도 조르주 마르셰(Georges René Louis
Marchais, 1920~1997) 공산당 당수가 공개적으로 '프롤레타리아독재'론
을 비판하고 있음을 지적했다. 조르주 마르셰는 노동자로 입신해 1947년
에 프랑스공산당에 입당하면서 정계에 진출했고 한때 대통령선거에도
입후보했다. 종합적으로, 이 교수는 서유럽에서 사회당이나 공산당 모두
자신의 생존을 위해 지난날의 교조주의적 노선에서 본질적으로 변화했
다고 보았다.

이 대목에서, 이 교수는 자신이 1975년 6월 16~19일에 뮌헨에서 열
린 제1차 한·독학술회의에 참석하는 길(14~15일)에 파리를 방문하고
당시 파리2대학교 대학원에서 정치철학을 전공하던 홍광엽(洪廣燁) 군
을 만나 당시 대학가에서의 마르크스 연구동향을 살폈던 일을 회상했다.
이 교수의 회상에 따르면, 마르크스가 청년 시절에 쓴 논문들이 새롭게
읽히는 가운데 서구인의 구미에 맞게 재해석하는 경향이 유행하고 있었
다. 원래 소련의 관영철학은 마르크스를 계급혁명론에 바탕을 두고 프롤
레타리아혁명을 선동하는 공산주의 투쟁가로 해석했고 유럽의 교조주
의적 마르크시스트들은 그 해석을 추종했다. 그러나 유럽의 마르크시스
트들 가운데 차차 마르크스가 청년 시절에 쓴 논문들, 특히 망명지 파리
와 브뤼셀에서 쓴 논문들에 주목하면서,[65] 그가 휴머니스트였으며 그 사
상은 이후에도 일관되게 지속됐다는 새로운 해석을 제시하면서 '네오마
르크시즘'을 옹호하는 학자들이 나타났다. 이 교수는 이 현상을 국내에

---

65) 마르크스의 이 논문들에 대한 해설로 다음이 있다. 김학준, 「마르크스의 '경제·철학 수고(手
稿)' 논쟁」, 『문학과 지성』(1976년 2월), 87~102쪽.

소개한 것이다. 홍광엽 군은 서울대학교 문리대 외교학과를 졸업하고 파리2대학교 대학원 정치학과에서 정치철학을 전공해 석·박사학위를 받고[66] 귀국해 한림대학교 사회과학대학 정치외교학과 교수로 정년퇴임했으며 현재 한림대학교 명예교수다.

이 교수는 세계공산주의운동이 분화하고 있다는 자신의 명제를 그의 다른 논문에서 되풀이했다.[67] 그는 우선 다음과 같은 관찰을 제시했다.

2차대전 후의 유럽사회가 지닌 기본성격은 고전적 맑시즘이 예상하였던 것과는 너무나 판이한 것이다. 마르크스와 엥겔스, 그리고 누구보다도 레닌이 강조하였던 유럽의 제국주의적 성격은 깨끗이 사라져버렸다. 마르크스주의의 깃발을 흔드는 중국이 소비에트제국주의에 대항하기 위한 유럽과의 반(反)제국주의 공동전선을 제창하고 있는 것은 바로 유럽사회의 변모를 극적으로 반영하는 것이다. 유럽의 자본주의가 이미 대중적 자본주의와 전혀 그 성격을 달리하고 있다는 것은 새삼스럽게 지적할 필요도 없다.

같은 맥락에서, 그는 다음과 같은 결론을 제시했다.

전후의 유럽이, 특히 1970년대에 들어와서 민주적 복지사회로서의 기반을 견고하게 구축함에 이르러 서구의 공산당들은 그 존재이유를 새로이 하기 위하여도 새 노선과 입장을 고찰하지 않을 수 없게 되었다. 그런 면에서 본다면 1970년대 후반에 들어서면서 서구 최대의 공산당들인 이탈리아공산당과 프랑스공산당이 유로코뮤니즘이란 새 간판을 들고 나선 것은 시대적 추이에 대한 피할 수 없는 적응이었다고 할 수 있다.

---

66) Guang-yob Hong, "La réception des idées de Karl Marx par Mao Ze-Dong," unpub. Ph.D. diss., Université Paris-Panthéon-Assas, 1979.

67) 이홍구, 「맑시즘·유로코뮤니즘·사회복지」, 『사회과학과 정책연구』 제1권 제1호(1979년 8월), 287~292쪽; 『이홍구문집』 II, 523~529쪽에 재수록.

세계공산주의운동의 분화, 특히 서구공산당들의 마르크시스트·레닌이스트적 교리로부터의 이탈은 결국 공산주의가 변화하면서 자본주의로 접근함에 따라 두 이념 사이에 '수렴'이 발생할 것이라는 해석을 뒷받침해줄 것인가? 우리가 잘 알고 있듯, 제정러시아의 사회학자로 상트페테르부르크대학교 교수로 재직하다가 2월혁명이 일어난 뒤 케렌스키 임시정부에서 각료로 봉직했으며 결국 미국으로 망명해 하버드대학교 사회학과 교수가 된 피티림 소로킨(Pitirim Alexandrovich Sorokin, 1889~1968)을 비롯한 몇몇 학자들은 자본주의와 공산주의는, 그리고 자유민주주의와 공산전체주의는 공업화와 탈공업화를 거치는 과정에서 어느 한 공통된 점으로 '수렴'될 것이라는 '수렴론'을 제기했다. 이 이론은 버클리 캘리포니아대학교 총장이면서 경제학과 교수인 클라크 커(Clark Kerr, 1911~2003) 박사에 의해 이론적으로 훨씬 더 정밀하게 정립됐고, 1960년대에 상당한 영향력을 행사했다. 그러나 이 교수는 "적어도 가까운 장래에는 자유민주주의와 전체주의의 차이라는 것은 강하게 남지, 쉽게 접근하지는 않을 것이다."라고 전망했다.[68]

이 제4장의 서두에서 이미 지적했듯, 유신체제는 출범으로부터 7년 만인 1979년 10월 26일에 김재규 중앙정보부장이 '유신의 심장'이라고 부른 박 대통령을 '시해'하며 비극적 종말을 맞았다. 1978년 12월 12일에 실시된 제10대 국회총선에서 김영삼 총재가 이끈 제1야당 신민당이 사실상 승리를 거둔 데 고무된 반유신세력이 민주주의의 회복을 표방하면서 저항운동의 수위를 높임에 따라 1979년 10월 16~20일에 부산과 마산 및 창원 일대에서 국민항쟁이 전개됐다. 이것을 우리는 '부마사태'라고

---

68)　이홍구, 「국제질서에의 참여와 대응」, 전국경제인연합회·한국미래학회 공편, 『90년대 도전과 미래의 창조』(1978년), 277~286쪽; 『이홍구문집』 Ⅰ, 360~369쪽에 재수록. 토론된 부분은 361쪽에 있다. 「좌담: 정치에 대하여」, 『신동아』(1978년 5월), 56~73쪽; 『이홍구문집』 Ⅳ, 421~448쪽에 재수록. 인용된 부분은 437쪽에 있다.

부른다. 유신 정권은 위수령과 계엄령으로 이를 진압하고자 했으나 저항의 불길은 서울을, 그리고 청와대를 지향하고 있었다. 급박한 상황에서, 집권세력 안에서는 해법을 둘러싸고 갈등이 커졌고 그것은 마침내 중앙정보부장이 대통령을 사살하는 비극으로 마감됐다.

제5장

제5공화국의 입각 제의를 거부하고 '협의민주주의론'을 제시하다: 서울대학교 교수로 제5공화국 시기에 발표한 저술들

(1979년 10월~1988년 2월)

박 대통령의 '유고'에 따라 전국계엄령이 선포되고 최규하(崔圭夏) 국무총리가 유신헌법의 절차에 근거해 대통령권한대행으로 취임했다. 그는 11월 6일에 「시국에 관한 담화」를 발표하고 유신헌법에 따라 대통령을 선출한 뒤 새 대통령의 주도 아래 헌법을 개정해 대통령을 새로 선출한다는 취지로 앞으로의 정치일정을 발표했다. 당시 민주화운동세력의 중심이었던 「민주주의와 민족통일을 위한 국민연합」은 11월 12일에 성명서를 발표하고 최 대통령의 담화를 거부하면서, 3개월 이내에 민주적 헌법을 제정하고 그 헌법에 따라 대통령선거를 가능한 한 빨리 시행할 것을 요구했다. 같은 흐름 속에서, 국회는 11월 26일에 민주공화당과 신민당의 합의로 「헌법개정심의특별위원회」를 구성해 개헌 작업에 들어갔다. 이러한 일련의 움직임에는 이홍구 교수가 일관되게 제의했던, 그리고 다수 국민이 염원했던 '정치의 부활' 곧 '민주주의의 부활'의 문이 하루빨리 열리기를 기원하는 뜻이 담겨 있었다.

그러나 계엄군의 뒷받침을 받는 최규하 대통령권한대행은 유신헌법에 따른 대통령선거 절차를 밟아 12월 6일에 제10대 대통령으로 취임했다. 국군보안사령관 전두환(全斗煥) 육군소장이 이끈 신군부는 12월 12일에 군사반란을 일으켜 군권을 장악하고 최규하 체제를 무력화시켰으며, 곧바로 자신의 기획대로 정치일정을 이끌어가려는 모습을 보였다. 비록 그렇다고 해도, 새 시대의 개막을 기대하는 국민적 분위기는 꺾이지 않았다. 최 대통령이 취임하면서 유신체제 아래 구속된 학생들과 교수들을 석방하고 또 해직된 교수들과 제적된 학생들을 복귀시킨 데 이어 정치인들도 석방하거나 복권시키자,[1] 그들을 중심으로 민주화에 대한 요구는 더 강하게 나타났고 1980년 새 학년도의 시작을 앞두고 '서울의 봄'에 대한 기대가 높아졌다.

그 기대에 역행해, 신군부는 1980년 5월 18일에 전국계엄령을 선포하

---

1)　예컨대, 『동아일보』(1980년 2월 29일), 1쪽.

면서 김대중 전 신민당 대통령 후보를 구속하고 김영삼 전 신민당 총재를 연금함과 동시에 다수의 민주화운동가를 구속했다. 곧바로 전라남도 광주시 일원에서 저항이 시작되자 신군부는 이 민주화운동을 유혈진압하면서 최규하 대통령을 퇴임시키고 유신헌법에 따라 신군부의 지도자 전두환 장군을 제11대 대통령으로 선출했다. 신군부는 이어 민주정의당(약칭 민정당)을 창당해 자신들 중심의 정치질서를 구축하는 작업에 들어갔으며, 마침내 우리 헌정사상 처음이면서 마지막인 '선거인단에 의한 선거'라는 간접선거를 통해 당선된 전 대통령이 12대 대통령으로 취임함으로써 1981년 3월 3일에 제5공화국이 출범하기에 이르렀다.

제5공화국은 출범 직전 때와 마찬가지로 정통성 시비에 휩싸였다. 우선 광주민주화운동의 참여자들, 그리고 그들에 동조하는 국민들은 제5공화국, 특히 전 대통령을 대통령으로 인정하기를 거부했으며 제5공화국에 대항하는 제2의 민주화운동을 적극적으로 전개했다. 이 운동의 정신적 지주는 우선 신군부에 의해 구속되고 사형선고를 받은 김대중 전 신민당 대통령 후보 그리고 제5공화국에 대항해 단식농성을 벌인 김영삼 전 신민당 총재였다.

제5공화국에 대항하는 운동은 사회의 여러 부문에서 진행됐으며 특히 대학가에서 활발했다. 제5공화국은 고문이 따르는 투옥으로 대응했으나 민주화운동가들의 투지를 꺾지는 못했다. 더구나 '장영자(張玲子) 사건'이라고 불린 대규모 금융사기 사건을 비롯해 대통령의 친인척이 개입된 여러 부정부패 사건이 잇따라 일어나 제5공화국에 대한 신뢰는 크게 떨어졌다.

전 대통령은 북한의 김일성을 상대로 1981년 6월 5일 평화통일정책자문회의 개회사를 통해 '남북한당국 최고책임자 간의 직접회담'을 제의하는 등 남북관계에서 돌파구를 열려고 시도했다. 이 과정에서 1982년 1월 22일 국정연설을 통해 '민족화합민주통일방안'을 내외에 천명하고 밀사를 평양에 파견해 남북정상회담을 실현하고자 노력했으나 끝내 정상회담은 열리지 않았다. 반면 남북체육회담과 남북경제회담이 성사됐으며, 이에 더해 이산가족 재회를 위한 남북대표단의 서울·평양 교환방문이라는 열매도 맺게 되었다. 그는 한미동맹의 강화와 한일관계의 증진에도 힘을 쏟아 대외관계를 안정시켰고, 경제부문에서 지속적 고도성장과 물가안정 및 외채상환이라는 큰 성과를 거둠으로써 통치의 유효성(有效性)을 일정하게 제시할 수 있었다.

　제5공화국에 대한 저항이 계속되는 상황에서 1985년 2월 12일에 실시된 제12대 국회총선은 사실상 제5공화국의 패배로 마감됐다. 여기에 고무되어 민주화운동가들은 저항을 계속했는데, 이 과정에서 체포된 서울대학교 인문대학 언어학과 박종철(朴鍾哲) 군이 1987년 1월에 고문치사됐으나 은폐된 사건이 일어났다. 여기서 저항운동은 더욱 열기를 높이게 됐으며, 1987년 6월에 전국적 수준으로 확대됐다. 제5공화국은 '6월 항쟁'에 직면하면서 붕괴 한 걸음까지 갔으나 대통령 직선제로의 개헌을 뼈대로 하는 「6·29민주화선언」을 통해 활로를 찾을 수 있었고, 이에 따라 여야 합의의 산물로 마련된 새 헌법 아래 1988년 2월 25일에 노태우(盧泰愚) 민정당 후보가 제13대 대통령에 취임함으로써 제5공화국은 폐막되고 제6공화국이 개막됐다. 이 장은 최 대통령 시기와 제5공화국 시기에 이 교수가 걸었던 길을 주로 그의 저술과 활동을 통해 살피기로 한다.

제1절
10·26사태 직후로부터 4개월의 기간: 헌법개정의 방향을 제시하고 민주주의의 회복을 거듭 강조하다

제1항
'살아있는 규범으로서의 헌법' 제정을 제의하다

우리가 앞에서 살핀 10·26사태 직후 초기 4개월에 초점을 맞춰 볼 때, 국민의 관심은 개헌 그리고 정치일정에 집중됐으며 자연히 여러 언론매체는 동전의 양면을 이루는 이 문제를 중요하게 다루게 됐다. 이홍구 교수는 언론매체가 선호하는 정치학자였다. 그사이 유신체제에 대한 지지를 표명한 일이 없고 오히려 국민의 정치참여 확대를 주장하고 유신헌법 방식의 국회의원 선출을 비판한 그의 소신을 듣고자 한 것이다. 그 결과 1979년 11월부터 1980년 3월까지 4개월이라는 짧은 기간에 이 교수가 이 주제와 관련해 집필한 평론은 여섯 개, 참석한 좌담은 두 개에 이르렀다. 그것들을 출판 순서대로 살피기로 한다.

● **국민참여가 실질적으로 확대될 수 있는 방향으로 정당과 국회의 제도적 개혁을 실현할 것을 제의하다**

이 교수는 우선 당대 최고의 헌법학자로 유신 정권이 억압했던 서울대학교 법과대학 김철수(金哲洙) 교수와의 대담 「새 헌법 국민합의기반 선행돼야」에서 자신의 소신을 밝혔다. 이 교수는 자신이 제12명제(헌법)에서 제시했던 발상과 논리에 충실해, '살아있는 규범으로서의 헌법'이 제정되기를 바란다는 뜻을 거듭 확인하면서, 구체적으로, "3·1정신을 강조하고 독립과 자유 및 평화적 통일이라는 기본과제, 국민의 정치참여와 권리·인간·인명·인권의 중요성과 폭력배제의 당위성을 바탕으로한 한국적 휴머니즘 등 미래지향적인 내용을 새로운 표현 속에 담자."라고 제의했다.[2] 인간·인명·인권을 중시하는 '한국적 휴머니즘'에 대한그의 강조는, 우리가 제3장에서 살폈듯, 그가 이미 1970년 12월에 「한국크리스천아카데미」에서 발표한 논문에서도 보였던 것으로, 1980년 연초의 한 칼럼에서도 다시 나타났다. 그는 "현대사회는 경쟁을 제도화하고인간에게는 그 제도의 운영을 위한 기능을 분담시킴으로써 비인간화의위험을 초래하고 있다."라고 경고하면서 "대학은 이러한 비인간화의 물결 속에서 인간성을 되찾고 아끼고 지키는 노력을 하는 곳이다."라고 말한 것이다.[3]

이 교수는 "새 헌법은 국민적 합의의 바탕 위에서 만들어져야겠고, 그러기 위해서는 제정절차에서부터 국민적 동의를 얻을 수 있어야 하겠다."라고 역설했다. 이 역설의 바탕에는 당시의 10대 국회에 대한 불신이 짙게 깔려 있었다. "현재의 국회가 새 헌법을 제정할 권한이나 명분을 국민으로부터 수임받았다고 보기는 어렵다."라는 것이었다. 이러한 맥락에서,그는 10대 국회가 헌법특별위원회를 발족시키고 헌법개정 작업에 들어간것을 전적으로 배격하지는 않았으나 회의하는 시각을 보여주었다.

이 대담에서 김 교수는 '헌법제정회의' 구상을 제시했다. "'10·26' 이후의 국민의사가 국회에 의해 대표되고 있다고는 볼 수 없는 만큼 […]국회헌법특위·정부·사회단체·노조·학계 등의 인사로 헌법제정회의같은 국민적 광장을 만들어, 국회안·정부안·학자안·변호사안 등을 집약해 국민적 합의를 형성하자."라는 것이었다. 이 교수는 동의했다. 이

---

2) 「좌담: 새 헌법 국민합의기반 선행돼야」, 『동아일보』(1979년 12월 10일), 3쪽; 『이홍구문집』 IV,
489~496쪽에 재수록.

3) 「대학의 자치와 자유」, 『대학신문』(1980년 3월 10일), 5쪽; 『이홍구문집』 I, 164~168쪽에 재
수록. 인용된 부분은 164쪽에 있다.

교수는 "헌법제정회의에서 채택한 안을 바로 국민투표에 부치면 되는
것"이라고 화답했다.

새 헌법이 다룰 정부 구성의 제도에 대해, 김철수 교수는 "의원내각
제가 만능이라고 생각하는 것은 아니지만, 의원내각제가 바람직하다고
본다."라고 제의했다. 이에 대해, 이 교수는 "어느 쪽에도 결점은 있으니
까 양쪽을 절충하자."라고 제의하며, "통일이나 안보문제처럼 국민적 합
의가 필수적인 것은 대통령제적으로, 경제문제 등의 일반적 사항은 의원
내각제적으로 운영하는 가운데 정치적 안정을 기해야겠다."라고 설명했
다. 이 발언은 당시 정계와 언론 일각에서 논의되던 '이원집정부제(二元
執政府制)'라는[4] 용어 그 자체는 사용하지 않았으나 그것을 지지하는 것
처럼 들릴 수 있었다. 이 교수는 이어 "만약 대통령제를 전제로 한다면 4
년 정도의 임기로 1차에 한해 연임할 수 있게 하는 것이 좋겠다."라고 제
의했다.

두 사람 사이에서는 장기집권의 문제가 논의됐다. 지난날 헌정사에
서 큰 오점으로 남았던 대통령 1인의 장기집권과 관련해, 김 교수는 "대
통령제를 전제로 한다면 6년 임기로 한 번만 하는 것이 좋겠다."라고 제
의했다. 이 교수는 "장기집권도 있어서는 안 된다는 점에서 국민적 합의
는 이루어져 있다고 본다."라고 응답하면서, "대통령 취임선서 때 '본인
은 절대로 장기집권을 하지 않겠다.'라고 선서하도록 하는 것은 어떻겠
습니까. 필요하다면 이 선서를 두 번 하도록 하고요."라고 덧붙였다.

제13명제, 즉 국회를 진정한 국민의 대의기관으로 구성해야 하고 국
정운영의 중심지로 운영해야 한다는 지론에 충실해, 이 교수는 "현재의
국회의원선거법은 국민의 참여를 원하지 않고 오히려 '가능한 한 참여
하지 말라'는 법이다."라고 비판하면서 이 법의 개정을 제의한 뒤, "'대

---

4)　예컨대, 「이원집정부제 검토, 범여권 대통령제·내각책임제 절충」, 『동아일보』(1980년 1월 10
일), 1쪽.

선거구제와 소선거구제의 병행'이 바람직하다."라는 의견을 제시했다. 국회 구성과 관련해 이 교수는 양원제는 옥상옥(屋上屋)의 폐가 있다고 비판하면서 단원제를 지지했다. 그러나 단원제 국회는 다수결 원리에 의한 정치협상의 무대로 남기고, '통일회의' '안보회의' '헌법회의'와 같은 별개의 국가기구를 두어 각각 통일·안보·헌법 등의 문제를 다루게 하자고 제의했다.

제14명제(정당)와 관해서도 이 교수는 평소의 소신을 되풀이했다. 정당의 주요한 결정들이 보스의 힘에 의해 내려지는 폐단이 발생하지 않도록 정당법을 고쳐야 하며, 정당의 개혁과 정당에의 참여 확대가 선행되지 않은 상태에서는 국회의원 선출에 있어서 비례대표제는 조심스럽게 다뤄져야 한다고 주장했다.

이 교수는 제17명제('정치의 비정치화' 또는 '행정의 정치화'에 따른 사회 전반의 관료화에 대한 경고)에 대한 자신의 오랜 소신을 이 대담에서도 되풀이했다. "대통령 권한의 제한과 아울러 행정의 관료화 문제도 심각하게 고려해야 한다."라고 전제하면서, 그는 "강력한 관료화의 추세가 발전에 기여했던 것도 사실이지만, 이제는 집행의 효율성만을 추구하는 '행정내각'에서 국민의사와 국가의 기본목표를 반영하는 정책을 결정 수행하는 '정치내각', 그리고 국민에게 책임질 줄 아는 '책임내각'으로 탈바꿈할 때가 됐다."라고 주장했다. 이어 "그러한 의미에서 현재의 차관의 지위를 높이고 차관으로 하여금 명실상부한 행정의 최고전문직이 되도록 격상해야 될 것 같다."라고 부연했다.

제17명제는 제14명제와 연관되는 것으로, '정치의 비정치화'에 따른 '정당 역할의 축소'를 시정해야 한다는 이 교수의 소신은 「정당 구조적 개혁 서둘 때」에서 거듭됐다. 이 평론에서 그는 "'인간은 정치적 동물'이라는 아리스토텔레스의 명제를 '정치는 동물적으로'라는 행동지침으로 오해한 정치인이 혹시 있지 않나 하는 걱정을 할 수밖에 없는 것이 작금의 형편이다."라는 해학으로 시작했다. 국민의 대다수가 정치인을 가장 믿지 못할 사람이라는 부류에 포함시키고 정치인이 개인의 이익보다는 국가를 위하여 일한다고 생각하는 대학생이 5%에도 미달하는 정치인 불신의 풍조를 날카롭게 지적하면서, 이 교수는 문제의 핵심에 '정치의 비정치화'에 따른 현재의 정당구조가 놓여 있다고 보았다. 그는 정당정치의 병리현상을 다음과 같이 묘사했다.

계속되는 정치의 비정치화란 물결 속에서 한국정당은 권력의 핵심으로부터 소외되면서도 권력을 중심으로 행동하는 변태적 상향성(上向性)이 체질화되었다. 여당은 권력의 장식적 시녀로서 집권자의 눈치를 살피는 상향성에 얽매일 수밖에 없었다. 당은 권력집행의 도구이지 권력생산의, 즉 국민의 힘을 정치로 집약시키는 기구는 되지 못하였다.

야당도 권력핵심을 투쟁의 대상으로 그리고 스스로의 존속을 좌우하는 위협의 원천으로 판단하고 그에 대한 대처와 적응에 골몰하다 보니 변태적 상향성을 지니게 되었다. 집권자와의 관계에만 부심한 나머지 국민의 지지와 여망을 어떻게 제도적으로 흡수하느냐는 기본과제는 소홀히 다루어지고 말았다. 전당대회나 공천과정이 국민적 여망과 밀접한 유기적 관계를 유지하였다고 단언하기는 어렵다.[5]

이 교수는 정치가 원칙론에만 입각해 운영될 수 있는 것이 아님은 인정했다. 비록 그렇다고 해도 이 계제에 정당의 구조적 개혁만큼은 반드시 실현돼야 한다고 역설하면서, 현재의 정당이 '당내 민주화'를 포함한 구조적 개혁을 실현하지 못한다면 결과적으로 '정치적 퇴화나 침체'를 조장하게 될 것이라고 경고하고, "우리가 진정코 나라의 민주화를 원한

---

5) 이홍구, 「정당 구조적 개혁 서둘 때」, 『동아일보』(1980년 3월 24일), 3쪽; 『이홍구문집』 Ⅰ, 169~173쪽에 재수록. 인용된 부분은 170쪽에 있다. 원래 상향성(上向性))이란 top-down에 대비되는 bottom-up을 뜻하는 말로 민주적이란 뜻이다.

다면 이번 기회에 정당의 구조적 개혁을 위한 국민적 압력을 동원해야 한다.”라고 역설했다. 이와 관련해, 그는 언론과 사회단체 등이 정당의 민주화에 대한 관심을 집중적으로 표명해야 하고, 국민적 참여를 보장할 수 있는 방향으로 정당법을 개정해야 한다고 강조했다. 여기서 중요하게 상기돼야 할 사실이 있다. 그는 ‘이른바 신당설(新黨說)과 같은 어두운 그림자’에 대해 경고한 것이다. 당시 정계 일각에서는 신군부세력이 제4공화국 세력의 일부와 제휴해 신당을 창당하려 한다는 소문이 퍼지고 있었는데,[6] 그는 이것을 바람직스럽지 못한 것으로 쐐기를 박은 것이다.

다시 김철수 교수와의 대담으로 돌아가기로 한다. 사법권의 독립문제에 관해, 이 교수는 “사법부 자체의 권위회복 노력이 필수적이다.”라고 발언했으며, 김 교수는 “사법권 독립보다 사법권 우월을 주장한다.”라고 발언했다. 두 사람은 지방자치문제에 대해서도 의견을 교환했다. 김 교수가 “지방자치는 우선 서울특별시와 도의 경우부터 실시하는 ‘단계적 실시’를 지지한다.”라고 발언하자, 이 교수는 ‘동감’을 표시했다. 이 교수는 1971년의 한 좌담에서도 “지방자치는 반드시 해야 된다고 생각합니다. 당위론적으로 보아도 우리 헌법에 지방자치를 하기로 명시되어 있으니까 반드시 실시해야 할 것입니다. 지방자치선거를 하다 보면 거기서도 물론 타락·부정 그리고 경비와 정력의 손실 등이 문제가 되겠지만 그보다는 민주주의의 성숙을 위해 반드시 실시해야 되리라 봅니다.”라고 발언했었다.[7] 이 문제에 대해 이 교수는, 우리가 제2절 제3항에서 보게 되듯, 1984년에 발표하는 논문을 통해 자신의 입장을 자세하게 설명한다.

---

6) ‘신당설’에 관한 여러 보도 가운데 하나는 「풍문만 무성, ‘도깨비’ 신당설」, 『동아일보』(1980년 2월 22일), 3쪽.

7) 「좌담: 5·25는 의정회복 갈림길」, 『동아일보』(1971년 5월 24일), 3쪽; 『이홍구문집』 Ⅳ, 225~230쪽에 재수록. 인용된 발언은 230쪽에 있다.

- **사회정의를 실현할 수 있는 시민헌법론을 전개하다**

이 교수는 새 헌법에 대한 자신의 철학과 구상을 자신의 논문 「헌법정신과 사회정의」에서 자세히 밝혔다.[8] 이 논문은 그 주지에 있어서 제3장이 이미 다뤘던 그의 논문 「한국의 헌법이념과 정치현실」 및 「정치권력·정치규범·정치문화: 정치변화와 헌법개정」과 흐름을 같이 했다. 앞의 두 논문의 연장(延長)이면서 종합인 이 논문은 학술적으로 매우 엄밀하게 쓰였으며, 제6공화국 헌법을 고쳐야 한다는 주장이 제기되고 있는 오늘날에 읽어도 많은 교훈을 담았기에 자세하게 소개될 가치가 있다.

이 논문에서 이 교수는 "우리가 말하는 헌법정신이란 대체로 근대적 헌법, 즉 시민헌법을 밑받침하는 규범을 뜻한다. 따라서 시민혁명 이전의 헌법, 시민문화의 부재 속에서 제정되고 운영되는 헌법, 그리고 왕국이나 제국의 존속을 위한 헌법 등은 우리가 말하는 헌법정신과는 무관한 것이다."라고 말하고, "우리가 간직하려는 헌법정신이란 정확히 말하여 시민헌법의 정신인 것이다."라고 단언했다.

이 교수는 시민헌법의 정신은 다음과 같은 세 규범을 주축으로 전개된다고 설명했다. (ⅰ) 그는 "헌법은 시민의 참여를 바탕으로 제정되고 운영되어야 한다. 따라서 시민의 참여 없이 제정되거나, 그 운영에서 시민참여를 보장하지 못하는 헌법은 시민헌법의 정신에 위배되고 정당성을 상실하게 된다."라고 주장했다. 그는 여기서 한 걸음 더 나아가 "우리가 새 헌법을 만드는 과정에서 반드시 유의해야 할 것은 시민의 참여가 헌법의 정당성을 보장하는 필요조건이라는 점이다. 설사 헌법의 조문이 민주적 성격을 띠고 있다 하더라도 그것이 시민참여에 바탕을 두고 있지 않을 때는 헌법정신에 어긋난다는 것이 뚜렷하게 인식되어야 한다."라고 역설했다.

---

8) 「헌법정신과 사회정의」, 『한국기자협회 동계연수회 주제논문집』(1980); 『이홍구문집』 Ⅰ, 392~393쪽에 재수록.

（ⅱ）그는 "시민헌법은 그 일차적 목표를 국가의 발전보다도 시민 각 개인의 권리를 국가나 사회의 압력으로부터 보호하는 데 두고 있다."라고 주장했다. 그는 "이것은 국가발전의 중요성을 결코 부인하는 것이 아니다."라고 전제한 뒤, "그러나 국가발전의 필요는 시민사회 이전에도 존재했었는 데 비하여 시민헌법의 전개과정은 바로 국가의 힘에 대한 시민의 권리를 보호하자는 투쟁의 역사였다는 것을 생각할 때 시민헌법의 기본정신이 무엇인가는 자명하여진다. 헌법개정에 즈음하여 무엇보다도 국민의 권리를 보호하는 데 주력하는 것이 헌법정신에 충실한 처사이다."라는 의견을 제시했다.[9]

（ⅲ）그는 "시민헌법은 국가의 운영이나 국가와 개인의 관계를 특정한 개인이나 집단의 임의에 맡기지 않고 법의 절차에 따를 것을 원칙으로 삼고 있다."라고 주장하면서 다음과 같이 부연했다.

이것은 근대화의 일면인 제도화와 형식화가 정치나 사회 과정에서도 절차의 중요성을 강조하게 되었다는 것을 반영한다고도 볼 수 있다. 법절차의 중요성을 충분히 인식하지 못한 채로 강조되는 시민정신이 자동적으로 헌법정신과 일치된다는 보장은 아무도 할 수 없다. 그런 뜻에서 헌법정신과 혁명정신의 관계는 간단하게 정의하기 어려운 것이다. 헌법적 규범을 논할 때 흔히 본질적 규범과 절차적 규범으로 나누는 경우가 많다. 법절차를 소중히 여기는 것은 단순한 절차적 의미를 넘어서 시민헌법의 기본정신의 하나라고 생각할 수 있다.

이 교수는 이어 새 헌법을 마련함에 있어서 중요하게 논의되어야 할 주제로 '정의'의 문제를 다뤘다. 그는 "모든 근대적 법은 분배의 문제를 핵심으로 취급하고 있다. 누가, 무엇을, 언제, 어떻게 나누어 갖는 것이

---

9) 위와 같음, 393쪽.

가장 공정한가를 판정하는 것이 법의 기본적 의제인 것이다."라고 전제하고, "이렇듯 공정한 분배의 문제가 근대법의 핵심적 문제로 나타나게 된 것은 근대사회에서의 시민의 요구가 평등의 실현을 초점으로 하고 있다는 것을 반영하는 것이다."라고 이어갔다. 여기서 그는 "그러한 시민의 요구가 신분적 평등이냐, 경제적 평등이냐, 기회의 평등이냐는 별문제로 하고라도 공정한 분배가 시민헌법의 기본목표임에는 틀림없다. '시민의 참여'는 평등한 참여를, '시민의 권리'도 평등한 권리를, 그리고 법절차의 존중도 법 앞에서만은 모두가 평등하다는 것을 전제하는 데서 헌법정신으로 강조되고 있는 것이다."라고 부연했다.

그러나 이 교수가 지적했듯 "'공정한 분배'가 구체적 상황에서 무엇을 뜻하는가를 정의하는 것은 지극히 어려운 작업이다." 분배의 내용은 단순히 권리나 혜택뿐 아니라 부담과 희생일 수도 있다. 분배를 받는 사람은 똑같은 여건이나 조건을 가진 것이 아니다. 따라서 구체적 상황에서의 공정한 배분이란 그 상황적 특성과 각인(各人)의 조건을 고려한 '평등'의 실현을 뜻할 수밖에 없다. 이렇게 전제하면서, 이 교수는 "어떠한 분배의 원칙도 영구불멸한 정당성과 타당성을 가졌다고 단정할 수 없다. 공정한 분배의 원칙은, 즉 사회정의는 역사성과 시대성을 떠나서 창조될 수 없고, 그러한 뜻에서 헌법정신은 역사적 흐름과 시대적 기운의 결정이라고 보아야 한다."라고 지적했다. 결론적으로 그는 다음과 같이 갈파했다.

결국 헌법정신을 지탱하는 것은, 그리하여 헌법을 살아있는 규범으로 유지하는 것은, 그리고 공정한 분배를 통한 사회정의의 실현을 헌법적 규범과 절차에 따라 이룩하는 것은 역사의식과 시대감각을 가능케 하는 이성의 활발한 발로라고 할 수 있다. 시민헌법의 기본정신을 지키면서, 구체적 상황 안에서의 사회정의가 무엇인가를 규정하는 어려운 작업을 끈질기게 수행할 수 있는 이성의 힘이 자유롭게 발휘될 때만 헌법정신과 사회정의의 실현은 유기적이고 창조적인 관계를 갖게 되는 것이다.[10]

여기서 우리는 이성의 중요성을 강조한 그의 제10명제를 다시 확인하게 된다. 그는 "정치는 이성을 가진 인간이 자율적 의지로써 하는 것이며, 따라서 어떠한 필연적 법칙에 의해 이루어지는 것은 아니다."라고 일관되게 강조해왔던 것이다.

제2항
국민의 정치참여 증대와 다원적 참여구조에 기반한 정치발전론을 제기하다

10·26사태 이후 한국정치가 지향해야 할 방향에 대해 이 교수는 자신의 평론 「한국적 정치발전의 과제」를 통해 종합적이면서도 극명하게 나타냈다. 그는 자신의 제17명제('정치의 비정치화'에 대한 경고)로부터 새로운 길을 찾는 노력을 시작했다. 그는 "1970년대의 한국정치에서는 경제의 고도성장과 정권의 절대안정을 바탕으로 한 근대화 작업의 추진을 위해 정부에 의한 권력지출은 급증했으나 권력수입의 과제를 등한시함으로써 권력의 적자운영이라는 위험한 경향이 발생했다."라는 1969년 이후의 지론을 되풀이하고, 이러한 상황에서 능률적인 행정관료는 양산된 데 비해 정치인의 퇴화를 질과 양의 두 면에서 초래했으며 그 결과 국민의 의식수준이 향상된 데 비해 정치인의 지도능력은 오히려 퇴보했기에 국민과 정치인 사이에 간격이 커졌다고 정확히 지적했다.

그의 제의는 1970년대에 간간이 제의했던 권력수입의 증대론, 곧 국민참여의 증대론을 훨씬 자세하게 설명하는 것으로 이어졌다. 그는 다음과 같이 주장했다.

---

10)　위와 같음, 394~395쪽.

현대정치체제에서 권력의 적자운영을 피하기 위해서는 권력의 수입을 계속 증대시켜야 되며, 그것은 국민의 정치참여를 확대함으로써만 가능하다는 것은 자명한 것이다. 그러나 정치참여의 확대는 단순히 권력의 수지균형이란 체제안정의 요건을 충족시키는 데만 있는 것이 아니라 한국인 한 사람 한 사람의 자유와 평등을 구현한다는 규범적 목적을 달성하는 데 보다 큰 의의가 있다. 근대정치에서 대중이 가장 중요한 권력자원이 되었다는 점은 바로 인간의 자율성과 존엄성에 대한 재인식이 국가권력의 정당성을 규정하는 바탕이 되었다는 것이다. 따라서 정상적 정치참여의 확대는 정치체제의 정통성을 높여주는 관건인 것이다.[11]

그러면 정치참여의 확대를 구체적으로 어떻게 실현할 수 있을 것인가? 이 물음에 대해, 이 교수는 "정치참여를 확대한다는 것은 어떤 청사진에 따라 획일적으로 이루어질 수 없다. 어떤 도식화한 일방적 참여를 처방하는 것은 국민을 동원하겠다는 것이지 참여시키겠다는 것은 아니다."라고 대답하고, 국민의 자율적 정치참여를 증대시킬 수 있는 방법을 모색해야 한다고 주장했다. 이러한 주장에서, 그는 "자율적 정치참여의 구조란 그 성격상 일원적일 수 없고 다원적일 수밖에 없다."라고 부연하고, 자신의 구상을 다음과 같이 제시했다.

원래 인간의 창조성이 꽃과 같이 피어날 때 그것은 어떤 통일성과 더불어 다양성을 지니게 된다. 오늘날 한국의 정치에 보다 큰 권력과 높은 정통성을 부여하는 길은 국민의 정치참여를 위한 다원적 참여구조의 발전을 진지하게 시도하는 것이다. 강력한 행정이 지닌 일원적 추세에 마비된 사회

---

11) 이홍구, 「한국적 정치발전의 과제: 80년대에 거는 기대」, 『신동아』(1980년 1월), 110~115쪽. 이 논문은 『신동아』가 복간 지령 200호를 맞이해 그동안 『신동아』에 게재된 논설들 가운데 28개를 뽑았을 때 거기에 포함돼 『신동아』(1981년 4월), 300~305쪽에 재수록됐다; 『이홍구문집』 Ⅰ, 370~379쪽에 재수록. 인용된 부분은 372쪽에 있다.

에서 정치적 다원구조의 발전을 기대한다는 것은 쉬운 일이 아니다. 그러나 그 길만이 정치를 다시 정치화(政治化)하고 그 정치를 정상화(正常化)할 수 있는 것이다.[12]

그러면 '정치적 다원구조'를 어떻게 발전시킬 것인가? 이 교수는 우선 "'다원적'이라고 하는 것은 극단적인 정치적 입장까지를 포용하는 이데올로기의 다양성을 뜻하는 것이 아니다."라는 말로 그 한계가 있을 수밖에 없음을 분명히 했다. 보다 구체적으로, 그는 "한국의 정치는 달리는 삼륜차(三輪車)와 같이 세 바퀴를 갖고 있다. 남북대결, 국제관계, 국내발전이라는 세 바퀴가 다 함께 유기적으로 연결되어 돌아갈 때만 한국 정치체제는 안정을 유지할 수 있다. [이처럼…] 피할 수 없는 상황과 그로 말미암은 정치적 제약을 무시한 채로는 어떠한 정치적 실험도 구상될 수 없다."라고 지적했다. 그는 이후에 발표한 여러 논설에서 이 명제를 되풀이하는데, 우리는 이 명제를 제21명제로 명명하기로 한다.

이 교수는 "국민정치참여의 확대를 위한 다원적 참여구조의 발전이라는 […] 한국의 정치적 실험은 안정을 추구하되 침체에 흐르지 말아야 한다는 지극히 평범한 제약 속에서 진행될 수밖에 없다."라고 단언했다. 여기서 그는 다음과 같은 명언을 남겼다.

상황적 제약에 입각한 그 처방은 누구도 정치적 실험의 주역이 되어서는 안 된다는 것을 명시하고 있다. 안정과 민주화를 동시에 추구해야 하는 현실 속에서는 극단적 입장을 교조적으로 고집하는 인물이나 집단은 정치적 실험의 주역으로 합당하지 않다. 극적인 변화를 원하는 급진주의자나, 변화로부터 국가를 극적으로 구출하겠다는 보수주의자는 다 같이 오늘의 한국적 상황이 필요로 하고 있지 않다. 우리는 발전을 원하지 구원을 기다리

---

12) 위와 같음, 373쪽.

고 있는 것은 아니다. 우리는 다른 나라에서 흔히 볼 수 있는 것과 같이 사회의 혁명적 개혁을 꿈꾸는 메시아적 이상주의자나 혼란으로부터 나라를 수호하는 특권을 지녔다고 믿는 사람들에 의한 정치적 실험이 이 땅에서 되풀이될 가능성을 다 함께 예방하여야 한다. 그것은 무엇보다도 한국이 처한 상황적 한계를 직시한 결론이다.[13]

이 교수는 자신이 구상하고 있는 '다원적 참여구조'의 하나로 우선 '새 대의제도'를 제의했다. 이것은 그가 김철수 교수와의 대담에서 이미 피력했던 구상으로, "정상적 국회제도 외에 새로운 합의제도로서 통일정책심의회, 복지정책심의회 등을 설치하며, 이로써 한국에서의 대의제도를 이원화한다는 것이다." 그는 이 새 대의제도가 한국의 정당제도를 개혁하는 계기가 될 것으로 희망했다.

'다원적 참여구조'와 관련해, 이 교수는 또 하나의 구상을 제시했다. 정당이 현재의 폐쇄성에서 벗어나지 못한다면 '정당과 이권단체 및 사회단체로서의 연립구조'를 성사시키자는 구상이 그것이다.[14] 이 구상에 대한 그의 설명은 아주 짧지만, 그의 제15명제를 연상시킨다. 그는 이 '연립구조'론을 우리가 제3장 제3절 제16항에서 보았듯 1972년에도 밝혔었는데, 이 제5장 제3절 제2항에서 보게 되듯, 1981년과 1982년에는 '연합적 민주주의론'으로, 1985년 김대중 전 신민당 대통령 후보와의 대담에서는 '한국적 협동민주주의체제론' 또는 '사회 안에 존재하는 다양한 세력을 공존시키는 원만한 정치적 역학관계론'으로,[15] 그리고 1986년의 논문에서는 '엘리트 사이의 연계구조론'으로[16] 다시 다듬어 전개한다.

이 교수는 "1980년대의 정치발전은 우리 정치를 침체에 몰아넣었거

---

13) 위와 같음, 375~376쪽.
14) 위와 같음, 378~379쪽.
15) 이홍구·김대중, 「대담: 급진론은 '민주' 말살할 수도」, 『월간조선』(1985년 6월), 132~149쪽; 『이홍구문집』 IV, 521~539쪽에 재수록. 인용된 부분은 527쪽 및 539쪽에 있다.

나 혼란으로 이끌어갈 수 있는 갖가지 환상을 씻어버리는 데서 비롯되어야 한다."라고 제의하고, 다음과 같이 부연했다.

정치 없는 행정국가가 가능하다는 환상, 권력의 수입 없는 지출이 계속될 수 있다는 환상, 장기집권이 정치안정의 유일한 수단이라는 환상, 민중의 힘이 아니라 관료의 능력이 성장의 핵심이라고 믿는 환상, 무능한 정치인이 현명한 국민을 이끌어갈 수도 있다는 환상, 자기의 도덕적 우월성이 국민을 대표할 권리를 독점할 수 있다는 환상, 현실의 한계를 무시하는 것이 애국의 최상방법이라고 믿는 환상 등을 우선 말끔히 씻어버렸을 때 비로소 정치발전에로의 대로는 우리 앞에 펼쳐질 것이다.[17]

이 교수의 이러한 시각은 시론 「정치발전을 위한 새 기풍」[18]과 「좌담: 우리는 지금 어디에 서 있는가」에서 부분적으로 다시 나타났다. 특히 뒤의 평론에서 그는 "한국정치에서도 이제는 국민수준으로 보아 어떤 이념이나 믿음을 내세우는 정치인들이 설 땅이 조금은 있어야 되지 않겠느냐 하는 결론을 제시하게 된다. 지금 정치가 민주화한다는 것은 […] 얼마만큼 많은 국민을 자기 쪽으로 설득해서 끌고 올 수 있느냐가 가장 중요한 권력자원으로 등장했기 때문에 강력한 이념체제와 믿음이 중요하다고 본다."라고 주장했다.[19]

---

16) 이홍구, 「이데올로기의 시대와 민주주의: 엘리트통치기능과 정치참여」, 서울대학교 현대사상연구회 편, 『이데올로기와 사회변동』(서울대학교출판부, 1986), 187~208쪽; 『이홍구문집』 II, 401~423쪽에 재수록.
17) 이홍구, 「한국적 정치발전의 과제: 80년대에 거는 기대」; 『이홍구문집』 I, 370~379쪽에 재수록. 인용된 부분은 379쪽에 있다.
18) 『영남일보』(1980년 1월 1일); 『이홍구문집』 I, 161~163쪽에 재수록
19) 이 좌담은 이홍구 교수의 사회 아래, 고려대학교 강만길(姜萬吉) 교수, 한국신학대학 조향록(趙香祿) 학장, 경상북도 안동군 대성초등학교 이오덕(李五德) 교장의 참여로 이뤄졌다. 『신동아』(1980년 3월), 82~96쪽; 『이홍구문집』 IV, 497~516쪽에 재수록. 인용된 부분은 509쪽에 있다.

제3항
남북관계와 대외관계에 대해서도 발언하다

이 짧은 시기에 이 교수는 남북관계와 한미관계를 포함한 국제환경에 대해서도 세 차례 발언했다.[20] 거기에는 하나의 공통된 흐름이 있다. 자신의 제21명제에 입각해, 북한이 군사력을 지속적으로 증강하고 있는 상황에서, 남북한 사이에 군사력 균형이 깨지지 않도록 노력해야 하고, 미국과의 동맹은 '선택의 여지가 없는 절대적 필요'로 받아들여야 하며, 정치적 안정을 도모해야 한다는 논지가 그것이었다.

이러한 논지는 당시 논객들이 흔히 전개하던 논지와 크게 다름이 없어 보인다. 그러나 이 교수는 다른 논객들과는 달리 새로운 논점을 제시했다. "한미동맹관계를 강화하기 위해, 우리가 정치·경제·사회·문화 등 모든 면에서 건전한 발전의 길을 걸음으로써, 특히 민주화를 전진시킴으로써 한국의 이미지를 호전시켜야 한다."라는 논점이 그것이다. 이것은 결국 국가안보의 문제를 군사적 시각에서만이 아니라 정치적 시각에서 접근해야 한다는 논지로 이어졌으며, 그러한 맥락에서 그는 "전쟁이라! 그것은 군인에게만 맡기기에는 너무나 중요하다."라는 프랑스 수상 조르주 뱅자맹 클레망소(Georges Benjamin Clemenceau, 1841~1929)의 말을 상기시켰다.[21]

---

20) 「좌담: 70년대 미국외교의 내막과 80년대 세계질서」, 『경향신문』(1979년 11월 7일), 13쪽; 『이홍구문집』 IV, 481~487쪽에 재수록; Hongkoo Lee, "Three Dimensions of National Security for the Republic of Korea," 『아세아연구』 63(1980년 1월), 17~31쪽; 『이홍구문집』 V, 465~485쪽에 재수록; 이홍구, 「80년대 국제정치와 한국의 진로」, 『대한변호사협회지』 54(1980년 2월), 35~37쪽; 『이홍구문집』 I, 385~391쪽에 재수록; 『이홍구문집』 V, 481쪽의 각주 14에는 이 교수가 집필한 "From the Balance of Power to a Community of Welfare in Asia"가 Congressional Research Service (Washington, D. C.) (Spring 1980)에 게재될 예정이라고 쓰여 있다. 그러나 이 논문은 출판되지 않은 것 같다.

21) 이홍구, 「80년대 국제정치와 한국의 진로」; 『이홍구문집』 I, 385~391쪽에 재수록. 인용된 부분은 391쪽에 있다.

클레망소는 파리에서 발행되던 일간신문 『로로르(*L'Aurore*: 여명)』의 주필로 파리 몽마르트구 구청장으로 정계에 입신해 하원의원과 상원의원 및 내무장관을 거쳐 총리에 올라 1차대전 때 프랑스를 승전국의 일원으로 이끌었다. 그러나 이것에 못지않게 중요한 사실이 있다. 그것은 프랑스의 제3공화국 시대에 유명한 사건이었던 드레퓌스 사건에서 클레망소가 수행한 역할이었다. 프로이센과의 전쟁, 이른바 보불전쟁(普佛戰爭)에서 패배한 프랑스의 군부는 1894년에, 참모본부에서 일하던 유대인 포병대위 알프레드 드레퓌스(Alfred Dreyfus, 1859~1935)가 독일에 봉사하는 간첩이었다는 혐의를 씌워 무리하게 기소하고 무기징역에 처했다. 마치 내부에 잠입한 간첩 때문에, 그것도 사람들이 싫어한 '유대인 간첩' 때문에, 패전했다는 변명거리를 만들고 싶었던 것이다.

여기에 군부 전체는 물론이고 왕정복고 추진세력과 가톨릭교회를 비롯한 보수세력이 적극적으로 동조했다. 1897년에 진상이 밝혀져 드레퓌스의 무고가 명백하게 드러났는데도 군부는 시정조치를 취하지 않았다. 이때 프랑스의 저명한 작가 에밀 졸라(Émile Zola, 1840~1902)가 군부의 기만에 분개해 1898년 1월 13일에 「대통령에게 보내는 편지」를 『로로르』에 기고하자 클레망소는 주필의 자격으로 제목을 「나는 고발한다」로 고치도록 권유했고, 졸라가 자극적인 그 제목으로 발표하자 대중은 격동했으며 사회주의자들을 비롯한 반(反)보수세력은 보수세력을 맹렬히 비난했다. 결국 군부는 드레퓌스를 석방하지 않을 수 없었다. 이 사건을 계기로 프랑스 보수세력의 큰 기둥인 가톨릭교회는 위신을 적잖게 잃었으며 정치에 대한 개입을 줄일 수밖에 없게 됐다.

제4항
신군부 및 제5공화국의 협력 제의를 거절하다

10·26사태 직후로부터 4개월째로 접어든 1980년 1월 29~31일에 한국방송공사(KBS)는 국민의 관심이 개헌에 집중되어 있음에 착안해 개헌의 방향에 관한 공청회를 열면서 사회를 이 교수에게 맡겼다. 방송사에서 흔히 말하는 늦은 저녁의 '골든타임'에 매일같이 두 시간 넘게 계속됐고 시청률이 높았던 이 일련의 공청회에서 이 교수는 대통령제보다는 의원내각제를 선호하는 경향을 보이면서도 어느 한쪽에 치우치지 않은 공정한 자세를 유지한 채 토론을 격조 있게 이끌어 호평을 받았다. 평소에 방송에는 출연하지 않았던 그의 등장은 그의 끼끗한 용모와 차분한 발언과 함께 많은 시청자에게 좋게 받아들여졌다.

신군부의 핵심 간부들은 곧바로 접근했다. 이른바 3허(三許)로 불리던 허화평(許和平)·허삼수(許三守)·허문도(許文道) 그리고 이학봉(李鶴捧) 등이 그의 집을 몇 차례 방문하고 협력을 요청했다. 그러나 그는 일관되게 사양했다. 특히 광주 일원에서의 유혈진압을 보고는 결심을 더욱 굳혔고 신군부가 「국가보위입법회의」라는 기구를 급조해 그를 거기에 참여시키려는 움직임을 보이자, 우리가 중국의 고전『열국지』와『삼국지』에서 읽었던 용어인 '탈신(脫身)'을 단행했다. 국제학계에서도 이름이 널리 알려져 있던 그는 6~8월에 이탈리아의 유서 깊은 도시 피렌체(Firenze) 근교의 피에솔레(Fiesole)에 있는 유럽대학교(European University Institute: EUI)로 훌쩍 떠난 것이다. 피렌체는 현재 이탈리아의 중부에 있는 토스카나주의 주도로, 영어로는 플로렌스(Florence)로 불린다. 중세기와 르네상스기를 거치며 무려 4세기에 걸쳐 메디치 집안이 다스렸고 1865~1870년에는 이탈리아 왕국의 수도이기도 했다. 저 유명한『군주론』의 저자 니콜로 마키아벨리가 태어난 곳으로도 유명하다.

유럽대학교는 오늘날 유럽연합(European Union)의 모체였던 유럽공동시장(European Common Market)의 회원국 6개국(독일·프랑스·이탈리아·벨기에·네덜란드·룩셈부르크)이 1972년에 세웠다. 인문·사회과학 분야에서 박사과정 또는 박사후기과정을 밟고자 하는 이들에게 개방된 새로운 형태의 대학교였다. 이 교수는 펠로로 초청을 받아, '유로코뮤니즘의 기수'라고 불리던 이탈리아공산당을 중심으로 이탈리아의 정치 그리고 스페인의 정치와 포르투갈의 정치를 연구했다. 세 나라는 모두 남유럽에 속한 라틴계 국가라는 공통점을 갖고 있다. 우리는 그의 이 연구를 제3절 제2항에서 자세히 살피기로 하겠다.

이 교수가 귀국한 뒤, 제5공화국은 그를 여러 통로를 통해 정부로 끌어들이려고 했다. 특히 1981년 말과 1982년 초 사이의 어느 날에는 고위급 인사를 담당한 이학봉 민정수석비서관이 직접 나서서 이 교수를 어느 곳으로 초청해 면담하며 우선 대통령교육문화수석비서관(장관급)으로 청와대로 들어왔다가 적절한 때에 문교부장관 또는 국토통일원장관 또는 외무부장관으로 입각할 것을 위압적으로 종용했다. 그러나 그는 특유의 미소와 화법으로 뿌리치고 유유히 사회과학연구소 소장실로 돌아왔다. 혹시나 하고 걱정하며 기다리던 동료들과 제자들은 그의 표정을 보고 안도했다. "잘 타이르고 돌아왔어."라는 말에 모두 박수를 치며 웃었다. 이 일을 계기로 '잘 타일렀다.'라는 말이 유행했다.

귀가한 뒤에도, 걱정하던 여러 지인으로부터 전화를 받고 안심시켰다. 그들은 한결같이 "잘 하셨습니다. 축하드립니다."라고 화답했다. 역시 "본인이 원하지 않는 정부에 들어가게 된다면 어떻게 하나." 하고 걱정하다가 마음을 놓으신 사모님이 명언을 남기셨다. "5공화국은 잘못된 시작 같아요. 흔히 말하는 '높은 자리'로 오라는 권고를 받으면, 축하해 주는 것이 정상인데, 가지 않기로 결정한 것을 놓고 축하하다니 이건 5공 그 자체가 비정상이라는 것을 반증하는 일이 아닐까요?"

이 교수는 미국에서 14년에 걸쳐 공부하고 가르친 경력 때문에 조선=한국사에 대해서는 밝지 않을 것이라는 잘못된 선입견을 줄 수도 있었

다. 그러나, 우리가 제3장과 제4장에서 보았듯, 이 교수는 조선=한국 역
사에서의 선비와 선비문화에 대해 긍정적인 의미에서 자주 언급하면서
이 주제에 대한 박학을 보여주곤 했다. 같은 맥락에서, 조선=한국사 전
공의 서울대학교 한영우(韓永愚) 명예교수는 선비는 조선=한국사에 독
특한 존재로 어떠한 외래어로도 번역될 수 없기에 외래어권의 독자들에
대해 우리 발음 그대로 "Seonbi(선비)"로 표기해 설명해주어야 한다고
제의하면서 선비정신을 높이 평가했다.[22]

　선비는 진퇴를 분명히 해야 한다. 명분이 없는 출사(出仕)는 선비에
게는 대기(大忌)였다. 명분이 있어서 출사 또는 사환 했다고 해도 임금이
자신의 간언(諫言)을 듣지 않으면 두 차례 더 계속해야 하고 그래도 듣
지 않으면, 이른바 삼간불청(三諫不聽)이면, 관직을 버리고 본래의 위치
로 돌아와야 한다. 이것이 선비정신이다. 이 교수는 자신이 강조하던 선
비정신에 충실하게 출사를 거부했던 것이다.

---

22)　한영우, 『한국선비지성사: 한국인의 문화적 DNA』(지식산업사, 2010).

제2절
서울대학교 교수로서 서양정치사상에 관한 저술을 계속하면서 사회과학연구소를 이끌다

이홍구 교수는 1980년 4월 1일에, 오늘날에도 그렇지만 그때의 제도와 관행에 따라 대통령 발령으로 정교수로 승진했으며, 1986년 9월 1일에 정교수로 재임용을 받았다. 그는 노태우 정부에서 국토통일원장관으로 입각하기 하루 전인 1988년 2월 24일에 사직할 때까지 8년 가까운 기간에 우선 정치학과 동료 교수들이 공동제작한 『신정치학개론』의 지속적 증보 작업과 『현대정치학의 대상과 방법』 편집에 참여했으며, 사회과학연구소 소장으로 이 연구소를 이끌어나갔다. 동시에 1981년부터 한국공산권연구협의회 회장으로 버클리 캘리포니아대학교 동아시아연구소와 제휴해 북한을 포함한 공산권 전반을 다루는 국제학술회의를 이끌었다. 1985년에는 파리에서 열린 제13회 세계정치학회 세계대회에서 한국인으로는 처음으로 집행위원으로 선출됐으며, 1986년에는 한국정치학회 15대 회장으로 선출됐다.

제1항
서양정치사상에 관한 저술을 계속하다

이 교수는 자신의 전공인 서양정치사상 연구에 충실해, 이 주제에 관한 저술을 계속했다

303

● 「서양정치사상」(1): 그리스정치사상

  첫째, 「서양정치사상」이다.[23] 장문의 이 논문은 우리가 제4장 제2절 제3항에서 이미 살핀 「서양정치사상의 전통과 본질」을 훨씬 더 자세하게 설명함으로써 학부에서 서양정치사상을 공부하는 학생들에게는 물론 대학원 석사과정에서 서양정치사상 연구의 방향을 잡으려는 학생들에게도 많은 도움을 준다. 이러한 뜻에서, 이 논문을 자세히 소개하기로 한다.

  이 교수는 우선 서양정치사상을 연구하는 방법으로, (i) 특정한 문제를 체계적으로 정리하는 체계적 접근법, (ii) 고대로부터 오늘에 이르기까지의 갖가지 정치사상을 그 전개과정에 따라 차례로 더듬어보는 역사적 접근법, (iii) 특정인의 사상 또는 특정한 전통을 비교하는 비교적 접근법, (iv) 정치사상이 담긴 문헌의 분석에 중점을 두는 문헌적 접근법 등 네 가지를 지적했다. 그는 이 네 가지 방법 가운데 두 번째 방법에 바탕을 두고 이 논문을 썼다.

  이 교수는 우선 플라톤과 아리스토텔레스로 대표되는 그리스정치사상을 살폈다. 그는 우선 "소피스트들은 플라톤에 의해 냉혹한 비판이 됐기에 후세에 정당한 평가를 받지 못했다. 그러나 그리스정치사상에 대한 균형 있는 이해를 위해, 인간사회의 원리에 관심의 초점을 맞춘 소피스트들에 대한 연구는 반드시 필요하다."라고 말한 데 이어, "그리스정치사상을 충실하게 이해하는 데에 필요한 조건의 하나는 그리스에 대한, 특히 정치공동체로서의 폴리스(polis)의 정치사·사회사·경제사에 대한 기초지식을 구비하는 것이다. 『펠로폰네소스 전쟁사』를 쓴 투키디데스(Thucydides)에 대한 연구도 중요하다."라고 부연했다. 그는 또 "소크라테스를 플라톤으로부터 분리 또는 '해방'시켜 독립된 연구의 대상으로

---

23) 서울대학교 사회과학대학 정치학과 기획/김영국 편, 『현대정치학의 대상과 방법』(법문사, 1981), 19~44쪽; 『이홍구문집』 II, 347~372쪽에 재수록.

삼을 수 있다."라고 주장하고, 특히 플라톤과 아리스토텔레스에 대한 연구와 관련해 다음과 같은 논점을 제시했다.

(ⅰ) 플라톤의 사상에 대해서는 참고서와 해설서를 포함한 수다한 연구서적이 있으므로 연구의 갈피를 잡는 데 세심한 주의를 기울일 필요가 있다. 플라톤 연구는 무엇보다도 그의 저서에 대한 정확한 독해로부터 시작하는 것이 바람직하며, 예컨대『국가(The Republic)』에 대한 면밀한 분석을 시도한 주석서(註釋書)들을 모범으로 삼아도 된다. 플라톤의 정치사상을 총체적으로 이해하려면 적어도 그의『국가』·『정치학(The Statesman)』·『법(The Laws)』을 검토해야 한다.

(ⅱ) 아리스토텔레스의 정치사상은 그것이 얼마나 현대정치이론에 직결되어 있는가를 항시 유념하면서 공부하는 것이 바람직하다. 아리스토텔레스의『정치학』은 좁은 의미에서의 정치학이 아니라 종합사회과학적 사회과학의 입장에서 국가와 정치의 성격을 규범적 차원과 분석적 차원에서 동시에 연구함으로써 정치사상·정치이론·정치철학의 연계성을 보여준 대작이라고 할 수 있다.『정치학』은 그렇듯 포괄적 저서이지만 이를 적절히 이해하기 위하여는 이 책에 대한 철저한 지식이 반드시 요구된다.

(ⅲ) 아리스토텔레스에 이르는 그리스정치사상의 본류는 도시국가적 공동체로서의 폴리스를 주된 정치적 단위로 취급하였는데, 기원전 4세기에 들어서면서 확연해진 폴리스의 붕괴과정에서 비롯되는 새로운 사고와 의식의 성격은 그 나름대로 연구의 대상이 될 수 있다.

● 「서양정치사상」(2): 로마와 중세의 정치사상

이 교수는 이어 로마와 중세의 정치사상을 다뤘다. 알렉산더 대왕이 태어난 기원전 356년으로부터 마키아벨리가『군주론』을 출판한 1532년까지의 약 2000년이란 기간에 전개된 정치사상을 이해하기 위해, '광막한 중세사의 바다에서 정처 없이 헤매는 것보다' 몇몇 중심과제에 관심을 기울일 것을 권고했다. 그는 우선 "이 시대 정치사상의 두 기둥인 헬레니즘(Hellenism)과 헤브라이즘(Hebraism)을 연구하는 가운데, 세네카(Lucius Annaeus Seneca)에 의한 스토아철학의 정립, 그리고 그 철학이 로마적 상황에서 에픽테투스(Epictetus, 55년경~135년경)나 '철인(哲人) 황제'로 불린 로마제국 16대 황제 마르쿠스 아우렐리우스(Marcus Aurelius, 121~180)에 의해 전개되는 과정 등을 살필 수 있다."라고 가르쳤다.

그는 이어 "로마정치사상이 발전시킨 공공이익을 위한 인간집단으로서의 국가관, 곧 '레스 푸블리카(Res publica)'나 공화정으로 번역되는 '포풀루스 로마누스(Populus Romanus)' 그리고 공화정 다음으로 나타난 제국, 곧 '임페리움(Imperium)'의 의미를 로마정치사와 연관시켜 분석하는 과제가 중요하며, 이러한 관점에서, 키케로의 『국가론』·『법률론』·『의무론』을 키케로 이전 아리스토텔레스의 정치학 그리고 키케로 이후 근대에 나타나는 국민주권사상 등에 연결해 읽어야 한다."라고 가르쳤다. 그는 또 "'팍스 로마나(Pax Romana)'로 불린 범(汎)지중해적 로마체제 속에서 발전한 시민법(jus civile), 만민법(jus gentrium), 자연법(jus naturalis)의 관계"에 대한 주의를 환기시켰다. 그는 이어 중세정치사상 연구에 대해 지침을 주었는데, 그것들 가운데 몇몇은 다음과 같다.

(i) 중세정치사상을 로마정치사상에서 분리해 취급할 때 그 기점은 가톨릭교회의 성립이다. 이후 교회와 국가를 둘러싼 '이원론적 사고' 특히 『하늘의 나라(*civitas dei*)』와 『땅 위의 나라(*civitas terrena*)』를 쓴 아우구스티누스(354~430)의 관점, "교회권력과 황제권력은 상호보완적 역할을 수행해야 한다."라는 취지의 제49대 교황 겔라시우스(Gelasius, 미상~496)의 양검론(兩劍論) 그리고 '이원론적 사고'를 무시하거나 초월하려는 노력으로서의 황제교황주의(Caesaropapism)'와 교권·제권융화론을 연구해야 한다.

(ⅱ) 중세정치사상을 법·경제·사회라는 세 차원을 연결해 이해해야 하며, 그러한 뜻에서 중세정치사상의 연구는 법철학·경제사·사회사 등과의 연결 속에서 추진돼야 한다.

(ⅲ) 중세정치사상 가운데 가장 체계적인 것은 토마스 아퀴나스 (1225~1274)의 사상이다. 그의 사상의 중요성은 "아우구스티누스 이후의 이원론에서 탈피해 철학과 신학을, 신앙과 이성을 결합시키는 데 공헌했으며 인간이 사회적·정치적 존재라는 것은 자연의 원리에 입각한 것이라는 논리로써 정치를 긍정적으로 수용해 정치사상의 복권의 실마리를 마련했다는 데 있다."

(ⅳ) 중세에, 따라서 중세사상에 종말을 가져오는 데 큰 계기를 마련한 것들 가운데 하나인 종교개혁에 대한 정치사상적 연구는 중요한 과제다. 종교개혁 후에 국가교회제를 지지한 마르틴 루터(Martin Luther, 1483~1546)의 사상과 신권정치(神權政治)를 주장한 장 칼뱅 (Jean Calvin, 1509~1564)의 사상도 깊이 있게 연구돼야 한다.

(ⅴ) 중세정치사상의 특징의 하나는 그것이 기독교·유대교·이슬람교라는 세 종교의 공존 속에서 이뤄졌다는 사실이다. 이 사실에 대한 연구, 그리고 기독교적 정치사상, 이슬람적 정치사상, 유대교적 정치사상 사이의 차이에 대한 연구를 계속해야 한다.

● 「서양정치사상」(3): 근대정치사상

이 교수는 마지막으로 근대정치사상을 연구함에 있어서 유의해야 할 점을 제시했다. 그는 "근대정치사상사를 18세기 후반의 미국혁명과 프랑스혁명을 분수령으로 하여 그 이전과 이후로 나눌 수도 있으며, 그렇게 나누었을 경우 전기는 근대국가이론의 정립기로 볼 수 있고, 후기는 시민사회를 전제로 한 이데올로기의 시대로 볼 수 있다."라고 전제한 뒤, 연구과제로 우선 "중세사상이 근대사상으로 전환하는 근대 초기, 즉 14세기로부터 17세기 초에 이르는 기간에 새로이 싹튼 정치사상의 흐름을 르네상스와 종교개혁이라는 역사적 변화에 연결해 생각하는 방법"을 제시했다.

그는 이어 "근대 초기의 정치사상이 산출한 가장 두드러진 수확은 '주권국가'라는 개념과 정치적 권리로서의 '민권'이라는 규범을 확립한 것이다."라고 지적했다. 이 사실에 관해, 그는 "이것은 정치적 자율성을 인정하는 데서 출발했으며, 정치의 자율성에 대한 주장을 핵심으로 했다는 데에 마키아벨리(1469~1527)의 정치사상이 지닌 역사적 중요성이 있다."라고 논평했다. 계속해서 그는 "근대적 주권국가론, 특히 주권의 절대성에 관한 주장은 프랑스 정치사상가 보댕(Jean Bodin, 1530~1596)에 이어 영국의 정치사상가 홉스(1588~1679)에 의해 가장 체계적으로 이론화됐다."라는 관점을 제시했다.

이 교수는 근대정치사상사에 흐르는 또 하나의 주류로 '민권의 확립을 위한 이론들'을 지적하고, 거기에 네덜란드의 그로티우스(Hugo Grotius, 1583~1645), 독일의 알투지우스(Johannes Althusius, 1563~1638), 네덜란드의 스피노자(Baruch Spinoza, 1632~1675), 영국의 로크(John Locke, 1632~1704)와 청교도혁명가 등이 제시한 '국가권력에 대항한 민권'론을 포함시켰다. 이 교수는 '주권국가'와 '민권'이라는 근대정치사상의 두 초점은 모두 자연법사상에 그 바탕을 두면서도 서로 대립되는 규범으로 정의될 수 있다고 보면서 양자의 이론적 연계를 도모한 정치사상이 사회계약설이라고 보았다. 사회계약설은 물론 홉스, 로크, 루소에 의해 대표된다. 그런데 이 교수는 지닌 공통점에 못지않게 상이점에 대해서도 균형 있는 이해를 지니는 것이 중요하다고 강조했다.

위에서 논의한 근대정치사상의 몇 가지 흐름은 대체로 국가이론형성기에 속하는 것이었다. 18세기 후반에 접어들면서 유럽사회는 점차, 이 교수가 여러 곳에서 강조했듯, 이데올로기 시대의 개막을 알리는 시민혁명의 물결에 휩싸이기 시작했고, 자연히 근대정치사상의 성격도 본질적으로 변화하지 않을 수 없었다. 이렇게 근대정치사상이 이데올로기의 시대로 전환하는 과정에서 주목해야 할 것은 관습과 역사의 문제임을 상기시키면서 이 교수는 다음과 같이 썼다.

（ⅰ) 이성과 관습의 문제는 방법론적인 차원에서도 문제가 될 수 있다. 이 점에서 스코틀랜드의 데이비드 흄(David Hume, 1711~1776)의 인식론이나 정치사상은 이성에 의한 관습의 제거를 예방하고 정치사상의 극단화를 중화시키는 데 크게 영향을 주었기에 그에 대한 연구는 필수적이다. 인간이성에 대한 무한한 믿음을 바탕으로 처방되는 혁명적인 사회·정치개혁에 그 한계성을 사회적 가치와 관습의 보존이라는 측면에서 지적한 아일랜드 출신의 영국인 에드먼드 버크(Edmund Burke, 1729~1797)의 정치사상과 영국인 제레미 벤담(Jeremy Bentham, 1748~1832) 및 존 스튜어트 밀(John Stuart Mill, 1806~1873)로 대표되는 19세기의 공리주의(功利主義)도 영국 경험주의의 전통 속에서 이해될 수 있을 것이다.

（ⅱ) 정치는 역사의 전개과정 속에서 진전하는 것이라는 새로운 역사의식은 근대정치사상이 이데올로기의 시대로 접어드는 전환기에 팽배했다. 역사에는 흥륭·성숙·몰락·재귀의 순환이 있다는 주장을 폄으로써 역사주의의 선구자로 불리는 이탈리아의 잠바티스타 비코(Giambattista Vico, 1668~1744), 문화적 및 민족국가적 주체성에 대한 낭만적 정치사상을 전개한 독일의 요한 헤르더(Johann Gottfried Herder, 1744~1803)와 요한 피히테(Johann Gottlieb Fichte, 1762~1814), 그리고 종말론적 역사관을 제시한 헤겔과 마르크스 등은 이데올로기 시대의 정치사상을 새로운 차원으로 끌어가는 기틀을 마련했다. 이들에 대한 연구 역시 필수적이다.

（ⅲ) 이데올로기 시대의 사상을 연구하는 경우에도 그 내용의 다양성에 현혹되지 않고 사상적 주류가 무엇이며 핵심적 과제가 무엇인가에 대해 예리한 관점을 기르는 것이 중요하다. 예컨대 자유와 평등이라는 두 규범의 변증법적 관계를 중심으로 자유주의와 사회주의의

전개과정을 대비할 수도 있다. 한편 다원적 민주주의와 일원적 전체주의의 사상사적 배경과 이론적 구조를 대비하는 것도 또 하나의 중요한 연구의 방향이라고 할 수 있다.

● 콜링우드의 역사철학

둘째, 「Collingwood의 독일전통 비판: *The New Leviathan*을 중심으로」이다. 이것은 영국의 고고학자이며 역사철학자인 로빈 조지 콜링우드(Robin George Collingwood)의 『새로운 리바이어던』[24]에 대한 장문의 서평이지만, 사실상 한 편의 논문이다.

로빈 콜링우드는 1889년에 태어나 옥스퍼드대학교의 유니버시티칼리지(University College)를 우등으로 졸업하고 옥스퍼드대학교의 펨브로크칼리지(Pembroke College)에서 펠로로 봉직하다가 1943년에 53세로 병사했다. '역사주의(historicism)'라는 말을 만들어낸 것으로 평가되는 그의 대표작으로는 사후에 출판된 『자연에 대한 관념(*The Idea of Nature*)』(1945)과 『역사에 대한 관념(*The Idea of History*)』(1946) 등이 꼽히는데, 이 교수는 그가 나치독일의 폭격 아래 지병에 시달리면서도 런던에서 1942년 1월에 탈고했으며 별세하기 1년 전에 출판한 『새로운 리바이어던』에 초점을 맞춘 것이다.

'리바이어던'은 물론 홉스의 저서 『리바이어던』(1651)에서 빌린 것이다.[25] 새삼스러운 설명이 필요 없듯, 히브리어로 '레비아탄'으로 발음되는 영어의 '리바이어던'은 구약성서 「욥기」 41장에 등장하는 바다의 큰 괴물 같은 짐승을 말하는데, 홉스는 국가를 이 거수(巨獸)에 비유한 것이다. 콜링우드가 자신의 책 제목을 홉스로부터 빌렸다는 사실은 콜링우드

---

24)　Robin George Collingwood, *The New Leviathan: Or Man, Society, Civilization, and Barbarism*(Oxford: Clarendon Press. 1942).

25)　Thomas Hobbes, *Leviathan, or The Matter, Forme and Power of a Common-Wealth Ecclesiastical and Civil*(London: Andrew Crooke, 1651).

가 홉스에 심취해 있었음을 말해준다. 실제로 콜링우드는 홉스의 이 책을 아리스토텔레스의 『정치학』이후 최대의 업적으로 칭찬했다.

이 교수는 자신의 박사학위청구논문에서 콜링우드를 부분적으로 논했었다. 이것은 이 교수가 콜링우드에 대해 친숙했음을 의미한다. 따라서 콜링우드의 이 책 출판 40주년을 앞두고 이 서평을 발표한 것이다. 이 교수는 사라센족의 로마문명 파괴로부터 터키족의 유럽문명 파괴 그리고 히틀러로 대표되는 독일민족의 서양문명에 대한 야만행위 등을 자세히 상기시킨 콜링우드의 '백과사전적' 설명을 소개하고, 동시에 소피스트, 플라톤, 아리스토텔레스, 아우구스티누스, 루터, 홉스, 루소, 칸트, 헤겔, 마르크스 등의 역사인식에 관한 콜링우드의 해석을 소개했을 뿐만 아니라 현대에 들어와서 제시된 플라톤에 대한 포퍼의 비판과 홉스에 대한 스트라우스의 해석 등을 함께 소개하면서 자신의 논지를 피력했기 때문에, 서양정치사와 서양정치사상사에 대한 이해가 깊지 않으면 따라 읽기가 매우 어렵다.

이 교수 스스로 서평의 대상을 콜링우드가 이 책에서 취한 입장 가운데 세 가지에 한정하면서 다음과 같이 소개했다.

(ⅰ) 홉스의 사회계약론은 힘에 의해 지탱되는 비사회적 공동체(non-social community)와 명백히 구분되는 합의를 토대로 한 사회적 공동체(social community)의 이론이라는 측면에서 그 진가가 이해되어야 한다.

(ⅱ) 독일문화의 족군숭배(族群崇拜: herd-worship)의 전통은 사회계약의 진정한 의미에 대한 이해를 불가능하게 만들었고, 칸트와 헤겔 그리고 맑스가 저지른 '오해'도 그러한 맥락에서 설명될 수 있다.

(ⅲ) 나치독일의 성격과 행위는 유럽문명에 대항한 야만(barbarianism)이라는 차원에서 규정돼야 한다.[26]

이 교수에 따르면, 콜링우드는 특히 독일 전체주의체제에 대한 깊은 불신과 증오를 나타냈다. 여기서 이 교수는 콜링우드의 그러한 자세를 '교조적 단정(斷定)'이라고 해석하면서 "그러한 단정은 그 대상이 된 민족의 역사를 결정론적으로 보게 될 위험을 수반한다."라고 비판했다.

● **롤스의 정의론**

셋째, 롤스(John B. Rawls, 1921~2002)의 정의론을 분석한 논문이다.[27] 그러면 롤스는 어떤 사람인가? 그는 프린스턴대학교를 최우등(Summa Cum Laude)으로 졸업하고 프린스턴대학교 대학원 철학과에서 박사학위를 받았으며, 풀브라이트 펠로로 선정돼 옥스퍼드대학교의 크라이스트처치칼리지(Christ Church College)에서 연구를 계속하는 가운데 역사학자 이사야 벌린 교수와 법학자 하트(H. L. A. Hart, 1902~1997) 교수의 영향을 많이 받았다. 귀국한 뒤 코넬대학교 교수와 MIT 교수를 거쳐 하버드대학교 교수가 됐으며, 하버드대학교에서도 가장 영예로운 교수직 가운데 하나로 하버드대학교 총장을 역임한 화학자 제임스 코넌트(James B. Conant, 1893~1978) 교수를 기념하는 「제임스 코넌트 교수」로 선정됐다.

대외활동을 자제하면서 연구와 저술에 몰두한 그는 (ⅰ)『정의론』, (ⅱ)『정치적 자유주의』, (ⅲ)『만민법』, (ⅳ)『공정으로서의 정의: 재서술』과 같은 대작을 남겼다.[28] 『공정으로서의 정의』는 『정의론』에 대한 비판에 응답한 형태의 책이기 때문에, 그의 3대작을 꼽을 때 빠진다. 그 책들 가운데 세계적으로 가장 널리 읽혔으며 토론된 책이 바로 1971년에 하

---

26) 「서평: Collingwood의 독일전통 비판: *The New Leviathan*을 중심으로」, 한우근박사정년기념사학논총간행준비위원회 편, 『한우근박사정년기념사학논총』(지식산업사, 1981), 835~844쪽; 『이홍구문집』 Ⅳ, 69~81쪽. 인용된 부분은 71쪽에 있다.
27) 이홍구, 「사회복지와 사회정의: Rawls 정의론에 연관된 사색」, 『한국정치학회보』 제15집 (1981년 12월), 253~263쪽; 『이홍구문집』 Ⅱ, 329~345쪽에 재수록.

버드대학교출판부에서 출판됐으며 1999년에 개정된 『정의론』이다. 이 개정판은 서울대학교 인문대학 철학과 교수 황경식(黃璟植) 박사에 의해 『정의론』(이학사, 2003)으로 번역됐다.

철학 연구에 대한 공로가 인정을 받아, 그는 1999년에 스웨덴왕립학술원으로부터 '철학 분야의 노벨상'이라고 불리는 쇼크상(Rolf Schock Prize)을 받았으며, 같은 해에 빌 클린턴 미국 대통령으로부터 국가 인문학메달을 받았다. 캐나다의 세계적 정치철학자 윌 키믈리카(Will Kymlicka, 1962~현재)는 롤스의 『정의론』 출판으로 규범적 정치철학이 새롭게 태어났다고 칭찬했다.

이 교수는 "고도로 섬세하게 전개된 롤스의 정의론을 간결하게 요약하려는 것은 상당한 지적(知的) 위험을 수반한다."라고 인정하고, 롤스의 이론의 최소한의 골자를 다음과 같이 나열했다. 이 교수는 우선 롤스의 사회정의의 기본원칙은 "사회의 모든 가치 — 즉 자유와 기회, 소득과 부, 인간적 존엄성은 평등하게 배분되어야 하며, 이와 같은 가치의 일부나 전부의 불평등한 배분은 그것이 사회의 최소수혜자(最小受惠者)에게 유리한 경우에만 정당하다."라는 것으로, 그것은 다음과 같은 세 원칙으로 세분될 수 있다고 보았다.

(1) 사회를 구성하고 있는 각 개인은 타인도 자기와 똑같은 자유를 향유할 수 있다는 전제하에 가장 광범위한 기본적 자유에 대하여 평등한 권리를 가져야 한다.

(2) 사회적 및 경제적 불평등이 정당화될 수 있는 경우는

(a) 최소수혜자에게 최대의 혜택을 가져다주고

---

28) （ⅰ） *A Theory of Jusitce*(Cambridge, M. A.: Harvard University Press, 1971).
（ⅱ） *Political Liberalism*(New York: Columbia University Press, 1999).
（ⅲ） *The Law of Peoples*(Cambridge, M. A.: Harvard University Press, 1999).
（ⅳ） *Justice As Fairness: A Restatement*(Cambridge, M. A.: Harvard University Press, 2001).

(b) 모든 직책과 직장이 기회의 균등이란 원칙에 따라 개방되어 있는 상태이어야 한다.[29]

이 교수에 따르면, (1)은 평등한 자유의 원칙이고, (2a)는 차등의 원칙이며, (2b)는 기회균등의 원칙이라고 볼 수 있는데, 롤스는 이러한 세 원칙 사이에 적용되는 축차적 우선순위를 지정하고 있다. 이에 따르면 평등한 자유의 원칙이 실현된 연후에만 불평등을 정당화하는 두 원칙도 적용될 수 있는데, 그 경우에는 우선 기회균등의 원칙이 실현된 후에 비로소 차등의 원칙은 효력을 갖게 되어야 한다는 것이다.

롤스는 위에서 본 것처럼 사회정의의 최우선의 원칙으로 평등한 자유의 원칙을 내세웠는데, 이에 대해 이 교수는 그것이 어느 무엇보다도 정치적 자유를 그 핵심으로 하고 있다고 보면서, "정치적 자유가 극도로 제한된 상황에서도 자본주의적 시장경제는 원활하게 운영될 수 있는가라는 여부는 오늘날 정치경제학의 중요한 연구과제로 부각되고 있지만, 정치적 자유가 없는 사회정의란 불가능하다는 롤스의 입장은 또 하나의 숙고할 과제를 제시하고 있다."라고 부연하고 다음과 같이 논평했다.

우리 주변에서는 최소수혜자에게 최대의 혜택을 준다든지, 모든 사람에게 균등한 기회를 준다는 사회복지 향상의 촉진을 바로 사회정의라고 이해하는 경향이 짙으며, 그렇게 이해된 사회정의는 정치적 자유의 유무와는 무관하다고 강조할 소지를 내포하고 있다. 따라서 롤스가 주장하는 정치적 자유의 우선은 서구적 자유주의의 전통 속에서만 유효한 특수성의 산물이라고 주장될 수도 있다. 그러나 그러한 주장은 사회정의의 원칙을 인간의 자율성을 전제로 한 합리적 합의나 계약의 산물이라고 보는 자유주의

---

29) 이홍구, 「사회복지와 사회정의: Rawls 정의론에 연관된 사색」, 『이홍구문집』 II, 329~345쪽에 재수록. 인용된 부분은 336쪽에 있다.

적 휴머니즘도 서구적 전통에서만 유효한 것이지 우리에게는 무관한 것이
라는 거북한 입장을 택할 때만 일관성 있게 유지될 수 있는 것이다. 그리고
정치적 자유와 분리해 생각되는 사회정의는 구체적 혜택을 가져오는 사회
복지의 향상을 그 주된 내용으로 삼게 되기에 만약 정치적 자유의 부재 속
에서 사회복지의 향상마저 불가능한 경우에는 사회정의의 의미는 기형화
하거나 공허화할 가능성이 짙어지는 것이다.[30]

이 교수는 롤스의 정의론이 지닌 가장 큰 매력은 "불평등의 문제를
정리한 차등의 원칙, 즉 사회적 및 경제적 불평등이 정당화될 수 있는 경
우는 최소수혜자에게 최대의 혜택을 가져다줄 때라는 원칙을 초점으로
삼고 있는 데 있다."라고 보면서, "우리는 완전한 평등만을 주장하는 것
이 공허한 유토피아니즘이라는 것을 알고 있기에 추상으로 그칠 평등의
공식보다는 '바람직한 불평등'의 이론에 보다 큰 흥미를 갖게 된다."라
고 논평했다. 이 점에 대해, 이 교수는 "그것은 불평등의 불가피성을 반
드시 수긍하여서가 아니라, 불평등의 피해를 가장 심각하게 겪고 있는
계층에게 가장 큰 혜택이 갈 수 있는 개선책의 모색이 롤스의 정의론에
의하여 사회정의의 추구라고 정당화될 수 있을지도 모른다는 희망을 갖
기 때문이다."라고 부연했다.
롤스의 『정의론』을 다각적으로 검토하고 또 롤스의 『정의론』에 대한
비판 역시 다각적으로 검토한 뒤, 이 교수는 자신의 이 논문의 마지막 부
분을 다음과 같은 관찰로 끝맺었다.

롤스를 포함한 서양의 사회선택이론은 흥정(bargaining)과 계약(contract)
을 선택을 이룩하는 합리적 과정으로 보는 데 비하여 우리의 문화적 전통
속에서는 사회정의를 흥정과 계약을 통하여 추구한다는 것은 너무나 생소

---

30)　위와 같음, 336~337쪽.

하게 들릴 수밖에 없다. 이러한 문화적 상대성이 사회이론, 특히 사회선택
이론에서 중요하다는 것을 강조하는 우리로서 롤스의 정의론을 중요시한
다면 그것은 단순한 학문적 흥미보다도 우리의 현실을 위한 정연한 사회
선택이론의 출현을 기다리고 있기 때문이다.[31]

● **엘리트연계구조론**

넷째, 「이데올로기의 시대와 민주주의: 엘리트통치기능과 정치참여」
이다.[32] 이 논문에서, 이 교수는 "민주정치가 곧 대중정치는 아니라는 것,
그리고 진정한 민주화의 관건은 어떤 엘리트를 통치집단으로 선택하느
냐에 있다는 것"을 강조했다. 이 주장은 그의 제15명제(연립구조적 정치
운영)에 연결되어 있다.

그는 우선 "어떤 단일한 엘리트집단이나 지도자보다도 여러 엘리트
의 연계구조를 구축하는 것이 다양성을 포용하며 민주화를 촉진시키는
최선의 방법이다. 다양한 사회 계층이나 집단을 갈등보다도 보완관계로
이끌기 위해서는 그 계층이나 집단을 대표하는 엘리트 사이의 연계구조
를 만드는 작업이 선행되어야 한다."라는 의견을 제시했다. 그 의견을 출
발점으로 삼아 그는 "그러한 엘리트의 연계구조를 조성하기 위해서는
계층이나 집단을 대표할 엘리트가 표출될 수 있는 정당 및 중간집단의
발전, 엘리트의 의견과 입장이 원활하게 소통되고 전파될 수 있는 언론·
집회·결사의 자유보장, 그리고 무엇보다도 엘리트의 연계구조를 제도화
하는 중심무대가 될 의회제도의 발전과 그것을 촉진시키는 의원내각제
의 채택 등이 조속히 추진되어야 할 것이다."라고 부연한 데 이어, "결국,
민주주의가 공허한 이데올로기적 환상에 그치지 않고 구체적 의의를 갖
기 위해서는 대중의 정치참여에 못지않게 엘리트연계구조를 통한 정치

---

31) 위와 같음, 345쪽.
32) 『이데올로기와 사회변동』, 187~208쪽; 『이홍구문집』 II, 401~423쪽에 재수록.

의 제도화가 중요시되어야 한다."라는 의견을 제시했다.[33]

● 서양정치사상 연구에서 시작해 한국정치사상 연구로 끝맺다

다섯째, 「정치사상·철학·이데올로기」이다.[34] 이 논문에서 이 교수는 서양정치사상과 관련해, 특히 제11명제(자유와 평등의 중요성 옹호)와 관련해, 그동안 써왔던 여러 논문의 내용을 간추리면서 새로운 해석을 덧붙였다. 이 논문에서, 그는 우선 "정치사상의 핵심은 정치적 공동체의 운영에 관한 지혜의 추구라고 할 수 있다. […] 정치사상은 정치철학보다 포괄적이며 넓은 의미로 사용되고 있다. 즉, 정치적 사실에 관한 이론, 신념에 연관된 이데올로기, 인식과 규범에 연관된 원리 추구를 통틀어서 정치사상이라고 부를 수 있다. 반면에 정치철학은 보다 제한된 의미에서 정치적 인식과 규범에 연관된 원리에 대한 인식론적 및 논리적 분석의 시도라고 할 수 있다."라고 말한 뒤, 다음과 같은 관찰을 제시했다.

(i) "정치는 이상의 추구를 통한 현실의 개조작업이라는 측면을 지니고 있다. 그러기에 많은 정치사상은 정치의 이상적 기준이 무엇인가를 규정하는 창조적 작업에 몰두한 결과이다."

(ii) "정치는 집단을 형성하는 인간관계를 중심으로 펼쳐지는 현상인데 그러한 정치집단의 단위와 성격, 그리고 차원을 달리하는 집단 사이의 관계와 갈등은 정치사상의 중요한 주제가 되어 왔다. 국가, 민족, 계급, 지역사회, 이익집단, 국가연합 등이 바로 집단의 단위를 기초로 한 개념들이다."

(iii) "국가의 핵심을 이루는 권력이 어떻게 폭력과 다르며 공권력의

---

33) 위와 같음, 423쪽.

34) 이 논문은 다음에 수록됐다. 구영록·길승흠·김영국·김홍우·안청시·이정복·이홍구·최명 공저, 『정치학개론』(박영사, 1986), 299~338쪽; 『이홍구문집』 II, 433~468쪽에 재수록.

권위는 어디에서 말미암은 것인가는 정치철학의 중요한 주제이다. 이 주제에 대한 논의는 개인 또는 국민의 국가와 법에 대한 복종의 의무가 어디에서 말미암은 것인가를 생각하게 만든다. 한 걸음 더 나아가서 이 주제는 그러한 복종의 의무를 정당화하고 개인에게 납득시키는 근거로서 국가에 대한 개인의 권리가 무엇인가를 그리고 인간으로서의 본연의 권리, 즉 인권의 절대성과 한계가 무엇인가를 거론하도록 유도한다. 이러한 권리와 의무의 관계를 체계화함으로써 근대국가의 정당성을 부여하려는 시도가 바로 18세기에 전개된 일련의 사회계약론인 것이다."

(iv) "수다(數多)한 주제가 정치사상과 정치철학의 영역에서 제기될 수 있는데, 그 어느 것보다도 빈번히 논의되어 온 것은 정의의 문제일 것이다. 옳게 산다는 것, 올바른 인간관계를 유지한다는 것은 일차적으로 윤리의 문제이다. 그러나 인간은 공동체 안에서만 그 삶을 영위할 수 있다는 사실을 인정한다면 올바른 인생의 문제는 곧 올바른 공동체, 즉 사회정의의 문제를 떠나서는 생각할 수 없다."

(ⅴ) "사회정의의 의미는 흔히 평등이라는 규범을 통해 이해가 시도되기도 한다. 그러나 평등의 의미가 무엇인가를 규정하는 것은 이미 지적하였던 대로 결코 쉬운 과제가 아니다. 한편, 평등은 그 영역에 따라서, 즉 정치적 평등, 사회적 평등, 경제적 평등과 같은 제한되고 특수한 의미를 지닐 수 있다."

(ⅵ) "평등과 더불어 가장 빈번하게 논의되는 정치규범은 자유이다. 자유와 평등 사이의 변증법적 관계, 즉 자유의 신장은 불평등을 초래할 가능성이 크고 평등의 실현은 자유를 제한할 위험이 있다는 것은 정치철학에서 자주 논의되는 주제이다."

이 교수는 이 논문의 끝부분에서 「한국근대정치사상」을 다루는 가운데 자기 나름의 여러 해석과 가설을 제시했다.[35] 거기에는 (ⅰ) 병자호란

때 인조가 청태종에게 굴욕적인 항복의 예(禮)를 행한 사건은 조선으로
하여금 정통주자학의 전통을 조선에서 보존한다는 일종의 책임감을 인
식시켰고 조선독립의 사상을 심화시켰으며 그것은 19세기에 위정척사
운동과 의병활동으로 연결됐다는 해석, (ii) 기독교와 서학(西學)의 수용
그리고 실학의 전개는 노쇠한 정신풍토 속에서 획기적 개혁을 꿈꾸는
개화운동으로 이어졌다는 해석, (iii) 갑신정변이 성공했더라면 부르주아
의 진출을 통한 근대국가제도의 확립이, 그리고 그 결과로 독립의 유지
도 가능했으리라는 역사적 가상(假想), (iv) 갑신정변과 동학농민봉기는
대중의 시대, 이데올로기의 시대가 우리 정치사에도 막을 올렸음을 알리
는 역사적 사건들이었다는 해석 등이 포함됐다. 이러한 해석과 가설로부
터 그는 "한국정치사상은 한국적 전통과 경험에 대한 우리 스스로의 성
찰과 분석을 통하여 이해되고 정리될 때에 비로소 한국인과 한국정치를
이끄는 사상과 철학이 될 수 있으며, 바로 우리가 살고 있는 이 시대가
거의 한 세기에 걸친 민족사의 단절과 분단의 시련을 넘어서서 그러한
주체적 사상과 철학의 꽃을 피우기 시작하는 역사적 전환점일 수 있다."
라는 결론을 제시했다.[36] 이 결론은 그의 제4명제에 연결되는 것으로, 그
는 이 제5장의 제5절 제1항에서 훨씬 자세하게 설명한다.

여기서 주목되는 것은 서양정치사상에 대한 해설과 문제제기로 시
작한 이 논문이 한국정치사상에 대한 해석과 문제제기로 끝을 맺었다
는 사실이다. 그의 궁극적 관심은, 관습과 전통의 존중 위에서의 사회보
존을 제의한 그의 학문적 출발점이 이미 시사했듯, 조선=한국이었던 것
이다.

---

35) 이 부분은 이 교수가 자신의 다음 논문을 요약한 것이다. 이홍구, 「한국민족주의를 보는 새
시각의 모색: 그 전개과정의 시대구분을 위한 시론」, 『아세아연구』 제17권 제1호(1984년 1월), 3~12
쪽; 김준엽박사화갑기념출간위원회 편, 『한국과 아세아』(고려대학교 아세아문제연구소, 1984), 3~12
쪽; 『이홍구문집』 III, 129~143쪽에 재수록.
36) 위와 같음, 468쪽.

서울대학교 정치학 40년사를 서술하다

조선=한국의 전통과 역사에 대한 이 교수의 학문적 관심은 「서울대학교 정치학 40년: 그 흐름과 학풍」의 집필로도 나타났다.[37] 이 논문은 「서울대학교 정치학 40년」이라는 제목 아래 쓰였지만 사실상 「한국정치학 40년」을 설명하고 있기에, 8·15광복 이후 전개된 한국의 정치학사를 이해하는 데 많은 도움을 준다. 그러한 만큼 여기에서 자세히 소개하기로 한다.

이 교수는 서울대학교 정치학 40년 또는 한국정치학 40년을 크게 보아 여섯 개의 시기로 나누어 고찰했다. 첫째, 한국정치학의 뿌리에 해당하는 '수천 년의 유학적 전통'의 시기이다. 그는 "수천 년의 유학적 전통, 즉 경세제민(經世濟民)의 도(道)를 찾는 선비의 전통이 한국정치의 역사적 배경이었다."라고 봄으로써 그가 한국정치학의 뿌리를 '경세제민의 도를 찾는 유학적 전통'에서 찾고 있음을 보여주었다. 여기서 그는 '선비의 전통'을 상기시켰는데, 이 대목은 우리가 제4장 제2절 제1항에서 보았던 『근대정치사상사』의 「역자서문」에서의 '선비의 전통'을 연상시킨다. 다른 곳에서도 여러 차례 보았듯, 이 교수는 선비가 이끌던 조선조의 정치를 호의적으로 평가하고 오늘날에도 '선비의 전통'이 살아나야 한다고 믿고 있는 것이다.

둘째, 서양의 근대적 정치학이 도입되고 수용되던 구한말의 개화기이다. 이 시기의 선구적 학자는 『서유견문』을 쓴 유길준이었다. 이 교수는, 우리가 이 제5장의 제4절 제1항에서 보게 되듯, 유길준의 역할을 높이 평가하고 그에 대한 별도의 논문을 발표한다.

---

37) 이 논문은 다음에 수록됐다. 『서울대학교학문연구40년』 전 2권(서울대학교, 1987년 7월) Ⅰ(『총괄·인문·사회과학』), 241~255쪽; 『이홍구문집』 Ⅱ, 469~488쪽에 재수록.

셋째, 일제가 조선=한국을 식민지로 만들면서 서양근대정치학의 소개를 중단시킨 시기이다. 이 시기와 관련해, 이 교수는 "나라가 없으면 정치가 없고, 정치가 없으면 정치학도 있을 수 없다는 당연한 이치를 우리는 처참한 식민지 경험을 통해 실증했다."라고 썼다.

넷째, 을유광복과 더불어 정치학이 '복원의 기회'를 맞은 시기이다. 이 시기에, 이 교수는 한국정치학이 두 개의 과제를 안고 있었다고 보았다. "세계적인 정치학의 수준에 뒤지지 않고 그 추세로부터 고립되지 않는 사회과학으로서의 정치학을 정착 및 향상시키는 것, 그리고 한국정치가 지닌 특수성 특히 건국과 분단극복이라는 역사적 과업을 위한 학문적 기초와 처방을 마련하는 것이었다."

이 교수는 "이 시기에 정치학 교과목이나 강의 내용은 대체로 1930년대의 일본에서의 정치학과 성격이 비슷했다. 정치사, 정치제도, 정치사상, 헌법을 위시한 공법 등이 중요한 영역이었다."라고 보았다. 1930년대의 일본정치학이란, 이 교수가 지적했듯, 주로 유럽의 정치학을 수입한 것이었다. 그 결과, 해방 후 초기의 한국정치학은 일본을 통해 수용된 유럽정치학의 영향을 크게 받게 되었다. 한편으로는 영국의 라스키와 바커 등이 제시한 자유주의적 및 다원주의적 국가론의 영향을 받았고, 다른 한편으로는 개인보다 국가를 중시하는 국가학의 전통에 바탕을 둔 독일정치학의 영향을 받았던 것이다.

다섯째, 6·25동란을 겪은 이후 1950년대와 1960년대의 시기이다. 이 교수에 따르면, 전쟁을 겪으면서 국제정치학에 대한 관심이 커졌고 이것은 1958년에 서울대학교 문리대 안에 외교학과를 창설하는 것으로 나타났다. 외교학과는 초기에는 국제정치의 현상을 분석하는 연구보다는 외교사·국제정치학사·국제정치사상사 연구에 관심을 쏟았다. 1970년대에 들어와서야 외교학과는 지역 연구와 방법론 그리고 강대국의 외교정책 연구에 관심을 쏟게 된다.

이 시기에, 한국정치학은 유럽적 영향에서 벗어나 미국정치학의 흐름을 따라가게 됐다. 특히 1950년대 중반 이후 미국정치학계가 개발한 행태주의적 정치학이 한국정치학에도 수용됐고, 1950년대 후반과 1960년대 초반 사이에 미국에 유학하던 한국의 정치학도들이 귀국해 국내 대학에 자리를 잡으면서 정치권력론·정치문화론·정치과정론·정치행태론 등을 독립적 과목으로 개설하는 것으로 나타났다. 이 교수에 따르면, 이것은 제도·조직·법규 등보다는 기능·구조·운영 등에 연구와 교수의 초점이 맞춰졌음을 의미했고, 특히 1960년대 중반 이후에는 비교정치학이 본격적으로 연구되고 강의됐으며, 이 과정에서 정치발전론이 주요한 주제로 등장했다.

이 교수는 이러한 큰 흐름 속에서도 서울대학교 정치학과가 본래의 학문적 보수성을 약화시키지 않은 점에 주목했다. 정치사상사를 정치학의 중요 영역으로 삼는 서울대학교 정치학의 전통은 1960년대의 변개기(變改期)에 들어와서도 특히 민병태 교수의 주도 아래 꾸준히 계승됐으며, 이러한 사상 중시의 전통이 축적되어 오늘의 서울대학교 정치학과에는 정치사상 및 정치이데올로기에 연관된 여러 강좌가 개설되고 있음을 이 교수는 상기시켰다.

- ● **정치학방법론에서 큰 변화가 일어난 1970년대 이후**

여섯째, 이 교수의 표현으로, '정치학방법론 및 사회과학방법론에서 커다란 변화가 일어난 1970년대의 시기'이다. 이 시기에는 특히 미국에서 훈련을 받은 정치학자들에 의해 통계적 방법과 사회조사 방법 등 실기적 방법이 컴퓨터 시대에 상응한 정치학 방법으로 소개됐다. 다른 한편으로, 정당·선거·의회 등 정치과정에 대한 연구가 활발해졌고 공공정책 선택에 대한 과학적 분석을 시도하는 정책과학이 중요한 영역으로 인정되기 시작했다. 동시에 한국을 둘러싼 이른바 4강, 즉 미국·소련·중국·일본의 정치에 대한 깊이 있는 강좌가 재편성됨으로써 지역 연구의 전문화 시대가 열렸다.

이 시기에는, 특히 1970년대 후반 이후의 시기에는, 세계적으로 유행하기 시작한 종속이론을 비롯해 자본주의체제와 현존 국제질서를 바라보는 새 시각들이 연구의 대상으로 부각됐다. 그뿐만 아니라, 다시 이 교수에 따르면, 정치폭력에 대한 비교 연구도, 철학적 차원에서의 현상학적 방법론도 활발하게 연구되고 교수됐다. 이 교수는 한국정치사에 대한 관심 역시 고조된 사실에 주목했다. 그는 1960년대 말과 1970년대 초에 서울대학교 정치학과에서 표출된 한국정치사에 대한 관심은 주로 조선조 후기와 개화기를 대상으로 삼았지만, 1970년대 후반으로 접어들면서 해방전후사로 옮겨가게 되었다고 지적하고, 정치학과에서의 이러한 학문적 활동은 사회과학적 관점과 방법으로 다루는 한국정치사를 역사학에서 포괄적으로 개설하던 한국사로부터 학문적으로 독립시키는 결과를 가져왔다고 논평하면서, 1980년대에도 한국정치에 대한 학문적 관심은 계속 고조되고 있다고 보았다.

이 교수는 이 논문에서 외교학 및 행정학이 성장·발전한 과정에 대해서도 자세히 설명했다. 외교학에 관해서는, 1970년대 후반부터 1980년대에 '국제경제정치론'과 '비교국제사회론' 및 '전쟁과 평화론'이 새롭게 각광을 받기에 이르렀다고 썼으며, 행정학에 관해서는, 1960년대 후반과 1970년대 초반에 '발전행정학'이 상당한 업적을 남기는 가운데 한 분야로 정립됐고 1970년대 후반에 '정책학'이 독립적인 분야로 정립됐다고 지적했다.

제3항
사회과학연구소를 이끌다

1979년 1월 1일에 이해영 초대 소장의 뒤를 이어 제2대 소장으로 취임했던 이 교수는 1981년 1월 5일에 새로운 2년 임기를 시작했으며 1983년 1월 4일에 임기를 마쳤다. 4년 동안 봉직한 것으로, 그의 후임이 부소장으로 봉직한 사회학과의 김경동 교수였다.

두 번째 임기가 시작되면서 그는 '한국의 사회과학'에 대한 의구심을 공개적으로 표명했다. 그는 "한국의 사회과학이 심각한 자기분열의 증세를 나타내고 있다는 의구심이 날로 깊어지고 있다. 오늘날의 사회과학은 서로 방향을 달리하는 세 갈래 길 사이에서 방황하고 있는 듯하다는 것"이라고 말문을 연 뒤 다음과 같은 우려를 표시했다.

> 첫째로, 대학제도가 만들어 낸 학문적 체계에 알맞은 제도화된 논문을 양산하고 있는지 모른다. 둘째로, 관료제도가 설정한 국가적 과제에 부응하는 작업에 전념하는 것도 같다. 셋째로, 특정한 규범론이나 일반론을 교조화하여 각자의 심리적 충동을 객관적 진리의 차원으로 승화시킬 수 있을지도 모른다는 환상을 즐기는지도 모른다. 한 가지 확연한 것은 이러한 세 갈래 길 사이의 방황이 사회현실이나 그 현실이 지닌 의미와는 별다른 관계가 없는 구름 속의 산책에 지나지 않는다는 것이다.[38]

이 우려는 이 교수가 3년 4개월 전인 1979년 8월에 『사회과학과 정책연구』를 창간하면서 발표했던 「창간사」에서의 야심적 다짐과 매우 대조적이다. 우리가 제4장 제3절 제2항에서 보았던 그 「창간사」는 사회과학연구소와 이 학술지에 대한 큰 포부를 담고 있었다. 그런데 그때로부터 길지 않은 이 시점에 왜 그는 의기소침해진 것으로 느껴지는 말을 한 것일까? 아마도 제5공화국의 출범이 조성한 위압적인 사회적 분위기, 특히 대학에 대한 문교부의 더 강화된 관료적 통제로 말미암은 좌절감이 그 원인이 아니었을까?

---

38) 이홍구, 「머리말」, 『사회과학과 정책연구』 제4권 제3호(1982년 12월), ⅰ쪽. 이 글은 『이홍구문집』에 포함되지 않았다.

그는 같은 흐름 속에서 "『사회과학과 정책연구』가 호를 거듭할수록 과연 한국의 사회과학의 방향 모색에 얼마나 공헌하고 있는가에 대하여는 아무런 자신도 없다. 오히려 사회과학의 혼란에만 기여하지 않았는지 자성하여 마지않는다."라고 고백하고, "단지 앞으로의 우리의 노력이 스스로의 자세에 대한 차분한 분석을 전제로 하여야 한다는 것을 다시 한 번 다짐하여 볼 뿐이다."라고 매듭지었다. 여기서 우리는 '자성'이라는 단어에 주목하게 된다. 그의 다른 글에서도 때때로 등장하는 이 단어는 그가 늘 자신을 돌아보면서 행여 잘못한 것이 있지 않았는가 반성하는 것을 게을리하지 않고 살았음을 뜻한다.

● **국제적 연구소로 성장할 수 있는 기반 조성**

이러한 자성 속에서, 그는 일차적으로 학술세미나의 개최와 그 결과를 담은 여러 총서 및 단행본 특히 『사회과학과 정책연구』의 출판에 힘을 쏟았다. 이 일에서 그는 적어도 다음과 같은 특징을 보였다. 우선 이 연구소의 성격에 관해, (i) 서울대학교 안에서 여러 단과대학 및 학과의 교수들을 참여시켜 이 연구소가 사회과학대학만의 연구소가 아님을 주지시키고자 했다. 실제로 그는 이 연구소를 사회과학대학 밖의 경영대학·법과대학·사범대학·인문대학·행정대학원 교수들도 참여시켜 서울대학교의 범(汎)단과대학적 및 범(汎)학과적 연구소로 키워갔다. 거기서 한 걸음 더 나아가 서울대학교 밖의 교수들도 참여시켰다. 그 대표적 사례가 양호민(梁好民) 교수와 박상식(朴尙植) 교수였다.

(ii) 해외의 학자들과도 연계를 맺고 때때로 초청해 논문을 발표하게 함으로써 이 연구소가 국제적 수준의 연구소로 성장할 수 있는 기반을 조성했다. 한 작은 예를 들면 1982년 6월 15일에는 워싱턴대학교 사학과 도널드 트레골드(Donald W. Treadgold) 교수를 초청해 「솔제니친과 그의 비평("Solzhenitsyn and His Critics")」이라는 강연을 하게 했

다.[39] 또 조지워싱턴대학교 정치학과 교수로 저명한 공산권 연구자인 김영진(金英鎭) 박사를 이 연구소의 자문교수로 위촉해 그가 행한 일·소 관계 연구의 현황을 이 연구소와 나누게 했으며, 미국에서 국제해양법을 연구하던 박춘호 박사를 초청해 해양법 일반에 관한, 특히 이 주제에 관한 중공의 해석을 발표하게 했다.[40] 미국 펜실베이니아주립대학교 패리스 장(Parris Chang) 교수, 미국 켄트주립대학교 스티븐 브라운(Steven R. Brown) 교수, 미국 조지메이슨대학교 렉스 웨이드(Rex A. Wade) 교수, 미국 미주리대학교 신도철(申道澈) 교수, 독일 본대학교 에리히 비데(Erich Weede) 교수, 독일 쾰른대학교 볼프강 야고진스키(Wolfgang Jagodzinski) 교수도 초청해 논문을 발표하게 했다.[41]

이어 연구의 주제와 관련해 일차적으로 소련·중공·북한을 중심으로 한 공산권 연구 그리고 유럽의 사회복지제도 연구에 역점을 두되 그 안에서도 주제의 다양성을 추구했다. 공산권 연구는 폴란드에까지 미쳐, 사회과학대학 정치학과 이정복 교수는 「폴란드 반체제운동 연구: 자유노조운동, 지식인 그리고 소련의 압력」을 발표했으며,[42] 유럽의 사회복지제도와 관련해서는 경제학과 교수들과 사회학과 교수들이 스웨덴을 비롯한 북유럽 국가들의 사례 그리고 프랑스와 독일 등에서의 노동자 복지에 관한 사례 등에 관한 연구를 발표했다.

연구는 이 두 주제를 넘어서서 다른 주제들로까지 확대됐다. 예를 들어, 인문대학 국어국문학과 김용직(金容稷) 교수는 「한국프로문학의 이

---

39) 이 논문은 『사회과학과 정책연구』 제3권 제3호(1981년 11월), 95~105쪽에 게재됐다.

40) Choon-ho Park, "China's Position on the Law of the Sea: With Special Reference to Offshore Oil Development," 『사회과학과 정책연구』 제4권 제1호(1982년 5월), pp.107~128.

41) Parris Chang, "Elite Conflict in the Post-Mao China," 『사회과학과 정책연구』 제3권 제3호(1981년 11월), 69~80쪽; Erich Weede and Wolfgang Jagodzinski, "National Security, Income Inequality, and Economic Growth: A Cross-National Analysis," 『사회과학과 정책연구』 제3권 제3호(1981년 11월), 91~108쪽.

42) 이 논문은 『사회과학과 정책연구』 제4권 제2호(1982년 8월), 59~90쪽에 게재됐다.

데올로기 추구과정에 관한 연구」를 발표했고,[43] 사회과학대학 지리학과 박동원(朴東源) 교수는 「BAM(Baikal-Amur Mainline)에 대한 지리학적 연구」를 발표했다.[44]

서울대학교 대학원 정치학과 출신의 정윤재(鄭允在) 석사는 자신의 석사논문을 바탕으로 「안재홍의 정치사상 연구: 그의 신민족주의론을 중심으로」를 발표했는데,[45] 이 사례는 비록 교수나 박사나 연구원이 쓴 논문이 아니라고 해도 우수한 논문이라면 게재해 그를 격려하고 학자로 키워준다는 이 교수의 뜻을 담았다. 안재홍은 항일독립운동에 참여했고 일제 패망 직후 국민당을 창당하고 좌우합작위원회에 참여한 데 이어 미군정의 민정장관으로 봉직한 뒤 제2대 국회의원으로 당선됐으나 6·25 전쟁 때 납북된 저명한 국사학자였다. 정윤재 석사는 이후 하와이대학교 대학원 정치학과에 장학생으로 뽑혀 거기서, 안재홍의 정치적 리더십에 관한 연구를 심화한 논문으로 정치학박사학위를 받는다.[46] 귀국한 뒤 충북대학교 사회과학대학 정치외교학과 교수를 거쳐 한국학중앙연구원 산하 한국학대학원 교수로 정년퇴임하며 한국정치학회 회장으로도 활동한다.

그러면 이 소장 때의 출판물로는 어떤 것들이 있었는가? 첫째, 사회과학연구소 세미나 보고서 시리즈였다. 여기에는 일본의 저명한 소련 전문가 기무라 히로시(木村汎, Hiroshi Kimura) 홋카이도대학 교수의 『소련의 일본에 대한 외교정책: 국내적 요인과 국제적 요인 사이의 연계』[47], 그리고 미국의 저명한 중국 전문가 조지 유(George T. Yu) 일리노이대

---

43) 이 논문은 『사회과학과 정책연구』 제4권 제3호(1982년 12월), 133~156쪽에 게재됐다.

44) 이 논문은 『사회과학과 정책연구』 제4권 제1호(1982년 5월), 151~186쪽에 게재됐다.

45) 이 논문은 『사회과학과 정책연구』 제3권 제4호(1981년 11월), 167~189쪽에 게재됐다.

46) Yoon-Jae Chung, "A Medical Approach to Political Leadership: An Chae-hong and a Healthy Korea 1945~1948," unpub. Ph.D. diss., University of Hawaii, Manoa, 1988.

47) Hiroshi Kimura, *Soviet Foreign Policy toward Japan: Linkages between Domestic and International Determinants*(Seoul: Seoul National University, April 1981).

학교 교수의『국가안전과 정치적 영향력에 관한 중국의 탐구: 인도양 연결』[48] 등이 포함됐다. 둘째, 사회과학연구소 한국연구 시리즈다. 여기에는 사범대학 이용필(李容弼) 교수의『한국에 있어서 1960년의 권위주의 구조의 붕괴: 체계 접근』[49]이 포함됐다.

셋째, 사회과학연구소 국제문제연구 시리즈다. 여기에는 강영훈(姜英勳) 박사의『소련의 억지 교리』,[50] 그리고 하영선(河英善) 교수의『핵확산, 세계질서 그리고 한국』[51] 등이 포함됐다. 넷째, 사회과학 총서였다. 여기에는 한승수·이해영 교수 공저의『영국의 사회복지』(1980), 김동희(金東熙) 교수의『프랑스의 사회보장제도』(1980), 최종태(崔鍾泰) 교수의『서독의 사회복지와 노사관계』(1980), 그리고 안청시(安淸市) 교수 외 4인의『동남아와 ASEAN』(1981) 등이 포함됐다.

이 교수는 소장직을 떠난 뒤에도 연구소의 학문활동에 적극적으로 참여했다. 그 한 보기가 사회과학연구소의 지방자치에 관한 프로젝트에 참여한 일이었다. 소장 김경동 교수가 주도한 이 야심적 프로젝트에 이 교수는「지방자치와 정치발전」을 발표한 것이다. 이 논문에서 이 교수는 "교통과 통신수단의 발달로 전국이 일일생활권이 된 오늘의 시점에서도 지방자치는 꼭 실현되어야만 하는 것인가?"라는 물음에 대해, "꼭 실현되어야 한다."라고 대답하면서, "지방자치는 민주화에 있어 불가결의 요소이며 필요조건이다."라고 단언했다. 그는 이어 "한국에서의 민주화는 국가의 차원과 지방의 차원에서 이원적으로 동시에 추진되어야 한다는 판단이 헌법적 규범으로 명시되어 있고 국민적 합의로 정착되어 있다."

48) George T. Yu, *China's Quest for National Security Political Influence: The Indian Ocean Connection*(Seoul: Seoul National University, December 1982).
49) Yong-pil Lee, *The Breakdown of Authority Structure in Korea in 1960: A Systems Approach*(Seoul: Seoul National University, 1984).
50) Young-hoon Kang, *Soviet Deterrence Doctrine*(Seoul: Seoul National University, 1981).
51) Young-Sun Ha, *Nuclear Proliferation, World Order, and Korea*(Seoul: Seoul National University, 1983).

라고 부연했다.[52)]

　　다른 한 보기는 '통일헌법' 초안에 참여한 일이었다. 전두환 대통령이 1982년 1월 22일에 행한 국정연설을 통해 「민족화합민주통일방안」을 제의한 데 대한 후속 작업으로 국토통일원은 1984년에 그 방안에 걸맞은 '통일헌법' 초안을 마련해줄 것을 사회과학연구소에 의뢰했을 때, 이 교수는 서울대학교의 김철수 교수, 한양대학교의 양건(梁建) 교수, 국민대학교의 장명봉(張明奉) 교수 등과 함께 참여했다. 이 초안은 1998년 7월에 와서야 공개됐는데, 국민주권주의에 기초한 민주공화국을 국가 형태로 하고 의원내각제와 양원제 및 복수정당제를 채택했다.[53)]

---

52)　이 논문은 다음에 수록됐다. 『사회과학과 정책연구』 제6권 제4호(1984년 12월), 11~19쪽; 김경동·안청시 외, 『한국의 지방자치와 지역사회 발전』(서울대학교출판부, 1985), 11~19쪽; 『이홍구문집』 Ⅰ, 416~425쪽에 재수록. 인용된 부분은 417쪽에 있다.

53)　「84년 '통일헌법' 초안 내각제·양원제가 골격」, 『중앙일보』(1998년 7월 17일), 1쪽

제3절
한국공산권연구협의회에서의 활동

이 교수는 서울대학교 교수로 재직하는 가운데 대외활동으로 한국공산권연구협의회를 이끌어나갔다. 초대 김준엽 회장을 명예회장으로 추대하고 자신이 후임이 되어 1981년 6월부터 1984년 6월까지 3년에 걸쳐 이 학회를 성장시킨 것이다. 부회장으로는 이상우 교수가 봉사했다.

제1항
마르크시즘 연구를 이끌다

이 교수는 한국공산권연구협의회 회장으로 우선 회원들이 자신의 전공에 따라 집필한 글들을 모아 1981년에 『마르크스주의와 오늘의 세계』를 출판했다.[54] 그는 우선 「서(緖): 마르크스주의와 오늘의 세계」를 집필했다. 이 논문에서 그는 "정치적 이데올로기로서의 마르크스주의가 세계 도처에서 혁명과 변동을 가져오는 데 성공하였으나, 그 반면 혁명과 변동의 성격은 마르크스이론이 예측한 것과는 거리가 먼 경우가 허다하였다. 그러한 의미에서 마르크스주의가 공허한 혁명이나 변

---

[54] 이 책은 한국공산권연구협의회의 연구논총 제3집으로 출판됐다. 수요의 증대에 따라 다음과 같은 단행본으로 다시 출판됐다. 이홍구 편, 『마르크스주의와 오늘의 세계: 변용의 제(諸)형태』 (법문사, 1984).

동은 마르크스주의의 성공과 실패를 동시에 보여주는 경우가 많다는 아이러니를 내포하고 있다."라고 지적하고, "그것은 마르크스이론이 지닌 한계성을 반영하는 것이다."라는 결론을 제시했다. 그는 이어 "20세기의 변화가 마르크스의 예상을 훨씬 넘어선 것은 무엇보다도 20세기의 정치·경제·사회가 과거와는 전혀 질과 규모를 달리하게 되었고 그러한 변화는 19세기적 감각으로는 생각하기 어려운 것이라는 데서 비롯되었다."라고 지적하고, "이러한 아이러니를 극복하기 위해서는 선진자본주의국가에서의 공산당의 성격 변화 그리고 공산당과 사회당의 관계 변화 등이 설명되어야 하며, 이른바 후진국의 근대화과정에서 전개되는 공산주의운동이 지닌 특수성도 체계적으로 분석되어야 한다."라고 부연했다.[55]

이러한 전제 아래 한국정치학회 회원 11명이 세계 각국의 공산주의를 자신의 전공에 따라 분석했다. 조정남(趙政男) 교수는 「소련의 마르크스주의」를, 허만(許漫) 교수는 「동구의 마르크스주의」를, 이숙자(李淑子) 교수는 「유고슬라비아의 마르크스주의」를, 전득주(全得柱) 교수는 「서독의 마르크스주의」를, 김홍명(金弘明) 교수는 「프랑스의 마르크스주의」를, 안병영(安秉永) 교수는 「이탈리아의 마르크스주의」를, 박충석(朴忠錫) 교수는 「일본의 마르크스주의」를, 안병준(安秉俊) 교수는 「중국의 마르크스주의」를, 이용필(李容弼) 교수는 「북한의 마르크스주의」를, 유승남(柳勝男) 교수는 「제3세계의 마르크스주의」를, 그리고 민만식(閔萬植) 교수는 「중남미의 마르크스주의」를 해설한 것이다.

이 교수는 이어 마르크스의 철학에 관한 쉴로모 아비네리(Shlomo Avineri, 1933~현재) 교수의 저서를 번역했다.[56] 아비네리 교수는 예루살

---

55) 이홍구, 「서(緒): 마르크스주의와 오늘의 세계」, ＿＿＿ 편, 『마르크스주의와 오늘의 세계』, 11~22쪽; 『이홍구문집』 II, 571~577쪽에 재수록.
56) Shlomo Avineri, *The Social and Political Thought of Karl Marx*(New York: Cambridge University Press, 1968)/이홍구 역, 『칼 마르크스의 사회사상과 정치사상』(까치, 1983).

331

렘의 히브리대학교 교수이면서 이스라엘학술원 회원이며, 예일대학교와 코넬대학교 및 옥스퍼드대학교 등 서구의 주요한 대학교들에서 교수를 역임한 세계적 철학자들 가운데 한 사람으로, 특히 마르크스와 헤겔에 관한 선구적 논문들을 발표했다. 1970년 여름에 히브리대학교에서 직접 아비네리 교수를 만났던 이 교수는 그의 이 책을 번역해 그의 관점에서 파악한 마르크스의 이론과 사상을 소개한 것이다.

이 책에 이어, 이 교수는 『마르크시즘 100년: 사상과 흐름』(문학과지성사, 1984)을 편집했다. 남부 독일의 고도(古都) 트리에(Trier)에서 1818년에 태어난 마르크스는 1883년에 만 65세의 나이로 망명지 런던에서 별세했다. 이 교수는 마르크스가 별세한 해로부터 100년이 지난 시점에서, 김광남(金光南) 교수, 김홍명(金弘明) 교수, 김홍우(金弘宇) 교수, 노재봉(盧在鳳) 교수, 박우희(朴宇熙) 교수, 여정동(呂井東) 교수, 이삼성(李三星) 석사, 이인호(李仁浩) 교수, 이정복(李正馥) 교수, 전인영(全寅永) 교수, 정문길(鄭文吉) 교수, 정종욱(鄭鍾旭) 교수, 진석용(秦錫用) 석사, 한상진(韓相震) 교수 등(가나다순)이 각자의 전공에 따라 집필한 원고를 모아 마르크스와 마르크시즘을 돌아보는 책을 펴낸 것이다.

필자들 가운데 특별히 진석용 석사와 이삼성 석사에 대하여 설명하기로 한다. 진 석사는 서울대학교 사회과학대학 정치학과를 졸업하고 서울대학교 대학원 정치학과에서 1983년 2월에 마르크스에 관한 논문으로 석사학위를 받았으며, 이 석사는 고려대학교 정경대학 정치외교학과를 졸업하고 서울대학교 대학원 정치학과에서 역시 1983년 2월에 마르크스에 관한 논문으로 석사학위를 받았다. 정윤재 석사의 논문과 마찬가지로, 이홍구 교수는 그 논문들이 매우 우수하다고 판단해 이 책에 게재함으로써 그들을 격려하고자 한 것이다.

이 교수의 기대는 어긋나지 않았다. 진석용 석사는 이후 1991년 2월에 서울대학교 대학원 정치학과에서 「칼 마르크스의 역사이론」으로 정치학박사학위를 받았고 대전대학교 사회과학대학 정치언론홍보학과 교수로 봉직했으며, 이삼성 석사는 문교부의 국비 장학생으로 뽑혀 예일대학교 대학원 정치학과에서 1988년 5월에 「미국 정치엘리트와 베트남전쟁의 의미변화: 미 의원들의 외교시각에서의 도덕적 차원」[57]으로 정치학 박사학위를 받았고 한림대학교 사회과학대학 정치행정학과 교수로 봉직했다.

이 책에 이 교수는 「서(緒): 마르크시즘 100년; 사상과 흐름」 그리고 「마르크스와 정치이론」을 기고했다.[58] 서로 연결되는 이 두 논문에서 이 교수는 "마르크스가 개인과 국가 외에 계급을 또 하나의 정치단위로 취급한 것은 중요한 공헌이었다."라고 인정한 뒤 "그러나 계급적 갈등의 소멸이라는 유토피아적 종말론에 치우친 나머지 개인과 국가 그리고 그 사이의 관계를 자동적으로 해결될 종속적 문제로 간주한 것은 그가 근대사에 대하여 지닌 관점의 한계성을 노출한 것이다."라고 평가했으며, "마르크스가 제시한 혁명이론의 이데올로기화가 마르크시즘 100년의 가장 뚜렷한 성격일지도 모른다."라고 말했다.

제2항
유로코뮤니즘에 대한 연구를 이끌다

이 교수의 마르크시즘 연구에서 독특했던 것은 유로코뮤니즘 연구를 선도한 사실이다. 우리는 이 제5장의 제1절 제4항에서 이 교수가 이탈리아의 유럽대학교에서 연구한 사실을 지적했다. 그는 이때 남

---

57)　Sam-sung Lee, "American Political Elites and Changing Meanings of the Vietnam War: The Moral Dimension in Congressmen's Foreign Policy Perspectives," unpub. Ph.D. diss., Yale University, 1988.

58)　『마르크시즘 100년: 사상과 흐름』(문학과지성사, 1984), 11~33쪽 및 127~153쪽; 『이홍구문집』 II, 579~591쪽 및 127~153쪽에 재수록.

유럽의 정치, 특히 이탈리아의 정치에 관해 연구하면서 서로 연결되는 두 편의 논문을 마쳤다. 첫째, 「유로코뮤니즘과 남구정치(南歐政治): 이탈리아공산당의 '역사적 타협'의 의의」고, 둘째, 「유로코뮤니즘과 유럽의 위기 Ⅱ: 복지국가와 협동민주주의의 문제와 전망」이다.[59]

이 교수는 자신이 신군부의 광주민주화운동 유혈진압에 실망과 좌절을 느낀 데다가 「국가보위입법회의」에 끌려들어가기 싫어 '탈신'했지만, 오랫동안 이탈리아정치에 대해 깊은 관심을 지니고 있었고 그래서 그 기회에 현장에서 연구하고자 했던 것도 사실이라고 회상했다.[60] 이 교수는 교수 시절에 후배 교수들에게 "우리가 비교정치론 분야에서 영국정치와 미국정치를 공부해 거기서 도출한 결론을 한국정치에 대비시키려고 하는 것은 분명히 의미가 있고 그러한 연구는 계속해야 한다. 그러나 굳이 '비교'를 통해 교훈을 얻고자 한다면, 거기서 한 걸음 더 나아가, 국민적 기질에서도 비슷하고 겉으로 보기에는 혼란스럽지만 그 가운데 안정을 유지하는 점에서도 비슷한, 쉽게 말해 정치문화에서 닮은 점이 많은 이탈리아의 정치에 관심을 기울일 필요가 있다."라는 취지로 말하곤 했다.

그의 제15명제인 '연립구조론적 정치'의 시각에서도 이탈리아의 정

---

59) 앞의 논문은 『사회과학과 정책연구』 제3권 제2호(1981년 6월), 1~12쪽; 『이홍구문집』 Ⅱ, 531~545쪽에 재수록. 뒤의 논문은 『사회과학과 정책연구』 제4권 제2호(1982년 6월), 45~57쪽; 『이홍구문집』 Ⅲ, 511~523쪽에 재수록. 이 논문의 집필 배경에 대해, 이 교수는 이 논문을 『사회과학과 정책연구』에 처음 발표했을 때(1981)는 각주1에서 "이 논문의 준비는 1980년 여름 European University Institute(Florence)에 머무는 동안에 준비되었다. Giuseppe di Palma 교수에게서 남구정치에 관하여 많은 것을 배웠고 이 논문의 내용도 그의 영향을 반영하고 있다."라고 썼다. 그런데 15년 뒤인 1996년에 이 논문을 재수록한 『이홍구문집』 Ⅱ는 각주1에서 "이 논문의 준비는 1980년 여름 이탈리아에 머무는 동안 준비되었다. 사르토리 교수에게서 남구정치에 관하여 많은 것을 배웠고 이 논문의 내용도 그의 영향을 반영하고 있다."라고 기록했다. 이러한 차이에 대한 질문에 이 교수는 뒤엣것은 『문집』 편집자의 착오인 것 같다고 해명하면서, 자신은 세계정치학회(IPSA)를 통해 친교를 쌓은 몇몇 정치학자들의 추천을 받아 그 대학교로 갔던 것이고 거기서 팔마 교수나 사르토리 교수를 만난 일은 없었으나 피터 플로라(Peter Flora, 1944~현재) 교수를 만나 대화할 수 있었으며 그 세 사람 각자의 저술들도 참고하면서 위의 논문을 썼다고 부연했다.
60) 저자와의 전화 통화(2022년 3월 1일 오전 11시).

치에 관한 연구는 우선순위 1번이었다. 우리가 곧 보게 되듯, 이탈리아의 정치는 여러 정당과 세력의 공존 속에서 정통성과 안정성을 유지하는 '연립구조' 구축에 일정하게 성공하고 있었다. 실제로 이 교수는 유럽대학교에서 사르토리 교수의 저술들과 팔마 교수의 저술들 및 플로라 교수의 저술들을 참조하며 연립구조에 바탕을 두고 '협의적 민주주의(consociational democracy)'를 발전시켰다는 평을 받는 이탈리아의 정치를 연구했다.

● **이탈리아정치에 관한 사르토리와 팔마 및 플로라의 연구**

그러면 사르토리와 팔마 및 플로라는 어떤 학자들이었나? 사르토리는 1322년에 개교한 피렌체대학교에 1946년에 진학해 정치학을 비롯한 사회과학을 전공해 졸업하고 곧바로 피렌체대학교에서 교직의 길을 밟기 시작했는데, 이 과정에서 이탈리아에서 처음으로 정치학과를 창설해 1966년에 정치학과 정교수가 됐다. 주로 정당정치를 연구한 그는 『미국정치학회보(*American Political Science Review*)』를 비롯해 국제적으로 평가가 높은 학술지에 다수의 논문을 발표하고 특히 『정당과 정당체제: 분석의 틀(*Parties and Party Systems: A Framework for Analysis*)』[61]을 출판해 세계적 정치학자의 반열에 올라섰다. 그 결과 1976년에는 스탠퍼드대학교 교수로, 1979년에는 컬럼비아대학교 알베르트슈바이처인문학석좌교수로 각각 초빙을 받았다. 다른 한편으로, 『이탈리아정치학평론』 편집인으로, 국제사회학회(International Sociological Association) 회장으로, 그리고 국제사회과학협의회(International Social Science Council) 회장으로 활동했다. 미국의 조지타운대학교를 비롯한 세계 각국의 7개 대학교로부터 명예박사학위를 받았으며, 미국정치학회와 세계정치학회로

---

61) Giovanni Sartori, *Parties and Party Systems: A Framework for Analysis*(New York: Cambridge University Press, 1976).

부터 각각 학술상을 받았고, 이탈리아를 비롯한 유럽의 여러 나라로부터 훈장을 받았다.

주세페 디 팔마(Giuseppe Di Palma) 교수는 1222년 이탈리아에서는 두 번째로 설립된 대학교인 파도바대학교(Università degli studi di Padova, UNIPD) 법과대학을 졸업했다. 이탈리아에서는 파도바대학교 설립보다 134년이나 앞선 1088년에 최초로 설립되어 로마종교법과 그리고 로마법의 민법 발견으로 이름을 떨친 가장 오래된 대학교인 볼로냐대학교(Università di Bologna)가 유명하지만 파도바대학교의 명성 역시 그것에 못지않다. 주세페 디 팔마는 버클리 캘리포니아대학교 대학원 정치학과에서 정치학박사학위를 받고 1964년 이후 이 대학교 교수로 봉직했다. 그는 『통치하지 않고 생존하기: 의회에서의 이탈리아 정당들』과 『민주주의 만들기: 민주적 전이에 관한 논문』 등의 저서로 명성을 얻었다.[62]

피터 플로라 교수는 오스트리아인으로 독일 콘스탄츠대학교(Universität Konstanz)에서 정치사회학을 전공해 석·박사학위를 받았으며 유럽 사회과학계의 거장 가운데 한 사람으로 꼽히던 볼프강 자프(Wolfgang Zapf, 1937~2018) 교수의 지도 아래 만하임대학교(Universität Mannheim)에서 교수자격획득과정을 마쳤다. 그는 곧 쾰른대학교(Universität zu Köln) 교수를 거쳐 1979년에 유럽대학교 교수로 부임해 이곳에서 1980년에 이 교수를 만날 수 있었다. 근대화의 비교 연구 그리고 유럽에서의 복지정책에 관한 여러 저술로 명성을 얻은 플로라 교수는 유럽에서의 복지정책이 유럽의 사회주의 정당들과 공산주의 정당들에 어떤 영향을 미쳤는가에 대해 그리고 유럽의 사회주의 정당들과 공산주의 정당들은 복지정책에 관해 어떤 대안을 제시했는가에 대해 연구

---

62) 두 저서의 서지사항은 다음과 같다. *Surviving without Governing: The Italian Parties in Parliament*(Berkeley, C. A.: University of California Press, 1977); *To Craft Democracies: An Essay on Democratic Transitions*(Berkeley, C. A.: University of California Press, 1990).

하고 있었고, 이러한 맥락에서 이 교수와 함께 유로코뮤니즘에 대해 의견을 나눌 수 있었던 것이다.

● **'정치적 융합주의'와 '융합주의적 연립구조'**

이러한 배경에서 이 교수가 집필한 이 논문은 한국정치학사의 큰 흐름 속에서 어떤 위치에 있는가? 결론부터 말해, 이 논문은 주제와 관련해 선구적이었다. 왜냐면 이 논문이 출판될 때까지 이탈리아공산당의 역사와 정치 특히 초대 당수 안토니오 그람시, 그리고 스페인의 정치와 포르투갈의 정치에 관한 논문은 없다시피 했기 때문이다. 그람시에 관한 논문은 이 교수의 이 논문이 발표된 때로부터 2년 뒤인 1983년에 들어와서야 발표되기 시작한다. 그뿐 아니라 이 논문은 그가 제시했던 제15명제(연립구조론적 정치)와 제18명제(세계공산주의운동의 다원화)에 연결되어 있다. 이러한 의미에서, 이 논문을 자세히 설명하기로 하겠다.

이 교수의 출발점은 1976년 6월 20일에 실시된 의회총선에서 유로코뮤니즘의 기수 역을 수행한 이탈리아공산당이 전체 투표수의 3분의 1을 상회하는 34.4%의 득표수를 확보하는 획기적 상황을 만들어냈으며 그러했는데도 당수 엔리코 베를링구에르 서기장이 정치안정을 도모한다는 명분 아래, 당시 알도 모로(Aldo Romeo Luigi Moro, 1916~1978) 총리가 이끌던 제1당인 기독교민주당(Democrazia Cristiana: DC)과 협력하겠다는 '역사적 타협(Compromesso storico: Historic compromise)'을 극적으로 제안한 사실이었다. 두 당은 연합정권을 구성했지만 모로 총리가 1978년에 극좌세력에 의해 납치·살해되면서 '역사적 타협'은 사실상 끝난다. 그렇지만 1976년 6월의 시점에서 '정권에 대한 욕심을 가져볼 만한 선거의 승리를 거두고서도 오히려 수세에 몰린 여당과의 협조를 자청하고 나선 이탈리아공산당의 결정'에 주목하며, 이 교수는 '이러한 극적 상황이 전개될 수 있는 이탈리아정치의 문화적·구조적 배경을 정치사적으로 해부하고자' 했다.

이 교수는 우선 이탈리아를 비롯한 남유럽의 정치사가 19세기 이후 북유럽의 정치사 그리고 동유럽의 정치사와 전혀 다른 토양에서 전개된 사실에 주목했다. 북유럽에서는 근대화가 비교적 순조롭게 진행되어 여러 계층이 고르게 성장했고, 동유럽에서는 대지주와 이에 예속된 농민으로 대별되는 봉건적 토지제도가 오랫동안 유지된 데다가 공업이 발달하지 못한 결과로 전제적 관료정권이 유지된 탓에 20세기에 들어서서는 결국 공산주의나 파시즘의 전체주의로 끌려갔음에 비해, 남유럽에서는 공업화가 늦고 농민이 대다수를 차지하기는 했어도 농업의 내용은 지극히 다양했고 상업과 해운업이 상당한 수준에서 유지됐기에 자유주의적 정권이 성립될 수 있었다는 것이다.

그러나, 다시 이 교수에 따르면, 남유럽에서의 자유주의적 정권은 북유럽의 의회정치를 그대로 따라갈 수는 없었다. 의회정치를 안정되게 운영할 수 있는 부르주아 주도세력이 없었던 데다가 가톨릭교회가 큰 영향력을 갖고 있었고 군부가 일정한 영향력을 갖고 있었기 때문이었다. 여기서 설득과 매수 등을 포함한 정치적 교섭과 타협으로 현재적이거나 잠재적인 반대파를 '변신(transform)'시키는 정치운영방식, 곧 '트라스포르미스모(trasformismo)'가 채택됐고, 그 토양 위에서 '정치적 융합주의(political syncretism)'라는 이름 아래서의 '융합주의적 연립구조'가 성립될 수 있었다. 이 교수는 '트라스포르미스모'의 뿌리를 지역적 단위에서 유행했던 '카시키스모(caciquismo)'에서 찾으면서, 결국 '트라스포르미스모'가 남유럽 정치문화의 한 부분인 것으로 해석했다.

제1차 세계대전의 결과 남유럽에서 자유주의적 정권은 붕괴하고 파시스트 독재정권이 등장했다. 그러나, 단순화시켜 말해, 이탈리아와 스페인 및 포르투갈에서는 전체주의적 나치독일과는 달리 "여러 집단의 존속을 인정하고 그들과의 공존을 위한 연립구조를 기획하는 '제한된 다원주의'의 수긍 위에서" 전제주의적 정권이 등장했는데, 그 배경에는 '정치적 융합주의'의 전통이 있었다. 2차대전의 추이가 파시스트의 패전을 의심의 여지가 없을 지경으로 몰고 가면서 이탈리아에서는 파시스트 주도의 연립구조는 붕괴했다.

이 교수는 2차대전에서 패전한 이탈리아의 정치를 기본적으로 융합주의적 전통에 입각한 연립정권의 존속으로 이해했다. 전후 여전히 왕정체제를 유지한 이탈리아에서는 알치데 아메데오 프란체스코 데 가스페리(Alcide Amedeo Francesco De Gasperi, 1883~1954)가 이끈 기독교민주당이 정국을 주도했다. 데 가스페리는 신문기자 출신으로, 1919년에 가톨릭 성직자 루이지 스투르초(Don Luigi Sturzo, 1871~1959)를 도와 기독교를 바탕으로 하는 이탈리아인민당(Partito Popolare Italiano: PPI) 창당에 참여했다. 이탈리아 하원의원으로 당선된 뒤 무솔리니를 지지했으나 무솔리니가 독재체제를 갖추기 위해 법을 고치고 특히 무솔리니를 비난한 이탈리아사회당 소속의 하원의원 자코모 마테오티(Giacomo Matteotti, 1885~1924)를 살해한 것을 확인하고 곧바로 반대로 돌아서 투옥됐다. 데 가스페리는 바티칸이 개입함에 따라 석방되고 바티칸 도서관에서 일하며 무솔리니의 독재시대를 견뎌냈다. 무솔리니체제가 무너지면서 이탈리아인민당을 바탕으로 기독교민주당을 창당하는 데 참여해, 무임소장관과 외무장관을 거쳐 기독교민주당 당수가 되고 1945년 10월 10일에 이탈리아왕국의 총리로 선출됐다. 왕정을 폐지하고 공화정을 세워야 한다는 여론이 일어나자, 그는 왕정 폐지론에 동조해 국민투표를 추진했고, 1946년에 실시된 국민투표의 결과 왕정이 폐지되고 공화정이 채택되자, 이탈리아공산당과 이탈리아사회당을 포함하는 연정을 형성하고 공화국의 초대 총리로 취임했다. 1948년의 총선과 1953년의 총선에서 계속 승리했으나 총리직에서 사퇴하고 1954년에는 당수직에서도 물러났다.

이 교수는 이후에 우여곡절을 겪으며 복잡하게 전개된 이탈리아의 정치를 '중도연합'의 관점에서 설명한 데 이어 그것이 1976년에 '역사적 타협'을 거치면서 '연합적 민주주의'로 발전했다고 보았다. 이 교수에 따르면, "연합적 민주주의란 이데올로기적 분열이나 정치문화적 파열

이 극심한 사회에서 그것으로 말미암은 정치적 갈등의 심화가 가져오는 불안정의 대가가 얼마나 큰 것인가를 의식하는 각 집단의 엘리트가 거국적인 연합구조를 구축하여 안정된 정치운영을 도모하는 것을 가리킨다."[63] 그는 '연합적 민주주의'를 '협동적 민주주의' 또는 '협의적 민주주의'로 표현하기도 했다.

그러면 34.4%의 득표수를 확보한 이탈리아공산당이 왜 '정권에 대한 욕심을 버리고' 그러한 길을 선택했던 것인가? 이 교수는 그 해답을 "공산주의사회의 건설은 단순한 선거의 승리로 이루어질 수 없다는 것을 이탈리아공산당은 칠레의 경우에서 배웠다."라는 데서 찾고자 했다.

그렇다면 '칠레의 경우'란 무엇인가? 이 교수는 칠레에서 1970년 9월의 대통령선거를 통해 집권한 마르크시스트 소아과 의사 살바도르 아옌데(Salvador Guillermo Allende Gossens, 1908~1973)가 1973년 9월에 국방장관 아우구스토 피노체트(Augusto José Ramón Pinochet Ugarte, 1915~2006)가 이끈 군부쿠데타로 목숨을 잃고 그의 '인민연합 정부'가 붕괴한 사례에 관한 콜롬비아의 소설가 가브리엘 가르시아 마르케스(Gabriel José de la Concordia García Márquez, 1927~2014)의 관찰을 소개했다. 마르케스는 콜롬비아의 수도 보고타에 있는 카르타헤나대학교에서 법학과 저널리즘을 전공하고 졸업한 뒤 신문기자가 됐으며 쿠바혁명 이후에는 쿠바에 거주하며 쿠바 통신사의 유럽특파원으로 활동했다. 좌파 성향이 아주 강했던 그는 중남미의 혁명가들과 가까이 지냈고 『백 년 동안의 고독(Cien años de soledad)』이라는 책 등으로 노벨문학상을 받았다.[64]

이 교수에 따르면, 가브리엘 가르시아 마르케스는 아옌데가 선거에서 30%라는 적은 득표로 승리했는데도 정권을 장악하자 마치 칠레 안의

---

63) 『사회과학과 정책연구』 제3권 제2호(1981년 6월), 1~12쪽; 『이홍구문집』 II, 531~545쪽에 재수록. 인용된 부분은 543쪽에 있다.

64) 이 책은 국내에서 다음과 같이 번역됐다. 안정효(安正孝) 역, 『백년 동안의 고독』 전 2권(문학사상출판부, 1977).

여러 다른 권력집단 모두를 통치할 수 있게 된 것으로 착각해 강력한 정치를 추진하다가 강력한 권력집단인 군부로 대표되는 이른바 비토그룹(veto group)을 통제하는 데 실패해 비극을 맞게 되었다고 말했다.[65] 이 교수는 이탈리아공산당이 그 사실을 정확히 인식했으며, 그렇다고 해서 레닌 방식의 폭력혁명을 통한 정권장악의 방식을 선택할 수 없는 상황에서, '연립정권을 통한 사회 전반에의 지속적인 침투' 방식을 선택했다고 보았다. 그는 이탈리아공산당이 이 방식을 선택한 것은 "일시적인 편의 때문이 아니고 상당한 기간 축적된 이탈리아적, 그리고 유럽적 공산주의의 철학과 입장에 토대를 둔 것"으로 평가했다.

이 점과 관련해, 그는 다음과 같이 부연했다.

유로코뮤니즘에 지대한 영향을 남긴 안토니오 그람시는 공산주의혁명의 목표를 단순한 기존정권의 전복보다도 설득 및 동화를 통한 전체사회의 개조에 두었다. 이탈리아공산당이 추구하는 승리는 단순한 정권의 쟁취에 있는 것이 아니라 대다수의 이탈리아 시민들의 참여와 지지로 지탱되는 이른바 새로운 민주사회의 건설인 것이다. 그러한 목표를 위하여 이탈리아공산당이 선택한 '역사적 타협'의 전략은 이탈리아 정치문화와 정치사의 차원에서 새로운 융합주의 또는 새로운 연합적 민주주의의 시도라고 쉽사리 이해될 수도 있다.[66]

이 교수는 이어 "그러나 그러한 전략이 과연 정통적인 공산당의 입장에 부합하는가에 관하여는 논의의 여지가 크다. 그러기에 이탈리아공산당에 의한 '역사적 타협'은 유로코뮤니즘의 극적인 실험임은 틀림없지

---

65)   이홍구·김대중 대담, 「급진론은 '민주' 말살할 수도」; 『이홍구문집』 IV, 521~539쪽에 재수록. 인용된 부분은 537쪽에 있다.

66)   이 논문은 다음에 발표됐다. 『사회과학과 정책연구』 제4권 제2호(1982년 6월), 47~58쪽; 『이홍구문집』 III, 511~523쪽에 재수록. 인용된 부분은 522쪽에 있다.

만, 그 역사적 의의의 평가는 상당한 시간이 경과한 후에야 가능할 것"
이라고 매듭지었다. 위에서 살폈듯, 소수의 지지 위에 선거에 승리한 것
을 그 사회 전체의 권력을 장악한 것으로 착각해서는 안 된다는 점을 강
조한 것을 우리는 이홍구의 제22명제로 명명하기로 한다. 그는 이 명제
를 한국정치에 대해서도 적용한다.

뒤의 논문, 곧 「유로코뮤니즘과 유럽의 위기 Ⅱ: 복지국가와 협동민
주주의의 문제와 전망」은 앞의 논문에서 제시한 '연합적 민주주의'론의
연장선 위에서 '협동민주주의(consociatonal democracy)'론을 자세하
게 검토했다. '협동민주주의'론은 오스트리아·스위스·벨기에·네덜란
드 등, 작은 나라인데도 그 안에 사회·경제·언어·문화 등 여러 차원에
서 이질적 요소들을 많이 안고 있는 나라들의 정치를 관찰한 뒤 개발된
이론이다. 정치학계에서는 네덜란드 출신으로 예일대학교 대학원 정치
학과에서 박사학위를 받은 뒤 캘리포니아대학교 샌디에이고 캠퍼스 교
수로 봉직했으며 미국정치학회 회장을 역임한 아렌트 라이파트(Arend
d'Angremond Lijphart, 1936~현재) 교수가 처음으로 이론화했다고 말한
다. 이 학문적 공로로 그는 정치학계의 노벨상이라 불리는 「요한 쉬테
정치학 상」을 받았는데, 그에 따르면, 이 나라들은 국민적 분열을 예방하
기 위해 한편으로는 비례대표제로 국회를 구성하게 하고 다른 한편으로
는 다수결보다는 정치적 타협을 정치운영의 원칙으로 삼는다.[67] 이 교수
는 다수결의 원칙에만 집착하지 않는 '협동민주주의'에 대해서도 그리
고 "'프롤레타리아독재'를 포기 또는 유보하고 기존체제와의 타협을 정
책화한 이탈리아공산당의 유로코뮤니즘"에 대해서도, 타협과 안정을 추
구한다는 점에서 주목할 만한 것이라고 매듭지었다.

---

67)　그의 대표작은 다음과 같다. *The Politics of Accomodation: Pluralism and Democracy
in the Netherlands*(Berkeley, C.A.: University of California Press, 1968). 간략한 소개로는 다음
이 대표적이다. Hans Daaldes, "The Consociational Democracy Theme," *World Politics*, Vol.
26, No. 4(July 1974), pp.604~621.

제3항
북한을 비롯한 공산권에 관한 연구를 이끌다

이홍구 교수는 한국공산권연구협의회 부회장으로 김준엽 회장을 모시고 버클리 캘리포니아대학교 동아시아연구소 소장 로버트 스칼라피노(Robert A. Scalapino) 교수와 함께 북한에 관한 공동학술대회를 열었다. 제1차 회의는 1981년 2월 24~27일에 샌프란시스코에서 「북한의 오늘과 내일」이라는 주제 아래 열렸고, 여기서 발표된 17편의 논문은 우선 국어로 한국공산권연구협의회 편저, 『북한의 오늘과 내일』(법문사, 1982)로 출판된 데 이어 영어로도 출판됐다.[68]

이 회의에서 이 교수는 국어로는 「북한 연구의 학문적 과제」, 영어로는 "North Korea: One South Korean Perspective"를 발표했다. 같은 내용이다.[69] 이 교수 외에 이 대회에서 논문을 발표한 학자들은 (i) 한국에서는, 정진위(鄭鎭渭) 교수, 정종욱(鄭鍾旭) 교수, 한승주(韓昇洲) 교수, 서상철(徐相喆) 교수, 박기혁(朴基赫) 교수, 이상우(李相禹) 교수, 박상식(朴尙植) 교수 등이고, (ii) 미국에서는, 스칼라피노(Robert A. Scalapino) 교수, 서대숙(Dae-Sook Suh) 교수, 이정식(Chong-sik Lee) 교수, 이창수(Changsoo Lee) 교수, 김영진(Young C. Kim) 교수, 정상훈(Joseph S. Chung) 교수, 고병철(Byung Chul Koh) 교수, 도널드 자고리아(Donald S. Zagoria) 교수 등이었다.

---

68)　영어 출판본의 서지사항은 다음과 같다. Robert A. Scalapino and Jun-Yop Kim, eds., *North Korea Today: Strategic and Domestic Issues*(Berkeley, C. A.: Institute of East Asian Studies, University of California, 1983).

69)　이홍구, 「북한연구의 학문적 과제」, 김준엽·스칼라피노 공편, 『북한의 오늘과 내일』(법문사, 1982), 9~21쪽; Hongkoo Lee, "North Korea: One South Korean Perspective," Robert A. Scalapino and Jun-Yop Kim, eds., *North Korea Today: Strategic and Domestic Issues*(Berkeley, C. A.: Institute of East Asian Studies, University of California, 1983), pp.10~18; 『이홍구문집』 II, 559~569쪽에 재수록.

　　이 교수는 우선 "오늘날 한국의 현실에서 북한은 정치적으로 가장 중요한 상대이면서 학문적으로는 아직도 체계적 연구의 대상이 되고 있지 못하다."라고 시인하고, '북한연구의 정상화'를 위한 몇 가지 정책적 구상을 제시했다. 그는 "학문적으로나 정치적으로나 우리에게 큰 관심의 대상이 되는 것은 북한체제가 앞으로 어떻게 변화할 것이며 북한이 국내적 및 대외적으로 어떠한 입장을 취할 것이냐는 것이다."라고 전제한 뒤 "북한은 심각한 경제적 위기와 부진을 극복하기 위해서는 점차 국제시장과의 교역을 위한 문호개방을 추진해야 하겠으나 그러한 개방에로의 전환은 전체주의적 정치체제의 안정을 깨뜨릴 위험을 수반한다는 정치적·경제적 딜레마에 봉착하고 있는 듯싶다."라고 논평했다.[70] 북한에 대한 그의 이러한 시각은 공산권 전반에 대한 시각과 일정하게 차이를 보이기는 했으나 큰 흐름에서는 비슷했다.[71]

　　이 교수는 1983년 6월에 한국공산권연구협의회 제2대 회장으로 선출됐다. 그는 부회장 때와 마찬가지로 버클리 캘리포니아대학교 동아시아연구소와 손을 잡고 북한을 중심으로 한 공산권에 관한 국제학술회의를 열었다.

---

70)　위와 같음, 569쪽.

71)　「제1장 공산권연구의 시각과 문제점」, 한국공산권연구협의회 편, 『공산권연구 현황』(법문사, 1981), 13~23쪽; 『이홍구문집』 II, 547~557쪽에 재수록.

제4절
세계정치학회와 한국정치학회에서의 활동

제1항
세계정치학회 집행위원으로 활동하다

세계정치학회는 제12차 세계대회를 1982년 8월 9~14일에 브라질 리우데자네이루에서 개최했다. 이때 회장은 하이델베르크대학교의 클라우스 구스타프 하인리히 폰 바이메(Klaus Gustav Heinrich von Beyme) 교수였다. 이홍구 교수는 당시 한국정치학회 회장이던 한배호(韓培浩) 교수, 서울대학교 사회과학대학 정치학과 구영록 교수, 서강대학교 문과대학 정치외교학과 이상우 교수 등과 함께 이 대회에 참석했다. 그들은 이 대회에 한반도통일에 관한 분과를 개설했는데, 세계정치학회에서 한반도통일에 관한 분과가 개설된 것은 이때가 처음이었다.

세계정치학회는 제13차 세계대회를 「새로운 정치경제 속에서의 국가("The State in the New Political Economy")」라는 주제 아래 1985년 7월 15~20일에 파리에서 개최했다. 이때 회장은 세계정치학회 창립회원이며 유엔대학교 부총장인 무샤코지 킨히데(武者小路公秀) 교수였다. 그는 일본인으로서 드물게 일제의 조선 침략을 공개적으로 규탄한 양심적인 학자였다. 이 대회에서 이 교수는 한국인으로는 처음 집행위원회 위원으로 선출됐다. 이를 계기로 이 교수는 세계정치학회와 한국정치학회를 연결하는 역할을 자진해서 맡아 『한국정치학회 소식』을 통해 세계정치학회의 동향을 자세히 알리곤 했다.[72]

이 교수의 뒤를 이어 고려대학교 한승주 교수가 집행위원을 거쳐 부회장으로 선출되며, 다시 그의 뒤를 이어 연세대학교 김달중 교수가 집행위원을 거쳐 부회장에 이어 수석부회장으로 선출됐다. 이 교수로부터 김 교수에 이르기까지 집행위원회에 진출한 한국인 정치학자들의 노력이 쌓여, 세계정치학회는 제17차 세계대회를 1997년 8월 17~21일에 서울에서 열고, 2000년 8월 1~5일에 캐나다 퀘벡에서 열린 제18차 세계대회는 김달중 교수를 회장으로 선출했다. 그는 한국인으로 최초의 세계정치학회 회장이 된 것이다. 이후 고려대학교 김병국(金炳局) 교수, 고려대학교 임혁백(任爀伯) 교수, 서울대학교 박찬욱(朴贊郁) 교수가 차례로 집행위원으로 선출되며, 임 교수와 박 교수는 차례로 부회장으로도 선출된다.

다른 한편으로, 서울대학교 사회과학대학 정치외교학부 김의영(金義英) 교수는 제18차 세계대회에서 세계정치학회가 젊은 학자들을 상대로 제정한 「프란체스코 키엘베르크 논문상(Francesco Kjellberg Award for Outstanding Papers Presented by New Scholars)」을 받는다. 그는 서울대학교 사회과학대학 정치학과를 졸업하고 미시간대학교 대학원 정치학과에서 석·박사학위를 받았으며 경희대학교 정경대학 정치외교학과를 거쳐 모교로 돌아왔고 이후 한국정치학회 회장을 역임하며, 박찬욱 교수의 뒤를 이어 역시 세계정치학회의 집행위원으로 선출됐다.

---

72) 이홍구, 「IPSA Washington Congress에 대한 기대와 기획」, 『한국정치학회 소식』 제11권 제2호(1987년 7월 13일), 7~8쪽; 『이홍구문집』 IV, 591~592쪽에 재수록.

제2항
한국정치학회 회장으로 활동하다

이홍구 교수는 1985년 12월 11일에 연세대학교 장기원기념관(張起元紀念館)에서 열린 정기총회에서 참석회원 전원의 찬성을 얻어 1986년도 한국정치학회 회장, 곧 한국정치학회 제15대 회장으로 선출됐다. 같은 자리에서 한국외국어대학교 구자용(具滋容) 교수와 국방대학원 김철범(金徹凡) 교수가 감사로 선출됐다. 이 교수는 한국정치학회 회칙 제11조 6항에 의거해 부회장으로 전북대학교 채중묵(蔡中黙) 교수와 동국대학교 홍순옥(洪淳鈺) 교수를 선임했다. 그는 동시에 총무이사에 서울대학교 안청시(安淸市) 교수, 연구이사에 고려대학교 최상용(崔相龍) 교수, 편집이사에 연세대학교 안병준(安秉俊) 교수, 섭외이사에 단국대학교 김유남(金裕南) 교수, 학술상위원장에 성균관대학교 차기벽(車基璧) 교수, 교육위원장에 한국외국어대학교 김덕(金悳) 교수, 국제위원장에 연세대학교 김달중(金達中) 교수, 그리고 무임소상임이사에 국민대학교 권무수(權武穗) 교수, 연세대학교 김달중 교수(겸임), 서강대학교 김홍명(金弘明) 교수, 고려대학교 서진영(徐鎭英) 교수, 이화여자대학교 한인숙(韓仁淑) 교수, 건국대학교 한정일(韓貞一) 교수 등을 선임했다. 이때 한국정치학회 회원은 정회원 652명, 특별회원 29명, 준회원 18명 등 모두 699명이었다.

이 교수는 자신의 회장 임기 1년 동안 두 차례에 걸쳐 이사회를 열었으며 여덟 차례에 걸쳐 상임이사회를 열었고 대구·경북지회(회장 정연식[鄭然植] 교수), 부산지회(회장 이태일[李太一] 교수), 호남지회(회장 김용욱[金容郁] 교수) 등과도 긴밀한 관계를 유지했다.[73] 특히 한국정치학회의 지역학술발표회를 호남지회와 함께 원광대학교에서 열었다. 이 기

---

73) 안청시, 「1986년도 학회활동: 총무위원회 보고」, 『한국정치학회보』 제20집 제2호(1986년 12월), 227~228쪽.

간에 한국정치학회는 『한국정치학회 소식』을 3월·6월·9월·12월 등 네 차례에 걸쳐 출판해 학회의 활동과 회원의 동정을 자세히 알렸다.

이 회장의 임기 중에 한국정치학회는 우선 『현대한국정치론』(법문사, 1986)을 출판했다. 원로회원인 차기벽(車基璧) 전 한국정치학회장을 비롯해, 박충석(朴忠錫) 교수, 손봉숙(孫鳳淑) 교수, 신명순(申命淳) 교수, 안병만(安秉萬) 교수, 안병준(安秉俊) 교수, 안청시(安淸市) 교수, 윤영오(尹泳五) 교수, 윤형섭(尹亨燮) 교수, 장달중(張達重) 교수, 진덕규(陳德奎) 교수, 최대권(崔大權) 교수, 최상용(崔相龍) 교수, 한승주(韓昇洲) 교수 등 14명의 회원이 각각 자신의 전공에 따라 한 장(章)씩 맡아 집필한 책이다. 이 책은 현대한국정치에 관한 표준적 교과서들 가운데 하나로 꼽히면서 여러 차례에 걸쳐 쇄(刷)를 거듭했다.

한국정치학회는 이어 자신의 학회지인 『한국정치학회보』를 두 차례 출판했다. 제20집 제1호(1986년 9월)는 「지방자치의 과제」를 특집으로 마련했고, 여섯 편의 논문을 게재했다. (ⅰ) 김영평(金榮枰) 교수의 「지방자치정부의 조직형태와 주민대표성」, (ⅱ) 한정일(韓貞一) 교수의 「한국의 지방자치제 정착조건에 관한 연구」, (ⅲ) 안청시(安淸市) 교수와 손봉숙(孫鳳淑) 교수의 공저 「한국의 지방선거제도」, (ⅳ) 정정길(鄭正佶) 교수의 「정당이 지방의회활동에 미친 영향」, (ⅴ) 김광수(金光洙) 교수의 「한국정치에 있어서의 전라도」, (ⅵ) 김동훈(金東勳) 교수의 「미국의 시(市) 지배인 제도에 관한 고찰」 등이 그것들이었다.

제20집 제2호(1986년 12월)는 별도의 특집을 마련하지 않고 10편의 논문을 게재했다. 이 호는 이 교수가 「근대한국정치학 백년: 그 한계성의 극복을 위한 자성」이라는 제목 아래 행한 「회장연설」을 게재했다.[74] 이 연설에서, 이 교수는 조선=한국 근대정치학의 '원점'을 유길준의 『정

---

74) 이홍구, 「회장연설: 근대한국정치학 백년: 그 한계성의 극복을 위한 자성」, 『한국정치학회보』 제20집 제2호(1986년 12월), 6~11쪽: 『이홍구문집』 II, 425~432쪽에 재수록.

치학』이라고 보면서, 그 집필연도가 정확하지는 않지만 1886년이라는 추론이 타당하다면 "1986년은 신학문으로서의 정치학 100주년일 수 있다."라고 말했다. 이 계제에 그는 한국정치학이 걸어온 길을 돌이켜보면서, "지난 100년간, 적어도 [8·15 이후] 지난 40년간 한국정치학은 많은 발전을 하였다는 자부심이 없지 않으면서도 그것이 오늘의 정치학과 그 성격이나 내용에서 크게 다를 바가 없다는 것을 발견할 때 우리는 놀라움과 함께 당황하지 않을 수 없다."라고 시인한 뒤, "따라서 근대정치학 100년을 맞는 이 시점은 우리에게 자축(自祝)보다는 자성(自省)의 계기가 될 수밖에 없다."라고 고백했다.

그의 자성은 거기서 한 걸음 더 나아갔다. 유길준의 『정치학』에서 비롯된 근대한국정치학은 "구조·기능·제도 등 가시적 현상을 서술하는 데 노력을 치중한 나머지 인식·의식·감정 등 내면적 요소를 이해하는 데 극도로 소홀했다."라고 전제한 그는 "그러한 연구태도는 100년이 지난 오늘까지도 대체로 계속되고 있다."라고 비판한 것이다. 그는 다음과 같이 부연했다: "우리는 현상의 변화에 대하여는 민감하면서도 그러한 현상을 보는 관점과 시각의 변화에 대하여는 상대적으로 둔감했다는 비판을 받지 않을 수 없다."[75]

이 교수는 자신의 임기를 마치면서 한국정치학회 회원들에게 감사함을 표시한 인사말을 남겼다. 이 글에서 그는 "여러 회원의 학문적 방향 감각이 더욱 예리하여지고 있다."라고 치하하고, 특히 "학문을 통한 공동체를 더욱 발전시킬 수 있는 회원들의 인간적 성품, [그리고 …] 정치학을 통한 우리들의 인간적 유대가 이 어려운 시기를 살아가는, 그리고 그 속에서 학문을 계속하는 슬기의 바탕이 되리라고 믿는다."라는 기대를 표시했다.[76]

---

75) 위와 같음, 429쪽.
76) 이홍구, 「학문을 통한 인간적 유대」, 『한국정치학회 소식』 제10권 제4호(1986년 11월 25일), 1쪽; 『이홍구문집』 IV, 587~589쪽에 재수록.

제5절
외교·통일문제 및 기존 명제에 대한 의견을 개진하다

제1항
국가안보와 외교 그리고 태평양공동체에 대한 제의

우리가 이 제5장 제1절 제3항에서 보았듯, 이 교수는 10·26 직후의 첫 4개월의 시기에 국가안보와 외교 및 북한 분야에서의 여러 쟁점에 대해 논문을 발표했었다. 그는 유럽대학교에서의 연구를 마치고 귀국한 1980년 8월 하순부터 제5공화국이 끝난 1988년 2월 이전의 시기에도 그러한 여러 쟁점에 대해 논문을 발표하거나 좌담을 통해 의견을 개진했는데, 그가 발표한 논문은 국문과 영문을 합쳐 최소한 아홉 편에 이르렀다.[77]

그 논문들이 각각 다룬 주제와 논지 및 강조점에는 분명히 차이가 있다. 그러나 몇 가지 공통점이 있다. 아시아태평양지역에 대한 소련의 군사력 확대 추이에 대한 경계 그리고 한미동맹관계와 한일협력관계의 중요성에 대한 강조 등이 그것들이다. 전반적으로 그 논문들에 명시적으로 또는 묵시적으로 관류하는 하나의 흐름은 그의 제21명제에 연결되어 있다. 국가안보를 군사적 차원에서만 볼 것이 아니라 정치적 차원에서 접근해야 하며, 따라서 진정으로 국가안보를 원한다면 국내정치를 민주적으로 운영함으로써 대한민국이 민주국가임을 국제사회에 주지시키는 것이 중요하다는 제21명제를 누누이 강조한 것이다.

이 교수는 1980년대에 국내외에서 제기된 '태평양공동체' 구상에 대해서도 논평했다. 이 교수는 '복지의 이데올로기에 바탕을 둔 지역공동체'를 수립하겠다는 것은 반드시 개별적 국가 안에서의 공동체 수립을 전제해야 한다고 제의하면서 개별적 국가 안에서 공동체가 수립되지 않은 채 그러한 국가들을 연결해 '아시아태평양공동체' 또는는 '태평양공동체'를 수립하겠다는 것은 앞뒤가 바뀐 것이라고 지적했다.

● 「서울국제포럼」 창립

이 교수는 국가안보와 외교라는 주제에 학문적으로 접근하면서 이 주제를 국내 학자들과 정책수립가들이 외국의 학자들 및 정책수립가들과 함께 보다 더 심층적으로 연구할 필요성을 절감했다. 그래서 우선 김경원 주미대사, 김달중 교수, 한승주 교수 그리고 기업인인 허완구(許完

---

77)　(i)「국가방위와 전쟁억제: 안보정책을 위한 새 관점의 모색」,『80년대 국방과제 연구(전략편)』(국방부전략분과위원회, 1981);『이홍구문집』 I , 396~402쪽에 재수록.
(ii)「동남아와 한국외교의 진로: 인식의 부재와 이익의 실재를 넘어서」, 안청시 편,『동남아와 ASEAN』(서울대학교출판부, 1981), 244~251쪽;『이홍구문집』 II , 161~169쪽에 재수록.
(iii) "Ideology and Community in Asia," Pacific Region Interdependencies(June 1981);『이홍구문집』 V , 527~537쪽에 재수록.
(iv)「미·소의 동북아군사균형과 한반도 안보」,『80년대 국방과제 연구』(국방부정보분과위원회, 1982);『이홍구문집』 II , 171~179쪽에 재수록.
(v) "Foundations of Future U.S.-Korea Relations: Toward a Community of Mature Partners," Journal of Northeast Asian Studies, Vol. 1, No. 1(March 1982), pp.57~69;『이홍구문집』 V , 539~560쪽에 재수록.
(vi)「1983년의 국제정치: 정치적 팽창주의와 경제적 보호주의의 위협」,『제11회 변호사연수회』(1983);『이홍구문집』 I , 403~411쪽에 재수록.
(vii)「한·미안보회의 제1차 회의: 서로 얽힌 3국관계; 한·미·일 관계에 대한 한국의 관심」,『동아일보』(1984년 4월 23일);『이홍구문집』 I , 412~415쪽에 재수록.『동아일보』에는 이 시론이 게재되어 있지 않다.
(viii) "Korea: A Tricycle in Transition," Security Conference on Asia and the Pacific(Tokyo, Japan, August 12~21, 1985)에서 발표한 논문;『이홍구문집』 V , 561~570쪽에 재수록.
(ix) "The End of Ideology?: A Korean Outlook for Regional Cooperation," Conference on Security and Economic Cooperation in Asia and the Pacific Region(Tokyo, May 28~30, 1987);『이홍구문집』 V , 589~596쪽에 재수록.

九) 숭산그룹 회장 등과 모임을 갖고 여러 현안에 관한 토론을 시작했
으며, 1986년 6월 17일 서울국제포럼(The Seoul Forum for International
Affairs: SFIA)을 외교부 산하단체의 사단법인으로 출범시켰다.

초대 이사장으로 활동하던 그는, 우리가 다음 장에서 보게 되듯, 국토
통일원장관으로 입각함에 따라 이사장직을 사임했다. 이후 한승주 교수
와 김경원 교수가 차례로 이사장을 맡았다. 이 교수는 2001년에 주미대
사를 끝으로 공직을 떠나며 다시 이사장을 맡는다. 그의 이사장으로서의
활동에 관해서는 제9장 제2절 제4항에서 다시 자세히 살피기로 한다.

제2항
통일문제에 대한 견해

이 교수는 앞의 논문들 가운데 몇몇에서 부분적으로 통일문
제를 다뤘다. 거기에 더해, 그는 일차적으로 통일문제를 다룬 논문을 최
소한 다섯 편을 발표했으며 두 차례 대담에 참석했다.[78] 그것들 가운데
통일문제에 관한 그의 사고(思考)와 논리 그리고 해법을 체계적으로 가
장 잘 보여주는 논문으로 「'민족화합민주통일방안'의 역사적·이념적 조
명」과 「분단시대의 역사인식과 통일문화 창조」를 꼽을 수 있다. 이 두 논
문은, 특히 전두환 대통령이 1982년 1월 22일에 국회에서 행한 국정연설
을 통해 제시한 '민족화합민주통일방안'을 다룬 앞의 논문은 조선왕조
후기 개항 이후에 전개된 약 100년의 역사를 염두에 두고 망국과 분단 그
리고 남·북 두 개 국가의 성립과 6·25전쟁 등의 역사적 배경 및 그 결과
를 고려하면서 쓰였다. 다음에서 다섯 편의 논문과 두 차례의 대담 모두
를 종합적으로 고찰하되 특히 이 두 논문을 치밀하게 살피기로 하겠다.

이 교수는 자신이 박사학위청구논문에서 제시한 제5명제(정체[政體]
에 대한 사회의 우선)와 제11명제(자유의 중시) 그리고 1970년에 제시한

제19명제(시·공간적 접근에 의한 민족통일)를 결합해 민족통일론을 제시
했으며, 그 가운데 자신이 1975년 이후 일관되게 제시한「코리안 코먼웰
스」안을 부연했다. 그 중요성에 비추어 그것을 아래에서 자세히 설명하
기로 한다.

（ⅰ）그는 자신의 제5명제에 충실해, 우리의 민족적 전통은 국가보다
는 사회를 기본 틀로 하여 계승되어왔음을 상기시킨 뒤, "따라서 사회규
범을 바탕으로 정치규범이 결정되어야지 정치규범에 맞추어 사회규범
의 변화를 꾀하는 것은 대단히 위험하다."라고 전제하고, 통일과제 역시
그 점을 염두에 두어야 한다고 주장했다. 달리 표현해, 그는 민족이 국가
보다 우위에 있다는 명제를 받아들이고, 동시에 우리 민족이 오랜 기간
에 걸쳐 언제나 민족을 정치공동체의 기반으로 삼아온 역사를 존중하면
서, 민족의 보존과 발전을 위한 통일국가 형태만이 정통성이 있음을 직
시해야 한다고 역설했다.[79] 여기서도 우리는 그가 박사학위청구논문에

---

78)　（ⅰ）Hongkoo Lee, "Political Unification and Social Welfare," Korea and World
Affairs, Vol. 8, No. 1(Spring 1984), pp.5~16. 이 논문은『이홍구문집』에는 수록되지 않았다.
（ⅱ）이홍구,「분단 40년, 새 통일관의 모색」, 이홍구·김학준·안병준·진덕규 공저,『분단과 통일,
그리고 민족주의』(박영사, 1984), 11~24쪽;『이홍구문집』Ⅲ, 219~225쪽에 재수록.
（ⅲ）이홍구,「'민족화합민주통일방안'의 역사적·이념적 조명」;『이홍구문집』Ⅲ, 201~217쪽에
재수록.
（ⅳ）이홍구,「분단시대의 역사인식과 통일문화 창조」, 한국정신문화연구원 편,『통일문화 창조
를 위한 연구』(경기도 성남시: 한국정신문화연구원, 1985년 6월), 25~42쪽;『이홍구문집』Ⅲ,
227~244쪽에 재수록.
（ⅴ）이홍구,「통일이념으로서의 민주와 자유」, 국토통일원 남북대화사무국 편,『민족화합민주
통일론』5(국토통일원, 1986년 12월), 9~38쪽;『이홍구문집』Ⅲ, 245~265쪽에 재수록.
대담으로는 다음이 있다.
（ⅰ）「인터뷰: 동경 5개국 학술회의에 비친 한반도」,『경향신문』(1985년 5월 23일), 3쪽;『이홍
구문집』Ⅳ, 517~519쪽에 재수록.
（ⅱ）안병영·이홍구,「대담: 통일에의 문은 열리는가」,『정경문화』(1985년 11월), 84~101쪽;『이
홍구문집』Ⅳ, 541~562쪽에 재수록.
79)　예컨대, 이홍구,「분단시대의 역사인식과 통일문화 창조」;『이홍구문집』Ⅲ, 227~244쪽
에 재수록 가운데 232~233쪽.

서 제시했던 '사회보존의 원리'를 통일문제에 적용하고 있음을 재확인하게 된다.

위에서 보았듯, 그는 사회 또는 민족사회가 국가에 우선한다는 명제로부터 통일론을 정립했다. 이 논리의 연장선 위에서, 그는 북한의 「고려민주연방공화국」안을 명백한 어조로 배척했다. 그 안은 기본적으로 사회나 민족이 아니라 국가라는 관점에 치중해 남과 북이라는 두 개의 국가 위에 「고려민주연방공화국」이라는 하나의 '상징적 가공구조'를 올려 세우자는 구상이라는 것이다. 거기에 더해, 그는 "그러한 가공구조가 어떻게 남·북 민족의 불리(不利)와 민중의 불편(不便)을 시정해 자유와 복지에 공헌하는가에 대해 별다른 계획이 없다."라고 비판했다.[80]

(ii) 그는 자신의 제11명제(자유의 중시)에 충실해, 우리가 통일문제를 생각할 때 결코 잊어서는 안 되며 끝까지 지켜야 할 가치는 '자유'라고 역설했다. 통일과 관련해 우리가 추구해야 할 이상(理想)으로 '민족·민주·자유·복지'를 제시하면서도 그 가운데 가장 소중한 가치는 '자유'임을 거듭 강조했다. 그가 1970년 이후 일관되게 제시한 '4대 자유론'을 여기서도 반복한 것이다.[81]

(iii) 그는 자신의 제19명제에 충실해, 통일문제를 공간적 시각과 시간적 시각이라는 이원적 시각에서 접근할 것을 제의했다. 흔히 통일이란 말을 들으면 예전의 국경선이었던 압록강과 두만강을 염두에 두고, 말하자면 공간적 시각에서 한반도의 통일을 생각하는 경향이 있으며, 그러한 심정은 충분히 이해될 수 있지만, 1945년 이후 남과 북으로 나뉜 뒤 남과 북에서 각각 진행된 변화를 고려하지 않은 채, 말하자면 시간적 시각을 배제한 채 한반도의 통일을 생각하는 경향이 있다고 지적했다. 여기

---

80) 예컨대, 이홍구, 「'민족화합민주통일방안'의 역사적·이념적 조명」; 『이홍구문집』 III, 201~225쪽에 재수록 가운데 212쪽.
81) 위와 같음, 202쪽.

서 그는 남과 북에서 진행된 각각의 변화를 충분히 고려해야 하고 특히 북에서 진행된 변화에 대한 연구를 심화시켜야 하며 그 결과를 통일을 구상할 때 충분히 논의해야 한다고 제의했다. 그러한 맥락에서, 그는 통일의 문제를 '국토통일'보다는 '민족통일'의 관점에서 접근하는 것이 바람직하다고 말하면서, 북한이 체제유지를 위해 '조국통일'이라는 용어에 집착하고 있는 관행을 비판했다.[82]

(ⅳ) 그는 무엇보다도 남한사회 안에서 통일문제를 보는 차이는 인간관·사회관·역사관의 차이에서 나왔다고 주장하면서 우선 통일문제에 관한 지나친 '교조주의'와 '이상화(理想化)'를 버려야 한다고 제의했다. 그러한 맥락에서, 그는 '인간은 많은 욕구를 동시에 지닌 복잡한 존재'라는 사실을 무시하고 '극도로 이상화한 인간관'으로써 통일문제를 보고 거기에 따라 '무작정 통일론' 또는 '무조건적 통일론' 또는 '통일지상론'을 신성시하는 것은 적절하지 않다고 비판했다. 그는 특히 통일문제를 논하는 자리에서 때때로 등장하는 '애국심'이라는 용어에 대해 논평했다. 사실상 실현이 불가능한 환상적 통일론을 펴면서 그것을 애국심의 발로라고 포장하고 반대론자들을 비애국자인 것처럼 몰아가는 것은 결코 생산적이지 않다고 경고한 것이다.

이 대목에서 상기시키고 싶은 것은 그가 재야운동권의 통일론 가운데 '이상적' 수준을 넘어선 '환상적' 발상에 침묵하지 않고 그 한계성을 지적한 사실이다. 재야 통일운동가들의 통일론을, 특히 그 지도자급 인사의 통일론을 공개적으로 비판하는 경우 거센 반발이 뒤따르는 위험이 있다. 그런데도 그는 "이 민족의 십자가 앞에 우리의 모든 것, 우리의 온갖 욕심, 편견, 선입관, 어설픈 이념과 주장, 희망과 절망까지 내던질 때라야 통일의 대로가 열릴 것"이라는 문익환(文益煥) 목사의 통일관이 개인적으로는 감동을 줄 수 있음을 시인했다. 그러면서도 현실적으로는 수

---

82) 위와 같음, 202쪽.

용될 수 없다고 명시적으로 쓴 것이다.[83]

같은 맥락에서, 그는 통일문제와 관련해 제기되는 '민중주체통일론'에 대해서도 여러 각도에서 심층적으로 접근하며 비판적 시각을 보였다.[84] 통일의 주체로 지목된 '민중'이 정확히 누구를 말하는 것인지, 또 그러한 지칭이 자유민주주의의 원칙에 부합하는 것인지 확실하지 않다고 비판한 뒤, 그는 통일의 주체는 '어디까지나 민족의 구성원인 시민'이라는 시각을 보였다.[85]

이 교수의 이러한 시각은 통일문제에 대한 '현실적 판단'을 앞세우는 입장으로 귀결된다. 그는 베트남 평화협상이 남베트남의 공산화로 이어진 '비극적 실패'로 끝난 사실을 상기하면서, "공산집단과의 대결이나 협상에서는 철두철미한 힘의 계산과 상대적인 역학관계에 대한 현실적 판단이 필요조건"이라고 강조했다.[86] 같은 맥락에서, 그는 서독인의 통일인식을 높이 평가하면서 다음과 같은 결론을 제시했다.

공산체제가 얼마나 현실적 이익에 민감한가를 충분히 이해하고 이용함으로써 [1955년에] 소련과 국교정상화를 실현한 [서독의 총리] 아데나워나 [1970년대 초에] 동서독관계의 획기적 개선을 가져온 [서독의 총리] 브란트로 대표되는 서독의 예리한 역사인식과 균형된 현실감각에서 우리는 시사(示唆)받을 바가 적지 않다. 독일인은 독일통일에 대한 꿈을 절대로 버리지 않고 있다. 그렇다고 그들은 현실을 외면하는 감상주

---

83) 예컨대, 이홍구, 「분단시대의 역사인식과 통일문화 창조」; 『이홍구문집』 III, 227~244쪽에 재수록 가운데 234~235쪽. 문 목사의 그 발언은 다음에 게재됐다. 문익환, 「7·4공동성명 이후의 민족문제」, 이이화(李離和) 등, 『민족·통일·해방의 논리』(형성사, 1984), 89쪽; 『이홍구문집』 III, 234쪽에서 재인용.

84) 이홍구, 「분단시대의 역사인식과 통일문화 창조」; 『이홍구문집』 III, 227~244쪽에 재수록 가운데 237~240쪽.

85) 이홍구, 「'민족화합민주통일방안'의 역사적·이념적 조명」; 『이홍구문집』 III, 201~225쪽에 재수록 가운데 217쪽.

86) 이홍구, 「분단 40년, 새 통일관의 모색」; 『이홍구문집』 III, 219~225쪽에 재수록 가운데 220쪽.

의로 흘러버리는 것을 허용치도 않는다. 이렇듯 민족적 규범과 상황의 논리를 조화시키는 역사인식의 예는 오늘의 중국의 경우에서도 찾아볼 수 있는 것 같다. 우리도 민족통일로 향한 우리의 역사인식을 차분히 재정립하여 통일문화 창조에 박차를 가할 시점에 도달하고 있다.[87]

(ⅴ) 통일문제를 토론할 때 일부 한국인이 갖는 심리적 위축감으로부터 해방될 필요가 있다고 역설했다. 예컨대, 대한민국은 분단주의를 옹호한 세력에 의해 세워졌다는 일부 논자들의 비판에 대해, 당시 김일성을 중심으로 하는 북한의 공산주의자들이 소련의 동아시아정책에 따라 북한에 공산정권을 세우려는 상황에서 이승만을 중심으로 하는 남한의 민족주의자들이 한반도 전체의 공산화와 친소비에트화를 막기 위해 차선책으로 대한민국을 세운 것은 비난받을 일이 아니라 그나마 다행스러운 일이었다고 보았다. 또 북한은 '통일지향적'임에 비해 남한은 '현상유지적'이라는 비판에 대해, 북한이 지향하는 통일이란 '적화통일'임에 비해 남한은 기본적으로 북한이 시도하는 '적화통일'로부터 자기를 지키려는 '평화지향적'임을 인식해야 한다고 주장했다. 또 남한은 주한미군에 의존하고 있어서 국가적 독립성에 문제가 있다는 주장에 대해, 서독이 미군의 주둔을 허용하고 있고 서구의 많은 나라가 미군의 군사적 보호를 받아들이고 있음을 상기시켰다. 그 밖의 다른 사안들에 대해서도 언급하면서, 그는 전반적으로, 통일문제에 대해 균형감각을 가질 것을 역설했다.

이 교수는 한반도문제를 회고하면서 어느 시기에는 '한반도문제의 국제화(Internationalization of the Korean Question)' 흐름이 지배적이고 어느 시기에는 '한반도문제의 한국화(Koreanization of the Korean Question)' 흐름이 나타났다고 진단했다. 그는 우리로서는 될 수 있는 대로 '한반도문제의 한국화'를 시도해 강대국의 입김이 덜 작용하는 여건 아래서 남

357

과 북이 직접적인 대화와 협상을 통해 분단의 해소와 궁극적 통일을 추구하는 것이 바람직하다고 주장했다.

이 교수의 이러한 인식과 해법은 그때로부터 약 3~4년 뒤에 국토통일원장관으로 취임하면서 거의 그대로 정책과 집행으로 나타난다. 바꿔 말해, 그는 자신이 오랜 기간에 걸쳐 개발하고 정립한 제3명제와 제11명제 및 제19명제의 결합을 현실세계에 적용하는 것이다. 이 점을 우리는 제6장에서 보게 될 것이다.

제3항
제8명제(한국의 정치문화)

이 명제와 관련해, 「한국의 정치문화: 권위주의와 민주화」를 발표했다.[88] 이 교수는 조선=한국의 정치는 '대단히 강력한 국가체제'를 강조하는 권위주의적 정치문화를 배경으로 전개되었으며 그 결과 '신민정치문화'가 뿌리를 내렸다고 지적하면서 그러한 정치문화 속에서 민주정치의 핵심적 기구들인 정당과 의회가 국민과는 거리가 먼 '가공구조'로 형성됨으로써 '대의정치' 그 자체가 국민적 대표성과는 유리됐다고 진단했다. 결론적으로, 그는 한국의 정치문화는 '신민정치문화'로부터 '인간 중시의 민주적 정치문화'로 하루빨리 바뀌어야 한다고 제의했다. 이와 관련해, 그는 다음과 같이 말했다.

민주정치를 하기 위해서는 남의 얘기를 많이 들을 수 있는 인내력을 길러야 하고 개인의 의견이 존중되어야 한다. 우리나라에서는 말이 많으

---

88)　이 논문은 다음에 게재됐다. 한국여성유권자연맹에서의 강연(1987년 9월 29일), 『이홍구문집』 IV, 607~615쪽에 재수록.

면 싫어하고 말없이 결단하는 사람을 높이 평가하는 경향도 있다. 그러
나 이러한 것이 축적된다면 개인을 무시하고 집단을 중요시하는 반(反)
자유주의적 민주주의가 될지도 모른다.[89]

이 교수는 「아시아정치문화와 민주주의: 그 수용과정의 성격」[90]에서
도 일정한 범위 안에서지만 같은 뜻을 되풀이했다. 그는 조선=한국을 포
함한 아시아 여러 나라에서도 그 나라의 특유한 민주사상이나 합의조성
의 제도 등 민주적 요소를 수없이 찾아볼 수 있으나 인간은 그 신분이나
사회적 위치를 떠나 인간이기 때문에 평등하다는 개념은 생소했다고 지
적하면서 인간존중 또는 개인권리존중의 정치문화가 성장해야 한다는
점을 강조했다.

---

89)　위와 같음, 615쪽.

90)　이 논문은 다음에 게재됐다. 『동아연구』(서강대학교 동아연구소) 제12집(1987년 9월), 7~12쪽;
『이홍구문집』 I, 426~488쪽에 재수록.

1988

3부

정·관계 시절

2000

국토통일원장관으로 '한민족공동체통일방안'을 정부의 공식적 통일방안으로 확정하고 영국 주재 대사로 북방정책을 뒷받침하다

(1988년 2월 25일~1993년 4월)

　　1987년 12월 16일에 시행된 대통령선거에서 노태우(盧泰愚) 민주정의당 후보를 비롯해 김영삼(金泳三) 통일민주당 후보, 김대중(金大中) 평화민주당 후보, 김종필(金鍾泌) 신민주공화당 후보 등이 일정한 차이를 보이기는 했으나 모두 북한과의 관계개선을 제의했다. 노태우 후보는 자신이 대통령에 당선되면 소련·중공·북한을 비롯한 공산권과 수교함으로써 대한민국의 국제환경을 전 방위적으로 확대할 것이고 그 가운데 북한과의 관계개선을 통해 궁극적 통일로 가는 길을 닦겠다고 다짐하면서, 자신의 그 구상을 '북방정책'으로 명명했다. 노 후보는 그 틀 안에서 북한의 김일성을 서울로 초청하겠다고 약속했다. 1960년대 후반 이후 일관되게 북한과의 관계개선을 제의한 김대중 후보는 '남북공화국연방'안을 제의했고, 1979년에 김일성과의 직접 회담을 제의했었던 김영삼 후보는 그 제의를 되풀이했다.[1]

　　다른 한편으로, '재야운동권의 정신적 기둥들'의 한 사람으로 불린 백기완(白基玩) '민중 후보'는 반미노선을 분명히 선언하며 북한과의 직접적 대화를 통한 자주통일을 제의했고, 역시 재야운동권에 속하는 민주통일민중운동연합(약칭 민통련)과 전국대학생협의회(약칭 전대협)는 역대 보수적 정부들의 북한·통일정책에 크게 대조되는 노선을 제시했다. 민통련은 '민중이 주체가 되는 통일운동'을 지향했으며, 전대협은 주한미군의 철수와 국가보안법의 폐기를 요구했다.[2] 두 단체의 구체적 프로그램에는 일정하게 차이가 있었다. 그러나 전통적인 보수·우익의 눈에 두 단체 모두 '친북적 노선'을 걷고 있는 것으로 비쳤다.

　　한국 대통령선거에서의 이러한 제의들은 일정한 범위 안에서 당시의 국제환경을 반영한 것이기도 했다. 소련은 1985년 3월에 소련공산당 중

---

1)　노중선(盧重善) 편, 『연표: 남북한 통일정책과 통일운동 50년』(사계절, 1996), 278~283쪽.
2)　백기완, 「제3부 해방 통일의 이론과 실천」, ＿＿＿, 『통일이냐 반(反)통일이냐』(형성사, 1987), 225~233쪽.

앙위원회 서기장으로 선출된 고르바초프(Mikhail S. Gorbachev)의 지도 체제 아래 개혁과 개방을 표방하며 미국과의 관계를 개선하고자 했으며 미국의 레이건(Ronald W. Reagan) 대통령은 여기에 호응해 냉전체제의 약화를 지향하고 있었다. 두 정상이 1987년 12월 8일에 백악관에서 「중거리핵폐기협정(Intermediate-Range Nuclear Forces Treaty: INF)」에 서명한 사실은 그 점을 말해주었다.[3] 확실히 국제환경은 긴장완화[데탕트]와 관계회복[라푸로시망]의 시대가 도래했음을 알리고 있었다.

이러한 미·소관계의 변화 그리고 남한사회에서의 다양한 요구 분출에 주목해, 북한의 김일성은 1988년 1월 1일에 '북남조선의 [정부] 당국과 정당들 및 사회단체들의 연합회의'를 개최해 '북남 사이의 군비감축' 그리고 1988년 여름에 서울에서 개최될 제24회 하계올림픽의 '북남 공동개최'를 다룰 것을 제의했다. 북한은 이어 이 의제를 협의하기 위한 예비회담을 2월 19일에 판문점에서 열 것을 제의했다.[4] 곧 출범할 노태우 정부를 향해 공세적 자세를 취한 것이다.

대한민국 제13대 대통령으로 제6공화국의 첫 정부를 이끌게 된 노태우 대통령은 1988년 2월 25일에 취임하면서 이러한 국내외적 분위기에 발을 맞춰, 민주화를 진전시키고 동시에 '민족자존(民族自尊)의 시대'를 열 것을 선언하고 구체적 정책의 하나로 북한에 대한 과감한 접근을 포함한 북방정책을 추진할 것을 다짐했다.[5] 대북·대외 정책의 새로운 변화를 예견하면서, 노 대통령은 직업 외교관 출신으로 대통령비서실장과 체신부장관 그리고 사우디아라비아대사와 유엔대사를 역임한 최광수(崔侊洙)를 외무부장관에, 서울대학교 사회과학대학 정치학과 교수 이홍구를 국토통일원 장관에 임명했다. 노 대통령은 동시에 대통령비서실에 정

---

3) 「미소 중거리핵폐기협정 조인」, 『동아일보』(1987년 12월 9일), 1쪽.
4) 노중선 편, 『연표』 284~285쪽.
5) 「노태우 13대 대통령 취임: 민족자존의 시대 개막 선언」, 『동아일보』(1988년 2월 25일), 1쪽.

책보좌관직과 외교보좌관직을 신설해 박철언(朴哲彦) 국가안전기획부
장 특별보좌관과 김종휘(金宗輝) 국방대학원 교수를 각각 임명했다.

이후 서울올림픽 성공의 여세 속에서 노 대통령의 북방정책은 큰 진
전을 과시했다. 자신의 임기 안에, 소련과 중국 그리고 동구의 공산국가
들과의 수교를 성사시켰으며 유엔에 북한과 함께 가입하는 데 성공했다.
분단 이후 처음으로 남북총리회담을 여덟 차례에 걸쳐 개최했고 그 결
과 「남북기본합의서」와 「한반도의 비핵화에 관한 남북공동선언」을 채택
할 수 있었다. 그 과정에서 유럽에서는 공산주의 정권이 차례로 붕괴하
고 동서독이 서독의 주도 아래 통일되며 마침내 소련이 해체되는 역사
적 대사변이 일어났다. 대한민국의 국제환경과 남북관계에 매우 긍정적
인 변화가 계속해서 일어난 이 시기에, 이 교수는 국토통일원장관(1988
년 2월 25일~1990년 3월 18일), 대통령정치담당특별보좌관(1990년 3월 18
일~1991년 3월 16일), 주영대사(1991년 3월 16일~1993년 4월 21일)를 차
례로 역임하며 노 대통령의 통일정책과 대외정책을 일선현장에서 지휘
했다.

제1절
7·7선언 이전의 활동

제1항
국토통일원장관이 된 배경

원래 이 교수는 노 대통령과 잘 아는 처지가 아니었다. 대통령이 되기 이전에 체육부장관, 내무부장관, 서울올림픽조직위원장, 대한체육회장 등을 역임한 뒤 제12대 국회의원에 당선되면서 민정당 대표위원으로 활동한 그는 때때로 각계 인사를 초청해 이야기를 나누곤 했는데, 그 일환으로 몇몇 교수들을 초청했을 때 응해 한두 차례 만난 것이 전부였다. 그가 당선인이 된 뒤 종로구 삼청동 금융연수원에 마련된 대통령취임준비위원회(당시는 대통령직인수위원회라는 명칭이 아니라 대통령취임준비위원회라는 명칭을 썼다) 사무실로 출근하며 국정운영의 방향과 내각의 구성에 대한 건의를 광범위하게 듣는 과정에서, 1988년 1월 말과 2월 초 사이의 어느 날 대통령비서실장으로 내정된 홍성철(洪性澈) 씨가 이 교수를 찾았다. 노 대통령 당선인이 이 교수를 만나 통일정책과 통일방안에 대해 의견을 듣고 오라고 했다는 것이다. 이 교수는 자신이 1975년 이후 일관되게 제의해 온 '코리안 코먼웰스'안을 중심으로 얘기했다.

홍 실장을 통해 이 교수의 구상을 전해들은 당선인이 곧 이 교수를 찾았다. 두 살 연상인 당선인은 이 교수에게 "내가 뭘 어떻게 했으면 좋은지 강의해주십시오."라고 겸허한 자세로 말문을 열었다. 이 교수는 시대적 과제는 일차적으로 민주화의 진전임을 전제하고 대외문제와 대북

문제를 중심으로 30분 정도 '강의'했다. 강의의 핵심은 역시 자신의 '코리안 코먼웰스'안이었다.[6]

그때로부터 열흘쯤 지나 당선인은 "차나 한잔 나눴으면 좋겠다."라는 말로 이 교수를 다시 찾았다. "국민이 원하는 것은 민주화와 통일이다. 나는 민주화의 과제를 성실히 수행할 것이고, 통일에 대해서도 북한과의 대결에 집착할 것이 아니라 새롭게 접근해야 하겠다."라고 말한 뒤, "통일에 대해서는 이 교수가 내각에 들어와 지난번 나에게 말한 그대로 추진하기 바란다."라고 제의했다. 신중한 이 교수는 "학교에 가서 상의해야겠다."라고 답변하고, 실제로 정치학과 교수들과 상의했다. 선임인 김영국 교수가 곧바로 찬성했다. "나라를 민주화하겠다고 약속하면서 도와달라고 하니 들어가서 도와주는 게 좋겠어."라며 적극적으로 권장했다. 후배 교수들도 찬성했고, 평소에 가까이 지냈던 사회학과의 김채윤(金彩潤) 교수도 같은 의견이었다. 용기를 얻은 이 교수는 당선인에게 제의를 받아들인다고 회답했다.[7] 당선인은 2월 19일에 이 교수의 국토통일원장관 입각을 포함한 새 내각의 구성을 공식으로 발표했다.

이때의 심경을 이 교수는 다음과 같이 회상했다.

[그 시점까지] 나의 일관된 관심의 초점이 된 것은 민족주의와 통일의 문제였다. 초등학교 5학년에 해방을 맞고, 중학교 2학년에 정부수립을 보고, 6·25사변의 와중에 고등학교를 졸업하고 대학에 입학한 나의 연배는, 우리의 식민지 경험의 마지막 부분과 딱한 분단의 역사를 처음부터 오늘까지 체험하고 목격한 막내세대라고도 할 수 있다. 그러기에 우리는 제국주의에 저항하는 민족주의이념과 통일된 민족공동체를 새로이 건설하겠다

---

6) 「김진국(金鎭國)이 만난 사람: 30년 전엔 국회에서 통일방안 만들었는데, 지금은 왜 못하나」, 『중앙SUNDAY』(2019년 9월 7일), 17쪽.

7) 이홍구 교수와의 제1차 면담(2021년 11월 18일 오전, 중앙일보사 고문실).

는 꿈을 함께 지닌 세대라고도 할 수 있다.[8]

이러한 생각을 지녔던 이 교수는 당선인으로부터 국토통일원장관직을 제의받았을 때 흔쾌히 받아들일 수 있었다. 그 자신의 표현으로 "6월 항쟁과 6·29선언으로 권위주의시대의 막이 내려가며 직선제선거로 국민이 자유로이 뽑은 새 정부의 초대 내각에 참여한다는 것은 떳떳한 선택이었다."[9] 그의 회상은 다음으로 이어졌다.

어린 시절부터 학자가 되는 것이 꿈이었던 나는 서울대 정치학과 교수가 된 것을 당연한 천직으로 생각하고 감사하며 만족한 마음으로 살아왔다. 그러나 세월이 가면서 당연했던 나의 천직에 대해 다소 회의가 오기 시작하였다. 나이가 50대 중반을 지나면서는 '과연 내가 학자로서 뛰어난 업적을 남길 수 있는 실력과 자질을 얼마나 갖고 있는지'에 대하여 생각하는 시간이 많아졌다. 그리고 다른 한편으로는 공직을 통하여 국정에 참여할 기회가 나에게 주어진다면 선비의 전통에 따라 나의 학문적 소양을 나라의 발전과 민족의 통일을 이룩하는 데 상당한 수준으로 기여할 수 있을 것이라는 자신감도 자리 잡아가고 있었다. 이러한 상황에서 별다른 연고가 없던 새 대통령당선자로부터 입각 권유를 받았을 때 나는 큰 고민 없이 이를 수락하게 되었으며 그것은 새로운 공직생활의 시작이었다.[10]

국토통일원의 개설은 1966년에 국내에서 전개됐던 활발한 통일논의에서 그 기원을 찾을 수 있다. 당시 야당과 재야세력으로부터 정부의 통일정책에 대한 비판이 거세게 제기되자 국회는 1966년 7월에 「국토통

---

8) 이홍구, 「머리말」, 『이홍구문집』 I, 5~9쪽 가운데 8~9쪽.
9) 이홍구, 「나의 정치학과 시절」, 서울대학교정치학과60년사발간위원회 편, 『서울대학교정치학과60년사』(서울대학교 사회과학대학 정치학과, 2006), 174쪽.
10) 위와 같음.

일연구특별위원회」를 발족시켜 통일문제를 다각적으로 논의하게 했으며 그 과정에서 공청회도 열었다. 이 위원회는 1967년 2월에 통일문제를 종합적이며 전문적으로 다룰 전담기구를 정부 내에 설치하되 그 조직은 국무위원을 장(長)으로 보(補)하는 국토통일원으로 할 것을 건의하는 『통일백서』를 채택했다.[11]

이에 따라, 제3공화국은 1968년 7월에 정부조직법을 개정하고 3·1운동 50주년을 기념하는 뜻도 담아 1969년 3월 1일에 국무총리 산하의 한 부서로 발족시켰는데, 총무과·정책기획실·조사실·교육홍보실 등 1과 3실이라는 아주 작은 규모로 서울 중구 장충동에 있는 한국반공연맹 건물의 일부를 빌려 출발했다. 당시의 정원은 장·차관과 고용직 14명을 포함해 모두 45명에 지나지 않았다. 이후 기구와 직원 및 예산이 단계적으로 확대되면서 1976년에 남산의 옛 한국방송공사(KBS) 사옥으로 이전했다가 1986년에 서울 종로구 정부종합청사로 이전한다.[12]

초대 장관은 서울대학교 법과대학 학장을 거쳐 5·16군사정부에서 부흥부(곧 건설부로 바뀐다) 장관을 역임한 뒤 서울대학교 총장을 맡았다가 「경제과학심의회의」 상임위원으로 봉직하던 저명한 경제학자 신태환(申泰煥) 박사였다. 서울대학교 법과대학 학생 때 신 교수의 「경제원론」 강의를 수강했던 이 교수는 은사가 국토통일원장관이 됐을 때로부터 19년이 지난 시점에 제14대 장관이 된 것으로, 54세 때의 일이었다. 두 사람은 국토통일원 창립 20주년을 하루 앞둔 1989년 2월 28일에 가진 대담에서 국토통일원이 출범할 때의 상황과 그때로부터 20년이 지난 시점에서의 상황을 비교하는데, 신 장관은 출범 때 국토통일원의 공식예산이 1억 원에 지나지 않았지만 20년이 지난 오늘날 150억 원으로 늘어났다고 지적하며 그러나 사업의 중대성에 비추어 그것으로도 넉넉하지는 않다고

---

11) 국회 국토통일연구특별위원회 편, 『통일백서』(국회국토통일연구특별위원회, 1967).
12) 국토통일원, 『민족통일로의 전진: 국토통일원 20년』(국토통일원, 1989), 472~478쪽.

말한다.[13]

이 장관이 취임한 시점에서, 국토통일원은 본부의 2실 3국 3과 14담당관 그리고 외곽의 통일연수원과 남북회담사무국 등을 포함해 383명의 직원으로 구성됐다.[14] 이 장관은 1989년 7월 24일에는 기존의 기구에 통일정책실을 신설할 수 있었으며, 산하 연구기관으로 민족통일연구원 신설을 추진했는데, 그가 이임한 뒤 1991년 4월 9일에 개원한다. 오늘날에는 통일연구원으로 불리는 이 연구원은 통일에 관한 대표적 싱크탱크로 평가를 받는다.

언론은 이 교수의 입각을 호의적으로 받아들였다. 예컨대, 『동아일보』는 그를 '행정능력을 가진 원만한 성품의 학자'로 소개했고, 『경향신문』은 '국제정치 안목이 탁월한 한국정치학계의 간판격 학자로 차분하고 예리한 선비상을 물씬 풍기는 인물'로 소개했으며, 『매일경제』는 '공산권 연구에 일가견을 가진 선비형 학자'로 소개했다.[15] 며칠 뒤 발령을 받은 송한호(宋漢虎) 차관이 이 장관의 재임기간 내내 그를 보좌했다. 육군사관학교 12기로 졸업한 데 이어 서울대학교 문리대 정치학과를 졸업한 그는 이 자리를 거쳐 민주평화통일자문회의 사무총장(장관급)으로 영전한다.

---

13) 신태환·이홍구, 「대담: 통일문제 국민적 합의로 풀어야죠」, 『조선일보』(1989년 3월 1일), 5쪽.
14) 이 자료는 공직자로서의 생활을 국토통일원에서 시작했으며 훗날 국토통일원이 통일부로 개칭된 뒤 통일부차관으로 봉직한 조건식(趙建植) 박사가 찾아주었다.
15) 『동아일보』(1988년 2월 19일), 4쪽; 『경향신문』(1988년 2월 19일), 4쪽; 『매일경제』(1988년 2월 19일), 3쪽.

제2항
북한·통일문제에 대해 개방적 자세를 보이다

국토통일원장관으로 취임하면서 이 교수는 "우리 통일원은 1990년대에는 일을 끝내고 해산한다는 생각으로 일하자. 우리가 일하는 보람은 여기에 있다."라는 취지의 인사를 했다.[16] 매우 비장한 어조였다. 그의 새로운 정책은 취임으로부터 18일 뒤인 1988년 3월 14일에 청와대에서 있었던 노 대통령에 대한 업무보고에서 밝혀졌다. 그는 "통일전망에 대해 국민 다수는 회의적이거나 부정적 인식을 갖고 있는데, 이것을 긍정적 방향으로 전환시키는 것이 긴요하다."라고 말하고, "이를 위해 범국민적으로 '통일의지의 재확인'에 주력할 것"을 다짐했다. 그는 그 구체적 방안들로 (ⅰ) 국토통일고문회의 운영을 활성화하고, (ⅱ) 국회와 지방단체들을 통한 국민여론을 수렴하며, (ⅲ) 북한 상황 및 남북관계 현황에 대한 언론브리핑을 정례화하고, (ⅳ) 종교·사회단체·대학 등과 긴밀하게 대화·협조하며, (ⅴ) 북한 자료의 개방을 확대하겠다고 보고했다.[17] 다섯 번째와 관련해, 실제로 국토통일원은 1989년 5월 22일에 「북한및공산권정보자료센터」를 광화문우체국 6층에 개설한다.[18]

노 대통령은 전적으로 공감한다는 말로써 그를 격려했다. 언론의 반응은 매우 긍정적이었다. 예컨대, 『조선일보』는 「통일논의의 개방화」라는 제목의 사설을 게재하고 이 장관이 '상당히 진취적이며 구체적이고 현실감 있는 몇 가지 통일정책의 실천방안'을 내놓았다고 논평한 것이다.[19]

---

16)　이홍구, 「올가을 남북총리회담 열린다」, 『월간 옵서버』(1990년 4월), 372~377쪽; 『이홍구문집』 Ⅳ, 677~684쪽에 재수록. 인용된 부분은 677쪽에 있다.

17)　「남북관계현황 언론에 브리핑」, 『동아일보』(1988년 3월 14일), 1쪽.

18)　「'북한자료센터' 문열어」, 『한겨레』(1989년 5월 23일), 1쪽.

19)　「사설」, 『조선일보』(1988년 3월 15일), 2쪽.

● **남북학생회담 제의를 비롯한 재야세력의 도전**

이 시점까지는 노태우 정부의 지지 기반은 비교적 견실한 것처럼 보였다. 그러나 곧바로 국내상황은 하루가 다르게 복잡한 방향으로 바뀌어 갔다. 오랜 기간에 걸쳐 유지된 권위주의체제가 6월항쟁을 거쳐 무너진 바탕 위에서 출범한 제6공화국은 처음부터 공권력의 발동을 가능한 한 자제했으며, 그 결과 반대세력의 눈으로는 힘이 빠진 '물 정부'로 보였다. 자연히 노동계를 비롯한 각계각층의 다양한 요구는 거의 매일같이 조직적인 형태로 표출하고 있었다. 특히 4월 26일로 예정된 제13대 국회 총선을 앞두고 3월 한 달에만 민중당과 한겨레민주당이 차례로 창당됐는데, 민중당은 남북한의 상호 감군과 남한으로부터의 미군 핵무기 철거를 요구했으며, 한겨레민주당은 현행 정전협정을 평화협정으로 전환시킬 것을 요구하면서 궁극적으로는 '중립화된 통일국가의 실현'을 지향했다. 그들에 이어 1986년에 창당됐으나 사실상 동면상태에 빠져 있었던 사회민주당은 바뀐 분위기에 편승해 김일성의 1988년 1월 1일 제의를 받아들일 것을 요구했다.

노 대통령은 4월 21일에 취임 이후 처음으로 기자회견을 열고 남북정상회담의 성사를 위해 노력하고 있으며 남북관계의 개선을 위해 북측과 비공식 통로를 활용해 대화를 이어가고 있다고 밝혔지만, 재야세력은 그것을 뛰어넘는 구상들을 제의하고 나섰다.[20] 서울대학교 총학생회는 3월 29일에 한반도의 완전한 비핵화와 남북 상호군축을 포함한 전반적인 의제들을 다룰 남북학생회의를 6월 10일에 판문점에서 개최할 것을 제의했으며, 북한은 곧바로 동의했다. 훨씬 더 전투적인 학생단체들은 한·미 합동군사훈련의 중단, 남북한 유엔 동시가입안의 포기 등을 제의했다. 전대협은 남한으로부터의 미군·핵무기 철수, 국가보안법·사회안

---

20) 재야 정당들의 제의는 다음에서 읽을 수 있다. 노중선, 『연표』, 286~288쪽. 노 대통령의 기자회견 내용은 다음에서 읽을 수 있다. 『동아일보』(1988년 4월 21일), 1쪽.

전법 · 국가안전기획부 · 국군보안사령부의 폐지, 반공주의의 폐지 등을 요구했다.[21] 한국기독교교회협의회(KNCC)는 그들의 입장보다 온건하지만 정부의 공식 정책에 대조되는 안을 제의했다. 예컨대 이 단체가 채택한 「민족의 통일과 평화에 대한 한국기독교선언」에는 '핵무기 철거와 통일에 관한 논의'에 '민중'이 참여해야 한다는 제안이 포함됐다. 달아오르는 통일 열기와 운동은 특히 통일문제를 담당한 국무위원인 이 장관에게 무거운 부담이었으며, 그것에 어떻게 대응하느냐는 쉽지 않은 과제이면서 도전이기도 했다.

게다가 제13대 총선은 여소야대(與小野大)로 귀결됐다. 노 대통령이 총재인 민정당은 제1당의 지위는 유지했으나 과반수 확보에는 실패했고, 김대중의 평화민주당이 제1야당으로 등장했다. 김영삼의 통일민주당과 김종필의 신민주공화당이 각각 그 뒤를 이었다. 한겨레민주당은 1석을 얻는 것으로 그쳤고, 민중당과 사회민주당은 1석도 얻지 못했다.[22] 다른 한편으로, 유신체제에 대항해 싸웠던 언론인들은 5월 15일에 일간지로 『한겨레』를 창간했는데 이 신문은 처음부터 민족자주적인 노선 위에서의 남북통일을 지향하면서 전통적인 보수 · 우익이 보기에는, 반미적이면서 친북적인 성향을 드러냈다. 이 신문은 '진보적' 지식인들과 대학생들 사이에 많은 영향력을 행사하면서 노태우 정부의 통일정책에 상당한 제동을 걸었다. 비슷한 시점에, '진보적' 변호사들과 '진보적' 교수들은 각각 「민주사회를 위한 변호사모임(약칭 민변)」과 「학술단체협의회」를 발족시키고 국가보안법의 폐기를 요구함과 아울러 기존의 반공체제에 대한 강력한 비판을 제기했다.[23] 국회는 국회대로 이 장관의 출석을 자주 요청했다. 특히 정부의 통일정책에 비판적이며 북한과의 훨씬 더 포괄적

---

21)   노중선, 『연표』, 288~301쪽.

22)   「민정 참패 과반 크게 미달」, 『동아일보』(1988년 4월 27일), 1쪽; Sungjoo Han, "South Korea in 1988: A Revolution in the Making," *Asian Survey*, Vol. 29, No. 1(January 1989), pp.29~38.

23)   동아일보사 편, 『동아연감 1989』(동아일보사, 1989), 37~61쪽, 120~126쪽, 526~527쪽.

이며 다면적인 협상을 지지하는 평화민주당은 국회에서 그에게 공세적 자세를 취했다.

제3항
통일정책에 관한 국내환경의 변화와 이 장관의 입장

확실히 대북·통일 정책을 입안하고 집행해야 할 국내적 여건에는 큰 변화가 일어나고 있었다. 그래도 이 장관에게 다행스러웠던 것은 무엇보다 민주주의 그리고 합리적 통일정책에 대한 노 대통령의 확고한 태도였다. 노 대통령은 국회에서의 여소야대를 국민의 뜻이라고 받아들이면서 다른 문제도 그렇지만 특히 북한과 통일에 대한 문제는 국회에서의 충분한 토론을 통해 합의를 끌어내고 그 바탕 위에서 정책을 추진하는 것이 좋겠다는 뜻을 지녔고 자신의 그러한 뜻을 이 장관에게도 말한 것이다. 최광수 외무장관의 통일원장관실 방문도 이 장관에게는 작게나마 도움이 됐다. 중고등학교와 대학 동기동창으로 매우 가까웠던 친구인 최 장관이 때때로 정부종합청사 8층에 있는 외무장관실에서 4층에 있는 통일원장관실로 내려와 대화를 나누었는데, 매우 이례적인 이 일은 통일원 직원들에게 자신감을 심어주었다.[24] 이러한 상황에서, 국내외의 언론은 이 장관에게 자주 회견을 요구했고 대학과 사회단체 역시 그에게 자주 강연을 요청했다. 4~6월에 국한해도, 그것들은 기자들과의 일상적인 면담을 제외하고도 7회에 이르렀다.[25]

여기에 공통적인 흐름이 나타났다. 그것은 그의 발언이 그가 정부에 들어오기 이전에 제시했던 논지와 구상에 일치한다는 사실이었다. 달리 말해, 장관으로 일하게 됐다고 하여 지난날의 논지와 구상을 버리고 정

---

24) 이홍구 교수와의 제1차 면담(2021년 11월 18일 오전, 중앙일보사 고문실).

권의 논리를 따라간 것이 아니라 오히려 지난날의 논지와 구상으로 정부의 정책을 이끌었다는 뜻이다. 그러면 그의 논리는 무엇이었나?

첫째, 그는 제5명제와 제19명제에 충실해, 통일의 문제를 민족사회가 국가에 우선한다는 전제 아래 시간적 차원과 공간적 차원이라는 이원적 차원에서 접근해야 한다는 기존 태도를 되풀이하면서, 흔히 사람들은 통일이라고 하면 분단 이전의 원상으로 돌아가는 것을 연상하는데 역사에서 '원상복귀'는 있어 본 일이 없음을 상기시키고 "통일이라는 것은 전혀 다른 새로운 차원의 정치체제를 만드는 것"이라고 해설했다. 그러한 맥락에서, 그는 우리가 지향해야 할 목표는 '코리안 코먼웰스' 곧 '한민족공동체'의 실현이라고 역설했다.

둘째, 그는 통일논의를 교조적으로 이끌어가서는 안 된다는 기존의 입장을 재확인했다. 이 점과 관련해, 그는 통일논의가 '애국심의 경쟁'과 연결되어서는 안 된다고 역설하면서, "일부 재야세력이 표방하는 무조건적 통일론은 도저히 받아들일 수 없다."라고 단언했다. 그는 다음과 같이 부연했다.

무엇이든 '무조건적'이라고 말하는 것은 지적(知的)으로 대단히 무책임한

25)　(ⅰ) 이홍구 발언, 「포럼: 88올림픽 이후의 한국」, 『동아일보』(1988년 4월 1일), 25~26쪽.
(ⅱ) 이홍구·최상용, 「대담: 탈냉전시대의 통일논의」, 『월간중앙』(1988년 5월), 292~303쪽. 이 5월호는 4월에 배포됐다. 이 대담은 『이홍구문집』에는 수록되지 않았다.
(ⅲ) 이홍구, 「통일정책의 어제와 오늘: 국방대학원 '88년도 안보과정 특강」(1988년 4월 26일); 『이홍구문집』 Ⅲ, 271~292쪽에 재수록.
(ⅳ) Flora Lewis, "Foreign Affairs: Korea's North Politik," *New York Times*(May 4, 1988), Section A, p.27; 『동아일보』(1988년 5월 6일), 2쪽; 『매일경제』(1988년 5월 6일), 1쪽; 『조선일보』(1988년 5월 7일), 4쪽.
(ⅴ) 「남북고위레벨접촉: 한국 이(李) 통일장관 표명」, 『요미우리』(1988년 5월 8일), 5쪽; 「남북한 상호의사전달 장애없다」, 『동아일보』(1988년 5월 9일), 4쪽; 『경향신문』(1988년 5월 10일), 2쪽.
(ⅵ) 이홍구, 「한국의 통일정책과 북방외교: 전경련 월례특강」(1988년 4월 29일); 『이홍구문집』 Ⅲ, 293~307쪽에 재수록.
(ⅶ) 이홍구, 「민간 차원의 교류 확대: 이 통일원 관훈클럽간담회」, 『경향신문』(1988년 6월 9일), 2쪽.

발언이다. 중간에 개입되는 여러 복잡한 과정들을 일거에 뛰어넘고자 하는 것은 지적 태만이라고 할 수 있다. 무조건적 통일을 주장하는 것은 평화라는 문제에 대한 경시나 무지를 의미하는 것이다. […] 통일을 대가(代價)로 평화를 버릴 수는 없다. 평화를 유지하면서 통일을 달성해야 하기 때문에 통일이라는 문제는 대단히 어려운 과제가 된다.[26]

셋째, 그는 "통일논의의 전제는 진정한 민주화"라는 명제를 거듭 제의했다. 민주화의 길을 착실하게 걷지 않을 때는 정부가 통일에 관해 말을 해도 그것은 '추상적이고 구호적인 정책'에 지나지 않게 되어 국민이 신뢰하지 않는다고 말했다.

넷째, 그는 1975년의 논문에서와 마찬가지로 김일성을 중심으로 하는 북한의 권력 핵심층이 '베트남병(Vietnam syndrome)'에 걸려 있다고 분석했다. 북베트남 그리고 남베트남 내부의 베트콩이 힘을 합쳐 마침내 남베트남을 공산화했듯 북한이 남한 안의 '친북세력'을 지원하고 고무해 북한과 함께 남한을 공산화할 수 있다는 '환상적인 병'에 걸려 있는 상태에서 대남정책을 이끌고 있으며, 따라서 우리는 그 점에 늘 경각심을 가져야 한다고 경고했다.[27]

다섯째, 그는 남과 북 사이에 공적인 수준에서 대화가 열려야 한다는 점을 강조했다. 그는 동시에 민간 차원에서의 교류가 더욱 확대되어야 한다는 것이 정부의 기본 입장임을 거듭 확인했다.

여섯째, 그는 정부가 북한의 '고립'을 추구하지 않는다고 단언했다. 그는 오히려 북한이 서방세계와의 접촉과 교류를 확대하면서 국제사회에 진출할 수 있도록 정부로서는 돕고자 한다고 말하면서 미국과 일본

---

26) 이홍구·최상용, 「대담: 탈냉전시대의 통일논의」, 『월간중앙』(1988년 5월), 297~298쪽.
27) 이 장관은 이 경고를 몇 차례 되풀이했다. 대표적 사례는 이홍구, 「통일정책의 어제와 오늘: 국방대학원 '88년도 안보과정 특강」(1988년 4월 26일); 『이홍구문집』 III, 271~292쪽에 재수록. 287쪽.

을 비롯한 서방세계가 북한을 승인하고 또 소련과 중공을 비롯한 공산
국가들이 한국을 승인하는 이른바 교차승인을 지지하고 있음을 분명히
했다. 이 점과 관련해, 그는 다음과 같이 말했다.

> 교차승인이 없이도 우리는 얼마든지 북방외교와 통일정책을 추진할 수 있
> 다. 그런데도 우리가 오히려 교차승인 같은 것을 추진하려고 하는 하나의
> 목적은 우리 사정 때문이 아니라 북한 사정을 봐주려고 하는 것이다. […]
> 북한을 국제사회에서 완전히 고립시키고 경제를 더 어렵게 만드는 것이
> 우리가 바라는 것은 아니다. 어떤 의미에서는 북한에 사는 우리와 같은 민
> 족공동체 구성원들의 복지향상을 우리가 바라기 때문에, 북한경제 자체가
> 더욱 정상적으로 운영이 되고 북한이 국제사회에 나올 수 있는 기회를 앞
> 으로 만들어주자는 것이 우리의 장기적인 정책이다.[28]

일곱째, 그는 "분단의 현실과 대결의 역사 속에서 사회와 국가의 안
전을 보장하는 책임을 정부는 갖고 있다."라고 전제하고, "따라서 전체
주의체제인 북한과의 교섭이나 대화는 정부가 주도할 수밖에 없다."라
고 단언했다. 이 점과 관련해, 그는 "통일논의의 과정에서 반(反)헌법적
으로 나오는 탈선 그리고 선거를 통한 민주정치의 운영을 부정하는 통
일론은 용인될 수 없다."라고 부연했다. 그러나 통일문제를 놓고 국내에
서 벌어지고 있는 '중구난방(衆口難防)의 혼란' 때문에 민주화나 개방정
책을 후퇴시킬 수 없다는 것이 정부의 의지라고 다짐했다.[29]
여덟째, 그는 통일정책과 북방정책은 유기적이면서 상호보완적 관계
에 있다는 해석을 제시했다. 가령 북방정책이 성공해 소련과 중국이 한

---

28) 이홍구, 「한국의 통일정책과 북방외교: 전경련 월례특강」(1988년 4월 29일); 『이홍구문집』
Ⅲ, 293~307쪽에 재수록. 인용된 부분은 301쪽에 있다.
29) 위와 같음, 306쪽.

국과 국교를 수립하면 북한은 고립감에 빠진 채 자신을 유지하고자 더 움츠러들어 남북대화를 외면하게 될 것이라는 일부 논자들의 주장에 대해, 그는 북방정책의 성공은 북한이 개방으로 전환하고 남북대화에 적극적으로 호응하도록 자극을 줄 것이라고 대답했다.[30]

● 『뉴욕타임스』와 『요미우리』의 경우

이 일련의 회견에서, 특히 『뉴욕타임스』(1988년 5월 4일) 및 『요미우리』(1988년 5월 7일)와의 회견에서, 약간의 문제가 일어났다. 『뉴욕타임스』의 경우, 컬럼비아대학교 저널리즘스쿨을 졸업하고 AP통신사 또는 『워싱턴포스트』를 비롯한 미국의 유력한 매체의 특파원으로 런던·파리·프라하·바르샤바·본 등에서 활약하는 가운데 국제적으로 명성을 쌓은 여류 저널리스트 플로라 루이스(Flora Lewis)는 이 장관이 서독의 동방정책 현황을 파악하기 위해 '곧' 서독의 수도 본을 방문할 것이라고 보도했는데 '곧'은 아니었다. 오히려, 7월 5일에 서독의 한스 디트리히 겐셔(Hans-Dietrich Genscher) 외무장관 겸 부총리가 서울을 방문하고 이 장관과 대화를 나눴다.[31] 이 장관이 서독을 방문하는 것은 1990년 1월 15~21일에 이르러서였다.

『요미우리』의 경우, 서울 주재 특파원이 이 장관을 만나 회견한 것을 5쪽에서 머리기사로 다루며 이 장관의 사진과 함께 대대적으로 보도했다. 이 장관은 이 회견에서 "통일은 한반도에 민족통일체를 수립한다는 발상에서 추진하는 것이 바람직하다."라고 말해 자신의 '코리안 코먼웰스'안을 되풀이했다. 그러나 그가 "현재 남과 북 고위급 수준에서 의사소통에 문제가 없다."라고 발언한 것으로 크게 보도함에 따라 한국 매

---

30) 예컨대, 이홍구·최재현, 「대담: 민주화가 남북통일의 첫걸음」, 『월간 다리』(1989년 9월), 54~62쪽; 『이홍구문집』 IV, 629~641쪽에 재수록. 인용된 부분은 634쪽에 있다.
31) 『동아일보』(1988년 7월 11일), 1쪽.

체들의 도쿄 주재 특파원들이 이 발언을 국내 신문과 방송에 다시 보도
하자[32] "정부가 남북정상회담의 개최를 위해 노력하고 있다."라는 노 대
통령의 4월 21일 기자회견과 연결해 남북정상회담의 개최를 성사시키
기 위한 남북 고위급 밀담이 진행되고 있는 것으로 확대 해석돼 서울의
증권가에서는 곧 남북관계와 관련해 중대 발표가 있을 것이라는 풍문이
확산된 것이다. 통일원은 곧바로 확대 해석을 부인했으며, 이 장관 스스
로 14일에 민정당을 방문해 윤길중(尹吉重) 대표위원을 비롯한 수뇌부에
게 그러한 일은 없다고 공식으로 통보했다. 이 자리에서 이 장관은 북한
과 통일에 관한 자료를 국민에게 공개하는 정부의 방침에는 변함이 없
음을 다시 확인했다.[33]

제4항
올림픽 남북 공동개최와 6·10 판문점회담에 대한 이 장관의
입장

1988년 여름에 서울에서 열릴 예정인 제24회 올림픽대회는
남과 북 사이에 그리고 남한사회 안에서 또 하나의 쟁점으로 떠올랐다.
북한은 이 대회를 서울과 평양에서 나누어 개최해야 한다고 제의했으며
한국 안에서 재야운동권 역시 같은 내용으로 제의했다. 특히 5월 11일에
함석헌(咸錫憲)과 문익환(文益煥)을 비롯한 35명의 재야인사가 노 대통
령과 김일성에게 공동주최를 호소하는 서한을 발표하고, 북한의『로동
신문』이 곧바로 호응하자, 민통련과 전대협을 비롯한 재야단체들은 올

---

32) 「남북고위레벨접촉: 한국 이(李) 통일장관 표명」, 『요미우리』(1988년 5월 8일), 5쪽; 「남북한
상호의사전달 장애없다」, 『동아일보』(1988년 5월 9일), 4쪽; 『경향신문』(1988년 5월 10일), 2쪽; 『조
선일보』(1988년 5월 10일), 1쪽.

33) 예컨대, 『중앙일보』(1988년 5월 15일), 3쪽.

림픽의 남북 공동개최를 요구하는 운동에 돌입했다.[34]

그러나 이 장관은 자신이 이미 밝혔던 태도를 바꾸지 않았다. 그는 우선 올림픽의 남북 공동개최를 실현하기 위해서는 국제올림픽위원회(IOC)의 결정이 긴요한데, 국제올림픽위원회가 이 결정을 끌어내기 위한 시간적 여유가 부족하다고 설명했다. 그는 이어 현시점에서 볼 때 북한이 서울올림픽에 대표단을 보내는 것이 순리이며 남북관계의 개선을 위해서도 바람직하다고 덧붙였다.[35]

올림픽의 남북 공동주최를 중심으로 통일논의가 다시 뜨겁게 달아오르는 분위기 속에서, 서울지역총학생회연합(서총련)과 전국대학생대표자협의회(전대협)는 6월 10일에 판문점에서 남북한대학생회담을 개최하기 위한 '투쟁'에 들어갔다. 이것은 노태우 정부에 대해서는 물론 정치권 전반에 대해 큰 압력으로 나타났다. 그 결과 평화민주당은 통일문제특별위원회를 가동하고 부총재 박영숙(朴英淑) 위원장으로 하여금 이 장관을 만나 그 회담이 실현될 수 있는 방향으로 정부가 태도를 결정할 것을 강력히 요청했다. 통일민주당은 그 강도에 있어서 떨어졌지만 역시 판문점회담안에 대해 호의적이었다.[36]

그렇지만 이 장관의 태도는 확고했다. 그는 6월 9일에 공식성명을 발표하고, 정부가 이미 남북고위당국자회담을 제의해놓고 북한의 반응을 기다리는 중이며 또 대통령이 남북학생교류를 추진할 뜻이 있음을 천명했음을 상기시킨 뒤, 정부로서는 남북당국 사이의 합의와 보장 아래 남북학생교류가 실현될 수 있도록 대북교섭을 추진할 것이며 이 과정에서 학생들을 포함한 각계와의 폭넓은 대화를 추진할 것임을 약속했다. 그

---

34) 「남북협상 재개를 촉구 함석헌 씨 등 35명 서명」, 『경향신문』(1988년 5월 11일), 14쪽; 「통일론, 책임성 있어야」, 『경향신문』(1988년 5월 20일), 2쪽.

35) 이홍구, 「8·15남북학생회담 관련 국회통일정책특위 발표문」, 『평화신문』14(1988년 8월 14일~20일); 『이홍구문집』 III, 267~270쪽에 재수록.

36) 예컨대, 『조선일보』(1988년 6월 8일), 3쪽; 『한겨레』(1988년 6월 8일), 1쪽.

는 또 남북학생교류의 내용·방법·범위 그리고 남북왕래절차와 신변 안전보장 등에 관한 구체적 합의를 이끌기 위한 남북실무회담에 북한이 응할 것을 요구했다. 북한은 자신들로서는 모든 준비를 끝냈기에 그러한 회담은 필요하지 않다는 논리로 그의 제의를 거부했다.[37]

다행히 민정당과 평민당을 비롯한 원내 4개 정당의 대표들은 '남북 학생판문점회담'안에 반대한다는 데 합의했다. 그들은 학생들의 통일을 향한 열정을 충분히 이해한다고 전제하고 그러나 매우 중요한 이 문제에 대해서는 정부와 국회에 맡겨달라고 호소했다. 『동아일보』와 『조선일보』를 비롯한 주요 매체들 그리고 대한교육연합회(대한교련)를 비롯한 사회단체들은 학생들에게 자제를 요구했다. 『동아일보』가 실시한 여론조사도 비슷한 경향을 나타냈다.[38] 그런데도 약 2만 명의 대학생들은 6월 10일에 연세대학교 교정에 집결하고 출발을 시도했고 정부는 경찰력으로써 그 시도를 막았다. 전대협의 회원들은 6월 11일에 정부종합청사에 화염병을 들고 난입하는 것으로 대응했다. 그러나 국민의 반응은 싸늘했다.

운동권의 '반외세·민중주체통일운동'은 이후에도 계속됐다. 이 소용돌이 속에서 이 장관은 중요한 결정을 내렸다. 7월 5일부터 방송을 포함한 모든 형태의 대북비난을 중단한다고 발표한 것이다.[39]

---

37) 「이 통일원 민간차원 남북교류 정부주관 적극 추진」, 『매일경제』(1988년 6월 9일), 1쪽; 「대담: 정부는 통일방향의 주도적 역할만, 실질 접촉은 국민을 대표하는 기관·단체에서」, 『통일』(1988년 7월); 국토통일원, 『민족공동체 형성을 통한 통일로의 전진: 이홍구 국토통일원장관 강론집(1988.2~1989.5)』(국토통일원, 1989), 131~142쪽에 재수록; 『동아일보』(1988년 6월 9일), 2쪽.

38) 예컨대, 『동아일보』(1988년 6월 11일)에 따르면, 전대협을 비롯한 운동권 학생들이 요구하는 주한미군 철수에 대해서는 응답자의 3.8%만이 지지했다.

39) 『한겨레』(1988년 7월 1일), 1쪽.

제1항
7·7선언의 발표, 그리고 국내 운동권세력의 반대 및 북한의 역제안: 이 장관의 역할과 태도

야당들과 언론 그리고 주요한 사회단체들의 태도에 힘을 얻은 노태우 대통령은 자신의 상표나 다름없는 북방정책을 보다 더 과감하게 추진하기로 결심했다. 그리하여 북방정책과 새로운 남북관계를 전개함에 있어서 그 기반이 되는 철학과 방향과 목표를 분명히 하기 위해 7월 7일에 「민족자존과 번영을 위한 대통령 특별선언」(약칭 7·7선언)을 발표했다. 이 선언과 관련해, 노 대통령은 훗날 "나는 남북한 6천만(당시) 동족뿐 아니라 미국·소련·중국·일본의 지도층을 청중이라고 생각했다."라고 회상한다.[40]

이 선언은 여섯 개 항으로 구성됐다. 그 핵심은 북한을 타도의 대상이 아닌 '함께 번영해야 할 동반자'로 규정하면서 북한과의 관계개선에 적극성을 표시한 데 있다. 구체적으로, (i) 남북 사이의 인적 교류를 적극적으로 추진하고 해외동포들의 자유로운 남북왕래를 위해 문호를 개방하며, (ii) 이산가족들의 생사확인과 서신왕래 및 상호방문을 실현하기 위해 적극적으로 지원할 것이고, (iii) 남북 사이의 교역을 '민족 내부

---

40) 노태우, 『노태우 회고록』 전 2권(조선뉴스프레스, 2011) 하권(『전환기의 대전략』), 144쪽.

의 교역'으로 간주해 활성화할 것이며, (iv) 남북대표가 국제무대에서 자유롭게 만나 민족의 공동이익을 위해 서로 협력할 것을 희망했다. 그는 "한반도의 평화를 정착시킬 여건을 조성하기 위해 북한이 미국 및 일본 등 우리 우방과의 관계를 개선하는 데 협조할 용의가 있으며, 또한 우리는 소련과 중국을 비롯한 사회주의국가들과의 관계개선을 추구하고자 한다."라고 덧붙였다.[41]

평화민주당을 비롯한 세 야당은 모두 그날로 7·7선언을 전폭적으로 지지했다. 국회는 곧바로 외무통일위원회 그리고 통일정책특별위원회를 소집하고 이홍구 장관에게 7·7선언의 배경과 앞으로의 방향을 설명하도록 요청했다. 이후 두 위원회는 간담회나 공식회의의 형식을 통해 이 장관의 출석을 자주 요청했다. 여기서 이 장관은 7·7선언을 "형식으로는 대통령 특별선언이지만, 사실에 있어서는 국민의 선언이다."라고 말하고, "그것은 국민의 힘과 국민이 만들어놓은 여유와 국민의 희망과 기대, 이러한 것들이 바탕이 되어서 나온 선언이지, 어떤 대통령 한 사람이나 또 한 정부가 만들어낸 선언이 아니다."라고 부연했다. 그는 이어 국토통일원이 기존의 「민족화합민주통일방안」을 보완하려고 연구하고 있으며, 중국과 소련과는 개별적으로 '공동경제권' 수립을 구상하고 있다고 밝혔다.[42]

세 야당이 전폭적으로 지지했는데도, 전대협과 민통련을 비롯한 재야운동권은 7·7선언을 비판하면서 "1948년에 남과 북에 각각 국가가 성립됨으로써 분단의 고정화가 이루어진 40주년을 맞이하는 8월 15일에 남북학생회담이 판문점에서 열려야 한다."라고 제의했다. 북한 역시 7·7선언에 부정적으로 대응했다. 북한의 「조국평화통일위원회」는 7월 11

---

41) 위와 같음, 144~145쪽.
42) 이홍구, 「민주화시대의 통일정책: 한국능률협회 경영자 하계세미나 특강(1988년 7월 21일)」; 『이홍구문집』 III, 309~327쪽에 재수록; 『동아일보』(1988년 7월 19일), 1쪽.

일에 성명을 발표하고 "7·7선언이라는 것은 미 제국주의가 만들어놓은 설계에 따라 분단을 영구화하려는 의도에서 나왔다."라고 비판하고, 김일성이 1988년 1월 1일에 제의한 '북남 당국·정당들·사회단체들의 연합회의'를 열 것을 되풀이했다. 북한은 거기에서 한 걸음 더 나아갔다. 최고인민회의 상설회의 의장 양형섭(楊亨燮)은 7월 21일에 대한민국 국회 김재순(金在淳) 의장 앞으로 편지를 보내 '북남 국회연석회의'를 개최하자고 제의했다.[43] 이 제의는 대한민국 국회의원 전원과 북한의 최고인민회의 대의원 전원의 참석을 전제하는 것이었다. 만일 이 회의가 열린다면, 대한민국 국회의원의 수가 299명임에 비해 최고인민회의 대의원의 수는 687명임을 고려할 때 순전히 숫자(數字)로만 따진다면 2배가 넘는 북한이 주도할 수 있게 되어 있다.

여야 4당은 7월 22일에 대표회담을 열었다. 민정당의 윤길중 대표위원, 평화민주당의 김대중 총재, 통일민주당의 김영삼 총재, 신민주공화당의 김종필 총재는 이 자리에서 북한의 제의를 긍정적으로 평가한다는 데 합의했다. 이 대표회담에 정부를 대표해 참석한 이홍구 장관 역시 긍정적으로 답변했다. 그는 7·7선언의 취지에 맞게 결정하는 것이 바람직하다고 전제하고 남북국회회담의 성사를 위해 남과 북이 각각 10~20명의 대표를 뽑아 의제와 절차를 마련하도록 하는 것이 좋겠다는 의견을 제시했다. 남과 북은 이후 1988년 12월까지 몇 차례의 실무 접촉을 판문점에서 열지만 합의하지는 못한다.

● **이 장관, '상황의 이중성'을 강조하며 학생들에게 자제를 당부하다**

학생운동권의 요구는 집단시위의 형태를 통해 계속됐다. 그들뿐이 아니었다. '친북'이 아닌 온건한 원로들조차 이 장관에게 "애들이 좀 모여서 축구시합 좀 한다는데 왜 이렇게 말리느냐. 애들이 몇 명 모여 토론

---

43) 예컨대, 『동아일보』(1988년 7월 22일), 1쪽; 『조선일보』(1988년 7월 23일), 1쪽.

회 한 번 하려고 한다는데 왜 그렇게 경찰까지 나서서 막고, 이게 도대체 민주주의하는 나라에서 될 짓이냐."라면서 '꾸짖었다.'[44]

이러한 반발에 대응해, 국회는 8월 4일에 남북학생회담에 관한 공청회를 열었다. 이 자리에서 이 장관은 「8·15남북학생회담 관련 발표문」을 통해 정부의 태도를 분명하게 밝혔다. 남북학생의 교류 필요성은 충분히 인정할 수 있으며 정부도 그것의 실현을 위해 현재 노력하고 있음을 상기시킨 뒤, 우리가 처한 '상황의 이중성'을 다시 강조했다. 북한이 남한을 공산화하려는 '남조선해방전략'에 끈질기게 매달린 채 집요하게 추진하는 상황 그리고 그러한 가운데에도 남북관계의 개선을 위해 대화를 계속해야 하는 상황이 겹쳐 있기에 이 가운데서 '균형'을 잡아야 한다고 역설한 그는 북한이 무엇보다 대한민국 정부의 정통성을 부인하면서 국민 대다수가 반대하는 주한미군 철수를 선동하는 등 한국사회의 국론분열을 꾀하고 있음을 비판했다. 학생들이 제기하는 문제들에는 국가안보와 대외관계에 관련된 문제가 포함되었으므로 학생들에게 맡겨질 일이 아니라고 분명히 말했다. 특히 8·15행사를 추진하는 학생들 가운데 지도부는 '인민민주주의' 또는 '민중민주주의'를 부르짖으며 자유민주주의를 부정하고 있다고 정확히 지적했다. 학생들의 자제를 거듭 촉구하면서, 그는 다음과 같이 웅변조로 호소했다.

만일 학생들이 바라는 것이 반체제적인 투쟁이요, 반외세적인 투쟁이라면 어떻게 정부가 이를 허용할 수 있겠습니까? 국민이 뽑은 정부의 정당성을 부인하는 것이 학생의 입장이라면 바로 이를 최대 공격의 목표로 삼고 있는 북한과 만나는 판문점회담을 어떻게 정부가 허용할 수 있을 것입니까? 오는 8월 15일 우리는 대한민국의 건국 40주년을 맞이하게 됩니다. 대한민국을 이 땅 위에 세운 기본이념은 민족의 자유를 수호하는 것입니다. 거

---

44)　이홍구, 「민주화시대의 통일정책」; 『이홍구문집』 Ⅲ, 325쪽.

듭 우리는 자유수호에 대한 의지를 확인하고 그 바탕 위에서 민족통일을 향한 행진에 전 국민이 동참해나가야 할 것입니다.[45]

그러나 전대협을 비롯한 운동권은 8월 5일에 「자주·민주·통일국민회의」를 결성했다. 박형규(朴炯圭), 계훈제(桂勳梯), 변형윤(邊衡尹), 이돈명(李敦明) 등 저명한 재야운동가들은 (i) 남한을 자신의 '신식민지'로 만들어놓은 미 제국주의는 남한에서 모든 핵무기를 철수시켜야 하고 (ii) 남한은 미국을 비롯한 외국과 체결한 모든 '불평등조약'을 폐기해야 하며 국토통일에 저해되는 모든 법적 구조를 철폐해야 하고 (iii) 현재의 정전협정을 평화협정으로 대체할 것 등을 요구했다. 그들은 거기서 한 걸음 더 나아가 「범민족대회추진본부」를 세우고 남과 북 그리고 해외 동포들의 대표들로써 통일을 위한 범민족대회를 열자고 제의했다.[46]

노 대통령은 8월 15일에 운동권 학생들의 판문점으로의 행진을 봉쇄하면서 다른 한편으로 김일성에게 자신이 평양을 방문해 남북정상회담을 열 뜻이 있음을 거듭 제의했다. 김일성은 '조선민주주의인민공화국 창건 40주년'을 하루 앞두고 평양에서 열린 군중대회에서 "[남조선 고위급 인사]의 평양방문을 환영하며 그와 남조선 주둔 미군의 철수, 조선과 미국 사이의 평화협정 체결, 북남조선 사이의 불가침선언 채택을 전제로 한 고려민주연방공화국의 수립을 논의할 용의가 있다."라고 연설했다. 여기서 '남조선 고위급 인사'는 노태우 대통령을 지칭한 것으로 풀이됐다.[47]

---

45)　이홍구, 「남북교류의 필요성과 창구의 일원화: 8·15남북학생회담 관련 국회통일정책특위 발표문」, 『평화신문』 14(1988년 8월 14~20일); 『이홍구문집』 Ⅲ, 267~270쪽에 재수록.

46)　「자주·민주·통일국민회의 결성 재야인사 90여명 평화협정체결 노력 선언」, 『한겨레』(1988년 8월 6일), 1쪽.

47)　노중선, 『연표』, 313~337쪽; B. C. Koh, "North Korea in 1988: The Fortieth Anniversary," *Asian Suvey*, Vol. 29, No. 1(January 1989), pp.39~45 가운데 p.44; 「AFP발신: 김일성 "남북정상회담 용의"」, 『동아일보』(1988년 9월 9일), 1쪽; 「'전제조건'이 성사여부 가름」, 『동아일보』(1988년 9월 9일), 3쪽.

● **이 장관, 고르바초프를 긍정적으로 평가하다**

일주일 뒤인 1988년 9월 16일에 소련공산당 중앙위원회 서기장 고르바초프는 동시베리아의 크라스노야르스크에서 연설하며 7개 항으로 구성된 「아시아태평양지역 평화구상」을 발표했다. 이 연설에서 고르바초프는 노 대통령의 7·7선언을 긍정적으로 평가하고 한국과 경제교류협력을 개시할 뜻이 있으며 남북한과 소련·중국·일본 등 5개국의 다국 간 회의를 소집해 이 지역에서 해·공군력 동결을 끌어내자고 제의했다. 노 대통령의 화답이 뒤따랐다. 그는 10월 4일에 국회에서 시정연설을 하며 자신은 평양을 방문해 아무런 조건 없이 김일성과 회담할 용의가 있고 소련 및 중국과 관계를 수립할 용의가 있음을 다짐했다.[48]

이 일련의 새로운 상황 전개를 이 장관은 긍정적으로 바라보았다. 『신동아』와의 회견에서, 그는 우선 고르바초프가 '개혁'과 '개방'을 표방하면서 특히 대외관계에서 '신사고(新思考)' 노선을 추구하고 있는 사실을 높이 평가했다. 그는 이미 1985년에 『정경문화』와의 대담에서, 1985년 3월에 소련공산당 중앙위원회 서기장으로 선출됨으로써 소련의 최고권력자가 된 고르바초프가 "비교적 젊고 창의력과 추진력을 겸비한 유능한 리더십을 가진 것으로 평가되는 만큼 소련의 정책은 변화할 것이며, 소련의 변화는 한반도에서의 남북대결 관계에 일정한 긍정적 영향을 끼칠 것"이라고 전망했었다.[49] 그런데, 그의 전망대로, 고르바초프는 마침내 한국과의 교류협력을 제의하고 남북한이 포함된 국제회의의 소집을 제의하기에 이르렀다. 이 장관은 남북한정상회담안에 대해서도 "그동안 나타난 남북 간 입장의 차이에서 오는 교착상태를 일거에 돌파하는 길은 정상들이 만나서 얘기하는 수밖에 없다."라고 말하고, "만나서 모든

---

48) 「소련의 한반도 '평화안'」, 『중앙일보』(1988년 9월 19일), 1쪽; 「평양방문 김일성주석 만날 용의」, 『매일경제』(1988년 10월 4일), 1쪽.

49) 이홍구·안병영, 「대담: 통일에의 문은 열리는가」, 『정경문화』(1985년 11월), 84~101쪽; 『이홍구문집』 IV, 541~562쪽에 재수록.

것을 다 얘기해보자 하는 것인데 북한이 제의한 '고려연방제'는 빼놓고 하자는 것은 얘기가 안 된다."라고 덧붙이며 유연한 태도를 보였다.[50]

이 회견에서, 한국정치학사의 관점에서 볼 때, 이 장관은 의미 있는 발언을 했다. 한반도의 분단과 통일을 말하면서 그리고 남북한의 국제관계를 말하면서 그사이 우리가 '소홀하게 다룬' 분야가 있음을 상기시킨 발언이다. 그는 한반도가 대륙세력과 해양세력 사이에 놓여 있어서 역사적으로 여러 어려움을 겪었는데도, 그리고 한반도가 소련과 중국이라는 세계 강대국들과 접경하고 있는데도, "지정학(地政學)이 우리 정치학이나 일반국민의 의식에서 조금 소홀하게 다루어진 면이 있다."라고 말하고, "이제 새 차원에서 세계 속의 한국을 생각하게 되다 보니 바로 이러한 지정학적 사실에 새롭게 눈을 뜨게 된 것이다."라고 부연했다.[51] 1950년대와 1960년대만 해도 정치외교학과의 수강과목에 「정치지리학」이 필수과목은 아니라고 해도 선택과목으로는 개설됐었다. 그런데 어느 사이 이 과목 자체가 사라진 것이다. 그 결과 오늘날에는 한국정치학회 회원이나 한국국제정치학회 회원 가운데 「정치지리학」을 전공하는 회원을 찾아보기 매우 어렵다. 이렇게 볼 때, 지정학의 학문적 중요성을 상기시킨 이 장관의 발언은 가볍게 여겨질 것이 아니다.

제2항
서울올림픽의 성공 그리고 이에 관한 이 장관의 시각

1988년 9월 17일~10월 2일에 서울에서 열린 제24회 하계올

---

50) 이홍구·김종심, 「대담: 북방정책과 한반도평화; "통일논의에 정부·재야가 어디 있습니까"」, 『신동아』(1988년 11월), 252~269쪽; 『이홍구문집』 IV, 643~657쪽에 재수록. 인용된 부분은 650쪽에 있다.
51) 위와 같음, 인용된 부분은 646쪽에 있다.

림픽에는 국제올림픽위원회 회원국 167개국 가운데 북한과 친북 공산국가 등 7개국을 제외한 160개국이 참가함으로써 역대 최대 규모의 올림픽이라는 기록을 세웠다. 1976년 캐나다 몬트리올에서 열린 제21회 하계올림픽에는 아프리카의 일부 국가들이 남아프리카공화국의 인종차별정책에 항의한다는 뜻에서 불참했고, 1980년 소련 모스크바에서 열린 제22회 하계올림픽에는 1979년에 있었던 소련의 아프가니스탄 침공에 항의해 미국을 비롯한 서방국가들이 불참했으며, 1984년 미국 로스앤젤레스에서 열린 제23회 하계올림픽에는 소련을 비롯한 공산국가가 불참했다. 국제사회에서는 1980년의 올림픽과 1984년의 올림픽을 '반쪽짜리 올림픽'이라고 이름을 붙였다. 그런데 서울올림픽의 경우에는 서방세계는 물론 소련과 동유럽국가들 및 중공의 참가를 성사시켜 이념과 체제를 뛰어넘어 동서 양대 진영의 거의 모든 국가가 참가함으로써 비로소 완전한 올림픽이 된 것이다. '손에 손잡고 벽을 넘어서'라는 주제가가 울려퍼진 가운데 진행된 서울올림픽은 대한민국의 국가적 위상을 크게 올렸으며 국민의 자긍심을 높였다.

서울올림픽이 성공적으로 끝나면서, 이 장관은 '국무위원의 입장에서보다는 […] 정치학자의 시각에서' 올림픽의 성공이 갖는 의미 그리고 올림픽 이후의 당면과제에 대해 세 편의 평론을 발표했다.[52] 논지가 서로 연결된 이 일련의 평론들에서, 그는 우선 "서울올림픽의 성공은 세계문화사의 흐름으로 봤을 때 서구문명에 대한 동양문명의 [성공적] 도전이었다."라고 평가한 데 이어 "올림픽의 성공은 그 무엇보다도 민주화에

---

52) (i)「미래를 향한 새 시각: 기독교지도자 초청 통일문제세미나 연설(1988년 10월 31일)」, 『이홍구문집』 III, 329~336쪽에 재수록.
(ii)「중도세력의 확대와 민주개혁」, 『전망』(사회발전연구소, 1988년 11월); 『이홍구문집』 IV, 617~627쪽에 재수록. 인용된 부분은 618쪽에 있다.
(iii)「통일환경과 정책방향: 월간 『양지』 기고문(1988년 11월 30일)」, 『이홍구문집』 III, 337~348쪽에 재수록.

서 비롯되었음을 잊어서는 안 된다. 이번 올림픽이 국민의 협력과 참여를 바탕으로 한 국민적 행사가 될 수 있었던 것은 이를 민주화의 한 단계 성공을 자축하는 축하연으로 삼으려는 잠재적 공동의식이 널리 깔려 있었기 때문이다."라고 역설했다. 이 점과 관련해, 그는 다음과 같이 감동적으로 썼다.

> 만약 지난 1년에 걸친 민주화과정이 실패했더라면 과연 우리가 올림픽을 성사시킬 수 있었을지는 장담할 수 없다. 복잡하고 어두운 인연으로 얽혀 왔던 4당 총재가 함께 박수를 보내는 장면을 흐뭇하게 보는 것도, 일부 학생들의 올림픽 반대시위가 올림픽을 국민적 행사로 승화시킨 시민적 축제 분위기에 밀려버린 것도, 민주화에 대한 국민의 여망과 안도감을 반영하는 것이었다. 지난날 남들이 우리의 발전을 칭찬하여도, 심지어 공산권 국가들마저 우리를 부러워하여도, 우리 스스로는 나라의 발전을 선뜻 시인하기를 주저하였던 것은 단지 발전이 수반하는 부작용이나 누락시킨 낙후부문에 대한 불만에서가 아니라 민주화의 부진에서 오는 정통성의 위기에 억눌렸기 때문이다. 그러한 정통성의 위기로부터 해방되는 것이 얼마나 홀가분한 것인가를 우리는 올림픽을 통하여 실감한 것이다.[53]

같은 맥락에서, 그는 한국정치와 관련해 중요한 교훈의 말을 남겼다. 이 말은 2022년 3월 9일의 제20대 대통령선거를 전후한 시점에서 적나라하게 드러난 한국정치의 부정적 현실에 비추어서도 매우 적절하다고 생각된다. 34년 전의 발언이지만 재음미를 위해 비록 길다고 해도 자세히 소개하기로 하겠다.

---

53) 이홍구, 「중도세력의 확대와 민주개혁」; 『이홍구문집』 IV, 617~627쪽에 재수록. 인용된 부분은 618쪽에 있다.

의회민주주의가 반드시 가장 능률적인 제도가 아닐 수도 있다. 그러나 능률을 명분으로 민주적 절차를 우회하거나 무시하는 반민주적 교조성은 절대 용납될 수 없다. 우리의 정치문화 속에는 절차에 구애받거나 오랜 기다림에 시달리지 않고 만사를 즉시 해결하고 싶은 속결에 대한 바람이 잠재하여 있음을 경계해야 한다. 다음 선거에서 국민의 판단을 받겠다는, 또 그를 위하여 국민을 설득하겠다는 민주적 인내와 겸손의 미덕을 가볍게 무시하려는 경향도 있다. 다른 사람들은 나만큼 애국심과 민주화에 대한 열망이나 통일에 대한 관심을 갖고 있지 않다는 독선적 확신을 바탕으로 국가·사회문제에 관해 해결사를 자처하는 소아적 영웅주의의 유혹도 있다. 이렇듯 좌우로부터의 수다한 위협과 유혹 속에서 우리는 비싼 대가를 치르고 그 기초를 닦기 시작한 의회민주주의를 꼭 키워가야 한다.

이처럼 그는 올림픽의 성공 이후 우리가 계속해서 민주화를 진전시켜 의회민주주의를 강화해야 한다고 호소하며, 그것을 통해 '경제적 선진화'를 이룩하고 '국제화'를 촉진해야 한다고 제의했다. 그러면 민주화를 어떻게 계속해서 진전시킬 수 있을 것인가? 그는 온건개혁을 추구하는 중도세력의 성장이 그 관건이라고 주장했다. 구체적으로, 그는 "극우복고노선과 극좌혁명노선 사이의 중간지대에서 원활한 타협의 정치를 제도화해야 한다."라고 부연하고, "중도정치의 제도화를 통해 민주정치의 틀 속에서 극단세력을 제어해야 한다."라고 역설했다. '극단세력의 제어'와 관련해, 그는 특히 '계급혁명의 이데올로기적 도전'을 강하게 경고했다. 종합적으로, 그는 우리가 다른 나라의 민주화과정과 의회민주주의 정착과정을, 특히 권위주의체제가 오래 지속되었다가 민주화로 나아가고 있는 라틴아메리카나 '지중해모델'을 돌아볼 필요가 있다고 말한 데이어, "우리나라가 그리스, 포르투갈, 스페인 등 지중해형 모델을 따르는 것이 좋다."라고 덧붙였다.[54]

그의 이 논지는 그가 박사학위청구논문 이후, 표현에서는 약간의 변화를 주었으나, 일관되게 제의한 제15명제, 곧 '연합구조론' 또는 '엘리트 사이의 연계구조론' 또는 '사회 안에 존재하는 다양한 세력을 공존시키는 원만한 정치적 역학관계론'을 연상하게 한다. 우리가 앞으로 보게 되듯, 그는 이 명제를 '분열된 한국정치의 통합'의 해법으로 계속해서 제시한다.

제3항
유엔총회에 참석하다

노태우 대통령은 올림픽 성공이라는 화려한 성과를 안고 제43차 유엔총회에 참석했다. 그는 10월 19일에 159개국 대표가 참석한 유엔총회에서 「한반도에 화해와 통일을 여는 길」이라는 제목으로 연설하면서, 7·7선언의 뜻을 다시 밝히고 동북아시아에서 남북한 그리고 미국·소련·중국·일본 등 6개국이 함께 참석하는 「동북아시아평화협의회의」를 소집할 것을 제의함과 더불어 북한을 상대로는 남북정상회담을 개최해 남북불가침협정을 체결하고 현행 휴전협정을 평화협정으로 전환하는 데 합의할 것을 제의했다.[55] 대한민국 대통령으로서는 처음으로 유엔총회에서 연설한 그는 곧이어 백악관으로 레이건 대통령을 예방하고 동북아시아의 평화와 한반도의 통일에 관해 의견을 나눴다. 레이건 대통령은 노 대통령의 7·7선언과 유엔연설에 대한 지지를 확실하게 표시했다.[56]

이 장관은 이 일정 전부에 참가할 수 있었다. 외무부장관이 수행했는데도 국토통일원장관도 수행하도록 한 것은 매우 이례적이었다. 노 대통

---

54)　이홍구·최재현, 「대담: 민주화가 남북통일의 첫걸음」, 『이홍구문집』 IV, 629~641쪽에 재수록. 인용된 부분은 630쪽에 있다.

55)　예컨대, 「남북한 '4강 평화회의' 제의」, 『동아일보』(1988년 10월 19일), 1쪽; 「노 대통령 유엔총회연설(요지)」, 『동아일보』(1988년 10월 19일), 2쪽.

56)　「한국 대북정책 미(美) 지원 합의」, 『동아일보』(1988년 10월 21일), 1쪽.

령은 이 장관이 국제정치에 밝은 학자임을 알고 그에게 유엔총회 참석과 한미정상회담 참석의 기회를 주어 현장감각을 갖추게 한 것이었다.[57]

노 대통령의 유엔에서의 제의에 응해 북한은 11월 16일에 '조선민주주의인민공화국 정무원 총리'의 명의로 '북남정치군사회담'을 개최하자고 제의했다. 이 시점에서, 이 장관은 자신이 1970년대 이후 일관되게 사용한 '한반도문제의 국제화'와 '한반도문제의 한국화'라는 개념을 활용하면서 남북한관계의 장래에 대해 신중한 낙관적 분석을 제시했다.

그는 노 대통령과 김일성 사이에 어느 정도 접근이 가능한 제의들이 오가는 것은 '한반도문제의 한국화' 현상이 재연되고 있음을 말해주고, 노 대통령과 레이건 대통령의 회담에서 나타난 미국의 한반도통일에 대한 강력한 지지 그리고 고르바초프 서기장의 남북한이 포함된 국제회의의 개최 제의 등에 나타난 소련의 한반도통일에 대한 새로운 접근 등은 '한반도문제의 국제화' 현상이 재연되고 있음을 말해준다고 지적하면서, 이제 두 현상이 동시에 일어나고 있는 상황에 현명하게 대처한다면 통일문제에 돌파구가 열릴 수 있을 것이라는 기대를 표시했다. 동시에 그는 자신의 지론인 '코리안 코먼웰스'안을 거듭 제의했다.[58]

노 대통령은 1988년 12월 5일에 전면개각을 단행했다. 국무총리에 육군사관학교 교장과 주영대사를 역임한 강영훈(姜英勳) 민정당 국회의원을, 경제기획원장관을 겸직하는 경제부총리에 서울대학교 사회과학대학 학장을 역임한 조순(趙淳) 서울대학교 사회과학대학 경제학과 교수를 각각 기용하고, 국가안전기획부장과 외무부장관을 비롯한 18개 부서의 장관을 새로 임명했다.

이 대규모 개각에서 세 부서의 장관만이 유임됐는데 거기에 이 장관이 포함됐다. 이것은 이 장관이 정치적으로나 사회적으로 매우 어렵고 미

---

57)　이홍구 교수와의 제2차 면담(2021년 11월 27일, 중앙일보사 고문실).

58)　이홍구·김종심, 「대담: 북방정책과 한반도평화」; 『이홍구문집』 IV, 643~657쪽에 재수록.

묘했던 시기에 국토통일원장관직을 성실하면서도 유능하게 수행해왔음을 대통령이 인정했음을 의미하는 것이었다.[59]

59) 「총리에 강영훈 씨: 내각 전면개편 단행」, 『동아일보』(1988년 12월 5일), 1쪽.

제3절
북한 그리고 국내 좌·우 공격 속에서 '한민족공동체 통일방안'을 정부의 공식적 통일방안으로 확정짓다

제1항
더욱 거세진 북한 및 운동권의 공세와 이 장관의 대응

앞에서 지적했듯, 1988년 11월 16일에 '북남정치군사회담' 개최를 제의했던 북한은 12월에 들어와 네 개의 통로를 통해 남북대화의 개최를 재촉했다. (i) 12월 9일에는 조국평화통일위원회의 이름으로 한국의 운동권이 세운 범민족대회추진본부를 상대로 '남조선으로부터의 미군 핵무기 제거' 등을 포함한 정치·군사문제를 논의하기 위한 '범민족대회'를 개최하자고 제의했고, (ii) 12월 20일에는 '조선민주주의인민공화국 정무원 총리'의 이름으로 미군 철수와 남북 상호감군 등을 포함한 정치·군사문제를 논의하기 위한 회담을 개최하자고 제의했으며, (iii) 12월 21일에는 조선체육위원회의 이름으로 대한체육회를 상대로 남북체육회담을 개최하자고 제의했고, (iv) 12월 26일에는 「제13차세계청년학생축전 조선준비위원회 조선학생위원회」의 이름으로 1989년 7월에 평양에서 열릴 제13차 세계청년학생축전에 전대협의 참가를 제의하면서 이 문제를 논의하기 위한 양측 회담을 1989년 3월에 판문점에서 개최하자고 제의했다.[60]

---

60) 예컨대, 「남북범민족대회 내년 1월경 갖자」, 『동아일보』(1988년 12월 10일), 2쪽; 「세계청년학생 축전 한국대표 정식초청 전대협에 북한 서신」, 『경향신문』(1988년 12월 26일), 1쪽.

이 일련의 공세에 맞서, 신임 강영훈 총리는 1988년 12월 28일에 북한을 상대로 남북불가침조약 체결과 정전협정의 평화협정으로의 전환 그리고 남북정상회담 개최 등을 협의하기 위해 남북고위급당국회담을 가능한 한 빨리 개최할 것을 제의했다.[61] 강 총리의 이러한 결정에는 물론 노 대통령의 결심이 크게 작용했으며 이 장관은 노 대통령의 그러한 결심에 적극적으로 찬성했다.

1989년 새해에 들어가 북한의 대남공세는 훨씬 더 활발해졌다. 1월 1일에 김일성은 신년사를 통해 실명은 제시하지 않은 채 민주정의당·평화민주당·통일민주당·신민주공화당의 총재들이 참석하는 '북남정치협상회담'을 가능한 한 빠른 날에 개최할 것을 제의했다. 김일성은 김수환(金壽煥) 추기경 그리고 재야 통일운동가인 문익환과 백기완의 실명은 밝히면서 그들 역시 이 회담에 초청한다고 제시했다. 민주정의당의 총재인 노태우 대통령은 김일성의 이 제의가 자신을 사실상 대한민국 대통령으로 인정하지 않은 채 한국의 여러 지도자 가운데 한 사람으로 대우하려는 것으로 보고 거부하면서, 강 총리가 제의한 남북고위급회담을 수락할 것을 북한에 요구했다. 평화민주당의 김대중 총재, 통일민주당의 김영삼 총재, 신민주공화당의 김종필 총재 역시 모두 김일성의 제의가 시의적절하지 않다는 이유로 거부했다.[62]

그러나 재야운동권의 대표적 인사들인 문익환과 계훈제 및 백기완 등은 찬성했다. 그들은 거기서 한 걸음 더 나아가 여러 갈래의 재야인사를 집결시켜 1월 21일에 기존의 민통련을 전국민족민주운동연합(약칭 전민련)으로 확대했다. 전민련은 김일성이 제의한 '북남정치협상회의'에 매우 가까운 '남북범민족정치협상회의'의 개최를 제의했다. 이러한 흐름 속에서, 전대협은 1989년 1월 20일에, 평양의 세계청년축제에 자신의 대

---

61) 「남북 고위당국자 회담 제의 배경」, 『한겨레』(1988년 12월 29일), 3쪽.
62) 「북한 종래 정치협상방안 되풀이」, 『동아일보』(1989년 1월 4일), 5쪽.

표단을 파견하겠다고 발표했다.[63]

● 이 장관, '체제연합'안을 제시하다

　이 소용돌이 속에서, 이홍구 장관은 남북관계에 관한 새로운 구상을 발표하고 동시에 재야 통일운동가들의 방북에 대해 원칙적인 동의를 표시했다.[64] 그는 우선 2월 24일에 국회 외무통일위원회에서 국토통일원이 남과 북의 '체제연합'을 연구하고 있다고 보고했다. 그는 "한반도에는 두 개의 체제가 하나의 기정사실로 존재하고 있다는 인식 아래, 통일이 될 때까지 잠정적 조치로 어느 쪽도 상대방을 흔들지 않는다는 조건을 유지한 채 두 체제를 연결하고 그 위에 하나의 지붕을 얹는다는 것이 '체제연합'의 기본 발상"이라고 설명했다. 그의 설명은 그의 '체제연합'안이 사실상 국가연합안과 크게 다르지 않음을 보여주었다.[65]

　이 장관의 설명을 듣고 당시 국회의원이던 평화민주당의 김대중 총재가 곧바로 질문했다. 자신이 1987년 대통령선거 때 제의한 '공화국연방'안과 '체제연합'안 사이에 무슨 차이가 있느냐는 질문이었다. 이 장관은 아무런 차이가 없다고 대답했다. 그러자 김 총재는 "그렇다면 정부와 여당 그리고 친여단체들은 어째서 나의 안을 '친북적'이라고 비난했느냐"라고 반문했다. 이 장관은 김 총재의 안은 전혀 '친북적'이 아니며 국토통일원의 연구에 하나의 중요한 참고자료가 됐다고 대답했다. 주요 매체들은 이 장관의 구상과 답변에 호의적으로 논평했다.[66]

　이 장관은 이어 재야 통일운동가들의 방북계획에 대해 7·7선언의 정신에 비추어 반대하지 않겠으나 그들이 방북 전에 정부와 협의할 것을 요청했다. 그러나 전대협은 정부와의 협의를 거부했다. 이에 따라 정

---

63)　「전대협, 평양축전 참가 20일 답신 전달」, 『한겨레』(1989년 1월 18일), 11쪽.
64)　이홍구·안병영, 「대담: 통일은 장정(長征)…평화정착이 선결」, 『동아일보』(1989년 1월 9일), 5쪽.
65)　장명봉(張明奉), 「새 통일방안, 체제연합이냐 국가연합이냐」, 『신동아』(1989년 2월), 152~162쪽.
66)　「국회회담 연내 평양 개최 예상」, 『동아일보』(1989년 2월 24일), 1쪽.

부 대변인 최병렬(崔秉烈) 문화공보부장관은 2월 28일에 성명을 발표하고 한국의 대학생 일반이 아니라 전대협 하나만을 특정해 초청한 사실을 상기시키면서 북한이 7·7선언을 한국 내부의 국론을 분열시키겠다는 자신의 대남전략을 위해 악용하고 있다고 비판했다.[67]

● 이 장관, 재야운동가들의 밀입북을 비판하다

재야운동가들의 밀입북은 문익환 목사로부터 시작됐다. 그는 3월 하순에 도쿄를 거쳐 평양으로 들어가 3월 27일에 김일성과 회담한 데 이어 4월 2일에 조국평화통일위원회 위원장 허담(許錟)과 공동성명을 발표했다. 이 공동성명에는 남과 북이 연방제를 추진해야 한다는 내용이 포함됐다. 곧이어 한국의 저명한 작가 황석영(黃晳暎)이 뒤따랐다. 그는 3월 27일에 김일성을 만난 데 이어 북한의 조선문학예술총동맹 제1부의장 최용화와 남북교류협력에 대한 공동성명을 발표했다. 6월 27일에는, 평화민주당 소속 서경원(徐敬元) 의원이 1988년 8월에 밀입북해 김일성을 만났으며 김일성으로부터 거액의 미화를 받고 역시 비밀리에 귀국한 사실이 폭로됐다. 6월 30일에는 전대협 소속의 한국외국어대학교 학생 임수경(林琇卿) 양이 7월 1~8일에 평양에서 열리는 세계청년축제에 참석하고자 중국을 거쳐 평양에 도착한 사실이 발표됐다. 임 양은 김일성을 만난 뒤, 임 양에 뒤따라 미국에서 방북한 문규현(文奎鉉) 신부의 '보호'를 받으며 8월 15일에 휴전선을 넘어 서울로 돌아온다.[68]

이 장관은 재야인사들의 밀입북과 '불법적인 휴전선 통과'를 비판했

---

67) 「남북범민족회의 최(崔) 문공 중지촉구」, 『경향신문』(1989년 2월 28일), 1쪽.

68) 예컨대, 「"문익환 등 입북" 수사 안기부 발표」, 『동아일보』(1989년 5월 2일), 4쪽; 「서경원 의원(평민) 구속」, 『동아일보』(1989년 6월 28일), 1쪽; 「임수경 양 판문점 넘어와」, 『동아일보』(1989년 8월 15일), 1쪽. 이 모든 사실은 다음에 요약됐다. Hakjoon Kim, *The Domestic Politics of Korean Unification: Debates on the North in the South, 1948~2008*(Seoul: Jimoondang, 2010), pp.307~312.

다. 그는 8월 16일에 공식성명을 발표하고, 북한이 한국 내부의 여론을 분열시키고자 시도하고 있음을 상기시키면서 북한을 상대로 하는 협상에서 정부가 주체라는 사실을 인정해야 한다고 강조하고 '불법적인 휴전선 통과'는 휴전체제에 도발하는 행위라고 지적했다.[69] 특히 문 목사의 밀입북에 대해 다음과 같이 발언했다.

스스로를 국민의 대표라고 자처하면서 북한의 민간단체와 대화를 해야 되겠다고 나선 사람들이 있습니다. 좋은 예가 이번 문 목사가 '전민련'을 대표하여 북한에 가서 조국평화통일위원회, 즉 '조평통'과 '민간 대 민간의 대화'를 했다고 발표한 것입니다. '조평통'이 어떤 단체냐는 것은 여러분이 잘 아시기 때문에 누누이 설명드리지 않겠습니다. 하나의 예만 들면 그 사이 남북한 간에는 총리회담을 위한 예비회담이 판문점에서 진행되어 두 차례 회담을 했습니다. 이것은 당국 대 당국의 대화입니다. 그래서 양쪽 총리가 이 회담에 나가 다섯 사람의 대표를 판문점에 보내고 있습니다. 우리 측 수석대표는 통일원차관입니다. 그리고 우리측 대표는 각 부처에서 나와 있는데, 북측대표 다섯 사람, 즉 북한총리 연형묵(延亨默)의 신임장을 가지고 나온 다섯 사람 가운데 한 사람은 '조평통'의 대표입니다. 그러한 조국평화통일위원회가 어떻게 민간단체가 됩니까? 공식적으로 총리의 신임장을 받아가지고 오는 단체를 민간단체라고 오해하고 있는 사람들이 있는 것은 위험한 현상입니다. 이러한 기본적인 상황에 대한 오해, 이것이 오늘날 남북관계를 대단히 어렵게 만들고 있는 현실입니다.[70]

재야인사들의 밀입북에 대한 이 장관의 비판은 『월간 다리』와의 대

---

69) 「"휴전체제 도발행위" 이 통일원장관 성명」, 『한겨레』(1989년 8월 17일), 1쪽.

70) 이홍구, 「제6공화국의 통일정책 기조와 과제: 국방대학원 89년도 안보과정 특강(1989년 6월 3일)」, 『이홍구문집』 III, 361~383쪽에 재수록. 인용된 부분은 381쪽에 있다.

담에서도 거듭됐다. 그는 다음과 같이 말했다.

> 서경원 의원의 경우, 재판과정을 거쳐야 하므로 속단할 수는 없지만 일단 1985년부터 그러한 관계에 있었던 것으로 알려져 있고 문익환 목사는 본인의 소신에 따른 행위로 간주되며, 또 임수경 양과 문규현 신부는 일반적 교류에의 관심이 아니라 본인들의 언동이 증명해주듯 남한체제를 반통일 체제로 규정하고 북한측 입장에 상당 부분 동조함은 물론 또 이를 과시하고 있기에 사건의 성격이 아주 다른 것입니다.[71]

같은 맥락에서, 그는 천주교정의구현사제단 소속의 사제 20명의 방북계획 신청을 허가하지 않았다.[72]

그런데 여기서 중요하게 상기되어야 할 사실이 있다. 그것은 문 목사를 비롯한 재야 통일운동가들에 대한 비판은, 우리가 제5장 제5절 제2항에서 보았듯, 이 장관이 장관이 되기 이전 교수 시절에 이미 제기했다는 사실이다. 이 사실은 그가 장관이 됐다고 해서 그들을 비판한 것이 아님을 말한다.

제2항
보수·우익 일부로부터의 도전

이처럼 '친북·좌파'로부터 노 대통령의 대북정책에 도전하는 움직임이 활발했다. 그런데 도전은 보수·우익의 일부로부터도 제기

---

71) 이홍구·최재현, 「대담: 민주화가 남북통일의 첫걸음」, 『이홍구문집』 IV, 629~641쪽에 재수록. 인용된 부분은 635쪽에 있다.
72) 「사제단 파북(派北) 불허, 통일원방침」, 『동아일보』(1989년 9월 11일), 2쪽.

됐다. 흔히 '극우'로 지칭되기도 한 그들은 노 대통령이 북한을 포함한 공산권에 대해 유화적인 자세를 과시함으로써 국민 사이에 반공의식이 해이해졌으며, 그 결과 불법적인 밀입북이 계속되기에 이르렀다고 비판했다. 그들 가운데 김용갑(金容甲) 총무처장관은 1989년 3월 14일에 노 대통령의 '대북 유화정책'에 항의하며 사표를 제출했다. 그는 육군사관학교 졸업생으로 중앙정보부 그리고 그 후신인 국가안전기획부에서 고위 공무원으로, 그리고 전두환 대통령 때 민정수석비서관으로 봉직했던 '대북 강경파'였다. 일주일 뒤 민병돈(閔丙敦) 육군사관학교 교장은 노 대통령의 실명을 말하지는 않았으나 당시의 사회 분위기를 설명하며 "우방국과 적성국의 구분이 흐려졌고 국민의식 면에서 해괴하고도 위험한 상황이 조성됐다."라는 공개연설로 그 비판에 가세했다.[73]

노 대통령은 곧바로 김 장관의 사표를 수리하고 민 교장을 해임했을 뿐만 아니라 예편시켰다. 이 점과 관련해, 이 장관은 김 장관이나 민 교장의 이름은 직접 언급하지 않은 채, "현재의 집권당이나 정부와 같은 중간 우파가 극우를 견제하는 데 상당한 정도 성공하고 있다."라고 논평했다.[74]

그렇지만 노 대통령도 부분적으로 양보했다. 1972년 7월 4일의 남북공동성명은 '통일의 3대 원칙'으로 자주·평화·민족대단결을 채택했고, 이후 한국 정부는 그것을 그대로 고수했다. 빈번한 밀입북을 보면서, 보수·우익이 "제3원칙인 민족대단결이 한국 안의 '친북세력'에게 '친북'의 길을 걷게 하는 근거가 되고 있으므로 폐기돼야 한다."라고 주장하자, 노 대통령은 그 주장을 받아들인 것이다. 그리하여 그는 8월 15일의 광복절 44주년 기념식 연설에서 '통일의 3대 원칙'을 말하면서 '민족대단결'을 '민주'로 대체했다.

---

73)　「식사(式辭) 전후 경례 안 해」, 『동아일보』(1989년 3월 21일), 2쪽.

74)　이홍구·최재현, 「대담: 민주화가 남북통일의 첫걸음」; 『이홍구문집』 IV, 629~641쪽에 재수록. 인용된 부분은 631쪽에 있다.

노 대통령은 통일문제에 관해, 통일국가는 민주적 방식에 의해 민족공동체 회복이라는 중간단계를 거쳐 단일국가 형태로 세워져야 하며 국민 개개인의 자유·인권·행복이 보장돼야 한다고 선언했다.[75] 이 선언은 이 장관의 평소 지론을 그대로 반영했다.[76] 보수·우익은 공감을 표시했다. 그러나 재야 운동권세력은 불만을 표시했다. 그의 제의는 남북한 군사대결에 따른 긴장에 대해서는 말하지 않고 결국 한국의 체제 안으로 북한을 흡수하겠다는 뜻을 담았다는 것이다.[77]

제3항
'한민족공동체통일방안' 발표

'극좌'와 '극우'의 도전을 이겨내며, 노태우 대통령은 1989년 9월 11일에 국회에서의 특별선언을 통해 정부의 공식적 통일방안으로 '한민족공동체통일방안'을 발표했다.[78] 그러면 노 대통령의 후임인 김영삼 대통령 때도, 그 이후에도 정부의 공식적 통일방안으로 받아들여진 이 방안은 구체적으로 어떤 내용을 담았는가?

이 방안은 남과 북에 서로 다른 체제가 있다는 현실을 인정하고 통일로 가는 과도적 중간단계로서 '남북연합'(The Korean Commonwealth)을 상정한 데서 출발했다. 이 '남북연합'에서 남과 북은 각각 주권국가로 남지만 국제법에서의 관계가 아니라 국내법에 준하는 '특수한 법적 유

---

75) 「통일보다는 '어떤 통일'에 역점」, 『조선일보』(1989년 8월 16일), 2쪽.

76) 예컨대, 이홍구, 「통일이념으로서의 민주와 자유」, 국토통일원 남북대화사무국 편, 『민족화합 민주통일론』 5(국토통일원, 1986년 12월), 9~38쪽; 『이홍구문집』 Ⅲ, 245~265쪽에 재수록.

77) 「사설: 노 대통령의 통일 3원칙」, 『동아일보』(1989년 8월 16일), 2쪽; 「노 대통령이 언급한 통일구상 골격 남쪽체제로 북한 흡수·병합 천명」, 『한겨레』(1989년 8월 16일), 3쪽.

78) 「북한태도 변화 땐 획기적 조치」, 『동아일보』(1989년 9월 11일), 1쪽.

대관계'를 갖는다. '남북연합'은 최고 의결기구로 '남북정상회의', 남북 정부 대표로 구성되는 '남북각료회의', 남북 국회의원으로 구성되는 '남북평의회', 그리고 실무를 관장하는 '공동사무처' 등을 두고, 서울과 평양에 각각 연락대표를 파견해 상주시키며, 이러한 기구들과 시설들을 설치하기 위해 비무장지대의 평화구역 안에 '평화시(平和市)'를 건설한다. 여기서 중요한 것은 남과 북의 같은 수의 국회의원으로 구성되는 '남북평의회'가 '통일헌법'안을 마련해 민주적 절차와 방법을 거쳐 확정·공포한 뒤, 이 헌법이 정하는 규정에 따라 통일국회와 통일정부를 구성해 하나의 통일된 민족국가를 완성한다는 구상이다.

이 '한민족공동체통일방안'에 따르면, 이러한 과정을 밟는 과정에서 남과 북의 정상은 회담을 열어 평화와 통일을 위한 기본방향과 '남북연합'의 설치와 운영에 관한 사항 등을 담은 '민족공동체 헌장'을 채택한다. 그리고 '남북연합' 아래 남과 북 사이의 개방과 교류·협력을 통해 문화공동체·사회공동체·경제공동체·정치공동체를 실현하고 민족사회의 동질화와 통일의 기반을 다지며, 궁극적으로는 개개인의 자유·인권·행복이 보장되는 민주주의국가 건설을 지향한다.[79]

이 제안은 우선 이 장관이 1975년 6월 이래 일관되게 제시한 '코리안 코먼웰스'안을 뼈대로 하되 노 대통령이 제시한 7·7선언의 정신을 수용하면서 전두환 대통령이 제시한 '민족화합민주통일방안'을 보완한 것이다. 우리가 제5장 제5절 제2항에서 보았듯, 이 장관은 서울대 교수로 이 제안을 매우 꼼꼼하게 검토한 뒤 긍정적으로 평가하는 논문을 발표했었고, 또 이 제6장 제2절 제1항에서 보았듯, 장관으로 국토통일원이 이 방안의 보완을 연구하고 있다고 국회에 보고했었다. 이렇게 볼 때, '한민족

---

79) 정대규(鄭大圭), 「한민족공동체통일방안」, 『통일문제연구』(영남대학교 통일문제연구소) 14(1990년 12월), 143~153쪽; 이창헌(李昌憲), 「한민족공동체통일방안의 특징과 평가」, 『동북아연구』(조선대학교 통일문제연구소) 9(1991년 12월), 75~92쪽; 김학준, 「한민족공동체통일방안」, 『한국논단』(1989년 10월), 171~181쪽.

공동체통일방안'은 이 장관의 발상을 그대로 반영한 것이었다.

● **여야의 합의를 끌어낸 과정**

그렇지만 평화민주당의 김대중 총재, 통일민주당의 김영삼 총재, 신민주공화당의 김종필 총재 등을 찾아가서 상의하고 그들의 의견을 들어 반영하기도 했다. 그 과정을 그는 다음과 같이 회고했다.

> 노태우 대통령은 스스로 "내가 센터포워드(최전방 공격수)가 아니고 세 분 야당 총재들이 센터포워드다. 4당이 같이 해야 한다. 다른 민주적 방법은 없다."라고 생각했다. 지금 봐도 합리적 생각이었다. 국회 통일특별위원회에 크지 않은 통일단체들도 다 와서 의견을 얘기했다. 그런 절차를 밟은 게 중요했지만, 무엇보다 청와대와 정부가 안 나섰다는 것도 중요했다. 대통령이 나한테 어떤 쪽으로 가라는 얘기를 한 번도 한 적이 없다. 내가 3김 총재와 만나 충분히 논의하고 상의했다. 성공할 수밖에 없는 게 노태우 대통령의 입장을 3김 총재가 믿었다. 또 그 지도자들이 자기 당에 대한 절대적인 컨트롤이 있었다.[80]

이 사실과 관련해, 연세대학교 박명림(朴明林) 교수는 다음과 같이 논평했다.

> 한민족공동체통일방안은 4당체제 합의의 산물이자, 노태우 · 김영삼 · 김대중 · 김종필 4당 지도자들의 지도력의 결과였다. 이념적으로 가장 거리가 멀 것 같았던 노태우와 김대중 사이의 긴 의견 교환과 완벽한 타협을 보며 우리는, 민족문제의 탈진영화와 초당적 합의를 향한 두 지도자의 국

---

80) 최영재, 「YS정권 핵심실세가 회고하는 문민정부 5년: 이홍구」, 『신동아』(2000년 12월), 230~247쪽 가운데 234쪽; 고정애, 「의회주의 발전에 관심·계획 있는 후보가 안 보인다」, 『중앙일보』(2021년 11월 12일), 28~29쪽. 앞에서 인용된 문단은 29쪽에 있다.

량과 혜안에 놀라게 된다.

당시 급진 재야와 학생들의 통일 열정과 민족주의 분출--일부는 공공연히 친북노선을 견지하고 있었다--에도 불구하고, 끝까지 보수정부와 합의를 추구한 반대당의 두 지도자 김대중·김영삼의 진영 초월과 의회주의는 높은 찬사를 받아 마땅하다. 여야 합의를 이루어내기 위해 최대한 야당의 의견을 수용하여 절충하려 한 노태우의 인내와 포용의 리더십은 강조할 필요도 없다. 전문가의 견해와 식견을 존중한 노태우의 국정운영 역시 중요하였다. 그는 이홍구를 포함해 해당 분야 전문가들의 의견과 자율성을 최대한 존중하며 정책을 결정하였다.[81]

이 장관은 훗날 김재홍(金在洪) 박사와의 대담에서 "저는 개인적으로 1989년에 제의한 통일방안이 대단한 선견지명은 아니지만, 시대에 다소 앞서가는 것으로 생각하고 대단히 만족하고 있습니다."라고 회상했다.[82] 그는 또 '한민족공동체통일방안' 20주년을 맞아 행한 기조연설에서 "이 방안은 민주적 과정을 거쳐 국민의 뜻과 지혜를 종합하고 여·야 4당의 합의를 거쳐 확정됐다."라고 상기하며 이 방안의 내용에 못지않게 이를 확정하기까지의 국민적 논의와 합의과정이 중요함을 새삼 강조했다.[83]

국내외에서의 반응은 비교적 호의적이었지만, 북한은 곧바로 거부했다.『로동신문』은 9월 14일 논평을 통해 그 안이 우선 분단의 현상을 고착화하고 분열의 심화를 꾀하는 것이며 주한미군문제에 대해 전혀 언급하지 않았다고 비난했다. 이 논평은 통일을 말하기 위해서는 무엇보다 주한미군 철수가 선행돼야 한다고 강조하면서 '고려민주연방공화국'안

---

81) 박명림, 「남북기본합의 30주년에 부쳐」, 『중앙일보』(2021년 12월 15일), 35쪽.

82) 이홍구·김재홍, 「대담: 「남북기본합의서」의 감동으로 돌아가자」, 『신동아』(1994년 6월), 346쪽.

83) 이홍구, 「민족공동체와 통일을 다시 생각한다」, 한반도선진화재단 편, 『전환기에 선 한반도, 통일과 평화의 새로운 모색』(한반도선진화재단, 2009년 9월), 5~7쪽.

을 되풀이하고, 이 모든 문제를 다루기 위해 북과 남의 당국자와 정당들과 사회단체들 그리고 해외동포들의 약 60명 대표들로써 구성된 '민족통일협상회의'를 열자고 제의했다. 국내에서도 재야세력은 그 안이 기본적으로 분단을 고정화하려는 데 목적이 있다는 이유를 들어 비판했다.[84]

북한이 거부하고 국내 재야세력이 비판했지만 이 장관은 굽히지 않았다. '한민족공동체통일방안'이 명분에서나 현실성에서 가장 타당하다고 확신했기 때문이다. 여기서 그는 7·7선언과 '한민족공동체통일방안'에 포함된 남북교류협력을 뒷받침하기 위해서는 남북교류협력에 관한 법 그리고 남북협력의 기금을 조성·관리할 법의 제정을 서두를 필요가 있다고 판단해 두 법의 제정을 추진했다. 그러나 국회가 제정을 유보함에 따라 노태우 대통령은 대통령령(1989년 3월 31일)으로 국토통일원장관이 주재하는 「남북교류협력추진협의회」를 구성했다.[85] 그가 퇴임한 때로부터 약 4개월 후인 1990년 7월 14일에 국회가 「남북교류협력에 관한 법률」과 「남북협력기금법」을 통과시키는 것으로 나타났다. 이 두 법은 1990년 8월 1일에 노 대통령이 서명함으로써 발효한다.

여기서 꼭 짚고 넘어가야 할 논점이 있다. 그것은 "남북관계를 중심으로 하는 통일정책은 실무부서인 국토통일원보다는 청와대가 앞질러 입안하고 추진의 주체가 되는 일이 많아 여러 부작용이 있다."라는 풍문이었다. 이에 대해, 이 장관은 "전적으로 사실과 다르다. 청와대가 모든 것을 입안·결정하고 국토통일원은 뒤치다꺼리만 한다는 것은 오해"라고 단언하고, "통일정책의 주무부서는 국토통일원이기 때문에 국토통일원장관이 중심이 되어 청와대뿐만 아니라 관계부처와 충분히 입안해 추진하고 있다."라고 설명했다.[86]

---

84) 「사설: '통일민주공화국' 방안」, 『동아일보』(1989년 9월 11일), 2쪽; 「북한, '한민족공동체통일안 거부」, 『동아일보』(1989년 9월 15일), 1쪽.

85) 「남북교류협력 기본지침 '요지'」, 『한겨레』(1989년 6월 14일), 3쪽.

86) 「'북방정책의 두뇌' 이홍구 대통령정치특보」, 『서울신문』(1990년 8월 27일), 3쪽.

제4항
동유럽의 격변과 북방외교의 진전 그리고 이 장관의 평가

국내적으로는 어려움을 겪고 있었지만, 대외적으로 노 대통령은 북방정책에서는 하나씩 열매를 맺어갔다. 우선 1988년 12월 1일에, 공산권 가운데 덜 교조적이면서 친서방적 성향을 지녔던 헝가리는 공산권에서 최초로 대한민국과 대사급 상주대표부 개설에 합의하고 1989년 2월 1일에 대한민국과 공식으로 수교했다. 김일성의 차남이면서 북한의 헝가리 주재 대사 김평일(金平一)은 헝가리의 결정에 항의하며 불가리아 주재 대사로 옮겨갔다.[87]

이 무렵 하버드대학교에서 정치학박사학위를 받고 미국의 대표적 연구소들 가운데 하나인 랜드연구소 선임연구원으로 봉직하던 프랜시스 후쿠야마(Francis Fukuyama)는 사회주의가 가까운 장래에 붕괴할 것이라고 예언해 큰 관심을 불러일으켰다.[88] 그는 이 논문으로 세계적 명성을 얻으며 조지메이슨대학교(George Mason University) 교수로, 이어 존 스홉킨스대학교 교수로, 이어 스탠퍼드대학교 교수로 발탁된다.

마치 후쿠야마의 예언에 발을 맞추기라도 하듯, 1989년에 들어서자 동유럽 공산정권들 내부에서는 민주화운동이 활발하게 전개됐다.[89] 공산권의 '종주국'으로 불리던 소련이 고르바초프의 리더십 아래 지난날의 폭압적 스탈린체제에서 벗어나 개혁과 개방을 추구할 뿐만 아니라 동유럽에서 민주화운동이 일어나도 억압하지 않을 것을 분명히 다짐한

---

87) 노태우, 『노태우 회고록』 하, 147~154쪽; 「북한 김평일, 불가리아대사로」, 『경향신문』(1988년 12월 13일), 1쪽.

88) Francis Fukuyama, "The End of History?," *The National Interest*, No. 16(Summer 1989), pp.3~18.

89) 이 격변에 대해서는 저자가 다음에서 자세히 설명했다. 김학준, 『혁명가들: 마르크스에서 시진핑까지, 세계공산주의자들의 삶과 죽음』(문학과지성사, 2013), 제11장~제14장.

것이 영향을 준 것이다.[90] 이로써 언론이 흔히 '동유럽의 격변'이라고 부른 역사적 사건들이 줄을 이었다. 그것은 우선 헝가리에서 시작돼, 이 나라에서는 1989년 8월에 공산정권이 무너지고 민주정부가 들어섰으며 국호가 헝가리인민공화국에서 헝가리공화국으로 바뀌었다. 폴란드에서는 총선에서 레흐 바웬사(Lech Wałęsa)가 이끈 독립자치노동조합연대, 이른바 솔리다르노시치가 공산당을 물리치고 집권의 길에 들어섰으며, 불가리아에서는 공산당 개혁파가 장기집권의 1인 독재자를 퇴진시키면서 '위로부터의 민주화혁명'의 길을 밟았고, 유고슬라비아에서는 공산당 1당독재체제가 와해되기 시작하면서 이 나라를 구성한 여러 민족이 분리독립운동을 전개했다. 이러한 흐름 속에서, 헝가리의 뒤를 이어 폴란드와 유고슬라비아가 한국과 수교했으며, 불가리아는 무역대표부를 교환·개설했다.

가장 극적인 역사적 사건은 독일에서 일어났다. 1989년 11월 9일, 동독 정권이 동독인들의 서독으로의 탈출을 막기 위해 1961년 8월 13일에 동베를린과 서베를린의 경계선에 세웠던 장벽을 동베를린 시민들이 무너뜨린 것이다.[91] 체코슬로바키아에서는 1989년 11월 17일~12월 29일에 벨벳혁명이라고 불린 비폭력 시민혁명이 성사돼, 국호가 체코슬로바키아사회주의공화국에서 체코슬로바키아공화국으로 바뀌었다. 이 일련의 사건들을 보고, 부시(George H. W. Bush) 미국 대통령과 고르바초프 소련 서기장은 12월 2일에 지중해의 몰타에서 만나 '냉전의 종식'을 선

---

90) 노태우 대통령은 자신의 회고록에서 흥미 있는 일화를 소개했다. 1989년 3월에 헝가리의 총리 네메트 미클로시(Neméth Miklós)가 모스크바를 방문하고 고르바초프에게 "우리나라에는 소련군이 8만 명 주둔하고 있습니다. 소련은 1956년에도 우리의 민주화운동에 개입한 적이 있습니다. 자유선거가 언제 치러질지는 모르나 그 선거에서 공산당이 져서 정권을 넘겨주어야 할지도 모릅니다. 그런 일이 일어날 때 소련은 어떻게 할 생각입니까?"라고 묻자, 고르바초프는 "내가 만약 권좌에서 쫓겨나지 않고 이 자리에 계속 머물러 있다면 헝가리의 민주화를 진압하라는 명령이나 지시는 없을 것입니다."라고 대답했다. 노태우, 『노태우 회고록』 하, 164쪽.
91) 「동독국경 전면개방 : 베를린장벽 사실상 와해」, 『동아일보』(1989년 11월 10일), 1쪽.

언했다. 여기에 자극을 받은 루마니아에서는 12월 말에 반공적 민중봉기가 일어나 25년 가까운 장기집권의 독재자 니콜라에 차우셰스쿠(Nicolae Ceauşescu) 내외를 처단했다.

그러면 이 일련의 상황 전개를 이 장관은 어떻게 평가했나? 기본적으로 그는 세계사의 흐름이 결정적으로 바뀌고 있다고 보았다. 그는 우선 2차대전이 끝난 이후 미국과 더불어 '양대 초강대국 체제'를 형성하고 세계를 이끌어 온 "소련이 초강대국의 위치에서 상당한 정도로 후퇴하고 있으며 소련제국이 축소되고 있다."라고 보았다. 보다 거시적으로, 그는 사회주의체제를 유지한 소련과 중국을 비롯한 공산국가가 그 체제로써는 자유민주주의와 시장경제원리를 신봉하는 서방세계와의 경쟁에서 더는 버티기 어려우며 자신을 유지할 수 없다는 것을 깨닫고 '대단히 결정적이고 극적인 개혁'을 시도하고 있다고 보았다. 여기서 그는 "이 모든 것은 인간의 자유에 대한 희망, 자유에 대한 갈구, 그리고 인간의 본성을 바탕으로 하는 사회제도와 경제제도를 압제하는 어떠한 인위적인 체제도 성공하지 못한다는 것을 보여주고 있다."라고 매듭지었다.[92]

그러면 사회주의권에 속하는 북한의 장래는 어떻게 될 것인가? 이 장관은 세계사적 전환 속에서 북한도 변하고 거기에 따라 '통일로 향한 진전'이 가능할 것으로 기대했다.[93] 그러나 그가 낙관만 한 것은 아니었다. 세계사적인 큰 흐름에서 볼 때는, 그리고 특히 소련과 중국도 변화하는 것을 보면, 북한도 변화할 것으로 보이지만 문제는 우리가 앞에서 살핀 '베트남병'에 있다고 보았다. 김일성으로서는 매일 남쪽에서 들려오는 파업과 데모 소식에 '일루의 희망'을 갖고, "조금만 기다리면 어떤 기회가 올 수도 있을 것 같다는 환상을 떨쳐버리지 못한 채 대남 교란전술에

---

92) 「민주화시대의 통일정책」; 『이홍구문집』 III, 311쪽; ____, 「제6공화국의 통일정책 기조와 과제」; 『이홍구문집』 III, 382쪽.
93) 「민주화시대의 통일정책」; 『이홍구문집』 III, 311쪽.

매달려 있다."라고 논평했다. 그렇지만 그는 1990년대에 들어가 2~3년 이내에 남과 북 사이에 일정한 규모의 인적 왕래는 실현될 수 있을 것 같다는 전망을 조심스럽게 제시했다. 그는 또 한국의 북방정책과 통일정책이 북한의 고립화를 추구하는 것은 전혀 아니라고 강조하면서 한국과 서방세계 및 공산권으로부터의 3면적 개방 요구에 북한은 결국 응하게 되지 않겠느냐는 전망을 역시 조심스럽게 제시했다.[94]

제5항
이 장관의 독일문제에 대한 인식과 서독 방문

1990년 1월 1일에 발표된 김일성의 신년사는 북한이 변화를 거부하는 것으로 해석되는 제안을 담았다. 그는 우선 북한이 '동방의 사회주의 기지'로 남을 것이라고 선언하고 "사회주의로의 행보에는 예상하지 못한 사건이 일어날 수 있고 따라서 시련과 어려움을 겪게 된다."라는 취지로 발언했다. 이로써 그는 북한이 공산권의 개방·개혁 조류에 반대한다는 뜻을 분명히 했다. 그는 이어 한국이 비무장지대 남쪽에 설치한 콘크리트 장벽을 허물 것과 북남 사이의 자유로운 인적 왕래를 보장하기 위한 정치협상회의를 열 것을 요구했다. 노 대통령은 1990년 1월 10일에 신년 기자회견을 열고 김일성에게 남북정상회담의 개최에 응할 것을 거듭 제의했다. 동시에 김일성의 '북남 간 자유로운 인적 왕래' 제의를 받아들이면서 '고향방문단의 왕래와 이산가족의 서신왕래 및 면담'을 제의했다.[95]

---

94) 「민주화시대의 통일정책」; 『이홍구문집』 III, 319쪽; 이홍구·이상우, 「대담: 90년대엔 통일 가능한가」, 『경향신문』(1989년 10월 6일), 15쪽; 이홍구·최장집, 「대담: '북한고립화' 통일지향적인가」, 『한겨레』(1990년 1월 1일), 22쪽.

남북정상 사이의 제의와 역제의를 모두 들은 뒤, 이 장관은 1990년 1월 11~15일에 서독을 방문했다.[96] '동방정책'을 입안해 서독의 소련 및 동유럽과의 관계를 크게 개선한 공로로 1971년에 노벨평화상을 받은 빌리 브란트(Willy Brandt) 전 서독 총리의 초청에 응한 것이다. 브란트는 당시 서독 사회민주당의 명예의장이면서 사회주의인터내셔널(Socialist International: SI)의 의장이었고 1977년부터 「국제개발문제에 관한 독립위원회(Independent Commission on International Development Issues: 약칭 브란트위원회)」의 의장이었다.

이 장관이 브란트 총리를 처음 만난 것은 1989년 10월에 브란트가 서울을 방문하고 노 대통령과 담화를 나눴을 때 배석해서였다. 그렇지만 자신보다 21세 연상이며 불요불굴의 반(反)나치투사였고 서베를린 시장으로 소련의 위협에 과감히 맞서 싸웠으며 마침내 서독 총리로 선출돼 독일통일의 초석을 쌓은 세계적 노(老)정치가의 초청을 받아 독일 현장에서 독일의 통일과 한반도의 통일에 관한 의견을 나누었을 때 이 장관의 감회는 무척 깊었다. 브란트 전 총리는 그때로부터 1년 9개월 지난 1992년 10월에 만 79세를 2개월 앞두고 별세한다. 이러한 인연으로, 이 장관은 브란트위원회의 위원으로 활동하고 있다.

이 시점에서, 이 장관은 독일문제에 관해 자기 나름의 몇 가지 관점을 갖고 있었다. 그는 우선 동서독관계와 남북한관계 사이에 차이가 있음을 인정했다. "동서독 사이에는 전쟁을 하지 않았고, 정치·군사적으로 첨예한 대립이 계속되는 상황이 아니기 때문에 국가안보의 문제가 절실히 요구되는 상황이 아니다."라는 것이다.[97]

---

95) 「도쿄: AP/AFP 연합」, 『매일경제』(1990년 1월 3일), 3쪽; Sangwoo Rhee, "North Korea in 1990: Lonesome Struggle to Keep *Chuch'e*," *Asian Survey*, Vol. 31, No. 1(January 1991), p.71; 「고령이산가족 왕래 즉각 실현」, 『조선일보』(1990년 1월 11일), 1쪽.
96) 이홍구, 「올가을 남북총리회담 열린다」, 『월간 옵서버』(1990년 4월), 372~377쪽; 『이홍구문집』 IV, 677~684쪽에 재수록. 이 장관이 브란트 전 총리의 초청을 받은 사실은 680쪽에 있다.

그 차이를 인정하면서도, 그는 우리가 참고할 사실로 다음을 지적했다. (ⅰ) 독일은 2차대전에서 패전해 분단된 직후부터 분단의 현실을 받아들였으며, 따라서 통일을 장래의 문제로 간주해 서두르지 않았다는 것, (ⅱ) 그러한 기조 위에서, 1975년 8월에 독일의 분단을 포함한 유럽의 현상(現狀)을 인정하는 헬싱키협정이 채택됐을 때 그대로 받아들였다는 것, (ⅲ) 동서독관계를 국제관계가 아니라 체제관계(inter-system)로 간주하면서 서로 사이의 교류와 협력을 단계적으로 증진해왔고, 그래서 1980년대 이후에는 약 500만 명의 독일인이 서로 왕래하고 동독인이 즐겨보는 텔레비전 프로그램 가운데 약 70%가 서독프로그램이 됐으며, 그리하여 독일은 사실상 더는 분단국가라고 보기 어려울 정도의 '통일상태'를 이룩했다는 것, (ⅳ) 서독의 경우, 공산주의자와 공산국에 대해서는 감상적이거나 환상적이 아니라 매우 냉철하게 현실적으로 대응했다는 것, (ⅴ) 역시 서독의 경우, 개개인의 자유·인권·복지를 우선시하는 정책을 썼으며, 통일도 그러한 가치관에서 접근했다는 것, (ⅵ) 서독은 대단히 모범적인 민주주의국가를 만들어냈으며 그 기초 위에서 경제발전을 구현했고 그러한 제도화된 민주주의체제와 경제발전을 바탕으로 강력하게 동독과의 관계를 개선할 수 있었다는 것 등이다.[98]

여기에 더해 이 장관은 동독인들이 베를린 장벽을 붕괴시킨 직후 당시 서독의 헬무트 콜(Helmut J. M. Kohl) 총리가 부시 대통령에게 고맙다

---

97)　이홍구·최재현,「대담: 민주화가 남북통일의 첫걸음」;『이홍구문집』 Ⅳ, 629~641쪽에 재수록. 인용된 부분은 640쪽에 있다.

98)　이홍구,「민족공동체 형성을 통한 통일로의 전진」(『3·1성서연구회』에서의 연설, 1989년 1월 19일); ＿＿,「이것이 통일방안입니다」,『샘터』(1989년 3월), 123~135쪽에 재수록.『이홍구문집』 Ⅲ, 349~359쪽에 재수록. 독일에 관한 언급은 357쪽에 있다; ＿＿,「제6공화국의 통일정책 기조와 과제」;『이홍구문집』 Ⅲ, 361~383쪽에 재수록. 독일에 관한 언급은 378쪽에 있다; ＿＿,「국제정세의 변화와 우리의 통일정책」, 도산아카데미연구원 편저,『한국사회의 과제와 발전 방향』(흥사단 출판부, 1990), 277~286쪽;『이홍구문집』 Ⅲ, 385~395쪽에 재수록. 독일에 관한 언급은 385쪽, 387~388쪽에 있다.

고 인사한 일화를 소개했다. 1945년 이후 미국이 독일을 비롯한 서유럽
에 미군을 계속 주둔시켜주며 소련에 대해 강력히 대처했기 때문에 오
늘날의 독일 상황이 가능했다는 의미에서 독일인들은 미국에 대해 대단
히 감사한 마음을 갖고 있다고 말했다는 것이다.[99] 이 일화도 예로 들며,
이 장관은 주한미군을 주축으로 하는 한미군사동맹이 한국의 안전과 경
제발전을 뒷받침하는 중요한 기둥이었으며, 따라서 주한미군의 철수와
한미군사동맹의 이완 심지어 해체를 앞세우는 재야운동권의 '반미주의'
를 비판했다.[100]

이상에서 살핀 이 장관의 독일 상황에 대한 매우 긍정적인 인식은 그
가 남북한관계와 통일문제를 어떻게 보고 있었는가를 시사한다. 쉽게 말
해, 그는 남북한이 통일을 향해 가는 길을 생각할 때 서독이 걸었던 길을
좋은 선례로 삼는 것이 바람직하다고 판단한 것이다.

이 장관이 서독 방문을 마치고 귀국한 직후인 1990년 1월 22일에 민
주정의당 · 통일민주당 · 신민주공화당의 이른바 3당 통합을 통한 민주
자유당 창당이 발표됐다. 2개월 뒤인 3월 18일에 그는 대통령정치담당특
별보좌관(장관급)으로 임명됐다.

언론은 이 장관의 국토통일원장관으로서의 업적을 높이 평가했다.
예컨대, 『중앙일보』는 "제6공화국 출범과 함께 서울대 정치학과 교수에
서 통일원장관으로 관계에 입문해 성공한 케이스로 평가되고 있다. 통일
원장관에 2년간 재직하면서 보수파의 반대를 무릅쓰고 '한민족공동체통
일방안'을 성안하면서 변하지 않는 논리와 소신을 폈다."라고 논평했으
며, 『서울신문』은 "탁월한 학문적 배경과 진취적인 사고로 '한민족공동
체통일방안'을 성안했고 통일논의의 대중화에 크게 기여했다."라고 논

---

99) 김효숙, 「이홍구 통일원장관 인터뷰: "90년대 통일전망은 밝다"」, 『월간 동화』(1990년 1월),
226~241쪽; 『이홍구문집』 IV, 659~676쪽에 재수록.

100) 이홍구, 「민주화시대의 통일정책」; 『이홍구문집』 III, 309~327쪽에 재수록. 인용된 부분은
324~325쪽에 있다.

평했다.[101]

　국토통일원장관 후임으로는 홍성철(洪性澈) 대통령비서실장이 임명
됐다. 국토통일원은 1990년 12월 27일에 통일원으로 바뀌며 통일원장관
은 부총리를 겸해 흔히 통일부총리로 불렸다. 16대 통일원장관이면서 초
대 통일부총리에는 직업 외교관 출신인 최호중(崔浩中) 전 외무부장관
이 임명됐다. 통일원은 김대중 대통령이 취임한 직후인 1998년 2월 28일
에 통일부로 바뀐다.

<hr>

101) 「6공과 함께 큰 학자출신」, 『중앙일보』(1991년 2월 28일), 2쪽; 「통일논의 대중화의 기여」, 『
서울신문』(1991년 3월 1일), 2쪽.

제4절
대통령정치담당특별보좌관으로서의 활동

대통령정치담당특별보좌관으로서의 재임기간은 1991년 3월 16일까지 꼭 이틀이 모자란 1년이었다. 이 기간에 있었던 그의 활동을 크게 세 갈래로 나누어 살피기로 한다.

● **대통령의 외교·통일정책을 보좌하다**

1990년에 들어와 노 대통령에게는 고무적이고 김일성에게는 실망스러운 일이 계속해서 일어났다. 1990년 3월에 체코슬로바키아와 불가리아 및 루마니아는 모두 한국과 수교했으며, 이로써 한국이 수교를 이룩한 동유럽 국가들은 1989년의 헝가리·폴란드·유고슬라비아에 이어 6개국으로 늘어났다. 체코슬로바키아는 1993년 1월에 체코와 슬로바키아로 합의 아래 분리되는데 두 나라는 모두 한국과 수교한다. 이 일련의 과정에서, 모스크바대학교 아나톨리 로구노프(Anatoli A. Logunov) 총장과 블라디미르 트로핀(Vladimir Trophin) 부총장 등이 연세대학교의 초청을 받아 2월 26일부터 열흘 동안 한국을 방문했으며, 이 장관은 2월 28일에 힐튼호텔에서 그들에게 조찬을 베풀었다.[102]

북방외교의 진전에 있어서 훨씬 더 중요하면서 인상적이었던 것은 소련의 한국과의 수교였다. 노 대통령은 1990년 6월 5일에 고르바초프와 두 나라 사이에서 처음으로 정상회담을 샌프란시스코에서 여는 데 성공

---

102) 「모스크바대 총장 조찬」, 『조선일보』(1990년 3월 2일), 14쪽.

했으며, 이 회담에 이어 두 나라는 1990년 9월 30일(서울시간 10월 1일)에 국교를 수립했다. 소련은 거기서 한 걸음 더 나아가 북한에 대해 한국 정부가 제의한 '남북고위급정치회담', 곧 남북총리회담에 응할 것을 강력히 권고했다. 더는 버티기 어렵다고 판단한 북한은 마침내 받아들였고, 그리하여 1990년 9월 5~6일에 서울에서 제1차 총리회담을 시작으로, 10월 17~18일에 평양에서 제2차 회담, 12월 12~13일에 서울에서 제3차 회담이 열렸다. 남북총리회담은 1992년 9월 18~21일에 평양에서 열린 제8차 회담을 마지막으로 끝을 맺었다. 1991년 12월 13일에 서울에서 열린 제5차 회담에서는 「남북 사이의 화해와 불가침 및 교류협력에 관한 합의서」, 약칭 『남북기본합의서』가 체결됐고 1992년 2월 19일에 평양에서 열린 제6차 회담에서는 앞서 체결된 『남북기본합의서』와 「한반도의 비핵화에 관한 공동선언」, 약칭 『한반도비핵화선언』이 발효됐다.

한국의 소련과의 관계가 빠르게 호전되던 시점에, 노 대통령은 이 특보를 유럽으로 파견했다.[103] 변화하는 한반도 상황 그리고 그 가운데서 한국 정부가 추진하는 북방정책과 통일정책을 이해시키도록 하기 위해서였다. 이 특보는 1990년 8월 26일부터 9월 12일까지 프랑스·독일·오스트리아·이탈리아·영국 다섯 나라를 차례로 방문하고 각국의 정부 지도자들과 학계 인사들을 만났는데, 이탈리아에서는 줄리오 안드레오티(Giulio Andreotti) 총리와 의견을 나눌 수 있었다. 이때 안드레오티 총리는 세 번째로 총리가 된 직후였다. 그는 2차대전 이후의 이탈리아 정계에서 큰 영향력을 행사하던 거물로, 알도 모로 총리를 납치·살해한 마피아 조직을 파헤치는 책을 쓰던 한 기자를 암살한 사건에 연루되어 2003년에 24년형의 유죄 판결을 받았으나 84세의 고령이라는 이유로 석방된다.

이 특보는 귀국한 직후 정부의 한 부서가 동독 승인을 고려할 것을 대통령에게 건의한 사실을 인지했다. 북방외교 성공사례를 하나 더 늘린

---

103) 「이홍구 특보 유럽순방 대통령특사 영(英) 등 5국」, 『경향신문』(1990년 8월 23일), 2쪽.

다는 매우 좁은 시각에서의 건의였다. 그는 곧바로 그 건의가 취소되도록 조치했다. 동독의 붕괴가 눈앞에 닥쳤는데, 무슨 승인이냐고 직설적으로 나무람한 것이다.[104] 실제로 몇 주 지나지 않은 1990년 10월 3일에 동독이 서독으로 합류해 들어와 독일의 통일이 성취됐다.

통독 이후 한·소관계는 빠르게 진전됐다. 노 대통령은 12월 13~15일에 모스크바를 방문하고 고르바초프와 「한·소관계의 일반원칙에 관한 선언」에 서명했다. 이 특보는 대통령의 방소를 수행했다. 이 특보는 모스크바 현지에서 노 대통령을 수행한 기자들에게 "남북관계 개선에 소련의 협조가 컸음을 인정하고, 앞으로도 두 나라 사이의 관계를 좋게 유지하는 가운데 아시아·태평양지역의 평화체제 구축을 위해 협조한다는데 의견을 모았다."라고 논평했다.[105] 노 대통령은 곧 김종휘 외교안보보좌관을 대통령특사 자격으로 미국에, 그리고 이홍구 특별보좌관을 대통령특사 자격으로 일본에 파견했다. 이 특보는 일본 정부의 지도자들에게 한·소정상회담에 대해 설명했다.[106]

고르바초프는 1991년 4월 19~20일에 제주도를 방문하고 노 대통령과 세 번째 정상회담을 가졌다. 고르바초프는 원칙적으로 남북한의 유엔 동시가입을 지지하지만 만일 북한이 동의하지 않는다면 한국 단독의 유엔 가입을 지지한다고 다짐했다. 중국도 같은 의견을 알려왔다. 결국 남북한은 1991년 9월 17일에 유엔에 동시가입하며, 중국은 1992년 8월 24일에 북한의 거센 반대에도 불구하고 한국과 수교한다.

● **내각제 개헌 시도에 반대하며 노 대통령에게 직언하다**

이 특보는 『서울신문』과의 회견에서, 자신이 "국정운영의 방향설정

---

104) 이때 청와대에 일하던 저자는 이 사실을 직접 목격했다.

105) 백지연 앵커, 「이홍구 특보 인터뷰」(MBC, 1990년 12월 15일).

106) 「방소결과 미·일에 설명 김종휘·이홍구 씨 파견」, 『경향신문』(1990년 12월 18일), 2쪽.

그리고 중요정책의 평가 등에 대해 대통령에게 실무보다는 방향을 말씀드리며, 저의 전문분야인 외교·통일문제에 대해서는 좀 더 구체적인 말씀을 드릴 때도 있다."라고 말했다.[107] 이것은 그가 국내문제보다 외교·통일문제에 더 많은 비중을 둔 채 일하고 있음을 의미했다.

그러나 3당 통합이 이뤄진 뒤 노 대통령이 김영삼 대표최고위원 그리고 김종필 최고위원과 함께 '의원내각제 개헌'을 추진하기로 '밀약'했다는 보도가 나오자,[108] 이 특보는 그 보도의 내용이 사실임을 확인한 뒤 그 부당성을 대통령에게 제기하는 것을 주저하지 않았다.[109] 이 특보는 노 대통령의 정치적 자산은 오로지 대통령을 직선제로 선출한다는 내용을 골격으로 하는 6·29선언 하나인데, 그 선언으로부터 3년이 채 지나지 않은 시점에 대통령직선제 폐기가 전제되는 의원내각제를 추진하겠다고 하는 것은 대통령 스스로 국민에 대한 약속을 저버리는 것이며 자신의 정치적 자산을 없애는 것으로 판단했을 뿐만 아니라 의원내각제를 추진하는 경우 국민의 반발이 커서 실현되기 어려울 것으로 전망한 것이다. 이 특보는 노 대통령을 직접 만나 약 30분에 걸쳐 자신의 이 소신을 직언했으나, 노 대통령은 이 건의를 받아들이지 않았다.

여기서 중요하게 상기돼야 할 사실이 있다. 우리가 제5장 제1절 제1항에서 이미 보았듯, 이 특보는 의원내각제 지지자였다. 그렇다면 '의원내각제 개헌'을 지지할 수 있었다. 그러나 그는 노 대통령이 국민을 상대로 했던 약속을 파기하는 것이 규범적으로 옳지 않으며 더구나 의회민주주의의 절차가 아닌 '밀약'의 형태로 추진하는 것은 옳지 않다고 판단

---

107) 「'북방정책의 두뇌' 이홍구 대통령정치특보」, 『서울신문』(1990년 8월 27일), 3쪽.

108) 「노·2김 내각제 3개항 합의/지난 6일 극비회동서 공동작성」, 『중앙일보』(1990년 5월 29일), 1쪽.

109) 이에 대해서는 저자가 다음에서 자세히 회상했다. 김학준, 「현인이면서 외유내강의 정치지도자: 이홍구 교수를 말한다」, 김홍우 외 15인 지음, 『정치사상과 사회발전: 이홍구선생미수기념문집』(중앙books, 2021), 19~21쪽.

했기에 그렇게 건의한 것이다. 현실적으로도, 그의 예견은 정확했다. 노 대통령은 대통령직선제를 고집하는 김영삼 대표최고위원의 강력한 항의에 직면하자 후퇴할 수밖에 없었다.[110]

자신의 건의가 받아들여지지 않았지만, 이 특보는 노 대통령에게 국 정운영의 기본방향을 제시하는 것을 잊지 않았다. 이 특보는 노 대통령의 임기 후반기에 추진해야 할 과제에 대해 다음과 같이 말했다.

노 대통령이 하고 있고 또 해야 하는 일을 한마디로 얘기하면 '공동체를 만드는 대통령'입니다. 이는 민주공동체, 민족공동체, 아태공동체의 3가지 차원에서 말할 수 있습니다. 첫째, 민주공동체의 실현을 위한 지속적인 노력입니다. 민주화는 정치분야뿐만 아니라 복지에서도 이뤄져야 하며 이를 위해서 지속적인 경제성장이 수반되어야 합니다. 둘째, 남북분단을 종식시키고 민족공동체를 회복하기 위해 북측과 합의를 도출해내야 합니다. 셋째, 세계적인 블록화에 대비하고 [소련과 중국을 포함한] 아시아 · 태평양 공동체를 형성해 나가야 합니다. 이는 좁게 말하면 우리 주변국가와의 관계를 정돈해나간다는 것입니다.[111]

● **대내외 쟁점들에 대해 의견을 발표하다**

이 특보는 대내외 쟁점들에 대한 자신의 의견을 강연이나 논문의 형태를 통해 짬짬이 발표했다.[112] 그 가운데 밖으로 알려지지 않은 특별한 내용은 몰타회담에서 한반도문제가 전혀 논의되지 않았다는 사실이다. 그는 몰타회담 직후에 서울을 방문한 리처드 솔로몬(Richard Solomon) 미국 국무부 동아시아태평양차관보가 "고르바초프는 아시아, 특히 한국에 대해 논의할 준비가 덜 된 상태였기 때문에 한반도문제는 논의되지

---

110) 「노·김 '정상화8개항' 합의」, 『조선일보』(1990년 11월 7일), 1쪽.
111) 「'북방정책의 두뇌' 이홍구 대통령정치특보」, 『서울신문』(1990년 8월 27일), 3쪽.

않았다."라고 한국 정부에 알려주었다고 설명했다.[113] 이 특이한 사항을 제외하고 그의 여러 의견 또는 제의에 나타난 공통점을 다음에서 요약하기로 한다.

첫째, 그는 어느 무엇보다도 한국에서 '민주화의 제도화' 또는 '민주주의의 제도화'가 이루어져야 한다고 역설했다. 민주화가 비록 충분하지는 않다고 해도 진전되었기에 새로운 발상에서의 북방정책과 통일정책의 추진이 가능했음을 상기시키며 그는 민주화의 진전만이 북방정책과 통일정책의 진전을 담보할 수 있다고 주장한 것이다.

그러면 '민주화의 제도화' 또는 '민주주의의 제도화'란 무슨 뜻인가? 그는 개개인의 자유와 인권 그리고 복지라는 보편적 가치가 실현될 수 있는 제도를 갖추고 운영한다는 뜻이라고 풀이했다. 이러한 맥락에서, 그는 의회민주주의의 제도적 정착을 우선시했으며 국민 각계각층의 대표성이 올바르게 반영되는 선거와 그 선거에 바탕을 둔 의회의 구성을 중시했다. 여기서 그는 중요한 명제를 제시했다. 우리가 이러한 가치를 휴전선 이남에 국한된 가치로 받아들일 것인가 아니면 한반도 전체에 적용되는 가치로 받아들일 것인가에 대한 명확한 해답을 갖지 않고서는 통일을 추구하기가 불가능하다는 명제가 바로 그것이다. 그는 한국에서 통일을 말하는 사람들 가운데 남쪽의 민주화를 부르짖으면서도 북쪽의 민주화에 대해서는 전혀 말하지 않는 사례가 있다고 지적하며 그 명제

---

112)　(ⅰ) 이홍구, 「국제정세의 변화와 우리의 통일정책」; 『이홍구문집』 Ⅲ, 385~395쪽에 재수록.
(ⅱ) 이홍구, 「민족동질성 회복을 위한 남북여성교류」, 『제27회 전국여성대회: 한국여성단체협의회』(1990); 『이홍구문집』 Ⅲ, 405~410쪽.
(ⅲ) ____, 「공동체와 국가: 통일과 자유의 제문제」, 인산(仁山)김영국(金榮國)박사화갑기념논문집간행위원회 편, 『정치학의 전통과 한국정치』(박영사, 1990), 253~259쪽; 『이홍구문집』 Ⅲ, 411~419쪽에 재수록됐다.
(ⅳ) 이홍구, 「북방정책과 통일전망」, 『국책연구』(민주자유당 국책연구원)(1990년 가을), 56~75쪽; 『이홍구문집』 Ⅲ, 397~404쪽.
113)　이홍구, 「국제정세의 변화와 우리의 통일정책」; 『이홍구문집』 Ⅲ, 385~395쪽에 재수록 가운데 393쪽.

를 제기한 것이다. 우리는 이것을 제23명제로 명명하기로 한다. 종국적으로, 그는 그러한 가치가 북한에서도 실현되는 방향으로 통일이 추진돼야 한다는 뜻을 비쳤다.[114)

둘째, 그는 통일·자유·인권·복지를 말하며 그것들 가운데 어느 하나만을 앞세우는 것은 '교조주의적'이라고 비판했다. 그것들은 서로 연결된 채 상호관계를 형성하고 있다는 것이다. 그렇지만 그의 글이나 발언을 모두 읽으면 그가 자유의 중요성을 어느 무엇보다 앞세우고 있다는 결론을 내리게 된다. 그러한 논리의 연장선 위에서, 그는 "공동체의 원초적 구성단위인 개인의 자유가 말살된다면 통일은 의미가 없다. […] 통일은 소중하지만 개인의 자유가 말살되는 조건 아래서의 통일은 결코 받아들일 수 없다."라는 취지의 논지를 전개했다.[115) 이것은 자유의 중요성을 강조한 그의 제11명제에 부합하는 것이었다.

셋째, 그는 '한민족공동체'가 지향하는 정치체제는 몽테스키외가 『법의 정신』에서 말한 '온건한 국가(moderate state)'라고 설명하고, "온건한 것이 화려한 것은 아니다. 그러나 온건의 미덕을 유지할 때만 민주화와 통일로의 행진은 실질적 소득을 얻게 되는 것이다."라고 부연했다. 결론적으로, 그는 "온건은 우리 시대의 지혜라고 할 수 있다."라는 명언을 남겼다.[116)

---

114) 이 명제가 특히 강조된 그의 논문은 다음이다. 「국제정세의 변화와 우리의 통일정책」; 『이홍구문집』 III, 385~395쪽에 재수록 가운데 393쪽.

115) 이홍구·최재현, 「대담: 민주화가 남북통일의 첫걸음」; 『이홍구문집』 IV, 629~641쪽에 재수록. 인용된 부분은 638쪽에 있다; 이홍구, 「공동체와 국가: 통일과 자유의 제문제」, 인산(仁山) 김영국(金榮國)박사화갑기념논문집간행위원회 편, 『정치학의 전통과 한국정치』(박영사, 1990), 253~259쪽; 『이홍구문집』 III, 411~419쪽에 재수록. 인용된 부분은 414~418쪽에 있다.

116) 위와 같음, 인용된 부분은 418~419쪽에 있다.

제5절
주영대사로서의 활동

제1항
주영대사로 기용된 배경

1991년 2월로 자신의 5년 임기에서 제4차 연도에 들어간 노 대통령은 주요 해외공관장들을 교체했다. 주미대사에 현홍주(玄鴻柱) 주유엔대사를, 주유엔대사에 노창희(盧昌熹) 대통령의전수석비서관을, 주일대사에 오재희(吳在熙) 주영대사를 각각 기용한 데 이어, 주영대사에 이홍구 특보를 임명한 것이다.[117]

원래 노 대통령은 자신의 임기가 끝난 뒤에는 이 특보도 정부를 떠나게 될 것이며, 그 경우 다시 학계로 돌아가 학자로서 또는 대학 행정가로서 더 크게 성장할 수 있다고 기대했다. 그러한 뜻에서 이 특보가 '조용히 쉴 곳'에서 품위 있게 사색과 연구를 계속할 수 있는 임지로 스위스의 제네바를 선택했다. 우리나라의 해외공관들에서 그 주변 환경이 가장 아름다운 몇몇 가운데 하나로 꼽히는 제네바대표부의 대사로 봉직하면 그것이 가능하다고 생각한 것이다. 제네바는 이 교수의 학문적 관심 대상인 장 자크 루소가 태어났고 성장한 곳으로, 그러한 인연으로 제네바 사람들은 루소가 별세한 때로부터 50년이 된 해인 1838년에 제네바를 흐르는 론(Rhone)강에 인공 섬을 만들어 '루소 섬'이라고 명명함과 아울

---

117) 「공관장 3명 이동」, 『중앙일보』(1991년 2월 28일), 1쪽.

러 거기에 루소의 동상을 세웠다.

그러나 당시 이상옥(李相玉) 외무부장관은 달리 생각했다. 유엔의 유럽본부를 비롯해 22개의 국제기구가 있는 제네바의 한국대표부는 여러 성격의 다자협상(多者協商)이 많은 곳이고 또 그 내용이 실무에 치우친 것이 많아 '조용히 쉴 곳'이 되지 않는다고 판단하면서, 노 대통령의 뜻에도 맞고 이 특보의 위상에도 맞는 임지는 영국대사관이라고 건의했다.[118] 노 대통령이 이 건의를 받아들임에 따라 이 특보는 국무회의의 의결과 영국 정부의 아그레망을 거쳐 3월 22일에 주영대사로 부임하며, 5월 16일에 찰스 왕세자에게 신임장을 제정했다. 이 자리에는 앤드루 왕자도 배석했다. 당시 엘리자베스 2세가 방미 중이어서 여왕이 위임한 왕세자에게 제정한 것이다. 그는 1993년 4월 21일까지 2년 1개월 동안 재임한다.

대한민국은 1949년 1월 18일에 영국과 국교를 수립했다. 이에 따라, 이승만 대통령은 1949년 12월 31일에 기업인인 윤치창(尹致昌) 씨를 초대 주영 대한민국공사관 공사로 발령했다. 당시 대한민국 정부는 재정이 빈약했다. 그래서 공사관 임대료를 비롯한 모든 비용을 그가 부담한다는 조건으로 발령한 것이다. 그러나 그가 비용을 더는 감당하기 어렵다고 사직하자 1950년 2월 19일에 미군정 시절에 하지 중장의 통역을 맡았던 전 연희전문학교 교수 이묘묵(李卯默) 박사를 공사로 파견했다. 한국과 영국은 1957년 6월 13일에 공사관을 대사관으로 승격하기로 합의했으며 이에 따라 대한민국 정부는 초대 대사에 김용우(金用雨) 전 국방부장관을 임명했다. 이후 주영대사는 한은 총재 또는 육군참모총장 등을 역임한 이른바 거물급 인사들이 차례로 맡았다. 여기에 이홍구 대사는 제12대 대사로 부임한 것이다.

---

118) 「미·일 등 주요국 대사 이동배경」, 『중앙일보』(1991년 3월 6일), 9쪽.

● 총리 후보로 여러 차례 물망에 오르다

주영대사로 재직 중에도 개각이 거론될 때마다 그는 총리 후보로 물망에 올랐다. 우선 노재봉 총리가 시국사건으로 1991년 5월 22일에 사임하면서 개각이 예상되자 주요 매체들은 몇몇 다른 후보들과 더불어 이 대사의 이름을 떠올렸다.[119]

다른 한편으로, 1992년 10월에 노 대통령이 중립적으로 선거를 관리할 내각을 구성하게 되자 주요 매체들은 다시 몇몇 다른 후보들과 함께 이 대사의 이름을 떠올렸다.[120] 『조선일보』의 경우, 이 대사를 '적(敵)이 없는 인물'이라고 부르며, "대인관계가 부드럽고 인품이 원만해 어느 한쪽에 치우치지 않는 성품의 소유자로, 이와 같은 성품대로 평소에 여·야의 구분 없이 교분을 맺어왔다."라고 소개했다.[121]

제2항
세계적 전환 속에서의 대영외교

● 국제정치의 중심이 유럽으로 복귀한 시점에서의 주영대사

그러나 주영대사직은 결코 '조용히 쉴 자리'가 아니었다. 이 대사가 거시적으로 보기에, "프랑스대혁명과 산업혁명으로 시작된 근대를 제국주의와 이데올로기의 시대였다고 규정한다면, 최근 한반도를 비롯한 전 세계에 일고 있는 조류는 그와 같은 과거의 패러다임으로 판단하기 어려운 '대(大)변화의 시대를 예고하고 있다."[122] 보다 구체적으로는, (i) 소련이 초강대국의 반열에서 내려오면서 유럽국가로 돌아왔고,

---

119) 「개각 내일 단행」, 『조선일보』(1991년 5월 23일), 1쪽.
120) 「'개각 밑그림' 의중 탐색」, 『조선일보』(1992년 10월 3일), 1쪽.
121) 「'중립·신망·소신' 3각 평가 낙점」, 『조선일보』(1993년 10월 7일), 3쪽.
122) 박두식, 「이홍구 주영대사 인터뷰」, 『조선일보』(1992년 3월 7일), 2쪽.

(ii) 유럽의 많은 국가가 기존의 유럽공동체(European Community: EC)의 범위를 훨씬 넘어서는 유럽연합(European Union: EU)의 창설을 지향하고 있으며, (iii) 1990년 8월 2일에 이라크의 쿠웨이트 침공으로 시작된 걸프전쟁이 1991년 2월 28일에 미국의 주도 아래 영국을 비롯한 여러 유럽국가도 참가한 다국적군의 승리로 종결됨으로써 미국의 위신 상승은 말할 것도 없고 유럽의 위상 역시 커졌다. 그 결과 국제정치의 중심무대가 다시 유럽으로 돌아왔다고 이 대사는 판단했다.[123] 유럽공동체 회원국 정상들은 이 대사의 재임 중이던 1991년 12월 10일에 네덜란드의 마스트리히트(Maastricht)에서 유럽연합의 창설에 합의하고, 유럽공동체 회원국 외무장관들은 1992년 2월 7일에 다시 마스트리히트에서 유럽연합 창설에 관한 조약에 정식으로 조인한다. 마스트리히트조약은 1993년 11월 1일에 발효하며 이 날짜로 유럽연합은 출범한다. 2022년 현재 회원국은 27개국이다.

이렇게 볼 때, 유럽연합의 중심이라고 할 수 있는 영국에 대한 외교는 중요하지 않을 수 없다. 이 대사는 "영국은, 특히 런던은 세계금융시장의 중심지로 기능하고 있는데, 그것은 곧 정보의 중심을 의미한다."라고 말하며, "영국에 대한 외교의 강화를 통한 유럽연합 국가들과의 관계 강화를 위해 노력하고 있다."라고 부연했다.[124] 몇 가지 실무적인 현안도 있었다. 아르헨티나 남쪽에 있으며 영국이 실효적으로 지배하는 포클랜드제도(Falkland Islands)를 둘러싼 남대서양은 한국의 수산업계에서 볼 때 중요한 어장이다. 그의 재임 중에 영국 주재 한국대사관은 한국의 수산업계를 대신해 영국 정부와 여러 차례 교섭해 현안들을 해결할 수 있었다.[125]

---

123) 「대영(對英)외교 새로운 비중 갖게 돼」, 『조선일보』(1991년 3월 15일), 9쪽.
124) 박두식, 「이홍구 주영대사 인터뷰」, 『조선일보』(1992년 3월 7일), 2쪽.
125) 「이홍구 신임 영국대사, 포클랜드해에 어업전진 기지 확보」(MBC 백지연 앵커 보도, 1991년 3월 14일).

● **대영박물관에 한국관 열다**

이 대사는 주영대사로 봉직하면서 한국국제교류재단의 지원 아래 런던의 대영박물관 안에 한국관(韓國館)을 설치하는 계획에 착수했다. 그리하여 1992년 5월 21일에 한국국제교류재단 유혁인(柳赫仁) 이사장과 대영박물관 로버트 앤더슨(Robert Anderson) 관장 사이에 약정서가 체결됐다. 이때 이 대사 그리고 대영박물관 로드 윈들스샘 이사장 등이 참석했다.

이 약정서는, 한국국제교류재단이 앞으로 5년 동안 모금활동을 통해 매년 24만 파운드(미화 약 31만 달러)씩을 조성하고 1996년까지 120만 파운드(미화 약 156만 달러)를 대영박물관에 지원하며, 대영박물관은 이 기금으로 「에드워드 7세 건물」 안의 브리티시 라이브러리를 1996년까지 이전하고 한국관 개설을 위해 2년간의 개축공사에 착수할 것을 다짐했다. 앤더슨 관장은 이날 "매년 일정액의 자체 예산을 배정해 한국의 문화재와 예술품 등을 추가로 확보해나갈 계획"이라고 말했다.[126]

이 과정을 거쳐 한국관은 2000년에 문을 열었으며, 2014년에 대한민국 국립박물관의 지원을 받아 그 내용이 더욱 충실해졌다.[127] 한국관은 일본관과 중국관 사이에 위치한 120평 규모로, 대영박물관이 소장한 고려청자·이조백자·금속공예 등 총 5000여 점의 한국문화재를 전시하고 있는데, 거기에는 국제적으로 널리 알려졌으며 서양의 미술사학자들도 높이 평가하는 이조백자 '달 항아리' 등이 포함됐다.

이 대사는 영국의 여러 대학에서 강연하면서 두 나라 사이의 학술교류에도 힘을 썼다. 영국에서 동양학 연구와 교육에 앞장을 섰던 셰필드 대학교(University of Sheffield)는 이 대사가 이임한 때로부터 9년이 지

---

126) 「대영박물관에 한국실 만든다」, 『중앙일보』(1992년 5월 22일).

127) 한국관을 방문한 한 전문기자의 관찰은 다음에서 읽을 수 있다. 문소영, 「외국 박물관의 한국관은 '국뽕' '국까' 치료제」, 『중앙일보』(2017년 5월 22일), 32쪽.

난 2002년 7월 23일에 열린 졸업식에서, 한국학 진흥에 기여한 공로로 명예문학박사학위를 수여한다.

제3항
찰스 영국 왕세자 내외의 방한

이 대사가 재임하고 있던 1992년 11월 2~5일에 노태우 대통령의 초청으로 에드워드 찰스 영국 왕세자가 다이애나 비를 동반하고 방한했다. 조선이 영국과 수교한 때는 고종 20년인 1883년 10월로, 영국 왕실이 방한한 것은 수교 109년 만에 처음 있는 일이었다. 왕세자 내외는 3일에 노 대통령 내외를 예방하는 등 서울에서 공식행사를 가진 뒤 5일에 경주의 불국사와 양동(良洞)마을 등도 살펴보았다. 경주 북쪽 설창산에 둘러싸인 이 마을은 경주손씨(慶州孫氏)와 여강이씨(驪江李氏) 종가가 5백여 년 동안 전통을 잇는 유서 깊은 마을로, 마을 전체가 1984년 12월 20일에 국가문화재로 지정됐다.[128]

이 계제에 이 대사는 준비에 소홀함이 조금이라도 없도록 10월 28일에 일시 귀국했다. 그는 『중앙일보』와의 회견에서, 우리가 3억 2천만 명을 끌어안은 유럽연합이 출범함으로써 일본과 미국을 합친 정도로 거대한 시장이 등장했음에 주목해야 한다고 강조하고, 그는 또 "과거와 같은 후진적인 노동집약적 상품으로는 진출하기 어려울 만큼 경제의 선진화를 도모해야 한다."라고 권고했다, 그는 거기서 한 걸음 더 나아가 우리나라가 미국과 일본을 비롯한 전통적 우방 그리고 유럽연합을 상대로 하는 외교에 주력하되 라틴아메리카·아프리카·중동 등 개발도상국가

---

128) 「양동마을, 국가민속자료 승격」, 『조선일보』(1984년 12월 27일), 7쪽; 「경주 양동 민속마을」, 『동아일보』(1991년 2월 7일), 23쪽.

그룹에 대해서도 "내용 면에서 훨씬 폭을 넓힘으로써 전방위외교를 펼쳐야 한다."라고 제의했다.[129]

● 이한응 열사 추모회를 열다

우리나라와 영국과의 공식 관계는 1883년 11월 26일에 한·영우호통상조약의 체결로 시작됐다. 영국은 곧바로 우리나라에 영사관 또는 공사관을 개설했으나, 우리나라는 1901년 7월에야 민영돈(閔泳敦)을 영국 공사 겸 이탈리아 공사로 겸임 발령했으며 그는 곧바로 런던에 공사관을 개설했다. 이때 그를 보좌했던 외교관이 이한응(李漢應) 3등서기관이었다. 1904년에 민영돈 공사가 귀국하자 이한응 서기관은 서리공사를 맡았다. 곧 일제의 강압 아래 대한제국이 국권을 빼앗기는 을사늑약을 내다보면서 그 6개월 전인 1905년 5월 12일에 그는 비분강개 속에서 유서를 남기고 자결했다. 만 30세가 되기 직전이었다. 을사늑약 직후인 1906년에 영국은 한·영관계를 공사관계에서 총영사관계로 격하시키고 서울에 총영사관을 유지했다.

영국대사를 역임한 이홍구 대사는 이 사실을 언제나 기억하면서 「이한응열사추모사업회」 회장을 맡고 순국 100주기 추모회를 준비했다. 그 결과 2005년 5월 12일에 동국대학교 예술극장에서 각계 인사들이 참가한 가운데 추모회가 열렸다. 이 자리에서 이 대사는 개회사를 통해 "인간의 자주성과 위엄을 지킨 그분의 순국은 우리가 다시는 열강의 각축전에 희생당하는 딱한 민족이 되지 않아야 한다는 교훈을 남겼다."라고 말했다.[130]

---

129) 김진국, 「영 찰스 왕세자 방한준비: 이홍구 주영대사 인터뷰」, 『중앙일보』(1992년 11월 1일), 5쪽.

130) 「을사늑약 항의해 자결 이한응 열사 100주기」, 『한국일보』(2005년 5월 13일).

曉堂 李洪九

남북정상회담 개최의 원칙적 합의를 북한과의 협상을 통해 구체화하다: 통일부총리를 거쳐 국무총리 그리고 여당 대표로

(1993년 7월~1998년 2월)

　　1992년 12월 18일에 실시된 제14대 대통령선거에 입후보한 7명 가운데 여당인 민주자유당의 김영삼 후보, 제1야당인 민주당의 김대중 후보, 그리고 신생 야당인 통일국민당의 정주영(鄭周永) 후보가 가장 중요한 경쟁자였다. 김영삼 후보와 김대중 후보는 모두 '단계적 평화적 통일'론을 제시했다. 그러나 김대중 후보는 자신의 지론인 '남북공화국연방'안을 추가하고 거기에 역점을 둠으로써 김영삼 후보보다 '진보적'인 또는, 보는 이에 따라서는 '친북적'인 성향을 나타냈다. 대조적으로, 대기업 현대건설그룹의 창설자인 정 후보는 '대한민국에 의한 북한흡수통합'론을 제시해 보수·우파적 성격을 분명하게 드러냈다. 정 후보는 김영삼 후보와 마찬가지로, 김대중 후보가 '사상이 불투명하며 친북성향'을 지녔음을 암시하는 발언을 거듭함으로써 각각 보수·우파가 자신에게 투표하도록 유도하고자 했다. 재야운동권은 김영삼 지지와 김대중 지지로 양분됐다.[1] 결과는 김영삼 후보의 여유 있는 승리였다. 김대중 후보는 곧바로 '정계은퇴'를 선언하고 영국 케임브리지대학교로 떠났다. 선거운동 과정에서 김영삼 후보를 심하게 비난했던 정 후보는 김영삼 후보가 당선된 뒤 자신은 물론이고 두 아들도 검찰의 수사를 받는 등 곤욕을 치렀다.

　　김영삼 대통령은 1993년 2월 25일에 취임사를 통해 '김일성 주석'을 상대로 남북정상회담의 개최를 제의했다. 곧이어 북한에 대한 '유화정책'으로 읽힐 수 있는 여러 조치를 취했다. 그러나 북한은 그의 취임 15일째인 3월 12일에 그사이 국제원자력기구(IAEA)가 요구해온 핵사찰을 거부하면서 핵확산금지조약(NPT)으로부터의 탈퇴를 선언하는 것으로 대응했다. 출범한 때로부터 2개월이 채 되지 않은 미국의 빌 클린턴 민주당 행정부는 당황하는 모습을 보이며 북한의 탈퇴를 번복시키기 위해 북한이 요구한 미·북 쌍무회담에 응했다. 미국의 로버트 갈루치(Robert L.

---

1)　각 후보의 정견은 다음에 자세히 설명됐다. 『동아연감 1993』(동아일보사출판국, 1993), 68~70쪽.

Gallucci) 국무부차관보와 북한의 강석주(姜錫柱) 외교부 제1부부장 사이에 뉴욕에서 진행된 이 제1단계 미·북고위급회담은 6월 11일에 일정한 합의에 도달했으며 북한은 탈퇴를 유보했다. 이 회담에 한국은 제외됐다. 이로써 김 대통령의 대북·통일정책은 처음부터 시련에 직면했다.[2]

제2단계 미·북고위급회담은 1993년 7월 19일에 제네바에서 역시 한국을 제외한 채 시작됐으며 일정한 범위 안에서 합의에 도달했고, 그 합의의 연장선 위에서 남북 사이의 특사 교환을 성사시키기 위한 제1차 남북실무접촉이 10월 5일에 판문점에서 시작됐다. 그러나 전반적으로 보아, 북핵의 폐기를 위한 협상이 실질적인 진전을 보이지 못하고 오히려 한반도에서 무력충돌의 위기가 고조되자 지미 카터 전 미국 대통령은 1994년 6월 14일 서울을 방문해 김영삼 대통령과 회담한 데 이어 평양을 방문해 김일성과 회담했다. 6월 18일에 서울로 돌아온 카터 전 대통령은 김영삼 대통령에게 김일성이 남북정상회담 개최에 동의했다고 알렸으며, 이에 따라 남과 북은 7월 25~27일에 평양에서 제1차 정상회담을 열기로 합의했다. 그러나 7월 8일 김일성의 사망으로 회담은 무산됐다.

대조적으로, 제3단계 미·북고위급회담은 제네바에서 10월 18일에 합의를 끌어내, 미국이 2003년까지 북한에 경수로 2기를 지어주며 경수로 건설이 완료될 때까지 중유를 공급해줄 것을 약속하는 조건 아래 북한은 핵확산금지조약에 복귀하겠다고 약속했다. 원자로에는 크게 보아 중수로(重水爐)와 경수로(輕水爐)가 있는데, 중수로에서는 원자폭탄의 핵심원료인 플루토늄의 생산이 가능하나 경수로에서는 그것이 쉽지 않아 핵개발의 관점에서 볼 때 그 위험성이 훨씬 덜하다. 북한은 자신이 에너지 부족을 해결하기 위해 중수로를 건설한 것이라 변명했고, 미국은

---

2) Chongsik Lee and Hyuksang Sohn, "South Korea in 1993: The Year of the Great Reform," *Asian Survey*, Vol. 34, No. 1(January 1994), pp.1~9; John Merrill, "North Korea in 1993: In the Eye of the Storm," *Asian Survey*, Vol. 34, No. 1(January 1994), pp.10~18.

그렇다면 경수로를 지어주고 중유를 주겠다고 약속한 것이다.

이 합의 이후 미·북관계는 적어도 겉으로 보기에는 빠른 속도로 개선되는 것 같았다. 미국은 북한에 대한 오랫동안의 경제제재를 완화한다고 발표했으며 북한은 이를 환영했다. 한때는 평양과 워싱턴에 대표부 또는 연락사무소가 교환·개선될 것 같았으며, 언론사들의 지국 교환·개설도 임박한 것 같았다. 그러나 1994년 11월에 실시된 미국의 중간선거에서 상·하 양원을 장악하는 '공화당 혁명'을 이룩한 공화당이 클린턴 정부의 북한에 대한 '유화정책'에 제동을 겲에 따라 미·북관계는 진전을 보이지 못했다.[3]

이후 김영삼 대통령의 북한에 대한 태도는 출발 당시의 '유화' 태도에서 '강경' 태도로 전환한 것처럼 비쳤다. 그 스스로 자신의 연설에 때때로 북한을 비난하는 구절을 포함시켰는데, 1997년 2월에 북한에서 김일성의 주체사상을 이론적으로 정립한 것으로 알려진 황장엽(黃長燁) 조선로동당 중앙위원회 국제담당비서가 한국으로 망명하자 북한의 '붕괴'가 임박했다는 믿음을 갖게 되면서 그 비난의 횟수를 늘렸다. 국방부는 북한을 대한민국의 '주적(主敵)'으로 명기한 『국방백서』를 출판했고, 통일원은 북한의 열악한 인권상황을 고발하는 책을 출판했다. 그러나 북한의 식량 부족이 극심한 것으로 보도되면서 북한에 대한 쌀 지원을 결정했고 북한은 이것을 받아들였다. 이 시점인 1997년 10월 8일에, 김일성이 죽은 뒤 3년 넘게 「조선민주주의인민공화국 국방위원회 위원장」의 직함을 내세우며 김일성의 사실상의 후계자로 북한을 통치해 온 김일성의 장남 김정일(金正日)은 공식으로 조선로동당 '총비서'에 추대됐다.

김영삼 대통령 재임 기간에, 이홍구 대사는 우선 민주평화통일자문회의 수석부의장(부총리급: 1993년 7월 1일~1994년 4월 29일)으로 봉직

---

3) 남북협상과 북·미협상에 대한 자세한 기록은 다음에서 읽을 수 있다. Don Oberdorfer, *The Two Koreas: A Contemporary History*(Reading, M.A.: Addison-Wesley, 1997), pp.345~354.

했다. 이어 통일부장관 겸 부총리(1994년 4월 30일~12월 16일), 국무총리(1994년 12월 17일~1995년 12월 17일), 제15대 국회의원(1996년 4월 11일~1998년 4월 14일), 신한국당 대표(1996년 5월 7일~1997년 3월 12일) 등으로 활동했다.

제1절
민주평화통일자문회의 수석부의장으로 활동하다

제1항
민주평화통일자문회의의 성격

김영삼 대통령의 취임을 전후해 청와대와 내각에서의 요직에 관한 인사가 논의되면서 이홍구 대사는 다시 언론의 조명을 받았다. 『조선일보』에 따르면, 그는 대통령비서실장을 비롯해 국가안전기획부장과 외무부장관 등 모두 매우 중요한 세 기관의 수장 후보로 거론됐으며 또는 주미대사로도 거론됐다.[4] 그만큼 그는 비중이 큰 인물로 주목을 받은 것이다. 그러나 김 대통령은 그를 우선 민주평화통일자문회의 수석부의장으로 기용했다.

민주평화통일자문회의의 뿌리는, 통일정책에 관해 대통령의 자문에 응하는 대통령 직속의 헌법기관으로 1980년 10월 27일에 출범한 평화통일정책자문회의이다. 위치는 서울특별시 중구 장충동이었다. 국내와 해외에서 자문위원을 위촉하며 그들의 임기는 2년이나, 연임이 가능하도록 규정했다. 이 기관은 6 · 29선언에 뒤따른 여 · 야 합의의 새 헌법에서 민주평화통일자문회의로 바뀌었지만, 그 성격과 위치 그리고 구성은 앞과 같았다. 대통령을 의장으로 하고 여러 부의장을 두되, 부의장들 가운데 의장이 '지명'하는 부총리급의 수석부의장이 상근하며 이 기관을 이

---

4)　「김 대통령이 대부분 직접 통보: 새 정부 첫 조각 뒷얘기」, 『조선일보』(1993년 2월 27일), 2쪽.

끌도록 규정했다.

초대는 공군참모총장과 국방부장관 및 주미대사를 역임한 김정렬(金貞烈), 2대는 공군참모총장과 국방부장관 및 내무부장관을 역임한 주영복(周永福), 3대는 문교부장관과 국회부의장을 역임한 민관식(閔寬植), 4대는 내무부장관과 보건사회부장관 및 국토통일원장관을 역임한 홍성철(洪性澈)이었고, 5대가 바로 이홍구였다. 홍성철은 국토통일원장관의 경우에는 이홍구의 후임이었는데, 민주평화통일자문회의 수석부의장의 경우에는 이홍구가 그의 후임이 된 것이다. 이홍구가 수석부의장이던 때 사무총장은 『동아일보』 정치부 기자를 거쳐 국회의원을 세 차례 역임한 유경현(柳瓊賢)으로, 그는 훗날 대한민국의 전·현직 국회의원들로 구성된 「사단법인 대한민국 헌정회」 회장으로 봉사했다.

한 정치평론가는 이홍구 전 국토통일원장관이 민주평화통일자문회의 수석부의장으로 기용된 데 대해 다음과 같이 논평했다.

현 정부가 출범하면서 김 대통령은 그에게 평통 수석부의장이라는 감투를 주었다. 이 대표는 여행을 좋아하고 많은 사람과 사귀고 대화하고 스트레스가 없는 가운데 자유로운 사고와 공부하기를 즐기는 사람이다. 그런 그에게 풍광 좋은 남산 숲속에 자리를 잡은 평통의 부의장 자리는 매우 고마운 보직이었다.[5]

수석부의장은 이명박 정부에 와서 부총리급으로부터 장관급으로 조정되며, 장관급의 사무총장은 차관급의 사무처장으로 조정된다. 2022년 현재(제20기)의 시점에서, 위원의 수는 국내위원만 1만 6100명과 해외위원 3900명을 합쳐 모두 2만 명이다. 부분적으로, 통일정책에 관한 연구와 교육, 그리고 중심적으로는 위원들과의 협의 등을 포함한 업무를 다

---

5) 김진(金瑈), 「커버스토리: 신한국당 대표 이홍구」, 『WIN』(1996년 6월), 28~31쪽 가운데 30쪽.

루는 사무처는 사무처장을 비롯한 약 90명 직원으로 구성됐다.

제2항
북한과의 협상에 관한 경험담

수석부의장으로, 그는 강연과 집필을 통해 북한과 통일에 관한 자신의 여러 의견을 개진했다. 그것들 가운데 주목할 만한 것은 북한과의 협상에 대한 경험담이다. 북한과의 협상, 그리고 거기서 한 걸음 더 나아가 공산주의자와의 협상에 관해서는 그 협상에 참여했던 사람들이 많은 책을 출판했으며,[6] 특히 스위스 출신의 미국 정치학자 프레드 이클리(Fred Charles Iklé)는 협상의 사례들을 비교하면서 『협상론』을 출판했다.[7]

이 수석부의장은 1985년의 한 대담에서 '협상의 기술, 즉 협상의 전략과 전술'에 깊은 관심을 나타냈었다. 어느 시점에 북한은 그 이전과는 달리 남쪽과의 회담에 대해 '과거에 보지 못하던 적극성을 띠고 회담을 결렬시키지 않으려는 조심성을 현저하게 나타냈음'을 상기시키면서, 우리로서는 북한이 시기와 시점에 따라 왜 그러한 전략과 전술을 채택하는지를 정확하게 진단해야 하고 "극단적인 신중론과 극단적인 급진론의 중간을 택하는 것이 현명한 방법이다."라고 강조했었다.[8] 그러한 관심을

---

6) 그 대표적인 사례는 다음과 같다. Admiral Charles Turner Joy, *How Communists Negotiate*(New York: Macmillan, 1955)/김홍열(金弘烈) 역, 『공산주의자는 어떻게 협상하는가』(한국해양전략연구소, 2003).

7) Fred Charles Iklé, *How Nations Negotiate*(New York: Harper & Row, Publishers, 1964; Millwood, N.Y.: Kraus Reprint, 1987)/이영일(李榮一)·이형래(李炯來) 공역, 『협상의 전략』(한얼문고, 1972).

8) 이홍구·안병영, 「대담: 통일에의 문은 열리는가」, 『정경문화』(1985년 11월), 84~101쪽; 『이홍구 문집』 IV, 541~562쪽에 재수록. 인용된 부분은 547~548쪽에 있다.

가졌음에도, 그는 자신의 경험담을 책으로, 또는 자신의 경험에 바탕을 둔 이론서를 출판하지는 않았다. 그러나 일반인이 모르고 있었던 비화를 포함해 몇 가지 흥미 있는 관찰을 제시했다. 다음에서, 그가 수석부의장으로 취임하기 이전 그리고 수석부의장 재임 중에 제시한 관찰을 종합해 두 갈래로 나눠 살피기로 하겠다.

● **한국이 유의해야 할 점: "북한은 협상에서 유례없이 어려운 상대로, 우리로서는 힘에 바탕을 두고 협상해야 한다"**

이 수석부의장은 우선 북한과의 협상에서 우리가 유의해야 할 점을 지적했다.

첫째, 그는 대북협상에 관해서는 "이제는 새로운 제안의 여지도 없을 정도로 그동안 폭발적으로 제안이 쏟아졌다."라고 말하며, 국민의 다양한 의견 개진이 주는 긍정적인 측면을 충분히 인정하면서도 그것이 가져오는 문제에 대해서도 솔직하게 털어놓았다. "북한과의 협상을 시작하면, 회담 자체가 지닌 다이내믹스가 있는데도 전 국민이 손가락을 내밀고 여기 놓아라, 저기 놓아라, 요구하기 때문에 바둑알을 어디에 두어야 할지 혼선을 일으키게 된다."라고 말한 것이다. 그러한 의미에서 그는 남북회담을 '바둑을 두는 것'에 비유했다.[9] 여기서 그는 다음과 같이 부연했다.

회담에는 회담 자체의 역학이 있고 진행과정이 있다. 회담 현장에서는 양보를 하는 것도 협상의 일부이기 때문에 자체의 흐름과 형식과 다이내믹스에 따라서 해야 한다. 하루아침에 모든 것을 양보할 수는 없는 것이다. 남북한 간의 회담은 서로가 서로를 상대자로 받아들이고 진행하는 회담이

---

9) 이홍구, 「국제정세의 변화와 우리의 통일정책」, 도산아카데미연구원 편저, 『한국사회의 과제와 발전 방향』(흥사단출판부, 1990), 277~286쪽; 『이홍구문집』 III, 385~395쪽에 재수록. 인용된 부분은 389쪽에 있다.

기 때문에 상대방을 완전히 무시하지 않는 한 회담 자체가 갖고 있는 격식과 흐름에 따라 진행해야 한다. 한 번에 양보한다든지 무작정 똑같은 얘기를 반복한다든지 하는 것은 불가능하다. [1989년 11월에] 제2차 남북이산가족고향방문단의 상호방문을 성사시키기 위해 회담을 진행하면서 가장 어려웠던 점은 우리측이 양보에 양보를 거듭했음에도 불구하고 국민은 단 한 번에, 무조건적인 양보를 원한다는 점이었다. 국민의 요구는 실현성도 희박하지만 회담을 확실하게 결렬시키는 방법이었기 때문에 우리측으로서는 무조건 양보를 할 수 없었다.[10)]

북한은 정권 자체가 협상의 내용이나 진행 그리고 결과에 대해 자신의 입에 맞게 보도를 철저히 통제할 수 있다. 그러나 한국은, 특히 민주화가 진행되던 제6공화국 아래서는 그 통제가 거의 불가능하다. 국민은 이 엄연한 현실을 인정하면서 남북대화 또는 남북협상을 바라보아야 하는데 그렇지 못한 데서 정부당국의 어려움이 있다. 여기서 그는 "이제는 국민이 원하는 방향으로 윤곽이 잡혔으니 침착해질 시점"이라고 강조했다. 같은 맥락에서, 그는 "회담 자체를 어떻게 운영해야 하는가에 대해서는 국민은 회담 당사자들에게 맡겨두어야 한다."라고 당부했다.[11)]

둘째, 그는 한국사회에서 '남과 북 사이의 자유왕래'를 실현해야 한다는 주장이 높으며 그 주장은 타당하지만 남북협상의 진전과 궁극적 성공을 위해서는 이 주제에 대해 신중할 것을 권고했다. 이 제의는 '자유왕래'를 매우 두려워하는 북을 '불필요하게 자극'할 수 있기 때문이라는 것이다. 그는 우리의 최종 목표인 '자유왕래'를 실현하기 위해서는 "어떻게 단계적으로 합의해 가느냐를 중심으로 여러 가지 슬기로운 계획을

---

10)　위와 같음.

11)　이홍구, 「올가을 남북총리회담 열린다」, 『월간 옵서버』(1990년 4월), 372~377쪽; 『이홍구문집』 IV, 677~684쪽에 재수록. 인용된 부분은 683쪽에 있다; ＿＿＿, 「국제정세의 변화와 우리의 통일정책」; 『이홍구문집』 III, 385~395쪽에 재수록. 인용된 부분은 390쪽에 있다.

세워야 한다."라고 강조했다.[12]

셋째, 그는 북한에 관해서는 국내외에서, 특히 일본에서 수많은 정보와 첩보가 떠돌며 보도되고 있음을 상기시키며, 근거가 확실하지 않은 단편적인 정보와 첩보를 앞세워 남북대화 또는 남북협상에 대해 왈가왈부하는 경향에 대해 경고했다. 정부로서도 그러한 것들에 의존해 정책을 세울 수는 없다고 해명했다.[13]

넷째, 그는 북한이 협상에서 유례없이 어려운 상대임을 직시해야 한다고 역설했다. 이와 관련해, 그는 동독과의 협상을 주도했던 브란트 전 서독 총리의 회고를 상기시켰다. 브란트는 1989년에 서울을 방문했을 때, 그와의 대화에서 다음과 같은 취지로 말했다.

나는 20년 전인 1969년에 동방정책을 집행하면서 동독을 상대해야 했다. 근본적으로 동독은 그래도 합리적으로 이야기할 수 있는 상대였었다. 이제 20년이 지나 서울에 와서 들으니 북한은 동독과는 달리 대화하기가 매우 어려운 상대라고 말을 하는데 전적으로 동감한다. 동독이 오늘날의 북한보다 상대하기 쉬웠었다.[14]

이 점에서, 그는 북한과의 협상을 생각할 때 결코 잊어서는 안 되는 일은 "우리 자체의 힘이 약해지면 북한은 절대로 어떤 협상에 응하지 않는다."라는 사실이라고 강조했다. 그는 다음과 같이 부연했다.

---

12)　김효숙, 「이홍구 통일원장관 인터뷰: "90년대 통일전망은 밝다"」, 『월간 동화』(1990년 1월), 226~241쪽; 『이홍구문집』 IV, 659~676쪽에 재수록. 인용된 부분은 674쪽에 있다.

13)　이홍구, 「한국의 통일정책과 북방외교: 전경련 월례특강」(1988년 4월 29일); 『이홍구문집』 III, 293~307쪽에 재수록. 인용된 부분은 299쪽 및 305쪽에 있다.

14)　김효숙, 「이홍구 통일원장관 인터뷰: "90년대 통일전망은 밝다"」; 『이홍구문집』 IV, 659~676쪽에 재수록. 인용된 부분은 664쪽에 있다.

강하다는 것이 어떤 것을 뜻하느냐, 서너 가지로 말씀드릴 수가 있습니다. 제일 직접적인 것은 군사적인 것이죠. 유럽의 경우에서도 보다시피 군사적으로 약세에 몰려있는 상대하고 공산주의가 타협한 일은 없습니다. 그러기 때문에 우리의 안보태세 자체를 약화시키는 주장이나 행동이 나온다면 이것은 통일을 이루는 데 우선 지장을 가져온다고 말씀을 드릴 수가 있습니다.

두 번째는 우리의 그러한 군사력을 유지하기 위해서는 우리의 경제력이 필요합니다. 사실 오늘 이만큼 상황이 되어 가는 것도 우리 경제력의 힘이라고 할 수 있습니다. 그러니까 우리의 경제력을 계속 발전시키고 강화해 나가야 하겠습니다.

이 모든 것을 가능하게 하기 위해서는 정치발전이 있어야 한다는 것입니다. 이것은 민주주의를 제도화해야 한다는 뜻입니다. […] 현재 우리는 민주주의의 제도화를 위해 노력하고 있습니다. 이 과정에서 노사분규라든가 질서를 무너뜨리는 여러 가지 행동도 많이 나타나고 있는데, 이러한 것들 전부가 우리의 민주주의체제를 강화하기 위한 노력입니다. […] 그런데 북한은 이것을 [한국에서 민주주의가] 강화되는 과정이 아니라 약화되는 과정이라고 보고 있습니다. 우리는 앞으로 2년 이내에 북한에 이것이 강화되는 과정이라는 것을 보여주어야 합니다.[15]

군사적 힘을 강조한 그의 관점은 한국전쟁을 매듭짓기 위해 열렸던 정전협정회담에서 유엔군과 미군을 대표했던 초대 수석대표 찰스 터너 조이(Charles Turner Joy) 제독의 회상을 떠올리게 한다. 그는 중공군 대표 및 북한군 대표와의 회담을 치른 뒤, 협상의 성공을 위해서는 반드시 군사적 힘의 뒷받침을 최대한 받아야 한다고 강조한 것이다.[16]

---

15) 위와 같음. 인용된 부분은 667~668쪽에 있다.
16) Admiral Charles Turner Joy, *How Communists Negotiate*(New York: Macmillan, 1955)/ 김홍열(金弘烈) 역, 『공산주의자는 어떻게 협상하는가?』(한국해양전략연구소, 2003).

다섯째, 그는 북한과의 협상에서는 우리의 의도를 아주 단순화시켜서 정확하게 전달해야 한다고 강조했다. 이 점과 관련해, 그는 1989년 12월에 몰타에서 열린 미·소정상회담에 배석했던 리처드 솔로몬 미국 국무부 동아시아태평양차관보가 자신에게 "공산주의자들과 대화를 나누려면 우리의 입장이 일관성이 있고 적어도 강한 입장에 있어야 이야기가 되는 것이지 그렇지 않고서는 전혀 이야기가 되지 않는다."라고 한 말에 공감을 표시하면서,[17] 다음과 같이 말했다.

우리뿐만 아니라, 그동안 공산당과의 교섭사(交涉史)를 보면 공산당이라고 하는 사람들은 복잡하게 얘기하면 잘못 알아듣는 경향이 있다. 확실하게 아주 단순화해서 "이것이 우리가 원하는 것이고 이것은 절대 양보를 못하는 것이다."를 확실하게 얘기해줘야 이해를 하지, 너무 어렵고 복잡하게 얘기하는 것은 잘못 알아듣는 경향이 있다. 그래서 우리는 남북대결에서는 확고한 자세를 취해야 한다.[18]

같은 맥락에서, 그는 "북한은 힘의 논리를 믿는 집단이기 때문에 무엇보다도 중요한 대목에서는 비교적 단순하고 간결한 표현이 북한과의 대화에서 필요하다는 점도 이번 상황에서 많이 느끼게 됐습니다."라고 회상했다.[19]

---

17)　김효숙, 「이홍구 통일원장관 인터뷰: "90년대 통일전망은 밝다"」; 『이홍구문집』 IV, 659~676쪽에 재수록. 인용된 부분은 664쪽에 있다.
18)　이홍구, 「통일조국의 미래상과 국제환경」, 『통일강좌』 4(민주평화통일자문회의)(1993년 12월); 『이홍구문집』 III, 443~461쪽에 재수록.
19)　이홍구, 「국제체제의 변화와 통일의 전망(자유지성300인회 강연회에서의 강연)」, 『자유지성』 14(1994년 1월 31일); 『이홍구문집』 III, 463~473쪽에 재수록. 인용된 부분은 473쪽에 있다.

- **북한의 정책결정과 기구, 그리고 협상행태: "김일성이 모든 것을 결정하는 가운데 양면작전을 편다"**

북한과의 협상에 있어서 우리가 기본적으로 정확히 파악해야 할 것은 대남협상에 관한 북한의 정책결정과 기구이다.

첫째, 이 수석부의장은 북한에서는 국내문제와 국제문제를 포함한 모든 문제에 관해 김일성이 전권을 장악하고 있는데 한국과의 협상에 관해서는 더욱 그러하다고 보았다. 이 사실에 관해, 그는 다음과 같이 말했다.

> 북한체제라는 것은 거의 전부가 김일성의 결정에 의해 좌우된다. 우리가 정상회담을 하자고 강조하는 것은 우리 사정 때문이 아니라 북한에서는 다른 사람이 아무리 나와서 회담을 해야 별 소용이 없기 때문이다. 그러한 북한체제의 성격으로 보아 역시 김일성과 직접 만나 정상에서 대화가 있어야 돌파구가 생기지 않을까 하는 뜻에서 우리가 정상회담을 원하는 것이다.[20]

그는 이어 대남정책에 관한 북한의 정책결정 기구의 특성에 주목했다. 그의 관찰에 따르면, "북한에는 한마디로 그들 나름의 통일정책이 있겠지만 이것은 워낙 중요하기 때문에 역설적인 이야기 같지만, 정부에 맡기지 않고 있다. 그래서 북한의 이른바 행정부에는 우리의 통일원에 해당하는 부서가 없다."

그러면 어느 기관이 담당하는가? 다시 그의 관찰에 따르면, "이것은 워낙 중요하니까 당에서 직영한다. 당의 대남책임비서로 허담(許錟)이 있고, 당 비서국 안에 외교·정치를 담당하는 김영남(金永南)이 있고, 대

---

20) 김효숙, 「이홍구 통일원장관 인터뷰: "90년대 통일전망은 밝다"」; 『이홍구문집』 IV, 659~676쪽에 재수록. 인용된 부분은 665쪽에 있다.

남공작의 총책임자로 김중린(金仲麟)이 있다.” 그들 가운데 그는 김중린에 대해 주목했다.[21] 1983년 10월에 전두환 당시 대통령이 버마의 수도 랑군을 방문하고 버마의 독립영웅 아웅산을 기리는 아웅산 묘역에 참배했을 때 폭탄을 터트려 수행원 다수를 폭사시킨 이른바 아웅산묘역테러 사건을 기획하고 지휘한 사람이 김중린이었음을 상기시키면서, 이러한 사람이 잠시 퇴진했다가 다시 등장할 때는 북한이 대남 ‘대화전술’보다는 ‘교란전술’에 더 역점을 둔다는 점을 잊어서는 안 된다는 뜻이었다. 그는 이어 “허담과 김영남 및 김중린이 주역이라 할 수 있고, 다음에 중요한 것은 그것이 무슨 회담이든지 판문점에 나오는 사람들인데, 그들은 적어도 지난 20년 동안 계속 그 일만 전담한 그룹이다.”라고 덧붙였다.[22]

대남정책과 관련해 조선로동당 다음으로 중요한 기관은 조선인민군으로, 조선인민군의 최고사령부는 당의 대남정책에 큰 영향력을 미친다. 그러나 역시 가장 중요한 것은 조선로동당이다. 북한에서 한국을 상대로 제안도 하고 성명도 발표하는 조국평화통일위원회라는 것도 사실은 조선로동당에 종속된 것이라고 그는 분석했다.[23]

둘째, 그는 우리의 수많은 제안에 대해 북한은 처음에는 무조건 부정적 반응을 보이는 것이 일반적이라는 관찰을 제시했다. 그의 표현으로 북한의 ‘부정적 반응은 거의 조건반사적’이다. 북한이 우리의 제안을 제대로 읽어나보고 저러는 것인지 의심이 갈 때가 많다고 회상한 그는 “우선 뭐가 나왔다면 아니라고 소리를 질러놓고 나서, 뭐가 나왔나 자세히 읽어보는 행태가 이미 체질화되어 있는 것 같다.”라고 부연했다.[24]

---

21)　이홍구, 「제6공화국의 통일정책 기조와 과제: 국방대학원 89년도 안보과정 특강(1989년 6월 3일)」, 『이홍구문집』 III, 361~383쪽에 재수록. 인용된 부분은 371쪽에 있다. 또 이홍구, 「민족공동체 형성을 통한 통일로의 전진」(『3·1성서연구회』에서의 연설, 1989년 1월 19일), 『이홍구문집』 III, 349~359쪽에 재수록. 인용된 부분은 354쪽에 있다.

22)　김효숙, 「이홍구 통일원장관 인터뷰: “90년대 통일전망은 밝다”」; 『이홍구문집』 IV, 659~676쪽에 재수록. 인용된 부분은 665쪽에 있다. 1989년에 버마와 랑군은 미얀마와 양곤으로 개명됐다.

23)　위와 같음.

셋째, 그는 북한의 대남행태가 기본적으로 양면작전에 바탕을 두고 있다고 분석했다. 국제정세가 긴장완화와 상호공존의 방향으로 흘러가고 소련과 중국을 비롯한 이웃 국가들이 북한도 그러한 방향으로 전환할 것을 요구할 때는 우리에 대해 '대화' 또는 '화해'를 말하며 '온건한' 태도를 보이지만, 한국사회 내부에서 특히 대북문제 또는 통일문제를 둘러싸고 혼란이 깊어지면 자신들이 추구해온 '남조선해방'이 실현되리라는 환상에 젖어, 다시 말해, '베트남병'에서 벗어나지 못해, 한국정부를 곤경에 빠트리려는 심산에서 한국의 재야운동권세력을 부추긴다고 분석한 것이다. 그는 북한이 후자의 길을 택할 때는 특히 '가족 재결합'이라는 명분을 내걸고 해외의 목사들 가운데 일부를 부추겨 그들 그리고 그들의 영향을 받은 해외동포의 방북을 유도하고 그들의 방북을 자신들을 정당화하는 선전에 활용한다고 비판했다. 그는 만일 북한이 진정으로 이산가족 재결합에 뜻이 있다면 남북적십자회담에 응할 것이지 남북적십자회담은 거부한 채 그러한 방법을 쓰는 것은 옳지 않다고 덧붙였다.[24]

그는 북한이 이러저러한 제안을 거듭하지만, "가장 핵심적인 내용은 미군철수문제"라고 지적했다. 이것은 김일성이 자신의 1인 독재체제를 유지하기 위해 만든 '남조선해방의 신화'를 실현하기 위해서는 그것이 선결이라고 인식하는 '완고한 입장'에서 나온 것으로 진단했다.[26]

넷째, 그는 북한이 남북협상에서 자신들의 내부사정 때문에 협상을 깨뜨리려고 할 때는 우리가 아무리 양보를 거듭해도 끝내 애초의 남북합의에 어긋나기도 하고 우리가 도저히 받을 수 없는 제의를 거듭함으

---

24) 이홍구, 「한국의 통일정책과 북방외교」; 『이홍구문집』 III, 293~307쪽에 재수록. 인용된 부분은 304쪽에 있다.

25) 이홍구, 「민주화시대의 통일정책: 한국능률협회 경영자 하계세미나 특강(1988년 7월 21일)」, 『이홍구문집』 III, 309~327쪽에 재수록. 인용된 부분은 320쪽에 있다.

26) 이홍구, 「통일환경과 정책방향: 월간 『양지』 기고문(1988년 11월 30일)」, 『이홍구문집』 III, 337~348쪽에 재수록. 인용된 부분은 339쪽에 있다.

로써 자신들의 목적을 달성했다고 회상했다. 예컨대, 1989년 11월에 열린 제2차 이산가족남북고향방문단 교환방문을 위한 남북적십자회담 때, 북은 그 시점에서는 수백 명이 왕래하는 방문단 교환을 원하지 않는다는 뜻을 우리에게 암시했다. 그래도 우리는 고향을 방문하고 싶어 하는 실향가족의 염원을 풀어주기 위해 최선을 다했으며 양보에 양보를 거듭했다. 그러자 북은 우리의 거듭된 양보에 당황할 뿐만 아니라 짜증마저 내면서, 갑자기 서울에서 가극 「꽃 파는 처녀」를 공연하자고 제의했다. 이 가극은 김일성의 항일게릴라운동을 과장해서 미화한 것으로, 우리가 그 시점에서는 받아들일 수 없는 제의임을 알면서 "이제는 더는 안 되니 포기하라."라는 메시지로 그렇게 제의한 것이다. 「꽃 파는 처녀」를 제시하고도 우리가 그것을 받아들일까 걱정되어서인지 역시 김일성의 항일게릴라운동을 과장해서 미화한 「피바다」 공연까지도 제의했다.[27] 그는 다음과 같이 회상했다.

적십자회담은 이산가족을 만나게 한다든지 재해가 발생했을 때 구호를 한다든지 하는 단체이지 혁명가극의 공연을 교섭하고 주선하는 단체가 아니다. 따라서 적십자사로서는 주관할 수 없는 사업이고 동시에 상대방을 자극하거나 비방하는 정치적 행사는 하지 않기로 이미 약속했기 때문에 합의에 어긋나는 것이기도 했다. 또한, 우리는 우리대로 정치성을 띤 공연작품을 만들어 공연해야 할 경우, 남북관계 개선에 도움을 주는 것이 아니라 관계를 악화시키는 계기가 될 것이다. 따라서 우리는 모든 원칙에 따라 북한의 제의를 받아들일 수 없었고, 받아들이지 않았다.[28]

---

27) 김효숙, 「이홍구 통일원장관 인터뷰: "90년대 통일전망은 밝다"」; 『이홍구문집』 IV, 659~676쪽에 재수록. 인용된 부분은 669쪽에 있다. 이홍구, 「올가을 남북총리회담 열린다」; 『이홍구문집』 IV, 677~684쪽에 재수록. 인용된 부분은 681쪽에 있다.

여기서 우리는 앞에서 살폈던 프레드 이클리가 공산주의자의 협상행태를 분석한 뒤 만들어낸 용어인 '강탈적 요구(extortionary demand)'를 떠올리게 된다. 그에 따르면, 공산주의자들은 협상을 깨뜨리고 싶을 때 상대방이 도저히 받아들일 수 없는 무리한 요구를 거듭함으로써 목적을 달성한다는 것이다.[29]

다섯째, 그는 북의 협상행태에는 '비상식적'인 측면이 있다고 지적했다. 군축을 포함한 정치·군사문제는 실권을 가진 책임자들이 나와 회담해야 하는 것이 상식이다. 그러나 북은 조선로동당이 만들어놓은 아무런 권한이 없는 천도교청우당의 대표를 회담에 포함시키자고 제의하는가 하면 우리나라에서는 아직 조직되지 않은 신당의 대표를 포함시키자고 제의했다. 이러한 제의에 양보하는 것은 '일관성을 깨뜨리는 것이고' 설령 양보를 한다고 해도 또 새로운 비상식적 제의를 하기 때문에 받아들이지 않았다고 회상했다.[30]

여섯째, 그는 '남북 인구비례 원칙'에 대한 북한의 태도에 몇 차례 변화가 있었던 사실을 회상했다. 새삼스러운 설명이 필요 없듯, 대한민국은 남북한 총선거가 실시될 때 그것은 남북의 토착인구 비례 원칙에 따라야 한다고 주장했고, 북한은 그 원칙을 거부하면서 남북 동등성의 원칙 곧 '1대 1'론을 내세웠다. 이후 남북회담에서 북은 언제나 '1대 1'론을 내세웠지 인구비례라는 말은 전혀 쓰지 않았다.[31]

---

28) 이홍구, 「국제정세의 변화와 우리의 통일정책」, 도산아카데미연구원 편저, 『한국사회의 과제와 발전 방향』(흥사단출판부, 1990), 277~286쪽; 『이홍구문집』 III, 385~395쪽에 재수록. 인용된 부분은 389~390쪽에 있다. 「꽃 파는 처녀」 사례에 대해서는 이홍구, 「올가을 남북총리회담 열린다」; 『이홍구문집』 IV, 677~684쪽에 재수록. 인용된 부분은 681쪽에 있다.

29) Fred Charles Iklé, *How Nations Negotiate*(New York: Harper & Row, Publishers, 1964; Millwood, N.Y.: Kraus Reprint, 1987), pp.208~210.

30) 이홍구, 「올가을 남북총리회담 열린다」; 『이홍구문집』 IV, 677~684쪽에 재수록. 인용된 부분은 681쪽에 있다.

31) 이홍구, 「민족공동체 형성을 통한 통일로의 전진」; 『이홍구문집』 III, 349~359쪽에 재수록. 인용된 부분은 358쪽에 있다.

그런데 서울올림픽의 개최를 앞두고 북한이 공동개최를 제의할 때는 인구비례 원칙을 들고 나왔다. 국제올림픽위원회가 네 종목을, 경우에 따라서는 여섯 종목을 북한에서 개최하는 안을 내놓자, 김일성이 "우리의 인구가 [남북 전체] 인구의 3분의 1인데 경기종목 스물네 개 가운데 3분의 1인 여덟 개는 우리에게 주어야 하지 않겠느냐."라고 말함으로써, 비록 스포츠에 국한된 것이기는 하지만 처음으로 '1대 1'론에서 물러섰던 비화를 공개하면서, 그는 "이것은 우리로서는 상당히 중요하게 생각되는 일"이었다고 회상했다.[32]

다른 한편으로, 그는 북한이 인구비례의 원칙도 동등성의 원칙도 모두 무시한 사례를 소개하기도 했다. 북이 남쪽의 내부상황을 혼란스럽다고 자의적으로 판단하면서 더 흔들고자 할 때는 '북남정당 · 사회단체연합회의'를 열자고 제의하며, 참가자의 수를 무제한으로 할 것을 고집한 것이다. 우리가 북의 제의를 수용한다는 대국적인 차원에서 "좋다. 회의를 열자. 그러나 참가자의 수를 당신들이 늘 제의하던 '1대 1'로 하자."라고 응수하면, "우리는 같은 민족인데, 뭘 이것저것 따지느냐? 정당 · 사회단체의 대표는 수의 제한 없이 모두 참가시키자."라고 맞섰다고 회상했다.[33]

제3항
국제정세와 북한상황에 대한 종합적 인식

이 수석부의장은 1993년 10월에 보수 · 우익의 성격이 짙은

---

32) 이홍구, 「통일정책의 어제와 오늘: 국방대학원 '88년도 안보과정 특강」(1988년 4월 26일); 『이홍구문집』 III, 271~292쪽에 재수록. 인용된 부분은 279~280쪽에 있다.
33) 이홍구, 「민족공동체 형성을 통한 통일로의 전진」; 『이홍구문집』 III, 349~359쪽에 재수록. 인용된 부분은 358쪽에 있다.

「신아세아질서연구회」에서, 그리고 1994년 1월에 역시 보수·우익의 성격이 짙은 「자유지성300인회」에서 강연했다.[34] 각 강연의 내용과 초점은 서로 다르며 앞의 경우에는 학술적인 성격이 훨씬 강하다. 그러나 당시 국제정세와 북한상황에 대해서는 본질적으로 동일한 인식을 보여주었다. 그의 종합적 인식을 보여주는 이 강연들을 이해하기 위해, 먼저 이 시점에서의 세계정세와 북한상황을 간단히 살피기로 하겠다.

우리가 제6장에서 살폈듯, 미국의 부시 대통령과 소련의 고르바초프 서기장은 1989년 12월에 몰타에서 냉전의 종식을 선언했다. 1990년 10월에 냉전의 산물들 가운데 하나로 분단됐던 독일은 통일을 성취함으로써 냉전의 종식을 실감나게 했다. 4개월 뒤인 1991년 2월에 미국은 다국적군을 이끌면서 걸프전쟁을 승리로 매듭지었는데, 이 과정에서 소련은 아무런 영향력을 행사하지 못했다. 이러한 흐름 속에서, 부시 대통령은 1991년 4월 13일에 미국 공군대학 졸업식에서 이제 '새로운 세계질서(new world order)'가 등장했다는 내용의 유명한 연설을 했다.[35] 그 연설은 미국이 주도하는 '단극적' 국제체제가 성립됐다는 미국의 자부심을 반영한 것으로 풀이됐다.

그것을 증명이라도 하듯, 그 연설로부터 8개월 뒤 소련에서 소련공산당 지배체제가 붕괴했고 발틱 3국과 우크라이나 및 카자흐스탄을 비롯해 소련을 구성하던 공화국들 가운데 다수가 독립했다. 그 결과 지난날의 소련은 이제 러시아연방으로 줄어들었다. 소련의 강력한 영향 아래 놓여있던 동유럽에서는 공산정권이 줄줄이 무너졌고, 이로써 '소련제국'은 해체됐다. 이러한 세계사의 대전환 속에서 세계의 여러 곳에서는 큰

---

34) 앞의 강연은 다음과 같다. 이홍구, 「신세계질서의 전개와 통일전망」(신아세아질서연구회에서의 강연, 1993년 10월); 『이홍구문집』 III, 421~430쪽에 재수록. 뒤의 강연은 다음과 같다. ____, 「국제체제의 변화와 통일의 전망」; 『이홍구문집』 III, 463~473쪽에 재수록.

35) 이 연설 그리고 이 연설에 대한 평가는 다음에서 읽을 수 있다. Joseph S. Nye, Jr., "What New World Order?," *Foreign Affairs*, Vol. 71, No. 2(Spring 1992), pp.83~97.

혼란이 잇따랐다. 많은 사례 가운데 몇몇 사례에 한정한다면, 동유럽에서는 보스니아 사태에서 보듯 '인종청소'와 같은 참극이 벌어졌으며, 아프리카에서는 소말리아 내전에서 보듯 역시 대살육이 계속됐고, 아이티에서는 군부쿠데타가 일어나면서 반대세력에 대한 학살과 함께 일부 국민의 해외 탈출이 일어났다. 이에 따라, 어떤 논자들은 이제 '새로운 세계질서'가 아니라 '새로운 세계무질서(new world disorder)'의 시대가 열렸다고 주장했다.

바로 이 시점에 북한의 핵개발이 세계적 쟁점들 가운데 하나로 등장하자, 국제사회는 한편으로는 북한의 핵개발을 우려하고 다른 한편으로는 북한의 장래를 비관적으로 보며 북한 공산정권이 곧 붕괴할 것이라고 예측했다. 이른바 북한 붕괴론이 퍼지기 시작한 것으로, 한국사회에서는 자연히 한국 주도의 흡수통일론이 대두했다.

● **"미국과의 관계를 최우선시하되 러시아의 중요성을 잊어서는 안 된다"**

그러면 이 수석부의장은 이러한 국제정세와 북한상황을 어떻게 인식했던가?

첫째, 그는 국제정세를 '새로운 세계질서'와 '새로운 세계무질서'라는 용어를 혼용하며 관찰하는 가운데 미국이 힘의 한계를 드러냈다고 보았다. 앞에서 예시한 몇몇 사태에서 미국은 군사 개입을 자제했거나 군사 개입을 했다고 해도 목적을 달성하지 못했을 뿐만 아니라 국제적으로도 적절히 대처하지 못했다고 논평하면서 그 점은 북핵문제에서도 그대로 드러났다고 보았다. 당시 우리 정부와 국민의 최대 관심사이던 북핵에 대해, 그는 우리와 북한 사이에서뿐만 아니라 우리와 미국 사이에서 그리고 미국과 국제원자력기구 사이에서도 견해차가 있음을 지적하면서, 특히 북핵에 대해 강경한 대처를 요구하는 국제원자력기구는 미국이 '적당한 선에서의 타협'을 추구하고 있다고 비판하며 반발하고 있음을 상기시켰다. 지난날에는 북한에 대해 '상당히 관대한 평가'를 내리던 스웨덴과 노르웨이를 비롯해 사회주의 정당이 집권한 서구 국가들이, 북한이 핵무기를 개발해왔으며 또 그 개발이 상당한 수준에 이르렀음을 파악한 이후 '매우 강경한 입장'을 취하는 사실도 소개했다.

그렇지만 그는 미국의 역할을 여전히 중시했다. 그는 우선 우리나라가 위치한 동북아시아는 가장 넓은 영토를 가진 러시아, 가장 많은 인구를 가진 중국, 가장 많은 현금을 가진 일본으로 구성됐음을 상기시키고 그 세 나라 가운데 어느 한 나라가 패권국가가 되면 우리나라는 그 패권국가에 종속될 위험이 크다고 경고했다.[36] 그 위험을 방지하려면 어떻게 해야 하나? 동북아시아의 국제질서는 어느 한 나라도 패권국이 되지 못하는 상태로 남은 채 그들 사이에 세력균형이 유지되는 방향으로 나아가야 한다고 제의하면서, 그는 우리와 목표를 같이 하면서 동시에 강력한 영향력을 지닌 미국의 역할이 매우 중요한 만큼 우리로서는 미국과의 관계를 돈독히 하는 데 힘을 써야 한다고 역설했다. 여기서 그는 자신의 지론인 지정학의 중요성을 거듭 강조했다.

이렇게 말하면서도, 그는 중국을 '경계'할 것을 권고함과 동시에 러시아의 중요성을 잊지 말라고 충고했다. 독일의 헬무트 슈미트 (Helmut Schmidt) 총리가 1993년 5월에 방한해 강연했을 때 한국인들이 러시아가 정치적·경제적으로 어려움에 빠져있음에만 주목해 러시아를 과소평가하는 경향이 있음을 비판하면서, "독일·영국·프랑스보다 더 위대한 나라는 러시아이며 이러한 위대한 나라를 이웃으로 두고 있음을 한국은 한 차례도 잊어서는 안 된다."라고 충고한 사실을 상기시켰다.[37]

---

36) 이홍구, 「통일조국의 미래상과 국제환경」; 『이홍구문집』 III, 443~461쪽에 재수록. 인용된 부분은 457쪽에 있다. 또, 「신세계질서의 전개와 통일전망」; 『이홍구문집』 III, 421~430쪽에 재수록. 인용된 부분은 426쪽에 있다.

37) 「"한반도통일 일·중협조 중요": 슈미트 전 서독총리 본사초청 강연」, 『중앙일보』(1993년 5월 21일), 1쪽; 이홍구, 「신세계질서의 전개와 통일전망」; 『이홍구문집』 III, 421~430쪽에 재수록. 인용된 부분은 426~427쪽에 있다. 또, 「통일조국의 미래상과 국제환경」; 『이홍구문집』 III, 443~461쪽에 재수록. 인용된 부분은 457쪽에 있다.

● **"북한의 핵확산금지조약 탈퇴 선언에 적절히 대응하지 못했다"**

둘째, 그 역시 북한의 개발을 매우 심각하게 보았다. 그는 1970~1980 년대에 들어서서 한국이 북에 대해 경제적 우위를 차지하고 그것을 바탕으로 군사적 우위도 차지할 것 같은 흐름을 보이자 북은 핵개발에 주력했고 상당한 수준에 이르렀다고 평가했다. 그는 "북한의 핵개발 진전은 한반도의 균형을 깨트릴 가능성을 높이게 될 것이며, 종국적으로 한반도의 평화를 파괴할 것"이라고 우려했다.

이러한 맥락에서, 그는 북한이 1993년 3월에 핵확산금지조약 탈퇴를 선언한 것은 1991년에 성립된 「남북기본합의서」를 무시한 행동이었다고 단정했다. 그러면서 "거기에 우리가 적절히 대응하지 못한 것은 우리의 실책"임을 자인했다. 이 점과 관련해, 그는 "작년에 문민정부가 들어서면서 통일정책을 비롯한 기존의 정책에 대한 기조가 흔들려 「남북기본합의서」에 대해서도 지속적인 관리를 소홀히 한 것이 아닌가"라는 말로써 자성의 뜻을 나타냈다.[38]

이 대목에서, 그는 통일문제에 관한 북한의 태도 변화를 지적했다. 겉으로는 '하나의 조선'론을 펴면서 자신은 '통일주의자'임에 반해 남한은 '분단주의자'라는 이미지를 고착시키려고 하지만, 현실적으로는 '남한에 의한 흡수통일'을 절대로 받아들일 수 없고 북한체제를 유지해야겠다는 절박감을 지닌 채 '두 개의 조선' 노선을 추구하고 있다고 평가했다.

그는 북한이 앞으로 나아갈 길을 세 가지로 전망했다. (i) 북한이 핵을 배경으로 모험주의의 길을 걷는 경우, (ii) 북한체제가 해체되면서 붕괴하는 경우, (iii) 북이 남과의 협상에 성실히 응해 순차적으로 남북관계를 개선하고 종국적으로 남북연합을 실현하는 경우 등이다. 그는 이 모든 경우에 대비하기 위해 '우리의 기본체제능력'을 더 길러야 한다고 역

---

38) 이홍구, 「국제체제의 변화와 통일의 전망」; 『이홍구문집』 III, 463~473쪽에 재수록. 인용된 부분은 472쪽에 있다.

설했다.[39)]

그러면 '기본체제능력'이란 무엇인가? 그는 우리나라가 무역과 경제에서 큰 나라로 성장했다고는 해도 "재산의 측면에서는 영국·프랑스·독일 등 서구선진국에 비해 아직도 빈곤하다."라고 지적하고. "21세기의 우리의 과제는 한 나라로서 어떻게 재산을 축적하느냐이다. 이를 위해서는 경제능력 강화와 사회능력 강화가 필요하다."라고 주장했다. 여기서 그는 매우 철학적인 '한국적 사회계약'론을 제의했다. 그 목표와 관련해, 이제 우리 사회가 '다원화·다층화'됐음을 직시하고, "합리적으로 각자의 이익과 입장을 논의해 전 국민이 동의할 수 있는 최소한의 합의점을 마련해야 한다."라는 뜻이었다.[40)]

셋째, 그러면 당시 한국사회에서 자주 논의되던 '남한에 의한 흡수통일'론을 그는 어떻게 보았나? 그는 '흡수통일'을 '허구'라고 단언했다. "실제로 남북관계는 상황의 흐름에 따라 자연적으로 이뤄지는 것이기 때문에 누가 누구를 흡수할 수 있는 성질의 것이 아니다."라고 강조했다.[41)]

● **'통일비용 들더라도 통일을 성취해야'**

한국에 의한 북한 흡수통일론이 확산하면서, 한국사회 안에서는 '통일비용'론이 제기됐다. 마치 독일이 통일된 뒤 독일 정부가 지난날의 동독지역의 생활수준을 끌어올리기 위해 막대한 재정지원을 베푸는 것과 마찬가지로, 한국도 낙후한 북한지역에 대해 같은 조치를 취해야 할 것이라는 예측이 유행하는 가운데 통일을 유보시켜야 한다는 주장 역시

---

39) 이홍구, 「신세계질서의 전개와 통일전망」; 『이홍구문집』 III, 421~430쪽에 재수록. 인용된 부분은 428쪽에 있다.

40) 위와 같음, 인용된 부분은 429~430쪽에 있다. 그의 '한국적 사회계약'론은 다음에서 자세히 전개됐다. 이홍구, 「민족공동체와 사회계약: 미래를 향한 시민사회의 원리」, 『계간 비판』 (옥인방)1 (1993년 가을); 『이홍구문집』 III, 431~441쪽에 재수록.

41) 이홍구, 「국제체제의 변화와 통일의 전망」; 『이홍구문집』 III, 463~473쪽에 재수록. 인용된 부분은 469쪽에 있다.

힘을 얻기 시작했다. 이에 대해, 그는 "통일의 대가(對價)에 대해서는 논하지 말 것"을 제의했다. 그는 다음과 같이 단호하게 말했다.

> 당위론적으로 볼 때 만일 우리에게 통일의 기회가 온다면, 우리에게 얼마의 대가가 오더라도 반드시 통일을 이룰 것이기 때문입니다. 이는 독일의 경우에도 마찬가지입니다. 폰 바이츠제커 대통령이 밝혔듯이 "모든 독일인에게 자유를 나눠줄 수 있다면 어떠한 대가라도 치르겠다."라는 것이 오늘날 독일의 입장인 것입니다. 현실론적으로 봤을 때도 남북통일의 문제가 자의적으로 그 시기를 앞당기거나 늦출 수는 없는 문제인 것입니다. 이것은 역사의 흐름에 의해 기회가 오면 통일이 자연적으로 이뤄질 것이므로, 우리가 이 통일에 어떻게 준비해야 하느냐의 문제만 남은 것이지 그 이상의 공론은 필요 없는 문제입니다.[42]

그의 이 연설에서 우리는 자유라는 가치를 어느 다른 가치보다 중시한 그의 제11명제를 상기하게 된다. 그가 폰 바이츠제커 대통령의 연설을 원용했을 때, 그것은 그가 사실상 "모든 북한인에게 자유를 나눠줄 수 있다면 어떠한 대가라도 치르겠다."라고 말한 것이나 다름없었다. 그는 이후에도 통일의 기회가 온다면 비용을 따질 것이 아니라 무조건 그 기회를 잡아야 한다는 지론을 여러 차례 펼쳤다. 우리는 이것을 제24명제라고 명명하기로 한다.

국제정세의 흐름을 읽는 데 탁월한 그였지만, 때로는 그의 예측이 빗나가는 경우도 간혹 나타났다. 그는 「자유지성300인회」의 강연에서, "내년에 일본이 유엔 안전보장이사회 이사국으로 들어갈 것임은 매우 확실한 사실입니다."라고 말했으나 그 전망은 맞지 않았다. 그는 이 강연에서, 또 「신아세아질서연구회」 강연에서, 신중함을 유지하면서도 "세계사

---

42) 위와 같음, 인용된 부분은 468~469쪽에 있다.

의 흐름 속에 한반도라고 해서 예외가 될 수 없고 따라서 북한에도 물론 변화가 일어날 것”으로 전망했다. 특히 후자의 강연에서, “북한의 변화는 시간문제”라고 전망했다. 그러나 실제에 있어서는 그렇지 않았다.

이러한 지적은 그에게만 해당하는 것은 아니다. 합리적 사고가 지배적인 서구에서는 물론 국내에서도 그렇게 내다보는 것이 상식적이었다. 여기서 문제가 되는 것은 학계에서 체제의 유지와 붕괴에 관해 널리 수용되는 일반이론으로써는 이해할 수 없는 북한체제의 예외적 특수성이다. 북한에서는 체제유지를 위해 ‘신화’와 국가폭력이 결정적으로 중요하게 기능한다. 우선 ‘신화’에 대해 말한다면, 그 신화는 김일성의 항일 게릴라운동을 과장하고 심지어 왜곡한 것으로부터 출발해, 그가 6·25전쟁을 ‘승리’로 이끌었으며 이후에도 끊임없는 미제국주의의 침략 시도를 좌절시켰다는 것 그리고 남조선인민이 그를 그리워하고 있으며, 그에 의해 통일이 이뤄질 것이라는 데 이르기까지 허위로 가득 차 있다. 1980년대 이후에는 기존의 신화에 ‘백두산혈통론’이라는 또 하나의 신화가 추가됐다. 김일성과 그의 첫 부인 김정숙이 백두산을 무대로 항일투쟁을 전개했고 그 과정에서 김정일이 백두산에서 태어났으며 — 이 모든 주장은 허위에 가깝다 —, 그리하여 북의 지도자는 이 ‘백두혈통’에서 나와야 한다는 궤변이 그것이다. 이 신화와 함께, 군대·경찰(공공경찰 및 비밀경찰 포함)을 중심으로 하는 국가 폭력기구의 인민에 대한 끊임없는 감시와 억압, 그리고 약 30만 명이 구금되어 있는 것으로 알려진 정치범수용소로 요약된 철저한 인권유린 등이 체제를 뒷받침한다.

다시 말해, 북한체제는 근본적으로, 합리적 사고가 체질화된 사람에게는 도저히 이해될 수 없는 이 두 가지로써 내구성(耐久性)을 유지한다. 이 사실에 새삼 주목할 때 우리는 비로소 북한이 왜 본질적 변화를 회피하면서 체제를 유지할 수 있는가를 알게 된다.

제4항
국제화시대=세계화시대에 대한 적응

이 수석부의장이 일련의 강연을 통해 강조한 또 하나의 주제는 국제화시대 또는 세계화시대에 대한 적응의 과제였다. 그는 우선 이 새 시대의 특징들 가운데 하나로 마르크시즘 또는 마르크스·레닌이즘을 비롯한 이데올로기의 효력이 사라진 사실을 꼽으면서, 우리가 직면한 새 시대를 '탈(脫)이데올로기의 시대'로 명명했다. 동시에 기술과 통신에서의 혁명에 따른 '정보화'를 중시하면서, '정보화시대'에 대비할 인적 자원의 교육과 훈련이 필수적이라고 역설하며 '교육혁명'을 제의했고, '정보를 핵심으로 하는 금융업의 국제화'를 제의했다.[43]

이렇게 '시대의 대전환'을 강조하면서, 그는 우리 스스로 "국제화의 노력이 꼭 필요하다."라고 역설했다. 우리가 1988년에 세계올림픽도 개최했고 1993년에는 세계박람회(EXPO)도 치렀음을 생각한다면, 우리나라도 국제화가 많이 이뤄진 나라라고 말할 수 있지 않을까? 이 물음에 대해, 그는 '아니다.'라고 대답했다. "우리나라는 국제화를 하는 여건과 기본조건에서 취약성이 대단히 많은 나라"라는 것이다.

첫째, 그는 우리 사회에서는 북한과의 전쟁과 냉전시대를 거치고 또 단순성으로 특징지어진 군부통치시대를 거치면서 그 유산으로 양자택일이라는 일원적 또는 획일적 사고방식이 지배적으로 작용하고 있는 터에 '단일민족의 신화'가 깊이 박혀있음을 지적했다. 후자와 관련해, 그의 표현으로, "한국사람들에게는 우리가 단일민족이기 때문에 우리끼리 순수하게 살아왔다는 단일성에 대한 신화적 믿음이 있다." 그러나 그는 "이것은 근거 없는 생각"이라고 단언하면서, 국제화시대에는 이 신화에

---

43) 이홍구, 「신세계질서의 전개와 통일전망」, 『이홍구문집』 III, 421~430쪽에 재수록. 인용된 부분은 424~425쪽에 있다.

서 벗어나 다른 나라들과 사이좋게 살며 이질적 문화를 과감히 수용해야 한다고 제의했다.[44]

우리가 단일민족이 아니라는 그의 인식은 정확하다. 우리는, 와세다대학의 이성시(李成市) 교수가 강조했듯, 고대 이후 여러 민족이 섞여 사는 가운데 다인종·다민족 국가를 유지해왔다.[45] 다인종·다민족 국가의 대표적 사례가 고려였으며, 조선왕조 후기에 흥선대원군의 아버지 남연군(南延君)의 묘에서 도굴하려 했던 독일의 인종학자 오페르트(Ernst J. Oppert)는 조선을 세 차례 방문한 뒤 쓴 책에서 "이 나라는 코케시언의 피에 몽골리언의 피가 섞인 혼종(混種) 사람들의 나라"라고 설명했다.[46] 신복룡(申福龍) 교수는 이 사실을 여러 자료로써 논증한 뒤 우리 민족은 결코 '단일혈통'을 유지하지 않았다고 단언했다.[47] 그러면 '단일민족설'은 무엇인가? 일제가 조선을 병탄하려는 의사와 행동이 의심의 여지없이 명명백백해진 1900년대에 들어와 조선의 애국적 지식인들은 일제에 대항하는 구심점을 마련하기 위해 '단일민족'설을 정립하고 전파한 것이다.[48]

둘째, 그는 우리에게 강하게 남아있는 유교적 전통은 장점도 많지만, 그것이 지닌 '폐쇄성'이 여전해, "바깥에서 오는 것을 싫어하고, [그 결

---

44)　오재식 사회/이홍구·이호철 좌담, 「냉전의 판도라상자를 열고」, 『계간 대화』(1994년 봄), 154~169쪽; 『이홍구문집』 IV, 689~711쪽에 재수록. 인용된 부분은 693쪽에 있다. 또, 이홍구, 「세계화로 향한 의식개혁의 과제」, 『계간 사상』(사회과학원)(1993년 겨울), 11~23쪽; 『이홍구문집』 III, 545~557쪽에 재수록.

45)　이성시 교수의 주장은 다음에서 읽을 수 있다. 이성시 저/이병호·김은진 공역, 『고대 동아시아의 민족과 국가』(삼인, 2022).

46)　Ernst Jakov Oppert, *A Forbidden Land: Voyages to Corea, With an Account of Its Geography, History, Productions, and Commercial Capabilities*(New York: G.P. Putnam's Sons, 1880).

47)　신복룡, 「한국인은 단일 혈통이 아니다」, ____, 『한국사 새로 보기: 아무도 의심하지 않았던 역사의 진실』(풀빛, 2001), 16~25쪽.

48)　이종욱(李鍾旭), 『역사충돌: 한국고대사의 민족만들기 역사만들기 신화 무너뜨리기』(김영사, 2003), 219~241쪽.

457

과] 우리나라는 외국인이 발을 붙이기 어려운 나라가 됐다."라고 지적했다. 일제의 식민지가 됐던 쓰라린 경험도 배외적 사회심리를 조성했을 것으로 이해하면서, 그는 우리나라에서 서구에서는 흔히 볼 수 있는 차이나타운을 보기 어려운 현실을 그 사례로 꼽았다. 한국을 방문하는 외국인들은 시간의 여유가 있을 때 꼭 차이나타운을 보고자 하다가 지리적으로 중국에 매우 가깝고 화교가 많이 사는 한국에서 보기가 매우 어렵다는 사실을 알고는 놀라움을 표시한다고 그는 부연했다.[49] 현재 차이나타운이 남아있는 곳은 서울특별시의 마포구 연남동과 서대문구 연희동, 그리고 중국 조선족의 이주가 활발해짐에 따라 그들에 의해 차이나타운이 형성된 영등포구 대림동과 구로구 구로동 등 네 군데 정도이고, 부산광역시의 경우에는 중구 영주동 일대와 그리고 차이나타운의 원조라고 할 수 있는 인천광역시 중구 북성동 일대 정도이다.

우리의 외국인에 대한 '폐쇄성'을 지적하면서 아주 대조적인 사례로 영국을 꼽았다. 자신이 주영대사로 봉직하던 때 영국이 일본의 기업들에 땅을 많이 파는 것을 보고 영국의 몇몇 장관·국회의원들에게 "일본이 이렇게 땅을 많이 사도 괜찮은 거냐?"라고 물었더니, 그들은 "땅을 들고 가는 사람이 어디 있느냐? 일본에 팔았다고 일본이 이 땅을 들고 가느냐? 이건 영국에 있는 땅이다. 아무리 일본인이 여기 와서 많은 돈을 쓴다고 해서 영국이 일본이 되겠느냐?"라고 반문하더라는 것이다.[50] 영국인의 이러한 사고방식은 한때 세계 곳곳에 식민지를 두고 '해가 지는 날이 없는 대영제국'을 유지·경영했던 경험에서 나온 것이라고 그는 덧붙였다.

국제화시대 또는 세계화시대가 열렸으며, 정부는 이러한 새 시대에

---

49)　이홍구, 「신세계질서의 전개와 통일전망」; 『이홍구문집』 III, 421~430쪽에 재수록. 인용된 부분은 427쪽에 있다.

50)　이홍구, 「통일조국의 미래상과 국제환경」; 『이홍구문집』 III, 443~461쪽에 재수록. 인용된 부분은 454쪽에 다음에 있다.

대비하는 정책을 여러 각도에서 마련하고 실시해야 한다는 그의 주장은 1년 뒤 김영삼 대통령의 공개발언에 반영된다. 김 대통령은 1994년 11월 15에 인도네시아의 보고르시(市)에 있는 대통령 별장에서 열린 「아시아태평양경제협력위원회(APEC)」 제2차 정상회의에 참석하고 곧이어 11월 16~18일에 호주를 방문한 계제에 시드니에서 "이제 세계가 우리의 역할과 역량을 기대하고 있고 우리도 세계 속에 기회가 있음을 확인하고 있다."라고 말하며 자신의 국가발전전략으로 '세계화구상'을 밝힌 것이다.[51]

제5항
유치위원장을 겸하며 2002년 월드컵 축구대회 한일 공동개최를 성사시키다

우리 모두 잘 알고 있듯, 1930년에 시작한 월드컵 축구대회는 4년에 한 차례, 곧 올림픽과 올림픽 사이에 열리는 또 하나의 인류의 축제이다. 따라서 세계의 많은 나라는 이 대회를 자국에서 열고 싶어 하며, 개최지를 결정하는 국제축구연맹(Fédération Internationale de Football Association: FIFA)의 회원국들과 그리고 스위스 취리히에 있는 본부의 집행위원들을 향해 로비활동을 활발히 벌인다.

1988년에 하계올림픽을 성공적으로 치른 한국은 이 월드컵 대회도 한국에서 개최할 때가 됐다고 판단했으며, 특히 정몽준(鄭夢準) 대한축구협회 회장이 앞장을 섰다. 1989년에 일본이 월드컵 대회를 유치할 의사를 발표하고 1990년에 유치위원회를 출범시킨 것도 한국을 자극했다.

---

51) 김영삼, 『김영삼대통령회고록: 민주주의를 위한 나의 투쟁』 전 2권(조선일보사, 2001), 상, 362~363쪽.

이러한 배경에서, 김영삼 대통령은 취임 직후 월드컵 대회의 서울 유치를 위해 노력할 것을 내각에 지시했다.

여기에 발을 맞춰, 1994년 1월 18일에 서울 하얏트호텔에서 「2002년 월드컵축구대회유치위원회」가 발기인 총회를 열고 재단법인으로 공식 출범했다. 발기인에는 (ⅰ) 경제계에서 이건희(李健熙) 삼성그룹 회장, 최종현((崔鍾賢) 전국경제인연합회 회장, 김상하(金相廈) 대한상공회의소 회장, 박용학(朴龍學) 한국무역협회 회장, 박상규(朴相奎) 중소기업중앙회장, (ⅱ) 체육계에서 민관식(閔寬植) 대한체육회 명예회장, 김운용(金雲龍) 대한체육회 회장, 정몽준(鄭夢準) 대한축구협회 회장, (ⅲ) 언론계에서 김병관(金炳琯) 동아일보사 사장, 방상훈(方相勳) 조선일보사 사장, 홍두표(洪斗杓) KBS 사장, (ⅳ) 법조계에서 이세중(李世中) 대한변호사협회 회장, (ⅴ) 학계에서 최정호(崔禎鎬) 연세대학교 교수, (ⅵ) 외교계에서 신동원(申東元) 전 독일대사, 한우석(韓宇錫) 전 프랑스대사 등 61명이 참여했다.[52]

발기인 총회가 이홍구 수석부의장을 위원장으로 선출함에 따라 그는 3월 15일에 서울 종로구 수송동 이마빌딩 8층에 사무실을 정하고 현판식을 가졌다. 이로써 그는 수석부의장직을 유지한 채 월드컵 축구대회의 서울 유치를 위한 민간외교에 착수하게 됐다. 5월 13일에 말레이시아의 수도 쿠알라룸푸르에서 열린 국제축구연맹 산하 아시아축구연맹(Asian Football Confederation: AFC) 총회에서 정몽준 대한축구협회 회장이 아시아지역 부회장으로 선출된 것은 유치활동에 청신호를 주었고, 국회는 1995년에 유치를 지지하는 결의문 채택과 관련법 제정으로 유치활동을 뒷받침했다. 그사이인 1994년 4월 30일에 이 수석부의장은 통일부총리로 임명을 받았는데, 그는 7월 26일에 유치위원장직을 사임하고 이에 따라 구평회(具平會) 한국무역협회 회장이 2대 위원장으로 선출됐다. 이홍

---

52) 「월드컵 유치위 발기인 명단」, 『중앙일보』(1994년 1월 18일), 19쪽.

구 통일부총리는 유치위원회 명예위원장으로 추대됐다.[53]

명예위원장으로, 그는 애초에 남북한의 공동개최도 염두에 두었다. 북한이 동의하기만 한다면 경기장 건설 등 필요한 일들을 도와줄 계획을 북한에 비공개적으로 알리기도 했다. 공동개최가 남북한 관계개선에도 큰 도움이 되리라고 판단했기 때문이다. 그러나 북한은 거절했다.[54] 이 무렵 한국과 치열한 유치 경쟁을 벌이던 일본이 한국과 공동개최하는 선에서 타협하고자 하는 의중을 파악해 김 대통령에게 보고했다. 이 사실과 관련해, 김 대통령은 다음과 같이 회고했다.

> 일본이 한국의 적극적인 유치 공세에 큰 부담을 느끼고 있는 것이 분명했다. 사실 일본보다 우리가 더욱 어려운 싸움을 하고 있었다. 하지만 최종 순간을 앞두고 일본측에 망설이는 모습을 보일 수는 없었다. 나는 일단 단독개최를 강력하게 밀고나가라고 이홍구 명예위원장에게 지시했다. 이홍구 명예위원장은 일본측과의 공동개최를 위한 비밀회동 사실을 함구에 부쳤다.[55]

김 대통령과 이 명예위원장은 모두 누가 개최국이 되더라도 개최국이 되지 못한 나라의 국민에게는 오래도록 앙금으로 남을 수밖에 없다고 판단해 두 나라가 공동개최하는 것이 두 나라의 미래를 위해 바람직하다는 데 합의했다. 결국, 국제축구연맹 집행위원회는 1996년 5월 31일에 한·일 두 나라의 의견을 받아들여 2002년 월드컵 대회를 두 나라에서 공동개최하기로 결정했다. 이에 따라 서울의 유치위원회는 해산했고, 대신에 「재단법인 월드컵축구대회조직위원회」가 1996년 12월 30일에

---

53) 「월드컵축구 유치위 구평회위원장 선출」, 『조선일보』(1994년 7월 27일), 27쪽.
54) 이홍구·김재홍, 「대담: 「남북기본합의서」의 감동으로 돌아가자」, 『신동아』(1994년 6월), 338~352쪽 가운데 341~342쪽.
55) 김영삼, 『김영삼대통령회고록』, 하, 219~220쪽.

코오롱그룹 명예회장인 이동찬(李東燦) 한국경영자총협회 회장을 위원장으로 선출하며 출범했다.[56] 김영삼 대통령은 1997년 6월 2일에 유치를 성공시킨 공로로, 5등급으로 나누어진 체육훈장 가운데 최고 등급인 청룡장을 정몽준 축구협회 회장과 함께 받았다.

2002년 월드컵 축구대회는 「2002 FIFA 월드컵 한국·일본(2002 FIFA World Cup Korea/Japan)」이라는 공식명칭 아래 2002년 5월 31일부터 6월 30일까지 한국과 일본에서 열렸다. 21세기에 들어와서 첫 번째 대회였으며, 월드컵 축구대회 역사에서 처음 있었던 공동개최였고, 아시아에서 처음 열린 대회였다. 본선에 진출하지 못한 오세아니아를 제외한 5개 대륙의 32개 팀이 경쟁한 이 대회에서, 한국은 준결승에 진출했다. 브라질과 터키 그리고 독일과 한국 사이에 각각 치러진 준결승전에서, 브라질과 터키 사이에서는 브라질이 승리하고, 독일과 한국 사이에서는 독일이 승리했다. 결승전에서는 브라질이 우승을 차지했고 독일이 2위를 차지했다. 한국은 터키와 3위를 놓고 대결했는데 2대 3으로 패배함으로써 4위에 머물렀다.[57]

여기에서 한 가지 특기할 만한 일은 이 대회에서 강호 이탈리아가 16강전에서 한국에 2대 1로 패배했다는 사실이다. 이탈리아는 1966년에 런던에서 열린 제8회 월드컵 축구대회 조별리그 예선전에서 북한에 1대 0으로 패배했었는데, 36년 뒤에 한국에도 패배함으로써 남북한 모두에 패배했다는 진귀한 기록을 세운 것이다. 이 대회 이전에 월드컵 축구대회를 두 차례 개최했고 세 차례 우승했던 이탈리아가 이렇게 무너진 것을 프랑스의 AFP통신은 '월드컵 역사상 가장 큰 이변'이라고 보도했고, 영국의 BBC방송은 '월드컵 사상 가장 쇼킹한 사건'이라고 보도했다.[58]

---

56) 「월드컵조직위 정식 출범」, 『경향신문』(1996년 12월 31일), 16쪽.
57) 「승패를 떠나 하나 된 한국-터키」, 『동아일보』(2002년 6월 30일), A7쪽.
58) 「대한민국 8강 축포」, 『동아일보』(2002년 6월 19일), A1쪽.

한국이 4위를 차지했다는 것은 16강전에 진출하기만 해도 대단한 성적이라고 생각했던 국민에게는 예상을 뛰어넘는 성공이었다. 온 나라가 이에 열광했으며, '4강 신화'가 탄생할 수 있었다. 이렇게 볼 때, 이 위원장은 '4강 신화' 탄생에서 산파의 역할을 맡았던 몇몇 사람들 가운데 한 사람으로 평가될 수 있다.

제2절
통일부총리 (1): 북핵문제 해결을 위해 활동하다

제1항
다시 통일원을 책임 맡다: "통일정책을 물 흐르는 것처럼 하라"

김영삼 대통령은 취임 2년 차가 되는 1994년 4월 22일에 이 회창 국무총리를 해임했다. 김 대통령은 자신이 대통령에 취임한 직후인 1993년 3월 11일에 그를 제15대 감사원장에 기용한 데 이어 1993년 12월 17일에 제26대 국무총리로 기용할 정도로 신뢰하고 있었는데, 총리가 된 이후 자신에게 의도적으로 도전한다고 판단해 해임했다고 회고했다. 김 대통령은 그의 후임에 자신과 마찬가지로 독실한 기독교인인 통일원장관 겸 부총리 이영덕(李榮德) 전 명지대학교 총장을 지명했고, 국회가 그의 임명동의안에 찬성함에 따라 4월 30일에 임명했다. 김 대통령은 같은 날에 통일원장관 겸 부총리에 이홍구 민주평화통일자문회의 수석부의장을 기용했다.[59]

이 장관으로서는 14대에 이어 20대 장관으로 임명된 것이고 통일부총리로는 최호중(崔浩中)·최영철(崔永喆)·한완상(韓完相)·이영덕(李榮德)에 이어 다섯 번째였다. 이때 정부공직자윤리위원회는 그의 재산이 30억2천9백99만4천원이라고 공개했다.[60] 이 재산에는 영산군 15대 종손

---

59) 김영삼, 『김영삼대통령회고록』, 상, 279~282쪽.
60) 「이 통일부총리 재산 30억3천만원 장관급이상 최고」, 『중앙일보』(1994년 6월 4일), 2쪽.

으로 관리하는 종중 재산이 포함됐다. 1969년에 국토통일원으로 출발해 통일원을 거쳐 통일부에 이르기까지 53년의 역사에서, 윤석열(尹錫悅) 대통령의 첫 장관을 포함해 42명이 장관을 맡았는데 두 차례 맡았던 사례는 이홍구 그리고 25대와 27대였던 임동원(林東源) 두 사람이다. 『신동아』와의 회견에서, 이 부총리는 자신이 통일원장관으로 두 번째 봉직하게 되자, 국무위원들이 자신을 '재수생'으로 부르고 있다고 웃으며 말했다.[61] 그의 재임 때 국토통일원 창설 이후 여러 요직을 역임한 송영대(宋榮大) 차관이 그를 보좌했다.

그는 통일부총리로 취임하면서 자신의 사무실에 '통일위여유수(統一爲如流水)'라는 한문 액자를 걸어놓았다. '통일정책을 물 흐르는 것처럼 하라'는 뜻이다. 여기에는 여러 뜻이 담겨 있는데, 그것들 가운데 하나는 "어느 한쪽이 불쑥 일방적인 제의를 해서 다른 쪽을 거북하게 만드는 것은 바람직하지 않다."라는 뜻이라고 풀이했다.[62] 무리하지 않으면서 순리를 존중하는 그의 평소 생활철학을 반영했다고 하겠다.

● 김 대통령, 이 부총리의 국제적 유대를 높이 평가하다

그러면 그는 어떤 배경에서 통일부총리로 기용된 것일까? 그는, 우리가 제6장 제1절 제1항에서 보았듯, 자신이 1988년에 노태우 대통령에 의해 국토통일원장관으로 기용된 배경에 대해 회고했었다. 그러나 통일부총리로 기용된 배경에 대해서는 "오늘 아침에 전화를 받고 비로소 알았다."라고 기자들에게 말한 데 나타났듯,[63] 자신도 전혀 몰랐다.

해답의 실마리는 김영삼 대통령의 회고록에서 찾을 수 있다. 김 대통

---

61) 이홍구·김재홍, 「대담: 「남북기본합의서」의 감동으로 돌아가자」, 343쪽.

62) 「북한거부 이후 남북경협 움직임: 정부 관망 속 기업들 분주」, 『중앙일보』(1994년 11월 13일), 5쪽.

63) 「이홍구 새 통일부총리 인터뷰 "통일정책 국민 신뢰 일관성 중시"」, 『매일경제』(1994년 5월 1일), 2쪽.

령은 자신의 이 결정에 대해 말하지는 않았지만, 월드컵 축구대회의 서울 유치를 위한 그의 노력을 높이 평가했다. "이홍구 유치위원장은 평소 알고 지내던 세계의 유력인사들을 대상으로 교섭을 벌였다."라고 특별히 언급하면서, 그가 유치위원회의 몇몇 위원들과 함께 "참으로 전력을 다해 뛰었다."라고 칭찬한 것이다.[64] 또 김 대통령은 이미 1993년 7월 6일에 자신의 정부는 '한민족공동체의 틀 안에서' 통일방안을 구상하고 있다고 연설했는데,[65] '한민족공동체'는 통일정책에 있어서 이홍구의 대명사와 같았기에, 이미 이 연설 때 그를 통일부총리로 염두에 두었을 것이라는 추측을 가능하게 한다. 어느 한 정치평론가에 따르면, 김 대통령은 재야지도자던 때인 1980년대 중반에 역시 재야지도자던 김대중과 함께 「민주화추진협의회」(약칭 민추협)를 결성했는데 당시 서울대학교 사회과학대학 정치학과 교수던 이홍구와 때때로 조용히 만나 정치현안에 대해 자문 받는 가운데 신뢰를 쌓았다고 한다. 김 대통령은 엄혹했던 그 시절에 국가 공무원임에도 자신을 만나주고 자문에 응해주었던 이 교수를 좋게 기억하고 있었다는 것이다.[66]

김 대통령이 이 수석부의장을 통일부총리로 기용하기 직전의 시점에서 볼 때, 북핵을 둘러싼 남북협상도 그렇지만 무엇보다 미·북협상이 김 대통령의 눈에는 매우 불만족스러웠다. 미국이 양보를 거듭하고 있는 것으로 비쳤고 또 국내의 보수·우익 매체들은 물론이고 중도 성향의 매체들도 김영삼 정부의 대처가 무능에 가깝다고 비판했기 때문이다. 이에 따라, 김 대통령은 1994년 4월 8일 정부 안에 통일부총리가 주재하며 외무부장관, 국방부장관, 국가안전기획부장, 대통령비서실장, 대통령외

---

64)   김영삼, 『김영삼대통령회고록』 하, 219쪽.

65)   「화해협력→남북연합→1개 국가통일 3단계방안 제시: 민주평통에서의 연설」, 『동아일보』 (1993년 7월 7일), 1쪽.

66)   정연욱(鄭然旭), 「'관리형' 이홍구 허허실실 대권 드라이브」, 『신동아』(1996년 8월), 139~147쪽 가운데 143쪽.

교안보수석비서관이 참석하는 「통일안보정책조정회의」를 신설해 북핵
문제와 그것에 따른 여러 문제를 함께 다루며 좋은 해법을 찾도록 지시
했다.[67]

이 회의를 주재하는 이영덕 통일부총리를 총리로 승진시키면서, 그
후임을 고려할 때, 김 대통령은 자신이 유심히 관찰하고 있던 이 유치위
원장이 적임이라고 판단했을 것이다. 이미 국토통일원장관을 2년 동안
수행하며 북한문제와 남북관계에 정통해졌다는 사실, 민주평화통일자
문회의 수석부의장으로 북핵에 대한 단호한 대처를 강조해온 사실, 미
국 클린턴 대통령과 그의 부인 힐러리 여사가 모두 이 위원장과 예일대
학교 동문이라는 사실, 전 독일 총리 빌리 브란트가 이끌던 「브란트위원
회」, 전 스웨덴 총리 스벤 올로프 요아힘 팔메(Sven Olof Joachim Palme)
가 창설한 「팔메위원회」, 노르웨이 총리 그로 할렘 브룬틀란(Gro Harlem
Brundtland)이 주도하던 「브룬틀란위원회」, 그리고 그 세 위원회가 중심
이 되어 발족시킨 「세계체제위원회」 등 세계적 비핵 · 평화 · 환경운동단
체들 모두에서 위원으로 활동하며 세계의 정치지도자들과 폭넓게 교류
하고 있는 사실[68] 등등이 복합적으로 작용했을 것이다.

또 하나 김 대통령으로서 정치적으로 중요하게 고려해야 할 일이 있
었다. 『동아일보』가 보도했듯, 그동안 김 대통령의 인재 공급원은 '민주
계'였는데, 집권 2년 차에 들어서면서 한계에 부딪혔고 대통령 스스로
강조하는 '새 시대 국정과제'를 생각할 때 그 한계를 넘어 광범위하게
찾지 않으면 안 됐다. 그래서 노태우 대통령 때 장관과 대사를 역임했다
고 해도, 그를 기용하게 됐으며 그의 기용은 대통령의 인사 폭이 넓어질
것을 예고하는 신호로 받아들여졌다.[69]

---

67) 김영삼, 『김영삼대통령회고록』 상, 279~280쪽.
68) 이홍구·김재홍, 「대담: 「남북기본합의서」의 감동으로 돌아가자」, 340~341쪽.
69) 「이 부총리 임명 인물 기용폭 확대여부 관심」, 『동아일보』(1994년 5월 1일), 3쪽.

언론의 반응은 호의적이었다. 『동아일보』와 『조선일보』를 비롯한 주요 매체들은 그가 세 야당의 지지도 확보하면서 '한민족공동체통일방안'을 정부의 공식 통일방안으로 확정 지은 역량을 상기시키면서 이 방안이 김영삼 정부에서도 계승될 것으로 전망하고, 특히 "논리정연한 화술과 원만한 대인관계로 적이 없다."라는 표현으로써 그의 성품을 칭찬했다. 『경향신문』의 경우에는, "통일문제만은 구관(舊官)이 명관(名官)인 모양이다."라고 논평했다.[70]

이홍구 부총리의 재임은 7개월 반 정도로 짧았지만, 그가 직면했던 과제의 무게를 생각한다면 길었다. 하나는 북핵을 둘러싼 한미관계 및 남북관계였고, 다른 하나는 남북정상회담의 개최를 위한 남북 사이의 회담이었다.

제2항
위기 속에 출발하다

이홍구 교수가 1988~1990년에 국토통일부장관을 맡았던 시기에 한국은 대북관계에서 훨씬 유리했다. 우리가 제6장에서 살폈듯, 북한의 전통적 우방인 소련과 중국 모두 북한의 반대에도 불구하고 한국에 접근했고 유럽에서는 공산정권이 줄줄이 무너지는 가운데 동서냉전의 종식이 선언됐으며, 한국의 북방외교는 순풍에 돛을 달고 항해하는 기세였고 자연히 북한은 대외관계 전반에서 위축됐고 남북대화에서도 수세적이었다. 오죽하면 김일성 스스로 『마이니치신문』과의 회견(1991년 4월 19일 보도)에서 북한의 위기감을 "조선 속담에 '하늘이 무너져도 솟아날 구멍이 있다.'"라는 대답으로 표현했겠는가.(물론 이 말은 북한에

---

70) 「가십: 마이동풍」, 『경향신문』(1994년 5월 1일), 1쪽.

서는 전혀 보도되지 않았다.) 당시의 이러한 분위기를 충분히 활용하며, 이 장관은 세 야당의 지지도 확보하며 자신이 교수 때부터 일관되게 제의한 '한민족공동체통일방안'을 정부의 통일방안으로 공식화할 수 있었다.

그러나 그가 두 번째로 통일원장관을 맡게 됐던 때는 북핵위기가 고조되는 상황으로, 언론의 표현으로는 '북핵문제가 위기국면'에 빠져있었다. 우리가 이 제7장의 서두에서 보았듯, 북한은 김영삼 대통령이 취임한 직후인 3월 12일에 핵확산금지조약으로부터의 탈퇴의사를 선언했고, 이에 따라 탈퇴의사를 번복시키기 위한 북한과 미국 사이의 협상은 북한의 요구에 따라 한국을 배제한 채 진행됐지만 만족할 만한 합의를 끌어내기는커녕 때때로 한반도에서 전쟁이 일어날 듯한 분위기를 조성했다. 미국의 유력지들에 「한반도에서의 제2의 한국전쟁?」이라는 제목 아래 당시의 대결상황을 알리는 기사가 때때로 보도된 것이 그것을 말해주었다.[71] 미·북회담과 별개로 판문점에서 열린 「남북 사이에 특사교환을 위한 남북실무접촉」의 8차 회담(3월 19일)에서 북한의 수석대표 박영수(朴英洙)는 미국의 태도를 비판하며 "서울은 여기서 멀지 않다. 전쟁이 일어나면 서울도 불바다가 될 것"이라고 공언해, 보수·우익은 물론 중도성향의 한국여론도 격앙시켰고, 이 일로 남북회담은 결렬됐다.[72] 이러한 맥락에서, 클린턴 대통령은 자신의 회고록에서 "3월 하순은 핵이 제기한 심각한 위기의 시작으로 특징지어졌다."라고 썼고, 북한의 핵무기를 파괴하기 위해 전쟁의 모험도 피하지 않을 생각을 하고 있었다고 시인했다.[73]

김영삼 대통령도 강경한 모습을 보여주었다. 4월 14~15일에 중국에서 유랑하는 탈북자들의 한국 입국을 허용한다고 발표했으며 북한의 열

---

71) 예컨대, Michael R. Gordon with David E. Sanger, "North Korea's Huge Military Spurs New Strategy in South," *New York Times*(February 6, 1994).

72) 「"전쟁나면 서울 불바다" 북 단장 폭언」, 『동아일보』(1994년 3월 20일), 1쪽.

73) Bill Clinton, 『 My Life 』(New York: Alfred A. Knoph, 2004), p.501.

악한 인권문제를 국제사회에 제기하겠다고 약속했다. 4월 20일에 서울에서 열린 한미국방장관회담은 북한의 군사적 위협에 대해 두 나라가 단호하게 대처할 것이라고 선언했다. 북한은 한발 물러서는 듯했다. 4월 19~21일에 김일성은 클린턴 대통령을 상대로 북한은 핵무기를 원하지 않으며 미국과의 평화협정을 원한다고 말했고, 4월 28일에 북한 외교부는 현행 정전협정은 이미 무효가 되었다고 선언하면서 정전협정안에 규정된 군사정전위원회로부터 탈퇴한다고 발표하고, 정전협정을 대체할 '평화보장체계'를 수립하기 위한 북·미쌍무회담의 개최를 제의했다. 김영삼 정부와 클린턴 정부는 북의 이 제의를 거부했다.[74]

● **"북한의 핵무기는 반(半) 개도 안 된다"**

이처럼 매우 긴박한 상황에서 취임하며, 이 부총리는 취임 당일에 "북한의 핵무기 보유는 어떤 이유로도 정당화될 수 없다. 북한이 현재 핵무기를 가지고 있다면 포기해야 하고 개발하고 있다면 중단해야 한다."라고 발언했다. 그는 이 태도를 재임 동안 내내 유지한다.[75]

현안에 대한 자신의 종합적 의견을 그는 취임한 뒤 사실상 첫 번째 기자회견인 『중앙일보』와의 회견(1994년 5월 10일)에서, 이어 한국신문편집인협회 주최 조찬토론회(1994년 5월 12일)에서 자세히 밝혔다. "북핵문제는 사상이나 이념의 문제가 아니라 민족생존의 문제이기 때문에 정부의 대북정책에서 0순위이고, 북한이 핵무기를 한 개가 아니라 반(半) 개만 갖고 있어도 남과 북이 1991년에 함께 서명하고 1992년에 함께 발효한 「한반도비핵화공동선언」은 무효다."라는 그의 발언은 크게 보도되면서, 호의적인 반응을 불러일으켰다. 내용이 불가피하게 때때로 겹

---

74) *Washington Times*(April 19, 1994); 「김일성 "방사실 폐기 용의"」, 『동아일보』(1994년 4월 20일), 1쪽; 「"정전협정 평화협정 교체" 북, 미에 회담제의」, 『동아일보』(1994년 4월 29일), 1쪽.

75) 「이홍구 새 통일부총리 인터뷰 "통일정책 국민 신뢰 일관성 중시"」, 『매일경제』(1994년 5월 1일), 2쪽.

치는 그 의견을 종합해 요약하면 다음과 같다.

첫째, 소련의 해체와 독일의 통일은 지난 100년 동안 진행된 사상과 이념의 시대가 종결됐음을 의미한다. 따라서 이러한 세계사적 탈냉전의 흐름에서 예외지역으로 남아있는 한반도의 문제도 전쟁이 아니라 대화로 풀어야 한다. 이를 위해 우리는 물론이고 북한도 과거의 교조적 관념에서 벗어나야 한다. 우리의 경우에 국한해 말한다면, 젊은 세대 가운데 일부가 아직도 20세기 초의 교조적 이데올로기에 사로잡혀 있는 것은 불행한 일로, 그들을 위해, 그리고 사회 전반에 대해 성숙된 시민의식을 키워줄 수 있도록 민간이 주도하는 구체적인 통일교육을 실시해야 한다.

둘째, 북핵문제를 풀기 위해, 우선 국제원자력기구의 핵사찰로부터 시작해 남북 상호사찰로 들어가고 이어 미ㆍ북회담과 남북회담을 그 순서대로 진전시켜야 한다. 그렇다고 해서, "북한 핵문제를 남북경제협력, 쉽게 말해, 북한에 대해 한국이 경제협력을 제공하는 문제와 연계시켜 풀자."라는 일부의 제의를 무기한 무시하는 것이 아니다. 상황의 진전에 따라 우리가 유연하게 대처할 단계적 대응방안을 세워 놓고 있다.

셋째, 북한은 탈냉전 흐름에 적응하다가 체제가 붕괴할 것을 우려하는 것 같다는 관측이 있다. 그러나 북한은 체제붕괴를 걱정하지 않아도 된다. 세계에서 북한을 침공할 의사가 있는 나라는 단 한 나라도 없기 때문이다. 북한은 미국의 '침공'을 자꾸 얘기하는데, 미국이 왜 북한을 침공하겠는가. 북한은 중국처럼 문호를 조금이라도 개방해야 한다. 북한이 중국모델을 참조해서 새로운 국제상황에 적응하려 한다면 우리는 북한의 체면을 살리면서 북한체제에 부담을 주지 않는 방법으로 돕고자 한다.

넷째, 북한은 현행 정전협정 안에 규정된 군사정전위원회에서 일방적으로 탈퇴하며 정전협정의 실효(失效)를 선언하고, 정전협정을 평화협정으로 대체하는 문제를 미국과의 회담에서만 다뤄 해결하자고 주장하는데, 이 문제는 「남북기본합의서」 안에 규정된 남북군사공동위원회를 중심으로 남북협상을 통해 해결해야 한다.

다섯째, 우리는 한국에 남아있는 미전향장기수의 북송문제와 북한에 남아있는 납북인사의 송환문제 등 인도주의에 관련된 모든 문제를 적십자회담이든 어떤 다른 회담이든 형식에 구애받지 않고 포괄적으로 해결할 뜻이 있다.[76]

이 부총리는 자신의 견해를 동아일보사 정치부 차장 김재홍(金在洪) 박사와 『신동아』에서 가진 대담에서도 되풀이하는 가운데 특히 「남북기본합의서」에 대해 자세하게 밝혔다. 그는 1972년 7월 4일에 발표된 남북공동성명서는 남북 최고당국자의 밀사가 만든 것임에 비해, 1991년 12월 13일에 채택된 「남북기본합의서」 그리고 1991년 12월 31일에 채택된 「한반도비핵화공동선언」은 모두 남북한의 공식 대표성을 가진 총리회담에서 합의·서명됐으며 북한의 경우 최고인민회의에서 비준된 것인 만큼 앞의 경우와 그 위상이 근본적으로 다르다고 강조했다. 그는 "북한의 핵 투명성이 보장되면 그다음으로 일차적 과제는 두 개의 남북합의서를 시행하는 것"이라고 덧붙였다.[77]

● **김대중 아태평화재단 이사장의 발언을 둘러싼 공방**

이 통일부총리가 북이 핵무기를 한 개가 아니라 반 개만 가져도 「한

---

76) 「이홍구 통일부총리에 들어본 대북정책」, 『중앙일보』(1994년 5월 12일), 5쪽; 「북핵 반 개만 있어도 '비핵화선언'은 무효: 이 통일 밝혀」, 『동아일보』(1994년 5월 13일), 1쪽. 이 장관의 연설 가운데 핵심적인 부분은 다음에 게재됐다. 「핵무기 반(半) 개라도 안 된다: 이홍구 통일원장관 편협대화에서」, 『한국논단』(1994년 6월), 158~166쪽.

77) 이홍구·김재홍, 「대담: 「남북기본합의서」의 감동으로 돌아가자」, 338~352쪽.

반도비핵화선언」은 파기된 것이나 마찬가지라고 발언한 때로부터 며칠 뒤, 그리고 미국 안에서 북한을 제재해야 하느냐 아니면 북한과의 대화를 이어가야 하느냐가 활발히 논의되던 시점에, 새로운 뜨거운 쟁점이 떠올랐다. 방미 중인 김대중 아태평화재단 이사장이 5월 12일부터 17일 사이에 세 차례에 걸쳐 기자회견을 갖고 북한에 대해 미국 정부가 '타협적' 길을 걷도록 권고하는 가운데 북한의 핵에 대해 관용하는 듯한 인상을 주는 발언을 한 사실이 국내에 알려지면서 여·야 사이에 격론이 벌어진 것이다.

우선 김 이사장의 발언 내용을 살피기로 하자. 미국 전국기자클럽(National Press Club)에서의 연설(5월 12일),『워싱턴 타임스(*Washington Times*)』와의 회견(5월 14일), 그리고 프랑스의 대표적 일간지『르 몽드(*Le Monde*)』와의 회견(5월 17일)에서, 그는 "북의 일차적 목표는 핵무기를 갖는 것이 아니라 미국과의 외교관계를 갖는 것이고, 설령 북이 핵무기를 보유했다고 해도 우리가 북을 공격하지 않는다면 그것은 쓸모가 많지 않다."라고 말하고, "클린턴 행정부가 북의 핵개발 중단과 미국의 북에 대한 외교적 승인 및 안전보장을 하나의 묶음(package)으로 제안하는 것이 바람직하며, 그 제안을 중심으로 북한과의 협상을 성사시키기 위해 카터 전 대통령과 같은 원로정치가를 평양으로 보내 김일성과 회담하도록 하는 것이 좋겠다."라는 취지로 말했다. 그는 클린턴 대통령이 김일성을 워싱턴으로 초청해 문제를 푸는 것도 좋은 방법이 될 것이라는 취지를 덧붙였다.[78]

여권(與圈)은 김대중 이사장의 제안을 강하게 반박했다. 민주자유당

---

78) Warren Strobel, "S. Korean Dissident Urges U.S. Relations with North," *Washington Times*(May 14, 1994);「미국과 관계개선 때는 북, 핵개발 포기할 것: 김대중 씨 불지(佛紙)와 회견」,『동아일보』(1994년 5월 17일), 1쪽 및 2쪽. 이 일련의 발언 그리고 카터의 방북과 그것에 따른 김일성과의 회담 등에 대한 김대중 당시 아태평화재단 이사장의 설명은 다음에서 읽을 수 있다. 김대중,『김대중자서전』전 2권(삼인, 2011), 상, 590~600쪽.

은 5월 16일에 대변인 성명을 통해 매우 과격한 언사로 공격했으며, 이 부총리는 이튿날 김 이사장의 발언이 "시의에 맞지 않고 부적절하다."라고 지적하면서 유감의 뜻을 표시했다. 김대중 이사장과 그의 민주당 역시 매우 거세게 맞섰다. 여권이 한반도에서의 전쟁 재발을 막으려고 노력하는 김 이사장의 진의를 왜곡한 채 그가 마치 친북·용공주의자인 것처럼 음해하고 있다는 것이었다.[79] 격론은 5월 23일에 열린 국회 외무통일위원회에서도 계속됐다. 민주당 의원들은 이 부총리가 김 이사장의 발언 내용을 원문도 보지 않고 왜곡해서 논평한 것이 아니냐고 질문했고, 이 부총리는 원문을 읽었으며 절대로 왜곡한 것이 아니라고 해명했다.[80]

제3항
국제원자력기구의 북핵 사찰 좌절 이후 고조되는 전쟁위기와 카터 전 대통령의 중재

국내외적으로 매우 미묘한 이 시점에서, 북한은 국제원자력기구 사찰단의 평안북도 영변 일대의 핵시설에 대한 사찰을 허용했다. 그러나 그 사찰은 매우 제한적이었다. 이에 국제원자력기구 한스 블릭스(Hans Blix) 사무총장은 6월 2일에 유엔 안전보장이사회를 상대로 '북한에 대한 국제적 행동'을 요구하는 강력한 메시지를 보냈다. 클린턴 행정부는 유엔 안전보장이사회 소집을 요청하면서 유엔의 이름 아래 북한에 대해 '제재'를 추진하겠다는 뜻을 밝혔다. 북한의 반응은 거셌다. 북한의 조국평화통일위원회는 6월 6일에 "제재는 전쟁을 의미하며, 전쟁에

---

79) 「"북 핵 가졌다 한들…" DJ발언 다시 논란」, 『경향신문』(1994년 5월 17일), 4쪽; 「이 부총리 '김대중 씨 발언' 이례적 반발」, 『동아일보』(1994년 5월 18일), 4쪽.
80) 「'DJ발언-이 부총리 논평' 공방: 국회 외통위」, 『조선일보』(1994년 5월 24일), 3쪽.

는 자비(慈悲)란 없다."라는 성명을 발표했으며, 외교부는 13일에 국제원자력기구로부터의 탈퇴를 선언하는 성명을 발표했다. 미국은 전쟁 발발에 대비해 한국 내부와 한반도 주변에 군사력을 증강했다. 이로써 카터 전 대통령이 회상했듯, 한반도를 둘러싸고 전쟁의 구름이 짙어지고 있었다.[81]

위기국면을 넘기기 위해, 카터 전 대통령의 중재가 시작됐다. 6월 14일에 서울에 도착한 그는 그날 김 대통령과 오찬을 함께 하며 만일 미국이 북한의 핵시설을 파괴하기 위해 선제공격을 감행한다면 북한은 한국을 향해 보복공격할 것이며 그 경우 희생자의 수는 한국전 때의 희생자 수를 넘어설 것이라는 데 동의했다.[82] 그날 저녁 이 부총리는 조용히 카터를 방문하고 "각하가 김일성을 만나면 '미국은 북한의 핵계획을 절대로 용납하지 않을 것이지만, 모든 것을 대화와 협상을 통해 해결할 수 있다.'라는 메시지를 전달하기 바란다. 우리는 어떠한 경우에서도 한반도에서 전쟁이 다시 일어나는 것은 막아야 한다."라고 말했다. 이에 대해 카터는 전적으로 동의했다. 이 부총리는 "내가 김 대통령의 메시지를 갖고 카터를 만난 것은 아니었으며, 대화주의자인 나로서 남과 북이 이렇게 위험한 방향으로 가는 것은 절대로 옳지 않다는 나의 생각을 전하고 싶었을 뿐이었다."라고 회상했다.[83]

카터 전 대통령은 15일에 판문점을 넘어 평양으로 가서 16~17일에 김일성과 두 차례 회담했다. 이 자리에서 김일성은 "미국이 우리를 외교적으로 승인하고 경제원조를 제공한다면 핵시설을 폐기할 뜻이 있으며, [김 대통령의] 남북정상회담 개최 제의를 받아들여 언제 어디서든 조건

---

81) 「북 "제재는 전쟁…자비없다"」, 『조선일보』(1994년 6월 7일), 2쪽; Jimmy Carter, *Sharing Good Times*(New York: Simon and Schuster, 2004), p.128.

82) 위와 같음.

83) 허용범(許容範), 「최초 확인: 94년 미완의 '남북정상회담' 비사」, 『월간조선』(1998년 3월), 195~211쪽 가운데 198쪽.

없이 만나고 싶다는 뜻을 [김 대통령에게] 전해줄 것"을 요청했다. 카터는 곧바로 클린턴에게 전화해 유엔 안전보장이사회에 대한 북한제재안 상정을 중단할 것을 건의했고, 클린턴은 받아들였다. 카터는 18일에 판문점을 거쳐 서울로 돌아온 뒤 김 대통령과 회담하고 김일성의 뜻을 전했다. 김 대통령은 곧바로 수락했으며, 이에 따라 남북정상회담이 가까운 장래에 개최될 것이라는 소식은 즉각 세계적 뉴스로 떠올랐다.[84]

---

84) 김영삼, 『김영삼대통령회고록』 상, 312~330쪽.

제3절
통일부총리 (2): 남북정상회담문제 해결을 위해 활동하다

제1항
남북정상회담을 위한 남북예비접촉을 갖기로 합의하다

분단 이후 처음이 될 남북정상회담의 개최 결정이 내려지면서, 이홍구 부총리는 아주 바빠졌다. 주말인 6월 18일에 이어 20일에도 통일원에서 남북대화사무국을 비롯한 관계부서의 실무자들을 중심으로 대책회의를 연 데 이어, 20일 오전에는 이영덕 국무총리가 주재한 고위전략회의에 참석했다. 이 회의는 "귀측 최고책임자가 카터 전 미국 대통령을 통해 제의한 남북정상회담 개최에 동의한다."라는 뜻을 담은 전통문을 판문점을 통해 북한에 보내기로 했다. 실제로 6월 20일 오후에 발송된 이 전통문은 구체적으로 "오는 6월 28일 오전 10시 판문점 우리측 지역「평화의 집」에서 [남과 북의] 부총리급을 수석대표로 하는 대표단이 예비접촉을 가질 것"을 제의했다. 이 전통문은 김영삼 또는 김 대통령 등의 현명(顯名)을 피했으며 김일성에 대해서는 '귀측 최고책임자'로만 표현했다. 쉽게 말해, 이 전통문은 '김영삼'과 '김일성'이라는 고유명사를 생략한 채 남북정상회담을 열자는 제안을 담았다.[85]

회의를 마친 뒤, 이 부총리는 "정상회담은 빠르면 빠를수록 좋으며

---

85)　대북전통문 전문은 다음에서 읽을 수 있다.「정상회담 예비접촉 정부 "28일 열자"」,『한겨레』(1994년 6월 21일), 2쪽.

늦출 이유가 없다. 한반도 비핵화를 반드시 이루겠다는 목표와 이 목표를 평화적으로 달성하겠다는 정부의 일관된 입장에 따라 제의하게 됐다."라고 결정의 배경을 설명하고, "기술적 문제에 구애받지 않고 정상회담 실현을 위해 노력하기로 했다."라고 덧붙였다. 그러한 취지에서, 그는 "이 예비접촉에서 정상회담을 지연시키는 장애요인이 될 수 있는 의제문제 등은 논의하지 않고, 정상회담의 시기와 장소문제를 집중적으로 협의하게 될 것"이라고 부연했다.[86] 이 부총리는 곧바로 청와대로 들어가 "회의 참석자들의 호흡이 잘 맞아 일의 진척이 빨랐다."라는 설명과 함께, 김 대통령에게 회의 결과를 종합해 보고했다. 김 대통령은 "[남북 정상회담으로] 분단 이후의 우리 역사가 바뀔지 모르는데 준비를 철저히 하도록" 지시했다.[87]

이틀 뒤, 북한의 강성산(姜成山) 정무원 총리는 '북남최고위급회담을 위한 예비접촉'을 한국이 제의한 장소와 일시에 갖는 것에 동의한다는 전통문을 보내왔다. 사흘 뒤 북한은 북한의 '대표단장'으로 김용순을 지명했다. 그는 만경대혁명학원과 김일성종합대학 외교 · 국제관계학과 졸업생으로 모스크바대학에서 유학했고, 1970년에 이집트대사로 부임했으며, 최고인민회의 외교위원장과 조선아시아태평양평화위원장 그리고 조선로동당 통일전선부 부장 및 조선로동당 국제부 부장을 역임했다. 이 시점까지 세 차례에 걸쳐 최고인민회의 대의원으로 '선출'됐고, 두 차례에 걸쳐 김일성훈장을 받았다. 대표단장으로 지명된 당시, 최고인민회의 통일정책위원회 위원장이면서 조국평화통일위원회 부위원장이며 무엇보다 조선로동당 중앙위원회 대남비서로,[88] 한국 통일부총리의 상대가 되기에 빠지지 않았다.

---

86) 위와 같음, 1쪽.
87) 「실무접촉 먼저 제의/"손해볼 것 없다" 주도권 잡기」, 『중앙일보』(1994년 6월 20일), 3쪽.
88) 서울신문사 편, 『2005 북한인명사전』(서울신문사, 2004), 233~240쪽.

예비접촉이 임박해지면서 국회와 언론에서는 여러 갈래로 논의가 뜨거워졌다. 한쪽에서는 북한이 핵개발에 대한 국제적 제재를 예견하면서 이것을 피하려고 정상회담을 제의한 것이 아니냐는 경계론이 제기됐고, 다른 쪽에서는 정상회담 개최 그 자체에 대해 찬성하면서도 이 회담에서 북핵을 근본적으로 해결하지 못한다면 사실상 북핵을 용인하는 결과를 낳지 않겠느냐는 우려 역시 제기됐다. 이러한 논의는 6월 20일에 열린 국회외무통일위원회에서 계속됐다. 이 부총리는 공개회의에서 "북핵의 과거는 결코 불문에 부칠 수 없다."라고 말했으나, 비공개 간담회에서는 "북핵의 과거에 대해서는 기술적으로 밝혀내기가 현실적으로 불가능하므로 정치적 결단으로 풀어야 한다."라는 취지로 답변했다. 언론은 정부가 과거의 핵도 구명해야 한다는 기존 태도에서 현재의 핵을 동결한다는 선으로 물러난 것으로 해석했다.[89]

제2항
김 대통령의 기본구상

남북예비접촉을 앞두고, 김 대통령은 정상회담이 열리게 될 장소 그리고 기일에 대해 깊이 생각했다. 첫째, 장소에 대해서다. "수십 년 동안 쌓여온 우리 국민의 김일성에 대한 반감에 비추어 볼 때 남북관계에 어떠한 변화도 없는 상황에서 김일성이 먼저 서울에 오는 것을 용납할 수 있을지 의문이었으며", 또 이미 82세의 고령인 김일성의 건강상태로 보아 서울로 올 수 있겠느냐의 의문이 뒤따른 것이다. 김 대통령은 이때 김일성의 건강이 좋지 않다는 보고를 받고 있었다고 회상했다.

그렇다고 자신이 평양으로 갈 경우에 발생할 문제도 생각하지 않

---

89) 「북핵정책 전환 신호탄인가/이홍구 부총리 발언 파장」, 『중앙일보』(1994년 6월 21일), 3쪽.

을 수 없었다. "북한 공산주의자들의 예측 불가능한 행동에 비추어 볼 때 신변의 안전조차 장담할 수 없는 평양에 들어가는 것은 나 개인으로나 국가안보로나 커다란 모험"이라고 생각한 것이다. 김 대통령은 이러한 고심 끝에 자신이 먼저 평양에 가는 것이 좋겠다고 결정했다. 그래서 그는 이 수석대표에게 "제1차 정상회담의 장소로 일단 서울을 주장하되 북이 평양을 요구할 경우 받아들이도록 하라."라고 지시했다.[90]

제2차 정상회담의 장소에 대해서도 김 대통령은 고심했다. 상호주의의 원칙을 따라야 한다면, 제2차 정상회담은 당연히 서울에서 열려야 했다. 그러나 "김일성이 자동차로 3~4시간이 걸리는 서울까지 와서 며칠에 걸쳐 회담한다는 것은 건강에 무리라는 판단이었다." 그래서 2차 회담의 장소는 김 대통령 자신이 김일성과 만난 자리에서 결론을 내리기로 결심했다. 그렇지만 김 대통령은 이 수석대표에게는 김일성의 서울 답방을 일단 강력하게 주장하도록 지시했다.

회담기간에 대해서도 김 대통령은 사흘 정도로 하되 필요하면 일주일도 있을 수 있는 것으로 하는 것이 좋겠다고 생각했다. 김일성과 만나 북핵문제는 물론이고 남북문제 전반에 대해 확실한 담판을 하려고 생각했기 때문이다. 2박 3일이면 충분하다고 생각하면서도 김일성의 건강이나 기타의 이유로 회담기간이 흘러간다면 준비해 간 얘기를 다 하지 못할 수도 있다고 걱정하며, 김 대통령은 이 수석대표에게 회담기간의 문제 역시 자신과 김일성에게 맡겨놓으라고 지시했다.[91]

회담의 방식에 대해서도 김 대통령은 사려 깊은 생각을 털어놓았다. 이 수석대표의 회상에 따르면, 김 대통령은 자신을 따로 집무실로 부르더니, 자기 아버지의 연세가 김일성의 나이와 같은 82세임을 상기시킨 뒤, "내가 아버지와 얘기를 나눌 때 한 시간이 넘으면 힘들어하신다. 김

---

90) 김영삼, 『김영삼대통령회고록』 상, 322~324쪽.
91) 위와 같음.

일성의 건강이 좋지 않다고 하는데, 김일성도 마찬가지일 것이다. 그러니 나와 김일성과의 회담은 중간에 충분히 휴식시간을 넣는 것이 좋겠고, 그러한 뜻에서도 회담을 적어도 이틀로 나눠서 하는 것이 좋겠다."라는 취지로 말했다. 이 부총리는 충분히 이해하겠다고 대답하고, 실제로 예비접촉 때 김 대통령의 뜻이 반영되도록 했다.[92]

대통령의 지시에 유의하면서, 이 수석대표는 일요일인 6월 26일에도 남북대화사무국으로 출근해 대책회의를 주재했다. 남북대화에 참가한 경험이 있는 실무자들 가운데 '베테랑'들을 '북측 대표'로 뽑아 '모의회담'을 갖기도 했다. 서울의 한 유력지는 "직원들이 연일 계속된 준비로 잠이 모자랐던 듯 여기저기 쓰러져 잠시 눈을 붙이고 있었고, 이 부총리 또한 지난 열흘 동안 밤 11시 이전에 집에 들어간 적이 없을 정도로 바쁘게 움직였다."라고 보도했다.[93]

제3항
남북예비접촉, 8시간 만에 합의에 도달하다

● **대표들의 면모**

합의된 대로, 남북예비접촉은 6월 28일 오전 10시에 판문점 「평화의 집」에서 열렸다. 이것은 3월 19일에 특사 교환을 위한 제8차 남북실무접촉이 결렬된 이후 3개월여 만에 남북대화가 재개된 것을 의미했다. 한국의 이홍구 수석대표는 정종욱(鄭鍾旭) 대통령외교안보수석비서관과 윤여준(尹汝雋) 국무총리특별보좌관 등 2명의 대표와 함께, 북한

---

92) 허용범, 「최초 확인」, 200~201쪽.

93) 「"만반의 준비 낭보(朗報)만 기대": 예비접촉 하루 앞둔 각 부처 표정」, 『중앙일보』(1994년 6월 27일), 2쪽.

의 김용순 대표단장은 안병수(安炳洙) 조국평화통일위원회 부위원장과 백남준(白南俊) 정무원 책임참사 겸 조국평화통일위원회 서기국장 등 2명의 대표와 함께 참석했다.

이 수석대표와 김 단장은 1934년생으로 60세 동갑이었고, 모두 키가 컸다. 나이는 이 수석대표가 2개월 정도 위였으나, 키는 김 단장이 2cm 정도 위였다. 김정일의 요리사로 13년 동안 일하다가 탈북해 일본으로 돌아온 후지모토 겐지(藤本健二)의 회상에 따르면, 김정일이 당 간부들을 격려하는 연회에서 김용순은 춤을 잘 추고 마술에 능해 분위기를 잘 살려 김정일의 신임을 받았다고 한다. 또 당시 김정일의 사실상의 부인이던 고용희의 신임을 받아 김정일과 고용희 사이의 장남인 김정철이 아우 김정은에게 밀려 후계자 경쟁에서 탈락하지 않게끔 도와달라고 당부했다고 한다. 김정철은 성격이 부드럽고 서양음악을 좋아하며 스위스 유학 때 핵무기를 저주하는 글을 썼음에 비해 김정은은 형보다 성격이 훨씬 강해 역시 스위스 유학 때부터 반미적·반일적 태도를 드러내 김정일의 후계자로 거론되고 있었다.[94]

안병수는 1930년생으로 김일성종합대학에서 철학박사학위를 받았으며, 안경호라는 이름도 썼다. 1982년 12월에 조국평화통일위원회 과장으로 시작해, 1988년 8월에는 남북국회회담을 위한 남북준비접촉 때 북측 대표를 맡았고 1989년 여름에 방북한 임수경 양을 만났으며, 1992년 5월에는 서울에서 열린 제7차 남북고위급회담 대변인으로 서울을 방문했다. 그는 1999년 4월에는 조국평화통일위원회 서기국장으로 승진하고, 2000년 11월에 조선로동당 통일전선부 부부장으로 승진하며, 2016년 1월에 사망한다. 백남준은 본명이 백남순(白南淳)으로 1929년생이며 김일성종합대학을 졸업했다. 1971~1972년에 남북적십자회담이 열렸을 때 북측 대표단의 일원으로 서울을 방문하기도 했다. 1974~1979년에 폴란

---

94) 후지모토 겐지 저, 신현호 역, 『김정일의 요리사』(월간조선사, 2003), 59~111쪽.

드 주재 대사를 역임했고, 1990~1992년에 남북고위급회담 북측 대표단의 일원으로 서울을 방문했으며, 1991년 1월에 조국평화통일위원회 서기국장을 맡았고 1998년 9월부터 사망한 2007년까지 외무상을 역임하는 가운데 대남문제를 많이 다뤘다.[95]

● **남북 대표의 발언**

회담이 시작되기에 앞서, 먼저 나와 있던 이 수석대표가 김 단장 일행을 맞이하며 "반갑습니다."라며 악수를 건네자 김 단장 역시 "반갑습니다."로 화답한 뒤 100여 명의 보도진에 두 손을 흔들며 여유 있는 모습으로 입장했다. 김 단장이 이 수석대표에게 "나를 그냥 김용순으로 불러달라."라고 말해 웃음을 유도하자, 이 수석대표도 "나도 이홍구로 불러달라."고 화답했다. 이 수석대표가 "오늘 비가 올까봐 걱정했는데 날씨가 좋아 다행"이라고 말하자 김 단장은 "하늘이 통일사업을 돕는 것 같다."라고 화답했다. 김 단장은 이어 "이번 접촉에서 성과가 있기를 희망한다. 잘 될 것으로 본다."라고 덧붙였다.[96]

회담이 시작되면서, 이 수석대표는 "오늘 모임은 양측 최고당국자간에 아무런 조건 없이 이른 시일 안에 정상회담을 개최하자는 원칙적 합의에 따라 이루어진 것"이라고 지적한 데 이어, 다음과 같이 연설했다.

남북정상회담이 이른 시일 안에 성사되어 고조된 긴장을 해소하고 남북 사이의 모든 현안을 해결해 통일의 문을 여는 역사적 계기를 마련할 것으로 믿는다. […] 평화는 반드시 지켜져야 하고 남과 북이 약속한 「남북기본합의서」와 「한반도비핵화공동선언」은 어떠한 일이 있더라도 이행되고 준수되어야 한다. […] 남북정상간의 만남은 그 자체만으로도 엄청난 의미를

---

95) 서울신문사 편, 『2005 북한인명사전』, 471~480쪽 및 541~543쪽.
96) 「"오늘 날씨까지 화창…회담 잘 될 것": 남북정상회담 실무접촉 이모저모」, 『중앙일보』(1994년 6월 28일), 3쪽.

가지며 민족공동체를 회복하는 출발점이다. 오늘 접촉이 상호존중의 원칙 위에서 원만히 진행됨으로써 내외의 여망에 부응할 수 있게 되기를 희망한다.[97]

이 수석대표의 이 모두발언은 몇 가지 뜻을 담고 있었다. 첫째, 북이 말하는 '양측 최고당국자간 회담'이라는 용어와 남이 말하는 '남북정상회담'이라는 용어를 함께 써서 북한의 제안에 유연하게 대응할 것임을 시사했다. 둘째, 같은 맥락에서, "남북정상간의 만남은 그 자체만으로도 엄청난 의미를 갖는다."라는 구절로써 정상회담 개최 자체에 의미를 부여하며 따라서 장소와 시일 등의 문제에서 한국이 어느 한쪽에 집착하지 않을 것을 시사했다.

이 대표는 자신의 이 모두발언 마지막 부분에서 "남북정상회담의 장소는 상호주의원칙에 따르고, 시기는 이른 시일 내에 개최하며, 회담형식은 효율적인 회담 진행을 위해 쌍방 정상간의 단독회담으로 하고, 기타 절차문제는 남북회담의 관례를 준용할 것을 제의한다."라고 말했다.[98] '상호주의원칙에 따르고'라는 구절은 제1차 회담이 평양에서 열리면 제2차 회담은 서울에서 열려야 한다는 뜻을 담았다.

예비회담은 무려 여덟 시간 계속됐다. 글자 그대로 마라톤회의였다. 장소에 관해, 북은 평양에서 열려야 한다고 역설했다. 수행한 북한 기자들은 한국 기자들에게 1927년생인 김 대통령의 나이가 1912년생인 김일성의 나이보다 15세 아래임을 지적하면서 "손자가 할아버지에게 인사를 올리러 가는 것이 정도"라고 말했다.[99] 김 대통령의 아버지 김홍조(金洪祚) 옹은

---

97) 「남북정상회담 내달25일 평양서」, 『경향신문』(1994년 6월 29일),1쪽; 「남북 정상 7월25일 평양 회담」, 『조선일보』(1994년 6월 29일), 1쪽.

98) 위와 같음.

99) 「"오늘 날씨까지 화창…회담 잘 될 것": 남북정상회담 실무접촉 이모저모」, 『중앙일보』(1994년 6월 28일), 3쪽.

김일성과 마찬가지로 1912년생이다. 이렇게 볼 때, 김 대통령을 김일성의 아들뻘이라고 말할 수는 있어도 손자라고 말하는 것은 지나쳤다.

북은 또 시일에 관해 '민족의 해방기념일인 8월 15일에' 제1차 회담이 열려야 한다고 역설했다. 남으로서는 '8월 15일 개최' 제의는 받아들일 수 없었다. 그날 평양에서 북한과 한국의 재야운동권이 함께 범민족대회를 열기로 예정되어 있었기 때문이었다. 북은 곧바로 '8월 15일'을 철회하고 '7월 25~27일'을 받아들였다. 7월 27일은 6·25전쟁을 매듭지은 정전협정체결일인데, 북한은 이날을 '미제에 대한 승전기념일'로 선전해 왔고, 그래서 마치 한국의 대통령이 '미제에 대한 승전기념일'에 참가하는 것 같은 모양새를 갖추려고 한 것이다. 이 수석대표는 북의 속셈을 꿰뚫으면서도 그것이 한국에서나 국제사회 어디에서도 받아들여지지 않는 해석임을 알고 있었기에 괘념하지 않았다.

대표단 전체회담이 일단 휴식에 들어가자 이 수석대표는 김 단장과 따로 대화하는 자리를 가졌다. 여기서 이 수석대표가 먼저 입을 열고 "김 단장. 우리가 평양에 먼저 간다면 회담기간을 며칠쯤으로 했으면 좋겠습니까?"라고 물었다. 이 말은 제1차 회담의 장소는 평양으로 받아들이겠다는 뜻으로, 이 수석대표가 그것을 반드시 관철해야 할 김 단장의 큰 짐을 덜어준 것과 마찬가지였다. 이 수석대표는 이렇게 김 단장을 안심시킨 뒤 회담은 최소한 두 차례 열어야 하고 그렇게 하려면 적어도 사흘은 머물러야 한다고 제의했다. 큰 짐을 덜게 된 김 단장은, 이 수석대표의 표현으로, '시원시원하게' 받아들였다.[100]

제1차 정상회담의 장소와 시일이 결정되자, 다음의 의제는 제2차 회의의 장소와 시일이었다. 이 수석대표는 상호주의원칙에 따라 김일성이 서울로 와야 한다고 제의했다. 그러나 북은 거부했다. 자연히 회담은 교착상태에 빠지는 것 같았다. "하루 종일 폐쇄회로로 TV 화면을 통해 회

---

100)   허용범, 「최초 확인」, 204쪽.

담의 전 과정을 지켜보던” 김 대통령은 이 수석대표에게 즉시 전화하고, “이 대표, 장소문제로 너무 시비하지 말아요. 그 정도면 됐으니 정상회담에서 결정하는 것으로 해두시오.”라고 지시했다.[101] 이에 따라, 김일성의 답방문제는 “정상회담에 맡기기”로 했다.[102]

이후 회담은 순탄하고 빠르게 진행돼, 양측은 오후 6시에 「남북정상회담 개최를 위한 합의서」(북한 표현으로는, 「북남최고위급회담 개최를 위한 합의서」)에 서명하고 교환함에 이르렀다. 25명의 기자를 보낸 북한은 이날 행사를 신속하고도 상세히 보도했다. 평양방송과 중앙통신사 등은 예비접촉의 시작부터 끝까지 정규보도시간에는 물론이고 긴급보도형식을 통해서도 곧바로 보도한 것이다. 그러나 김 단장의 발언은 전문을 보도한 대신에 이 수석대표의 발언은 전혀 보도하지 않았다.[103]

서명을 마친 뒤 이 수석대표는 기자회견에서 “양측 정상의 정치적 결단에 의해 타결이 가능했다. 정상회담은 우리 민족이 세계적 추세에 맞춰 대결보다 화해와 협력의 시대로 접어드는 계기가 될 것”이라고 말했다. 김 단장은 “늦기는 했지만, 이견이 좁혀져 합의서에 서명하게 된 것을 기쁘게 생각한다. 합의사항들을 실천할 수 있도록 공동노력하자.”라는 말로 화답했다. 이 모든 과정을 살핀 뒤, 김 대통령은 “이홍구 수석대표는 장장 여덟 시간에 걸쳐 회담을 이끌면서 뛰어난 협상능력을 보여주었다.”라고 칭찬했다.[104]

김 대통령의 칭찬은 결코 지나친 것이 아니었다. 그 회담 때 이 수석대표를 보좌하며 실무 준비를 했던 구본태(具本泰) 당시 통일원 통일정책실장은 “이 수석대표가 김 대통령의 단독재가를 받아 협상의 전권을

---

101) 김영삼, 『김영삼회고록』 상, 324쪽.
102) 「정상회담 장애 피해가기: 남북실무접촉 우리측 제안을 보며…」, 『중앙일보』(1994년 6월 28일), 3쪽.
103) 「정상회담 개최합의 북한언론 신속보도」, 『매일경제』(1994년 6월 30일), 2쪽.
104) 김영삼, 『김영삼회고록』 상, 324쪽.

위임받자 국가안전기획부를 비롯한 여러 관계기관에도 모든 것을 비밀에 부치고 회담 당일에야 통보해 외부의 입김이 개입될 소지를 원천적으로 봉쇄함으로써 매우 효율적으로 북한을 상대할 수 있었고 또 치밀한 준비와 논리적 설득으로 합의를 성사시킬 수 있었다."라고 회상하면서, 그의 '결단력과 상황돌파력'을 높이 평가했다.[105]

이렇게 성사된 남북정상회담 계획은 우리가 곧 보게 되듯, 김일성의 사망으로 실현되지 못했다. 우리가 제8장에서 보게 되듯, 남북정상회담은 그때로부터 6년 뒤인 2000년에야 비로소 성사된다. 이 양자를 비교하면서, 한 정치평론가는 다음과 같이 썼다.

더 중요한 것은 당시 양측의 교섭이 투명하게 진행됐다는 사실이다. 이홍구 통일원장관과 김용순 최고인민회의 통일정책위원장은 공개리에 판문점에서 만나 협상을 매듭지었다. 비선조직이 동원되고, 5억 달러의 뒷돈이 들었던 DJ와 김정일의 정상회담과는 달랐던 것이다. 그때 회담이 성사됐더라면 우리는 투명하고 깨끗한 남북정상회담의 전통을 세울 수도 있었다. 오늘처럼 정상회담이 정략의 산물로 변질되지도 않았을 것이다.[106]

● **부드러워진 북측 대표들**

이 회담이 진행되면서 남측 대표들은 북측 대표들의 태도가 부드러워진 것을 느낄 수 있었다. 그 하나가 음식을 대하는 태도였다. 지난날에는 우리가 내놓은 과일에 아예 손을 대지 않던 그들이 이번에는 김용순 단장부터 맛있게 남김없이 먹는 것이었다. 김 단장은 특히 멜론을 맛있게 먹더니 "남쪽에서도 멜론이 재배되느냐?"라고 물었고, 이 수석대표

---

105)   정연욱, 「'관리형' 이홍구 허허실실 대권 드라이브」, 139~147쪽 가운데 145~146쪽.

106)   「이재호(李載昊) 칼럼: 제 자산도 못 챙기는 한심한 한나라당」, 『동아일보』(2007년 4월 28일), A30쪽.

가 "온실 재배로 멜론 같은 특수작물을 많이 재배한다."라고 대답하자, "오 그러냐?"라며 감탄했다.

또 지난날에는 "당신네 태도부터 바꾸지 않으면 회담을 중단하겠다." 라든가 "문제를 먼저 해결하라."라는 식으로 발언하기 일쑤였는데 이번에는 "하지 않기를 바란다."라는 식으로 발언하곤 했다. 그뿐 아니라 지난날에는 우리측이 30분 정도 발언하면 북측은 40~50분을 끌어 실질적 토의시간이 부족했다. 그런데 이번에는 북측이 그 관행에서 벗어나 짧게 발언해 결과적으로 회담의 진행을 순조롭게 만들어주었다.[107]

● **김 대통령, '최악의 시나리오'에 대비하다**

남북정상회담의 개최가 한 달도 남지 않게 되면서, 한국측 준비는 대통령으로부터 여러 관계부처에 이르기까지 매우 바빠졌다. 주무부서 통일원을 이끄는 이홍구 부총리는 6월 30일에 「통일안보정책조정회의」를 열고, 남과 북이 7월 1~2일에 판문점에서 가질 회담에 제시할 안을 마련했다. 거기에는 우선 "정상회담은 배석자 없는 단독 정상회담으로 하고, 체류기간에 두 차례의 정상회담을 갖는다."라는 것이 포함됐고, 대표단의 규모와 신변안전 및 의전 등을 비롯한 구체적 세부안 등이 포함됐다. "남과 북은 국가간의 관계가 아닌 민족 내부의 특수관계임을 고려해 국기게양과 국가연주를 생략한다."라는 안 역시 포함됐다.[108]

이러한 과정을 거쳐, 한국은 7월 1일에는 판문점 북측 지역인 「통일각」에서, 7월 2일에는 남측 지역인 「평화의 집」에서 북측과 실무접촉을 가졌다. 회담은 빠르게 진행돼 남과 북은 전문(前文)과 14개 항으로 구성된 「남북정상(북남최고위급) 실무절차합의서」에 서명했다. 이 합의서에

---

107) 「북측 대표들 부드러워졌다: 남북실무접촉 후일담」, 『중앙일보』(1994년 7월 5일), 4쪽.
108) 「"단독 정상회담 두 차례 개최"/수행원 백명·기자 80명으로」, 『중앙일보』(1994년 6월 30일).

는 김 대통령의 경호문제를 염두에 둔 조항도 포함됐다. 이 경호문제에 관해 김 대통령은 다음과 같이 회상했다.

주변에서는 나의 경호문제에 상당히 신경을 곤두세웠다. 하지만 나는 민족적 중대사를 두고 신변을 두려워해서는 안 된다고 생각했고 두려움을 느끼지도 않았다. "굳이 경호문제를 얘기하자면 세계의 언론인들이 확실한 경호원이 아니겠느냐."라고 말해주었다. 북한측은 뜻밖에도 "정상회담 장소에 권총으로 무장한 우리측 경호원 두 명이 들어가겠다."라는 우리의 요구를 순순히 받아들였다.[109]

그러나 대통령경호실과 국가안전기획부로서는 철저를 기하지 않을 수 없었다. 국가안전기획부는 군부로 대표되는 강경파가 남북정상회담을 반대하고 있으며 경우에 따라서는 쿠데타를 일으킬 수도 있다는 첩보를 받고 있었다. 최악의 경우, 마치 1936년 12월에 난징(南京)을 수도로 한 중화민국 국민정부의 주석이며 3군 총사령관인 장제스(蔣介石)가 마오쩌둥(毛澤東)이 이끄는 중국공산당을 소탕하는 작전을 지도하기 위해 시안(西安)을 방문했을 때 그곳의 군사령관 장쉐량(張學良)과 양후청(楊虎城)이 장제스를 구금했듯, 북한이 김 대통령을 구금하는 '최악의 시나리오'에 대해서도 준비하지 않을 수 없었다. 그래서 국가안전기획부와 대통령경호실은 김 대통령이 부인을 동반하지 않은 채 단신으로 방북하며 만일 위기상황이 발생하는 경우 평양 주재 중국대사관으로 피신한 뒤 해상을 통해 탈북한다는 계획을 세웠고, 그러한 일이 벌어지는 경우 한국 경호팀과 협력하겠다는 약속을 중국 정부로부터 받아냈다. 익명을 요구한 당시 대통령경호실의 한 핵심인사의 회고에 따르면, 이 계획은 대통령비서실장에게도 알리지 않았다.[110] 김 대통령은 자신의 회고록

---

109)　김영삼, 『김영삼 회고록』 상, 326쪽.

에서 남북정상회담 준비과정과 그 내용에 대해 매우 자세하게 회고하면서도 이 계획에 대해서는 한마디도 하지 않았다.

그런데 여기서 김 대통령의 회고와 경호실 핵심인사의 회고 사이의 차이를 지적하지 않을 수 없다. 앞에서 보았듯, 김 대통령은 정상회담 장소에 자신의 경호원 두 명이 무장한 채 들어가는 제안을 받아들였다고 썼다. 그러나 경호실 핵심인사는 "회담장 내부에서는 근접경호원이라도 무기는 휴대하지 않기로 약속했다."라고 회상했다.[111] 후자의 회상이 정확하다고 생각한다. 김일성이 있는 자리에 북한의 경호원이라도 권총으로 무장한 채 들어가는 것은 엄금되어 있는데 하물며 두 명의 한국 경호원이 권총으로 무장한 채 들어간다는 것은 상상하기가 어렵기 때문이다. 국가원수급 경호에 있어서 모델로 여겨지는 영국의 경우, 그 누구도 권총 한 자루라도 휴대한 채 회담장에 들어갈 수 없다.

제4항
김일성의 사망으로 남북정상회담 계획이 무산된 이후

● **이 부총리, 놀라고 아쉬워하다**

남북대표회담에서 큰 그림이 그려진 데 이어 실무자회담에서 세부사항까지 합의가 순조롭게 이루어지면서, 국내외의 관심은 훨씬 더 커졌다. 이에 따라 이홍구 통일부총리는 자주 국회에 출석해 앞으로의 구상과 계획에 대해 발언하곤 했다. 예컨대 그는 7월 5일에 "이번 정상회담에서는 김 대통령이 북한을 흡수통일할 의사가 없다는 것을 김일성에게 직접 전달할 것이며, 정상회담으로써 남북연합의 토대가 마련될

---

110) 허용범, 「최초 확인」, 209~211쪽.
111) 위와 같음, 211쪽.

것을 희망한다."라고 말했다[112]

  김일성이 7월 8일에 사망했다는 북한의 공식 발표는 남북정상회담의
꿈을 무산시켰다. 김일성의 사인(死因)은, 북한 중앙방송의 9일 낮 12시
특별방송에 따르면, 심근경색과 심장쇼크 합병이었다. 김 대통령의 놀라
움과 실망은 이만저만 크지 않았다. 김 대통령은 "김일성 주석의 건강을
우려하고는 있었지만 회담을 하기도 전에 사망하리라고는 생각지 못했
는데, 우려했던 것이 현실이 되어버렸다."라고 전제하고 다음과 같이 회
상했다.

> 김일성은 당시 남북정상회담에 신경을 많이 쓴 듯하다. 일본언론들이 전하
> 는 바에 따르면, 김일성은 회담에 앞서 13회나 참모회의를 가졌다고 한다.
> 북한관리들이 나중에 방북인사들에게 밝힌 증언에 의하면, 7월 7일 김일성
> 은 묘향산에 도착한 뒤 내가 묵을 별장의 침실과 욕실까지 직접 점검하고
> 냉장고에 광천수를 넣어둘 것까지 일일이 지시했었다는 것이다. 나는 당시
> 82세의 노령에 남북정상회담이라는 중대한 일을 맞아 갑자기 업무량이 폭
> 증한 데다, 회담준비를 하면서 남북 간의 격차를 확인한 데 따른 스트레스
> 등이 김일성의 사망에 영향을 주었을 것이라고 생각한다.[113]

  놀라고 실망하기는 이 부총리도 마찬가지였다. 그는 훗날 "그때 정상
회담이 실현됐더라면, 그리고 우리의 구상대로 「한반도평화선언」이 채
택됐더라면, 남북관계가 평화로 전환하고 북한이 개혁·개방 쪽으로 방
향을 전환할 수 있는 큰 계기가 마련됐을 것"이라고 회상하며 아쉬워했
다. 그의 회상에 따르면, 카터는 김일성으로부터 "러시아와 중국이 모
두 변하고 있는데, 우리 혼자 독자노선을 걸을 수 있는 것은 아니다."라

---

112) 「북 경수로 교체 지원용의/북핵폐기에 최대 노력」, 『중앙일보』(1994년 7월 5일), 2쪽.
113) 김영삼, 『김영삼 대통령 회고록』 상, 333쪽.

는 고백을 들었다고 전하면서, "김일성 주석도 뭔가 이루려고 한다."라고 그에게 말했다고 한다.[114] 이 부총리는 남북정상회담이 성사되지 않음으로써 한국의 본격적인 경제지원을 비롯한 여러 갈래의 지속적 대규모 지원이 연기됐고 자연히 "북한경제는 계속 낙후를 거듭해서 문자 그대로 기아선상을 겪는 비극적 상황이 벌어졌다."라고 안타까워했다.[115]

김일성의 사망을 발표한 때로부터 이틀 뒤인 11일 오전에 북측 단장이었던 김용순은 최고인민회의 통일정책위원회 위원장 명의의 편지를 이 부총리 앞으로 보내왔다. "우리측 유고로 예정된 북남최고위급회담을 연기하지 않을 수 없게 되었음을 위임에 의하여 통지하는 바입니다."라는 내용이었다.[116]

이 부총리는 곧바로 「통일안보정책조정회의」를 열고 이미 합의한 정상회담 원칙은 유효하다는 결론을 끌어냈다. 또 이미 모든 부문에서의 권력을 장악하고 후계자로 행세해온 김정일이 곧 국가주석이든 당총비서든 공식적 자리에 올라 북한체제를 안정적으로 이끌 것이며 그 경우에는 김대통령과 김정일 사이의 정상회담이 열릴 수 있을 것으로 전망했다. 이 부총리는 이어 국회 외무통일위원회에 출석해 같은 취지로 보고했다.[117]

● **김 대통령, 이 부총리의 '자유민주주의에 기초한 통일'론을 공식화하다**

김일성의 사망은 국내에서 새로운 논쟁을 불러일으켰다. 운동권 학생들 가운데에서는 김일성이 항일독립운동가였음을 강조하면서 그의 죽음을 애도해야 한다고 주장하는 움직임이 일어났다. 국회에서는 민주당의 일부 의원들이 김일성 조문단을 북한에 보낼 것을 정부에 요청하

---

114) 이홍구 교수와의 제1차 면담(2021년 11월 18일 오전, 중앙일보사 고문실).
115) 최영재, 「YS정권 핵심실세가 회고하는 문민정부 5년: 이홍구」, 『신동아』(2000년 12월), 230~247쪽 가운데 236쪽.
116) 「북 "정상회담 연기"」, 『동아일보』(1994년 7월 12일), 1쪽.
117) 「남북정상회담 다시 추진」, 『한겨레』(1994년 7월 12일), 1쪽.

기도 했다. 이에 대해, 보수 · 우익에서는 '6 · 25전쟁을 일으킨 전범'에
게 무슨 조문이냐며 반발했다. 이 부총리는 이 제의에 대해 "국민적 합
의가 성립되어 있지 않은 만큼 고려하고 있지 않다."라고 답변했고, 이
총리는 김일성을 아예 '6 · 25전쟁에 책임이 있는 전범'이라고 단언했
다.[118] 북한은 거세게 반발했다. 김일성을 폄훼하고 당연히 보내야 할 조
문단을 보내지 않는 것은 '반민족적' 행위라고 극언하면서 김 대통령의
퇴진을 요구함과 동시에 일체의 남북대화를 끊는다고 선언했다.[119]

보수 · 우익의 목소리가 높아지고 북한의 반발이 거세진 상황에서,
김 대통령은 1994년 8월 15일 광복절 경축사를 통해 한편으로는 보수 ·
우익 및 중도 성향의 국민을 안심시키고 북한을 무마하는 이중적 뜻을
담은 구상을 내놓았다. 그는 우선 이 부총리의 '한민족공동체통일방안'
을 '민족공동체통일방안'으로 제목을 바꿔 제시하면서 "통일은 계급이
나 집단 중심의 이념보다도 인간 중심의 자유민주주의가 바탕이 돼야
한다."라고 역설했는데, 이 문구는 이 부총리가 늘 쓰던 문구였다. 그는
이어 "한국은 북한을 붕괴시킬 의도가 없으며 북한에 경제협력을 광범
위하게 제공할 뜻이 있다."라고 밝히고 남북한과 미 · 중이 함께 참여하
는 4자회담을 통해 북핵문제를 포함한 현안을 해결하자고 제의했다.[120]

● **이 부총리, 북한상황에 대한 종합적 분석을 제시하다**

당시 북한상황과 남북관계에 대한 이 부총리의 견해는 그가 1994년
8월 26일에 롯데호텔에서 열린 관훈클럽 초청토론회에서 행한 연설「통
일정책의 새 지평」과 일문일답에 잘 나타났다.[121] 그는 우선 "북한은 철

---

118) 「조문단 파북 고려 안 해」, 『경향신문』(1994년 7월 12일), 2쪽.

119) 「'조문 파문' 남북관계로 확대」, 『동아일보』(1994년 7월 16일), 1쪽.

120) 「"자유민주주의로 통일"」, 『한겨레』(1994년 8월 16일), 1쪽.

121) 이 기조연설의 전문 그리고 일문일답은 다음에서 읽을 수 있다. 『관훈저널』58(1994년 12
월), 271~310쪽.

저한 통제 속에 지난 20년에 걸쳐 권력승계를 준비해온 왕조적 체제인 만큼, 김정일로의 권력승계에는 문제가 없을 것"이라고 전망하고, "다만 그 체제가 얼마나 오래 유지될 수 있느냐의 여부는 판단하기 어렵다."라고 신중하게 말했다. 그는 이어 북한경제를 '심각한 식량난과 에너지난을 겪으며 참으로 심각하고 해결책도 막연한 상황'으로 진단했다.

거기서 한 걸음 더 나아가 "중국경제가 연간 8~10%씩 성장할 때 4~5%씩 마이너스 성장하는 북한체제가 존립할 수 없다."라고 진단하면서, "북한은 존립을 위해서도 변화와 개혁을 시도해야 하는데, 그 북한지도부가 오판하지 않고 적절히 판단할 수 있도록 분위기를 조성해줄 필요가 있다."라고 부연했다. 그는 몇 가지 관심사에 대해 다음과 같이 발언했다.

(ⅰ) 군부의 동향: 군부에 대한 김정일의 영향력은 상당하며 김정일에 대한 군부의 충성은 문제가 없는 것으로 판단된다. 다만 북한사회에서 군은 현대장비로 현대훈련을 받아 세상을 보는 눈이 일반인보다 앞서있기에 변화를 주도할 수 있다. 그것은 반드시 체제전복이라는 의미가 아니다. 군이 변화에 앞장을 설 때 북한이 어떻게 될지를 우리는 예의주시하고 있다.

(ⅱ) 경수로: 현재 미·북 사이에서는 북한에 한국의 부담으로 경수로를 지어준다고 합의되어 있다. 이 경수로는 반드시 한국형이어야 한다. 미국 일각에서 러시아형 경수로를 지어주는 것으로 논의되고 있는데, 우리 국민이 내는 세금으로 지어주는 경수로가 한국형이 아니라 러시아형이라면 우리 국민 누구도 동의하지 않을 것이다.

(ⅲ) 정상회담: 김용순 위원장이 북한의 유고를 통지해온 만큼 북측에서 유고가 끝났다는 통지가 와야 이 문제는 다시 시작될 수 있다. 클린턴 대통령 주재 아래 워싱턴에서 남북정상회담을 열자는 김대중 아태평화재단 이사장의 제안은 현 단계에서 고려하지 않고 있다.

(ⅳ) 남북경협: 북핵과 남북경협이 연계되어 있는 것은 분명하다. 그러나 이 방침을 교조적으로 해석하지는 않겠다.

(ⅴ) 북한에 대한 권고: 북한은 남북관계의 개선이 없이는 어떤 중대한 문제도 해결할 수 없다는 인식 아래 정책을 추진해야 한다. 북한은 현행 정전협정을 평화협정으로 대체할 것을 주장하면서 그 협상과 체결이 북한과 미국 사이에 이루어져야 한다고 제의하고 있는데, 이 문제는 전쟁원인과 책임문제 등이 규명돼야 하는 만큼 뒤로 미루는 것이 좋을 것 같다.[122]

● **이 부총리, 미국 측의 대북협상에 이의를 제기하다**

다른 한편으로, 미국과 북한 사이에는 북핵 해결을 위한 제3단계 고위급회담이 8월 5~12일에 제네바에서 열렸고, 전문가급 회의가 9월 10~15일에 베를린에서 열렸다. 핵심의제는 미국이 북한에 지어줄 경수로 모델과 재원조달 방안이었다. 미국은 한국과의 약속에 따라 비용의 상당한 부분을 한국이 부담하는 조건 아래 한국형 경수로여야 한다고 주장했으나 북한은 한국형을 끝까지 거부했다. 자연히 이 회의는 이 문제를 곧 제네바에서 다시 열릴 제3단계 고위급회담에 넘기기로 결정했다.

미국 정부는 제1단계와 제2단계 및 제3단계 회담에서 미국대표단을 이끌었던 갈루치 미 국무부 핵담당대사를 서울로 보내 한국 정부와 회담하게 했다. 갈루치는 1946년생으로 뉴욕주립대학교 스토니브룩 캠퍼스에서 학사학위를 받았으며 브랜다이스대학교 대학원 정치학과에서 석사학위를 받은 데 이어 같은 곳에서 「베트남에서의 미국 군사정책」이라는 논문으로 1978년에 박사학위를 받았다.[123] 이후 국무부와 국방부 등

---

122) 「김정일 체제 안정 남북관계 도움 이 부총리 일문일답」, 『한겨레』(1994년 8월 27일), 2쪽; 「지상중계: 이홍구 통일부총리 관훈클럽 토론 내용 "북한은 존립을 위해서도 변화와 개혁을 해야"」, 『통일한국』(평화문제연구소) 130(1994), 87~91쪽.

에서 군축문제 전문가로 활동했으며 1992년에 국무부 정치·군사담당 차관보로 임명됐고 1994년 8월에 군축담당대사로 겸임 발령됐다. 그는 이후 조지타운대학교 국제대학원장으로 봉직하며, 북핵 위기를 다뤘던 경험을 바탕으로 책을 출판한다.[124]

갈루치 대사는 9월 15일에 이홍구 부총리를 예방했다. 이 자리에서 이 부총리는 (ⅰ) 북·미관계 개선이 남북관계 개선에 지나치게 앞서가지 않도록 속도가 조절돼야 하고, (ⅱ) 한국형 경수로가 보장돼야 하며, (ⅲ) 평화협정 논의에서 한국이 배제돼서는 안 되고, (ⅳ) 북핵에 대한 특별사찰이 반드시 이루어져 북한의 핵투명성이 확보돼야 하며, (ⅴ) 북핵 해결에 있어서 한미공조는 유지돼야 한다는 등 5개 항을 제시했다. 그는 종합적으로 "북핵문제는 핵 자체의 해결에만 초점을 둘 것이 아니라 남북한관계의 전반적인 틀 속에서 접근해야 한다."라는 자세를 견지했다. 이에 대해, 갈루치는 대체로 공감하면서도 평양과 워싱턴에 각각 개설될 연락사무소의 활동범위에 대해서는 의견을 달리했다. 이 부총리가 그 연락사무소는 영사 기능에 치중해야 한다고 주장했으나 갈루치는 정치·경제·문화에 있어서 '모든 기능'을 수행해야 한다고 주장한 것이다.[125]

9월 23일에 제네바에서 다시 열린 제3단계 미·북고위급회담은 미국이 경수로의 핵심부분이 전달될 때까지 특별사찰을 연기해달라는 북한의 요구에 응함으로써 예상보다 빠르게 진전했다. 김 대통령의 반발이 뒤따랐다. 『뉴욕타임스』와의 회견에서, 그는 북한을 미국보다 더 잘 아

---

123)　Robert L. Gallucci, "United States Military Policy in Viet-Nam: A View from the Bureaucratic Perspective," unpub. Ph.D. diss., Brandeis University, 1978.

124)　____, *Going Critical: The First North Korean Nuclear Crisis* with Joel S. Wit and Daniel B. Poneman(Washington, D.C.: Brookings Institution, 2004).

125)　「한미-북 핵 이견 예상보다 큰 폭」, 『동아일보』(1994년 9월 17일), 2쪽; 「한·미 '북핵공조' 이상 기류」, 『경향신문』(1994년 10월 11일), 3쪽.

는 한국이 회담에서 배제된 데 대해 불만을 표시하고, "시간은 우리 편이다. 조급할 이유가 전혀 없다."라고 강조하면서, 미국이 북한의 협상 전술에 말려들어 북한 정권의 생명을 연장해주고 있으며 그 지도자에게 잘못된 신호를 주고 있다고 비난했다. 그는 클린턴 행정부가 북한의 인권상황을 의제로 제기해야 한다는 것도 제의했다. 이 회견에서 이 부총리 역시 비판에 동참했다. 클린턴 행정부가 한반도 전문가들이 아니라 갈루치와 같은 핵확산 방지 전문가들로 하여금 협상을 이끌게 함으로써 북한문제 전반과 남북관계 전반이 아니라 핵확산 방지라는 제한된 시각에서 접근하고 있다고 비판한 데 이어, 특히 북한의 열악한 인권문제를 의제로 제기해야 한다고 주장했다.[126] 뒷날 갈루치는 기자회견에서 미국이 북한과 협상하며 북한의 인권문제를 의제에 포함하지 않았던 것은 '실수'였고 '적절하지 않았음'을 시인한다.[127]

한국 정부가 불만을 표시했으나, 미국은 1994년 10월 21일에 제네바에서 북한과 최종 합의에 도달하고 「합의된 틀에 관한 기본협정」에 조인했다. 이 협정에서, 미국은 '국제적 협의체'를 구성하고 이것을 통해 경수로 2기를 북에 제공하며 경수로가 완공될 때까지 중유를 공급할 것을 약속했으며, 동시에 북한과 연락사무소를 교환·개설하고 그 과정에 북에 대한 몇몇 경제·무역 제재를 풀어줄 것을 약속했다. 그 대가로, 북은 핵확산금지협정과 국제원자력기구의 규정들을 준수하고, 핵시설을 해체하며, 「남북기본관계협정」과 「한반도(조선반도) 비핵화공동선언」을 이행하고, 남북대화를 재개할 것에 동의했다.[128]

---

126)   James Sterngold, "South Korean President Lashes Out at U.S." *New York Times*(October 8, 1994).

127)   「갈루치. "핵무기는 너무 작고 북한은 너무 커": CVID는 솔직히 불가능」, 『한국일보』(2018년 5월 17일), 4쪽; 백성원, 「갈루치, "제네바합의 때 인권 누락은 잘못… 실수 되풀이 말아야"」, *Voice of America*(2021년 8월 3일).

128)   「북·미 합의문 서명」, 『한겨레』(1994년 10월 22일), 1쪽 및 5쪽.

국내에서는 이 협정을 둘러싸고 여론이 엇갈렸다. 보수·우익은 이 협정이 북한에만 큰 이익을 주는 것으로 귀결됐으며 김영삼 정부의 '외교 무능'을 입증한다고 비판했다. 반면에 진보·좌파는 남북관계 진전과 한반도 평화에 기여했다고 칭찬했다. 김 대통령은 이 협정으로 북핵이 동결·중지된 만큼 그동안 정부가 유지한 '북핵과 경협 연계'를 풀어 북한을 상대로 다면적이면서 대규모의 경제협력에 단계적으로 들어가겠다고 선언했다. 이에 따라 이 부총리는 11월 12일에 「남북교류협력추진협의회」를 주재하면서, 남북 경제인의 상호방문과 남측 기업사무소의 북한 설치 등을 추진할 것을 밝혔다.[129]

이 부총리는 곧 해외출장의 길에 올랐다. 1994년 11월 30일~12월 2일에 멕시코의 에르네스토 세디요(Ernesto Zedillo) 대통령 취임식에 대한민국 특사의 자격으로 참석했다. 세디요 대통령은 이 부총리의 모교인 예일대학교 대학원 경제학과에서 석·박사학위를 받은 경제학 교수 출신이었다. 이 부총리는 곧이어 한·독 통일장관 상호방문 관례에 따라 12월 3~7일에 베를린을 방문해 독일 정부의 총리실·외무부·내무부 등의 관계자들과 협의했으며 교민들 및 주재원들과 간담회를 가졌다. 이때 그는 1995년 3~4월경에는 북한이 최고인민회의를 열어 김정일을 김일성의 후계자로 공식화할 것으로 예측했다.[130]

그러나, 김정일의 정치적 장래에 대한 국내외의 예측이 거의 모두 빗나갔듯, 이 예측도 적중하지 않았다. 김정일은 김일성의 공식 직함 가운데 하나인 「조선민주주의인민공화국 주석」에 대해, 김일성만이 '영원한 주석'이라고 선언하면서 승계하지 않았고, 다른 하나인 「조선로동당 중앙위원회 총비서」에 대해 1997년 10월 8일에 가서야 「조선로동당 총비서」를 승계한다.

---

129) 「북 태도 불확실 신중한 밑그림 대북 경협 지침」, 『매일경제』(1994년 11월 25일), 2쪽.
130) 「"김정일 주석승계 내년 3, 4월 예상" 방독 이 부총리」, 『경향신문』(1994년 12월 6일), 2쪽.

제4절
'세계화내각'의 국무총리로 5대 중점과제를 추진하다

제1항
야당의 지지도 받으며 국무총리 인준을 통과하다

제네바에서 미·북협정이 체결된 바로 그날인 1994년 10월 21일에 서울 성동구에서 성수대교가 무너져 약 50명의 시민이 목숨을 잃었다. 이영덕 국무총리가 민심수습을 위해 책임을 지고 물러날 뜻을 밝히자, 김영삼 대통령은 사표 수리는 보류한 채 후임을 찾기 시작했다. 이홍구 통일부총리를 비롯해 합동통신사장에 이어 문화공보부장관과 체육부장관을 역임한 이원경(李源京) 전 외무부장관 그리고 김만제(金滿堤) 전 경제부총리 등 여럿이 물망에 오른 가운데, 김 대통령은 12월 16일에 이 통일부총리를 지명했다. 이 지명과 관련해 서울의 한 일간지는 1995년에 실시될 서울특별시장 선거에 그를 내보내기에 앞서 그의 체급(體級)을 올려주기 위한 배려가 포함된 것으로 해석했다.[131]

정확한 해답은 임명권자에게서 찾게 된다. 김 대통령은 다음과 같이 회상했다.

이홍구 총리는 내가 야당 총재로 있던 시절, 그가 서울대학교 교수로 있을

---

131) 「서울시장 후보 누가 나설까: 여야 거물급 외부인사에 눈독」, 『중앙일보』(1995년 1월 29일), 2쪽.

때부터 잘 알고 있었다. 그는 폭넓은 지식과 국정경험 및 국제감각 등에서
세계화 개혁 추진에 걸맞은 인물이었고, 1994년 여름 남북정상회담 준비
과정에서 우리측 대표를 맡아 뛰어난 협상력을 보여주었다.[132]

주돈식(朱敦植) 대통령공보수석비서관 겸 대변인 역시 이 총리후보
가 "국제감각이 뛰어나고 청렴한 데다가 정부가 추진하는 세계화 구상
에 적합한 인물"임을 강조했다.[133]

여기서 주목되는 구절은 '세계화 개혁 추진에 걸맞은 인물'이다. 당
시 한국은 미국이 주도하는 세계화 전략 아래 세계의 많은 다른 나라
들과 마찬가지로 농·축산물 시장을 개방하지 않으면 안 될 상황에 처
해 있었다. 1995년 1월 1일에는 국제무역을 관리·통제할 세계무역기구
(World Trade Organization: WTO)가 출범할 예정이었다. 이것을 내다보
며, 우리가 1절 4항에서 보았듯, 이홍구 당시 민주평화통일자문회의 수
석부의장은 1993년 12월에 세계화시대에 대비할 국민의 의식개혁과 정
부의 시책에 관한 장문의 논문을 발표했고, 김 대통령은 1994년 11월에
시드니에서 '세계화시대의 도래'를 선언했다. 이로써 '세계화시대'를 매
개로 대통령과 국무총리가 손을 잡게 된 것이다.

자신의 총리지명자에 대한 김 대통령의 칭찬은 김 대통령 혼자만의
것이 아니었다. 서울대학교 한국행정연구소 특별연구원 김호균(현 전남
대학교 사회과학대학 행정학과 교수) 박사는 노태우 정부에서 김대중 정부
에 이르기까지 16개 부처에 재임했던 187명의 장관 전원을 평가한 논문
을 발표했다. 해당 부처의 직원들을 상대로 세 가지 분류기준을 제시하
고 시행한 조사를 통해 김 박사는 장관들을 '성공장관' '실패장관' '보통
장관'으로 나눴는데, 통일원=통일부의 경우 12명의 장관 가운데 이홍구

---

132)   김영삼, 『김영삼대통령회고록』, 상, 384~385쪽.
133)   「'세계화' 겨냥 예상된 중용」, 『경향신문』(1994년 12월 18일), 3쪽.

장관이 1위의 '성공장관'으로 뽑혔다. 그것도 '만장일치'의 선정이었다. 설문에 응답한 국·과장급 공무원 모두는 그의 최대 업적으로 남북교류협력법의 제정·시행과 '한민족공동체통일방안' 수립을 꼽았다.[134] 한 부처의 장관으로, 떠난 때로부터 7년이 지난 시점에서 이렇게 좋게 기억되는 사례는 드물다. 더구나 이 조사에서 '만장일치'로 1위의 '성공장관'으로 뽑힌 사례는 187명 가운데 그 한 사람뿐이었다.

김 대통령이 이 부총리를 총리에 지명한 데 대한 언론의 반응은 긍정적이었다. 예컨대, 『중앙일보』는 사설을 통해 다음과 같이 논평했다.

새 국무총리에 이홍구 통일부총리가 지명된 것은 한마디로 무난한 인사라는 인상이다. 미국에서 박사학위를 받은 정치학 교수 출신으로 대사와 두 차례의 통일원장관을 맡은 그의 경력으로 보아 국제감각이나 업무에 대한 능력은 일단 검증됐다고 볼 수 있다. 세계화라는 김영삼 대통령의 새 국정 목표의 추진에도 부합하는 인선이라고 평가할 수 있겠다. 우리는 그가 발탁된 데 대해 우선 축하를 보내면서 교수 시절의 그 명성과 학식, 경륜 등이 총리로서의 업무수행에서 유감없이 발휘되기를 기대한다.[135]

김 대통령에 대해 대체로 비판적이던 『한겨레』도 좋게 평했다. "그는 이른바 '소신'을 내세우지 않는다. 그러나 그를 '무소신'으로 비난하는 사람은 많지 않다. 그보다 균형감각을 가진 합리적 사고의 현실주의자라는 평가가 따라다닌다."라고 소개한 것이다.[136]

이 부총리는 1994년 12월 17일에 국회에서 출석의원 212명 가운데 찬성 177, 반대 34, 기권 1의 표결로 인준을 받았다. 김 대통령의 초대 황

---

134) 김호균, 「노태우·김영삼·김대중 정부의 장관성적표」, 『신동아』(2001년 10월), 246~259쪽.
135) 「사설: 과감추진형 총리 되길」, 『중앙일보』(1994년 12월 17일), 3쪽.
136) 「이홍구 총리는 어떤 인물 7.7선언·교류협력법 주도」, 『한겨레』(1994년 12월 18일), 2쪽.

인성(黃寅性) 국무총리와 3대 이영덕 총리 모두 제1야당의 등원 거부 속에 인준을 받았음에 비해, 야당의 등원 거부가 없었던 2대 이회창 총리에 이어 4대 이홍구 총리의 인준은 비교적 순탄했다고 볼 수 있다. 특히 이홍구 총리의 경우에 야당에서도 14~15명이 찬성한 것으로 보도된 사실은 그에 대한 지지가 여야를 떠나 광범위했음을 보여주었다.[137]

제2항
이 총리의 첫 번째 내각

김 대통령은 인준됐다는 통보를 받은 당일 오후에 이 총리에게 임명장을 주면서, "세계화 개혁의 구체화나, 남북관계의 주도적 추진, 지방화시대 대비 등을 염두에 두고 새롭게 출발하는 자세로 일해달라."고 당부했다.[138] 대한민국의 역사에서 제28대 국무총리가 된 그는 우선 곧바로 가진 기자들과의 짧은 대화에서, "국가에 대한 마지막 봉사라는 마음가짐으로 최선을 다하겠다."라고 다짐한 데 이어, 초미의 관심사인 세계화 추진에 모든 힘을 쏟겠다고 말한 뒤 이 주제에 관한 개별적인 사항에 대해서는 자신이 이미 발표한 논문 「세계화로 향한 의식개혁의 과제」를 읽어주기 바란다고 덧붙이면서 대북정책은 일관성을 갖고 추진하겠다고 밝혔다.[139]

그는 12월 19일에 정부종합청사에서 취임식을 갖고 「모든 법규·제도·의식·관행을 바꿔야」라는 제목의 취임사를 했다. 그는 "지금은 국

---

137) 「황인성 총리 등 임명 가결 국회 본회의」, 『조선일보』(1993년 2월 26일), 1쪽; 「여, 총리인준 단독처리 찬 170 반 10」, 『조선일보』(1994년 4월 30일), 1쪽; 「새 총리 이홍구 씨」, 『조선일보』(1994년 12월 18일), 1쪽.

138) 위와 같음, 385쪽.

139) 「이홍구 새 총리 기자회견 "국가 봉사기회 최선 다할터"」, 『한겨레』(1994년 12월 18일), 2쪽.

민역량을 하나로 모아 세계화를 지향해야 할 시점으로, 세계화는 지금까지 지켜온 모든 법규·규제·제도·관행을 열린 시대에 맞게 바꾸는 것"이라고 강조하고, "모든 공직자들은 올바른 마음가짐으로 민족사의 미래를 앞장서 개척해나가자."라고 말했다.[140] 그가 국무총리로 재임하는 동안 우선 이홍주(李興柱) 비서실장, 이어 송태호(宋泰鎬) 비서실장이 그를 보좌했다. 이 실장은 곧 정계에 투신해 자유선진당 최고위원과 선진통일당 최고위원으로 활동하며, 송 실장은 이 자리를 거쳐 이홍구 총리의 후임인 이수성(李壽成) 총리의 비서실장을 맡았다가 문화체육부장관으로 영전한다.

국회는 김 대통령이 세계화시대에 대비하기 위해 제안한 정부조직개편안을 12월 23일에 통과시켰다. 종전의 경제기획원과 재무부를 재정경제원으로 통합했으며, 경제기획원 산하기관으로 1981년에 출범한 공정거래위원회를 국무총리 산하의 중앙기관으로 승격시켰다. 정부조직개편안이 발효하면서, 김 대통령은 곧 이 총리의 제청을 받는 형식을 갖추어 개각을 단행했다. 부총리 겸 재정경제원장관에 홍재형(洪在馨) 경제기획원장관을, 부총리 겸 통일원장관에 김덕(金悳) 국가안전기획부장을, 국가안전기획부장에 권영해(權寧海) 전 국방부장관을 기용했으며, 대통령비서실장에 한승수(韓昇洙) 주미대사를 기용하는 등, 내각과 대통령비서실의 진용을 크게 바꿨다. 대통령은 자신의 이 내각을 '세계화내각'으로 명명했다.[141]

후속 개각이 끝나자 이 총리는 12월 27일에 첫 국무회의를 주재했다. 이 총리는 우선 '철저한 역사의식을 갖고 일하는 내각, 전문성을 갖춘 프로내각, 국민생활의 안전과 안정을 이룩하는 내각'이 될 것을 당부하고,

---

140) 『이홍구국무총리연설문집: 1994.12.17.~1995.12.18.』(국무총리비서실, 1996), 13~16쪽.

141) 「정부조직-地自法(지자법)등 통과」, 『조선일보』(1994년 12월 24일), 2쪽; 「총리 홍재형 재경원장관 김덕 통일원장관」, 『한겨레』(1994년 12월 24일), 1쪽.

의안 심의에 들어갔다. 그의 평소 지론대로 국무위원들에게 다른 부처의 소관사에 대해서도 자유롭게 의견을 개진하도록 권유해, 회의는 무려 3시간 20분이나 계속됐다. 이러한 방식으로, 공무원임용령개정안을 포함한 110건의 법률공포안을 의결했다.[142]

제3항
5대 과제를 추진하다

이 총리는 자신이 추진해야 할 5대 중점과제를 설정했다. 그의 표현으로, 민주화, 지방화, 세계화, 시장개방, 민족공동체 건설 등이다.[143]

● **민주화**

이 총리는 우선 1987년에 6·29선언에 따라 치러진 국민 직선으로 새 정부가 출범함으로써 민주화는 '상당한 정도' 성취됐다고 보았다. 그러나 "선거만 민주적으로 했다고 해서 민주화가 되는 거냐, 그렇지 않으면 이유야 어떻게 됐든 과거에 민주적으로 선출된 정부를 밀어낸 군부에 의해 탄생한 정부를 그대로 정당화할 수 있느냐의 문제는 여전히 남았다."라고 보았다. 이러한 인식에서, 그는 군인 출신이 아닌 민간인으로 민주방식을 통해 선출된 첫 대통령인 김영삼 대통령이 자신의 정부를 '첫 문민정부'로 자임한 것을 이해한다는 시각을 보였다.

김 대통령은 이 총리가 재임 때이던 1995년 10월에 들어서서 12·12군사반란과 5·18광주민주화운동유혈진압을 모두 '헌정질서파괴범죄'로 단정하고 관련자들을 처벌할 필요성을 강조했으며, 국회는 이 총리

---

142) 「이 총리 "전문성 갖춘 내각" 당부」, 『동아일보』(1994년 12월 28일), 4쪽.
143) 최영재, 「YS정권 핵심실세가 회고하는 문민정부 5년: 이홍구」, 231~234쪽.

가 총리직에서 떠난 직후인 1995년 12월 31일에 「5 · 18민주화운동 등에 관한 특별법」을 제정했다. 이에 따라, 전두환 · 노태우 두 전직 대통령 등이 구속됐고 유죄 판결을 받았다. 같은 맥락에서, 김 대통령은 자신이 노 대통령과 함께 민주자유당을 창당할 때 신민주공화당 총재로서 한 축을 맡았던 김종필 민주자유당 최고위원을 '군사쿠데타의 원조'라는 이유로 퇴진시키고, 1995년 12월 6일에 민주자유당을 신한국당으로 개명했다. 김종필은 곧 자신의 지역적 기반인 충청도를 중심으로 자유민주연합을 출범시켰다. 이 일련의 정치상황 전개에 대해, 이 총리는 "문민정부의 민주화를 위한 노력 중에 가장 큰 것을 꼽자면, 전두환 · 노태우 두 대통령에 관한 일을 들 수 있습니다. 이 두 분이 감옥에 가는 상황이 벌어지고 그 후에 사면복권이 됐습니다."라고 짧게 논평했다.[144]

● **지방화**

이 총리는 '민주화에 연계되는 과제'로 지방화를 꼽았다. "시민의 복지와 권리를 보장하기 위해, 지방자치의 실시는 더욱 중요하다."라는 뜻이었다.[145] 이러한 의미에서, 그는 1995년 1월 3일의 시무식에서 "올해는 밖으로 세계무역기구가 출범하는 세계화의 원년이며, 안으로는 광역단위와 기초단위에서 지방선거가 실시되는 올해는 지방화의 원년이다."라고 강조하며 지방선거의 준비를 철저히 할 것을 당부했다.[146]

우리나라에서의 지방자치단체 선거 역사를 보면, 제1공화국에서는 장(長)은 선거하지 않고 의원(議員)만 선거했다. 제2공화국은 장 선거와 의원 선거를 분리하여 실시했다. 그러나 1961년의 5 · 16군정은 두 선거 모두 폐지했다. 1991년 노태우 정부에 이르러, 지방자치단체의 의원 선

---

144)   위와 같음, 230쪽.

145)   위와 같음, 231~232쪽.

146)   「"청와대가 서야 나라가 선다" 김 대통령 정·관가 새해 맞이 표정」, 『경향신문』(1995년 1월 4일), 5쪽.

거를 기초 선거와 광역 선거로 나누어 그해 3월과 6월에 각각 실시했다.

1995년 2월 19일, 김영삼 정부가 6월에 지방자치단체의 장 선거와 의원 선거를 동시에 시행할 계획을 세우고 준비하고 있을 당시 제1야당 민주당은 국가안전기획부가 작성한 「지방자치단체장 선거연기방안 검토」라는 문건을 폭로하면서 김영삼 정부가 지방선거를 연기하려는 음모를 꾸미고 있다고 공격했다. 김 대통령은 곧바로 그 문건이 작성된 시점에서의 국가안전기획부장이던 김덕 통일부총리를 해임하고 연기는 있을 수 없다고 못을 박았다. 이 총리는 2월 21일에 열린 임시국회에서 연기론을 전면 부인하고 "6월의 지방선거가 차질 없이 수행되도록 준비하겠다."라고 답변했다.[147]

김 대통령은 1995년 6월 27일에 지방자치단체의 장 선거와 의원 선거를 동시에 시행했다. 이로써 지방자치단체 선거는 35년 만에 완전히 부활한 것이다. 이 동시 선거에서 여당은 패배했으며 야당은 서울을 석권하면서 승리를 거두었다. 정계은퇴를 선언했던 김대중 전 평화민주당 총재는 이 승리를 명분으로 삼아 7월 17일에 정계복귀를 선언하고 9월 11일에 「새정치국민회의」를 창당했다.[148]

지방자치단체 동시 선거는 정착되어 오늘날까지도 계속되고 있다. 이 총리는 훗날 "이것은 상당히 주목할 만한 업적이었다."라고 회상하면서 다음과 같은 아쉬움을 나타냈다.

다만 아쉬운 것은 그냥 지방의회 선거를 하고 지방자치단체장을 뽑는 것에 그치지 말고 이런 제도가 과연 시민들의 자율적인 선택을 제도화하는 데 어떻게 공헌하며, 또 어떻게 운영해야 하는지, 그래서 경제 · 사회 · 문화 모든 면에서 지역사회 지역공동체를 발전시키는 것과 어떻게 연계해야

147) 「6월선거 예정대로 한다: 이 총리 국정보고」, 『중앙일보』(1995년 2월 21일), 1쪽.
148) 「'새정치국민회의' 유력 신당 명칭」, 『동아일보』(1995년 7월 24일), 3쪽.

하는가에 대한 논의가 충분치 않았다는 것입니다.[149]

● **세계화**

세계화의 과제는 글자 그대로 발등에 떨어진 불이나 마찬가지였다. 2차대전이 끝난 뒤, 미국은 가난한 아시아·아프리카·라틴아메리카 등 제3세계 국가들이 당시 유행하던 마르크시즘·레닌이즘에 현혹되어 소련이 주도하는 국제공산권으로 기울어지지 않도록 1947년에 제네바에서 「관세와 무역에 관한 일반협정(General Agreement on Tariffs and Trade)」, 이른바 가트(GATT)체제를 성립시켜 그들에게 많은 혜택을 주는 방식으로 국제무역을 이끌었다.

그러나 소련의 해체로 상징된 공산체제의 붕괴에 따라 동서냉전이 끝나면서 미국은 가트체제를 해체하고, 전 세계를 '국경의 장벽이 없는 자유무역의 세계'라는 이름 아래 사실상 미국의 시장으로 만드는 것을 목표로 삼는 세계화전략을 추진하기 시작했다. 그 과정에서, 미국을 비롯한 123개국은 1994년 4월 15일에 모로코의 마라케쉬(Marrakech)에서 세계무역기구의 출범에 관한 협정, 곧 「세계무역기구 설립을 위한 마라케쉬 협정」을 체결했으며, 이 협정에 따라 세계무역기구는 1995년 1월 1일에 제네바에 본부를 두고 출범했다. 이때 회원국은 한국을 포함해 76개 국가였다. 이후 중화인민공화국, 타이완, 사우디아라비아, 러시아 등이 가입했으며, 2015년 4월 26일 기준 회원국은 161개국이다. 회원국이 아닌 나라는 참관국의 지위로 참가하고 있다.[150]

그동안 미국은 다른 나라들에 대해서도 그러했지만, 한국에 대해서도 쌀과 소·닭고기를 비롯한 농·축산물의 개방을 요구했다. 김영삼 정

---

149) 위와 같음, 232쪽.

150) 가트체제 그리고 세계무역기구에 대한 자료는 다음에서 읽을 수 있다. 외무부,『세계무역기구 설립을 위한 마라케쉬협정』(1994년 4월 15일); 송영관,「세계무역기구 체제와 지역무역협정 양립 여부의 규범적 고찰」,『한국경제학보』(연세대학교 경제연구소) 12(2005년 봄), 33~46쪽.

부는 특히 농민들이 거세게 반대하는 쌀개방 요구에 대해 끝까지 저항
했으나, 마라케쉬협정 안에 포함된 농업협정에 따라 결국 1995년 1월 1
일부터 부분개방으로 시작해 전면개방으로 돌아서게 됐다. 농업협정은
자국의 농민을 보호하기 위해 보조금을 주는 것을 금지했고 또 시장접
근이라는 이름 아래 시장의 전면개방을 강제한 것이다.[151]

긴박한 새 상황에 대비해, 이 총리는 자신과 김진현(金鎭炫) 전 과학
기술처장관을 공동위원장으로 하는 「세계화추진위원회」를 발족시켰다.
민·관 합동의 이 위원회는 1월 21일에 정부종합청사에서 회의를 열고
교육제도의 개혁을 비롯한 12대 중점과제를 선정했다. 거기에는 (ⅰ) 공
무원의 국제감각 함양을 위한 교육·훈련제도의 개선, (ⅱ) 세계화 시범
일선행정기관의 지정과 운영, (ⅲ) 창의력과 인성(人性)이 중시되는 교육
제도의 개혁, (ⅳ) 외국어교육의 강화, (ⅴ) 인재양성기관의 개방화와 국
제화, (ⅵ) 경제규제의 철폐와 금융·외환개혁의 가속화, (ⅶ) 국내기업
의 해외진출 촉진 및 외국인 투자환경의 개선, (ⅷ) 세계무역기구 출범에
대응하는 산업지원체제의 개편 등이 포함됐다. 이 위원회는 강봉균(康奉
均) 국무총리 행정조정실장을 단장으로 하는 「세계화추진위원회기획단」
을 발족시키고 2월 3일에 이홍구·김진현 공동위원장이 참석한 가운데
서울 세종로 도렴빌딩에서 기획단 현판식을 가졌다.

이 총리는 세계화를 위해서는 공직사회의 개혁과 사회기강의 확립이
절실히 요청된다고 생각했다. 그러한 뜻에서 그는 1월 24일에 국무회의
를 열어 「95년도 국가기강확립추진계획」을 확정하고 이 계획을 각 부처
에 시달했다. 이 계획은 세무·건축·토지·공사·보건·위생·환경·
교통·소방·수사·병무 등 '10대 취약분야'를 중심으로 삼고 거기에
대한 기획사정을 강화하기로 했다. 동시에 총리실은 「부정방지점검평가
반」을 운영하기로 했다.[152]

---

151)　「WTO출범…어떻게 달라지나 쌀 35만섬 가공용으로 도입」, 『한겨레』(1995년 1월 1일), 9쪽.

세계화 추진과 관련해, 행정부와 사법부 사이의 갈등이 벌어지기도 했다. 사실상 청와대가 주도하고 「세계화추진위원회」가 제의한 '세계화 시대에 대응하는 사법개혁안'이 대법원의 반대에 직면한 것이다. 사법개혁안의 핵심은 (ⅰ) 현행 사법시험 합격자들을 2년 동안 교육해 판·검사 또는 변호사로 활동하게 하는 사법시험 및 사법연수원 제도를 폐지하는 전제 아래, (ⅱ) 기존의 4년제 법과대학을, 대학 졸업 이후 3년 동안 수학하는 법학전문대학원으로 개편하며, (ⅲ) 법학전문대학원 졸업생에게 변호사시험에 응시하는 자격을 부여하고 합격자 가운데 판·검사를 임용한다는 내용이었는데, 이 총리가 10월 5일에 「세계화추진위원회」의 원안대로 추진할 뜻을 밝히자 최종영(崔鍾泳) 법원 행정처장이 반박문을 발표한 것이다. 여기에 맞서 총리실 직원들은 강도 높은 재반격을 준비했다.

언론은 "행정부와 사법부가 정면충돌 상황으로 치닫고 있다."라고 보도하며 우려를 표시했다. 이 총리는 곧바로 윤관(尹錧) 대법원장에게 전화를 걸어 "기업들이 세계로 나아가고 있는 현실에서 법률상황이 점차 복잡해지고 있는 상황을 고려할 때 앞으로는 새로운 상황에 맞는 전문분야별 교육을 받을 수 있는 법관양성제도가 바람직하다."라는 자신의 뜻이 잘못 전해졌으며, "세계화추진위원회와 대법원 사이의 협의는 진행되고 있다."라고 해명했다. 윤 대법원장이 해명을 받아들임으로써 이 문제는 가라앉았다.[153] 이 일과 관련해, 당시 중앙일보사 정치부 김진(金璡) 기자는 다음과 같이 회상했다.

그 사건의 분수령에서 이 총리는 역시 화합적 결정을 택했다. 그는 "다 국민을 위하자고 하는 일인데 나라가 시끄러우면 국민이 불안해 할 것 아니

---

152) 「세무, 건축 등 10대 취약분야 절대부조리 중점개선: 국무회의」, 『중앙일보』(1995년 1월 24일), 2쪽.
153) 「정부·대법 '사법개혁' 공방」, 『경향신문』(1995년 10월 6일), 1쪽.

냐. 내 하나가 이미지에 상처를 입으면 괜찮게 해결될 것"이라고 직원들을 설득했다. 그는 바로 자신의 발언에 대해 사법부에 사과의 뜻을 발표했다. 그는 선의를 가지고 그런 결정을 내렸을지 모르나 일반인이나 사정을 모르는 정부관리들에게 그는 총리로서 추진력과 결단력이 약하다는 지적을 받을 만한 일이었다.[154]

이 총리는 만 1년의 재임기에 모두 85회에 걸쳐 연설했다. 그 연설들 가운데 18%에 해당하는 15개가 세계화를 주제로 삼았다. 1995년 5월 11일에 베이징에 있는 중국사회과학원에서의 연설 「한국의 발전 경험에 따른 세계화와 사회보존」에서도 세계화에 대한 자신의 견해를 피력했다.[155] 그는 세계화에 연결된 아시아·태평양공동체의 출범에 대해서도 7회에 걸쳐 연설했다. 이 연설까지 포함한다면 그의 연설 가운데 25%가 넓은 의미에서의 세계화에 연결된 것이었다. 그만큼 그는 세계화에 철저히 대비하고자 했다.

● **시장개방**

세계화에 직접 연관된 것은 시장의 개방화였다. 이 점과 관련해, 이 총리는 다음과 같이 설명했다.

[제가 총리 때인] 1995년에 우리나라가 처음으로 개인소득이 1만 달러에 달했습니다. 그리고 그 해에 처음으로 우리가 1000억 달러를 수출했습니다. 1만 달러 소득, 1000억 달러 수출이 달성되고 우리가 세계 11번째 무역국이 되고, 따라서 선진국클럽이라고 할 수 있는 경제협력개발기구(Organization for Economic Co-operation and Development:

---

154)　김진, 「커버스토리: 신한국당 대표 이홍구」, 28~31쪽 가운데 31쪽.
155)　『이홍구국무총리연설문집』 119~125쪽.

510

OECD)가 우리를 초청해서 OECD에 가입하는 상황이 벌어졌습니다. 그때 우리가 생각했던 것은 이제는 양적인 성장에서 질적인 전환을 가져올 시점에 도달했다는 것이었습니다.[156]

그의 설명은 "이러한 상황에서, 시장을 닫아놓고는 살아갈 수 없는 시대가 왔다."로 이어졌다. 그는 시장을 개방하면서 동시에 금융시장의 낙후성을 자율화를 통해 개선해야 하고 노동시장의 경직성을 노조의 개혁을 통해 풀어야 하는데 그것을 이룩하지 못한 데 대한 자책을 나타냈다.[157]

● **민족공동체 건설**

1995년은 광복 50주년의 해였기에, 남과 북은 1994년의 김일성 사망을 둘러싸고 다시 벌어진 관계를 개선할 수 있는 계기로 활용할 수 있었다. 실제로 김 대통령은 1995년 3월 2~15일에 덴마크 · 프랑스 · 체코 · 독일 · 영국 · 벨기에 등 유럽 6개국을 순방하는 가운데 7일에 베를린에서 남북통일에 관한 자신의 정책을 다시 밝혔다. 그는 자신이 1994년 8월 15일에 발표한 「민족공동체통일방안」의 골격을 중심으로 연설하는 가운데, 남과 북이 '연합'을 형성하고 그것을 바탕으로 경제 · 사회 · 문화의 여러 분야에서 '공동체'를 발전시킬 것을 제의했다. 그는 이어 자신은 "북한이 필요로 하고 원하는 그 어떤 분야에서도 협력을 아끼지 않을 것"을 다짐하며, 특히 에너지문제의 해결에 도움을 줄 뜻을 거듭 밝혔다.[158] 실제로 남북은 6월 17~21일에 베이징에서의 회담을 통해 북에 대한 15만 톤의 쌀 지원에 합의했다. 그 결과 한국의 「시 아펙스」호가 1차

---

156) 최영재, 「YS정권 핵심실세가 회고하는 문민정부 5년: 이홍구」, 232쪽.

157) 위와 같음, 232~234쪽.

158) 김영삼, 「독일외교 3단체 초청연설: 서울과 베를린, 자유와 번영의 동반자」, 대통령비서실 편, 『김영삼대통령연설문집』 전 5권(대통령비서실, 1994~1998) 3(1996), 1~7쪽.

분을 싣고 동해항을 출발해 북한의 청진항에 도착했다. 이 총리는 출항식에 직접 참석해 "이번 곡물지원이 남북관계 역사에 소중한 이정표가 될 것"이라고 연설했다.[159]

김 대통령은 이렇게 북한에 대해 협력적인 자세를 보이면서도 다른 한편으로는 북한의 내부상황이 불안정하고 김정일 정권이 붕괴할지 모른다는 취지로 연설해 북한의 반발을 불러일으켰다.[160] 북한이 「시 아펙스」호가 청진항에 도착했을 때 인공기를 게양하도록 압박을 가한 것이 그 한 사례였다.

이처럼 혼란스러운 과정에서, 이 총리는 일관되게 자신의 지론인 '민족공동체통일방안'을 되풀이했다. 그가 총리 재임기에 행한 85개의 연설 가운데 통일을 주제로 삼은 연설은 아홉 개로, 대표적인 사례가 1995년 9월 4일에 서울에서 열린 「제7기 해외지역 민주평화통일자문회의」 개회식에서의 축사였는데, 여기서 그는 '민족공동체통일방안'을 거듭 제의한 것이다.[161]

제4항
외교에도 힘을 쏟다

세계화시대에 대비하는 여러 시책에 힘을 쏟으면서, 이홍구 총리는 자신의 장기(長技) 가운데 하나인 외교에도 적극적으로 참여했다. 우선 그는 1994년 10월에 방한한 리펑(李鵬) 총리의 초청에 따른 답

---

159) 「우리 쌀 북한수송 출항행사 격려사: 남과 북은 얼마든지 서로 돕고 도울 수 있다」, 『이홍구 국무총리연설문집』, 169~170쪽.

160) 「북한정세 계속 혼미 한미 대응태세 만전」, 『동아일보』(1995년 5월 10일), 1쪽.

161) 「제7기 해외지역 민주평화통일자문회의 개회식 축사: 민족발전공동계획 추진을 거듭 제의」, 『이홍구국무총리연설문집』, 204~206쪽.

방 형식으로 방중했으나, 이 시점에 두 나라 사이에는 중요한 문제가 하나 걸려 있었다. 1953년 7월에 성립된 정전협정을 한국을 배제한 채 북한·중국·미국의 3자 사이에서의 협상을 통해 평화협정으로 전환하려는 북한의 끈질긴 설득에 동조해, 중국은 정전협정에 따라 구성된 「군사정전위원회」에서 1994년 12월 15일에 철수한 것이다.[162]

1995년 5월 9~15일에 중국을 방문한 이 총리는 10일에 장쩌민(江澤民) 국가주석과 리펑 총리 및 차오스(喬石) 전국인민대표대회 상무위원장을 차례로 베이징의 인민대회당에서 만나 "한반도문제는 남북 당사자 사이의 대화에 의해 해결돼야 한다는 원칙"에 합의했다. 이것은 정전협정을 평화협정으로 전환하는 협상에 한국이 배제돼서는 안 된다는 뜻을 담은 것이었다. 이 총리는 또 "한반도 질서의 기초인 1953년 7월에 성립된 정전체제가 계속 유지돼야 한다는 원칙"에도 합의할 수 있었다.[163] 이 총리는 특히 리 총리와의 회담에서 "한반도 및 동북아지역의 평화와 안정을 유지하기 위해, 또 두 나라 사이의 신뢰회복을 위해, 두 나라 군 고위인사들의 교류가 확대돼야 한다."라는 데 합의했다. 중국 정부가 보인 예우는 '전혀 예상하지 못했던 이례적이고 각별한 수준'이었다.[164]

국제적으로 명성이 높은 미국의 저널리스트인 셀리그 해리슨(Selig S. Harrison)은 리펑 총리가 이 총리에게 한국에서 활동하는 '다물단' 운동에 대해 항의했다고 썼다. '다물(多勿)'은 '용감·전진·쾌단'이라는 뜻도 있고, 또 '입을 다물고 실천한다'라는 뜻도 있지만, '되찾는다'라는 뜻도 있다. 일제강점기에 중국으로 망명한 조선=한국의 독립운동가들은 비밀리에 「다물단」이라는 항일결사체를 조직하고 조국을 '되찾는다'라는 운동을 시작했으며 그 전통이 일제 패망 이후 한국에 계승되면서 "우리 조

---

162) 「정전위 중국대표단 어제 36년 만에 철수」, 『조선일보』(1994년 12월 16일), 1쪽.
163) 「긴밀해진 한중관계」, 『동아일보』(1995년 5월 14일), 3쪽.
164) 「군사 등 모든 분야 교류확대 공감: 방중 이 총리 밝혀」, 『중앙일보』(1995년 5월 12일), 1쪽; 「"한·중 특별관계 희망"」, 『조선일보』(1995년 5월 13일), 2쪽.

상의 옛 활동무대였던 만주를 되찾는다."라는 운동으로 이어졌다. 한·중수교가 실현된 뒤 만주를 방문하는 한국인들은 우리의 옛 역사를 되돌이키면서 때때로 "만주는 우리 땅이었다."라고 말하곤 했는데, 중국 내 소수민족의 분리독립운동을 경계하는 중국의 정치지도부가 여기에 주목했던 것 같다. 그러나 이 총리는 자신과 리펑 총리 사이의 대화에서뿐만 아니라 중국의 다른 지도자들과의 대화에서도 그러한 문제는 제기된 일이 전혀 없었다고 단언했다.[165]

베이징을 방문한 계제에 이 총리는 13일에 베이징 시내 중국대반점에서 열린 미국 아시아소사이어티 총회에 참석했다. 이 자리에서 그는 "중국의 경제발전과 더불어 서울~베이징~도쿄를 잇는 경제축(經濟軸)이 등장할 것이며 이러한 베세토(BE-SE-TO)는 21세기를 아시아·태평양의 세기로 만드는 데 크게 기여할 것"이라고 기조연설을 했다.[166]

귀국한 뒤, 이홍구 총리는 이어 빅토르 스테파노비치 체르노미르딘(Viktor Stepanovich Chernomyrdin) 러시아 총리를 초청했다. 체르노미르딘 총리는 1995년 5월 27~29일에, 러시아 총리로서는 처음으로 한국을 방문하고 김영삼 대통령을 예방한 데 이어 이 총리와 함께 「한국·러시아간 무역·경제·과학기술의 기본방향에 관한 선언」을 채택했다. 동시에 두 나라는 서울과 모스크바에 대사관 건물부지를 교환·제공하기로 합의했다. 이에 따라, 한국 정부는 서울 중구 정동의 옛 배재고교 자리를 러시아대사관 부지로 제공했고, 러시아 정부는 플류취카 거리(Ulitsa Plyushchikha 56)의 자리를 한국대사관 부지로 제공했다. 체르노

---

165)　Selig S. Harrison, *Korean Endgame A Strategy for Reunification and U.S. Disengagement*(Princeton, N.J.: Princeton University Press, 2002), p.319. 이 책은 다음과 같이 국역됐다. 이홍동·강태호·류재훈·이제훈 옮김, 「셀리그 해리슨의 코리안 엔드게임」(삼인, 2003). 리펑이 이 총리를 만났을 때 나눴다는 대화에 대해서는 487쪽에 있다.

166)　Hongkoo Lee, "Keynote Remarks at Beijing Conference Sponsored by the Asia Society: BESETO Axis to the Opening of Asia Pacific Century(May 13, 1995)," 이홍구, 「이홍구 국무총리 연설문집」 108~118쪽.

미르딘 총리는 귀국한 직후인 8월 7일에, 「조·소우호협력및상호원조조약」을 더 이상 연장하지 않겠다고 북한에 통보했다. 김일성이 모스크바를 방문했을 때인 1961년 7월 6일에 체결된 이 조약은 한반도에서 전쟁이 일어났을 때 러시아는 북한을 돕기 위해 자동으로 개입한다는 조항을 포함하고 있었다. 이 조약은 1996년 9월 10일에 정식으로 폐기됐다.[167]

이 총리의 외교가 강대국만을 상대한 것은 아니었다. 그는 움베르토 데 라 카예(Humberto De la Calle Lombana) 콜롬비아 부통령을 초청했으며, 그는 1995년 3월 29일부터 4월 1일까지 한국을 방문했다.[168] 그는 변호사 출신의 정치인으로 내무부장관과 미주기구(Organization of American States: OAS) 주재 대사를 역임했다.

제5항
안전사고를 겪다

1994년 10월 21일에 서울 성동구에서 성수대교가 붕괴하는 참사가 벌어짐에 따라 이영덕 국무총리가 사임하고 후임으로 취임한 이홍구 총리는 그 비극을 염두에 두면서 김 대통령과 마찬가지로 안전사고 예방에 많은 힘을 기울였다. 그러나 1995년 4월 28일에 대구광역시 달서구 상인1동 상인네거리에서 대구도시철도 1호선 공사 도중에 가스가 폭발해 101명이 사망하고 202명이 부상했을 뿐만 아니라 그 일대가 전쟁터처럼 폐허로 바뀌었다. 이 총리는 사건 당일에 곧바로 담화를 발표하고 국민에게 "죄송하다."라고 사과하면서, "보다 안전한 사회의 건설을 위해 최선을 다하겠다."라고 다짐했다.[169] 그는 같은 해 11월 10일

---

167) 「조·소군사조약 폐기 러, 한·미조약과 연계」, 『조선일보』(1995년 7월 29일), 2쪽.
168) 「콜롬비아 부통령 방한」, 『매일경제』(1995년 3월 17일), 2쪽.

에 열린 제2회 가스안전촉진대회에서의 치사를 통해 그 다짐을 되풀이
했다.[170]

대구의 상처가 여전히 남아있던 1995년 6월 29일에 서울특별시 서초
구 서초동에 있던 삼풍백화점이 붕괴하면서 502명이 사망하고 937명이
부상하며 6명이 실종된 참사가 일어났다. 이 총리는 오세아니아주에 속
한 인구 약 30만 명의 바누아트공화국(Republic of Vanuatu)의 막심 카
로트 코만(Maxime Carlot Korman) 총리를 맞이해 공관에서 만찬을 하
다가 사고 소식을 듣고 만찬을 중단한 채 정부종합청사로 돌아와 즉시
잠바로 갈아입은 채 현장으로 달려갔다. 김용태(金瑢泰) 내무장관과 정
근모(鄭根謨) 과기처장관을 대동한 그는 현장에서 우선 "참담한 심정으
로 국민 여러분께 깊이 사과한다."라고 인사한 데 이어 관계장관들과 대
책회의를 갖고 인명구조에 각 부서가 협력하면서 최선을 다할 것을 지
시했다.[171] 이 사건을 중점적으로 다루기 위해 7월 4일에 열린 국무회의
에는 야당 소속의 첫 민선 서울시장인 조순(趙淳) 시장이 참석했다. 같은
시기에 서울대학교 사회과학대학 학장이었던 조순과 서울대학교 사회
과학대학 정치학과 교수였던 이홍구가 각각 서울특별시장과 국무총리
의 신분으로 자리를 함께한 것이다.[172]

사건이 너무 컸고 국민의 비판이 매우 높았던 배경에서, 국회는 이
총리를 비롯한 관계장관들을 상대로 질문을 쏟아냈다. 7월 8일에 열린
국회에서 이 총리는 국가 전반의 안전관리체제를 총체적으로 진단하겠
다고 약속했다. 곧이어 각계 대표와 내각 합동으로 구성된 「안전문화추

---

169) 「대구 가스폭발사고 관련 대국민 사과: 보다 안전한 사회 건설 위해 최선」, 『이홍구국무총
리연설문집』, 94~96쪽.

170) 「제2회 가스안전촉진대회 치사: 올해를 가스안전체계 확립의 해로」, 『이홍구국무총리연설
문집』, 249~251쪽.

171) 「총리주재 현장서 대책회의」, 『매일경제』(1995년 6월 30일), 3쪽.

172) 「조순 야당 서울시장 참석한 각의: 평소보다 더 진지한 분위기」, 『중앙일보』(1995년 7월 5
일), 2쪽.

진간담회」에서 그는 "대형사고는 우리 사회의 고질적 병리 현상"이라고
지적하고 "우리 사회 전체가 안전문화캠페인을 벌여야 할 때가 됐다."라
고 말했다.[173)]

제6항
이홍구 총리에 대한 국무총리실 공직자들의 평가

이홍구 총리는 김영삼 대통령이 제15대 국회의원 총선을 내
다보면서 1995년 12월에 개각을 단행한 계기에 퇴임했다. 후임은 서울
대학교 법과대학 학장을 교수 직선으로 맡았고 서울대학교 총장을 역시
교수 직선으로 맡았던 이수성 교수였다. 그는 서울대학교 학생처장 때
신군부에 대항하며 학생 보호에 힘을 써 인망을 모았었는데, 당시 재야
지도자였던 김 대통령이 이 사실을 기억하고 있었던 것이다.

이홍구 총리는 통일부총리를 떠난 뒤 통일원 공직자들로부터 최고
의 평가를 받았었다. 그러면 총리를 떠난 뒤 국무총리실 공직자들로부터
어떤 평가를 받았을까? 이 물음에 답을 주는 책이 정두언(鄭斗彦) 전 국
회의원의 『최고의 총리 최악의 총리』다. 총리실에서 진의종(陳懿鍾) 총
리부터 박태준(朴泰俊) 총리까지 18명의 총리를 모시며 일했다가 정계
에 투신해 국회의원을 두 차례 역임한 저자는 그들을, 세상에서 흔히 쓰
는 방식으로, (i) 똑똑하고 부지런한 형, (ii) 똑똑하지 않으나 부지런
한 형, (iii) 똑똑하고 게으른 형, (iv) 똑똑하지도 않고 게으른 형으로 나
눴다. 다시, 정두언에 따르면, 부하들에게는 세 번째가 단연 으뜸이고 두

---

173) 「제17회 국회(임시회) 국정에 관한 보고-국가의 안전관리체제를 총체적으로 진단」, 『이홍구
국무총리연설문집: 1994.12.17.~1995.12.18.』(국무총리비서실, 1996), 177~185쪽; 「안전문화추진
간담회 치사 - 사회전체에 안전문화캠페인 벌여야 할 때」, 위와 같음, 186~187쪽.

번째가 최악이다.

이홍구 총리는 몇 번째 형이었을까? 정두언은 이 총리가 이수성 총리 및 김종필 총리와 마찬가지로 '아랫사람들이 제일 반기는' 세 번째 형이라고 지적하고, 다음과 같이 썼다.

이홍구 총리는 사람이 좋기로 으뜸이었다. 사람이 너무 좋다 보니 아랫사람들에게 미안해서 제대로 일을 못 시킬 정도였다. […] 그는 성품으로는 최고의 총리였다고 말할 수 있다. 학자 출신답게 합리적이고 부드러우며, 영국신사 같은 매너가 만점이었다. 항상 긍정적이어서 화를 내는 법이 없고, 매사에 서두름 없이 여유롭게 일을 처리했다. 음식에 대한 호불호는 물론 모든 일에 투정하는 법이 없었다.[174]

김영삼 대통령은 1996년 2월 14일에 이홍구 전 국무총리에게 청조근정훈장을 수여했다. 이것은 그가 처음 받은 훈장이었다.

---

174) 정두언, 『최고의 총리 최악의 총리: 공직생활 20년의 정두언이 털어놓은 기막힌 행정부 실태』(한울, 2001; 경기도 파주시: 나비의활주로, 2011년 개정판), 159~177쪽 가운데 특히 162쪽 및 174쪽.

제5절
신한국당 대표로 '선택의 정치'를, 대통령 경선에서는 '부드러운 나라, 힘 있는 사회'를 제의하다

제1항
신한국당 대표로 선출된 배경, 그리고 여·야 언론의 반응

● **3당 합당 체제의 청산을 상징한 이홍구 대표위원 선출**

김영삼 대통령은 신한국당 총재로 1996년 4월 11일에 실시될 제15대 국회의원 총선을 앞두고 1996년 2월 6일에 전당대회를 열어 당명을 신한국당으로 고쳤다. 이홍구 전 총리는 이 15대 총선에서 신한국당의 비례대표 1번인 전임 총리 이회창에 이어 2번으로 당선됐다. 이홍구 전 총리는 1995년 12월 16일에 총리에서 물러날 때 기자들이 "내년 총선 때 전국구 후보로 국회에 진출할 것이라는 소문이 있는데, 어떻게 생각하느냐?"라고 묻자 "관심 밖의 일"이라고 대답하면서, 이제는 본업인 '정치학'으로 돌아가 그동안 읽지 못했던 책들을 읽는 데 시간을 쓰겠다고 덧붙였다.[175]

이 총선에서 신한국당은 전체 의석 299석 가운데 139석을, 김대중 총재의 새정치국민회의는 79석을, 김종필 총재의 자유민주연합은 50석을, 이기택 총재의 통합민주당은 15석을 각각 얻었다. 그들 이외에 무소속 당선자는 16명이었다. 결국, 집권당인 신한국당은 과반수 의석을 확보하는 데 실패한 것이다. 이에 따라 대표위원이던 김윤환 의원이 대표위원

---

175) 「떠나가는 이홍구 총리: 전국구 출마 관심 밖의 일」, 『중앙일보』(1995년 12월 17일), 3쪽.

에서 물러나자 이홍구 의원은 5월 7일에 열린 신한국당 제1차 전국위원회에서 김영삼 총재의 지명을 받아 대표위원으로 선출됐다. 2002년 월드컵 축구대회 유치를 위해 유치위원회 명예위원장 자격으로 유럽 순방을 마치고 돌아온 때로부터 나흘 뒤였다. 몇몇 일간지들은 그가 5분 동안 '원고 없이' 수락연설을 했다고 보도했다.[176]

그러면 김 대통령은 어떤 배경에서 이 의원을 대표위원으로 지명한 것일까? 우선 한 정치평론가는 이 대표위원이 신한국당의 '초대' 대표위원이라는 사실을 강조한 뒤, 3당 합당의 산물인 민주자유당의 '긴 그림자'에서 벗어나기 위해 민주자유당을 신한국당으로 개명한 김영삼 대통령으로서 그 변화를 상징할 수 있는 새 얼굴로 민주자유당과 무관한 이홍구를 선택했다고 분석했다.[177] 김 대통령은 그러한 측면에 대해서는 말하지 않은 채 다음과 같이 이 대표를 칭찬했다.

내가 당 대표에 이홍구 씨를 지명한 것은 이 전 총리가 명망 있는 학자이면서도 행정가로서 높은 수완을 발휘해왔기 때문이다. 그동안 통일부총리와 국무총리의 역할을 잘 수행해온 만큼, 당도 무난하게 잘 이끌고 갈 것으로 기대했다.[178]

김 대통령은 당 총재로 이튿날 당 사무총장에 강삼재(姜三載) 의원을 유임시켰고, 정책위원회 의장과 원내총무 및 정무1장관에 이상득(李相得) 의원과 서청원(徐淸源) 의원 및 김덕룡(金德龍) 의원을 임명했다.[179] 이홍구 대표위원은 자신의 비서실장으로 충청남도 청양·홍성에서 초선한 이완구(李完九) 의원을, 특별보좌역으로 대통령정책기획비서관 출

---

176) 「신한국당 전국위 이모저모와 야권반응」, 『중앙일보』(1995년 5월 8일), 3쪽.
177) 김진, 「커버스토리: 신한국당 대표 이홍구」, 28~31쪽 가운데 28쪽.
178) 김영삼, 『김영삼대통령회고록』 하, 207쪽.
179) 위와 같음, 208쪽.

신의 전성철(全聖哲) 변호사를 기용했다.[180] 그러고는 자신의 대표위원실에 '선국후기(先國後己)'라는 액자를 걸어놓았다. "나라를 먼저 생각하고 자기 개인은 뒤로 미룬다."라는 뜻이었다. 이 글과 관련해, 그는 "정치는 역시 국민을 위한 것이기 때문에 사익이 앞서면 절대 안 되며, 사익을 언제나 경계해야 합니다."라고 풀이했다.[181]

이 대표는 중앙당 당직자들과 대표위원실 참모들의 도움을 받으며 신한국당을 이끌어간다. 전주이씨인 이 총리와는 달리 여주이씨인 이완구 비서실장은 훗날 충청남도 지사를 거쳐 제43대 국무총리로 봉직했고, 전성철 특보는 훗날 세종대학교 부총장과 산업자원부 무역위원장을 역임하며 현재 IGM세계경영연구원 회장으로 활동하고 있다.

● **이홍구 대표에 대한 여·야·언론의 호평**

새정치국민회의 김대중 총재와 자유민주연합 김종필 총재는 모두 신임 이 대표를 호평했다. 김대중 총재는 '성품이 원만한 사람'으로, 김종필 총재는 '합리적인 성격과 생각을 가진 사람'으로 논평한 것이다.[182] 이회창 전 총리도 "아주 적절한 인사라고 본다. 당으로서도 행운이라고 본다."라고 호평했다.[183]

언론의 반응도 호평이었다. 김 대통령과 신한국당에 비판적인 『한겨레』도 "유연한 대인관계를 지닌 이 대표가 당내 대권주자들 사이의 예상되는 갈등에 대한 조정 · 중재 역할을 수행할 수 있을 것"이라는 기대를 표시했다.[184] 월간지 『WIN』은 그를 그의 사진과 함께 표지에 싣고, 그를

180) 「초선이 맡던 비서실장 자청 초선인 이 대표 위상높이기」, 『경향신문』(1997년 3월 22일), 4쪽.
181) 권영기, 「신한국당 이홍구 인터뷰: "클린턴 같은 '젊은 대통령' 나와야 한다"」, 『월간조선』 (1996년 8월), 99~112쪽 가운데 109쪽.
182) 「신한국당 전대의 이모저모와 야권반응」.
183) 오태규(吳泰奎), 「대담: 국회의원으로 새 출발하는 이회창 전 총리」, 『한겨레21』(1996년 5월 23일), 12~14쪽.
184) 「집권후반 후계갈등 '관리'에 초점: 이홍구대표 체제 의미」, 『한겨레』(1996년 5월 8일), 3쪽.

여러 각도에서 분석한 장문의 평론을 게재했는데, 이 평론은 그를 '여·야정치권을 통틀어 1996년 봄 최고의 정치스타'로 부르는 등 호평과 덕담으로 가득 채웠다.[185]

중앙일보사 송진혁(宋鎭赫) 논설실장의 「송진혁 칼럼」 역시 이 대표에 대한 호감과 기대를 심층적으로 제시했다. 정치평론가로 일가를 이뤘다는 평을 들어온 그는 "이홍구 씨가 신한국당 대표가 된 것을 보면 역시 정치란 오묘하다는 생각이 든다. 당 대표 → 대선주자를 노리는 인물들이 수두룩한데 막상 대표가 된 사람은 '나는 야심이 없다.', '나는 적격자가 아니다.'라고 말해온 이 씨였으니 정치에 있어 성취를 가능하게 하는 요소가 과연 뭣인가를 새삼 생각해 보지 않을 수 없다."라고 말문을 연 뒤, 다음과 같이 이었다.

원래 정치판은 양보나 겸손과 같은 윤리·도덕이 지배하는 곳이 아니다. 조직·세(勢)·돈·대중적 인기…, 이런 '실력'이 말을 하는 곳이다. 그래서 권력이나 요직은 실력을 가진 사람의 차지가 되게 마련인데, 이 대표의 경우 그런 실력 면에서는 잠재적 경쟁자 누구보다도 뒤떨어졌음은 자타가 공인한다. 그런데도 그를 대표로 만든 것은 정치적 실력이 아니라 무욕(無欲)과 무야심(無野心), 또는 그렇게 보이는 처신이었다고 할 것이다. 그가 대표가 되려는 욕심과 대선주자가 되려는 야심을 가졌거나 가졌다고 보였던들 그에게 대표자리는 오지 않았을 것이다. 굳이 표현한다면 '무욕전법(無慾戰法)이 거둔 승리라고 할까.

이 대표위원의 '무욕'은 그의 상징으로 각인된 것 같다. 그 점은 또 다른 한 정치평론가가 그에 대해 "워낙 무색무취하고 '무욕'을 실제로 즐기는 스타일이다."라고 쓴 데에서도 나타났다.[186]

---

185)　김진, 「커버스토리: 신한국당 대표 이홍구」, 28~31쪽.

522

송진혁 실장은 이어 이 대표가 주는 인상 또는 인간적 장점에 대해 핵심을 잡아 이렇게 부연했다.

신임 이 대표는 교수시절부터 명성이 높았지만 출세나 부(富)같은 데는 다소 초연한 듯한 탈속의 풍모가 있었다. 보기에 좀 게으른 것 같기도 하고, 귀족적인 듯도 하고, 어느 모로 보나 악착스러운 데는 없는 타입이었다. 다시 말해, 정치인에게 흔히 요구된다고 생각되는 집념·조직력·인기추구 같은 요소를 그에게선 별로 볼 수 없었다.

송 실장은 자신의 칼럼의 마지막 부분에서 이 대표에게 좋은 충고를 남겼다. "이제 당 대표가 된 이상 대표라는 공인(公人)의 의무와 책임을 다한다는 자세로 나가야 할 것이다. 무욕이라 하더라도 의욕과 책임감마저 없으면 안 된다."라고 말하고, "중요한 문제에 대해서는 체중을 실어 개입하고 관여하며 주도해야 한다. 불가피하게 진땅도 밟아야 한다면 그것을 피해서는 안 된다. 경우에 따라서는 대통령이 싫어해도 직언을 해야 하고, 필요하면 과감하게 적(敵)도 만들 수밖에 없다."라고 권고한 것이다.

여기서 한 걸음 더 나아가, 송 실장은 "그가 비록 무욕이고 야심도 없었다고 하지만 그의 여러 장점은 그에게 또 어떤 뜻밖의 결과를 가져다줄지는 누구도 알 수 없는 일이다."라고 말한 뒤, "그의 '무욕전법'은 그의 많은 장점과 어우러져 또 한 번 뜻밖의 성공을 가져다줄지 모른다."라는 덕담으로 끝을 맺었다."[187] 명시적으로 쓰지는 않았지만, 집권당의 대통령 후보 더 나아가 대통령이 될 수 있다는 뜻을 담은 것으로 읽힌다.

- **'작위의 정치'와 '부작위의 정치'**

---

186) 고도원(高道源), 「대혼돈: 막오른 1년 7개월의 장정; 서서히 등장하는 '빅9' 그 인물별 시나리오」, 『WIN』(1996년 6월), 34~43쪽 가운데 38쪽.

187) 송진혁, 「송진혁 칼럼: '무욕전법(無慾戰法)'의 승리」, 『중앙일보』(1996년 5월 10일), 7쪽.

이 대목에서, 우리는 '정치세계에서 권력을 추구하는 사람'을 깊이 연구한 대표적 정치학자 해롤드 라스웰(Harold D. Lasswell) 교수의 이론을 다시 음미하게 된다. 그는 그의 저서들 가운데 하나인 『정치: 누가 무엇을 언제 어떻게 획득하는가』[188]의 제목이 말해주듯 정치를 '획득'의 관점에서 접근했으며, 세상의 많은 가치 가운데 유별나게 권력이라는 가치에 집착하고 그것의 획득을 위해 온갖 힘을 쏟는 사람을 심리학 또는 정신병리학 이론을 원용하면서 '정치적 성격(political personality)'이라는 용어로 풀이했다.

이 설명에도 유의하면서, 우리는 권력추구형 인물들의 정치행태에 초점을 맞춰 현실정치를 '작위(作爲)의 정치'와 '부작위(不作爲)의 정치'로 나눠 생각할 수 있다. 자신이 획득하려는 정치적 직위를 미리 설정해 놓고 그 목표를 달성하기 위해 지모(智謀)를 비롯해 온갖 수단을 동원해 투쟁하는 정치를 '작위의 정치'라고 명명할 수 있다. 대통령을 비롯해 여러 정치적 직위를 꼭 획득하겠다는 목표를 세워놓고 '전략'을 세운 뒤 그 전략에 맞춰 일거수일투족(一擧手一投足)하며, 예컨대, 헤어스타일을 바꾸고 자신의 키가 큰 것처럼 보이기 위해 구두까지 특별 제조해 신고 다니는 경우가 거기에 해당한다.

이것을 나쁘다고 말할 수는 결코 없다. 공직을 통해 작게는 이웃에 크게는 국가에 유익한 일로써 공헌하려는 꿈을 가진다는 것은 아름답기도 하고 권장할 만하기도 하다. 그러나 문제가 되는 것은 비양심적이고 불법적인 수단의 동원도 서슴지 않을 뿐만 아니라, 그것도 상습적으로 반복하는 경우이다. 속이거나 거짓말하거나 '내로남불'하는 것은 아무것도 아니다. 아무런 흠이 없는 사람을 큰 잘못이 있는 사람처럼 음해하는 것

---

188) Harold D. Lasswell, *Politics: Who Gets What, When, How*(New York: Whittlesey House. 1936)/이극찬 역, 『정치동태의 분석』(일조각, 1960). 이극찬 교수는 이 역서를 훗날 다음과 같이 다시 출판했다. 『정치: 누가 무엇을 언제 어떻게 얻는가?』(전망사, 1979).

도 흔히 저지른다. 우리 헌정사에서 여러 차례 보았듯, 여·야 모두 그 규모에 있어서 차이는 있었지만 폭력을 동원하기도 하고, 이른바 정치자금을 확보하기 위해 기업인들을 협박하기도 한다. 그들은 "목적은 수단을 정당화한다."라는 마키아벨리의 말을 마키아벨리의 진의(眞意)를 정확히 이해하지 못한 채 자신들의 그릇된 행동에 대한 가림막으로 활용한다.

그러나 거기에 대조되는 부작위의 정치가 있다. 비록 어떤 정치적 지위에 오르려는 꿈은 갖고 있다고 해도, 거기에 오르려는 계획적 설정도 행동도 자제하고 모든 것을 신(神)의 섭리 또는 자연의 섭리에 맡긴 채 인간으로서의 도리를 지키고 자신의 본업에서 실력과 덕(德)을 쌓으며 대의명분을 존중하고 정직하면서 성실하게 생활하는 가운데 중망(衆望)을 얻어, '작위의 정치'에 몰입해 움직이던 권력지향적 정치인이 그렇게 도달하고자 하던 자리에 자연스럽게 오르게 된 경우를 '부작위의 정치'라고 부를 수 있다.

송진혁 실장의 칼럼은 송 실장 스스로는 그러한 표현을 쓰지 않았지만, 이 대표가 '작위의 정치'가 아니라 '부작위의 정치'를 해왔다는 느낌을 준다. 이 대표를 가까이서 관찰한 김진 기자 역시 송 실장과 같은 맥락에서, "그는 다른 권력자들과는 달리 어떤 무엇이 되려고, 목표로 정해진 권력을 쥐려고, 의지를 발현하거나 경쟁자들과 싸우고 분위기를 만들어가는 일 같은 것은 전혀 하지 않는데도 상황에 의해 그러한 자리를 맡게[됐다.]"라고 썼다.[189] 이 대표는 어느 한 짧은 글에서 "인류에게 주어진 가장 훌륭한 교과서는 '대자연'이라는 말이다. 자연의 변화와 조화를 통해 삶의 지혜를 터득할 수 있으니 자연이 곧 좋은 스승이라는 말이다."라고 썼는데,[190] 그의 인생관의 일단을 말해주는 이 구절은 그의 정

---

189)　김진, 「커버스토리: 신한국당 대표 이홍구」, 28~31쪽 가운데 30쪽.

190)　이홍구, 「새 정치 구현과 우리 당의 진로」, 『국책연구』(신한국당 국책자문위원회)(1996년 가을), 2~3쪽.

치를 '부작위의 정치'로 해석할 수 있는 하나의 단서가 된다.

● '하숙생' 생활의 계속

신한국당 대표위원으로 선출된 이후 이 대표의 생활은 더욱 바빠졌다. 부인 박한옥 여사는 이미 남편이 통일부총리가 된 이후 아침·점심·저녁은 약속으로 빼곡히 채워졌고, 집에서는 잠만 자는 생활이 계속되자 남편이 '하숙생'이 되었다고 이야기했는데, 이에 더해 본인을 만나려 찾아오는 사람은 모두 만나줘야 하는 국민의 대표, 글자 그대로 '조선 8도'의 수많은 사람을 상대해야 하는 집권여당의 대표에 오르게 되니 하숙생 생활이 더 힘겨워졌다며 그의 건강을 걱정했다 한다.

제2항
신한국당 대표로서의 활동 (1): 국회 개원 이전

● 대권에 뜻이 없음을 거듭 강조하다

취임 당일에 가진 기자회견에서, 이 대표는 당 총재인 김영삼 대통령이 자신에게 "선거에서 국민에게 약속하고 국민이 기대하는 것들을 어떻게 정책으로 만들어 실천할 것인가, 그리고 신한국당이 새로운 차원으로 한국정치를 발전시키기 위해서는 무엇을 해야 할 것인가에 역점을 둘 것"을 당부했다고 밝히고, 자신은 당 총재의 뜻에 따라 '신한국당의 정책정당화'와 '새로운 차원으로의 한국정치발전'을 자신의 2대 과업으로 추진할 것을 다짐했다. 이 대표는 특히 후자와 관련해 '세계화'를 강조했다. '세계화' 사업의 추진으로써 한국을 '세계중심국가'로 발전시키겠다는 뜻을 거듭 다짐한 것이다.[191]

---

191) 이홍구, 「15대 국회의 출범과 우리의 정책적 과제」, 『국책연구』(1996년 여름), 2~3쪽.

이 자리에서, 그는 "대통령이 대권 후보 경선에 나가라면 나가겠는가?"라는 질문을 받고 "한마디로 말해 대권에는 전혀 생각이 없다."라고 잘라 말했다. 그러한 맥락에서, 그는 언론이 자신을 '관리형 대표'라고 부르는 것에 아무런 이의가 없다고 말하며 "원래 대표는 총재를 모시고 관리하는 것이 큰 역할 가운데 하나"라고 부연했다. 마지막으로, 그는 "우리 당에서 계파시대(系派時代)는 지나갔다는 것을 보여주겠다."라고 다짐했다.[192]

● "나는 투쟁의지가 없는 사람이다"

이홍구 대표위원은 사석에서도 자신은 대권에 도전할 뜻이 없음을 여러 차례 밝혔다. 그를 가까이에서 취재한 김진 기자는 그가 이렇게 말하곤 했다고 썼다.

> 첫째, 대권이라는 것은 거기에 도전하는 강한 의지가 있어야 쟁취될 수 있는 것이다. 김영삼 대통령을 보라.
> 둘째, 대권은 의지만큼이나 강한 투쟁의 산물이다. 끊임없이 상대세력과 싸워야 얻어질 수 있는 것이다. 대권 4수에 접어든 김대중 총재, 온갖 박해와 시련을 뚫고 대권도전의 문턱에 서있는 김종필 총재 … 여당도 마찬가지다. 이한동과 박찬종 씨 … 내가 이 전쟁에 뛰어든다고? 그것은 상상도 할 수 없다. 나는 선천적으로 그런 종류의 투쟁의지가 없는 사람 아닌가. […] 나는 성격이나 스타일이 정치하고는 맞지 않는 것 같아. 내가 여의도를 보니까 정치를 하려면 우선 목소리가 커야 하겠더구만. 잘 알다시피 나는 선천적으로 목소리가 작잖아. 그리고 정치는 이 사람 저 사람과 다투는 일도 많던데 나는 누구와 다툴 수 있는 성격이 아니야. 나는 그저 자유롭고 싶어.[193]

---

192) 「이 대표 일문일답: 대표는 총재 모시고 관리하는 역, 차기 대권 도전의사 전혀 없어」, 『경향신문』(1996년 5월 8일), 2쪽; 「계파시대는 갔다는 걸 보여주겠다: 이홍구 대표」, 『중앙일보』(1996년 5월 11일), 6쪽.
193) 김진, 「커버스토리: 신한국당 대표 이홍구」, 28~31쪽 가운데 30~31쪽.

　　권영기(權榮基) 기자와의 인터뷰에서도 이 대표위원은 "나는 투사형이 아니다."라고 역설하면서, 당 총재가 자신을 당 대표위원으로 지명했을 때는 국회에 가서 싸우라고 한 것이 아니라 이견을 잘 조정해서 타협을 이뤄내라고 한 것으로 생각한다고 부연했다.[194]

● **"조크 속에 진행된 회의들"**

　　이홍구 대표위원이 주재하는 여러 회의는 늘 분위기가 밝았다. 『한겨레』의 박창식(朴昌植) 기자는 한 당직자가 다음과 같이 회상했다고 썼다.

　　이홍구 당시 대표가 주재하는 회의는 일단 가벼운 마음으로 참석할 수 있었다. 이 대표 자신이 조크를 즐긴다. 모두가 파안대소할 만한 화제를 곧잘 꺼낸다. 회의 주재자인 대표가 농담을 꺼내니까 다른 멤버들도 부담 없는 마음으로 이야기를 나누게 된다.[195]

● **리더십에 대한 자기 나름의 이론을 여러 형태로 제시하다**

　　이 시점에서, 신한국당은 새정치국민회의와 자유민주연합 및 민주당으로부터 거센 비난을 받고 있었다. 세 야당은 총선에 부정이 있었다고 주장하고 특히 총선에서의 부정과 관련해 경찰과 검찰이 야당에 불리하게 수사하고 있으며 정부 영향 아래 있는 방송이 여당에 유리하게 보도했다고 비판했다. 게다가 집권당으로 원내 제1당이 되기는 했으나 과반수 의석을 확보하지 못한 신한국당이 야당에서도 의원들을 빼내고 무소속 의원들을 끌어들여 과반수를 채우려는 '정치공작'을 벌인 데 대해, 세 야당은 그것을 '야당 파괴 행위'라고 단정하고 거세게 반발하며 대중집

---

194)　권영기, 「신한국당 이홍구 인터뷰」, 108쪽.

195)　박창식, 「이홍구 대화·중재능력 내세워 호감 유도하는 '권력분산론' 원조」, 『신동아』(1997년 7월), 132~136쪽.

회를 열고 신한국당을 압박했다. 여기에 대해, 이 대표는 앞에서 말한 기자회견에서 "정치발전을 위해서는 극한대결보다 대화와 타협으로 모든 것을 풀어가는 지혜가 필요하다."라고 답변했다.[196]

이 대표는 5월 18일에 가진 기자간담회에서도 같은 내용으로 답변했다. 자신은 대권과는 무관한 '관리형 대표'임을 강조했다. 그러면서도 그는 현안에 대해 분명한 태도를 보여주었다. "여와 야는 절대 50대 50이 아니다. 국민은 여당이 책임을 지고 새 정치를 주도하라는 것"이라는 대답으로써, 경우에 따라서는 여당 단독으로도 국회법이 명시적으로 규정한 개원일인 6월 5일에 개원하겠다는 의지를 과시했다.[197]

이 대표위원의 기자회견 또는 연설에서의 변화는 1996년 6월 하순에 이르러 감지됐다. 자신은 '관리형 대표'일 뿐이며 대권에 도전할 생각이 전혀 없음을 강조하는 데 역점을 두었던 이홍구 대표위원이 그 태도를 유지하면서도 리더십과 관련해 새로운 정치적 구상을 발표하기 시작한 것이다. 그는 (i) 6월 24일에는 신한국당의 싱크탱크인 여의도연구소 소장 윤영오(尹泳五) 교수와의 대담을 통해, '새로운 세계와 역사가 바라는 것이 무엇인가에 대한 올바른 인식을 갖춘 리더십, 그리고 정책을 개발하고 그것을 집행할 수 있는 능력을 가진 리더십'을 강조했고, (ii) 6월 27일에는 한국정치학회 학술대회에서의 기조강연을 통해, '책임을 지는 리더십'을 강조했으며, (iii) 6월 28일에는 한국방송기자클럽 토론회에서의 기조발제와 질의응답을 통해 우리 정치에서 '다원적 민주 리더십'의 시대가 열려야 한다고 제의한 것이다.[198]

그 세 가지에 공통되는 것은 지난날 투쟁에 몰두하던 정치인들은 새 시대에 지도자로 적합하지 않다는 언중유골(言中有骨)의 메시지였다. 그

---

196) 「"이규택 탈당 김덕룡 의원이 배후"」, 『동아일보』(1996년 5월 2일), 5쪽; 「영입 속도조절 '2단계 전략' 여 핵심부」, 『동아일보』(1996년 5월 2일), 5쪽.

197) 「야 설득 정치기술 모자라 애로: 이홍구 대표 자택서 기자초청」, 『중앙일보』(1996년 5월 19일), 5쪽.

가운데 특히 언론의 관심을 받은 것은 '다원적 민주 리더십'이었다. 이 생소한 용어에 대해, 그는 각 정당이 여·야를 막론하고 단일지도체제를 유지한 채 한 사람의 지도자가 결정을 내려왔음을 비판하면서, 이것은 2000년대를 바라보는 '새 시대가 요구하는 새 정치'에 부합하지 않으며, 이제는 당의 중진들이 참여하는 위원회에서 공천을 비롯한 주요한 당론을 결정하고 대통령이 이를 존중하는 형식으로 바꿀 필요가 있다는 취지로 풀이했다. 그는 또 김영삼 대통령과 김대중 총재의 '타(他)의 추종을 불허하는 오랜 경륜'을 높이 평가하면서도, "'투쟁의 시대'가 끝났으며 의회민주주의의 시대가 열린 만큼 의회민주주의자로서의 면모를 보여주기 바란다."라고 발언했는데, 이것은 사실 김대중 총재를 염두에 둔 발언으로 해석됐다.[199]

제3항
신한국당 대표로서의 활동 (2): 국회 개원 이후

● '인내력의 리더십'을 강조하다

5월 18일의 기자회견에서는 여당 단독 개원의 불가피성을 언급했지만 실제로 이 대표가 여당 단독으로 개원하는 길을 걷지는 않았다. 오히려 여당 단독으로도 개원해야 한다는 당내 강경파를 달래면서 지루한 야당과의 협상을 한 달 넘게 이어가 마침내 7월 3일에 타협을 이

---

198) (i) 윤영오 질의, 「여의도초대석: 이홍구 신한국당 대표위원에게 묻는다; 정책정당화로 선진의회정치를 지향한다」, 『여의도정책논단』(1996년 여름), 25~35쪽, (ii) 「국회개원 진통 15대가 마지막: 신한국 이홍구 대표」, 『조선일보』(1996년 6월 28일), 4쪽, (iii) 「'이홍구 새 정치'는 '다원적 리더십'」, 『경향신문』(1996년 6월 29일), 2쪽; 『한겨레』(1996년 6월 29일), 4쪽. 한국방송기자클럽 토론회에서의 기조발제 제목은 「15대 국회개원과 새 정치과제」이다.
199) 「'이홍구 새 정치'는 "다원적 리더십"」, 『경향신문』(1996년 6월 29일), 2쪽.

뤄냈고 7월 4일에 개원식을 열기에 이르렀다. 이 과정에서 그는 여·야 모두에게, 특히 자신을 '유약'하다고 공격하면서 단독 개원을 압박하는 당내 강경파에게, 다음 세 가지를 강조했다.

（ⅰ） 의회라고 하는 곳은 토론과 협상 그리고 투표를 통해 모든 것을 결정하는 곳이지 어떤 물리적인 힘으로 좌지우지해서는 절대 안 된다. （ⅱ） 기다리는 것이다. 성질이 급하다든가 마음이 급한 사람은 민주화가 진전된 사회에서는 잘 맞지 않는다. 민주주의체제와 의회정치를 지탱하려면 끝없는 인내력이 필요하다. 이제는 인내력의 리더십이 필요하다. （ⅲ） 그동안 절차를 확실히 정하는 것에 소홀했다. 이제 무엇은 투표로 결정하고 무엇은 합의로 결정하는 것인지 분명하게 정하고, 그 결정에 수반된 절차에 충실해야 한다. "지난날 관행이 이러했으니 그것을 따르자."라는 말도 이제는 사라져야 한다.[200]

● **국회에서의 첫 대표연설**

개원식에 이어 원 구성이 끝난 직후, 이 대표는 7월 10일에 「21세기를 향한 선택의 정치」라는 제목 아래 대표연설을 했다.[201] 그의 국회에서의 첫 연설이었던 만큼 정계와 언론계가 큰 관심을 보인 이 연설에서 그는 '새 정치'를 강조하며 '선택의 정치'라는 화두를 던졌다. "정치인은 선택과 그 대가를 분명히 제시하고 그 결과에 책임을 질 줄 알아야 한다."라는 뜻이었는데, 언론계에서는 그가 "이럴 수도 있고 저럴 수도 있다."라는 모호한 방관자적 자세에서 벗어나 적극적으로 정치현장에 뛰어들어

---

200) 전진우(全津雨), 「"시대착오적, 투쟁적 리더십으론 이제 안돼": 신한국당 이홍구 대표」, 『신동아』(1996년 8월), 148~159쪽 가운데 150쪽.
201) 「'구시대 정치' 청산 역설」, 『경향신문』(1996년 7월 11일), 3쪽.

'선택'하고 '책임'지겠다는 강한 의지를 표현한 것으로 해석하면서, 이 '정계데뷔 연설'로써 그가 자신의 기존 이미지를 '파괴'하고자 했다고까지 논평했다.[202]

그는 이어 '중지(衆智)의 정치'를 내세웠다. 지난날 권위주의 시대처럼 몇 사람의 지도자가 임의로 결정을 내리는 정치를 배격하고 '국민의 지혜를 모으고 자율적인 결정을 내리는 정치'를 해야 한다는 뜻이었다. 여기에는 누구보다 김대중 총재와 김종필 총재를, 특히 김대중 총재를 비판하는 뜻을 담으면서 동시에 우리가 앞에서 보았던 '다원적 민주 리더십'의 뜻을 담은 것이었다.

새정치국민회의 · 자민련 · 민주당 등 세 야당은 '알맹이가 없는 연설'이라고 평가절하했다. 그러나 신한국당은 이 대표가 '정치의 패러다임'을 바꿀 것을 요구한 명연설이라고 높이 평가했다.[203]

● '회의를 하는 리더십'과 '실용적 리더십'

이홍구 대표위원이 여 · 야 협상을 마무리 짓고 국회에서 대표연설을 마친 직후부터, 『신동아』에 따르면, 여 · 야 국회의원들 가운데 이 대표위원이 여권의 대선 후보들 가운데 김 대통령의 낙점 1위라는 예상이 빠르게 퍼졌다.[204] 자연히 언론의 관심은 더욱 그에게 쏠리게 됐다. 『신동아』가 1996년 8월호에 이 대표위원에 관한 1편의 평론과 1편의 대담을 게재하고, 『월간조선』이 역시 1996년 8월호에 1편의 대담을 게재하고 1996년 10월호에서 다시 그를 조명한 평론을 게재한 것이 그러한 관심을 반영했다.[205]

---

202)　정연욱, 「'관리형' 이홍구 허허실실 대권 드라이브」, 141쪽.

203)　「이홍구 대표 국회연설 야 "내용없다" 평가절하」, 『동아일보』(1996년 7월 11일), 4쪽.

204)　윤영찬·박성원, 「특별기획: 15대 국회의원 299명 대상 설문조사; "여당 대권주자는 이 사람"」, 『신동아』(1996년 8월), 102~117쪽; ＿＿, 「정치초점: 여권 대권 주자들의 뜨거운 여름 사조직 전쟁 시작됐다」, 『신동아』(1996년 8월), 118~131쪽.

여기서 이 대표는 '회의를 하는 리더십'이라는 말을 만들고, 다음과 같이 부연했다.

우리가 21세기를 맞아 어떤 리더십 스타일이 가장 중요하나 하면 구체적으로는 회의를 하는 리더십이라고 생각합니다. 회의를 하려면 시간이 많이 걸립니다. 여러 사람 얘기를 다 들어야 하니까 비능률적이라는 생각이 들 수도 있습니다. 그러나 누가 자꾸 주장하는 것이 있으면 그것을 다 듣고, 그런 주장이 일리가 있음에도 불구하고 왜 그것을 택할 수 없는가 하는 것은 회의를 해보면 드러납니다.[206]

이 대표의 '회의를 하는 리더십'론은 온건하면서도 당연한 얘기로 들리지만 결국 정당과 청와대까지 겨냥한 것이 주목된다. "과거에는 정당이라는 것이 한 사람의 결정에 너무 강하게 좌우되지 않았나 생각합니다. 당에도 회의가 많아야 하고 정부에서도 그래요. 대통령도 예외가 될 수 없으며, 청와대에서도 역시 회의를 많이 하는 것이 좋을 것입니다."라는 구절이 바로 그것이었다.[207]

그는 '실용적 리더십'이라는 말도 만들었다. 전진우 기자와의 인터뷰에서, 이홍구 대표는 이제 '지역분할에 근거한 정치구도'를 극복하며, 국민생활에 직결된 문제들을 하나하나 해결해가는 실사구시(實事求是)의 정치, 실용주의적 정치가 절실히 요청된다고 역설하는 가운데 이제 우리에게 필요한 것은 '실용적 리더십'이라고 말한 것이다. 이와 관련해, 그는

---

205) 정연욱, 「'관리형' 이홍구 허허실실 대권 드라이브」, 139~147쪽; 전진우, 「"시대착오적, 투쟁적 리더십으론 이제 안돼"」, 148~159쪽; 권영기, 「신한국당 이홍구 인터뷰」, 99~112쪽; 조성관(趙成寬), 「대선가도의 새 흐름: 이홍구 이회창 이한동의 부상, 인맥과 조직 그리고 역사관과 정책」, 『월간조선』(1996년 10월), 186~195쪽.
206) 전진우, 「"시대착오적, 투쟁적 리더십으론 이제 안돼"」, 152~153쪽.
207) 위와 같음, 150쪽.

국민의 건강에 더욱 신경을 써야 하고 그러한 뜻에서 환경문제·공해문제 해결을 위해 정부가 예산을 더 많이 배정해야 한다고 제의했다.[208]

이 대표위원의 리더십에 관한 잦은 발언은 그가 대권에 뜻을 두고 있는 것으로 해석됐다. 우리나라에서 정치를 말하면서 리더십을 논하는 것은 곧바로 대통령을 겨냥한 것으로 이해되어왔기 때문이다.

● **활동영역을 넓히다**

기자들이 보기에, 이홍구 대표위원은 차차 활동영역을 넓혀나가고 있었다. 그는 미국 애틀랜타에서 열린 제26회 올림픽에 참가한 한국선수단을 격려하기 위해 출국하는 일정을 미루면서까지 물난리를 맞은 경기도 연천 일대와 문산 일대를 7월 28~29일에 방문하여 이재민들을 위로하고 격려했다. 『한겨레』는 "물난리 현장을 찾는 것은 정당 대표로서는 당연한 일이기는 하지만, 대표 취임 이후 공식적이고 의례적인 행사 이외에는 나들이를 될 수 있는 대로 삼간 점을 고려하면 상당한 정치적 의미를 가진 것이었다."라고 논평했다.

게다가 그는 29일에는 기자간담회를 열어 "국민이 선택할 수 있도록 정책결정의 내용과 정보를 폭넓게 제공하는 '선택의 정치'를 펴겠다."라고 말하는 등, 자신의 정치적 소신을 다각적으로 밝혔다.[209] 이후 그는 7월 31일~8월 11일에 예정대로 애틀랜타의 한국선수촌을 방문하고 선수들과 임원들을 격려했다.

● **유연한 리더십을 옹호하다**

이홍구 대표가 신한국당의 대권주자로 자리를 굳히고 있다는 관측이 넓게 퍼지면서 그를 '유약한' 지도자로 비판하며 견제하는 목소리도 나

---

208) 전진우, 「"시대착오적, 투쟁적 리더십으론 이제 안돼"」, 150~151쪽.
209) 「이홍구 심상찮은 발걸음」, 『한겨레』(1996년 7월 30일), 5쪽.

오기 시작했다. 이 사실은 전진우 기자와의 인터뷰에서도 드러났다. 전 기자는 이 대표에게 "조화를 존중하고 유연성을 가진 지도자라는 장점을 갖고 있다는 느낌을 줍니다만 지도자로서의 힘이랄까, 그런 면에서는 유약한 분이 아닐까 하는 것이 외부에서 느끼는 이미지입니다."라고 질문한 것이다.

이에 대해, 이 대표는 우선 "저는 그러한 점을 단점이라기보다는 장점으로 생각하는 편입니다. 저는 상당히 많은 인내력을 갖고 있고, 남의 이야기를 자세히 들어보려고 애쓰는 편이지요. 문제를 더 신중하게 결정하고 싶어 한다는 점에서 이것은 제가 가지고 있는 강점이라고 생각합니다."라고 대답했다. 이 대표는 이어 결단력의 문제에 대해 "저는 조용한 결단이 중요하다고 생각합니다. 떠들면서 결단하는 사람은 믿지 않는 편입니다. 떠들면서 결단하는 사람은 왜 그것을 결단하는지에 대한 소신이 없어서 떠드는 것으로 커버하는 것이 아닌가 하는 의심을 할 때가 많습니다."라고 대답했다.[210] 이 주제와 관련해, 이 대표는 권영기 기자와의 인터뷰에서 다음과 같이 부연했다.

역사를 돌이켜 보면 말없이 조용한 사람이 단호한 결정을 내린 경우가 많습니다. 현대사회에서 대부분의 문제는 다양한 견해가 얽혀 복잡하기 마련입니다. 그 때문에 자기주장만 크게 떠들 수는 없습니다. 단호하게 결정할 일은 많지 않다고 생각합니다.[211]

이 대표의 이 대답은 이 시점에서의 즉흥적인 자기변호에서 나온 것이 아니었다. 그는 이미 1987년의 한 강연에서 그렇게 발언했었다.[212]

---

210) 전진우, 「"시대착오적, 투쟁적 리더십으론 이제 안돼"」, 155~156쪽.
211) 권영기, 「신한국당 이홍구 인터뷰」, 100쪽.
212) 이홍구, 「한국의 정치문화: 권위주의와 민주화」, 한국여성유권자연맹에서의 강연(1987년 9월 29일), 『이홍구문집』 IV, 607~615쪽에 재수록.

- **신한국당의 국회 기습처리로 상처를 입다**

신한국당은 1996년 12월 26일 새벽에 안기부법개정안과 노동관계법 개정안 등을 세 야당이 모두 불참한 상태에서 기습적으로 통과시켰다. 세 야당은 이것을 '날치기'라고 비난하고 김대중 총재와 김종필 총재는 '김영삼 쿠데타'라고 명명하며 전면투쟁을 선언했다. 이 법안 가운데 특히 노동관계법안이 근로자들의 반발을 불러일으켰다. 이 파동 속에서, 이홍구 신한국당 대표위원 역시 상처를 입지 않을 수 없었다.[213]

김영삼 대통령은 1997년 3월에 개각을 단행하면서 교통부장관·농수산부장관·국회의원·서울특별시장을 역임한 고건(高建) 명지대학교 총장을 국무총리로 지명했다. 국회가 3월 4일에 인준하면서 김 대통령은 이튿날 그를 국무총리로 임명했다. 이로써 그가 김 대통령의 마지막 국무총리가 된다.

제4항
대선 후보 경선에 나서며 '책임총리제'를 제의하다

- **「미래사회연구원」을 기반으로 삼다**

1997년 12월에 치러질 제15대 대통령선거를 앞둔 1997년 3월 13일에, 신한국당 총재인 김영삼 대통령이 당 전국위원회를 열고 대표위원에 전 국무총리 이회창 의원을 지명함에 따라 이회창 의원은 곧바로 당선됐고, 이홍구 대표위원은 물러났다. 이것은 김 대통령이 신한국당의 대통령 후보에 이회창 대표위원을 염두에 둔 것으로 해석됐다. 그렇지만 김 대통령이 1995년 10월 9일에 일본 『니혼게이자이신문(日本

---

213) 「긴장된 표정… 일사불란한 만장일치 새벽 '기습처리' 순간」, 『동아일보』(1996년 12월 27일), 4쪽.

經濟新聞)』과 가진 회견에서 한국의 다음 대통령은 '깜짝 놀랄 정도의
세대교체'를 통해 나올 것이라고 발언한 것이 자신의 내각에서 노동부
장관을 역임한 40대의 이인제 경기도지사를 염두에 둔 것이었다는 해석
이 나돌면서,[214] 경선을 향한 관심은 더욱 커졌다.

7월로 예정된 당내 경선을 앞두고 신한국당에서는 후보들이 속속 출
마를 선언했다. 김덕룡 의원, 김윤환 의원, 박찬종 의원, 이수성 전 총리,
이인제 경기도지사, 이한동(李漢東) 의원, 이회창 의원, 최형우 의원이
바로 그들이었다. 이홍구 대표는 대표직에서 물러나기 하루 전인 3월 11
일에 경선 참여를 공식 선언했다. 이로써 이른바 '9룡'이 자리를 잡았다.
그러나 김 대통령을 오랫동안 보좌했고 김 대통령 내각에서 내무부장관
을 역임했던 최형우 의원이 3월 11일에 급환으로 와병하면서 '8룡'이 경
쟁하게 됐다.

이제 신한국당 상임고문이 된 이홍구 후보는 4월 6일에 「미래사회연
구원」 준비모임을 열었다. 이 모임의 위원장은 버클리 캘리포니아대학
교 경제학박사로 교수를 거쳐 상공부차관을 역임했으며 1984~1985년의
남북경제회담 때 한국대표단을 이끌었고 해외경제협력대사로도 활동했
던 김기환(金基桓) 대한무역투자진흥공사 이사장이 맡았으며, 외무부장
관을 역임한 한승주(韓昇洲) 고려대학교 교수, 주유엔대사 및 주미대사
를 역임한 김경원(金瓊元) 사회과학원장을 비롯해, 한국국제정치학회장
을 역임한 이상우(李相禹) 서강대학교 교수와 역시 한국국제정치학회장
을 역임한 김달중(金達中) 연세대학교 행정대학원장, 한국국제경제학회
장을 역임한 김세원(金世源) 서울대학교 교수 등이 참여했다. 또 서울대
학교 후배 교수인 최명(崔明) 박사와 안청시(安淸市) 박사 및 조동성(趙
東成) 박사 등이 참여했다. 어려서부터의 친구인 서울대학교 의과대학

---

214) 「김 대통령 '놀랄 정도의 세대교체' 발언: 정치권 큰 파문」, 『동아일보』(1995년 10월 11일), 1쪽.

한만청(韓萬靑) 교수도 참여했다.[215]

　월드컵유치위원장과 총리 및 당 대표를 지내며 연을 맺은 문화 · 체육 · 여성계 인사들 역시 참여했다. 그들에는 광고회사인 웰컴의 문애란(文愛蘭) 부사장, 최영희(崔榮熙) 대한간호협회장, 이윤미(李潤美) 여성경영인연합회장, 주희봉 한국실업농구연맹 회장, 이경숙(李慶淑) 연세대학교 교수, 양혜숙(梁惠淑) 한국공연예술원장, 오율자(吳律子) 한양대학교 교수, 나은실(羅恩實) YMCA 이사 등 50여 명이 포함됐다. 이홍구 고문은 인사들의 다양한 경력과 직업에 대해 "집중권력의 이미지보다 부드러운 사회, 힘 있는 나라를 추구하겠다는 의지"라고 설명했다.[216]

● 책임총리제 제의

　이 후보는 책임총리제를 제의했다. "국무총리를 당 소속 국회의원들이 선출하고 그렇게 선출된 국무총리에게 각료제청권과 내각통할권을 줘서 내정은 총리가 책임을 지도록 하며 외교 · 안보는 대통령이 전념한다."라는 뜻이었다.[217] 우리는 이것을 제25명제라고 명명하기로 한다. 그는 일찍부터 '거국내각'론을 '무책임한 발상'이라고 비판했다. 전쟁에 돌입한 상태와 같은 비상시국에는 거국내각이 필요할 수 있으나 평상시에는 무엇이 잘되지 않았을 때 책임 소재가 불분명한 거국내각이 필요하지 않다는 논리였다. 이 점에 관해, 그는 7월 10일의 국회 대표연설에서 제시했던 자신의 「선택의 정치」론을 상기시키며 다음과 같이 부연했다.

　이제는 책임정치를 해야 할 시대가 왔다고 봅니다. 가령 나아갈 길이 A, B, C의 세 가능성이 있다고 할 때 우리 당은 A를 택한다고 말하고, 그 대신 그

---

215)　최훈, 「여 대선주자 지략가 모시기 한창: 이홍구 고문」, 『중앙일보』(1997년 4월 7일), 4쪽.

216)　위와 같음.

217)　최영재, 「YS정권 핵심실세가 회고하는 문민정부 5년: 이홍구」, 235쪽; 이재원(李在遠), 「대한민국의 국무총리」(경기도 파주시 나남, 초판 1998/개정판 2007), 365쪽.

럴 때 어떤 대가를 치러야 한다고 국민에게 설명해야 합니다. 마찬가지로
야당들은 제각각 B나 C를 택하겠다고 얘기할 수 있어야 하고 선택은 국민
에게 맡겨야 합니다. 그 결과 국민이 선택한 정부는 책임정치를 할 수 있어
야 합니다.[218]

이 책임정치론이 책임총리제로 구체화한 것으로, 그것은 반드시 개
헌을 요구하지 않고 대통령의 결심이 확고하면 가능했다.

이 고문은 4월 12일 대구 방문을 계기로 「시국을 생각하는 모임」의
지방회원을 확장하면서 대중기반을 구축하기 시작했다.[219] 특히 우리나
라 정치풍토에 새로운 정치모델을 세우기 위해 돈도 쓰지 않고 세(勢)몰
이도 하지 않으면서 대선을 정책대결로 이끌어가고자 노력했다. 몇몇 일
간지들은 그가 당시 '8룡'이라고 불리던 후보 가운데 유일하게 후원회를
두지 않은 사실에 주목했다. 후원회는 합법적으로 돈을 거둬들이는 창구
였는데, 그는 애초부터 후원회를 두지 않은 것이다.[220]

이 바쁜 일정에서도 그는 4월 26일~5월 2일에 우선 워싱턴을 방문
해 헨리 키신저(Henry A. Kissinger) 전 국무장관, 즈비그뉴 브레진스키
(Zbigniew F. Brzezinski) 전 대통령 국가안보보좌관, 제시 헬름스(Jesse
A. Helms Jr.) 연방상원 외무위원장, 로버트 리빙스턴(Robert Livingston)
연방하원 세출위원장, 에드윈 퓰너(Edwin Feulner) 헤리티지재단
(Heritage Foundation) 이사장, 마이클 아마코스트(Michael H. Armacost)
브루킹스연구소(Brookings Institution) 회장, 그리고 『워싱턴포스트』와
『뉴스위크』의 저명한 칼럼니스트를 만난 데 이어 뉴욕을 방문해 『뉴욕
타임스』와 『월스트리트저널』 등 주요 언론매체의 지도자들을 만나 세계

---

218)   권영기, 「신한국당 이홍구 인터뷰」, 101쪽.
219)   최훈, 「여 대선주자 지략가 모시기 한창: 이홍구 고문」, 『중앙일보』(1997년 4월 7일), 4쪽.
220)   「개인적 연(緣)바탕 돈줄·지지세 확장: 대선주자들 후원회가 뛰어」, 『중앙일보』(1996년 9월
9일), 4쪽.

정세와 한반도문제에 대해 의견을 교환했다. 그는 귀국한 뒤 발표한 평론을 통해 한반도통일의 기회가 오면 통일비용을 두려워할 것이 아니라 무조건 잡아야 한다고 주장하고, 북한의 식량위기를 외면해서는 안 된다는 평소의 지론을 되풀이했다.[221]

그는 후원회를 두지 않을 정도로 깨끗하고 새로운 정치를 추구했으나 현실은 그의 뜻과는 거리가 멀었다. 그는 "돈이 없어 도저히 경선을 못하겠다."라고 말하고는,[222] 경선 참여를 선언한 때로부터 100일 후인 6월 18일에 여의도 당사에서 기자회견을 열고 "당의 단합과 국민의 선택을 돕기 위해 불출마를 결심했으며, 앞으로 당의 단합을 위해 나름으로 역할을 하겠다."라고 밝혔다. 그의 불출마 선언은 '8룡' 가운데 최초로, '작위의 정치'가 아니라 '부작위의 정치'의 연장선 위에서 경선에 참여한 그에게 합당한 처신이었다.

김윤환 의원 역시 사퇴한 대신에, 문화공보부장관 · 공보처장관 · 노동부장관 등을 역임한 최병렬(崔秉烈) 서울특별시장이 경선에 뛰어들었다.[223] 열기가 뜨거워진 경선의 마지막 단계에서 박찬종 의원이 사퇴해, 김덕룡 · 이한동 · 최병렬 · 이회창 · 이수성 · 이인제 등 6명이 남았다. 7월 21일에 열린 신한국당 제2차 전당대회는 결선투표인 2차 투표를 거쳐 이회창 상임고문을 대통령 후보로 선출했다. 2위를 기록한 이인제 후보는 9월 13일에 탈당하고 국민신당을 창당해 이 당의 후보로 출마한다.

---

221) 이홍구, 「4자회담에만 매달려선 안 된다」, 『신동아』(1997년 7월), 354~361쪽.

222) 「"돈이 없어 도저히 경선을 못하겠다.": 1997년 신한국당 경선은 어땠나」, 『동아일보』(2002년 3월 6일), A4쪽.

223) 고도원, 「대혼돈: 막오른 1년 7개월의 장정; 서서히 등장하는 '빅9' 그 인물별 시나리오」, 34~43쪽.

曉堂 李洪九

제8장

외환위기 수습과 남북관계 개선을 위해 현장에서 뛰다: 주미대사로

(1998년 5월~2000년 8월)

　　1997년 12월 18일에 실시된 제15대 대통령선거에는 새정치국민회의의 김대중 후보, 한나라당의 이회창 후보, 국민신당의 이인제 후보가 삼파전을 벌였다. 가장 큰 쟁점은 대선 직전에 발생한 외환위기였다. 태국·홍콩·말레이시아·필리핀·인도네시아 등 동남아시아의 연쇄적 외환위기의 바람이 한국에까지 밀어닥쳐, 기업들이 줄이어 도산하면서 외환보유액이 빠른 속도로 줄어들어 한때 39억 달러까지 내려갔다. 뒤늦게야 위기를 느낀 김영삼 정부는 1997년 11월 21일에 국제통화기금(IMF)과 협의해, 195억 달러의 구제금융을 받아 겨우 국가부도를 막을 수 있었다. 그렇지만 국제통화기금이 요구하는 조건들을 충족하려다 보니 많은 회사가 문을 닫아야 했고 자연히 대량실업과 경기악화가 뒤따랐다. 김대중 대통령 때인 2000년 12월 4일에 한국은 국제통화기금으로부터 빌린 195억 달러의 구제금융 차관을 모두 갚는다.[1]

　　이 소용돌이 속에서, 자유민주연합의 대통령 후보로 선출된 김종필(JP)은 11월 3일에 김대중(DJ)과 후보단일화합의문에 서명했다. 이것은 김대중을 단일후보로 내세우며 김대중 후보가 당선되면 두 정당이 공동정부를 구성한다는 합의였다. 이로써 이른바 DJP연합이 탄생했다. 여기에 자극을 받아 신한국당의 이회창 후보와 민주당의 조순 후보는 11월 7일에 두 당을 통합해 이회창을 후보로, 조순을 총재로 하는 한나라당을 출범시켰다. 투표 결과, 김대중 후보가 유효투표의 32.1%

---

1)　1998년에 한국과 북한에서 전개된 상황에 대한 일반적인 관찰과 분석은 다음에서 읽을 수 있다. (i) David G. Brown, "North Korea in 1998: A Year of Foreboding Developments," *Asian Survey*, Vol. 39, No. 1(January 1999), pp.125~132, (ii) Tong Whan Park, "South Korea in 1998: Swallowing the Bitter Pills of Restructuring," *Asian Survey*, Vol. 39, No. 1(January 1999), pp.133~139.

우리가 흔히 'IMF 사태'라고 잘못 부르는 이 외환위기에 관한 당시 정부 책임자의 회고록에는 다음 두 가지가 있다. 첫째, 당시 경제부총리 겸 재정경제원장관이던 강경식(姜慶植)의 회고록은 다음이다. 강경식, 『환란일기』(문예당, 1999). 둘째, 당시 대통령경제수석비서관이던 김인호(金仁浩)의 회고록은 다음이다. 김인호, 『김인호 회고록 명과 암 50년: 한국경제와 함께』 전 2권(기파랑, 2019), 제2권(외환위기의 중심에 서다).

인 10,326,275표를 얻어 당선됐다. 이회창 후보와 이인제 후보는 각각 31.5%(9,935,718표)와 19.9%(4,925,591표)를 얻었다.[2]

김대중 대통령은 이홍구 전 총리를 주미대사로 기용할 뜻을 밝히고 일차적으로 워싱턴에서 국제통화기금과 클린턴 정부를 상대로 외환위기 수습에 진력해줄 것을 제의했다. 이 전 총리는 고사하다가 국난 극복의 노력에 동참한다는 마음으로 그 제의를 받아들여 약 2년 3개월에 걸쳐 워싱턴에서 활동했다. 동시에 김 대통령이 추진하던 남북관계 개선을 위해서도 활동했다.

---

2) 제15대 대통령선거에 대한 분석은 학계에서 다각적으로 시도됐다. 그것들을 여기에 하나하나 지적하기는 어렵다. 다만 15대 대선을 다룬 정치학자들의 책을 종합서평한 다음 논문을 읽어주기 바란다. 장훈(張勳), 「민주화와 시민·정당·정부의 민주적 연계: 김재한(金哉翰) 저, 『합리와 비합리의 한국 정치사회』(소화, 1998); 이갑윤(李甲允) 저, 『한국의 선거와 지역주의』(오름, 1998); 이남영(李南永) 저, 『한국의 선거 II : 15대 대통령선거를 중심으로』(푸른길, 1998); 정진민(鄭鎭民) 저, 『후기산업사회 정당정치와 한국의 정당발전』(한울, 1998)」, 『한국정치학회보』 제32집 제4호(1999년 2월), 389~398쪽.

제1절
주미대사로 외환위기 극복에 힘을 쏟다

제1항
김대중 대통령과 이홍구 전 총리의 관계

김대중 대통령은 1998년 2월 25일에 취임사를 통해 우리나라가 해방 50년 만에 처음으로 여·야 사이에 정권교체를 실현했다고 역설하며 자신이 이끌 정부를 '국민의 정부'로 명명했다. 그는 이어 우리나라가 '문명사적 대전환기'에 처해 있음을 강조하고, 무엇보다도 정보화시대에 대비하는 교육과 인재양성에 힘을 쏟을 것을 약속했다. 동시에 김영삼 정부 말기에 시작된 동아시아의 외환위기가 아직도 끝나지 않았기에 거기에 연결된 한국경제가 매우 어려워진 현실에 국민적 관심을 다시 불러일으키고, 이 위기 극복에 정부와 기업 그리고 국민 3자가 합심해 노력할 것을 호소했다.

김대중 대통령은 이어 북한에 대한 3원칙, 곧 (ⅰ) 어떠한 무력도발도 결코 용납하지 않으며, (ⅱ) 북한을 해치거나 흡수할 생각이 없고, (ⅲ) 북한과의 화해와 협력을 가능한 분야부터 적극적으로 추진할 것을 다짐했다. 이 3원칙은 그의 햇볕정책을 구체화한 것이었다. 그 스스로 후보 때부터 자신의 북한에 대한 접근정책을 햇볕정책이라고 불렀다. 이솝우화에서 행인의 옷을 벗기는 것은 폭풍이 아니라 햇볕이었음에 착안해, 북한을 개방·개혁으로 유도하는 것은 북한에 햇볕을 쐬어주는 것이라는 비유였다.

김 대통령은 「남북기본합의서」에 근거해 남북관계를 개선하겠다는 뜻도 밝혔다.[3] 이 문서는 우리가 제6장 제4절에서 이미 보았듯, 노태우 대통령 때 성립된 것이었다. 김 대통령은 "남북기본합의서의 이행을 위한 특사의 교환을 제의"하고, "북한이 원한다면 정상회담에도 응할 용의가 있습니다."라고 말해 사실상 남북정상회담의 개최를 제의했다.

김대중 정부가 들어서면서 정부 인사와 관련해 이홍구 전 총리는 다시 주목을 받았다. 몇몇 주요 일간지들은 김 대통령이 외환위기 극복을 위해, 국제통화기금의 본부가 있으며 한국 정부의 극복 노력을 결정적으로 도와줄 수 있는 미국 행정부가 있는 워싱턴에 보낼 대사로 그를 내정했다고 보도하기 시작했다. 한 일간지는 그가 주미대사를 제의받았으나 '고사'하고 있다고 보도했다. 실제로 정부는 3월 24일에 미·일·중·러 등 이른바 4강과 유엔에 파견할 대사들의 내정을 발표했는데, 이 전 총리를 주미대사로 발표했다.[4] 전 국무총리로 신한국당 대표를 지낸 이홍구가 주미대사로 발표되고 같은 날 이홍구 국무총리의 후임으로 국무총리를 지낸 이수성 씨가 민주평화통일자문회의 수석부의장으로 임명되자 정계에서는 이 일련의 인사가 김대중 대통령이 구상하는 '정계개편'의 신호가 아니냐는 말이 오갔다. 그러나 두 사람은 모두 그 설을 부인했다.[5]

노태우 대통령 때 국토통일원장관으로 입각하고 대통령특별보좌관을 거쳐 주영대사를 역임했으며, 김영삼 대통령 때 통일부총리로 시작해 국무총리와 집권여당 대표로까지 올랐던 그가 김대중 정부에서도 주미대사로 발탁되자, 한 일간지는 그가 이제 '비룡(飛龍)'이 됐다고 논평했다.[6]

---

3) 「김대중 15대 대통령 취임 "화합 재도약 위한 고통분담을"」, 『동아일보』(1998년 2월 26일), 1쪽.
4) 「김 대통령 '대사 인선' 고심」, 『경향신문』(1998년 3월 16일), 2쪽; 「해외공관장 "민간전문가 대거 발탁"」, 『조선일보』(1998년 3월 11일), 5쪽; 「미 등 4개국 유엔대사 내정, 주미대사 이홍구」, 『경향신문』(1998년 3월 25일), 1쪽.
5) 「이홍구, 이수성 씨 발탁: '가랑비'식 정계개편」, 『조선일보』(1998년 3월 25일), 2쪽.
6) 「팔면봉(八面鋒): 신한국 '용' 출신 이홍구 씨, 주미대사에, 3정권 등용이니 비룡이로고」, 『조선일보』(1998년 3월 25일), 1쪽.

이렇게 세 정부에서 연속적으로 요직에 발탁된 사례는 우리 헌정사에서 찾기 어렵다.

그러한 시각에서, 그와 김대중 대통령 사이의 인연이 자연스럽게 화제가 됐다. 본인 스스로는 "김 대통령과의 인연은 언제부터인가?"라는 기자들의 질문에 "1970년대 초 김영삼·김대중 씨로부터 '40대 기수론'이 나올 때부터이다. 특히 1988년 통일원장관 때 세 야당과 상의해서 민족공동체통일방안을 만들 때 깊은 대화를 했었다."라고 짧게 대답했다.[7] 김대중 대통령도 전혀 말하지 않았다.

당사자의 설명 밖에, 기자들의 설명 가운데 세 가지 사례만 소개하기로 하겠다. 첫째, 『동아일보』 정치2부 차장이던 김재홍 박사는 "저희가 듣기로는 [1988~90년] 그 당시 평화민주당 김대중 총재도 이홍구 통일원장관에 대해서 괜찮은 점수를 주었다고 합니다. 조금 미묘한 얘기 같지만 가령 [1992년 대통령선거를 거쳐] 김대중 대통령이 등장했어도 통일부총리로 기용했을 것 아니냐는 가정을 할 수가 있겠습니까."라고 질문하자, 그는 "김대중 총재와도 여소야대 시절에 통일문제에 대해 상당히 논의를 한, 긍정적인 의미에서 서로 의견을 교환할 수 있는 그러한 관계에 있었던 것은 사실입니다."라고 답변했다.[8]

둘째, 『중앙일보』 정치부 김진 기자는 "[이 대사는] 사실 김영삼 대통령보다는 김대중 총재와 개인적인 인연이 깊은 사람이다. 김영삼 대통령과는 80년대 말 정계에서 본격적인 친교를 맺었을 뿐 DJ처럼 젊은 시절로 거슬러 올라가는 인연의 끈이 없는 것이다."라고 설명했다.[9]

셋째, 『동아일보』 정치부 정연욱 기자는 "이 대표의 김대중 총재와의 인연은 특히 각별하다."라고 쓴 데 이어 그 인연을 이 대표가 조지아주

---

7) 「고사했지만 끝내 받아들일수 밖에…」, 『조선일보』(1998년 3월 25일), 5쪽.
8) 이홍구·김재홍, 「대담: 「남북기본합의서」의 감동으로 돌아가자」, 『신동아』(1994년 6월), 344쪽.
9) 김진, 「커버스토리: 신한국당 대표 이홍구」, 『WIN』(1996년 6월), 28~31쪽 가운데 30쪽.

에모리대학교에서 유학하던 시절로 거슬러 올라갔다. 이때 이 대표는 김 총재의 부인 이희호(李姬鎬) 여사의 남동생으로 에모리에 유학하던 이성호(李聖鎬)와 가깝게 지냈고 이성호를 통해 당시 조지아주와 접경한 테네시주의 램버스대학교(Lambuth University)에서 유학하던 이 여사를 뵙기도 했다. 이 여사는 램버스대학교 사회학과를 졸업하고 미주리주의 스칼릿칼리지(Scarritt College) 대학원에서 사회학석사를 받고 귀국한 뒤 1962년 5월에 당시는 야당 정치인이던 김대중과 결혼했다.[10] 김대중은 1961년 5월 13일에 실시된 제5대 국회의원 보궐선거 때 강원도 인제에서 당선됐으나 사흘 뒤 군사정변이 일어나 국회가 해산돼 의원 선서도 하지 못했다. 그러나 1963년 11월 26일에 실시된 제6대 국회의원 총선에서 고향인 목포에서 당선되며, 1967년 6월 8일에 실시된 제7대 국회의원 총선에서 박 정권의 총력적 낙선운동을 이겨내고 역시 목포에서 당선되고, 1971년 4월 27일에 실시된 제7대 대통령선거에서 제1야당 신민당의 후보로 출마해 비록 박 대통령에게 패배했으나 '대통령급 거물 정치인'이라는 인상을 많은 국민에게 심어 주었다.

이러한 인연의 연장선 위에서, 신민당 김상현(金相賢) 의원이 1970년 9월에 반정부적 성격이 강한 월간지 『다리』를 창간하면서 당시 서울대학교 교수였던 이홍구 박사를 자신이 선배로 모시던 김대중 의원에게 소개했다. 두 사람의 인연은 계속됐다. 정연욱 기자는 다음과 같은 일화를 소개했다.

김대중 총재가 1992년 12월에 세 번째 대권도전에 실패한 뒤 1993년 1월에 영국 케임브리지대학교에 갔을 때 이 대표는 마침 주영대사로 있었다. 이때 이 대표는 김 총재의 숙소를 방문하기도 하고 김 총재가 유학생들과 만나는

---

10) 이희호 여사의 자서전으로는 여럿이 있다. 대표적인 자서전은 다음이다. 이희호, 『동행: 고난과 영광의 회전무대』(웅진지식하우스, 2008).

자리에도 참석하는 등 각별한 관심을 보였다. 이런 인연 때문인지 김 총재는 이 대표를 '합리적이고 원만한 사람'이라고 평하는 것으로 알려졌다.[11]

케임브리지대학교 체류 6개월을 회고하며 자신을 찾아왔던 인사들의 성명을 자세히 기록한 김 총재의 자서전에는 이 대사의 이름이 나타나지 않는다.[12] 그러나 이 대사는 자신이 주영대사의 마지막 단계에 있었던 약 3개월 미만의 시기에 김 총재를 예방했다고 담담히 회상했다. 이 대사는 김 총재가 1993년 1월 26일에 런던공항에 도착했을 때 출영했고, 김 총재 내외의 초청을 받아 부부 동반으로 만찬에 참석했으며, 대사관저로 김 총재 내외를 초청해 만찬을 베풀었다. 그것은 김 총재와 같은 제1야당의 지도자가 방문하는 경우 주재국의 대사로서 마땅히 해야 할 관례에 따른 것이었다. 거기에 더해, 나라의 민주화를 위해 자신의 생명을 걸고 투쟁한 원로정치가에 대한 예의를 표시하고자 한 것이었다.

제2항
"외환위기 조기 극복을 위해 최선을 다하겠다"

주미대사로서의 내정이 발표된 직후 이홍구 대사는 그 배경을 묻는 기자들에게 다음과 같이 대답했다.

청와대로부터 주미대사를 맡아달라는 제의가 와서 여러 차례 고사했다. 그런데 김대중 대통령이 사흘 전 전화를 걸어 경제위기의 조기 해결과 국제신인도의 제고를 위한 여건을 조성할 수 있도록 주미대사를 맡아달라고

---

11) 정연욱, 「'관리형' 이홍구 허허실실 대권 드라이브」, 『신동아』(1996년 8월), 144쪽.
12) 김대중, 『김대중자서전』 전 2권(삼인, 2011), 상, 569~582쪽.

간곡히 부탁했다. 우리가 여당이었을 때 통일 · 외교 · 안보문제는 초당적으로 대처해야 한다고 주장해왔다. 그 논리 때문에 거절할 수 없었다.[13]

그는 이어 "한미관계를 어떻게 풀어갈 계획인지"라는 질문을 받고, "미국은 민주주의와 시장경제의 확산을 세계전략으로 내세우고 있다. 김대중 정부 역시 제도화를 통한 민주주의와 시장개방을 추진하고 있기에 큰 마찰은 없을 것으로 생각한다."라고 답변한 데 이어, "국가적 최대 현안인 외환위기 상황의 조기 극복과 남북관계의 개선을 위해 나름대로 최선을 다하겠다."라고 다짐했다. 훗날 그는 김 대통령이 자신을 청와대 집무실로 직접 불러 "내 책상 위에 많은 건의서가 올라와 있지만, 결국 클린턴 미국 대통령이 나서는 길밖에 없겠는데, 당신이 클린턴과 예일 동문이니 맡아서 설득해주어야 하겠다."라고 말하고, "당신을 총리로 임명했던 김영삼 대통령에게는 내가 전화해서 양해를 얻겠다."라고까지 말했다고 회상했다. 그는 사나흘 생각한 뒤 수락했다고 덧붙였다.[14]

이 대사는 자신이 대표로 있었던 한나라당을 떠나 경쟁자였던 새정치국민회의의 정부에서 요직을 맡게 된 데 대해, "당과 동료들에게는 미안한 일이다. 그러나 당장은 서운하고 섭섭함이 없지 않지만, 시간이 지나면 풀리리라고 본다."라고 말하고, "내일 당사에서 입장을 밝히려고 한다."라고 덧붙였다. 실제로 그는 당사를 방문해 조순 총재와 이한동 대표에게 당을 떠나게 된 데 대해 양해를 구했다. 주미대사로 발표된 직후인 4월 14일에 이홍구 전 총리는 국회의장에게 의원직 사퇴서를 제출했으며 이로써 그는 의원직에서 물러났다.

이 대사는 4월 17일에 김 대통령으로부터 '특(特) 1급 상당'의 주미대

---

13) 「주미대사 내정 이홍구 씨 "나라 어려워 고사(固辭) 한계 초당적 각오 다졌다"」, 『동아일보』 5쪽.

14) 이홍구 교수와의 제1차 면담(2021년 11월 18일 오전, 중앙일보사 고문실).

사 발령장을 받았으며 4월 28일에 신임장을 받았다. 훗날 국회의 국정감사 때 신한국당의 몇몇 의원들은 특임공관장의 정년은 64세임을 상기시키며 그가 정년에 해당하는 1998년에 발령을 받았다고 지적했다. 홍순영(洪淳瑛) 외교통상부장관이 특임공관장 정년에 관한 규정을 보완하겠다고 답변하고 새정치국민회의 소속의 저명한 정치학자 조순승(趙淳昇) 의원이 이 대사를 엄호해 논란은 확대되지 않았다.[15]

제3항
워싱턴과 뉴욕에서의 활동

제17대 대사로 발령을 받은 이 대사는 1998년 5월 4일에 출국해 5월 4일(한국시간 5일)에 워싱턴에 도착했으며 5월 5일부터 집무에 들어갔다. 초대 장면 대사 이후 주미 한국대사는 서울대학교 총장 또는 육군참모총장 또는 장관 등을 역임한 이른바 거물급 인사들이 맡았으며, 주미대사를 거쳐 국무총리로 임명되기도 했다.

이 대사는 당시 대사관의 수석정무담당(Deputy Chief of Mission)인 유명환(柳明桓) 공사에게 대사관과 본부 사이의 교신 및 연락 그리고 대사관 업무 자체를 모두 맡기고 외환위기 극복이라는 중대한 과제에 전념했다. 외무고시 출신의 유명환 공사는 훗날 이스라엘대사와 필리핀대사 및 일본대사를 거치고 그 과정에서 외교통상부 제1차관과 제2차관을 역임한 뒤 외교통상부장관에 오르며, 퇴임한 뒤 세종대학교 이사장으로 봉직한다. 현재 「한미동맹재단」 이사장이다.

외교 관례에 따르면, 대사는 주재국 원수에게 신임장을 제정한 이후부터 공식활동을 시작하는 것이 일반적이다. 그러나 상황은 그가 그러한

---

15) 「"세칙 합의 안 된 상태 북행…사과합니다"」, 『조선일보』(1988년 11월 24일), 4쪽.

관례에 매달려도 괜찮을 만큼 녹록지 않았다. 그래서 그는 신임장을 제정하기에 앞서 우선 로버트 루빈(Robert Rubin) 재무부장관 그리고 로렌스 서머스(Lawrence H. Summers) 재무부부장관을 만났다. 루빈 장관은 하버드대학교 경제학과를 최우등으로 졸업하고 예일대학교 법과대학을 졸업한 변호사로 미국의 세계적 투자은행인 골드만삭스(Goldman Sachs)에서 경력을 시작해 공동회장에 올랐으며 클린턴 대통령의 경제자문위원회 위원장으로 봉직하다가 재무부장관으로 입각했다.

서머스 부장관은 MIT를 졸업하고 하버드대학교 대학원 경제학과에서 박사학위를 받았으며 29세 때 이 대학교의 정(正)교수가 됐는데 이것은 하버드대학교 역사에서 최연소로 정교수가 된 기록이다. 그는 세계은행 수석이코노미스트를 거쳐 재무부차관에 이어 재무부부장관으로 승진했으며, 훗날 하버드대학교 총장으로 봉직한다. 그는 아버지와 어머니가 모두 펜실베이니아대학교 경제학 교수였으며, 삼촌이 세계경제학계의 거장으로 노벨경제학상을 받은 폴 새뮤얼슨(Paul A. Samuelson) MIT 교수였고 외삼촌이 역시 노벨경제학상을 받은 케네스 애로(Kenneth J. Arrow) 스탠퍼드대학교 교수였다.

루빈 재무부장관 그리고 서머스 재무부부장관은 모두 하버드와 예일이라는 학연을 가진 이 대사에게 친절하게 대해주었다. 이 대사는 그들에게 "한국도 직면한 외환위기를 한국 혼자 해결하기 어렵다. 이것은 아시아 전체의 지역적 위기이므로 국제통화기금과 미국 정부가 함께 도와줘야겠다."라고 말하고, "우리로서는 국제통화기금과 협의를 시작한 만큼, 이 위기 해결을 위해 센터포워드로 뛰겠다."라고 다짐했다. 이 대사는 재무부의 알선에 따라 곧 국제금융의 중심인 뉴욕의 월스트리트를 방문하고 특히 골드만삭스를 방문했는데, 회사 앞에 태극기가 걸려 있는 것을 보고 마음을 놓았다고 회상했다.[16]

---

16) 이홍구 교수와의 제1차 면담(2021년 11월 18일 오전, 중앙일보사 고문실).

이 대사는 이렇게 정지작업을 다진 뒤에 5월 27일에 백악관에서 클린턴 대통령에게 신임장을 제정했다. 클린턴 대통령은 "재무부에서 얘기를 다 들었다."라고 화두를 연 뒤 매우 긍정적으로 화제를 이끌어나갔다. "한국경제가 지금은 어려움을 겪고 있으나 개혁을 계속 추진하게 되면 곧 극복할 것"이라는 덕담도 잊지 않았다.[17] 이렇게 백악관과 재무부 그리고 월스트리트가 합의하니 문제가 쉽게 풀려나갔다고 그는 회상했다.

제4항
김 대통령의 방미와 클린턴 대통령과의 정상회담

김대중 대통령은 외환위기 극복과 남북관계 개선이라는 큰 과제의 해결을 위해 미국 대통령과의 협의가 필요하다고 판단하고 클린턴 대통령의 초청을 받아들여 취임 100일에서 이틀 지난 6월 6일에 출국했다. 뉴욕에서 대통령을 맞은 이 대사는 그가 뉴욕에 도착한 직후 유엔본부를 방문하고 코피 아난(Kofi Annan) 사무총장과 환담을 나눈 뒤 뉴욕증권거래소를 방문할 때, 또 메트로폴리탄미술박물관에 신설된 한국관 개막식에 참석할 때, 그를 수행했다. 6월 8일 국빈 방문하는 김 대통령을 마중하기 위해 일찍 워싱턴으로 먼저 돌아온 이 대사는 워싱턴 근교의 앤드루 공군기지 비행장에 오후 늦게 도착한 김 대통령을 미국 측 인사와 같이 기상영접했고 이어 김 대통령은 대사관저에서 교민 1000여 명이 함께하는 리셉션에 참석했다.

김 대통령은 9일(한국시간 10일) 아침에는 올브라이트 국무장관을 예방했고, 클린턴 대통령과 백악관에서 국빈 환영식에 참석한 후 정상회담도 열었다. 이 회담에 대해, 김 대통령은 다음과 같이 회상했다.

---

17) 「클린턴 "개혁 계속 추진 땐 한국경제 곧 회복"」, 『동아일보』(1998년 5월 29일), 3쪽.

나는 클린턴 대통령과 백악관 오벌오피스에서 예정보다 25분을 넘긴 65분 동안 단독 정상회담을 열었다. 우리측에서는 박정수(朴定洙) 외교통상부 장관, 임동원(林東源) 외교안보수석, 이홍구 주미대사가 배석했다. 미국측 에서는 고어(Albert Arnold Gore, Jr.: 애칭 앨 고어) 부통령, 올브라이트 국무장관, 새뮤얼 버거(Samuel Berger) 국가안보보좌관이 나왔다. 클린턴 대통령이 내게 대북정책을 설명해달라고 했다. 나는 그것을 기다리고 있었 다. 30분 동안 햇볕정책과 그 배경을 설명했다.[18]

김 대통령은 자신의 설명을 듣고 클린턴 대통령이 "김 대통령의 비 중과 경륜을 볼 때 이제 한반도문제는 김 대통령께서 주도해주기 바랍 니다. 김 대통령이 핸들을 잡아 운전하고 나는 옆자리로 옮겨 보조적 역 할을 하겠습니다."라고 대답했다고 회고했다. 미국 정부로서 매우 긍정 적인 반응을 보인 것이었다. 당시 언론 역시 이 정상회담이 "안보공조는 물론이고 경제협력의 지평을 넓히는 등, 두 나라 사이의 파트너십을 한 층 공고히 하는 계기가 됐다."라고 호의적으로 평했다.[19]

클린턴 대통령은 정상회담을 마치고 저녁에 백악관 이스트룸에서 김 대통령을 위한 리셉션과 만찬을 베풀었다. 리셉션에서 촌극이 있었다. 비디오아티스트로 국제적 명성이 높은 백남준(白南準) 씨가 타고 온 휠 체어에서 내려 클린턴 대통령 내외 앞으로 다가섰을 때 그만 그의 바지 가 흘러내린 것이다. 김 대통령의 표현으로, "내의도 입지 않아서 모든 것이 드러났다. 백악관 직원들이 깜짝 놀라서 뛰어나와 사태를 수습했 다." 김 대통령과 클린턴 대통령은 "천재예술가의 천진한 행위예술로 간

---

18)   김대중, 『김대중자서전』 제2권, 81쪽. 배석자들 가운데 한 사람이었던 임동원 대통령외교안 보수석비서관의 회상은 다음에서 읽을 수 있다. 임동원, 『임동원 회고록; 피스메이커: 남북관계와 북핵문제 20년』(중앙books, 2008), 374~379쪽.

19)   「김 대통령 방미 한미정상회담 성과 의미: 미, 국민정부 개혁정책 전폭적 지지」, 『동아일보』 (1998년 6월 10일), 3쪽.

주하고 웃음으로 그 순간을 넘겼다." 백 씨의 재동학교 3년 후배로 그를 잘 알고 있던 이 대사도 마찬가지였다.[20]

11일에는 김 대통령이 그와 친분이 있는 미국 각계 주요 인사 약 250명을 주미 한국대사관으로 초청해 리셉션을 열었다. 여기에는 로버트 도울(Robert Joseph Dole: 애칭 밥 도울) 전 공화당 대통령 후보와 톰 하킨(Tom Harkin) 연방상원의원, 그리고 리처드 앨런(Richard Allen) 전 대통령 국가안보보좌관 등이 참석했다.[21]

앨런은 레이건 대통령 때 국가안보보좌관으로, 김대중 전 신민당 대통령 후보가 1980년 10월에 신군부의 군사재판 제1심에서 사형선고를 받고 1981년 1월에 대법원에서 그 선고가 확정될 때까지 레이건 대통령에게 사형집행이 되지 않도록 외교력을 발휘해야 한다고 건의해 관철한 사람으로 알려졌다. 앨런의 회고에 따르면, 전 대통령이 김 후보의 사형을 집행하지 않는다는 조건 아래 레이건 대통령이 자신의 취임 직후에 전 대통령을 백악관으로 초청해 전 대통령의 위신을 높여주기로 합의했고, 실제로 이 거래가 성립됨에 따라 1981년 1월 28일~2월 7일에 그의 방미가 성사됐다.[22]

---

20) 김대중, 『김대중자서전』 제2권, 84쪽.

21) 「김 대통령 방미: DJ-클린턴 단독대좌, 백악관 환영행사」, 『중앙일보』(1998년 6월 10일), 3쪽.

22) 「DJ구명 레이건 보좌관 앨런 기고: 밀사 정호용(鄭鎬溶) '전두환 방미' 카드」, 『한겨레』(1998년 1월 22일), 11쪽. 김대중 후보가 사형을 면하게 된 과정에 관한 미국 측의 최초의 회고는 Richard Holbrooke and Michael Armacost, "Opinion: Kim Dae Jung; A Future Leader's Moment of Truth," *New York Times*(December 24, 1997), Section A, p.17이다. 김대중 후보가 대통령에 당선됐다는 소식을 듣고 김대중 후보의 구명에 나섰던 당시 국무부차관보 홀부르크와 부차관보 아마코스트가 자신들의 구명운동에 대해 회고한 것이다. 이 글이 발표되자 당시 레이건 대통령의 국가안보보좌관으로 기용된 앨런이 다음과 같은 글을 발표했다. Richard V. Allen, "Opinion: On the Korea Tightrope, 1980," *New York Times*(January 21, 1998), Section A, p.17.

제5항
경제외교에서의 활동

● **경제·통상에서의 쟁점들**

외환위기에서는 어느 정도 숨을 돌렸으나, 이 대사는 곧바로 경제·통상에서의 여러 현안을 다뤄야 했다. 그 첫 현안은 김 대통령과 클린턴 대통령이 연내에 체결하기로 합의한 「한·미 양국간 투자협정(Bilateral Investment Treaty: BIT)」을 둘러싼 협상이었다. 이 까다로운 협상의 첫 단계로 이 대사는 1998년 7월 30일에 미국 해외민간투자공사(Overseas Private Investment Corporation: OPIC)에서 조지 무뇨스(George Muñoz) 사장을 상대로 투자촉진협정에 서명할 수 있었으며, 이 협정은 이날로 발효했다. 이 공사는 미국 기업들이 해외투자를 할 때 직접대출과 은행보증 등을 지원하고 투자원금의 회수가 불가능할 때를 대비해 투자보험을 운영하는 등 해외투자를 지원하는 전담기구다.[23]

이 체결과정에서 이 대사는 외교통상부 통상교섭본부장 한덕수(韓悳洙)를 비롯한 실무자들의 도움을 받았다. 한덕수는 서울대학교 상과대학(경제학과)을 수석으로 졸업하고 행정고시를 거쳐 정부에서 봉직하며 하버드대학교 대학원 경제학과에서 석·박사학위를 받았다. 김영삼 정부에서는 특허청장과 산업자원부차관을 역임했으며, 김대중 정부가 들어서면서 종전의 외무부가 산업자원부의 통상부문을 흡수해 외교통상부로 개편되자 초대 통상교섭본부장으로 봉직했고 훗날 경제협력개발기구(OECD) 주재 대사로 봉직한 데 이어, 대통령경제수석비서관을 거쳐 노무현 정부에서 재정경제원장관 겸 경제부총리와 국무총리를 역임하고 이명박 정부에서 주미대사를 역임했다. 현 윤석열 정부에서 다시 국무총리로 기용됐다.

---

23) 「한미 투자촉진협정 오늘 서명」, 『동아일보』(1998년 7월 30일), 6쪽.

김대중 정부는 곧바로 클린턴 정부를 상대로 「한·미 양국간 투자협정」 체결을 위한 실무협상에 들어갔다. 그러나 이 협정은 미국 기업이 한국에 대한 투자를 늘리기 위해 한국 안에 들어와 자유롭게 활동할 수 있도록 (ⅰ) 양국 간 내국민 대우 부여, (ⅱ) 투자 관련 송금 자유의 보장과 외국인 투자에 대한 제한 규정 폐지, (ⅲ) 투자자가 믿을 수 있는 분쟁 해결 절차 등을 골자로 한 문제들의 구체적인 실무협상은 간단하지 않았다. 그것들 가운데 하나가 이른바 '세이프가드' 문제였다. 한국이 국내법 개정을 통해 투기성 외화자본의 급격한 이동을 규제할 수 있는 조치를 도입하겠다는 태도를 보였지만, 미국은 외환거래를 전면 자유화해야 한다는 기존의 태도를 되풀이한 것이다.

중요한 쟁점 가운데 하나가 국산영화의 의무상영제를 규정한 이른바 스크린쿼터제(制)였다.[24] 한국은 국산영화를 살리기 위해 국내의 영화관이 일정한 기일 안에 국산영화를 반드시 상영하도록 하는 규정을 두고자 했는데, 미국은 그 규정이 미국영화의 진출을 제약한다는 이유를 내세우며 철폐를 요구한 것이다. 사실 그 시점에서 보면 엄청난 제작비를 사용하고 최고의 배우들을 쓰면서 영화를 만드는 할리우드가 한국에서뿐만 아니라 선진국에서도 영화시장을 지배하고 있었기에, 한국이 스크린쿼터제를 유지하려고 한 것은 당연했다. 그러나 미국의 압박이 워낙 컸기 때문에 한국은 의무상영일을 줄이는 안을 제시했고 또 영화인들은 스크린쿼터제 유지를 위한 집단시위도 벌였지만 합의를 끌어낼 수는 없었다.

결국, 노무현 정부에 들어와 2007년 6월 30일에 「자유무역협정(Free Trade Agreement: FTA)」을 체결할 때 사실상 포기했다. 다행히 그러한 여건 아래서도 한국영화계는 세계를 놀라게 하는 우수한 영화들을 많이

---

24) 이 쟁점에 관한 김대중 대통령의 회상은 다음에서 읽을 수 있다. 김대중, 『김대중자서전』 제2권, 509~510쪽.

만들어내 1999년 이후 '한국영화의 성공시대'를 열기에 이르렀다.[25]

그 한 보기가 2002년 5월에 개봉한 임권택(林權澤) 감독의 『취화선(醉畫仙)』이었다. 조선왕조 말기 고종 때의 화가 오원(吾園) 장승업(張承業)을 주제로 삼은 이 영화로 임 감독은 2002년에 열린 제55회 칸 영화제에서 감독상을 받았다. 2007년 5월에 개봉한 이창동(李滄東) 감독의 『밀양』에서 주연을 맡았던 전도연(全度姸)은 한국 여자배우로서는 처음으로 2007년에 열린 제60회 칸 영화제에서 여우주연상을 받았다. 2019년 5월에 개봉한 봉준호(奉俊昊) 감독의 『기생충』으로 봉 감독은 2019년 제72회 칸 영화제에서 황금종려상을 받은 데 이어 2019년 미국 아카데미 영화제에서 작품상을 받았다. 2022년에는 제75회 칸 영화제에서 박찬욱(朴贊郁) 감독이 『헤어질 결심』으로 감독상을 받았으며, 송강호(宋康昊)가 영화 『브로커』로 한국 남자배우로서는 처음으로 남우주연상을 받았다.

다시 1998년 시점에서의 한미관계에 초점을 맞추기로 하자. 경제·통상 마찰은 몇 분야에서 계속됐다. 이 대사는 11월 2일에 일시 귀국한 자리에서 마련된 기자회견에서 "8년째 호황을 맞은 미국 안에서 내년도 경기하락에 대한 심리적 위축 분위기가 점증하고 있다."라고 지적하고, "미국이 우리에 대한 금융·외환지원은 계속하겠지만 반도체·철강·자동차의 통상부문에서는 우리와 마찰이 일어날 수 있다."라고 경고하면서, 통상외교에서의 인적 보강이 필요하다고 역설했다.[26] 이어 미국 의회는 180억 달러의 국제통화기금 추가출자를 놓고 한국에 대한 국제통화기금의 자금지원을 제약하고자 했다.

이러한 일들은 이 대사의 어깨를 무겁게 하는 것이었다. 그는 1999년 1월 18~19일에 하와이 빅아일랜드에서 열린 제12차 한미재계회의 연례운영위원 합동회의에 참석해, 국제통화기금 관리체제 아래 놓인 한국경

---

25) 「사설: 한국영화 성공시대」, 『동아일보』(1999년 12월 6일), A5쪽.
26) 「반도체·철강·자동차 한·미마찰 가능성 여전」, 『중앙일보』(1998년 11월 3일), 2쪽.

제의 조기 회복을 위한 협력방안을 논의했다. 이 자리에는 국제통화기금의 아시아 · 태평양국장 휴버트 나이스(Hubert Neiss) 그리고 주한미국대사 스티븐 보스워스(Stephen W. Bosworth) 등도 참석했다.

● '코리아 캐러밴' 행사 참여

이 대사는 1999년 4월 19~23일에 열린 '1999 코리아 캐러밴' 행사에도 참여했다. 이 행사는 1980년대 중반부터 한국의 상황을 알리고 특히 한미 교역증대와 투자유치를 위해 한국대표단이 워싱턴주의 시애틀, 오리건주의 포틀랜드, 그리고 캘리포니아주의 샌프란시스코와 샌디에이고 및 로스앤젤레스 등 미국 서부의 5개 도시를 대상(隊商: 캐러밴)처럼 순회하는 경제설명회다.

이 대사가 이끈 이 모임에는 이경태(李景台) 대외경제연구원장과 배창모(裴昶模) 한국증권업협회장 그리고 제프리 존스(Jeffrey D. Jones) 주한미국상공회의소 회장 등이 참여했다. 이 대사는 캐러밴 행사 가운데 로스앤젤레스에 도착해서는 4월 22일에 캘리포니아대학교(UCLA)에서 한국의 현안에 대해 강연했다.[27]

이 대사는 2000년 4월 10~14일에 '2000 코리아 캐러밴' 행사에도 참여했다. 이 행사는 1999년과는 달리 미국 동부를 순방했는데, 매사추세츠주의 보스턴, 뉴욕주의 뉴욕, 펜실베이니아주의 필라델피아, 조지아주의 애틀랜타, 그리고 플로리다주의 마이애미 등 5개 도시였다.

---

27) 「대미 투자사절단 파견: 서부5개도시 순회」, 『한겨레』(1999년 4월 19일), 7쪽.

제2절
주미대사로 남북관계 개선에 힘을 쏟다

제1항
북핵에 대한 미국의 점증하는 우려와 클린턴 대통령의 방한

● '금창리 핵시설 의혹'

경제·통상의 쟁점 밖에, 북핵은 그 이전과 마찬가지로 한미관계에서 매우 중요한 현안이었다. 현대그룹 정주영 명예회장이 남북화해를 추구한다는 뜻에서 1998년 6월 16일 소떼 500마리를 몰고 판문점을 통해 방북했으며 10월 말에 다시 소떼 501마리를 몰고 판문점을 통해 방북했다. 이 두 번째 방북 때 김정일을 만나 금강산 공동개발에 합의하고 11월 18일부터 금강산관광선을 운항하기로 합의하고 돌아온 것은 김대중 대통령이 표방한 햇볕정책에 대한 국내외의 신뢰를 높였다. 실제로 1998년 11월 18일에 정 명예회장을 비롯한 826명의 관광객을 태운 첫 번째 관광선(현대금강호)이 동해항을 출항하여 금강산으로 떠났으며, 이것은 국제적으로도 관심을 받았다.[28]

그러나 1998년 8월 초부터 미국에서 '금창리 지하 핵시설 의혹'이 흘러나오기 시작했다. "북한이 평안북도 대관군 금창리에서 큰 지하땅굴을 파고 있는데, 그 안에 핵시설을 설치하고 있는 것으로 추정되며, 이것은 북한이 1994년의 제네바협정을 어기고 핵무기프로그램을 비밀리

---

28) 「'역사 증인' 부푼 가슴 "죽기 전에 고향 땅 밟다니…"」, 『한겨레』(1998년 11월 19일), 3쪽.

에 계속 추진하고 있음을 의미한다."라는 취지였다. 이러한 내용은 주간지『타임』(1998년 8월 10일)과 일간지『뉴욕타임스』(1998년 8월 17일)에 크게 보도됐다. 곧이어 북한은 8월 31일에 로켓 '대포동 1호'를 발사하고 그 '위성'이 지구궤도 진입에 성공했다고 자랑하면서 '광명성 1호'로 명명했다.[29]

자연히 미국 안에서는 특히 보수세력을 중심으로 북한의 핵과 미사일에 대한 우려가 커졌다. 미국 연방하원은 9월 17일에 그동안 클린턴 행정부의 대북정책을 비판해온 공화당 의원들의 주도로 1994년에 성립된 북한과의 제네바협정에 따라 북한에 주어야 할 중유 예산을 아예 삭감했다. 연방상원은 대북지원을 위해 어떤 다른 예산을 전용하면 안 된다는 규정까지 만들었다. 이것은 북한이 제네바협정의 '파기'를 선언할 빌미가 될 수 있었으며, 그 경우 김대중 대통령의 햇볕정책은 동력을 잃을 수도 있었다. 김 대통령은 곧바로 이 대사에게 공화당 의회지도부를 설득하라는 특명을 내리면서 동시에 이 대사를 통해 미 의회의 대북지원협조를 요청하는 친서를 연방상원의장과 연방하원의장에게 보냈다.[30]

그러나 북핵에 대한 우려는 계속 확산했다. 11월 19일에 이르러, 미국 정부의 한반도평화회담 특사 찰스 카트먼(Charles Kartman)은 "북한이 금창리에 건설하고 있는 지하시설이 핵개발과 관련이 있다는 강력한 증거가 있으며 이 점에 대해 한국 정부도 동의하고 있다."라고 발표했다. 같은 시점에 북한의 간첩선이 강화도에 나타났다. 김대중 정부는 카트먼의 발표를 부인했다. 그러나 북핵에 대한 우려가 커지면서 어느 나라보다도 미국과 일본에서 햇볕정책에 대한 비판이 크게 제기됐다.[31]

---

29) 「북 위성 이름은 '광명성 1호'」,『동아일보』(1998년 9월 8일), 3쪽.
30) 「김 대통령, 미 의회에 대북지원협조요청 친서 보낼 예정」,『중앙일보』(1998년 9월 22일), 2쪽.
31) 「카트먼, "평북 금창리 지하시설 핵활동 강력한 증거"」,『조선일보』(1998년 11월 20일), 1쪽 및 3~4쪽.

● **클린턴 대통령의 방한**

이러한 배경에서, 클린턴 대통령은 11월 20일에 김종필 총리와 홍순영 외교통상부장관 그리고 이 대사의 영접을 받으며 서울에 도착하고 3박 4일의 공식 일정에 들어갔다. 이것은 클린턴으로서는 1993년과 1996년에 이은 세 번째 방한이었고, 김대중 정부 출범 이후 첫 번째 방한이었다.

김대중 대통령은 지난 6월에 이어 두 번째로 클린턴 대통령을 만나, 21일에 단독정상회담과 확대정상회담을 가졌다. 이 대사는 이 회담 모두에 배석했다. 클린턴은 김 대통령의 햇볕정책에 대한 '강력한 지지'를 표시했다. 서울의 어떤 일간지는 그 지지가 외교적 수사(修辭)를 뛰어넘는 것이었다고 표현했다.[32] 김 대통령은 자신의 회고록에서 "클린턴 대통령처럼 말을 잘하는 사람을 나는 예전에 보지 못했다. 그는 논리가 정연하면서도 유연하게 상대를 설득했다."라고 칭찬했다.[33] 그러나 차이도 드러났다. 클린턴은 미국 의회를 의식하면서 '금창리 핵시설'을 비롯한 북핵의 현황에 더 큰 관심을 보인 것이다. 그는 북한이 '금창리 핵시설'에 대한 '현장조사 접근'을 허용해야 하며 그렇게 하지 않는 경우 북한은 '불행'해질 것이라고 경고했다.[34]

클린턴 대통령은 귀국한 뒤 11월 12일에 의회를 무마하기 위해「북한정책조정관」이라는 직책을 신설하고 공화당 소속으로 북핵위기가 처음 발생했던 1993년에는 국방부부장관을, 제네바협정이 체결된 1994년에는 국방부장관을 맡았던 윌리엄 페리(William J. Perry)를 임명했다. 페리는 스탠퍼드대학교를 졸업하고 펜실베이니아주립대학교 대학원에서 수학

---

32) 「공동 기자회견 김대통령 "북핵의혹시설 접근 허용해야" 클린턴 "김대통령 대북정책 적극지지"」,『한겨레』(1998년 11월 22일), 4쪽.

33) 김대중,『김대중자서전』제2권, 135쪽.

34) 「오늘 한·미정상회담 주요의제: 한·미 투자협정 체결 등 논의」,『매일경제』(1998년 11월 21일), 3쪽.

박사를 받았으며, 국방부와 오랜 기간에 걸쳐 관계를 유지하고 또 미국의 큰 기업들에서 봉직한 경력을 가졌다. 특히 1993년의 제1차 북핵위기 때는 영변을 비롯한 핵시설 지역을 정밀타격해야 한다는 안을 마련했던 것으로 유명했다. 그는 관직을 물러난 뒤에는 스탠퍼드대학교 교수로 봉직한다.

페리가 임명을 받은 직후 북한에 대해 '금창리 핵시설'에 대한 접근과 조사를 요구하자, 북한은 '금창리 핵시설'은 조작된 얘기며 그런데도 미국이 조사하겠다면 미화 30억 달러를 현금으로 미리 내야 한다고 맞받아쳤다. 미 국무부는 이 조사는 제네바협정에 근거해 이뤄지는 것인 만큼 돈을 줄 생각이 전혀 없다고 반박했다. 비슷한 시점에, 미 국방부는 『동아시아 · 태평양안보전략』을 발표했다. 그 핵심은 북한이 제네바협정의 조항을 지키지 않고 한국을 침공한다면 '작전계획 5027'에 따라 북한을 무력으로 공격해 김정일 정권을 전복시켜야 한다는 데 있었다. 이 내용이 보도되자, 북한은 극렬한 반응을 보였다.[35]

이 무렵인 1998년 12월 16~17일에 미국 정부는 두 차례에 걸쳐 전격적으로 이라크를 공습했다. 미국 정부는 생화학무기와 같은 대량살상무기의 확산을 막기 위해 이라크를 공습했다고 설명했다. 미국 정부는 공습이 시작되자마자 이 대사에게 전화를 걸어 이 사실을 알리면서 한국 정부의 지지를 요청했다. 이 대사를 비롯한 한국 정부의 외교 · 안보보좌관들은 그 요청에 곧바로 응했다. 대량살상무기의 확산을 방지하는 것은 한국 정부의 기본원칙이며 특히 이 공격은 금창리 지하시설과 관련해 의혹을 받는 북한에도 '교훈적 의미'를 줄 수 있다고 판단한 것이다.[36]

---

35) 「북·미 금창리 핵협상 타결 영향 대북 포용정책 힘 얻을 듯」, 『매일경제』(1999년 3월 18일), 6쪽; 「정상회담-만찬 스케치 "양국관계 순항": 건배제의에 "한국 경제회복노력 감명" 화답」, 『동아일보』(1998년 11월 22일), 4쪽; 『로동신문』(1998년 12월 3일 및 4일).

36) 「'공습 반대' 국제기류 불구: 정부지지 성급 지적 일어」, 『한겨레』(1998년 12월 18일), 3쪽.

제2항
페리 특사의 방한·방북과 이 대사의 역할

'금창리 핵시설 의혹'을 둘러싸고 미국과 북한의 협상은 계속됐다. 이 과정에서 한국 정부 역시 때때로 참여했다. 당시 이 현안을 자세히 관찰했던 임동원 대통령외교안보수석비서관은 서울을 방문한 페리에게 '의혹'은 대북강경파의 강력한 영향 아래 있는 미 국방정보본부(DIA)가 의도적으로 제기한 것으로 믿을 수 없다는 견해를 계속 밝혔으며, 워싱턴을 방문해 페리를 만나 똑같은 견해를 전달했다. 임 수석은 김 대통령의 동의 아래 「한반도 냉전구조 해체를 위한 포괄적 접근전략」을 세우고, 페리에게 전달했다. 이 전략의 핵심은 미국의 대북강경파가 주장하는 '군사적 해결'은 결코 답이 될 수 없으며, 한국이 느끼는 '북한의 위협'과 북한이 느끼는 '미국과 남조선의 위협'을 함께 동시에 제거해야 한다는 데 있었다.[37]

페리는 임 수석의 제의를 받아들였다. 그리하여 미국이 인도적 차원에서 식량 60만 톤을 북에 제공한다는 조건 아래 협상이 이뤄져 페리가 이끈 14명의 조사반은 1999년 5월 20~24일에 현장을 조사할 수 있었다. 미 국무부는 6월 25일에 "그것은 넓으면서도 텅 빈 터널이었으며 따라서 1994년의 제네바협정을 위반한 것은 아니었다."라고 공식 발표했다. (미국의 조사반은 2000년에도 다시 현장을 실사한 뒤 같은 결론을 제시한다.) 이것은 김 대통령의 햇볕정책을 살려주었다. 페리는 같은 취지로 1999년 9월 15일에 백악관과 의회에 보고서를 제출했는데,[38] 그 핵심은 김대중 정부가 마련한 「한반도 냉전구조 해체를 위한 포괄적 접근전략」의 내용과 거의 같았다. 여기서 한반도의 남북 대결구조를 해체시키며 평화를

---

37) 임동원, 『임동원 회고록』 390~393쪽.
38) 위와 같음.

정착시키기 위한 이른바 페리 프로세스(Perry Process)가 시작됐다.

이 과정에서, 이 대사는 본부와 긴밀히 협의하는 가운데 페리를 몇 차례 만났으며 국무부와의 대화를 이어갔다. 그는 우선 1999년 2월 22~25일에 서울의 정부종합청사에서 열린 재외공관장회의에 참석하는 계제에 "북핵과 관련해, 한국은 한반도의 냉전구조를 어떻게 소멸시킬 것인가라는 포괄적이고 장기적인 계획을 중심으로 정책을 구상하고 있으나 미국은 '금창리 핵시설 의혹'과 미사일개발 등 단기적인 당면문제에 초점을 맞추고 있다."라고 분석하고, "따라서 한국의 장기적인 구상과 미국의 단기적 당면과제에 대한 관심을 어떻게 연계해 두 나라 정부가 모두 수긍하고 함께 추진하는 방안으로 결집하느냐가 현재 우리 정부에게 주어진 과제"라고 강조했다.[39]

이 문제를 놓고, 임 수석이 워싱턴을 방문하고 페리가 서울을 방문하게 되자 언론의 관심은 그들 사이의 협의에 쏠렸다. 이 대사는 1999년 4월 14일에 워싱턴에서 열린 워싱턴 주재 한국특파원 간담회에서 "한반도 냉전구조 해체까지 예상하는 한국의 종합적인 장기적 일괄타결안을 곧 확정해 미국과 본격적으로 협의할 계획"이라고 말하고, "이를 위해 [임 수석이] 5월 중에 워싱턴을 방문해 종합안을 페리보고서의 최종안에 반영시키는 노력을 전개할 것"이라고 덧붙였다.[40]

이 무렵인 1999년 3월 24일에 북대서양조약기구(NATO)는 유고슬라비아연방공화국을 구성하고 있는 여러 공화국의 일부인 세르비아와 몬테네그로에 대해 공습을 감행했다. 세르비아의 코소보지역에, 알바니아계 사람들이 주류를 형성하고 살았는데, 세르비아가 '인종청소'를 내걸고 그들을 학대하자 코소보는 2008년에 독립을 선언하고 유고슬라비아연방공화국으로부터 탈퇴했다. 세르비아와 그 이웃 몬테네그로는 코소

---

39) 「이홍구 주미대사, '한·미 대북관심' 초점 달라」, 『한겨레』(1999년 2월 23일), 2쪽.
40) 「이홍구 주미대사, "한·미 대북정책 절충 필요"」, 『조선일보』(1994년 4월 16일), 2쪽.

보의 독립을 부인하고 계속해서 괴롭혔다. 이에 북대서양조약기구는 '인도주의적 개입'이라는 이름을 내걸고 코소보를 지원하는 군사작전을 전개한 것이다. 결과적으로 그 작전은 성공해 북대서양조약기구는 6월 10일에 공습을 끝냈으며 코소보의 독립은 유지될 수 있었다. 이 대사는 미국 정부가 한국 정부에 대해 그 군사작전을 지지할 것을 요청해왔으며 한국 정부는 긍정적으로 검토했다고 밝혔다.[41]

● **김대중 대통령의 제2차 방미**

김대중 대통령은 1999년 7월 2일에 자신의 임기 중에 두 번째로 방미해 3일에 클린턴 대통령과 세 번째로 정상회담을 열었다. 이 대사는 물론 배석했다.

이때 클린턴 행정부는 이른바 전역미사일방어(Theater Missile Defense: TMD) 계획을 세우고 한국 정부에 대해서도 가입을 요청하고 있었다. 4단계로 구성된 이 계획은 북한을 크게 자극할 수 있는 것이었고, 또 한국 정부에게 재정적으로 큰 부담을 줄 수 있는 것이었다. 따라서 김대중 정부로서는 응하고 싶지 않았다.

김대중 정부는 한국이 사거리 500km까지의 미사일을 개발하려는 계획을 세우고 있다고 역으로 제의했다. 김 대통령이 "우리의 입장은 미사일 사거리를 기존의 180km에서 300km까지 연장하는 것은 두 나라 사이에 이미 양해됐기에 앞으로 사거리 500km까지 연구하고 실험발사 정도는 해야겠다는 것"이라고 설명하자, 클린턴 대통령은 "그것은 잘못하면 전 세계적인 미사일 확산에 연계될 수 있다."라며 우려를 표시했다. 두 정상은 상대방 의견을 경청한 뒤 "앞으로 실무자회담에서 이 문제로 진지하게 논의한다."라는 선에서 합의했다.[42] 김 대통령은 5일에 워싱턴을

---

41) 위와 같음.

42) 「한·미 '500km 미사일' 논란」, 『동아일보』(1999년 7월 5일), 1쪽.

떠나 캐나다를 방문한 뒤 7일에 귀국했다.

● 제1차 남북정상회담의 성사 그리고 「남북공동선언」의 발표

2000년에 들어와 김대중 대통령은 우선 2000년 4월 13일에 실시될 제16대 국회의원 총선에 대비했다. 자신이 자유민주연합을 주니어 파트너로 삼고 DJP연합정권을 이끌어 온 큰 축인 새정치국민회의를 2000년 1월 20일에 새천년민주당으로 개편했다. 총선 결과는 이회창 총재가 이끈 한나라당의 승리였으며, 새천년민주당과 자민련은 각각 제2당과 제3당이 되었다.

총선에서 패배했음에도 불구하고, 김대중 대통령은 남북정상회담 성사를 위해 많은 노력을 기울였다. 그 과정에서 김 대통령은 미국 경제전략연구소(ESI) 주최로 2000년 5월 15~17일에 워싱턴D.C.에서 열린 「글로벌 포럼 2000」에 메시지를 보냈다. 이 대사가 대독한 이 메시지에서 김 대통령은 곧 남북정상회담이 평양에서 열린다고 전제하고, 이제 세계에서 유일한 분단국으로 남은 한반도문제는 단순한 남북 사이의 문제가 아니라 '글로벌 쟁점'이라고 강조하면서, 북한이 국제기구와 경제협력체 참여를 희망할 경우 세계 각국이 협력할 것을 기대한다고 말했다.[43]

김 대통령의 열성적인 노력은 열매를 맺었다. 2000년 6월 13~15일에 평양에서 한반도 분단 이후 최초의 남북정상회담이 열렸고 6월 15일에 5개 항에 이르는 「남북공동선언」이 채택됐다. 이제 한반도는 오랜 대결과 증오의 역사를 접고 화해와 협력의 새로운 시대로 접어드는 것 같은 인상을 주었다. 이 공로를 인정받아 김 대통령은 2000년 12월에 노벨평화상을 받았다. 남과 북을 통틀어 한국인으로 노벨상을 받은 것은 그가 처음이며 2022년 현재 유일하다.

---

43) 「김 대통령 국제사회에 대한 북한지원 촉구」, 『연합뉴스』(2000년 5월 15일).

제3항
6·25전쟁 50주년 기념행사에서 클린턴 대통령과 함께 연설하다

역사적인 남북정상회담 직후인 2000년 6월 25일에 「미국의 참전을 기리는 한국전 50주년 기념식」이 6월 25일 오후 워싱턴D.C. 링컨기념관 앞에 있는 한국전기념공원에서 열렸다. 이 행사에는 클린턴 미국 대통령과 이홍구 주미대사 등 5000여 명이 참석했다. 이 자리에서 클린턴 대통령은 "미국의 한국전 참전은 미국이 냉전에서 승리하는 데 필수불가결한 요소였으며, 오늘날의 한국이 있게 한 계기를 만들었다."라고 그 의미를 새겼다.

이 대사는 "이 전쟁에서 미국이 이끄는 유엔군의 지원이 없었다면 한국의 오늘은 지금과 크게 달랐을 것"이라며 감사의 뜻을 표시했다.[44] 헌화하는 시간이 왔을 때, 클린턴 대통령은 이 대사에게 함께 걸어가자고 제의했고 이 대사는 함께 걸으며 자연스럽게 이임 인사를 하게 되었다.

---

44) 「클린턴 6·25행사 참석」, 『중앙일보』(2000년 6월 27일), 2쪽.

제3절
대사와 대사관의 부수 행사, 그리고 귀국

제1항
주미한국대사관 개관 50주년 행사: 「한·미외교자료실」 열어

'북핵'문제로 바빴지만, 이 대사는 1999년 3월 25일 오후 6시에 대사관저에서 「주미한국대사관 개관 50주년 행사」를 열었다. 장면(張勉) 초대 주미대사가 대한민국 정부가 수립된 때로부터 7개월 지난 시점인 1949년 3월 25일에 당시 해리 트루먼 미국 대통령에게 신임장을 제정하고 공식 업무를 시작한 때로부터 반세기가 지난 것을 염두에 둔 행사였다.[45] 제헌 국회의원으로 활동하다가 대사로 부임한 독실한 가톨릭 신자 장 박사는 곧 국무총리로 승진하며, 제1야당인 민주당 소속으로 1956년에 부통령에 당선되고, '4월혁명' 직후인 1960년 8월에 의원내각제의 제2공화국 초대 국무총리로 당선됐으나, 이듬해 5·16군사정변에 의해 물러났다. 이 대사는 장면 초대 대사의 탄생 100주년인 1999년 8월 28일에 대사관저에서 장 대사의 흉상 제막식을 열었다.

이 50주년 행사에는 윌리엄 글라이스틴(William H. Gleysteen, Jr.) 전 주한대사와 제임스 릴리(James Roderick Lilley) 전 주한대사가 참석했다. 어느 누구보다도 로버트 올리버(Robert T. Oliver) 교수가 90세의 고령임에도 참석했다. 위스콘신대학교 대학원에서 언론학을 전공해 박사

학위를 받았으며 펜실베이니아주립대학교 언론학부 교수로 봉직한 그는 이승만 박사가 미국에서 항일독립운동을 이끌던 때 그를 적극적으로 도왔고 이후 이 박사가 대한민국 초대 대통령으로 취임하자 대통령의 외교고문을 맡으며 한미관계의 발전에 이바지했다. 그는 이 행사에 참석한 때로부터 1년 2개월 뒤인 2000년 5월에 별세한다.

이 대사는 이 50주년 행사의 하나로 지난 50년 동안의 한·미외교에 관련된 자료의 보전을 위한 「한·미외교자료실」을 워싱턴 시내 영사관 3층에 설치해 일반인이 열람할 수 있도록 했으며, 미국에서 한국학을 개척하던 시기의 원로학자인 양기백(梁基伯, Key-paik Yang) 선생을 이 자료실의 고문으로 위촉했다.

양 선생은 1920년생으로 대한민국 정부가 수립된 직후인 1949년에 국비 유학생 제1호로 선발돼 일리노이주의 몬머스칼리지(Monmouth College)를 졸업했다. 1950년에 미국 의회도서관의 동양학부에서 사서로 출발한 이후 워싱턴D.C.에 있는 아메리칸대학교 대학원에서 정치학석사를 받았고 이어 역시 워싱턴D.C.에 있는 아메리카가톨릭대학교(Catholic University of America) 대학원에서 도서관학석사를 받았다. 1995년에 의회도서관에서 퇴임할 때까지 45년의 긴 세월 동안 한국과장과 동양학부장을 역임했으며, 의회도서관에 한국 관련 자료를 270권에서 12만 5000권으로 늘리는 데 이바지했다. 동국대학교는 이 공로를 인정해 1975년에 명예문학박사를 수여했다. 그는 「한·미외교자료실」 고문으로 봉직하면서 중요한 자료들을 한 권의 책으로 편집했다.[46] 그는 2015년에 미국에서 만 95세로 별세했다.[47]

---

46) Key P. Yang, ed., *Compendia of Korean Records Appearing in the US Congressional Records, 1878~1949*(Washington D.C.: 2001); 양기백, 『미 의사록 한국 관계 기록 요약집, 1878~1949』(선인, 2008).

제2항
제1차 세계한인입양인대회

1999년 9월 9~12일에는 6·25전쟁 이후부터 미국과 유럽으로 입양됐던 한국인 1세대 400여 명이 홀트국제아동복지회, 에반도널드슨입양기구, 코리아협회의 공동주관으로 워싱턴D.C.에서 열린 제1차 세계한인입양인대회(Korean Adoptees Gathering)에 참석했다. 그들은 역경 속에서도 교수·의사·변호사·예술가·기업인·사회복지사 등으로 성장했다. 김대중 대통령과 클린턴 대통령은 축전을 보냈으며, 이 대사는 11일에 대사관저에서 리셉션과 만찬을 베풀고 그들을 격려했다. 이 자리에서 이 대사는 "해외에서 성공을 거둔 여러분이 자랑스럽다."라고 말했는데, 입양아 출신으로 홀트국제아동복지회 본부 홍보담당 부회장으로 오른 수잔 순금 콕스(Susan Soon-keum Cox) 씨는 "입양아들에게 갖는 선입견으로 마냥 가엽게만 여기는 것에 대해 우리들의 마음은 편치 않았지만, 우리가 자랑스럽다던 이 대사의 그 말씀은 정말로 듣고 싶었던 말이었다."라고 말했다.[48]

이 전 총리는 정부가 공식적으로 해외입양을 추진한 1954년으로부터 반세기가 지난 2004년 8월 4~8일에 서울에서 열린 제3차 한인입양인대회에도 참석했으며, "이번 대회는 예상했던 것보다 더 큰 성공을 거두었고, 여러분과 모국 사이에 커뮤니티를 만드는 데 좋은 기회가 됐다."라고 덕담을 했다.[49] 이 모임은 이후에도 계속되고 있다.

---

47) 양기백에 관한 기본적인 자료는 다음에 의존했다. 정운현(鄭雲鉉), 「재미 '한국학 대가' 고(故) 양기백 박사의 삶과 업적: 부음기사로 쓴 인물평; 고 양기백 박사는 지성인이요 진정한 애국자」, 『진실의 길』(2015년 2월 14일).

48) 「인터뷰: 수잔 순금 콕스, "고아라고 동정마세요. 우린 훌륭한 세계시민…"」, 『조선일보』(1999년 9월 23일), 8쪽.

49) 「한인입양인대회: "어머니 나라 뜨거운 사랑 품고 갑니다"」, 『동아일보』(2004년 8월 9일), A10쪽.

제3항
미국 대통령 장학금을 받은 한국계 학생에 대한 표창과
이준구 태권도 사범의 행사

미국 대통령은 미국 전국의 약 250만 개 고등학교 졸업생 가운데 가장 뛰어난 140여 명에게 대통령장학금을 준다. 한국계 우수한 학생들도 이 장학금의 수혜자로 이름을 올렸다. 이 대사가 부임한 1998년에는 2명의 한국계 학생이 이 장학금을 받았고 다음 해인 1999년에는 한 명도 없었다. 그런데 대사직에서 물러나기 직전인 2000년 6월 26일에 5명이 선발됐다. 오세준(메릴랜드주), 이은혜(메릴랜드주), 이윤태(콜로라도주), 박소현(오클라호마주), 이유미(캔자스주) 등이 그들이었다. 그들이 28일에 백악관에서 클린턴 대통령이 직접 수여하는 메달을 받기에 이틀 앞서 이 대사는 그들을 대사관으로 초청해 별도로 재미한인장학증서와 장학금 1000달러씩을 주었다.[50]

바쁜 일정에서도, 이 대사는 미국 정계에 널리 알려진 한국교포 태권도 사범 이준구(李俊九: 미국명 Jhoon Rhee) 씨가 1998년 7월 22일에 자택에서 마련한 환영만찬에 참석했다. 두 사람은 같은 전주이씨로 항렬이 같았다. 이 대사보다 두 살 위인 이 사범은 1957년에 도미 유학의 길에 올라 텍사스대학교(오스틴 캠퍼스) 공과대학 토목공학과를 졸업하고 텍사스 일대에서 태권도를 가르치다가 그 명성이 워싱턴에까지 알려짐에 따라 1962년에 워싱턴으로 이주해 도장을 열었는데, 그의 전성기에는 도장의 수가 무려 11개에 이르렀다. 그 과정에서 그는 무술영화계의 영웅인 리샤오룽(李小龍: 영어로는 Bruce Lee), 그리고 세계헤비급권투 프로 챔피언인 무하마드 알리(Muhammad Ali)와도 가까이 지냈다. 이 사범

---

50) 「미 '대통령장학생'에 한국계 5명 뽑혀…백악관서 메달 수여」, 『동아일보』(2000년 6월 26일). A18쪽.

은 날쌔면서도 정확하고 한 번의 강력한 펀치로 상대방의 힘을 빼는 비법 – 이 사범은 그것을 'Accupunch'라고 명명했다 – 을 두 사람에게 가르쳤다고 한다.

이 사범이 마련한 이 자리에는 이 사범의 지도를 받은 연방의회 의원 11명이 참석했다. 그들 가운데는 연방하원의장을 역임한 뉴트 깅리치(Newton L. Gingrich) 그리고 그의 후임으로 확정된 로버트 리빙스턴(Robert Livingston) 의원이 포함됐다.[51]

제4항
귀국

이 대사는 1999년 12월 20일에 발표된 외교통상부 인사에서 주미대사로 유임됐다. 서울의 한 일간지에 따르면, 이 대사는 외환위기 극복이라는 자신의 주된 과제가 해결된 만큼 물러가겠다는 뜻을 홍순영 외교통상부장관과 김대중 대통령에게 밝혔다. 그러나 서울의 다른 한 일간지에 따르면, 김 대통령과 홍 외교통상부장관이 유임을 강력히 권했으며 이 대사는 이 뜻을 받아들였다.[52]

이 대사는 김 대통령이 2000년 6월 13~15일에 평양에서 제1차 남북정상회담을 마치고 돌아온 뒤 단행한 전면적인 개각과 거기에 따른 인사 때 양성철(梁性喆) 대사에게 자리를 물려준다. 그는 이임하기에 앞서 국무부를 비롯한 요로에 인사를 다녔는데, 그들 가운데는 훗날 미국 대

---

51) 「차기 미 하원의장 리빙스턴 등 교포사범 이준구 씨 제자」, 『중앙일보』(1998년 11월 18일), 23쪽.

52) 「한반도 4강 대사 하반기 전면교체설 집권2기 정세 급변 새 진용 필요성 절실 이홍구, 이미 사퇴 뜻」, 『경향신문』(1999년 10월 12일), 5쪽; 「외교부 수뇌인사 안팎: 정치권 배제⋯실무형 포석」, 『동아일보』(1999년 12월 21일), 5쪽.

통령으로 선출되는 조지프 바이든 2세(Joseph Biden, Jr.) 상원의원이 포함됐다. 바이든은 이 대사에게 최근 있었던 남북정상회담에 대해 언급하며 그것은 김 대통령의 햇볕정책과 클린턴 대통령의 포용정책이 합쳐져 이룩한 승리라고 칭찬했다.[53]

이 대사는 2000년 8월 1일에 업무를 끝냈다. 대사로 부임한 때로부터 2년 3개월 만이었다. 그는 다음 날인 2일 오후 1시에 워싱턴의 내셔널공항에서 유나이티드에어편으로 출발해 시카고를 거쳐 캐나다의 캘거리(Calgary)로 이동했으며 서울에서 온 친구들과 함께 휴가를 보낸 뒤 23일 저녁에 대한항공기편으로 귀국했다.

귀국과 동시에 김포공항에서 가진 기자회견에서, 이 전 대사는 우선 "책임을 다하고 온 것 같아 마음이 편하다."라고 인사한 뒤, "대학에 있었더라도 정년퇴임할 나이이다. 이제 편하게 지내야겠다."라고 말했다. 그는 "주미대사로 부임하던 때 북한의 대포동2호 발사와 '금창리 핵의혹'으로 한반도가 상당한 위기상황에 직면해 있었으나, 지난 2년 사이에 남북정상회담이 성사되고 그 후속으로 이산가족 상봉이 이뤄지는 등 놀랄 만한 변화가 있었다."라고 평가했다.

그는 이어 "북·미관계는 남북관계의 진행과 밀접한 연관성이 있으며, 북·미관계는 예상보다 빠르게 진척될 가능성이 크다."라고 전망했다.[54] "과거 대북정책을 이끈 경험을 바탕으로 현 정부의 대북정책에 대해 조언해줄 것"을 요청받자, 그는 "남북한은 자신들 사이의 차이에도 불구하고 민족공동체를 복원해야 하며, 새로운 의미의 새 공동체를 만들기 위해 장기적 안목에서 일해야 할 것"이라고 대답하고, "역사적 흐름을 읽고 지혜롭고 침착하게 추진하자."라고 덧붙였다.[55]

---

53) 「미 의회조사국; 남북정상회담 세미나: "북 근본변화 회의적…미군철수 들고나올 듯」, 『조선일보』(2000년 6월 20일).
54) 「주미대사 이홍구 귀국」, 『국민일보』(2000년 8월 24일), 1쪽.
55) 「이홍구 전 주미대사, "소임 다해 홀가분…쉬고 싶다」, 『동아일보』(2000년 8월 24일), A23쪽.

　　그러나 그가 귀국한 뒤 약 100일 후에 실시된 미국 대통령선거에서 공화당의 조지 W. 부시(George W. Bush) 후보가 당선되고 2001년 1월 20일에 대통령에 취임하면서, 미국의 대북정책은 '강경'으로 돌아선다. 41대 대통령을 역임한 조지 H.W. 부시의 아들인 그가 43대 대통령이 되어 이끈 행정부가 북한을 이란 및 이라크와 함께 '악(惡)의 축' 가운데 하나로 규정하면서 '정권교체'를 지향하고 이에 대해 북한의 김정일 정권이 크게 반발함에 따라, 미·북관계는 빠르게 나빠진다.

2000

4부

언론계·시민운동계 시절

현재

제9장

국제적 협력과 평화의 증진을 위해 노력하다:
서울국제포럼 이사장과 중앙일보 고문으로 「한·중·일 30인회」를 이끌며

(2000년 12월~현재)

제1절
국내에서의 활동 (1): 대통령 통일고문, 대통령 특사, 국민원로위원으로서의 활동을 포함해

제1항
여러 정부에서 국무총리 후보로 다시 거명되면서도 현실정치 참여를 자제하다

이홍구 대사는 귀국 직후 "편하게 쉬고 싶다."라고 말했으나, 국내상황은 그가 그렇게 생활하도록 내버려 두지 않았다. 2002년월드컵축구대회조직위원회 박세직(朴世直) 위원장이 2001년 7월 27일에 사직하자 언론은 이 전 총리가 후임으로 선출될 것이라고 보도했다.[1] 그러나 조직위원회는 정몽준 대한축구협회 회장과 이연택(李衍澤) 국민체육진흥공단 이사장을 공동위원장으로 선출했다. 이어 언론은 이 전 총리가 8월 30일에 열릴 민주당 전당대회에서 서영훈(徐英勳) 대표최고위원의 후임으로 선출될 것이라고 보도했다.[2] 그러나 서 대표는 논란 속에서도 대표최고위원으로 다시 선출됐다. 이어 언론은 2001년 9월에 열릴 제56차 유엔총회에서 의장으로 한국인이 선출될 차례인데, 정부가 그 후보로 이 전 총리를 염두에 두고 있다고 보도했다.[3] 그러나 정부는 한승수(韓昇洙) 전 주미대사 및 전 대통령비서실장을 추천했고 그가 의장으로

---

1) 「박세직 월드컵조직위원장 내달 8일 사임」, 『매일경제』(2000년 7월 27일).
2) 「서 대표 인책론, 동교동이 진원?」, 『국민일보』(2000년 8월 29일).
3) 「첫 한국인 유엔의장 누구?」, 『국민일보』(2001년 4월 24일).

선출됐다. 이어 언론은 2001년 9월에 전면개각이 있어 이한동 총리가 물러나는 경우 이홍구 전 총리가 다시 국무총리로 기용될 것이라고 보도했다.[4] 그러나 이한동 총리가 유임을 결심해 개각이 이루어지지 않았다.

이러한 일은 2003년 2월에 노무현 정부가 출범하기 직전에도 되풀이됐다. 서울의 한 일간지는 노무현 정부의 첫 총리 후보로 몇몇을 꼽으면서 이 전 총리를 포함시켰다. 그러나 교통부장관을 비롯한 3부 장관을 역임했으며 서울특별시장과 명지대학교 총장을 역임한 고건 전 국회의원이 임명됐다. 이 전 총리는 외교통상부장관으로도 거명됐다. 그러나 그는 고사(固辭)했으며 윤영관(尹永寬) 서울대학교 사회과학대학 외교학과 교수가 임명됐다.[5] 이 전 총리는 제21대 국회의원 총선을 앞둔 시점에서 제1야당으로 황교안(黃敎安) 전 국무총리가 대표를 맡은 자유한국당의 공천관리위원장 후보로도 거명됐다.[6]

이 일곱 가지 경우 모두 이 전 총리는 관심을 두지 않았다. 다만 그 보도들은 이 전 총리가 한국의 정계 또는 사회에서 지닌 무게를 말해주기에 충분했다.

● 정몽준 의원 대통령 후보 후원회장을 맡다

이 전 총리는 현실정치 참여를 자제했다. 그러나 오랫동안 친교를 유지했으며 특히 「2002년월드컵축구대회유치위원회」 위원장을 맡으며 해외섭외에 함께 힘을 쏟았던 정몽준 의원이 2002년 12월 19일에 실시될 제16대 대통령선거에 「국민통합을 위한 신당(新黨)」 후보로 나서기로 하

---

4) 「후임총리 이홍구 씨 등 거론…7일쯤 전면개각」, 『동아일보』(2001년 9월 6일). A1쪽.
5) 「차기 대통령비서실장 문희상 씨 "수석비서실 5, 6개로 축소"」, 『동아일보』(2003년 1월 9일), A1쪽; 「노 당선자 측근, 총리거론 인사 고건 이수성 씨와 각별」, 『동아일보』(2003년 1월 10일), A4쪽; 「장관후보 5배수 명단」, 『동아일보』(2003년 2월 18일), A5쪽; 「유력후보 수시로 뒤집혀 '오보' 많아」, 『중앙일보』(2006년 2월 13일).
6) 「한국당 공관위장…김종인·김형오·이문열·이홍구 압축」, 『중앙일보』(2020년 1월 14일).

자 그의 청을 받아들여 후원회장을 맡았다. 정 의원이 2002년 9월 30일
에 서울 여의도에서 「국민통합을 위한 신당 추진위원회」 사무실 개소식
을 열었을 때, 이 후원회장은 축사를 통해 "과거에 답습되던 여러 방법
이 그 효력을 잃어가고 있다. 우리 시대는 새로운 실험을 필요로 한다."
라고 전제하고, "대선을 80일 앞둔 시점에서 신당창당준비위원회를 발
족시키는 것은 무모한 일 아니냐는 얘기도 있지만, 우리의 시대는 그러
한 모험과 실험을 필요로 한다."라고 강조하면서, "정 의원은 매우 신중
한 사람이지만 중요한 때 모험을 하는 성격"이라고 덕담을 했다.[7]

정 후보는 11월 11일에 「국민통합21」을 발족시키고 대선에 본격적으
로 뛰어들었으며, 한때 민주당의 노무현 후보와 제휴했다. 그러나 투표
하루 전날인 12월 18일에 제휴 파기를 선언했으며, 결과는 한나라당의
이회창 후보와 경쟁하던 노무현 후보의 당선으로 귀결됐다.

제2항
대통령 통일고문과 특사로 활동하다

● **통일고문으로 활동하다**

이홍구 전 총리는 2000년 11월 23일에 김대중 정부의 제2기
대통령통일고문에 위촉됐다. 여기에는 제1기 통일고문인 김수환 추기경
과 장상(張裳) 이화여자대학교 총장이 포함됐고, 권오기(權五琦) 전 동아
일보사 사장 및 전 통일부총리, 김창국(金昌國) 대한변호사협회 회장, 조
완규(趙完圭) 전 서울대학교 총장 및 전 교육부장관 등이 포함됐다.[8]

2001년은 김대중 대통령에게 자신의 대북정책 전반을 되돌아보아야

---

7) 「"정몽준은 중요한 때 모험할 줄 안다"」, 『오마이뉴스』(2002년 9월 30일).
8) 「2기 통일고문 29명 위촉」, 『동아일보』(2000년 11월 23일), A2쪽.

할 해였다. 앞에서 이미 지적했듯, 2000년 11월에 실시된 미 대통령선거에서 대북 강경정책을 주장한 조지 부시 공화당 후보가 당선됐으며 2001년 1월 20일에 대통령에 취임하면서 새로운 행정부를 이끌게 되어 있었기 때문이다. 김 대통령은 2001년 새해를 맞아 발표할 국정쇄신 구상 그리고 특히 대미·대북정책과 관련해 각계 인사들을 폭넓게 면담했다. 그 면담은 1월 2일에 김수환 추기경과 이홍구 전 총리 등 소수의 국가원로를 청와대로 초청하는 것으로 시작됐다.[9]

이 전 총리에 대한 초청은 계속됐다. 김 대통령은 2002년 2월 15일에는 강영훈 전 총리와 이홍구 전 총리 및 김경원 전 주미대사 등을 초청했으며, 2002년 8월 8일에는 김 추기경과 이홍구 전 총리 등을 초청했다. 후자의 경우, 이 전 총리는 "미국의 의회와 정부 안에서 한반도상황에 관한 의견이 다양한 만큼, 남북관계의 추진일정을 미국과 잘 조율해야 할 것"이라고 제의했다.[10] 이 전 총리는 노무현 대통령 그리고 그의 후임 이명박 대통령 때는 통일고문회의 의장으로 활동했다.

● **동티모르 독립기념식에 대통령 특사로 참석하다**

이홍구 전 총리는 김영삼 대통령 때이던 1994년 11월 30일~12월 2일에 대통령 특사로 멕시코 대통령취임식에 참석했었다. 그는 김대중 대통령 때인 2002년 5월 20일에 역시 대통령 특사로 동(東)티모르 대통령취임식에 참석했다.[11]

우리나라의 경상남·북도를 합친 크기의 한 작은 섬 티모르(Timor)는 호주와 인도네시아 사이에 있다. 1520년부터 400년에 걸쳐 포르투갈

---

9) 「김 대통령 국정쇄신 의견수렴」, 『연합뉴스』(2001년 1월 2일).
10) 「DJ 각계원로 오찬: "국민 상당수 북한 진의 의심」, 『동아일보』(2002년 8월 9일), A5쪽. 이 기사는 5판(초판) 기사로 최종판에서는 생략되었다.
11) 동티모르의 역사 그리고 동티모르의 독립을 지지한 김대중 대통령의 노력은 다음에서 볼 수 있다. 김대중, 『김대중자서전』 제2권, 195~198쪽.

의 지배를 받다가 1859년에 포르투갈과 네덜란드의 합의에 따라 동티모르는 포르투갈의 식민지로, 서티모르는 네덜란드의 식민지로 편입됐다. 2차대전의 소용돌이 속에서 티모르는 그 전체가 한때 일본군의 점령통치를 받았다.

2차대전이 끝나면서 포르투갈은 동티모르로 돌아와 식민통치를 계속했다. 그러나 포르투갈을 30년 동안 강권통치했던 살라자르(António de Oliveira Salazar) 총리가 정권을 내놓게 되면서 동티모르에 대한 지배력도 크게 줄어들었으며 이 틈을 이용해 인도네시아는 동티모르마저 편입했다. 동티모르의 독립운동가들이 사나나 구스마오(Xanana Gusmão)를 중심으로 독립혁명전선(FRETELIN)을 구성하고 투쟁하다가 1975년 11월에 독립을 선언하자 인도네시아는 동티모르인을 마구 학살하면서 점령통치를 계속하고자 했다. 1998년에 인도네시아를 30년 넘게 철권통치하던 수하르토(Haji Mohammad Soeharto) 독재정권이 무너지자 새 대통령 바하루딘 유숩 하비비(Bacharuddin Jusuf Habibie)는 1999년 1월에 동티모르의 자치권을 인정했으며, 8월에 유엔에서 실시한 국민투표가 압도적으로 동티모르의 독립을 지지하자 인도네시아는 철군했다.

이 과정에서 한국 정부는 상록수부대를 파견해 질서유지를 도왔고, 한국에서 여성으로 처음 중앙선거관리위원을 역임한 정치학 교수 출신의 손봉숙(孫鳳淑) 박사는 유엔이 임명한 선거관리위원장으로 국민투표가 성공적으로 마무리되도록 지도력을 발휘했다. 이에 따라 동티모르 주민들은 동티모르임시정부를 수립했고, 2002년 5월 20일에 구스마오를 대통령으로 하는 동티모르민주공화국(The Democratic Republic of East Timor, 약칭 동티모르)을 수립했다.

이홍구 특사는 그날 열린 독립기념식에 참석한 계기에 두 나라가 대사급 외교관계를 수립한다는 내용의 의정서를 교환했다.[12] 한국 정부는

---

12) 「동티모르 국가승인 및 동티모르와의 외교관계 수립 의의」(외교부 보도자료, 2002년 5월 20일).

이미 2001년 6월에 수도 딜리(Dili)에 대한민국대표부를 개설했는데, 이 교환을 바탕으로 2002년 8월에 대표부를 대사관으로 승격시켰다. 약 100명의 교민이 생활하는 이 나라에, 현재 김정호(金正鎬) 예비역 육군소장(전 제1군 부사령관)이 제9대 대사로 활동하고 있다.

● 「APEC개최도시선정위원회」 위원장으로 활동하다

아시아 · 태평양경제협력체(APEC)는 1989년 11월에 호주 캔버라에서 12개국의 각료회의로 출범했다. 그러나 회원국이 늘어나고 그 중요성이 더욱 커짐에 따라 정상회의도 열기에 이르렀다. 이 기구가 2005년의 정상회의 · 고위관료회의 · 합동각료회의 모두를 한국에서 개최하기로 결정하자, 노무현 정부는 노무현 정부 출범 이후 최대의 외교행사로 인식하고 국무총리를 위원장으로 하는 APEC준비위원회를 발족시켰으며 개최를 희망하는 도시로부터 신청을 받음과 동시에 산하에 선정위원회를 두었다. 이때 이홍구 전 총리는 이 선정위원회 위원장으로 위촉됐다.

개최되는 2005년의 시점에서 볼 때, 회원국은 미국 · 일본 · 중국 · 러시아 등 세계 4강을 포함해 이 지역의 21개국에 이르렀다. 그들은 전 세계 국내총생산(GDP)의 약 60%와 교역량의 49.4%를 차지했다. 이렇게 중요하면서 큰 국제적 행사인 만큼 서울 · 부산 · 제주 세 곳이 신청서를 제출하고 치열한 유치경쟁을 벌였다. 이 위원장은 2004년에 서울 정부종합청사에서 다섯 차례 회의를 열고, 마지막 회의가 열린 4월 26일에 세 차례의 투표를 통해 부산을 선정했다. 이 위원장은 중립을 보여주기 위해 기권했다.[13]

허남식(許南植) 부산광역시 시장은 감사의 표시로 6월 20일에 부산시청 국제회의실에서 이 전 총리에게 명예부산시민증을 수여했다. 이 자리에서 이 전 총리는 「APEC의 성공개최와 부산발전」이라는 주제로 기념

---

13) 「내년 11월 APEC 부산서 열린다」, 『동아일보』(2004년 4월 27일). A1쪽 및 A8쪽.

강연을 했다.[14]

이 전 총리는 광주광역시로부터도 「2019년세계수영선수권대회유치위원회」 명예위원장으로 추대를 받았다. 이 대회는 스위스 취리히에 본부를 둔 국제수영연맹(Fédération Internationale de Natation: FINA)이 주관하는데, 1973년에 유고슬라비아의 수도 베오그라드에서 첫 대회를 열었다. 1978~1988년에 4년에 한 번 열리던 이 대회는 2001년 이후 2년에 한 번씩 열렸다. 2013년 7월 19일에 열린 국제수영연맹 집행위원회는 광주의 신청을 받아들였으며 그리하여 제18차에 해당하는 이 대회는 2019년 7월 12~28일에 2623명의 선수가 참가한 가운데 광주에서 성황리에 열렸다.[15]

● **사법정책자문위원회 위원장으로도 활동하다**

이 전 총리는 2009년 7월에 출범한 사법정책자문위원회 제1기 위원장으로 위촉됐다. 이 위원회는 사법제도의 개선방안을 심의하는 대법원장의 자문기구였다. 그는 2010년 6월까지 전면적 법조일원화와 평생법관제 정착을 위한 토대를 마련하고 가정법원의 전국 확대설치 등 국민의 사법접근권 개선에 이바지했다는 평가를 받았다.[16]

● **「6·25전쟁 60주년 기념사업위원회」**

정부는 2010년 6·25전쟁 60주년 기념사업을 추진하기 위해 「6·25전쟁 60주년 기념사업위원회」를 발족시켰다. 정부는 이 위원회의 공동위원장으로 한승수 총리와 이홍구 전 총리를 공동위원장으로 위촉했다. 이 공동위원장은 "이 사업을 통해 우리나라가 은혜를 갚는 나라라는 인

---

14) 「이홍구 전 총리 명예부산시민 됐다」, 『부산일보』(2005년 6월 20일).
15) 「이홍구 전 국무총리, 수영선수권대회 명예유치위원장」, 『한국경제』(2012년 12월 2일).
16) 「사법정책자문위, 가정법원 기능확대 검토」, 『법률신문』(2013년 8월 29일).

식을 심어주어 참전국가와의 미래지향적 관계를 수립하고자 한다."라고 말했다.[17]

이 전 총리는 2011년 7월 15일에 서울 육군회관에서 열린 「2011 범국민 안보공감캠페인」 출범식에 참석했다. 그는 격려사를 통해 "어떤 나라든지 융성기에는 큰 희생을 감내하며 나라를 지키는 충신들이 있었다. 지난날 6·25전쟁 당시 선배들이 맨주먹으로 희생하며 나라를 지켜온 것에 국민 모두는 감사해야 한다."라고 강조했다.[18]

여기서 우리는 이 전 총리의 6·25전쟁관을 읽을 필요를 느끼게 된다. 6·25전쟁 발발 71주년을 맞아 발표한 칼럼에서, 그는 다음과 같이 썼다.

6·25전쟁 발발 71주년을 맞는 국민의 심경은 씁쓸하기 이를 데 없다. 아무리 국제정세가 복잡하였더라도 민족상잔의 피와 한으로 점철된 통일을 단숨에 이루어내겠다는 북한 정치지도자의 유치한 결정이 얼마나 무책임하고 부적절하였던가를 결코 잊어서는 안 되겠다. 38선을 넘어 대한민국을 단숨에 삼켜버리겠다는 김일성의 경솔한 판단은 결국 미국과의 전쟁을 전제로 할 수밖에 없었다는 상황의 논리를 망각한 무지의 소치였던 것이 곧바로 증명되었다. 그러한 김일성의 오판에 동조했던 스탈린이나 마오쩌둥의 경우도 주요국 지도자의 상황 오판이나 무지의 대가가 얼마나 큰 것인가를 역사는 극명하게 보여주었다.

그는 이어 "북의 남침 결정은 무식이 오히려 모험의 힘이 되었다는 한편의 역사적 사례였다고 하겠다."라는 명언을 남겼다.[19]

---

17) 「신년 인터뷰: 이홍구 「6·25전쟁 60주년 기념사업」 위원장; "'은혜를 갚는 대한민국' 보여줘야"」, 『월간조선』(2010년 1월).
18) 「재향군인회, 범국민 안보공감 캠페인 출범식」, 『중앙일보』(2011년 7월 16일), 32쪽.
19) 「6·25 특별기고: 권력자의 무지가 낳은 비극 되풀이 말아야」, 『중앙일보』(2021년 6월 25일), 22쪽.

제3항
'권력의 함정'을 경계하면서 책임총리제를 이론화하고 내각제 개헌을 거듭 제의하다

● 노무현 대통령 이전

우리는 제5장 제3절 제1항에서 칠레의 아옌데가 소수의 지지로 대통령에 당선된 뒤 자신의 정치적 기반을 충분히 숙고하지 않은 채 전면적 변혁을 추진하다가 일차적 비토그룹인 군부의 쿠데타로 무너진 사실에 주목한 마르케스의 경고를 재음미한 이홍구 교수의 제23명제를 살폈다. 이 교수는 훗날 이 명제에 근거해 '권력의 함정'이라는 용어를 만들었다. '소수의 지지 안에서 다수의 합의를 얻은 듯 착각하는 것'을 '권력의 함정'이라고 명명하면서, 그는 우리나라의 역대 정치지도자들이 대통령에 당선되면 쉽게 그 함정에 빠져들었음을 상기시켰다.[20] 여기서 그는 '연립과 합작, 그리고 타협의 정치'를 제의하면서 그것을 가능하게 하는 제도로서 자신의 오랜 기간의 지론인 책임총리제론 또는 의원내각제개헌론을 전개하게 됐다.[21]

이홍구 전 총리는 우선 2000년 10월 31일에 고려대학교 대통령학연구실 실장 함성득(咸成得) 교수가 마련한 「대통령학 심포지엄」에서 자신의 총리로서의 경험을 회고했다. 이 회고에는 정치학 연구에서 주요한 주제들에 속하는 대통령직과 국무총리직에 대한 그의 관찰이 포함됐다. 그것들을 요약하면 다음과 같다.

（ⅰ）국무총리뿐만 아니라 장관이 너무 자주 바뀐다. 김영삼 대통령 5년 동안 총리가 6명이었다. 평균 1년을 넘기지 못한 것이다. [김대중

---

20) 「이홍구칼럼: '권력의 함정'을 극복하라」, 『중앙일보』(2003년 6월 23일).
21) 「이홍구칼럼: 한국민주화 '반보(半步)의 지혜'」, 『중앙일보』(2006년 1월 15일), 31쪽.

대통령 때도 총리가 평균 1년을 넘기지 못했다. 총리가 4명이 나왔고 총리가 되지 못한 채 서리로 머물렀던 사례가 2명이었다.]

클린턴 행정부의 매들린 올브라이트(Madeleine Korbel Albright) 국무부장관은 1997년 1월부터 2001년 1월까지 재임 4년 동안에 김대중 정부의 서로 다른 외무부장관 세 사람과 회담을 해야 했다. 그들의 재임이 너무 짧았기 때문이다. 그래서 올브라이트 장관은 "왜 이렇게 자주 바뀌나 하는 생각을 안 가질 수 없다."라고 생각했다고 한다.

(ⅱ) 국무총리 중심의 내각운영이 바람직하다. 개헌하지 않아도 대통령이 마음을 먹고 총리에게 상당한 정도의 권한을 위임하면 가능하다. 대통령은 총리를 뽑고, 그다음에 내각은 총리가 짜오도록 하고, 최종적인 결정은 대통령이 하는 관행이 서는 것이 바람직하다. 이러한 전제 아래, 국회운영을 의원내각제 방식으로 하는 것이 좋다고 생각한다.

(ⅲ) 국무총리의 인사권은 상당히 제한돼 있다. 이런 사람이 어떠냐고 대통령이 묻는 일도 있지만 결국 자주 만나야 깊게 상의할 수 있는데 총리는 불과 1주일에 한 번 가서 대통령과 상의를 할 뿐이다. 대통령비서실은 종일 근처에 있어서 대통령에게 아이디어를 주기에 좋은 위치에 있다.

(ⅳ) 총리는 가야 할 곳이 많다. 전국적인 모든 행사에 대통령이 다 참여할 수는 없다. 총리도 같이 뛰어야만 한다. 무엇보다도 제일 큰일은 뜻하지 않은 사고가 났을 때이다. "대구지하철이 무너졌지, 삼풍백화점이 무너졌지, 이렇듯 큰 사건, 사고가 있을 때 국민은 누군가의 책임을 요구하며, 그 책임은 당연히 정부가 져야 함이 마땅하다. 온 국민에 대한 잘못으로 이에 책임지고 사과하는 자세가 있어야만 한다." 총리가 책임져야 함도 당연하다.[22]

이렇듯 책임총리제에 관한 이 전 총리의 제의를 제25명제로 명명하기로 한다.

● **노무현 대통령 이후**

대통령제에 대한 비판 그리고 책임총리제 또는 의원내각제 옹호는 노무현 대통령 취임 첫해인 2003년 가을에 국정혼선에 따른 국민신임도의 급격한 하락과 대통령 보좌진의 잇따른 부정의혹에 대한 책임을 통감한 노무현 대통령이 자신의 진퇴를 국민투표로 결정짓겠다고 발표한 이후 활발해졌다. 약 8개월에 걸쳐 그가 발표한 다음의 일곱 칼럼을 중심으로 그의 발상과 논리를 살피기로 한다.[23]

첫째, 「대통령의 직업병이란」이다. 여기서 그는 "한국의 정치문화나 정치제도는 타협과 승복에 관한 국민적 합의를 조성하지 못한 채 극단적 갈등과 파탄에 대한 면역결핍증이 위험수위를 넘어가고 있다."라고 전제하고, 다음과 같이 부연했다.

국가운영에 관한 민주적 의사결정을 제도적으로 담당해야 할 정당과 국회에서마저 타협의 관행이나 승복의 미덕이 사라진지 이미 오래다. 이러한 정치적 파탄은 사회계약의 토대가 없는 민주국가는 절대로 정치가 안정되게 운영될 수 없다는 역사의 교훈을 실증하고 있다. 그러기에 작금의 한국 민주주의는 심각한 위기에 직면하고 있는 것이다. 이러한 위기로부터의 탈

<hr>

22) 「이홍구 전 총리 고대 특강: "IMF는 전 정권의 책임"」, 『동아일보』(2000년 11월 1일), A5쪽; 최영재, 「YS정권 핵심실세가 회고하는 문민정부 5년: 이홍구」, 『신동아』(2000년 12월), 230~247쪽 가운데 여러 곳. 앞의 기사는 5판(초판) 기사로 최종판에서는 생략되었다.

23) 「이홍구칼럼: 대통령의 직업병이란」, 『중앙일보』(2003년 8월 4일); 「이홍구칼럼: 삐걱거리는 민주화 모범국」, 『중앙일보』(2003년 9월 16일); 「이홍구칼럼: 정수(正手)의 정치를 원한다」, 『중앙일보』(2003년 10월 27일); 「이홍구칼럼: 내각제 결단의 시점이다」, 『중앙일보』(2003년 12월 29일); 「이홍구칼럼: 대통령 무책임제를 개혁하라」, 『중앙일보』(2004년 1월 19일); 「이홍구칼럼: 헷갈리는 4월 총선」, 『중앙일보』(2004년 2월 9일); 「이홍구칼럼: 생사(生死) 기로에 선 의회민주주의」, 『중앙일보』(2004년 4월 12일).

출을 이끌어야 할 일차적 책임도 역시 대통령에게 있다.

그는 이어 "타협과 승복을 가능하게 하는 국민적 합의의 조성, 그리고 그 합의에 따른 절차를 강력히 집행하는 지혜와 의지를 우리는 대통령에게 기대하고 있다."라고 조언했다.

이 칼럼에서의 주요 논점은 그가 이미 이 시점에 '한국민주주의 위기'론을 제기한 사실이다. 이 '한국민주주의 위기' 담론은 문재인 정부 출범을 전후한 2017년을 계기로 활발히 전개됐다는 것이 일반적인 인식이다. 그러나 그는 이미 2003년부터 '한국민주주의의 위기'에 주목하고 한국사회에 경보음을 울린 것이다.

둘째, 「삐걱거리는 민주화 모범국」이다. 이 칼럼에서도 그는 우리나라가 '민주화가 성공한 나라'인데도, '민주주의의 위기'를 겪고 있다고 개탄했다. 그러한 징후로 그는 '집단이기주의를 앞세워 법을 우습게 보는 풍조의 만연'을 지적하고, '나라의 초석을 흔드는 무서운 이 전염병'을 온 국민이 힘을 모아 지체없이 뿌리 뽑아야 한다고 역설했다.

셋째, 「정수(正手)의 정치를 원한다」이다. 이 칼럼에서도 그는 '한국민주주의 위기'론을 폈다. 그에 따르면, 위기의 본질은 '대통령 무책임제'에 있기에 적절한 '대통령 책임제'를 찾아야 한다는 것이다. 한국의 헌법은 "국가의 안정된 운영을 위해 대통령의 임기를 보장하되 대통령제가 절대권력이나 권력독점으로 흐르는 것을 막기 위해 삼권분립이라는 '견제와 균형'의 제도를 명시하고 있음"을 상기시킨 뒤, 그는 "그러나 역대 대통령들은 권력의 독점으로 행정부와 입법부 사이의 건설적인 견제와 균형 관계를 정립하는 데 실패했다."라고 비판했다.

여기서 그는 자신의 지론인 '책임총리제'를 대안으로 제시했다. 그는 우리 헌법이 이미 '책임총리제'를 허용하고 있으며, 노무현 대통령도 그리고 한나라당의 이회창 대통령 후보도 지난 대선에서 '책임총리제'를 공약한 사실을 지적하면서 여와 야가 합의해서 이 방향으로 나아갈 것을 제의했다.

넷째, 「내각제 결단의 시점이다」이다. 그는 우선 "한국정치의 파란곡절이 이쯤 되면 '대통령 무책임제'에 종지부를 찍어야 한다는 국민적 합의가 이미 이루어졌다고 볼 수 있다. 그렇다면 차제에 정치퇴화를 조장하는 대통령제를 과감히 벗어버리고 내각책임제로의 전환을 결심하는 것이 현명하지 않을까."라고 시작한 뒤, "사실 개헌을 통한 한국정치의 원천적 개혁의 필요는 이미 대부분의 여야 지도자와 많은 국민이 빈번히 지적한 바 있다. 지금이 바로 결단의 시점이다. 운명적 갈등의 쇠사슬에 얽매인 듯 이전투구로 세월을 낭비하기엔 조국의 운명이 너무나 위험한 벼랑 끝에 서게 되었다. 새해를 맞으며 모두의 용기 있는 결단을 호소한다."라고 끝을 맺었다.

이러한 논지를 전개하면서, 그는 대통령제가 선진형의 제도가 아니며 의원내각제가 선진형의 제도라는 사실을 상기시켰다. 이 논점과 관련해, 그는 다음과 같이 부연했다.

대통령제는 별로 선진형의 제도가 아니라는 단순한 사실을 우리 국민은 간과하고 있다. 경제협력개발기구(OECD) 국가의 절대다수는 내각제로 안정된 민주정치를 운영하고 있는 반면, 대통령제를 채택한 라틴아메리카와 아프리카 국가의 대부분이 고질적 정치불안과 퇴화에 시달리고 있음을 우리는 매일같이 뉴스로 듣고 있다.

아시아에서도 인구 10억 명의 세계 최대 민주국가인 인도나 세계 제2의 경제대국인 일본은 의원내각제로 민주정치의 제도화에 성공한 데 비해 대통령제를 선택한 인도네시아나 필리핀은 심각한 정치 불안정의 늪에서 헤어나지 못하는 모습도 무시할 수 없다. 대통령제를 2백여 년에 걸쳐 정착시킨 미국의 경우는 다민족이 모여 만든 국가라는 특수성으로 인한 예외적 성공사례로 꼽을 수 있을 뿐 무작정 모방의 대상은 아니다.

591

의원내각제를 옹호하며 곧 다가오는 제17대 국회의원 총선에서 여야 각 정당이 의원내각제 개헌을 국민에게 공약하기를 기대한 그는 다음과 같은 명언을 남겼다.

정치인들은, 특히 대통령 지망생들은 부시 대통령이나 푸틴 대통령보다는 블레어 총리나 고이즈미 총리를 모델로 삼아 총리지망생으로 방향을 바꿔가는 노력이 필요해질 것이다. 새 시대의 국가지도자는 군림하는 지도자가 아니라 동료들을 결집시키는 데 앞장서는 화합과 타협의 명수여야 한다. 정당은 대통령을 당선시키고 뒷받침하는 보조집단이 아니라 정치의 중심에 선 정책집단으로 국정의 성패에 대해 국민에게 책임지는 본연의 자세를 확립하게 될 것이다.

다섯째, 「대통령 무책임제를 개혁하라」이다. 이 칼럼에서 그는 중요한 논점을 제기했다. 한국정치가 나빠진 원인은 "인간이 나빠서가 아니라 잘못된 정치의 틀, 즉 부적절한 제도에 있다."라는 것이다. 여기서 그는 다음과 같은 논지를 제시했다.

생사결단을 단판승부로 내리는 대통령선거는 무차별 난타식 총력전이 될 수밖에 없고 그 결과로 유지·운영되는 대통령 무책임제의 폐단이 얼마나 심각한 것인가를 우리는 이미 여러 해에 걸쳐 경험했다. 그러한 정치의 틀을 방치하면서 정치인의 허점만을 비판하는 것은 공염불일 수밖에 없음도 자명해졌다. 이제는 두 단계의 정치개혁을 지체없이 실천에 옮겨야 할 시점이다. 첫째는 선거법·정지자금법·정당법을 획기적으로 개정하는 작업이고 둘째는 대통령 무책임제에 종지부를 찍는 내각제 개헌을 실현시키는 일이다.

여섯째, 「헷갈리는 4월 총선」이다. 2004년 4월 15일에 실시될 17대 국

592

회총선을 앞두고 발표한 이 칼럼에서도 그는 "민주정치에 대한 신뢰가 저하하고 있다."라고 경고하면서 "유권자들이 선택권을 올바르게 행사해야 한다."라고 역설했다. 그는 이와 관련해 중요한 논점을 제시했다.

결국 지금처럼 정당이나 정책 등 선택의 기준이 극도로 혼미한 상황에서는 각자 인물의 됨됨이에 따라 선택할 수밖에 없을 것이다. 물론 인물에 대한 판단, 특히 인간성에 대한 평가는 정당을 선택하는 것보다 훨씬 어려울 수 있고 그만큼 유권자에게는 부담이 커질 수 있다. 그러나 국민이 진지한 자세로 그러한 인물본위의 선택에 임한다면 그 결과는 예상외로 긍정적일 수 있다. 정당보다는 인물 본위의 투표가 주류를 이뤘던 1948년 선거로 탄생한 제헌국회가 역대 어느 국회보다도 생산적이었으며 의원의 질이나 격에서도 높았다는 평가를 새삼 음미해 볼 필요가 있다.

일곱째, 「생사(生死) 기로에 선 의회민주주의」이다. "우리의 의회정치는 만신창이의 초라한 모습으로 전락하였다."라고 개탄한 이 전 총리는 "그동안 한국정치사에서 고질적 문제로 작용해온 '무책임한 정치' 또는 '무책임한 정부'의 폐단을 얼마만이라도 시정하려는 권력구조 개혁에 대한 결단이 우선돼야 한다."라고 역설했다.

이 전 총리의 '책임총리론' 또는 '의원내각제개헌론'은 오늘날까지도 계속되고 있다.[24] 이 주제에 관한 그의 칼럼 또는 주제발표는 하나하나 열거하기 어려울 정도로 많다. 2007년 7월 18일에 한우리공동선실천연대에서 행한 연설에서도 "한국의 현행 대통령책임제에서는 대통령직 사퇴 이외에는 책임질 방법이 마땅히 없다. 한국의 대통령제는 책임 대통

---

24) 그 대표적인 사례들은 다음과 같다. (i) 「개헌 언제하면 좋을까」, 『중앙일보』(2006년 6월 12일), 27쪽. (ii) 「"대통령 4년 중임제로 개헌" 원로-중진학자들 주장」, 『동아일보』(2006년 7월 7일), A11쪽. (iii) 「이홍구칼럼: 판 짜기보다는 틀 고치는 것이 기본」, 『중앙일보』(2016년 5월 28일), 27쪽.

령제가 아니라 무책임 대통령제"라고 비판했다. 제헌 60주년을 하루 앞
둔 2008년 7월 16일에 국회에서 재적의원 과반인 167명 의원으로 발족
한 개헌연구모임에서, 그는 대통령 5년 단임을 뼈대로 하는 현행 헌법은
고쳐져야 한다고 역설했다.[25]

가장 최근의 것으로 「'대권 정치'의 폐막과 '민권 정치'의 복원」을 지
적할 수 있다. 이 칼럼에서 그는 "대통령 단임제를 5년 단임으로 헌법에
서 보장하기보다는, 의회 다수당이나 다수표를 확보한 국무총리가 내각
을 구성하고 국정을 총괄하는 의원내각제가, 불필요한 대권 논쟁도 피하
고 국민주권원칙을 되살리는 데 바람직하다는 대안도 고려할 필요가 있
다."라고 제안한 것이다.[26] 그가 이렇게 '책임총리론' 또는 '의원내각제
개헌론'을 꾸준히 제안한 사실은 그가 어떤 정치적 계산에서 일시적으
로 또는 즉흥적으로 제기한 것이 아니라 신념을 갖고 일관되게 제기해
왔음을 의미한다.

제4항
전직 총리로 또는 국가·사회 원로로 공동성명 또는 공동건의
에 참여하다

이 전 총리를 포함한 전직 총리들은 시국이 어려움에 빠지
면 공동성명을 발표하곤 했다. 그것들 가운데 대표적인 사례는 2004년 3
월 29일에 발표한 5개 항의 대국민 호소문이었다. 국회가 2004년 3월 12
일에 노무현 대통령에 대한 탄핵안을 통과시킨 것을 보고, 이 전 총리를

---

25) 「"진보적 대통령 나왔다지만 실업해결 연설 한 번 안 해"」, 『문화일보』(2007년 7월 18일). 「제
헌 60주년…국회, 개헌 조기 공론화」, 『세계일보』(2008년 7월 17일).
26) 「오피니언: 리셋 코리아; '대권 정치'의 폐막과 '민권 정치'의 복원」, 『중앙일보』(2022년 1월 3
일), 29쪽.

비롯해 남덕우 · 현승종 · 강영훈 등을 포함한 13명의 전직 총리들이 서명한 이 호소문은 "현재는 국가이념인 자유민주주의 체제와 질서가 위협받는 심각한 비상사태"라고 선언하면서 "정부가 법질서 확립에 나서고, 공직자는 정치적 중립을 지키며, 모든 정당과 시민단체는 국가적 정체성을 훼손하는 어떠한 행위도 자제해야 한다."라고 요구했다.[27] 헌법재판소는 5월 14일에 탄핵안을 기각했다.

이 전 총리는 이명박 대통령이 2009년 3월 12일에 구성한 「국민원로회의」 위원으로도 활동했다. 예컨대, 2009년 3월 12일에 열린 제1차 「국민원로회의」에서 그는 "어떻게든 북한을 잘 설득해 국제사회의 예외지역으로 남지 않도록 해야 한다. 이번 정부가 남북관계를 획기적으로 진전시킬 수 있도록 리더십을 발휘해 달라."라고 주문했다.[28] 2010년 1월 14일에 열린 제2차 「국민원로회의」에서 그는 "국가를 이끌려면 계속 어려운 선택을 할 수밖에 없다."라고 전제하고, "지금 대한민국은 위기상황인 것 같다. 민주국가로서 절차에 맞는 중대한 선택을 할 수 있는지 없는지를 보여주는 중대한 기로에 섰다는 것이 나의 판단이다."라고 부연했다.[29] 2010년 5월 25일에 열린 제3차 「국민원로회의」에서 그는 "6 · 25전쟁 60주년을 맞고 있지만 앞으로도 대치상황은 지속될 것이므로 긴 역사적 관점에서 정책을 펴야 한다. 한국이 역사의 흐름 속에서 세계사의 주류와 합류하며 나아가는 과정에 있는데도 북한체제는 더욱 고립되고 체제 수호적으로 가는 길을 걷고 있다."라고 발언했다.[30]

---

27) 「전직총리 13명 호소문 발표」, 『동아일보』(2004년 3월 30일); 「"지금은 비상사태 감정적 행동 삼가야"」, 『중앙일보』(2004년 3월 30일). 이 시점에서 이 전 총리는 다음과 같은 칼럼을 발표했다. 「이홍구칼럼: 3·1절 정신 어디로 갔나」, 『중앙일보』(2004년 3월 1일); 「원로의 고언: 1. 탄핵정국 정치개혁 기회 삼아야」, 『중앙일보』(2004년 3월 13일).

28) 「대통령자문 원로회의 출범…경제위기 극복 해법을 듣다」, 『서울신문』(2009년 3월 13일).

29) 「대한민국 정책브리핑: 제2차 국민원로회의 및 오찬관련 브리핑」(청와대 홍보수석실, 2010년 1월 14일).

30) 「"안보엔 여야 없다…남남(南南) 갈등 안돼"」, 『매일경제』(2010년 5월 25일).

이 전 총리는 2012년 10월 17일에 서울 프레스센터에서 열린 전(前) 여·야 지도자 17인회의에 참석했다. 이한동 전 총리, 박관용(朴寬用) 전 국회의장, 김형오(金炯旿) 전 국회의장, 이부영(李富榮) 전 열린우리당 의장 등은 '민주주의 혁신과 국민통합을 위한 제도개혁'으로 분권형 대통령제로의 개헌 그리고 국회의원선거법 개정 등을 제의했다.[31] 같은 맥락에서, 이 전 총리는 2017년 7월 17일에 제69주년 제헌절을 맞아 국회의사당에서 열린 「국가원로 개헌 대토론회」에 참석했다. 정세균(丁世均) 국회의장, 이강국(李康國) 전 헌법재판소장, 정의화(鄭義和) 전 국회의장 등 8인이 참석한 이 토론회에서 이 전 총리는 "대통령의 막강한 권한과 책임을 적절히 나누는 분권은 국가권력을 줄이는 것이 아니라 오히려 국가역량을 높이는 것"이라고 역설하면서, "국가운영의 효율성을 향상시키기 위해서라도 분권이 필요하다."라고 지적했다.[32]

그사이인 2016년 10월에 '최순실(崔順實)의 국정농단 의혹'이 전국적으로 불거지자 박근혜 대통령은 이 전 총리와 고건 전 총리 그리고 조순 전 서울특별시장 등을 포함한 국가원로들을 청와대로 초청하고 의견을 들었다. 이 전 총리는 상황의 심각성을 대통령에게 알렸다.[33]

문재인 대통령 때도 이 전 총리는 원로로서 초청을 받았다. 예컨대, 2019년 5월 2일에 그는 '진보·중도·보수 성향 원로' 12명 가운데 한 사람으로 "여·야 합의가 원칙적으로 어렵다고 하는 사람도 있지만, 그렇지 않다. 지속적인 대화를 통해 해결의 실마리를 찾아야 한다. 싸움에 에너지를 소진하기보다는 국민의 뜻을 모아 앞으로 나아갈 길을 모색해야 한다."라고 건의했다.[34]

---

31) 「현행 헌법 시효 다했다」, 『한국일보』(2012년 10월 17일)..
32) 「'국가원로 개헌 대토론회' 개최 새로운 개헌의 과제 논의」, 『국회보』(2017년 8월), 6~9쪽.
33) 「"빨리 수습하라" 원로들 쓴소리 2시간 뒤 청와대 물갈이」, 『중앙일보』(2016년 10월 31일), 3쪽.
34) 「이홍구 "싸움에 에너지 소진해선 안돼"…송호근 "고용주도성장은 어떨까"」, 『경향신문』(2019년 5월 3일).

● 2018년 북·미정상회담과 남북정상회담 때의 활동

2017년 5월 10일에 출범한 문재인 정부는 2018~2019년에 한반도 및 동아시아 상황과 관련해 중요한 행사들을 치르거나 목격했다. 첫째, 2018년 2월 9~25일에 강원도 평창군에서 제23회 동계올림픽이 열렸다. 대한민국에서 처음 열린 동계올림픽에는 북한 선수들이 참석해 그 의미를 높였으며, 미국은 한·미 합동군사훈련을 연기하고 중국과 일본은 이 올림픽의 성공을 위해 적극적으로 협조함으로써 한반도의 평화에 대한 기대감을 높였다.

둘째, 2018년 4월 27일에 문 대통령은 판문점 공동경비구역 남측 구역 안에 있는 「평화의 집」에서 북한의 김정은 국무위원장과 정상회담을 열고 '남북관계 개선 및 발전'과 '군사적 긴장상태 완화 및 전쟁위험의 실질적 해소' 그리고 '항구적이며 공고한 한반도 평화체제 구축'에 합의했다. 이것은 김대중 대통령과 김정일 국방위원장 사이의 제1차 남북정상회담 그리고 노무현 대통령과 김정일 국방위원장 사이의 제2차 남북정상회담에 이은 제3차 남북정상회담이었다.

셋째, 2018년 6월 12일에 미국 도널드 트럼프(Donald John Trump) 대통령은 북한의 김정은 국무위원장과 싱가포르에서 정상회담을 열었다. 미국과 북한 사이에서 최초로 열린 정상회담이라는 점에서 세계의 주목을 받았다. 특히 트럼프 대통령이 북한이 오랜 기간에 걸쳐 요구한 체제보장에 동의하고 김정은 국무위원장이 완전한 비핵화에 동의하는 등 6개 항에 걸친 합의가 이루어져 한반도문제가 해결되는 실마리가 마련된 것 같다는 낙관적 전망을 낳았다.

넷째, 한반도상황에 새로운 돌파구가 열리는 것 같은 희망적 분위기에서 문 대통령은 2018년 9월 18~20일에 평양에서 김정은 국무위원장과 두 번째 정상회담을 가졌다. 두 정상은 비핵화 등에 합의하고 그 내용을 담은 공동선언을 9월 19일에 평양에서 발표했으며, 20일에는 부부동반으로 백두산 정상에 올랐다.

다섯째, 2019년 2월 27~28일에 트럼프 대통령은 김정은 국무위원장과 베트남의 수도 하노이에서 제2차 미ㆍ북정상회담을 열었다. 북한은 영변지역의 핵시설에 한정한 비핵화를 조건으로 미국이 주도한 대북제재의 완전 해제를 제안했으나 미국은 영변지역은 물론이고 다른 지역의 핵시설도 완전히 비핵화할 것을 제의하면서 결렬됐다.

이 일련의 극적인 행사들이 잇따라 일어난 1년의 기간에 이 전 총리는 여러 차례 발언했다. 예컨대, 2018년 4월 20일에는 「동아시아평화회의」 좌장의 자격으로 성명을 발표하면서 "북ㆍ미는 비핵화협상을 반드시 성공시켜야 하며 남과 북은 다양한 교류ㆍ협력방안을 협의하기 위해 서울과 평양에 연락사무소를 설치할 것"을 제의했다.[35] 그는 이어 2018년 6월 12일에는 역시 「동아시아평화회의」 좌장의 자격으로 「6ㆍ12 북ㆍ미정상회담의 성공을 기원하며」라는 제목의 호소문을 발표했다. 이 호소문은 여러 내용을 담았지만, 그것 가운데 하나는 남ㆍ북ㆍ미가 '종전선언'을 발표할 것을 요구한 것이었다.[36]

그는 2018년 11월 29일에 포스텍평화연구소와 포스코경영연구원(POSRI)이 공동으로 서울 팔레스호텔에서 개최한 「포스텍ㆍ포스리 평화포럼」에서 기조발표를 맡았다. 여기서 그는 "새로운 냉전이 도래하는 현시기에 한반도 평화정착이 무엇보다 절실하다. 20세기 초 안중근 의사가 '동양평화론'을 구상했던 것처럼 21세기에도 동아시아의 평화와 한반도의 화해통일을 선순환적으로 연결하려는 노력이 매우 중요하다."라고 강조했다.[37]

---

35) 「"문 대통령, 평화체제의 대안도 준비해야"…동아시아평화회의 원로들 성명」, 『조선일보』 (2018년 4월 21일).

36) 이 호소문의 전문은 다음에서 읽을 수 있다. 「동아시아평화회의 "종전선언, 남북관계에 획기적 변화 가져올 것"」, 『오마이뉴스』(2018년 6월 8일).

37) 「포스텍-포스리 평화포럼 공동 개최」, *POSCO News*(2018년 11월 29일).

제2절
국내에서의 활동 (2): 통일·경제·사회·문화 분야에서의 활동

제1항
「평화포럼」과 「한반도포럼」을 이끌다

● 「평화포럼」에서의 활동

주미대사에서 물러나고 귀국한 이 전 총리의 일차적 관심은 정부에서나 정치에서의 자리가 아니라 한반도의 평화에 있었다. 그는 제1차 남북정상회담이 빚어낸 평화 분위기가 정착돼야 한다는 믿음을 갖고, 그것을 위해 강원용 목사와 함께 범국민적·초당적 협력을 위한 대화모임인 사단법인 「평화포럼」 발족을 이끌었다. 2000년 10월 3일에 세종문화회관에서 출범한 이 포럼에는 김수환 추기경, 송월주(宋月珠) 전 조계종 총무원장, 김광욱(金光旭) 천도교 교령, 최창규(崔昌圭) 성균관 관장, 강영훈 전 총리, 한완상 전 통일부총리, 이삼열 숭실대학교 교수, 박종화(朴宗和) 경동교회 목사, 박경서(朴庚緖) 전 세계교회협의회 아시아국장, 박관용 전 대통령비서실장, 이부영 국회의원 등 200여 명이 참여했다. 그들은 이 포럼의 이사장으로 강원용 목사를 선출했다.

이 포럼은 이홍구 전 총리의 사회로 2000년 11월 10일에 서울 종로구 평창동 올림피아호텔에서 「남북평화를 위한 초당적 협력 방안」을 주제로 대토론회를 열었다. 이 토론회에서 이삼열 교수는 "여와 야가 정쟁을 넘어 대국적 견지에서 협력해야 한다."라고 전제한 뒤, "한국사회의 일각에서는 6월 15일에 발표된 「남북공동선언」 가운데 북(北)이 주장하는

'낮은 단계의 연방제'와 남(南)이 주장하는 '연합제' 사이에 공통점이 있으며 이 방향으로 통일문제를 추진한다."라는 취지의 제2항을 놓고 논란이 있는데, "이 문제는 민족사적으로 크게 보아야 한다."라고 주장했다. 이 포럼은 2001년 9월 5~7일에 「동아시아의 평화와 화해」라는 국제학술회의를 한국크리스천아카데미에서 열었다. 일본 여성으로 처음 중의원 의장으로 재직했던 도이 다카코(土井多賀子) 일본사회민주당 중앙집행위원회 위원장 그리고 제임스 레이니 전 주한미국대사 등이 참석한 이 포럼에서 이 전 총리는 2000년의 「남북공동선언」의 의미를 강조하는 연설을 했다.[38]

이 포럼을 통한 이 전 총리의 활동은 노무현 정부 출범 전후에도 계속됐다. 노무현 정부 출범 직전인 2003년 1월 28일에 서울 종로구 올림피아호텔에서 열린 토론회에서 그는 주제 강연을 통해 "북핵문제는 체제존립이 흔들리는 북한이 극심한 불안감에서 내놓은 초강수 대응이며, 이것을 해결하기 위해서는 한반도의 비핵화와 평화적 해결이라는 두 원칙에서 접근해야 한다."라고 강조했다. 이 포럼은 폐막에 앞서 「한반도 위기의 평화적 해결을 위한 성명서」를 발표했는데, 여기에는 이부영 의원 그리고 노 당선자의 대미특사인 정대철(鄭大哲) 의원 등 123명이 서명했다.[39] 이 포럼은 2006년 5월 18일에는 서울 서대문구 홍은동 그랜드힐튼호텔에서 「남북회담 이대로 좋은가」를 주제로 토론회를 개최했다. 이 전 총리는 이 토론회에서 안정적 대북지원을 위해서는 국민 합의가 필요하다고 역설했다.[40]

---

38) 「"대북정책 합의위한 초당적 특위 필요"」, 『연합뉴스』(2001년 9월 7일).
39) 「평화포럼 "핵포기 체제보장 북·미 직접대화를"」, 『동아일보』(2003년 1월 29일), A5쪽.
40) 「"국민합의 없는 북 지원은 곤란" 평화포럼 '남북회담' 토론회」, 『동아일보』(2006년 5월 19일), A28쪽.

● 「한반도포럼」에서의 활동

하와이대학교 대학원 정치학과에서 이스트웨스트센터 장학생으로 정치학박사학위를 받은 건국대학교 정치대학[오늘날의 사회과학대학] 정치외교학과 백영철(白榮哲) 교수는 1994년에 한반도의 평화통일에 관심이 있는 전문가들을 중심으로 「한국통일포럼」을 발족시켰다. 백 교수는 이 학술단체를 중심으로 1995년부터 2003년까지 모두 여섯 차례에 걸쳐 중국 베이징과 북한 평양 등에서 남북한 및 해외동포 학자들이 참여한 「남북해외학자통일회의」를 열었으며, 특히 2003년 3월 23일에 평양의 인민문화궁전에서 이 회의를 열어 북한의 대남문제 전문가들에게 일정한 영향을 주었다.[41] 이 과정에서 이홍구 통일부총리 또는 총리는 적지 않은 조언을 해주었다.

「한국통일포럼」은 2011년 3월에 사단법인 「한반도포럼」으로 새롭게 출발했으며, 2017년 11월에 재단법인 「한반도평화만들기」로 확대됐다. 이 전 총리는 「한반도포럼」과 「한반도평화만들기」가 주최한 학술대회에서 기조연설을 하기도 하고 축사를 하기도 했다. 2011년 3월 28일에 열린 제1회 한반도포럼 학술대회에서, 그는 "우리 사회는 20년 전 동·서독의 통일과정에서 나타난 사실과는 다르게 정반대로 가고 있다."라고 우려를 나타냈다.[42]

● 잘츠부르크 세미나에서의 활동

오스트리아의 잘츠부르크(Salzburg)는 모차르트의 탄생지와 성장지로도 유명하지만 1965년에 개봉한 영화 『사운드 오브 뮤직(*The Sound of Music*)』의 주인공 폰 트랩(von Trapp) 일가의 거주지로도 유명하다.

---

41) 백 교수는 이 회의에서 발표된 논문들과 토론들을 묶어 다음으로 출판했다. 백영철 외 지음, 『한반도 평화프로세스』(건국대학교출판부, 2005).

42) 이홍구, 「"북 급변사태 대비는 Yes, 공개는 No」, *Konas net*(2011년 3월 28일).

경관이 아름다워 관광객들이 많은 곳이다.

그러나 이곳이 「잘츠부르크 글로벌 세미나(Slazburg Global Seminar: SGS)」의 본거지라는 사실은 잘 알려지지 않았다. 오스트리아가 2차대전에서 패전국이 되어 미국, 소련, 영국, 프랑스 등 4대 연합국에 의해 분할점령됐던 때인 1947년 6월 27일에 당시 미국 하버드대학교 학생 3명은 이 도시의 많은 아름다운 성(城)들 가운데 하나인 레오폴츠크론성(Leopoldskron Palace)에서 「잘츠부르크 미국학 세미나」를 시작했다. 이 세미나는 유럽과 세계의 미래가 인류에게 잘 펼쳐지기를 기대하는 연구자들의 국제적 포럼으로 성장하게 됐으며, 오늘날에도 「잘츠부르크 지구촌 세미나」라고 불린다.

이 전 총리는 이 세미나의 이사로 1997년 6월 26~28일에 세미나 발족 50주년 기념식에 참석했으며 이후에도 이 세미나와 관련해 몇 차례 잘츠부르크를 방문하곤 했다. 예컨대, 그는 2003년 12월 3~10일에 열린 이 세미나에서 북핵의 심각성을 지적하면서도, "당장 핵위기가 불거졌다고 한반도의 분단상황을 제쳐놓고 핵문제만 얘기하는 것은 바람직하지 않다."라고 말했다.[43]

● **한반도선진화재단에서의 기조강연**

이 전 총리는 서울대학교 법학전문대학원 박세일(朴世逸) 교수가 이끌던 한반도선진화재단이 2009년 9월 2일에 마련한 학술대회에서 「민족공동체와 통일을 다시 생각한다」라는 제목의 기조발제를 했다. 여기서 그는 2009년이 '한민족공동체통일방안' 20주년임을 상기시키고, "이번 기회에 지난 20년간의 공동노력을 평가하고 민족공동체 건설을 위한 새로운 공존·공영시대의 개막을 추진하기로 결심하자."라고 호소했다. 그는 "한반도의 상황이나 국제정세가 어려울 때일수록 오히려 민족사적

---

43) 「한·미·일·중 전문가 6자회담 전망」, 「중앙일보」(2003년 12월 11일), 18쪽.

과제를 해결하려는 의지가 새롭게 약동할 수 있다. 지금이 바로 그러한 때가 아니겠는가. 민족공동체와 통일을 진지하게 다시 생각해보자."라는 말로 자신의 강연을 마쳤다.[44]

● **통일연구원 개원 20주년 국제학술회의에서의 기조발제: '잃어버린 20년'에 개탄하다**

통일연구원은 국토통일원 산하의 국책연구기관으로, 1991년에 민족통일연구원으로 출발했다. 1999년에 국무총리 산하의 국책연구기관으로 바뀌면서 이름도 통일연구원으로 바뀌었다.

통일연구원은 개원 20주년을 맞아 2011년 4월 8일에 서울 플라자호텔에서 「한반도통일비전과 국제협력」을 주제로 국제학술회의를 열었다. 이 전 총리는 기조발제를 통해 "미래를 보려면 과거를 돌이켜 보아야 한다. 독일통일, 남북기본합의서 체결, 한반도비핵화공동선언 채택, 남북한 유엔 동시가입, 한·러수교, 한·중수교 등이 이루어진 90년대 이후 지금까지 큰 진전이 없다."라고 논평하고, 그 이후의 시기에 대해 "지난 20년은 잃어버린 20년이었고 한반도가 세계사의 흐름에 맞추어서 앞으로 전진하지 못한 공백과 후퇴의 시간이었다."라고 개탄하며 분발을 촉구했다.[45]

● **냉전2.0시대에 대한 권고**

2017년은 어쩌면 전후 국제정치사에서 하나의 분기를 마련한 해로 기억될 수 있다. 중국공산당은 2017년 10월 18일에 제19차 전국대표대회를 열었는데, 이때 시진핑(習近平) 당 총서기는 중국이 2030년에는 미국

---

44)   이홍구, 「민족공동체와 통일을 다시 생각한다」, 한반도선진화재단 편, 『전환기에 선 한반도, 통일과 평화의 새로운 모색』(한반도선진화재단, 2009년 9월), 5~7쪽.
45)   이홍구, 「기조발표: 한반도 통일비전과 국제협력」, 통일연구원 편, 『학술회의총서: '한반도 통일비전과 국제협력'』(통일연구원, 2011), 3~10쪽.

과 대등한 경제대국으로, 이어 21세기 중반에는 세계의 패권국가가 되는 중국몽(中國夢)을 실현하겠다고 선언했다. 2017년 1월 20일에 미국 대통령으로 취임한 도널드 트럼프는 이것을 인식하면서 12월 18일에『국가안보전략(National Security Strategy: NSS)』을 발표하고 미국의 리더십에 대한 중국의 도전을 받아들이지 않을 것이며 미국은 정치 · 군사 · 경제 모든 영역에서 우위를 확고히 지켜갈 것이라고 선언했다.[46]

이 전 총리는 이로써 '냉전2.0'이 시작됐다고 단언했다.[47] 2차대전이 끝나면서 미국과 소련 사이에 '냉전1.0'이 시작됐음에 비해, 이제 미국 · 중국 사이에 '냉전2.0'이 시작됐다고 파악한 것이다. "이것은 한반도가 새로운 전기를 맞았음을 의미한다."라고 이해한 그는 "변화의 속도가 빠르지만 큰 흐름을 놓쳐서는 안 된다."라고 권고했다.[48] 같은 맥락에서, 그는 우리가 '미국이냐 중국이냐'가 아니라, '미국과 중국이다'라는 시각으로 새로운 상황에 대비해야 한다고 역설했다.[49]

● **북한 지도층에 중국과 베트남으로부터 배울 것을 역설하다**

이 전 총리는 "북한 정권이 실패한 정권이라는 데는 이론의 여지가 없다. 기아선상에서 헤매는 수많은 북한동포 이상의 무슨 증거가 필요한가."라고 묻고 개혁과 개방의 길에 나설 것을 촉구했다. 그는 "북한체제가 역사의 흐름에서 스스로 소외된 고아라는 결론에도 반론의 여지가 없다. 공산당이 이끄는 중국이나 베트남의 적응능력과 용기를 부러운 눈으로 볼 수밖에 없는 것이 우리의 참담한 심경이다."라고 썼다.[50]

---

46) 「트럼프의 새 국가안보전략 "중국은 모든 분야의 경쟁자"」, 『한겨레』(2017년 12월 17일).

47) 「이홍구칼럼: 냉전 2.0 시대의 한반도 평화는?」, 『중앙일보』(2017년 12월 30일).

48) 「김진국이 만난 사람: 이홍구, 중국도 미국과 함께 북한의 비핵화 적극적으로 밀 것」, 『중앙SUNDAY』(2019년 1월 12일), 20쪽.

49) 이홍구, 「추천의 글」, NEAR재단 편저, 『외교의 부활: 미·중 충돌 속 흔들리는 체스판, 한국은 어떤 수를 둘 것인가?』(중앙books, 2011), 26~30쪽.

50) 「이홍구칼럼: 북핵대응 혼선 정리할 기회」, 『중앙일보』(2003년 5월 12일), 31쪽.

그는 이어 또 하나의 다른 칼럼에서 북한 스스로가 처음부터 자신들을 '특수국가'라고 부르는 현실을 소개했다. "어느 국제회의에서 왜 북한은 여타의 나라들과 같이, 즉 보통국가처럼 행동하지 못하느냐는 질문에 대해 북한측 대변인은 분명한 대답을 내놓았다. '북한은 보통국가가 아니며 특수국가다. 우리는 아직도 제국주의 세력에 대항해 민족해방전쟁을 수행하고 있다. 미국의 강점으로부터 조국을 해방시키는 싸움을 계속하고 있는 특수한 국가이므로 평화로운 환경에 있는 보통국가들과는 성격이 다르다.'라는 것"이었다. 이러한 논리에서, 북한측 대변인은 "북한이 개방을 추구할 수 없는 것은 당연하며 주민복지의 희생도 불가피할 수밖에 없다."라고 자신을 변호했다.[51]

그러나 이것은 자기기만의 궤변이다. 북한은 김일성일인독재체제 그리고 김정일과 김정은으로의 봉건적 세습체제를 유지하기 위해 '가상적 적의 위협'을 필요로 하며 만일 개혁과 개방의 길에 들어서는 경우 그 체제가 무너지는 것을 두려워하는 것이다.

제2항
전국경제인연합회 등 경제·경영단체에서 활동하다

● **전경련 원로자문위원으로 활동**

이홍구 전 총리는 경제계 인사들과도 교분이 두터웠다. 그래서 전국경제인연합회가 남덕우(南悳祐) 전 국무총리, 이현재(李賢宰) 전 국무총리, 이승윤(李承潤) 전 경제부총리, 나웅배(羅雄培) 전 경제부총리 등으로 구성된 원로자문단에 원로자문위원으로 참여할 것을 요청했을 때 기꺼이 응했다.

---

51) 「이홍구칼럼: 보통국가와 특수국가」, 『중앙일보』(2004년 3월 22일), 31쪽.

활동영역은 자연히 넓어졌다. 예컨대, 이 전 총리는 제14차 한미재계회의 운영위원회 합동회의가 2001년 1월 21~23일에 하와이에서 열렸을 때 남덕우 전 총리와 함께 참석했다. 1989년 1월 20일부터 1993년 1월 20일까지 대통령에 재임했던 조지 H. W. 부시 대통령이 2001년 11월 9~11일에 「세계 지도자와의 대화」에 참석하기 위해 방한하고, 10일에 서울 JW메리어트호텔에서 국내 주요 기업인들과 조찬간담회를 가졌는데, 이 전 총리는 이상철(李相哲) 한국통신사 사장 및 손병두(孫炳斗) 전국경제인연합회 부회장 등과 함께 이 자리에 참석했다.[52] 이 전 총리는 노무현 정부 이후에도 한미재계회의에 정기적으로 참석해 특히 통상마찰에 관한 한국의 입장을 대변하곤 했다.

전경련은 2003년 2월에 출범한 노무현 정부가 정치자금에 대한 수사를 장기화하고 있는 데 대해 우려를 표시했다. 이홍구 원로자문위원을 비롯해 남덕우 원로자문위원 등이 참석해 2003년 11월 25일에 서울 플라자호텔에서 열린 원로자문단 회의는 "우선 기업들이 뼈를 깎는 자기반성 속에서 투명경영에 힘쓰고 불법정치자금 제공을 근절해야 한다."라고 촉구한 데 이어 "정치자금 수사로 경제가 어려움을 겪고 있다. 기업의 투자심리가 악화되고 내년도 경영계획 수립이 늦어지고 있다."라고 지적하면서 수사를 빨리 끝낼 것을 요구했다.[53]

이 전 총리는 김승연(金昇淵) 한화그룹 회장이 주한미국대사를 역임한 리처드 워커(Richard Louis Walker) 교수의 팔순잔치를 2002년 4월 13일 서울 플라자호텔에서 주최했을 때 노신영 전 총리와 이영덕 전 총리 등과 함께 참석했다. 워커 대사가 이듬해인 2003년 7월 22일에 타계하자 이 전 총리는 "고인은 한국을 그냥 사랑한 것이 아니라 너무도 잘 이해

---

52) 「조지 부시 전 미국 대통령, 국내 주요 기업인들과 조찬간담회」, 『한국경제』(2001년 11월 11일).

53) 「전경련 원로자문단, 정치자금 수사 조기 종결 요구」, 『동아일보』(2003년 11월 26일), A4쪽;「대기업 96% "기업수사로 신인도 떨어질 것"」, 『중앙일보』(2003년 11월 26일), 5쪽.

했던 사람이었다. 특히 한국의 전통적 가치를 바탕으로 레이건 전 대통령과 조지 H. W. 부시 전 대통령 등 많은 공화당 원로에게 한국을 이해시키는 데 공헌했다."라는 조사를 발표했다.[54]

● **IGM세계경영연구원 및 대한상공회의소 등에서의 활동**

이 전 총리는 전성철 변호사가 이끄는 IGM세계경영연구원과도 좋은 관계를 유지했다. 예컨대, 이 연구원이 2003년 4월 30일에 서울 하얏트호텔에서 「북한의 핵개발에 비춰본 남북관계의 현황과 전망」이라는 주제 아래 제1회 서울세계경영포럼을 개최했을 때 「남북관계 개선을 위한 제언」이라는 제목의 기조발표를 했다. 그는 또 대한상공회의소가 2003년 7월 17~20일에 제주도의 호텔신라에서 「위기와 선택, CEO의 리더십」이라는 주제 아래 제28회 최고경영자대학을 개설했을 때 연사로 참여했다.[55]

● **딜로이트 글로벌 포럼에서의 강연**

1845년에 영국 런던에서 창립되고 오늘날 런던과 뉴욕에 각각 본사를 두고 있는 딜로이트 회사(Deloitte Touche Tohmatsu Limited)는 세계 4대 대형회계법인 가운데 하나다. 이 회사는 세계경제포럼(World Economic Forum: WEF)을 운영하고 있다. 한국에서는 한국딜로이트그룹이라고 불리는 이 회사는 2007년 10월 31일에 호텔신라에서 제5회 딜로이트 글로벌 포럼을 열었는데, 이 전 총리는 「한반도와 동아시아의 공동체 건설 전망」이라는 제목의 기조연설을 했다. 이 연설에서 그는 "동아시아공동체 건설을 위해 한국은 작은 나라라는 인식에서 벗어나 외부의 것을 받아들이는 데 대한 뿌리 깊은 두려움을 극복해야 한다."라고 역설했다.[56]

---

54) 「명복을 빕니다: 리처드 워커 전 주한미국대사」, 『동아일보』(2003년 7월 24일), A21쪽.

55) 「제1회 서울세계경영포럼 개최」, 『매일경제』(2003년 4월 30일); 「7월 제주신라는 CEO 집합장」, 『매일경제』(2003년 6월 30일).

56) 「이홍구 전 총리 "한국, 작은 나라란 인식 벗어나야"」, 『동아일보』(2007년 11월 1일), A31쪽.

● 지도적 기업인들을 높이 평가하다

이 전 총리는 한국의 지도적 기업인들을 높이 평가하는 데 인색하지 않았다. 그는 2011년 3월에 「고(故) 아산(峨山) 정주영 현대그룹 명예회장 10주기 추모위원회」와 2021년 3월에 「고 아산 정주영 현대그룹 명예회장 20주기 추모위원회」 위원장을 맡으며 "비록 시대가 바뀌었다고 해도 정 명예회장이 남긴 '지혜를 모아 방침을 세우고 하면 된다.'라던 정신은 우리가 본받아야 할 소중한 자산"이라고 말했다.[57] 롯데 그룹의 창업주인 신격호(辛格浩) 명예회장이 별세하면서 2020년 1월 22일에 열린 영결식에서, 그는 "신 명예회장이 일으킨 사업은 지금 대한민국 경제를 떠받치는 기둥이 됐다. 이분은 우리 시대의 위대한 선각자"라고 애도했다.[58]

제3항
중앙일보 상임고문으로 국내외 쟁점에 관해 칼럼을 발표하다

이 전 총리는 귀국한 때로부터 5개월 뒤인 2001년 1월 1일에 중앙일보사 상임고문으로 취임해 2021년 12월 31일까지 만 21년 동안 국가원로로서 정기적으로 칼럼을 발표하며, 국가적 어젠다(과제)와 국내외 쟁점들에 관해 어느 쪽에 쏠리지 않는 객관적 자세를 유지한 채 논평했다. 그가 아니면 알기 어려운 역사적 사례들을 소개하고 때로는 지혜와 기지가 넘치는 언술(言術)을 담은 이 칼럼들은 관심을 받기에 충분했다.

그것들은 한국의 민주화, 한국의 빈곤층문제, 한국의 교육문제, 동북아의 평화, 북핵과 북한인권, 남북통일, 한미동맹, 한일관계, 한중관계,

---

57) 「월요인터뷰: "리더십 부족한 갈등의 시대…정주영 '해봤어' 정신 그리워"」, 『한국경제』(2011년 3월 7일).

58) 「이홍구 전 국무총리 "신격호 명예회장, 위대한 선각자"」, *MTN*(2020년 1월 22일).

심지어 아프리카문제와 이라크문제 및 동유럽문제에 이르기까지 다방면의 문제에 대해 심층적으로 다뤘다. 그동안 한 차례도 다루지 않았던 동남아국가연합(아세안)에 대해서도 발언한 것이 주목된다. "천하대세를 보는 눈이 어두워지면 나라사정은 물론 주위 형편이 힘들어지고 국가의 진로가 험난해지게 마련이다."라고 말문을 연 그는 "우리는 동북아중심 국가의 시민을 자처하고 있지만 정작 이웃인 아시아의 정세변화에 대해서는 무관심으로 일관하는 우둔함이 체질화된 듯하다."라고 개탄하면서, 우리에게 셋째로 큰 수출대상지역인 아세안국가들에 대해 관심을 높여야 한다고 역설했다.[59]

특히 대통령을 비롯한 한국의 고위 정치지도자들을 향한 제의, 이에 더해 북한의 김정일을 향한 제의 역시 주목할 만하다. 또 국가안보도 중요하지만 '인간안보'가 중요하다는 입론(立論), 곧 "사람이 사람답게 살아갈 수 있는 기본 여건을 국가가 마련해주어야 한다."라는 주장, 그리고 국가나 정치권이 역사를 자신의 정파적 목적에 맞춰 피상적으로 설명하고 활용하려는 경향에 대한 비판 등은 매우 교훈적이다.[60]

제4항
학술·문화계에서의 활동

● 유네스코 「공동가치 포럼」에서 주제 발표

이 전 총리는 2002년 4월 26일에 유네스코한국위원회와 한국정신문화연구원이 공동으로 주최한 「세계화의 윤리적 문제와 전망」이

---

59) 「이홍구칼럼: 아세안 국가와 협력 강화해야」, 『중앙일보』(2004년 8월 18일).
60) 「이홍구칼럼: '인간안보' 더 미룰 수 없다」, 『중앙일보』(2006년 2월 16일); 「이홍구칼럼: 역사의 정치화가 문제다」, 『중앙일보』(2004년 8월 16일).

라는 세미나에서 한국 대표로 주제 발표를 했다. 여기서 그는 "세계화는
선택의 대상이 아니라, [⋯] 세계화의 가장 핵심적 부분은 바로 새로운
보편윤리를 만들어가는 공동작업이다."라고 전제하고, 이 주제를 '한국
의 지혜'에 기초를 두고 접근했다. 그는 우선 "세계화에 대한 큰 위협은
극단적 교조주의와 그에 따른 편견"이라고 지적하고, "한국인이 아끼는
실사구시의 정신이야말로 세계화와 보편윤리의 추구를 가능하게 하는
토대가 될 수 있을 것"이라고 단언한 데 이어 그 대표적인 지표가 '자유
와 민주주의에 대한 신념'이라고 강조했다. 그는 다음과 같이 부연했다.

> 한국인이 식민지, 냉전, 분단, 독재 등의 어려운 역경을 거쳐오면서 확실히
> 터득한 교훈이 있다면 그것은 자유가 무엇보다 소중하다는 것이다. 국가목
> 표의 우선순위를 정하는데도 민족통일보다 자유수호가 우선한다는 분명
> 한 선택에 대다수의 한국인은 동의하고 있다.[61]

'민족통일'보다 '자유수호'가 우선한다는 그의 지론은, 자유의 가치를
가장 중시한 그의 제11명제에서 나온 것으로, 그의 다른 칼럼들에서도
되풀이됐다.[62]

● 「이승만건국대통령기념사업회」 회장으로 활동하다

항일독립운동가였으며 대한민국 초대~3대 대통령으로 대한민국 건
국을 이끈 우남(雩南) 이승만 대통령을 기념하는 「이승만건국대통령기
념사업회」는 그의 탄신 100주년이 된 1975년 7월 12일에 사단법인의 형
태로 출범했다. 이 전 총리는 2004년 3월~2010년 2월에 회장을 맡았다.

---

61) 「유네스코 '공동가치 포럼' 개최」, 『유네스코신문』(2002년 4월 30일), 1쪽 및 4쪽.
62) 「이홍구칼럼: 세계적 불안의 시대」, 『중앙일보』(2003년 3월 31일); 「이홍구칼럼: 삐걱거리는
민주화 모범국」, 『중앙일보』(2003년 9월 15일).

그는 이 전 대통령의 추도식 행사를 비롯해 여러 행사를 주관했으며,
2021년의 한 강연에서는 "이승만 박사는 농림부장관에 사회주의자 조
봉암(曹奉岩)을 기용했으며 농지개혁이라는 당시로서 혁명적인 정책을
집행한 데 보이듯, 여러 의견과 입장을 광범위하게 수렴할 줄 아는 정치
적·지성적 포용력이 있었다."라고 평가했다.[63] 현재 상임고문으로 참여
하고 있다.

● 「유민문화재단」·대한적십자사·「서울국제포럼」·「나눔과 평화 재단」 등을 통한
　사회봉사

　이 전 총리는 중앙일보사 창립자인 고(故) 유민(維民) 홍진기(洪璡基)
회장을 추념하고 그의 유지를 계승하기 위해 강영훈 전 국무총리를 초
대 이사장으로 모시고 1999년 1월 23일에 설립된 유민문화재단의 제2
대 이사장으로 취임해, 「유민창조인상」을 제정하고 문화예술·사회·과
학 세 분야에 걸쳐 뛰어나게 창조적인 인물 혹은 단체를 뽑아 해마다 수
여하고 있다.[64] 그는 대한적십자사에서도 활동했다. 2001년 11월 21일에
대한적십자사 명예고문으로 위촉된 그는 서영훈 대한적십자사 총재를
비롯해 강원용 목사 및 강영훈 전 총리 등과 함께 2002년 4월에는 「북한
동포에게 속옷보내기운동」을 이끌었다.[65] 2002년에는 「한국 사랑의 집
짓기운동연합회」(한국해비타트) 후원회장으로 추대됐다.[66]

　이 전 총리는 정몽준 의원이 이사장인 아산사회복지재단의 이사로도
봉사해오고 있다. 그는 또한 2007년 10월 1일에 세계의 기아·난민을 돕
기 위해 「나눔과 평화 재단」이 설립될 때 발기인으로 참여했으며, 이 재

---

63)　그 한 사례가 다음과 같다. 「19일 이승만 박사 42주기 추도식」, 『동아일보』(2007년 7월 19일),
A32쪽; "미군은 일제로부터 한반도를 해방시킨 주역", 『조선일보』(2021년 7월 9일).
64)　「유민장학생 44명에게 장학금 전달」, 『중앙일보』(2004년 6월 11일), 23쪽.
65)　「원로들, 내의 190만벌 대북지원 요청」, 『연합뉴스』(2002년 4월 25일).
66)　「해비타트 후원회장에 이홍구 전 총리 추대」, 『한국경제』(2002년 9월 7일).

단은 10월 24일 「유엔의 날」을 기념해 13일에 인천 문학경기장에서 콘서트를 열기도 했다.[67]

● 「통영국제음악제」 이사장으로 활동하다

이 전 총리는 2005년 7월 13일에 재단법인 「통영국제음악제」의 제2대 이사장으로 선출됐다.[68] 이 음악제는 경상남도 산청군에서 태어나고 통영시에서 성장한 세계적 작곡가이며 바이올리니스트인 윤이상(尹伊桑, 1917~1995)을 기념하며 시작됐다.

윤이상은 일제강점기에 오사카음악전문학교를 졸업하고 광복 이후 통영여고와 부산사범학교에서 음악교사로 봉직하다가 1956년에 파리로 유학을 떠나 파리국립음악원을 졸업하고 1957년에 서베를린으로 건너가 베를린국립예술대학에서 석사학위를 받고 1964년부터 서베를린에 정착했다.

1963년 4월에 대한민국 정부의 허가 없이 방북한 사실이 훗날 드러나 1967년 여름에 중앙정보부가 고의적으로 확대한 「동백림을 거점으로 한 북괴대남적화공작단사건」에 연루돼 부인과 함께 한국으로 끌려와 혹독한 고문을 겪은 뒤 1심에서 무기징역을 선고받았고 대법원에서는 감형됐으며 1969년 2월에 대통령특사로 석방됐다. 독일 정부가 강력히 항의하고 세계적 음악인들이 구명운동을 펼친 결과였다. 곧 부인과 함께 독일로 돌아간 그는 1971년에 독일에 귀화했으며 하노버음악대학과 베를린국립예술대학 등에서 교수로 활동했고 튀빙겐대학교로부터 명예철학박사학위를 받았다. 다른 한편으로는 그의 재능을 일찍부터 인정한 김일성을 만나러 북한을 왕래하며 북한으로부터 극진한 대접을 받았으나 그

---

67) 「한·미 주요인사 부부초청 추수감사절 행사」, 『문화일보』(2004년 12월 3일); 「지구촌 기아 난민돕기 '나눔과 평화의 콘서트'」, 『동아일보』(2007년 10월 12일), A16쪽; 「제34회 아산사회복지재단 심포지엄: 일자리 창출과 사회복지」(대한상공회의소 국제회의장, 2012년 6월 21일).
68) 「통영국제음악제 이사장 이홍구 씨」, 『동아일보』(2005년 7월 14일), A30쪽.

토록 돌아오고 싶어 했던 고국, 한국에는 '불온분자'로 분류되어 귀국을 허용하지 않던 한국 정부의 결정으로 돌아오지 못하고 독일에서 세상을 떠났다.[69]

이러한 상황에서, 기업인으로 음악에 조예가 깊었던 금호아시아나그룹 박성용(朴晟容) 회장의 발의와 후원으로 2002년에 통영에서 「통영국제음악제」가 시작됐다. 그가 별세한 뒤 그의 가까운 친구였던 이 전 총리는 이 음악제 이사장을 맡은 것이다. 그는 다음과 같이 썼다.

> 안타깝게도 윤이상 선생은 음악제가 뻗어나가는 통영에 끝내 돌아오지 못했다. 1967년 동백림사건으로 구속됐고, 북에도 왕래했던 그는 말년에 통영에 돌아와 지내기를 원했다. 당시 [김영삼] 정부에서 통일업무를 맡고 있던 나는 그에게 편지를 썼다. '그간의 법적 문제는 통일로 가려는 일념에서 일어난 것이니 국민의 너그러운 이해를 부탁한다.'라는 내용으로 입장을 발표하신다면 귀국문제를 해결할 수 있겠다는 내용이었다. 그렇게 귀국을 권고했지만 긍정적인 답이 없었고, 결국 윤 선생은 1995년 독일에서 타계했다.[70]

이 전 총리의 제의는 매우 합리적이었다. 윤이상 교수가 세계적으로 높이 평가받는 '한국의 자랑스러운 음악인'이었음은 사실이고, 또 납치되다시피 한국으로 끌려와 치욕을 당한 것 역시 사실이며, 그것으로 말미암아 대한민국 정부에 한을 품게 된 것도 이해하지 못하는 것은 아니다. 그를 부인과 함께 '납치'하고 '투옥'한 뒤 '고문'한 것은 중앙정보부의 잘못이었다. 비록 그렇다고 해도 독일로 돌아간 뒤 내외가 함께 북한을 여러 차례 방문해 대한민국의 어느 독재자와 비교해도 비교 자체가

---

69) 「한 예술가의 치욕, 한 지식인의 오판」, 『한겨레』(2012년 1월 27일).
70) 「윤이상, 박성용의 꿈이 일궜다, 영호남 화합의 무대」, 『중앙SUNDAY』(2022년 4월 9일), 18쪽.

불가능할 정도로 너무나 폭압적이고 반(反)국민적인 김일성과 김정일을 '찬양'한 것으로 비치는 언동을 계속하면서 이 전 총리의 제의를 받아들이지 않은 데 대해 아쉬움 또는 섭섭함을 느낀다. 다행히 부인 이수자(李水子) 여사는 노무현 대통령 때인 2007년 9월 10일에 귀국하여 통영에서 지내고 있다.

● **서울대학교 졸업식에서의 연설**

이 전 총리는 2014년 2월 26일에 열린 제68회 서울대학교 학위수여식에서 특별연설을 했다. 그는 부시 전 미국 대통령의 예일대학교 졸업식 연설을 언급하며 "포기하지 않고 끝까지 노력해야 한다."라고 권고했다. 동시에 "인간의 이성과 도덕성에 대한 믿음을 결코 잃어서는 안 된다. 실천에 앞서 무엇을 하는 것이 옳고 적절한가에 대한 분명한 판단에 강조점을 두기를 기대한다."라고 조언했다.[71]

● **「한국미래학회」 세미나에서 8·15 당시의 미국 역할을 옹호하다**

한국미래학회는 2021년 7월 7일에 서울의 아산정책연구원에서 「대한민국 100주년」 세미나를 열었다. 여기서 이홍구 전 총리는 「대한민국의 출범과 이승만」이라는 제목으로 연설하면서, "1945년 9월에 미국은 일본제국주의를 청산한다는 과제를 안고 한반도에 들어왔다. 미국은 본질적으로 한반도를 제국주의에서 해방시킨 주역"이라고 논평했다.[72]

● **「통섭학으로서의 세종학」에서 기조강연하다**

여주대학교 산학협력단 세종리더십연구소가 주관하고 여주시와 여주문화원이 후원한 「통섭학으로서의 세종학」이라는 주제의 학술회가

---

71) 「제68회 전기 학위수여식」, 『서울대 총동창신문』(2014년 3월).
72) 「이홍구 "미군은 일제로부터 한반도를 해방시킨 주역"」, 『조선일보』(2021년 7월 9일).

2015년 5월 16일에 세종대왕 탄신 618돌을 맞아 경기도 여주시 능서면 왕대리 세종대왕릉 재실에서 열렸다. 여기에는 여주대학교 세종리더십 연구소 소장 박현모(朴賢謀) 박사 그리고 한국학중앙연구원 교수 정윤재(鄭允在) 박사 등이 참석했다. 이홍구 전 총리는 「세종학과 대한민국 리더십」이라는 주제의 기조강연을 했다.[73]

73) 「여주 세종대왕 탄신 618돌 맞아 학술회의 성료」, 『경기일보』(2015년 5월 18일).

제3절
국제사회에서의 활동: 아시아재단, 3자위원회, 마드리드클럽, 세계자연보전총회 등에서의 활동을 포함해

이홍구 전 총리는 국제사회에서도 활동했다. 국내에서의 활동과도 연결되는 그 활동은 서로 겹치는 것이 적지 않으나 크게 보아 둘로 나눌 수 있다.

제1항
세계적 기구를 통한 활동

첫째, 미국 아시아재단(Asia Foundation)을 통한 활동이다. 비영리단체인 이 재단은 1953년에 아시아지역의 학술 및 문화연구 진흥을 후원하기 위해 미국 정부와 의회의 보조로 설립된 기관이며 본부를 샌프란시스코에 두고 있다. 창립 50주년을 맞아 2003년 10월 13~14일에 서울 호텔신라에서 「아시아재단과 한국: 새로운 도약」이라는 주제 아래 심포지엄이 열렸다. 이 재단의 이사 자격으로 참석한 이홍구 전 총리는 "북한이 북핵문제를 놓고 시간을 끌 수 있을지는 모르지만 북한의 뜻대로 되지는 않을 것이다. 평화적 해결을 위한 외교적 노력이 실패한 적이 별로 없다는 점에서는 역사에 절대적 예외가 존재하지 않는다."라고 주장했다.[74] 그는 아시아재단의 주관으로 2004년 12월 10일에 스위스그랜드호텔에서 열린 『아시아에서의 미국의 역할』이라는 정책건의서 발간 기념 토론회에서 사회를 맡았다. 김경원 전 주미대사를 비롯한 한·미·

일 참석자들은 대체로 "미국의 일방주의는 아시아의 반발을 부른다."라
는 데 동의했다.[75]

둘째, 「아시아 소사이어티(Asia Society)」에서 한국을 알리는 활동
이다. 아시아 소사이어티는 1950년대 아시아에 대한 미국인의 이해증
진과 아시아의 독특한 문화보전을 위하여 록펠러 3세(John Davison
Rockefeller Ⅲ)가 1956년 설립한 비영리·비정치재단으로 아시아와 미
국의 문화교류를 위해 설치한 록펠러 3세 기금으로 운영된다. 아시아의
다양한 문화예술 프로그램으로 각종 행사가 개최되며 회원국이 30여 개
국 이상이 있다. 이 전 총리는 일찍이 한국을 대표하여 「아시아 소사이
어티」의 이사로 20여 년 이상을 일해왔다. 특히 2008년 4월에 롯데그룹
신동빈(辛東彬) 회장의 주도로 「아시아 소사이어티 한국지부」가 설립되
면서, 이 전 총리는 한국지부의 회장으로 출발해 현재 명예회장으로 활
동하고 있다.

셋째, 3자위원회(Trilateral Commission)에서의 활동이다. 이 위원회
는 일본과 서구 및 북미 3자 사이의 긴밀한 협력을 조성하기 위해 데이
비드 록펠러(David Rockefeller)의 주도 아래 1973년 7월에 비정부적 국
제조직으로 세워졌다. 데이비드 록펠러는 스탠다드오일의 창업자이며
시카고대학교의 중흥자이면서 록펠러대학교(Rockefeller University) 창
립자인 존 록펠러(John D. Rockefeller)의 손자이다. 데이비드 록펠러의
후원 아래 컬럼비아대학교의 세계적 국제정치학자 즈비그뉴 브레진스
키(Zbigniew F. Brzezinski) 교수가 주일대사를 역임한 에드윈 라이샤워
(Edwin O. Reischauer) 하버드대학교 교수 등과 함께 창설을 이끌었다.
본부는 아시아·태평양지역을 대표해 도쿄, 유럽지역을 대표해 파리, 그

---

74) 「아마코스트 "한국의 이라크파병, 한(韓) 국익차원서 결정해야"」, 『동아일보』(2013년 10월 14
일), A10쪽. 이 기사는 5판(초판) 기사로 최종판에서는 생략되었다.

75) 「미(美)의 일방주의, 아시아 반발 부른다」, 『동아일보』(2004년 12월 11일), A5쪽.

리고 북미주를 대표해 워싱턴D.C.에 있다. 회의는 매년 한 차례 지역별로 돌아가며 열리고 있다.

멤버십은 매우 선택적이어서, MIT 교수로 미국의 기성질서에 대해서도 매우 비판적인 노엄 촘스키(A. Noam Chomsky)를 비롯한 비판자들은 이 위원회가 국제적 금융가들과 기업가들의 이익을 지켜주는 방향으로 국제문제를 관리하기 위해 세워졌다고 평가한다. 2022년 5월 현재 회원은 약 400명으로, 지미 카터 전 미국 대통령, 헨리 키신저 전 미국 국무장관, 로버트 졸릭(Robert Zoellick) 전 세계은행 총재, 앤터니 블링컨(Anthony J. Blinken) 미국 국무장관, 조지프 나이(Joseph Nye) 하버드 대학교 교수 등이 포함됐다. 한국은 2000년 11월에 가입했으며, 현재 이전 총리를 비롯해 11명이 회원이다.

흔히 '지식(知識) 올림픽'으로 불리기도 하는 이 회의에 이 전 총리는 자주 참석했다. 예컨대, 2003년 4월 11~14일에 연례총회가 서울 호텔 신라에서 열렸을 때 그는 모두연설을 했으며, 「국제정치의 흐름을 타라」라는 칼럼을 발표했다. 부시 행정부 때 미국은 영국과 함께 2003년 3월 20일에 이라크를 침공해 4월 9일에 수도 바그다드를 함락했으며 15일에 부시 대통령은 승리를 선언했다. 그 과정에서 한국은 미국의 요청을 받아들여 이라크에 파병했다. 그의 모두연설이나 칼럼은 이러한 배경에서 나왔는데, 특히 칼럼은 그의 상황인식을 정확히 보여주었다.

그는 우선 부시 행정부가 말하는 '테러와의 전쟁'론은 국제여론의 광범위한 지지를 받지 못했다고 지적하고 다음과 같이 썼는데, 이것은 오늘날에도 우리에게 많은 교훈을 준다.

첫째, 전쟁에서의 승리가 자동적으로 평화를 보장하는 것은 아니다. 압도적 군사력으로 적군을 격멸하기는 쉬워도 많은 국가와 주민들의 협조를 얻어 평화를 구축하는 것은 훨씬 어려운 일이다.

둘째, 독립국가의 주권은 절대적으로 존중돼야 한다는 국제법의 기존원칙

과, 반인륜적 폭력행위나 사태는 외부로부터의 개입을 정당화할 수 있다
는 새로운 입장 사이의 괴리와 갈등을 어떻게 처리하느냐가 예리한 문제
로 대두되고 있다. […] 테러와의 전쟁을 선포한 미국은 자국과 국제사회
에 대한 명백하고 현존하는 위협에 대처하는 수단으로 '선제공격'을 배제
할 수 없다는 입장을 취하고 있다. 과연 이러한 입장이 충분한 힘과 명분으
로 뒷받침될 수 있을지, 그러한 경우에 전통적 국가주권 존중의 원칙은 수
정이 불가피한 것인지에 대한 해답을 더 이상 늦출 수 없는 시점에 도달한
것이다.

그는 이 두 논점에 이어 다음과 같은 논점을 제시했다. 앞의 두 논점
도 그렇지만 이 논점은 강대국 사이의 권력정치에 직접적으로 많은 영
향을 받는 우리로서 새삼 재음미할 가치가 있다.

셋째, 이러한 국제정치의 원천적 성격 변화는 국가 간 동맹의 의미도 바꿔
놓게 되는 것 같다. 이미 미국은 '동맹국(coalition)이 작전(mission)을 결
정하는 것이 아니라 작전에 따라 동맹국을 결정한다'는 방침을 밝힌 바 있
다. 국제정치에선 영원한 적도 우방도 없다는 오랜 경구가 새로운 의미를
얻게 된 것이다. 테러와의 전쟁에 적극적으로 동참하지 않는 동맹국은 있
을 수 없다는 것이 미국의 입장이다. 우리가 직면한 북한핵문제의 해결이
나 민족통일로의 전진은 국제정치의 흐름과 틀을 벗어날 수 없다. 그렇다
면 국제정치의 급격한 성격변화를 적절히 이해하고 대처하는 지혜와 능력
이 우리의 미래를 좌우할 것이다. 우리는 바로 그러한 역사적 테스트를 피
할 수 없는 시점에 서 있는 것이다.[76]

---

76) 「이홍구칼럼: 국제정치의 흐름을 타라」, 『중앙일보』(2003년 4월 21일). 이 칼럼과 흐름을 같
이 하는 그의 또 하나의 칼럼은 다음이다. 「이홍구칼럼: 동맹관계, 만만히 볼 게 아니다」, 『중앙일보』
(2003년 10월 6일); 「이홍구칼럼: 미 대선이 새 국제체제 분수령」, 『중앙일보』(2004년 10월 25일).

2004년 5월 7~9일에 폴란드의 수도 바르샤바에서 열린 연례총회에 참석한 뒤 돌아와 기고한 한 칼럼에서, 소련의 점령통치를 체험한 폴란드 이민자 출신인 브레진스키 교수가 행한 만찬사를 자세히 소개했다. 이 글에 따르면, 브레진스키는 "폴란드와 국경을 맞닿은 러시아에 여전히 권위주의와 제국주의의 전통이 깊게 뿌리내리고 있음을 잊지 말아야 한다."라고 당부하고, 동시에 "세계화시대의 국가안보는 주변 강국들과의 관계뿐 아니라 세계적 차원의 위험요소에 적절히 대응할 때만 보장될 수 있다."라고 강조했다. 브레진스키가 열거한 세계적 안보의 위험요소들 가운데 특별한 관심을 끄는 것으로 이 전 총리는 다음의 두 개를 소개했다.

1. 앞으로 국제정치의 가장 위험한 화약고는 '수에즈로부터 신장(新疆)에 이르는(from Suez to Xinjiang)' 곳이 세계적 발칸(Global Balkans)지역이 된다는 것이다. 아프가니스탄·이란·팔레스타인 문제 등의 해결을 병행 추진하는 데 국제사회가 실패한다면 세계는 큰 재앙을 면치 못할 것이다.
2. 중국의 고도성장이 수반하는 사회적 다원화와 지지부진한 정치개혁 사이의 괴리는 중국뿐 아니라 동아시아 전체의 안정을 위협하는 요소로 작용한다는 것이다.

이 전 총리는 이 글에서 국가안보의 중요성을 거듭 강조하면서, "나라는 이사를 갈 수도 없고 이민을 갈 수도 없다. 우리는 하늘이 정해주고 조상이 가꾸고 닦아온 바로 이 한반도에서 통일된 조국을 건설하고 지켜갈 것이다."라고 다짐했다.[77]

넷째, 마드리드클럽(Club of Madrid 또는 Club de Madrid)을 통한 활동이다. 이 단체는 2001년 10월에 스페인의 수도 마드리드에서 열린 「민주

---

77) 「해외칼럼: "미, 이라크 관리권 유엔에 넘겨야"」, 『중앙일보』(2004년 5월 17일), 34쪽; 「이홍구 칼럼: 얄타 시대의 종언」, 『중앙일보』(2004년 5월 24일).

주의로의 전이(轉移)와 공고화(鞏固化) 회의(Conference on Democratic Transition and Consolidation: CDTC)」를 기초로 삼아 출범했다. 일차적 목적은 민주제도의 강화 그리고 정치적 갈등의 해법 등에 대한 지혜를 모으고 이론과 방법을 전파하는 데 있다.[78]

회원은 기관회원과 명예회원을 제외하고는 원칙적으로 전직 국가의 수반 또는 정부의 수반에 한정되는데, 2022년 현재 클린턴 전 미국 대통령과 페르난도 카르도주(Fernando Henrique Cardoso) 전 브라질 대통령 그리고 킴 캠벨(Avril Phaedra Kim Campbell) 전 캐나다 총리를 포함해 95명이다. 전직 국가 또는 정부 수반의 회의체로서는 전 세계에서 가장 크다. 2001년 출범 때부터 멤버로 참여하고 있는 이 전 총리는, 2004년 3월 11일에 마드리드에서 이슬람 무장단체가 193명을 죽이고 약 2000명을 부상시킨 열차폭탄테러 1주기에 맞춰 2005년 3월 8~11일에 마드리드에서 열린 「국제 반(反)테러회의」, 그리고 1주기 추모식 모두에 참석했다. 여기서 그는 "각국이 테러 위협에 대처할 공통의 기준을 마련해야 하며 그렇지 못하면 테러 대처에 성공하지 못할 것"이라고 경고했다.[79]

테러행위에 대한 그의 반대는 이라크에서 통역사로 활동하던 한국인 개신교 신자 김선일(金鮮一) 씨가 한 이슬람 무장단체에 납치된 뒤 살해된 참사를 본 뒤 발표된 노무현 대통령의 담화에 대한 칭찬으로 나타났다. 그 무장단체는 2004년 5월 30일에 김 씨를 납치한 뒤 한국 정부를 상대로 당시 이라크에 파병된 한국 자이툰부대의 철수와 추가파병의 포기를 요구했으나 거부되자 참수했다. 바로 다음 날인 2004년 6월 23일에 노 대통령이 "무고한 민간인을 해치는 행위는 어떤 이유로도 용납될 수 없습니다. 우리는 이러한 테러행위를 강력히 규탄하며 국제사회와 함께

---

78) 「킴 캠벨 캐나다 전 총리 대담: "북 핵개발 위협은 자살폭탄"」, 『중앙일보』(2003년 9월 4일).
79) 「미, 테러와의 전쟁 민주적 해결 필요…마드리드 반(反)테러회의」, 『동아일보』(2005년 3월 10일). A13쪽.

단호하게 대처해나갈 결심임을 밝혀드립니다."라는 내용으로 「국민에게 보내는 담화」를 발표했을 때, 이 전 총리는 노 대통령의 어려운 결단과 그 담화의 격조를 높이 평가했다.[80]

이 전 총리는 테러에 반대하면서도 반(反)테러를 명분으로 삼은 미국 조지 W. 부시 대통령의 이라크 침공을 비판했다. 이것은 그가 2003년 3월 20일에 에르네스토 세디요 전 멕시코 대통령과 가진 대담에서 엿보였다. 그는 "미국의 이라크 공격을 정당화한 '선제공격 독트린'은 기존의 국제질서를 지탱해온 법과 질서에 대한 일방적인 수정으로, 그 같은 미국의 일방주의적 경향이 안보 차원뿐 아니라 세계화 차원으로 확산될 것을 우려하지 않을 수 없다."라고 말했다.[81]

다섯째, 「2012 세계자연보전총회」 조직위원장으로서의 활동이다. 세계자연보전총회(World Conservation Congress: WCC)는 자연보전 분야의 최대 민관단체로 자연보전과 생물다양성 및 기후변화 등을 논의하기 위해 4년마다 열리는 국제회의로 '지구촌 환경올림픽'이라고도 불린다. 제1회는 1996년에 캐나다 몬트리올에서, 제2회는 2000년에 요르단하심왕국의 수도 암만에서, 제3회는 2004년에 태국의 수도 방콕에서, 제4회는 2008년에 스페인의 바르셀로나에서 열렸다.

제5회를 2012년 9월 6~15일에 제주에서 개최하게 되면서, 이 전 총리는 "우리나라가 동북아지역에서는 처음으로 이 대회를 개최하게 된 데 대해 큰 책임을 느낀다."라 말하고, 환경부·문화체육관광부·행정안전부 등 6개 부처 파견공무원들을 주축으로 구성된 조직위원회를 효율적으로 이끌어 세계적 '녹색총회'를 성공시켰다.[82] 이 총회와 관련해, 그는 홍

---

80) 「이홍구칼럼: 노무현 대통령의 고독한 결정」, 『중앙일보』(2004년 7월 5일), 35쪽.
81) 「이라크전쟁 '미 일방주의, 세계화까지 위협」, 『중앙일보』(2003년 3월 26일), 28쪽.
82) 최준석, 「인터뷰: 내년 9월 제주서 '환경올림픽' 환경 강국으로 도약할 기회; 이홍구 2012 WCC 조직위원장」, 『주간조선』(2011년 4월 18일), 46~47쪽; 「'자연+(Nature+)' 지구촌 환경축제 '세계의 보물섬' 제주서 열린다」, 『주간동아』(2012년 5월 7일), 28~30쪽.

미로운 경험을 소개했다.

세계 173개국에서 온 환경전문가들이 제주에서 환경올림픽이라 할 수 있는 세계자연보존총회를 열었는데, 물론 제주가 우리나라의 특수지역이긴 하지만, 참가자들이 이구동성으로 제주만한 선진국의 모델을 거의 못 봤다는 겁니다. 특히, 우리나라의 길이 제일 좋대요. 아침마다 비교적 먼 곳에서도 버스로 회의장에 모이게 했는데, 우리 하이웨이가 좋을 뿐 아니라 한라산 등산로, 제주 올레길 등 이렇게 자연에서 사람들이 걷는 것을 장려하는 나라가 전 세계에 없다는 겁니다. 우리가 세계의 흐름에 잘 적응했기 때문에 오늘날 우리 대한민국의 발전상이 세계에서 성공사례로 꼽히는 것이 아닌가 하는 생각을 합니다.[83]

제2항
한·일 또는 한·중·일 관계

● 「일본 평화헌법 9조 노벨평화상 추천 서명운동」을 이끌다

맥아더 사령관이 일본을 점령한 시기에 마련된 일본헌법은 제9조에서 일본의 교전권과 전력 보유를 금지했다. 이 이유로 일본헌법을 '평화헌법'이라고 부른다. 그런데 최근 몇 해 동안 일본의 우익세력은 제9조를 없애는 방향으로 개헌해야 한다는 운동을 벌여왔다. 그 중심에 자민당 총재이며 일본 총리인 아베 신조(安倍晉三)가 있었다. 여기에 반대하는 운동은 일본인 다카스 나오미(鷹巢直美)에 의해 시작됐다. 두 아이의 어머니로 30대의 전업주부인 이 여성은 "아이들을 전쟁에 희생

---

83) 이홍구·김진현·이명현, 「문명 대전환기에 대한민국호 어디로 가야 하나?」, 『철학과현실』 (2013년 봄), 6~67쪽 가운데 15쪽.

시키는 나라를 만들 수 없다."라는 명분을 제시하고, 이 헌법 제9조와 이 헌법을 지켜온 일본 국민에게 노벨평화상을 주어야 한다는 운동을 전개하면서 2014년에는 정식으로 노르웨이의 노벨평화상 수상위원회에 신청서를 제출했다.

2014년 11월에 실시된 일본 중의원 선거가 여당인 자민당의 압승으로 끝나면서 평화헌법 9조를 개정하려는 아베 신조 총리의 움직임이 본격화될 것으로 예상되자, 한국에서도 다카스 나오미의 운동에 동참하는 운동이 시작됐다. 2014년 12월 18일에 이홍구 전 총리와 이만섭(李萬燮) 전 국회의장을 비롯한 각계 원로 50명은 서울 프레스센터 18층 외신기자클럽에서 기자회견을 열고 "일본 평화헌법 9조 노벨평화상 추천서명운동을 벌이겠다."라고 선언했다. 「일본 평화헌법 9조 노벨평화상 추천 한국위원회」를 대표한 이 전 총리는 "우리의 운동은 전쟁과 분단으로 고통을 겪어 온 한국 시민들이 보편적인 평화를 염원하는 마음으로 동참하는 것"이라고 말했다.[84]

이러한 활동과는 무관하게, 일본 정부는 이 전 총리를 2014년 11월 4일에 일본 욱일대수장(旭日大綬章) 수상자로 발표했다. 그가 한국과 일본 사이의 정치·외교·문화 등 각 분야에서 교류와 상호이해 촉진에 이바지한 공로를 인정했다고 설명했다. 욱일대수장은 1875년에 제정된 일본 최초의 훈장인 욱일장 여섯 종류 가운데 등급이 가장 높다. 한국에서는 그에 앞서 남덕우 전 총리와 박태준 전 총리 등이 받았다.[85]

● 「동아시아평화회의」

광복 75주년을 맞이하면서 이홍구 전 총리는 김원기(金元基) 전 국회의장과 이부영 전 열린우리당 의장 등을 포함한 '합리적 보수와 진보 원

---

84) 「"일본 평화헌법 9조를 노벨평화상 후보로"…국내 서명운동 돌입」, 『한겨레』(2014년 12월 19일).
85) 「이홍구 전 총리 일본 최고 훈장」, 『중앙일보』(2014년 11월 5일), 23쪽.

로’ 80명과 함께 2015년 8월 15일에 하나의 시민단체로 「동아시아평화회의」를 발족시켰다. 이 전 총리를 좌장으로 하고 이부영 전 의장을 운영위원장으로 한 이 단체는 한·일관계가 안고 있는 여러 걸림돌을 제거하고 미래지향적 방향으로 진전할 수 있는 구상들을 때때로 발표했다.

그 사례로 다음 네 가지를 지적할 수 있다. 첫째, 「2015 동아시아 평화선언 채택」이다. 동아시아평화회의는 2015년 8월 13일에 대한상공회의소에서 「동아시아평화국제회의」를 열고, “한반도의 비핵화를 촉진하기 위해 미국이 북·미관계 정상화와 평화협정 체결을 보장함으로써 북한의 비핵화를 용이하게 하고 상호군축을 진행하는 길을 택해야 하며, 그에 상응해 남북한은 1992년에 한반도비핵화공동선언의 실현 약속을 구체화해야 한다.”라는 취지의 평화선언을 채택한 것이다.[86]

둘째, 동아시아평화회의는 2018년 8월 14일에 서울 프레스센터에서 기자회견을 갖고 「광복절 73주년 특별성명」을 발표했다. 이 성명은 “남·북과 북·미 등 핵심당사국들은 세계 앞에 누차 합의하고 약속한 대로 이제 실질적이고 구체적인 비핵·평화 실현의 절차와 시간표를 내놓을 것”을 촉구했다.

셋째, 동아시아평화회의는 2019년 8월 12일에 서울 프레스센터에서 기자회견을 갖고 ‘한일관계의 위기를 넘어 동아시아 평화로: 레이와(令和)시대·도쿄올림픽을 적대 아닌 평화로’라는 주제로 「8·15 74주년 특별성명」을 발표했다. 일본에서는 천황 아키히토가 퇴위하고 그의 아들 나루히토가 2019년 5월 1일에 126대 천황으로 즉위했으며 이날을 레이와 원년으로 선언했다. 이 계제에 한국의 각계각층 지도자 67명이 서명한 이 특별성명은 무엇보다 일본 정부가 평화헌법을 개정하지 말 것을 강력히 촉구했다.[87]

---

86) 「“일본 평화헌법, 과거사 반복 피하려면 반드시 지켜야”」, 『중앙일보』(2015년 8월 14일), 1쪽.
87) 「한·일 충돌, 원로들 나섰다 “DJ·오부치 선언으로 돌아가야”」, 『중앙일보』(2019년 8월 12일).

넷째, 동아시아평화회의는 대화문화아카데미와 2020년 8월 14일에
「광복 75주년 성명」을 발표했다. 이 성명은 "강제징용 문제해결에 두 나
라 정부가 나서서 협상타결을 가져오기를 기대하는 것은 어려워 보인다.
민사배상소송인 강제징용문제에 피해자측 소송대리인과 일본기업의 소
송대리인 사이에 대화와 협상을 촉구한다."라는 취지를 천명했다.[88]

● 「한·일 현인회의」

한·일관계는 이른바 '과거사문제'로 2012년 이후 빠르게 냉각됐다.
'과거사문제'라고 한다면 일제가 대한제국을 강제로 식민지로 만든 이
후 여러 형태로 우리 국민을 수탈하거나 착취한 불행했던 역사에 연관
된 문제들이다. 그런데 그것들 가운데 특히 일제에 의해 강제징용을 당
했던 조선인=한인에 대한 배상문제 그리고 '위안부'로 끌려가 '성노예'
생활을 강요당했던 조선인=한인 여성에 대한 사과와 배상문제가 재연되
며 한국 국민의 분노를 다시 불러일으켰다.

첫째, 한국 헌법재판소는 2011년 8월 30일에 일제강점기에 일본군에
강제로 끌려가 '위안부' 생활을 해야만 했던 조선인=한인 여성들에 대한
배상문제를 정부가 방치한 것은 위헌이라는 결정을 내렸다. 둘째, 한국
대법원은 2012년 5월 24일에 일제강점기에 일본의 기업들로 강제징용됐
던 조선인=한인을 '피해자'로 인정하고 그들을 고용했던 일본 기업들이
배상하라는 취지의 판결을 내렸다. 이 두 문제에 대해, 일본 정부는 "그
문제들은 1965년 6월 22일에 성사된 한·일수교 때 이미 매듭지어졌다."
라는 취지로 반발했다.[89]

한·일수교 50주년을 앞두고 2015년 6월 1일에 두 나라의 원로들은

---

88) 「"강제 징용 피해자 측과 일본 기업이 대화를"」, 『중앙SUNDAY』(2020년 8월 15일), 11쪽.
89) 「"정부, 위안부·원폭피해자 방치는 위헌"」, 『한겨레』(2011년 8월 31일), 1쪽; 「일 강제징용 피해
자 배상받을 길 열렸다」, 『한겨레』(2012년 5월 25일), 1쪽.

하나의 민간회의체로「한·일 현인회의」를 발족시켰다. 한국에서는 좌장 역할을 맡은 이홍구 전 국무총리 그리고 김수한 전 국회의장 등 6명, 일본에서는 좌장 역할을 맡은 모시 요시로(森喜朗) 전 총리 그리고 후쿠다 야스오(福田康夫) 전 총리 등 6명이 참가했다. 이 전 총리는 "이제는 대통령 총리 정책관료 등 각계에서 모든 것을 새로운 세대가 이끌고 있다. 수교 50주년을 맞는 올해 두 나라가 가까운 이웃으로서 어떻게 지혜롭게 대응할지에 대해 경험을 나눠야 한다."라고 발언했다.[90]

● 「한·중·일 30인회」

「한·중·일 30인회」는 동북아의 상생을 모색하는 세 나라의 정치인들과 기업인들 및 지식인들의 회합이다.[91] 한국의 중앙일보사, 중국의 신화통신사, 일본의 니혼게이자이신문사 등이 공동주최해 2006년부터 시작했다. 한국에서는「한·중·일 30인회」라고 불리지만, 일본에서는「일·중·한 현인회의」, 중국에서는「동북아 명인회(名人會)」로 불린다. 세 나라에서 각각 10명씩 참석하는데, 일본에서는 나카소네 야스히로(中曽根康弘) 전 총리와 후쿠다 야스오 전 총리, 중국에서는 쩡페이옌(曾培炎) 전 부총리, 한국에서는 이홍구 전 총리가 주로 참석했다.

이 모임은 2015년에는 11월 29~30일에 서울에서 열렸다. 이 전 총리는 이 회의에 참석해 "동북아를 상부상조하는 공동체로 만들어가자."라고 거듭 제의했다. 이 모임은 2016년에는 12월 4~5일에 시즈오카(静岡)에서 열렸다. 이 총리는 "북핵문제의 조속한 해결은 한·중·일은 물론 미국과 러시아에 부과된 전 지구적 과제임에 틀림없다."라고 강조했다.[92]

---

90)「"고인 관계 우리가 푼다"…한·일 원로들 서울 집결」,『한국경제』(2015년 6월 2일).
91)「한·중·일 30인회' 18일 일본 나라에서 개막」,『중앙일보』(2010년 4월 15일), 2쪽.
92)「한중일3국협력사무국, 제11회 한중일 30인회 참석: 2016.12.4.~5.」, 한중일3국협력사무국(TCS) 소식.

맺음말

1

이 책을 통해 이홍구 전 국무총리가 자신의 인생관과 국가관을 형성하고 특히 정치이론과 정치철학을 정립한 과정 그리고 서울대학교 교수에서 출발해, 안으로는 국토통일원장관에서 시작해 국무총리에 이르고 밖으로는 주영대사를 거쳐 주미대사에 이른 과정을 살펴보았다. 그는 현실정치에서는 국회의원으로, 집권여당의 대표위원으로, 그리고 대통령 후보들 가운데 한 사람으로 활동하기도 했으며, 정·관계를 떠난 뒤에는 언론인으로, 시민운동가로, 국제적 회합의 회원으로 활동하기도 했다. 이제 「머리말」에서 이 책이 추구하는 목표로 설정한 다음의 다섯 가지 과제를 중심으로 논의를 계속하는 것으로 이 책을 매듭짓기로 하겠다.

첫째, 이홍구 교수는 한국에서의 정치학 성장·발달사에서 어떤 역할을 했고 어떤 위치에 있는 것인가? '한국정치학의 대동여지도'에서 그는 어느 자리에 있는 것인가? 그의 정치이론과 정치사상의 핵심은 무엇인가? 그는 누구로부터 영향을 받았고 누구에게 영향을 주었나?

둘째, 그는 정치전기학 또는 정치리더십이라는 시각에서 어떻게 평가될 수 있을까? 쉽게 말해, 그는 어떠한 유형의 정치지도자였나?

셋째, 그는 대북·통일문제와 대외관계에서 괄목할 만한 성과를 거두었다. 대북·통일문제에서는 국토통일원장관으로서 '한민족공동체통일방안'을 정부의 공식적 통일방안으로 성안했을 뿐만 아니라 국회의

여·야 4당이 모두 동의한 초당적 통일방안으로 확정지었다. 이어 통일 부총리로 북한과의 직접 협상을 통해 남북정상회담 개최를 위한 구체적 방안을 여덟 시간 만에 성사시켜 발표했다. 대외관계에서는, 주미대사로 미국 클린턴 정부와의 긴밀한 협의를 통해 외환위기 극복에 일정하게 이바지했다. 그렇다면 그것들에 일관하거나 공통된 그의 철학과 자세는 무엇이었으며, 그 성과의 원천은 무엇이었나?

넷째, 그는 한국인으로서는 몇 명 되지 않는 글로벌 리더의 반열에 올라섰다. 전직 대통령들과 총리들의 정기적 회합에서는 위원으로, 또는 한·일관계와 한·중·일관계에서는 시민운동가로, 국제적 갈등의 해법 을 찾는 데 일정하게 이바지했다. 그렇다면 그는 어떠한 철학으로 임했 고, 무엇이 성과를 뒷받침한 것인가?

다섯째, 그는 우리가 흔히 말하는 업적에서만 출중하지 않았다. 그에 대한 글들을 읽어보면 빠지지 않는 것이 사람을 끌어들이는 그의 훌륭 한 인품에 대한 언급이다. 그렇다면 그의 인품은 구체적으로 어떠한 것 이었나?

2

첫 번째 물음, 곧 한국에서의 정치학 성장·발달사에서의 역할과 위치, 그리고 그의 정치이론과 정치사상에 관해서다.

● **한국정치학계에서 서양정치사상 분야의 선학들**

이홍구 교수는 어느 분야에서보다도 서양의 정치사상과 정치철학 분 야에서 지도적이었는데, 그 이전에 이 분야를 이끌었던 정치학자로는 김 경수(金敬洙)·민병태(閔丙台)·백상건(白尙健)·서임수(徐王壽)·이용 희(李用熙)·정인흥(鄭仁興)·한태수(韓太壽)[가나다순] 등을 꼽을 수 있다. 그들 가운데, 김경수·서임수·이용희의 경우, 국내에서 정치학을 공부했지만, 일제강점기이던 당시 국내의 대학 또는 전문학교에는 정치학과가 개설되어 있지 않아 그 공부는 처음부터 한정될 수밖에 없었다. 구체적으로, 김경수와 서임수는 경성제국대학 법문학부 법과에서 정치학을 부전공으로 선택한 가운데 정치사상을 공부했고, 이용희는 연희전문학과 문과에서 정치사상의 기초를 닦았으며 이후 동서양 원전을 포함해 자료를 많이 소장한 만철(滿鐵) 조사부에서의 폭넓은 독서를 통해 연구를 심화했다. 광복 이후, 김경수는 미국의 정치학자 레이몬드 게텔의 주저를 번역했으며, 서임수는 독일의 철학자 쿠르트 슈테른베르히의 주저를 번역했고, 이용희는 서양의 정치사상에 관한 저서를 출판했다.[1]

대조적으로, 민병태는 게이오대학 법학부 정치학과의 학부와 대학원에서 정치학을 전공하며 서양정치사상을 공부했고, 정인흥은 교토제국대학 법학부 정치학과에서 그리고 백상건과 한태수는 규슈제국대학 법학부 법과와 대학원에서 정치학을 부전공하는 가운데 서양정치사상에 관심을 기울였다. 광복 이후, 백상건 · 정인흥 · 한태수는 각각 서양의 정치사상에 관한 저서를 출판했다.[2]

그들 가운데 지도적이었던 학자는 일본 유학생들 가운데 학부와 대학원 석사과정 모두에서 일관되게 정치학을 전공한 유일한 한국인이었던 민병태였다. 광복 직후, 연희전문학교 정치외교학과에서 교직을 시작해, 연희대학교 정법대학 정치외교학과와 동국대학교 법정대학 정치학과 그리고 대구대학 정치학과를 거쳐 서울대학교 문리대 정치학과의 주임교수로 정착한 그는 특히 영국의 해롤드 라스키와 미국의 로버트 매키버의 다원주의 국가론을 국내에 소개하는 데 앞장을 섰다. 거기서 한

---

1) Raymond G. Gettell, *History of Political Thought*(New York: Century Co., 1924; London: George & Unwin, 1953)/김경수 역, 『정치사상사』 전 2권(장왕사, 1955~1956); Kurt Sternberg, *Die Politischen Theorien in Ihrer Geschichtlichen Entwicklung vom Altertum bis zur Gegenwart*(Berlin: Seemann, 1922)/서임수 역, 『정치학설사』(계몽사, 1953); 이용희, 『정치와 정치사상』(일조각, 1958).

2) 백상건, 『정치사상사』(일조각, 1966); 정인흥, 『근대정치사상사』(양문사, 1955); ____, 『정치사상사』(박영사, 1956); 한태수, 『정치사상사개설: 신정치 원리의 구상』(수문관, 1953).

걸음 더 나아가, 서양정치사상 분야의 대표작 가운데 하나로 꼽히는 미국 조지 세바인의『정치사상사』완역으로써 고대에서 현대에 이르는 서양정치사상사의 통사를 국내에 소개했다.[3]

민병태 교수의 학통은 서울대학교 문리대 정치학과의 학부와 대학원 석사과정에서 민 교수의 강의를 직접 들었으며 조교를 맡았던 김영국 교수와 구범모 교수에게 이어졌다. 그들 가운데 김영국은 장 자크 루소의 정치사상 그리고 시카고대학교 대학원 정치학과 유학 때 접한 레오 스트라우스의 정치철학을 국내에 소개했다.

● **한국정치학계에서의 새로운 서양정치사상 연구자들의 등장:**
이홍구 교수를 비롯해

선학들의 토대 위에서, 1960년대 후반에 한국정치학계에는 서양정치사상 분야에서 새로운 연구자들이 등장했다. 거의 같은 시점에 미국에서 정치학박사학위를 받고 귀국한 노재봉(1967)과 이홍구(1968)가 대표적 사례다. 노재봉은 서울대학교 문리대 정치학과를 졸업하고 뉴욕대학교 대학원 정치학과에서 알렉시스 드 토크빌의 정치·사회사상을 주제로 박사학위를 받고 귀국한 뒤 토크빌의 이론을 국내에 처음으로 소개했다.[4] 그는 서울대학교 문리대 정치학과에 이어 외교학과에서 봉직한 이용희 교수의 학통을 이어받아, 서울대학교 문리대 외교학과에서 출발

---

3) Harold J. Laski, *A Grammar of Politics*(London: George Allen & Unwin, 1926)/민병태 역, 『정치학강요: 이론편』(문조사, 1949); ___, *The State in Theory and Practice*(New York: The Viking Press, 1935)/민병태 역,『국가론: 이론과 실제』(백영사, 1955); Robert Morrison MacIver, *The Modern State* (Oxford: Clarendon Press, 1926)/민병태 역,『근대국가론』(민중서관, 1957); George H. Sabine, *History of Political Thought*(New York: Henry Holt and Company, 1937)/민병태 역, 『정치사상사』전 2권(을유문화사, 1963).
4) Jai Bong Ro, "The Foundations of Alexis de Tocqueville's Political Thought," unpub. Ph.D. diss, New York University, 1967; 노재봉,「Alexis de Tocqueville의 정치사회사상 연구」, 『논문집』(서울대학교 문리과대학 부설 국제문제연구소) 1(1973년 6월), 49~67쪽.

631

해 서울대학교 사회과학대학 외교학과 교수로 봉직하다가 노태우 대통령 때 대통령특별보좌관을 거쳐 국무총리로, 김영삼 대통령 때는 국회의원으로 봉직한다.

이홍구는 에모리대학교 학부 철학과에서 세계적 철학자들 가운데 한 사람이던 찰스 핫스혼 교수의 지도 아래 서양철학을 전공해 학사학위를 받았고, 예일대학교 대학원 철학과에서 석사학위를 받은 데 이어 예일대학교 대학원 정치학과에서 박사학위를 받았다. 예일대학교에서 정치학박사학위를 처음 받은 한국인은 국제정치학을 전공한 김상준(金相俊)으로, 그는 훗날 서강대학교 정치외교학과 교수로 봉직한다. 그의 뒤를 이은 한국인이 이홍구였다.

이후 예일대학교 대학원에서 정치학박사학위를 받은 한국인은 10여 명에 이르렀다. 길정우(吉炡宇)·김재천(金載千)·김정(金楨)·김정수(金正洙)·류석진(柳錫津)·신욱희(申旭熙)·신윤환(辛尹煥)·이삼성(李三星)·이재승(李在勝)·정종욱(鄭鍾旭)·조정관(曺定官)[가나다순] 등이 그들이다. 1970년대 초에 박사학위를 받은 이종률(李鍾律) 그리고 정치학석사를 받은 그의 부인 한명화(韓明華)는 모두 별세했다. 그들은 자신들만의 어떤 모임을 만들지도 않았으며, 자신들만의 인맥을 통해 영향력을 행사하지도 않았다. 그렇지만 그들을 잠정적으로 '한국정치학계에서의 예일 학맥'이라고 명명한다면, 이홍구는 김상준과 함께 그들의 어른이 된 것이다.

● **이 교수에게 영향을 준 학자들: 핫스혼 교수로부터 왓킨스 교수에 이르기까지**

서양철학에 대한 소양을 두텁게 쌓은 뒤 정치학과에서 서양정치사상을 전공했기에, 이 주제에 관한 이 교수의 연구는 선배 세대의 수준을 한 단계 넘어서는 것이었다. 무엇보다 선배 세대는 모두 일본인 교수들로부터 정치학을 배웠고 그들 가운데 몇몇은 서양어 원전보다는 일본어 번역판에 의존하는 경향을 보였음에 반해, 그는 미국에서 핫스혼 교수를 비롯해 미국인 교수들로부터 배웠고 서양어 원전에 바탕을 두었다. 특히 그는 자신의 지도교수들 가운데 한 사람이었던 프레데릭 왓킨스 교수가 근대 이후에 서양에서 전개된 정치사상을 역사적으로 설명한 저서를 완역해, 후학들에게 하나의 길라잡이를 제시했다.[5]

여기서 한 걸음 더 나아가, 이 교수는 고대 희랍의 철학, 특히 플라톤과 아리스토텔레스의 정치학에 밝았다. 자신이 가장 존경하는 정치학자로 아리스토텔레스를 꼽을 정도로 아리스토텔레스에 심취한 그는 강의와 저술을 통해 아리스토텔레스의 인간관·국가관·정치관을 원전에 충실하게 설명했다.[6] 이 교수의 저술을 꼼꼼히 읽으면, 그의 정치학은 아리스토텔레스가 설정한 틀 안에서 성장하고 발전했다는 느낌을 강하게 받게 된다.

이 교수는 또 왓킨스 교수의 관심 대상 가운데 핵심적이었던 장 자크 루소와 존 로크를 포함한 서양정치사상가들의 사회계약론을 중심으로 국가기원론을 깊이 있게 국내에 소개했다. 철학계에서는 부분적으로 논의됐으나 정치학계에서는 사실상 논의되지 않았던 존 스튜어트 밀의 자유론을 자세히 소개했고, 전체주의적 독재체제의 본질을 구명하고 비판한 칼 프리드리히의 이론체계 그리고 조지 산타야나의 이론과 저술을 국내 최초로 소개했으며, 오늘날 우리나라에서 널리 쓰이는 '시민사회'론을 역시 국내 최초로 소개했다. 국내 서양사학계에는 부분적으로 알려졌으나 국내 정치학계에서는 생소했던 영국의 역사철학자 로빈 콜링우드의 '역사주의' 사상을 정치학자로서는 처음으로 소개했으며, 한국의

---

5) Frederick M. Watkins, *The Age of Ideology: Political Thought, 1750 to the Present*(New York: Prentice-Hall, 1964)/이홍구 역, 『근대정치사상사』(을유문화사, 1973).

6) 아리스토텔레스에 대한 존경의 뜻은 다음에서 읽을 수 있다. 전진우(全津雨), 「"시대착오적, 투쟁적 리더십으론 이제 안돼": 신한국당 이홍구 대표」, 『신동아』(1996년 8월), 148~159쪽 가운데 159쪽. 아리스토텔레스에 관한 이 교수의 논문들 가운데 대표적인 사례는 다음이다. Hongkoo Lee, "Actuality and Potentiality in Aristotle's Metaphysics," 『논문집: 인문·사회과학편』(서울대학교 교양과정부), 2(1970년 4월), 427~435쪽.

정치학 교수들 가운데 처음으로 존 롤스의 정의론을 자세히 해설했다.[7]

이 교수는 왓킨스 교수가 연구하고 강의한 대상에 속하는 영국의 철학자 데이비드 흄과 독일의 철학자 에드문트 후설 그리고 후설을 시조로 여기는 현상학을 강의했다. 한국의 정치학자들 가운데 흄과 후설 및 현상학을 체계적으로 강의한 사례는 그 이전에는 찾기 어렵다. 우리가 제3장 제1절 제1항에서 자세히 설명했듯, 그의 이 강의를 수강했던 학생들 가운데 특히 김홍우가 영향을 받아 훗날 미국 조지아대학교에서 이 주제에 관해 석·박사학위를 받으며, 귀국 이후 경희대학교와 서울대학교에서 흄과 후설 및 현상학에 대해 강의하고 저술한다.

이 교수는 서양의 정치사상과 정치철학에 밝았지만, 거기에 머물지 않고, 그것을 조선=한국의 정치사상과 정치철학에 연결하는 지적(知的) 작업을 멈추지 않았다. 그는 1989년의 한 대담에서 "나는 [남과 북을 통튼] 한국사회의 지난 100년을 근대화과정으로 보며 이 기간에 일어난 일

---

7) 「루소에서의 추상과 구체: Volonté générale을 중심으로」, 『논문집: 인문·사회과학편』(서울대학교 교양과정부) 1(1969년 4월), 413~420쪽; 『이홍구문집』 II, 195~205쪽에 재수록; 「기본권 해석의 변천: 존 로크의 사상과 미 대법원 판례에 나타난 '자유권'과 '재산권'의 해석을 중심으로」, 『미국학논집』(한국아메리카학회) 1(1969년 5월), 3~21쪽; 『이홍구문집』 II, 207~226쪽에 재수록; 「적극적 자유와 소극적 자유: 존 스튜어트 밀의 『자유론』을 중심으로」, 『한국정치학회보』 제3집(1969년 12월) 213~221쪽; 『이홍구문집』 II, 227~240쪽에 재수록; 「칼 J. 프리드리히의 정치철학」, 동아일보사 신동아 편집실 편, 『현대의 사상 77인』(동아일보사, 1971년 1월, 『신동아』 신년호 특집 별책), 136~139쪽; 『이홍구문집』 II, 241~248쪽에 재수록; 「개인적 자유와 사회적 규제: Santayana의 자유론을 중심으로」, 『문리대학보』(서울대학교 문리대 학생회) 제18권 제1·2합병호(1972년 4월), 171~180쪽; 『이홍구문집』 II, 249~264쪽에 재수록; 함병춘·이홍구, 「대담: 시민정신」, 『세대』(1969년 10월), 52~65쪽; 『이홍구문집』 IV, 103~122쪽에 재수록; 이홍구, 「민족적 자유주의」, 『세대』(1970년 1월), 126~129쪽. 이 평론은 그가 1969년 11월 6일에 YMCA시민논단에서 발표한 강연을 요약한 것이다. 『이홍구문집』 III, 31~36쪽에 재수록. 여기에는 이 논문의 제목이 「민족적 민주주의」로 표기되어 있는데, 그것은 편집자의 착오였을 것이다. 이 교수는 다음에서도 시민사회론을 전개했다. 이홍구, 「70년대의 정치사상과 시민사회」, 『논단』(1972년 1월 27일); 『이홍구문집』 I, 301~302쪽에 재수록; 「서평: Collingwood의 독일전통 비판: *The New Leviathan*을 중심으로」, 한우근박사정년기념사학논총간행준비위원회 편, 『한우근박사정년기념사학논총』(지식산업사, 1981), 835~844쪽; 『이홍구문집』 IV, 69~81쪽.

들을 그러한 근대화과정의 일부로 봅니다."라고 말했다.[8] 이러한 역사적 조망에서 그는 조선왕조 후기에 재야 사학자들이 형성한 실학사상, 말기에 재조·재야의 선비들이 제기한 위정척사론과 개화사상, 그리고 동학사상과 동학농민봉기에 관심을 보였으며, 일제강점기에 일어난 3·1운동과 대한민국 임시정부 수립을 뒷받침한 자유주의적·공화주의적 정치사상을 연구했다.[9] 이것은 정치학자로서 그의 궁극적 연구대상이 조선=한국이었음을 말해주었다.

종합해서 말해, 이 교수는 한국정치학계에 정치사상 연구를 확산시키는 데 일정하게 이바지했다. 이 점과 관련해, 서양정치사상을 깊이 연구해온 이화여자대학교 양승태(梁承兌) 교수는 다음과 같이 썼다.

> 개인적으로 필자에게 이홍구 교수는 대학시절 은사이기도 하면서 지식인이 무엇이고 인물이 크다는 것이 무엇인지 처음으로 가늠하게 해준 분이며, 정치사상 연구와 정치철학적 사유를 일생의 업으로 삼게 된 결정적인 계기를 마련해준 분이기도 하다. 이홍구 교수가 서울대학교 정치학과에 부임한 1969년 이후 지나간 50여 년의 시간은 한국학계에서 정치사상을 전공하는 학자들도 많아지고 학술 논문들이나 저서들도 많이 출간되는 등 정치사상 연구가 확산되고 심화되는 과정이라고도 말할 수 있다.[10]

---

8) 이홍구·최재현, 「대담: 민주화가 남북통일의 첫걸음」, 『월간 다리』(1989년 9월), 54~62쪽; 『이홍구문집』 IV, 629~641쪽에 재수록. 인용된 부분은 630쪽에 있다.

9) 예컨대, 이홍구, 「역사의 재창조와 정치규범: 3·1운동의 정치사상을 중심으로」, 『신동아』(1969년 3월), 196~204쪽; 『이홍구문집』 III, 15~29쪽에 재수록.

10) 양승태, 「사회과학의 완성으로서 정치철학: 파슨스 사회체계이론의 토대로서 칸트철학의 "체계적 통일성" 및 초월성의 원리, 헤겔-마르크스주의의 총체성이념, 그람시의 시민사회이론, 후기마르크스주의의 '정치의 사회초월성'논제의 사상사적 연속성을 중심으로」, 김홍우 외 15인, 『정치사상과 사회발전: 이홍구선생미수기념문집』(중앙books, 2021), 124쪽.

● 이 교수의 정치이론과 정치철학

（ⅰ） 그러면 이 교수의 정치이론과 정치철학은 무엇이었나? 이 물음에 대한 답은 그의 1968년도 예일대학교 박사학위논문 「사회보존과 정치발전: 메이지시대의 일본에 특별히 유의해 살핀 정치적 변화에 대한 규범적 접근」에서 찾는 것이 순서일 것이다. 대중론, 이데올로기론, 자유·평등론, 정체(政體)에 대한 사회의 우선론, 의회·정당정치론, 헌법론, 혁명론, 정치발전론, 정치퇴화론, 이성에 의한 자율적 결정의 결과로서의 정치론, 역사적 필연성에 대한 배격론 등을 포함해, 그의 정치학의 핵심적 내용은 모두 여기에 집약되었고, 귀국 이후 그가 발표한 일련의 저술은 여기서 파생했기 때문이다.

이 박사학위논문에서 이미 나타났듯, 그는 아리스토텔레스의 정치학에 충실해, 정치는 인간이 이성에 따라 행하는 것으로 보았다. 그는 여러 글을 통해 이 점을 강조하면서 정치가 필연적 과정이 아니라 정치에 참여한 사람의 결정에 따라 이룩된 현상임을 누누이 깨우쳤다. 정치가 정치에 참여한 사람의 결정에 따라 이뤄진다는 명제는 자연히 정치에 참여한 사람들의 지적(知的) 능력이 높아야 한다는 뜻을 내포하고 있다. 이러한 맥락에서, 그는 자신의 예일대학교 박사학위논문에서 제6~제9명제로 제시했으며, 귀국 이후 일관되게 제시한 '지적 엘리트들 사이에서의 끊임없는 변증법적 대화'의 중요성을 강조했고, 그 원형 가운데 하나를 조선=한국의 역사에서는 '조선조 선비들의 식자정치(識者政治)'에서 찾았다.

그의 이러한 인식은, 플라톤과 아리스토텔레스가 경계했던 '중우정치(衆愚政治)'에 대한 경계를 반영했다. 같은 맥락에서, 그는 여러 대담이나 시론에서, '목소리를 높이며 떠들어대는 투쟁가들'의 정치행태를 비판했는데, 그것을 '무식'의 소치로 보았고 '무식'으로써는 문제를 해결할 수 없다고 본 것이다.[1] 이러한 점 때문에, 그의 정치학은 흔하지는 않았지만 때때로 '반(反)대중적'이라는 비판을 받기도 했다. 그러나 그는 대중의 중요성을 충분히 인정하면서도 이성에 근거해야 할 정치가 '감

636

정에 휘둘리는 대중적 분위기'에 좌우돼서는 안 된다는 소신을 버리지 않았다.

정치는 필연적 과정이 아니라는 시각에서, 그는 자신이 제10명제에서 제시했던 그대로 역사 전개의 필연성을 부인했다. 역사가 어떤 법칙에 의해 움직이며, 따라서 인류의 미래를 그 법칙에 근거해 예단할 수 있다는 이론, 특히 유물사관이 제시하는 역사의 운동법칙에 따라 인류가 결국 자본주의를 무너뜨리고 공산주의에 도달할 것이라는 마르크스의 예언을 철저히 배격했다. 프랑스의 정치학자이며 언론인인 레몽 아롱(Raymond Aron)은 마르크시즘을 '지식인의 아편'이라고 불렀다. 아롱은 본질적으로 비판적 성향을 지니게 마련인 지식인은 청년시대에 한 번쯤 아니면 평생에 걸쳐 이 '아편'에 빠진다고 경고한 것인데, 이 교수가 일찍이 청년시대부터 마르크시즘에 빠지지 않고 반(反)마르크시즘적 성향을 유지했던 배경에는 '역사적 필연성'론에 대한 불신이 짙게 깔려 있었다.

이렇게 말한다고 해서, 이 교수가 마르크스의 이론과 사상을 가볍게 여겼다고 말하는 것은 결코 아니다. 그는 당연히 마르크스와 마르크시즘의 학문적 중요성을 충분히 인정했다. 그래서 마르크스에 관한 쉴로모 아비네리의 주저를 번역하기도 하고, 마르크스의 별세 100주기를 전후해 마르크시즘에 관한 두 권의 책을 편집하기도 했다.[12]

이 교수는 역시 아리스토텔레스의 정치학에 충실해, 정치에 대한 규범적 또는 윤리적 판단을 앞세웠다. 인간에게 윤리적인 차원이 존재하지 않는다면 정치에도 윤리적 차원이 없을 것이고 그때 정치는 퇴화하기 시

---

11) 그 한 작은 보기는 다음에서 읽을 수 있다. 전진우, 「"시대착오적, 투쟁적 리더십으론 이제 안 돼": 신한국당 이홍구 대표」, 148~159쪽 가운데 150쪽.

12) Shlomo Avinery, *The Social and Political Thought of Karl Marx*(New York: Cambridge University Press, 1968)/이홍구 역, 『칼 마르크스의 사회사상과 정치사상』(까치, 1983); 이홍구 편, 『마르크스주의와 오늘의 세계』(법문사, 1981); 이홍구 편, 『마르크시즘 100년: 사상과 흐름』(문학과 지성사, 1984).

작한다는 그의 주장이 그것을 대표한다. 정치를 인간생활의 최고의 윤리적 표현으로 간주했기에, 그는 정치를 윤리적 시각에서보다 기능적 시각에서 접근하는 미국의 '행태주의적 정치학'을 비판했고, 특히 1960년대에 프린스턴대학교출판부가 출판한 프린스턴 시리즈로 대표된 근대화론과 정치발전론을 일정한 범위 안에서 비판했다. 이것은 미국에서 오랫동안 정치학을 수학한 학자들 가운데 상당수가 그것을 지지했던 당시의 학풍에 비춰 특이했다. 그의 이러한 인식이 가장 잘 나타난 저술이 그의 예일대학교 박사학위논문이었고 제1~제3명제로 표현됐음은 이미 지적했다.

● **오늘날의 한국정치를 재음미하게 만드는 이 교수의 '정권의 적자운영론'과 '정치퇴화론'**

（ii） 이 교수의 정치학을 논하면서 빠뜨릴 수 없는 것은 '정권의 적자운영론'과 '정치퇴화론'이다. 정권이 정권에 대한 '지지'를 증대시키지 못한 상태에서 권력행사라는 '지출'을 증대시킴으로써 '적자운영'을 계속하다가 결국 몰락하고 만다는 경고는 오늘날에도 유효하다. 이어 '정치퇴화론'에 대해서는 우리가 이미 제3장 제3절 제4항에서 자세히 살폈기에 여기서는 중복을 피하기로 하겠다. 다만 상기하고자 하는 것은 그의 강의를 들었던 장훈 교수의 다음과 같은 회고다.

> 1980년대 한국 권위주의 정치가 폭력의 절정에 이르던 무렵, 이홍구 선생은 어느 강의에서 자신이 장차 한 번 꼭 써보고 싶은 책은 '정치의 퇴행에 관한 책'이라고 언급하였다. 모두가 발전과 근대화를 습관처럼 되뇌던 시간에 선생은 정치의 퇴행이라는 다소 낯설 법한 개념을 한국정치 연구의 중심 질문으로 강조한 셈이다.[13]

---

13) 장훈, 「이홍구 정치학의 전개와 한국 민주주의 연구」, 이정복 외 16인 지음, 『이홍구선생미수 기념문집2: 대전환기의 한국 민주정치』(중앙books, 2021), 240~257쪽 가운데 241쪽.

　돌이켜 생각하면, ‘정치퇴화론’에 대한 이 교수의 깊은 관심은 시대를 앞선 혜안의 반영이었다. 2022년의 시점에서 지난 몇 해에 걸쳤던 한국정치를 ‘민주주의의 후퇴’ 또는 ‘민주주의의 위기’ 또는, 강원택(康元澤) 교수의 표현으로 ‘비(非)자유주의적 민주주의(illiberal democracy)’[14]로 파악하는 저술들이 계속해서 출판되고 있는 사실은 정치학도들로 하여금 ‘정치퇴화론’을 다시금 음미하게 만들고 있다.

　이 교수는 “자신이 장차 한 번 꼭 써보고 싶어 한 ‘정치의 퇴행에 관한 책’”을 쓰지 못했다. 이것은 후학들에게도 큰 아쉬움으로 남아 있다. 그렇지만, 달리 생각할 때, 그처럼 소중한 책을 후학들이 쓸 기회를 남겨준 것이나 다름없다.

● **국내 정치학과 최초로 「법과 정치」 개설**

　(iii) 이 교수의 정치학에서 발견되는 또 하나의 특성은 헌법에 대한 깊은 관심과 지식이다. 그는 이미 자신의 제12명제에서 헌법의 중요성을 강조했었는데, 한국의 정치학자들 가운데 그만큼 헌법에 관해 자주 글을 쓰거나 발언한 사례를 찾기 어렵다. 이것은 그가 가장 존경하는 정치학자 아리스토텔레스의 영향이 아닌가 생각하게 된다. 아리스토텔레스는 당시 희랍세계의 수많은 도시국가를 순방하면서 그 나라들의 헌법을 비교하고 ‘비교정부’론, 그리고 거기서 한 걸음 더 나아가서 ‘혼합정부’론을 제시했다. 우리가 제8장에서 지적한 그의 ‘책임총리제’론 또는 ‘권력분산’론 또는 ‘의원내각제개헌’론은 이러한 배경에서 이해할 수 있다.

　돌이켜보면, 그는 1970년대에 국내의 법학자·정치학자·사회학자를 중심으로 「법과 사회」라는 연구모임을 발족시켜 법이 한 사회의 변화를 어떻게 유도하며 또 그 변화는 법에 어떤 영향을 주는가를 토론했

---

14)　강원택, 「포퓰리즘 정치와 한국민주주의의 개혁방안」, 이정복 외 16인 지음, 『이홍구선생미수기념문집2: 대전환기의 한국 민주정치』(중앙books, 2021), 259~293쪽 가운데 265쪽.

다. 동시에, 우리가 제2장 제2절 제2항에서 지적했듯, 예일대학교 대학원에서 수강했던 「현대 윤리적·법적 철학」과 「윤리·법·정치에서의 자연법」 등에 바탕을 두고 서울대학교 사회과학대학 정치학과에 「법과 정치」라는 교과목을 국내 정치학과에서는 처음으로 개설했다.

이 교과목은 그가 서울대학교를 떠난 후 폐강됐으나, 2003~2007년 4년 동안 김홍우 교수에 의해 「법과 정치」는 다시 강의됐고, 그 강의록은 2012년 『법과 정치; 보통법의 길』로 인간사랑출판사에 의해 출판됐다. 이후 서울대학교 사회과학대학 사회학과를 졸업하고 하버드대학교 법과대학을 졸업한 데 이어 하버드대학교 대학원 철학과에서 박사학위를 받은 송지우(宋知佑)가 2015년 3월에 서울대학교 사회과학대학 정치학과 교수로 부임하며 대학원에서 「법과 정치」를, 학부에서 「법과 민주주의」를 개설하여 지금껏 이어오고 있다.

● '연립구조정치론'과 '지중해모델의 정치'

(iv) 이 교수의 정치학의 특성 가운데 하나는 그가 이미 자신의 제13명제에서 강조했던 의회정치의 중시(重視)로, 그는 "어떤 문제를 의회정치를 통하지 않고 행동으로 해결하려고 하는 것은 나는 대단히 위험하다고 봅니다."라고 말하곤 했다.[15] 그러한 취지에서, 그는 2022년 3월 9일로 예정된 제20대 대통령선거를 앞둔 시점에서 "의회주의 발전에 관심과 계획을 가진 후보가 보이지 않는다."라고 공개적으로 일갈한 것이다.[16]

정치학자로서 당연히 할 말이다. 그런데 의회정치론과 관련해 그에게 독특한 것은 자신의 박사학위논문에서 제시된 제15명제였으며 귀국

---

15) 이홍구·김종심, 「대담: 북방정책과 한반도평화; "통일논의에 정부·재야가 어디 있습니까"」, 『신동아』(1988년 11월), 252~269쪽; 『이홍구문집』 IV, 643~657쪽에 재수록. 인용된 부분은 656쪽에 있다.

16) 고정애, 「의회주의 발전에 관심·계획 있는 후보가 안 보인다」, 『중앙일보』(2021년 11월 12일), 28~29쪽.

한 이후 그것을 발전시켜 일관되게 주장한 '연립구조 정치'론이다. 연세대학교 국제학대학원의 박명림(朴明林) 교수는 이 논리를 '매우 중요한 […] 탁견'으로 높이 평가하면서 이 교수를 '한국의 한 탁월한 정치학자'로 자리매김했다.[17]

이 논리는 이후 의회주의와 관련한 '지중해모델의 정치'에 대한 이 교수의 공감으로 이어졌다. 우리가 제5장 제3절 제2항에서 이미 보았듯, 그는 1980년 여름에 이탈리아의 유럽대학교에서 이탈리아의 정치를 비롯해 지중해 연안 국가들의 정치를 연구한 뒤 우리나라에서도 어느 한쪽에 기울어진 정치가 아니라 '좌·우연합적 중도정치' 또는 '중간지대에서의 원활한 타협의 정치' 또는 '다원화된 집단과 계층의 이익을 얽어매는 정치'를 할 것을 다시 제의했다.[18] 같은 맥락에서, 그는 '중도세력의 강화를 통한 민주체제의 강화를 도모하는 타협의 정치의 틀'이 필요하다고 강조하고,[19] 다음과 같이 부연했다.

의회민주주의가 정착되려면 중간층의 분포가 넓고 그 뿌리가 깊어야 합니다. 흔히 극좌를 우측이 견제해야 한다고 생각하는데, 그렇게 되면 민주주의는 정착이 잘 안 됩니다. 극좌는 중간의 좌(左)가 극우는 중간의 우(右)가 견제해야 의회민주주의 정착이 더 잘 된다고 생각합니다. 정치학자로서 내가 오랫동안 견지해왔던 견해이기도 합니다. 그런 뜻에서, 오늘날 우리 정치의 과제는 양극단을 대체할 수 있는 중간세력이 어떻게 민주주의제도 속에서 자리잡느냐 하는 것입니다.[20]

---

17) 박명림, 「한반도의 평화철학과 실천: 이홍구의 코먼웰스 구상을 중심으로」, 이정복 외 16인 지음, 『이홍구선생미수기념문집2: 대전환기의 한국 민주정치』(중앙books, 2021), 479쪽 및 493쪽.

18) 이홍구, 「중도세력의 확대와 민주개혁」, 『전망』(사회발전연구소, 1988년 11월); 『이홍구문집』 IV, 617~627쪽에 재수록. 인용된 부분은 620쪽에 있다; 『이홍구문집』 IV, 524쪽.

19) 위와 같음. 인용된 부분은 622쪽에 있다.

20) 이홍구·최재현, 「대담: 민주화가 남북통일의 첫걸음」, 『월간 다리』(1989년 9월), 54~62쪽; 『이홍구문집』 IV, 629~641쪽에 재수록. 인용된 부분은 630쪽에 있다.

이 논리는 당연히 의원내각제에 대한 지지로 나타났다. 그는 어느 한 쪽으로 기울어지지 않은 채 중간세력이 민주주의제도 안에서 자리를 잡고 정국을 이끌어나가는 제도로 의원내각제를 선호한 것이다. 그리고 이러한 논리의 연장선 위에서 그는 '다원적 민주리더십'론을 정립했다.[21]

● **마르케스의 경고: "대통령선거 승리만으로 국내 권력의 전면적 장악이 이루어졌다는 착각을 피해야 한다"**

（ⅴ）이 교수가 제시한 명제들 가운데 오늘날에도 깊은 울림을 주는 명제는 제23명제다. 제5장 제3절 제2항에서 이미 논의했듯, 이 교수는 칠레 아옌데의 비극을 관찰한 소설가 가브리엘 가르시아 마르케스의 경고에 공감하면서 선거에 승리한 것만으로 국내의 다양한 권력을 모두 장악한 것으로 착각하다가 비토그룹의 저항을 이겨내지 못하고 사실상 정권을 내놓게 되거나 무력화되는 가능성을 경고했다.

우리나라의 역대 정권들 가운데 다수가 그러한 길을 밟았다. 그러면 그 해법은 무엇인가? 그는 우리가 바로 앞에서 살핀 '연립구조론적 정치'론을 제시했는데, 이것이 비록 어렵더라도 해법이 될 수 있다고 생각한다.

● **지정학의 중요성을 새삼 일깨우다**

（ⅵ）이 교수의 정치학을 말하면서, 제4장 제4절에서 자세히 살폈듯, 그가 김준엽 교수를 모시고 한국공산권연구협의회 창립을 이끌면서 공산권·북한 연구를 이끌었던 사실을 상기하지 않을 수 없다. 그는 또 제6장 제2절 제1항에서 보았듯, 한국의 정치학자로서는 드물게 지정학의 중요성을 글을 통해 누누이 강조했다. 미국·러시아·중국·일본 등 흔히 '4강'이라고 불리는 나라들 사이에 놓여 있는 세계 유일한 곳이 한반도임을 상기시키면서, 한국은 이 지정학을 늘 유의하면서 대외관계는 물

---

21) 「'이홍구 새 정치'는 '다원적 리더십'」, 『경향신문』(1996년 6월 29일).

론이고 대내정책을 입안하고 집행하는 것이 바람직하다고 역설했다. 특히 제22명제를 정립하면서 대외관계와 관련해 균형감각을 갖고 외교를 하되 한미동맹의 중요성을 잊어서는 안 된다고 역설했다. 2000년대 이후 지정학과 한미동맹을 연결해 발표한 그의 글들 가운데 대표적인 것은 다음이다.

> 오늘날 동북아에는 다행히도 평화가 유지되고 있지만, 그것이 지정학적 여건을 원천적으로 바꿔놓은 것은 아니다. 인구뿐 아니라 경제를 포함한 모든 면에서 세계 제일을 꿈꾸는 중국, 유럽에서 아시아에 걸쳐 방대한 국토와 자원을 보유한 러시아, 아직도 엄연히 세계 제2의 경제대국이며 그 위치를 반드시 지켜가겠다는 일본 등 강대국이 인접한 동북아시아의 지정학적 여건은 상황의 변화에 따라서는 언제나 위험한 세력의 각축지대로 변할 수 있으며 그러할 경우 가장 먼저 희생의 제물이 될 수 있는 것이 바로 한국의 위치다.[22]

● **정치문화 연구의 중요성에 대한 강조**

(vii) 이 교수는 한국의 정치문화에 관한 논문을 여러 편 발표하면서 이 주제 연구의 중요성을 누누이 강조했다. 제5장 제4절 제2항에서 보았듯, 그는 한국정치 연구가 "구조 · 기능 · 제도 등 가시적 현상을 서술하는 데 [치중해] 인식 · 의식 · 감정 등 내면적 요소를 이해하는 데 극도로 소홀했다."라고 '자성'했는데, 그가 말한 '내면적 요소'는 바로 정치문화로 압축될 수 있다.

한국의 정치문화와 관련해, 다른 학자들이 전혀 지적하지 않은 그만의 관찰이 있다. 그는 문재인 정부의 정책결정을 보면서 "좋게 얘기하면 민주화운동 때 탄압도 심하고 그랬으니까 가까운 사람들끼리 숨어서 결

---

22) 「이홍구칼럼: 동북아 중심국가로 가는 첫발은」, 『중앙일보』(2004년 7월 26일).

정하던 경험이 하나의 정치문화가 되고 그것을 청와대까지 가져간 겁니다.”라고 발언했다.[23]

● '인간주의 정치학'으로의 귀결

(viii) 이 교수의 정치학은 '인간주의 정치학'으로 귀결된다. 그가 플라톤을 말하고 아리스토텔레스를 논하며 로크와 루소를 비롯한 수많은 서양의 정치사상가들을 해설했으나, 그리고 조선=한국의 철학자들을 논의했으나, 결국 아리스토텔레스가 자신의 『정치학』에서 출발점으로 삼은 인간으로 돌아갔다. 그러한 관점에서, 우리가 제3장 제3절 제3항에서 이미 보았듯, 그는 1970년의 한 강연에서 '사람의 죽음에 무관심해진' 한국사회의 분위기를 개탄했다. 그의 이러한 태도는 이후 일관되게 유지됐다. 물질적으로 풍요해졌다고 하더라도 사람을 중시하지 않는다면 그것이 무슨 가치가 있겠느냐고 반문하곤 했다.

사람에 대한 그의 남다른 깊은 관심과 애정은 '역사의 희생자를 감싸는 정치'론으로 이어졌다. “어떤 일이든 성공 뒤에는 그에 맞먹는 대가와 희생이 있게 마련이다. [지난] 대한민국의 […] 역사가 성공의 역사라면 그 뒤에는 참으로 많은 희생이 있었음을 상기해야 한다.”라고 말하면서, 그는 구체적으로 그 희생자들 가운데에는 “냉전 속에서, 월북자의 가족이나 친지를 비롯해 좌경으로 조사받고 처벌된 사람은 물론 의심의 대상이 된 사람” “산업화와 고도성장 아래 희생된 […] 많은 노동자 · 농민 · 소시민들” 그리고 “우리의 민주화를 성공시키기 위해 […] 희생을 감내했던 많은 사람” 등이 포함돼 있다고 지적했다.

그는 이어 “우리 사회는 그동안 그러한 희생과 아픔에 대해 얼마만큼의 대가를 치렀는가”라고 따끔하게 묻고, “지금이 한국사회의 역사적

---

23) 「김진국이 만난 사람: 30년 전엔 국회에서 통일방안 만들었는데, 지금은 왜 못하나」, 『중앙SUNDAY』(2019년 9월 7일), 17쪽.

전환기라면 바로 그렇듯 쌓인 한(恨)과 아픔을 풀어주고 치유해야 할 고비"라고 제의했다. 같은 맥락에서, 그는 "성공에 공헌한 사람들에게는 포상과 혜택이 주어졌다지만 고통과 모멸감을 묵묵히 견디어낸 다수에 대한 정의는 끝내 실현되지 못한 채 오늘에 이르렀으며 그것이 우리에게 남겨진 숙제다."라고 부연했다.[24]

인간 중심의 시각에서 한국정치를 논하는 그의 태도는 2011년의 한 인터뷰에서도 나타났다. 그는 다음과 같이 말했다.

공동체의식의 약화는 정말로 큰 문제입니다. 핵가족화와 디지털화 등으로 인한 개인주의가 강해지면서 개개인의 네트워킹 능력이 크게 떨어졌습니다. 소통할 수 있는 수단이 너무나 많은 디지털 시대지만 대화는 오히려 줄었습니다. 기술보다는 인간이 앞서가야 사회가 발전합니다. 정치인은 정치인대로, 기업인은 기업인대로, 그리고 교수들은 교수들대로 교류의 폭이, 대화의 장이 예전보다 넓지 않습니다. 젊은 세대에게 인터넷이 아니라 사람을 만날 것을 당부하고 싶습니다. 공동체의 핵심은 결국 사람 관계입니다.[25]

3

둘째, 이 교수는 정치전기학 또는 정치리더십이라는 시각에서 어떻게 평가될 수 있을 것인가. 쉽게 말해, 어떠한 유형의 정치지도자였는가의 물음에 관해서다.

이 총리의 정·관계에서의 경력을 보면, 우리 역사에서 쓰인 용어 '입국재상(入國宰相) 출국장수(出國將帥)'가 떠오른다. 흔히 '출장입상(出將入相)'으로 요약된 이 용어는 "나라 안으로 들어와서는 재상이요 나라 밖

---

24) 「이홍구칼럼: '역사의 희생자' 감싸는 정치」, 『중앙일보』(2004년 5월 3일), 35쪽.
25) 「월요인터뷰: "리더십 부족한 갈등의 시대…정주영 '해봤어' 정신 그리워"」, 『한국경제』(2011년 3월 7일).

으로 나가서는 장수"라는 뜻이다. 고려시대에는 거란족을 외교로 물리친 서희(徐熙), 여진족을 물리치고 두만강 유역에 아홉 개의 성을 쌓아 올린 윤관(尹瓘), 묘청(妙淸)의 난을 진압한 김부식(金富軾) 등이, 그리고 조선시대에는 함경대 일대에서 야인을 물리친 김종서(金宗瑞), 임진왜란 때 행주산성에서 왜군을 물리친 권율(權慄), 이괄(李适)의 난을 진압한 장만(張晩) 등이 그 대표적 사례들로 꼽혔다.

오늘날에 맞춰 본다면, '입국재상 출국대사', 곧 '출사입상(出使入相)'으로 바꿀 수 있겠다. 이 교수는 글자 그대로 국내에서는 정승(政丞)에 해당하는 국무총리에 올랐고 국외에서는 우리나라 외교의 일선에서 가장 중요하게 여겨지는 주미대사에 올랐다. 대한민국 역사에서 이러한 사례는 이 대사를 포함해 장면(주미대사·국무총리·의원내각제 국무총리), 정일권(주미대사·국무총리), 김정렬(주미대사·국무총리), 한덕수(국무총리·주미대사·국무총리) 다섯 사람뿐이다. 이들 가운데 집권당의 대표위원으로도 활동했던 사례는 장면(민주당 대표최고위원), 김정렬(민주공화당 의장), 정일권(민주공화당 의장서리), 이홍구(신한국당 대표위원)[시대순] 네 사람뿐이다.

흔히 정치지도자를 분류하는 기준과 방법은 여러 가지일 수 있겠지만, 네 가지만 고려하기로 하겠다.

● **사명감에서 정부에 들어가다**

(ⅰ) 막스 베버(Max Weber)의 『소명(召命)으로서의 정치』이다.[26] 독일이 낳은 세계적이면서 세기적 사회과학자였던 그는 정치가 또는 공직

---

26) Max Weber, *Politik als Beruf* (München und Leipzig: Berlag von Duncker & Humblodt, 1919). 이 책의 영역본은 다음이다. Max Weber/H.H. Gerth and C. Wright Mills, trans. and eds., 'Politics as a Vocation,' in From Max Weber: Essays in Sociology (New York: Oxford University Press, 1946), pp.77~128. 이 책의 한역본은 여러 가지가 있다. 가장 최근의 것은 다음이다. 최장집 엮음, 박상훈 옮김, 『소명으로서의 정치』(폴리테이아, 2011; 개정판 후마니타스, 2021).

자의 첫 요건으로 '사명감'을 꼽았다. 그저 '자리'나 '명예'를 좇아서가 아니라, 국가와 시대가 제기한 과제의 해결에 헌신하려는 사명감에서 출사(出仕)한 경우를 지적한 것이다.

이 전 총리는 자신의 여러 차례의 회고에서 되풀이했듯, 소년시절부터 분단과 전쟁을 겪으며 민족통일의 과제에 깊은 관심을 가졌다. 그래서 교수 때부터 이 주제를 천착해 출사하기 13년 앞선 1975년에 이미 '한민족공동체통일방안'의 핵심개념인 '코리안 코먼웰스'를 제시하고 국제사회에 전파했던 것으로, 마침 노태우 대통령이 국토통일원장관을 제의하자 자신의 구상을 설명하고 노 대통령이 그 구상에 동의함에 비로소 응했다. 김영삼 대통령 때도 통일부총리를 맡으며 여전히 이 방안을 정부의 공식방안으로 추진했다. 그는 남과 북을 통튼 우리 민족 전체에게 매우 중요한 통일의 과제에 이바지하겠다는 사명감을 지니고 출사했던 것이다.

그는 진퇴에 있어서 대의명분을 중시했다. 제5공화국 때의 제의를 뿌리치고 제6공화국 이후 출사한 것은 6·29선언을 계기로 성립된 제6공화국 이후 대한민국이 민주화의 길에 들어섰다고 판단했기 때문이다. 또 자신의 소속 정당을 떠나 김대중 정부에서 출사한 것도 '제2의 6·25 국난'이라고까지 불린 외환위기를 극복하는 데 일조하겠다는 사명감과 대의명분에서였다. 이것은 그가 정·관계에 입문한 이후 일관되게 지향한 '선국후기(先國後己)', 곧 "나라를 먼저 생각하고 자기 개인은 뒤로 미룬다."라는 정신에서 나왔다.[27]

● **언제나 계책을 가슴에 품고 있는 '군자다운 선비'**

(ⅱ) 중국의 고전 가운데 하나인 나관중(羅貫中)의 『삼국지연의(三國

---

27) 이 점에 대해서는 우리가 제7장 제5절 제1항에서 살폈다. 권영기, 「신한국당 이홍구 인터뷰: "클린턴 같은 '젊은 대통령' 나와야 한다"」, 『월간조선』(1996년 8월), 99~112쪽 가운데 109쪽.

志演義)』이다. 이 책에는 제갈량(諸葛亮)이 유비(劉備)의 삼고초려(三顧草廬)에 응해 그의 핵심 참모로 활동하면서 적벽대전(赤壁大戰)을 앞두고 손권(孫權)의 오(吳)나라에 가서 그 나라의 문무신하들과 설전을 벌이는 유명한 장면이 나온다. 여기서 제갈량은 선비를 '군자다운 선비'와 '소인 같은 선비'로 나누고는, '소인 같은 선비'는 "붓을 들어 수만 마디 글을 쏟아낸다 해도 가슴에는 한 가지 계책도 없다[筆下弄萬言 胸中無一計]"라고 질타하고, '군자다운 선비'는 늘 천하대세를 살피는 가운데 지모(智謀)로써 국가의 대계(大計)와 사직의 안정을 위한 적절한 계책을 세운다고 칭찬했다.[28]

이 전 총리는 '군자다운 선비'로 분류되기에 충분하다. 그는 '한민족 공동체통일방안'에서 보이듯, '흉중무일계'가 아니라 '흉중일계'를 지니고 있었고, 1994년에 북한 대표를 상대로 남북정상회담 합의안을 끌어낼 때도 「통일로계획」이라는 '흉중일계'를 지니고 있었다.[29] 1996년 5월에 집권여당인 신한국당의 대표위원으로 선출됐을 때도, '사회 안에 존재하는 다양한 세력을 공존시키는 원만한 정치적 역학관계론' 또는 '연계구조를 통한 정치의 제도화'라는 '흉중일계'를 갖고 있었고, 1998~2000년에 미국 정부와 재계를 상대로 외환위기 극복에 나섰을 때도 '흉중일계'를 지니고 있었다. 시민운동가로 활동할 때도 공리공담(空理空談)이 아니라 현실적인 계책을 제시했다. 다시 말해, 그는 어떤 현안에 관한 자기 나름의 계획과 그 계획을 추진할 소신이 있을 때 공직의 부름에 응했다.

● **이 교수에 있어서 비르투와 포르투나**

(iii) 이탈리아어로 '일 프린치페(Il Principe: 영어의 The Prince), 곧

---

28) 이 분류가 등장하는 『삼국지연의』의 가장 최근의 번역본은 다음이다. 나관중 원작/신복룡 역주, 『삼국지』 전 5권(집문당, 2021), 제3권(『적벽대전』), 15쪽.
29) 「통일로계획」에 대한 설명은 다음에서 읽을 수 있다. 정연욱, 「'관리형' 이홍구 허허실실 대권 드라이브」, 『신동아』(1996년 8월), 139~147쪽 가운데 145쪽.

'군주'로 표현된 통치자에 대해 니콜로 마키아벨리(Niccolò Machiavelli)가 그의 주저『군주론』과『로마서 논고』에서, 특히『군주론』에서 제시한 이론이다. 르네상스 때 이탈리아의 정치사상가였던 마키아벨리는 우선 통치자에게는 통치자로서의 '비르투(virtu: 영어의 virtue)', 곧 덕성 또는 자질 또는 역량이 필요함을 강조하고, '프루덴차(prudenzia: 영어의 prudence)' 곧 현려(賢慮)[30] 그리고 무자비에 가까운 결단력 등을 포함시켰다. 동시에 '포르투나(fortuna: 영어의 fortune)' 곧 행운의 중요성을 상기시켰다. 비르투가 뛰어났으나 포르투나가 뒤따르지 않아 실패한 통치자, 반대로 비르투는 평범했으나 포르투나가 뒤따라주어 성공한 통치자를 대비시켰다.

이 전 총리의 삶, 특히 정·관계에서의 자리를 돌이켜보면, 그는 분명히 그러한 책임을 맡을 만한 비르투를 두루 갖고 있었다. 그러나 포르투나가 따라준 것도 부인하기 어렵다. 한 정치인이 이 전 총리를 '바깥에서 불어오는 운명풍(運命風)'의 도움을 받은 정치인으로 논평한 것이 그 점을 보여준다.[31] 이 전 총리 스스로 마키아벨리를 인용하면서, 이렇게 말했다.

다른 것도 다 그렇지만 정치에서는 특히 운이 나쁜 사람은 안 되는 것 같아요. 비과학적인 얘기일지 모르지만 훌륭한 분이 총리가 된다고 해도 그 다음날 [성수대교가 무너진 결과로 총리에서 물러난 것처럼] 다리가 무너지면 그만 둬야 하는 것이 정치입니다. […] 마키아벨리는 자신이 가르쳐준 대로 한다고 해도 또 자신의 책을 아무리 많이 연구해도 운이 없으면

---

30) '현려'라는 단어는 다음에서 빌려 썼다. 김경동(金璟東),「군자다운 현능을 애타게 기다리는 시대」,『철학과 현실』131(2021년 겨울), 84~109쪽. 영어의 'Prudence'에 대한 우리말 번역은 여러 개일 수 있다. 흔히 '사려 깊음'으로 번역한다. 그러나 노재봉(盧在鳳) 교수는 역어를 쓰지 않고 원어 그대로 'Prudence'라고 썼다. 노재봉,「Prudence에 관한 소고(小考)」,『국제정치논총』제9집(1969년 12월), 166~177쪽. 정운찬(鄭雲燦) 전 국무총리는 '현려'라는 역어를 만들어냈다. 정운찬,「동반성장은 시대정신이다」,『철학과 현실』131(2021년 겨울), 146~170쪽 가운데 164쪽.
31) 김진,「커버스토리: 신한국당 대표 이홍구」,『WIN』(1996년 6월), 28~31쪽 가운데 30쪽.

안 된다고 이야기했어요.[32]

다른 사례를 들어보자. 김영삼 대통령은 1994년 여름에 김일성 주석과의 정상회담 개최에 원칙적으로 합의했고, 이 합의에 따라 이홍구 통일부총리는 북한의 조선로동당 중앙위원회 대남비서 김용순과 협상을 벌여 여덟 시간 만에 구체안에 합의했다. 그런데 합의가 이뤄진 때로부터 열흘 뒤이면서 회담이 열리기 17일 전에 뜻밖에도 김일성이 죽어 역사적이 되기에 충분한 이 정상회담은 열리지 못했다. 만일 김일성이 죽지 않아 예정대로 정상회담이 성사됐더라면 북한의 운명을 포함한 한반도의 운명은 많이 달라졌을 것으로 추측되며, 김영삼 대통령은 노벨평화상을 받을 수도 있었을 것이고 이 통일부총리의 위상도 훨씬 높아질 수 있었을 것으로 추측된다. 그러나 '포르투나'가 따라주지 않았다. 지난 수십 년 동안 북한동포 대다수를 괴롭히는 굶주림과 질병 그리고 폭압을 안타까워하면서, 이 통일부총리는 남북정상회담이 그때 성사되지 못한 것을 늘 아쉬워했다.

(iv) 정치인들 또는 '정치적 엘리트'들을 분류하는 정치학적 시도에서 개척적인 학자로 꼽히는 해롤드 라스웰과 다니엘 러너의 분류다. 이 두 공저자는 정치인들 각자가 지닌 '자질(attribute)'을 중심으로, 또 그들 각자가 정치적으로 성장하는 과정에서 연계를 이룩했던 기관의 특성을 중심으로, '이념적·이론적 지도자' '설득형 지도자' '선전가형 지도자' '카리스마적 지도자' '조직가형 지도자' '강압적 지도자' '폭력적 지도자' '테크노크래트' 등으로 나눴다. 물론 '카리스마적 지도자'이면서 '이념적·이론적 지도자'와 '설득형 지도자'를 겸비할 수도 있다.[33]

---

32) 권영기, 「신한국당 이홍구 인터뷰: "클린턴 같은 '젊은 대통령' 나와야 한다"」, 『월간조선』 (1996년 8월), 99~112쪽 가운데 108~109쪽.

33) Harold D. Lasswell and Daniel Lerner, eds., *World Revolutionary Elites: Studies in Coercive Ideological Movements*(Cambridge, M.A.: MIT Press, 1965).

● 카리스마적 웅변가형 지도자는 아니다

이 전 총리는 결코 '강압적 지도자'나 '폭력적 지도자'는 아니다. 그는 또 수만, 수십만의 대중 앞에서 사자후로써 열기를 자아내고 환호를 불러일으키는 '카리스마적 웅변가형 지도자'도 아니다. 어느 한 기자에게 그 스스로 "잘 알다시피 나는 선천적으로 목소리가 작잖아."라고 시인한 데 나타났듯,[34] 그는 1956년에 민주당의 신익희 대통령 후보가 한강 백사장에서 보여준 전설적 대중연설과는 어울리지 않는 쪽에 속한다. 웅변을 통해 '카리스마적 지도자'가 된 경우, 모두가 그러했던 것은 결코 아니지만 때때로 무책임한 선동가, 곧 데마고그(demagogue)를 발견할 수 있다. 그러나 그는 그것과 너무나 거리가 멀다. 평생에 걸쳐 '실사구시(實事求是)의 정치'를 제의한 그는 무책임한 발언을 한 차례도 한 일이 없다.

다른 한편으로, '카리스마적 지도자'가 되기에 필수적 요건인 박해와 탄압을 받았던 기록이 전혀 없다. 연금을 당했던 기록도, 투옥을 당했던 기록도, 정권에 의해 강제퇴직을 당했던 기록도, 단식을 했던 기록도, 더구나 망명을 했던 기록도 없다. 서민들의 호응을 불러일으킬 수 있는 '흙수저 신화'도 없다. 그래서 어느 한 정치평론가가 적절히 지적했듯, "그에게는 뭔가 비장함이 없어 보인다."[35] 요즘 유행하는 말로 '극적인 스토리텔링'이 따라붙기 어려운 지도자다.

● 설득형 지도자이면서 이념적·이론적 지도자이다

이 전 총리의 성격 그 자체만 보아도 그는 결코 '카리스마적 지도자'가 되기 어렵다. 그를 가까이서 보좌했던 사람들은 그를 '화를 참는 게

---

34) 김진, 「커버스토리: 신한국당 대표 이홍구」, 28~31쪽 가운데 30~31쪽.

35) 조성관, 「대선가도의 새 흐름: 이홍구 이회창 이한동의 부상, 인맥과 조직 그리고 역사관의 정책」, 『월간조선』(1996년 10월), 186~195쪽 가운데 191쪽.

아니라 천성이 화를 내지 않는 사람'으로 묘사했다. "화를 내야 할 때 화를 내지 않는 것은 역설적으로 열정이 없기 때문이라는 해석도 가능하지 않겠느냐?"라는 기자의 질문에, 그는 "문제를 객관적으로 천천히 보려고 하고 화가 나려고 할 때도 상대방의 입장에서 그럴 수도 있지 않겠나 생각하면 이해된다."라고 대답했다.[36] 오랜 기간에 걸쳐, '역지사지(易地思之)'와 '균형감각'의 중요성을 강조한 그의 이러한 합리적 성격은 그가 대화와 설득을 통해 단계적으로 문제를 풀어나가는 '설득형 지도자'의 자질을 가졌음을 말한다.[37]

말이 쉬워 그렇지, 대화와 설득을 통해 단계적으로 문제를 풀어나가기란 여간 어렵지 않다. 말이 되지 않는 얘기도, 수준이 낮은 얘기도, 짜증을 내지 않고 참을성 있게 웃으면서 들어주어야 한다. 다행히 그는 남의 말을 들어주는 데 도가 텄다. 아무리 시원찮은 얘기라고 해도 상대방의 얼굴을 세워주면서 모두 들어준다. 더구나 그 스스로 말하듯 그는 '독불장군'형의 인물을 싫어한다. 이것들이 그가 '설득형 지도자'로 받아들여지는 그의 독특한 자질이다.

확실히 그는 '설득형 지도자'로 분류되기에 충분하다. 한 정치평론가는 그에 대해 "그의 흡인력은 그가 다수의 의견을 조정하고 무리 없이 통합하는 데 일가견을 갖고 있음에서도 엿볼 수 있다."라고 썼으며, 다른 한 정치평론가는 그를 '설득력 있는 지도자'라고 썼는데, 모두 정확한 평가다.[38] 이 점에서, 그는 의원내각제의 총리 또는 국회의장이 적합했다. 『삼국지』를 보면 "지혜로운 사람끼리 만나면 힘을 합치지만 재주 많은

---

36) 권영기, 「신한국당 이홍구 인터뷰: "클린턴 같은 '젊은 대통령' 나와야 한다"」, 『월간조선』 (1996년 8월), 99~112쪽 가운데 99쪽.

37) 이홍구·김종심, 「대담: 북방정책과 한반도평화; "통일논의에 정부·재야가 어디 있습니까"」, 『신동아』(1988년 11월), 252~269쪽; 『이홍구문집』 IV, 643~657쪽에 재수록. 인용된 부분은 645쪽에 있다.

38) 정연욱, 「'관리형' 이홍구 허허실실 대권 드라이브」, 139~147쪽 가운데 145쪽.

사람끼리 만나면 싸움만 일어난다."라는 구절이 있다.[39] 내각은 좀 덜하지만, 국회는 대체로 자신이 뛰어났다고 생각하는 '재주 많은 사람'으로 가득 차 있다. 이러한 '재주 많은 사람' 사이에서의 격렬한 찬반 토론 속에서도 공익에 부합하는 합리적 해법을 찾아내는 데 알맞은 '지혜로운' 지도자로는 이 전 총리가 으뜸일 것 같다.

이 전 총리는 '이념적·이론적 지도자'이기도 하다. 우리가 제2장 제4절에서 이미 보았고, 그 이후에도 보았듯, 그는 한국정치에 적용될 수 있는 여러 명제를 제시했다. 우리가 바로 앞에서 살핀 '연립구조 정치'론과 '지중해모델 정치'론 그리고 '책임총리제'론 등은 그것들 가운데 일부에 지나지 않는다. 그가 성안한 '한민족공동체통일방안'이 오랜 기간에 걸쳐 생명력을 유지하고 있는 것도 그가 '이념적·이론적 지도자'임을 뒷받침한다.

● 협상가형 지도자: 조용하게, 그러나 단호하게 내렸던 결정들

이 전 총리의 리더십과 관련해, 회의적인 의견도 없지 않다. 그것은 그가 '우유부단해 보인다'는 피상적인 관찰이다.[40] 그러나 그는 '유연'하기는 해도 결코 '우유부단한' 지도자가 아니며, '크게 떠들지 않고 말없이 조용하게 단호한 결정'[41]을 내리는 지도자이다. 그 과정에서 그는 자신의 신조인 '인내력의 리더십'을 과시하기도 했다.

예컨대, 그는 국토통일원장관으로 1989년에 '한민족공동체통일방안'을 정부의 통일방안일 뿐만 아니라 여·야 4당이 모두 동의한 통일방안으로 확정을 지을 때까지 노태우 대통령은 물론이고 김대중·김영삼·김종필 등 3당 지도자들 그리고 재야인사들과 자주 대화를 나누었다. 설

---

39) 나관중 원작/신복룡 역주, 『삼국지』 전 5권(집문당, 2021), 제3권(『적벽대전』), 44쪽.

40) 예컨대, 정연욱, 「'관리형' 이홍구 허허실실 대권 드라이브」, 139~147쪽 가운데 142쪽.

41) 권영기, 「신한국당 이홍구 인터뷰: "클린턴 같은 '젊은 대통령' 나와야 한다"」, 『월간조선』(1996년 8월), 99~112쪽 가운데 109쪽.

득시킬 것은 설득시키고 받아들일 것은 받아들였다. 이 방안의 생명력이 길 수 있었던 까닭이 거기에 있었다. 그는 또 1994년 6월에 남북정상회담 개최의 구체적 일정과 의제를 놓고 북한을 상대로 협상을 시작해 여덟 시간 만에 합의를 끌어냈다. 이것은 한반도의 분단 이후 여러 차례 진행됐던 남북협상의 역사에서 처음 있었던 획기적인 일이었다.

1996년 5월에 성립된 제15대 국회의 개원을 앞두고 여·야가 팽팽히 맞서 대치정국이 형성됐을 때, 그는 집권여당의 대표위원으로 "무슨 수를 써도 대화와 타협을 통해 여·야가 합의를 끌어낼 수 있어야 한다."라는 신념으로 일관해 "야당에 끌려다니지 말고 국회법이 규정한 대로 개원하자."라는 강경파의 주장을 무마시키면서 협상의 돌파구를 열었고, 마침내 성사시켰다.[42] 「2002년월드컵축구대회유치위원회」 위원장으로, 국제축구연맹 집행위원회와 회원국들을 설득시켜 월드컵 축구대회의 역사에서 한 차례도 없었던 공동주최, 곧 한·일 공동주최를 성사시켰다. 이러한 사례들로부터, 우리는 그를 '협상가형 지도자'로 분류해도 괜찮을 것이다.

그런데, 의회민주주의 국가에 있어서 갈등의 해소를 위한 사회적 기술인 정치의 본질은 협상에 있지 않겠는가. 그렇다면, 그를 '협상가형 지도자'로 분류하는 것은 그를 의회민주주의 국가의 정치에서 최적의 지도자 가운데 한 사람으로 자리매김하는 것과 같다고 하겠다.

4

세 번째 물음, 곧 이 전 총리가 큰 성과를 일궈낸 대북·통일문제에 관해서다. 여기서 우선 상기돼야 할 것은 그는 대한민국의 역대 국무총리 가운데 북한을 상대로 직접 협상에 참여한 경험을 가진 극소수의 사례에 속한다는 사실이다. 이승만 정부에서는 변영태(卞榮泰) 국무총리가 외무부

---

42) 「"이규택 탈당 김덕룡 의원이 배후"」, 『동아일보』(1996년 5월 2일), 5쪽.

장관이던 때 제네바 국제회담에서 북한을 상대했었고, 노태우 정부에서는 강영훈(姜英勳) 총리와 정원식(鄭元植) 총리가 각각 남북총리회담에 참석했으며, 김영삼 정부에서는 이홍구 통일부총리가 남북정상회담의 구체안을 마련하기 위한 남북고위급예비회담에 참석했고 서울대학교 교수로 남북적십자회담에 참석했던 이영덕(李榮德)이 총리로 봉직했으며, 노무현 정부에서는 한덕수(韓悳洙) 총리가 남북총리회담에 참석했다. 그러면, 이 문제에 관한 이 전 총리의 기본적 인식은 무엇이었나?

（ⅰ） 그는 우선 사회가 국가 또는 정체(政體)에 우선한다는 자신의 제5명제에서, 그리고 통일문제를 시간과 공간을 동시에 고려하며 접근해야 한다는 제20명제에서 출발해 '민족공동체'라는 개념에 착안하고 이 개념으로써 장차 남과 북을 모두 포용할 수 있는 통일방안을 수립했다. 그것이 '한민족공동체통일방안'(노태우 대통령 때) 그리고 '민족공동체통일방안'(김영삼 대통령 때)으로, 오늘날까지 큰 바뀜 없이 이어지고 있다.

（ⅱ） 그는 전쟁의 재발은 반드시 막아야 하고 평화를 유지해야 한다는 평화 우선의 신념을 지녔다. 그것은 중앙일보사 편집국장대리와 논설주간을 역임한 김진국(金鎭國) 중앙일보사 대기자가 자신의 한 논문을 "이홍구 선생님은 평화다."라는 문장으로 시작한 데 잘 나타났다.[43] 그래서 '한민족공동체통일방안'에는 남과 북이 별개의 국가는 아니지만, 상당히 오랜 기간에 걸쳐 평화공존을 유지하는 가운데 교류·협력을 증대시키며 궁극적인 '하나'를 실현하는 것이 가장 현실적이라는 판단이 전제됐다.

（ⅲ） 그는 통일이 아무리 귀중한 '민족지상의 과제'라고 해도 그 전제는 자유의 확보라고 보았다. 더 쉽게, 그는 자유가 희생되는 통일이란 가치가 없다고 말했다. 이것은 그가 제시한 제11명제의 연장으로, 그의 표

---

43) 김진국, 「30년 전 여소야대에서 발휘한 국회 중심 정치의 경험」, 이정복 외 16인 지음, 『이홍구선생미수기념문집2: 대전환기의 한국 민주정치』(중앙books, 2021), 368~387쪽 가운데 368쪽.

현을 빌린다면, "공동체의 원초적 구성단위인 개인의 자유가 말살된다면 통일은 의미가 없다."라는 것이다.[44] 같은 맥락에서, 그는 "통일이라는 민족의 꿈도 자유를 희생할 명분이 될 수 없다."라고도 말했다.[45]

(ⅳ) 그는 통일의 기회가 열렸을 때는 흔히 말하는 '통일비용'을 따질 것이 아니라 그대로 받아들여야 한다는 지론을 일관되게 전개했다.

이러한 철학과 가치관을 제시한 이 전 총리는 협상의 방법과 기술에 대해서도 일가견을 갖고 있었다. 우리가 제7장 제1절 제2항에서 보았듯, 그는 정치학자답게 자기 나름의 대북협상론을 세워놓고 있었다. 그것을 여기서 되풀이할 필요는 없겠다. 다만 중요한 몇 가지만 다시 적시한다면, 북한은 우리가 약하다고 판단될 때는 절대로 협상하려고 하지 않으며 우리가 강하다고 판단될 때 비로소 협상에 응한다는 것, 북한에 대해서는 아주 알아듣기 쉽게 핵심을 짚어 단순하게 말해야지 그렇게 하지 않으면 오해하는 경우가 적지 않다는 것, 북한은 속으로는 협상을 계속하고 싶지 않지만 바깥 세계의 비판을 피하고자 할 때는 우리가 도저히 받아들일 수 없다는 사실을 알면서도 무리하게 제안한다는 것, 북한이 협상을 통해 이루려고 하는 궁극적 목표는 주한미군의 철수라는 것 등이 그것들이다.

외환위기 극복을 위한 대미외교에 있어서도, 그는 이 위기는 한국만의 위기가 아니라 동아시아 전체의 위기라는 점을 강조하면서 클린턴 정부에 접근했다. 그렇지만 한국도 국내정치에서의 불리함을 무릅쓰고라도 대량실업을 불가피하게 낳을 구조조정을 비롯해 개선해야 할 것은 개선하도록 노력한다는 뜻을 분명하게 전달했다.

---

44) 「공동체와 국가: 통일과 자유의 제문제」, 인산(仁山)김영국(金榮國)박사화갑기념논문집간행위원회 편, 『정치학의 전통과 한국정치』(박영사, 1990), 253~259쪽; 『이홍구문집』 Ⅲ, 411~419쪽에 재수록됐다.

45) 「이홍구칼럼: 한반도 동북아 평화 틀 마련을」, 『중앙일보』(2013년 8월 25일).

네 번째 물음, 곧 이 전 총리가 글로벌 리더의 반열에 올라설 때 그를 뒷받침해준 것은 무엇이었고 그가 국제문제에 임한 철학은 무엇이었나?

우리가 제7장 제2절 제1항에서 보았듯, 그는 정치가와 외교가를 비롯한 세계적 지도자들만이 위원으로 있는 「브란트위원회」를 비롯해 「팔메위원회」와 「브룬틀란위원회」 및 「세계체제위원회」의 위원으로 긴밀한 관계를 유지하였다. 한국인으로 이러한 위원회에 위원으로 초빙된 이는 극히 드물다. 게다가 그는 유럽·북미·아시아의 국가원수 또는 정부수반으로 구성된 「3자위원회」의 위원이며, 전(前) 국가원수·정부수반의 모임으로는 세계에서 가장 큰 회의체인 「마드리드클럽」의 창립회원이다. 동시에 그는 그 회의체들과 급(級)과 규모에서 구별되지만 일정하게 영향력을 가진 「아시아재단」과 「아시아소사이어티」의 이사이다. 이러한 정상급 수준에서의 국제적 연결이 그를 글로벌 리더로 자리를 굳히게 했다.

이러한 회의체는 성격과 지향에 있어서 같은 점도 있고 다른 점도 있다. 그러나 그는 무엇보다도 침략과 테러를 반대했고 국제평화와 국제협력을 옹호했으며 공해를 줄이기 위한 범세계적 노력에 동참했다. 일본에 대해서는 '평화헌법'을 고치려고 하지 말고 그대로 지킬 것을 권고했다. 다른 한편으로, 자유민주주의와 시장경제원리의 확산을 지지했다.

지난날 중국에서는 당나라 이후, 사람을 쓸 때 '신언서판(身言書判)'을 기준으로 삼았다. '신'은 용모 또는 외양, '언'은 언변, '서'는 붓글씨와 문장, '판'은 판단력을 의미한다. 조선=한국에서도 똑같이 이 기준을 받아들였다. 서양이라고 해서 다르지 않다. 이 전 총리는 우선 '신'에서 볼 때, 서양인의 눈에도 걸출하다. '언'은 일본어에 능하지만, 무엇보다도 영어에 막힘이 없고 자유자재다. 프랑스어도 일정한 수준에 올라 있다. '서' 역시 높은 수준에 있다. '판'의 기초인 가치관은 서양인의 가치관과 다름이 없다. 그는 자유를 중시하고 민주주의와 시장경제원리 그리고 국제협력을 옹호한다. 게다가 그의 경력은 안에서는 장관·부총리·총리였으며, 밖에서는 주영대사와 주미대사였다. 이러한 요소들이 겹쳐 그는 대한민국을 대표하는 글로벌 리더가 되기에 충분했다.

6

다섯 번째 물음, 곧 이 전 총리의 인품에 관해서다.

우선, 이 전 총리를 가까이에서 오랜 기간에 걸쳐 관찰했던 이들의 논평부터 살피기로 한다. 서울대학교 사회과학대학 정치학과에서 함께 봉직했던 최명(崔明) 교수는 1996년에 발표한 글에서 "[이홍구] 선생의 글을 읽으면, 기운이 맑고 깨끗한 옛 선비의 면모를 엿볼 수 있다. 그의 문장은 간결하면서도 그 뜻을 다하고 있고, 거리낌 없이 제멋대로 엮고 있으나 곧다. 그의 성품이 그렇기 때문이기도 하지만, 그것은 그가 평소 '생각하면서 배우기'를 게을리하지 않았기 때문이다."라고 칭찬했다.[46] 최 교수는 이어 이 전 총리의 미수 때인 2021년에 발표한 글에서 "내가 아는 그는 자연에 거역하지 않고 사물의 흐름에 순응하는 지혜를 안고 살아왔다. 앞으로 그러리라고 믿는다."라고 썼다.[47]

서울대학교 사회과학대학 정치학과 학생으로 이 교수로부터 강의를 여러 차례 들었던 김진국 중앙일보사 전 논설주간은 "이홍구 선생님이 글이든 말씀이든 거친 표현을 하시는 것은 본 적이 없다. 그렇지만 유머가 넘치는 평온한 말씀이 죽비처럼 머리를 때린다."라고 회고했다. 그는 이어 "선생님은 남을 공격하는 날 선 표현을 하지 않으신다. 갈등을 유발하기보다 끌어안고, 화합과 통합을 이루는 노력을 해왔다."라고 덧붙

---

46) 최명, 「간행사」, 효당이홍구선생문집간행위원회 편, 『이홍구문집』Ⅰ(『인간화와 정치』)(나남출판사, 1996), ⅱ.

47) 최명, 「축사」, 김홍우 외 15인 지음, 『이홍구선생미수기념문집: 정치사상과 사회발전』(중앙books, 2021), 8쪽.

였다.[48]

국무총리비서실에서 이 총리를 모셨던 정두언 서기관은 다음과 같이 회상했다.

성품상으로는 최고의 총리였다고 말할 수 있다. 학자 출신답게 합리적이고 부드러우며, 영국신사 같은 매너가 만점이었다. 항상 긍정적이어서 화를 내는 법이 없고, 매사에 서두름 없이 여유롭게 일을 처리했다. 음식 투정은 물론 모든 일에 투정하는 법이 없었다. 그런가 하면 수줍음을 많이 타서 사모님이 안 계시는 동안은 일하는 아주머니를 제대로 못 불러서 휘파람을 불고 다녔다. 일어났다고 불고, 아침밥 달라고 불고, 출근하겠다고 부는 식이었다.[49]

이 회상 가운데 마지막 부분은 과장일 수 있다. 그러나 그의 온후한 성품의 한 단면을 보여준다. 같은 시기는 아니었으나, 역시 국무총리실에 정무비서관으로 봉직했던 이재원(李在遠) 전 정무차관은 훗날 여러 국무총리를 비교하는 책을 쓰면서, "이홍구는 해박한 지식과 부드러운 처신으로 주위에 적을 만들지 않는다는 평을 받은 인물이다."라고 논평했다.[50] 이 전 총리가 신한국당 대표위원으로 활동하던 때 함께 일했던 한 고위 관계자는 "이 대표를 때리면 때린 사람이 오히려 욕을 먹게 된다."라며 이 대표의 독특한 스타일을 평하기도 했다.[51]

그를 회견할 때 처음 보게 된 기자들의 평도 거의 같다. 한 기자는

---

48) 김진국, 「30년 전 여소야대에서 발휘한 국회 중심 정치의 경험」, 이정복 외 16인 지음, 『이홍구선생미수기념문집2: 대전환기의 한국 민주정치』(중앙books, 2021), 368~387쪽 가운데 368~369쪽.

49) 정두언, 『최고의 총리 최악의 총리』(나비의활주로, 2011), 174쪽.

50) 이재원(李在遠), 『대한민국의 국무총리』(경기도 파주시: 나남, 초판 1998/개정판 2007), 99쪽.

51) 정연욱, 「'관리형' 이홍구 허허실실 대권 드라이브」, 『신동아』(1996년 8월), 145쪽.

"막상 접견실에 들어서는 이홍구 장관을 대하는 순간부터 훤칠한 키에 서글서글한 미소, 차분한 음성이 오랜 지기와 같은 친근감을 느끼게 했다."라고 썼으며,[52] 다른 기자는 "이홍구 씨는 학자들에게 흔히 보이는 자기중심적인 고집보다는 자신의 생각을 설명하면서도 상대방의 인격을 존중하기 위해 노력한다. 천성적으로 남을 편하게 해주는 온후한 성품 때문에 적을 만들지 않고 학자 출신으로는 드물게 관료로도 좋은 평을 받을 수 있었던 것이다. [⋯] '국제신사'로 불릴 만큼 타인에게 예의 바름을 인정받고 있다."라고 썼다.[53]

외국인의 논평도 크게 다르지 않았다. 1994년 6월에 남북정상회담의 개최를 위한 남북예비회담에서 당시 이홍구 통일부총리가 한국의 수석대표로 발표되자, 그를 잘 아는 게이오대학 법학부 정치학과 가미야 후지(神谷不二) 교수는 다음과 같이 말했다.

이홍구 수석대표는 나와는 오랜 친구 사이로 나는 그의 학식과 인품에 대해 너무 잘 알고 있다. 그는 사려 깊고 신중한 사람으로 일시적인 분위기에 떼밀려 중요한 문제를 '졸속'하게 처리할 사람이 아니다. 하물며 최초의 남북정상회담쯤 되면 심사숙고를 거듭해 균형이 잘 잡힌 결론을 이끌어낼 만큼 지성적인 타입의 사람이다.[54]

이러한 성품을 지녔기에, 이 전 총리는 노태우 대통령과 김영삼 대통령 및 김대중 대통령 모두로부터 중용됐을 것이다. 박명림 교수도 썼듯,

---

52)　김효숙, 「이홍구 통일원장관 인터뷰: "90년대 통일전망은 밝다"」, 『월간 동화』(1990년 1월); 『이홍구문집』 IV, 659~676쪽에 재수록. 인용된 부분은 659쪽에 있다.
53)　「"최선을 다한 후 결과는 운명에 맡겨야: 2002년 월드컵축구유치위원회 이홍구 위원장을 찾아서"」, 『인생을 어떻게 살아야 하는가』(1994년 봄); 『이홍구문집』 IV, 685~688쪽 가운데 687쪽.
54)　「정상회담에 갖는 의문: 가미야 후지(神谷不二) 일 게이오대 명예교수」, 『중앙일보』(1994년 6월 30일), 4쪽.

그것은 "[이 전 총리의] 세 대통령과의 개인적 신뢰가 매우 높았음을 보여준다."[55]

● 화려하되 사치하지 않다: 겸손이 체질화된 인격자

그러면 저자의 관찰은 무엇인가? 세속적인 표현으로, 이 총리의 경력은 참으로 화려하다. 이 대목에서 떠오르는 문구가 김부식의 '검이불루(儉而不陋) 화이불치(華而不侈)'이다. 김부식은 백제의 시조로 일컬어지는 온조(溫祚) 때의 백제 궁궐을 살핀 뒤 "검소하지만 누추하지 않고 화려하지만 사치스럽지 않다."라고 논평한 것이다. 조선왕조 개국공신 정도전(鄭道傳)도 개성으로부터 한양으로 천도하면서 이 여덟 글자를 염두에 두고 도성을 지었다. 전문가들에게만 익숙했던 이 글귀는 미술사학자 유홍준(俞弘濬) 교수의 해설을 통해 세상에 널리 알려졌다.

이 전 총리는 생활이 절대로 누추하지는 않았으나 늘 검소했다. 그 스스로 검소에 관해 1994년의 좌담에서 이렇게 말했다.

지금 우리는 개인당 소득이나 GNP와 같은 경제적인 생활수준에 집착한 나머지 생활수준과 생활양식을 구분하지 못하고 있습니다. 생활수준이 높은 나라라도 검소함이 생활양식이 된 나라가 있거든요. 그런데 우리는 낭비가 심합니다. 그런 의미에서는 남에게 보이려는 전시적인 습성을 버리고, 우리의 생활양식 중에 전통적이고 검소한 것을 장려할 때가 됐죠.[56]

자신의 이 생활신조에 충실하게 살았기에, 그의 일생을 통해 '호화주택' 논쟁에 빠진 일이 없었고, 옷차림이나 생활용구에서 '명품' 논쟁

---

55) 박명림, 「한반도의 평화철학과 실천: 이홍구의 코먼웰스 구상을 중심으로」, 이정복 외 16인 지음, 『이홍구선생미수기념문집2: 대전환기의 한국 민주정치』(중앙books, 2021), 510쪽.
56) 「좌담: 냉전의 판도라상자를 열고」, 『계간 대화』(1994년 봄), 154~169쪽; 『이홍구문집』 IV, 689~711쪽에 재수록.

에 빠진 일이 없었다. 건강관리에 관해서도 요란스러움을 떠는 일이 없었다. "건강관리는 어떻게 하십니까?"라는 기자의 질문에, 그는 "아침에 일어나서 15분 동안 체조하는 것 외에는 별 게 없어요. 항상 좋은 마음 편하게 가지니까. 기분 좋으면 암까지도 퇴치하는 호르몬이 나온다잖아요. 나는 그런 걸 은근히 믿어요."라고 대답한 데서도[57] 그의 생활 자세가 엿보인다. 우리가 제3장 제1절 제1항에서 보았듯, 부인은 집을 고칠 일이 있을 때는 사람을 쓰지 않고 직접 못을 박고 드라이버를 돌렸다. 자녀들의 혼사에서도 마찬가지였다.

이 전 총리는 또 화려한 경력으로 특징지어진 자신의 '출세'를 사치스럽게 자랑하지 않았으며 우쭐대는 일이 없이 늘 겸손했다. 여기서 중요한 것은 겸손이다. 우리가 제1장 제1절 제2항에서 보았듯, 부친은 "겸손하게 처신하며 살라."라는 가르침을 잊지 않도록 오세창 선생이 쓴 '겸실(謙室)'이라는 글씨를 침대 위 머리맡에 비치하도록 했다. 그는 부친의 이 가르침을 좌우명으로 삼으며 그 뜻에 충실하게 살았다. 세속적으로 자랑할 것이 한두 개가 아닌, 흔히 쓰는 말로 차고 넘치는 그였지만, 늘 자제했으며 그래서 겸손이 체화된 것으로 보였다. 이른바 잘난 사람이 저지르기 쉬운 못된 버릇 가운데 하나가 자신이 우월하다는 나르시시스트적 환상 속에서 남을 낮춰보고 심지어 깔보는 언행이다. 이 전 총리는 일생 이러한 언행을 절대로 하지 않으며 살아왔다. 이것은 그가 어려서부터 배운 '수기치인(修己治人)', 곧 세상에 나서기에 앞서 자신을 끊임없이 수양해야 한다는 유학의 가르침에 충실했음을 의미했다.

국무총리를 지냈지만, 그러한 겸손의 마음에서 사회가 참여를 요구할 때는 기꺼이 받아들여 '무리 가운데 한 사람'으로 봉사했다. "요즘에도 무척 바쁘게 지내시고 있는 듯합니다."라는 기자의 질문에, 그는 "힘

---

57) 권영기, 「신한국당 이홍구 인터뷰: "클린턴 같은 '젊은 대통령' 나와야 한다"」, 『월간조선』 (1996년 8월), 99~112쪽 가운데 112쪽.

이 닿는 대로 봉사할 수 있는 일을 하려고 합니다. 국무총리까지 지낸 사람으로서 사회가 저를 필요로 하면 힘을 보태야지요. '애프터서비스'고 책무지요."라고 대답했는데, 여기서 우리는 그의 책임의식과 더불어 인간적 겸손을 다시 느낀다.[58] 이 전 총리를 모시고 「동북아평화회의」를 이끌었던 이부영 전 열린우리당 의장이 "이념과 지역 갈등이 극에 달한 한국사회에서 이홍구 선생님은 남다른 겸손과 덕성도 겸비하셨다."라고 칭찬한 것이 그 점을 뒷받침한다.[59]

겸손은 그저 인품의 한 특성일까? 그럴 수도 있지만, 오랜 기간에 걸쳐 국정에 참여하며 그가 보여준 겸손은 능력이다. 박명림 교수는 "고래로 현자들이 국정에서 겸손은 인품이 아니라 능력이라고 말했다."라고 썼는데, 이 말 그대로 이홍구의 겸손은 인품이면서 동시에 능력이다.[60]

이 전 총리는 '화(和)의 인간'이다. 그 스스로 "나는 싸움이 나면 말리는 쪽이지 부추기는 쪽은 절대로 아니다."라고 말하곤 했다. 그 작은 한 사례를 우리는 제6장 제2절 제1항에서 보았다. '세계화시대에 걸맞은 사법개혁' 문제를 놓고 정부와 법원 사이에 갈등이 빚어진 것으로 비치는 일이 일어나자 그는 국무총리로서 국민의 걱정을 덜어준다는 심정으로 곧바로 대법원장에게 '사과'로 비칠 수도 있는 발언의 전화통화로 논쟁을 끝냈다.

● **일관된 논지, 곡학아세가 없었다**

이 전 총리는 한국의 정치·외교·통일에 관한 기본명제를 자신의 박사학위논문에서 체계적으로 정립하고 귀국한 이후 오늘날에 이르기

---

58)   「월요인터뷰: "리더십 부족한 갈등의 시대…정주영 '해봤어' 정신 그리워"」, 『한국경제』(2011년 3월 7일).

59)   이부영, 「평화·공존·상생을 위하여 효당 이홍구 선생님의 유연한 실천에 감사드리며」, 이정복 외 16인 지음, 『이홍구선생미수기념문집2: 대전환기의 한국 민주정치』(중앙books, 2021), 392쪽.

60)   박명림, 「남북기본합의 30주년에 부쳐」, 『중앙일보』(2021년 12월 15일), 35쪽.

까지 일관되게 유지해왔다. 그가 자신의 수많은 논문 또는 평론을 통해 제시한 논지는 시대의 변화와 무관하게 일관성을 보여준다. 이것은 우선 그의 학문이 깊고 탄탄했음을 의미한다.

최명 교수가 지적했듯, 그는 자신의 천명을 일찍 깨닫고 자연에 순응하며 살았다. 그래서 자신의 학문을 굽히면서까지 세상에 아첨하는, 이른바 '곡학아세(曲學阿世)'의 과오를 한 차례도 저지르지 않았다. 그의 논지는 재야(在野)의 경우와 재조(在朝)의 경우가 언제나 같았다. 그 한 사례가 제5장 제5절 제2항에서 지적했던 재야 통일운동가들에 대한 공개적 비판이었다. 정부에 들어가기에 앞선 1985년에 그는 몇몇 재야 통일운동가들이 표방한 '통일지상'론을 실명(實名)을 들면서 무책임하다고 공개적으로 비판했다. 그러했기에, 그가 국토통일원장관으로 봉직하던 때 그들이 '통일지상'론의 연장선 위에서 '밀입북'하고 김일성과 '회담'하자 똑같은 논지로 비판해도 사람들은 "이홍구 교수가 장관이 되더니 사람이 변했다."라는 식으로 조롱하지 않고, 소신껏 일하고 있다며 신뢰를 보냈다.

- ● '심장약허(深藏若虛)'의 모습

이 전 총리는 교수 시절부터 이후 오랜 세월에 걸쳐 대화를 나눌 때 어렵지 않게, 쉽게 말한다. 읽은 것은 고대 희랍철학으로부터 현대 철학에 이르기까지 참으로 많고 많지만, 전혀 현학적이지 않다. 핵심은 빠뜨리지 않되 지나가는 말처럼 말하곤 한다. 여기서 중국 한(漢)나라 역사가 사마천(司馬遷)이 남긴 불후의 대저『사기(史記)』의 「노자한비열전(老子韓非列傳)」가운데 '양고심장(良賈深藏)' '심장불로(深藏不露)'라는 취지의 문구가 떠오른다. "장사를 잘하는 사람은 보물을 깊숙이 간직해두고 점포에는 드러내 놓지 않는다."라는 뜻이다.

고려대학교 중어중문학과 교수 이충양(李充陽) 박사가 일깨워주었듯, 거기에 걸맞게 '심장약허(深藏若虛)'라는 구절이 있다. 글자 그대로

664

풀이하면, "깊이 감추어져 있는 것은 마치 비어 있는 것 같다."라는 뜻으로, "어진 이는 학문을 숨기고 자랑하지 않는다."라는 해석으로 이어진다. '심장약허'의 인품을 지닌 그의 정치학은 '이홍구 정치학'이라고[61] 불리기에 충분할 정도로, 겉으로는 쉬워 보여도 내용으로는 심오하다. 인품과 학문의 일치를 우리는 그에게서 발견한다.

● 공인으로서나 사인으로서 잡음이 없었던 생활

이 전 총리가 가장 존경하는 정치학자로 꼽은 아리스토텔레스는 인간 세상에서 가장 중요한 것을 '정치'라고 규정했고, 그렇게 중요한 '정치'가 제대로 운영되기 위해서는 '윤리'가 중요하다고 보았기에 『윤리학』[62]을 썼다. 달리 표현해, 아리스토텔레스는 정치를 규범적 · 윤리적 시각에서 접근한 것이다.

이 전 총리는 아리스토텔레스가 강조한 규범적 · 윤리적 가치를 공적인 생활에서와 사적인 생활 모두에서 지켰다. 그러했기에 그는 공인으로서나 사인으로서 생활에 아무런 잡음을 남기지 않았다. 그를 논하면서 빠뜨릴 수 없는 대목이 바로 이 점이다. 이 사례 역시 그의 인격이 훌륭한 것임을 보여주기에 충분하다.

---

61) 이 용어는 이미 장훈 교수가 썼다. 장훈, 「이홍구 정치학의 전개와 한국 민주주의 연구」, 이정복 외 16인 지음, 『이홍구선생미수기념문집2: 대전환기의 한국 민주정치』(중앙books, 2021), 240~258쪽.

62) 아리스토텔레스가 아테네의 한 공공집회 장소인 리케이온에서 행한 강의를 그의 아들 니코마코스가 정리한 책이 바로 『니코마코스 윤리학』이다. 이 책은 워낙 뛰어나고 유명해서 수많은 번역본이 나왔다. 그것들 가운데 대표적인 것으로 다음이 있다. Aristoteles/Harris Rackham, trans., *Nicomachean Ethics*(Cambridge, M.A.: Harvard University Press, 1975). 이 책의 국역본으로 다음을 꼽을 수 있다. 천병희(千丙熙) 옮김, 『니코마코스 윤리학』(경기도 고양시: 숲, 2013).

나가는 말
현인(賢人)이면서 외유내강의 정치지도자 이홍구 교수를 말한다[1]

I

현재 집권여당인 신한국당의 대표위원으로 활동하는 이홍구(李洪九) 전 국무총리에 대한 인물평을 써 달라는 편집자의 요청을 받고 한동안 망설였다. 필자보다 더 정확히 더 잘 쓸 수 있는 사람이 상당히 많다고 믿기 때문이다. 그뿐만이 아니다. 오늘날 그는 몇몇 안 되는 유력한 대통령 후보들 가운데 한 사람으로 주목받고 있다. 그만큼 정치적 비중이 높으며 국민적 신망이 두터운 정치지도자에게 도움이 되기보다는, 본의 아니게 오히려 폐를 끼치는 글을 쓰게 되면 어떻게 하나라는 걱정도 필자를 주저하게 만들었다.

더구나 필자는 한 대학교의 행정 책임자라는 조심스러운 입장에 있다. 따라서 중립성을 중시하는 대학교의 총장이 특정 정치지도자에 대한 인물평을 쓰는 것이 과연 바람직한 일이냐 하는 의문을 스스로 가졌음이 사실이다.

그러나 이 대표위원은 인격적으로 흠이 없고 여전히 학자적 양심과 면모를 지키는 분이다. 또 필자가 20년 넘게 서울대학교와 청와대에서

---

1) 이 글은 필자의 다음 두 글을 이은 것이다. (1) 김학준, 「내가 아는 대선주자 이홍구: 한국의 국격을 높일 탁월한 능력과 인간적 매력의 소유자」, 『월간조선』(1996년 1월 별책부록), 484~490쪽. (2) 김학준, 「"동·서양 정치철학 섭렵한 세계화·통일시대 적임 총리": 김학준 단국대 이사장의 이홍구 총리 '20년 관찰기'」, 『주간조선』(1996년 12월 29일), 22~23쪽.

가까이 지내며 배우고 존경해 온 선배이다. 그러한 만큼 붓을 들어도 양해될 수 있겠다는 생각에서 편집자의 거듭된 요청에 응했음을 밝힌다.

어느 한 정치지도자에 대한 인물평은 그의 출신 배경과 학력 및 경력에 대한 소개로 출발하는 것이 일반적이다. 그러나 필자는 그러한 기존의 틀을 벗어나고 싶다. 왜냐하면 이홍구를 논함에 있어서 가장 중요한 것은 그의 화려한 세계적 수준의 학력과 경력이 아니라 그의 사람됨이기 때문이다. 필자가 그를 존경하고 그에게 배우고자 하며 그를 다른 사람들에게 추천하는 까닭도 그의 따뜻한 인간미와 훌륭한 인품 때문이지 그의 이력서 때문은 아니다.

● 인간적 매력

이 대표위원의 가장 큰 장점은 그의 인간적인 매력에 있다. 그를 만나는 사람은 거의 모두가 그에게 쉽게 끌려간다. 이 사실을 증명해 주는 사례는 참으로 많아 하나하나 소개할 수 없다. 그래서 이 글에서는 두 가지만 들고자 한다.

첫째, 1981년 가을의 일이었다. 그때 이 대표위원과 필자가 함께 봉직하던 서울대학교 정치학과에 미국 켄트주립대학교 정치학과 교수 스티븐 브라운 박사가 풀브라이트 객원교수로 부임해 왔다. 필자가 켄트주립대에 유학하던 때 그의 강의를 들었기에 가깝게 여긴 때문인지 그는 필자에게 여러 가지 속 이야기를 자주 털어놓았는데, 어느 날 필자에게 "이홍구 교수는 미국의 어떤 사회, 어떤 분야에 내놓아도 외양과 내실 모두에서 존경을 받을 사람으로, 특히 남을 끌어들이는 친화력이 강하다."라고 강조하는 것이었다. 그러면서 "아무리 많은 사람 속에 파묻혀 있다고 해도 이 교수의 존재는 어느 누구에 의해서나 어느 곳에서나 쉽게 느껴질 것이다."라고 덧붙였다.

서울대학교 정치학과에 꼭 한 학기 동안 머물렀던 브라운 교수는 마침내 이 교수의 열성적인 팬이 되었다. 정치심리학 전공의 브라운 교수는 "이 교수는 분명히 뒷날 한국의 국무총리가 될 것이며, 한국이 유엔 회원국이 된다면 유엔 사무총장으로도 뽑힐 수 있을 것이다."라고까지 극찬하기에 이르렀다. 필자가 여기서 강조하고자 하는 것은 브라운 교수의 예언능력이 아니라 이 대표위원이 남에게 주는 인간적 매력이다. 짧은 기간 만난 미국인 교수를 매료시켜 오랫동안 지원자로 만든 사실이 말해주듯, 그는 사람을 끌어들이는 남다른 힘을 지닌 것이다.

둘째, 1985년 겨울의 일이었다. 필자는 도쿄에서 열린 한반도문제국제학술회의에 참석하면서 일본 아오모리대학(青森大學)의 교수이며 도쿄에 자리를 잡은 환태평양연구소 대표인 이치카와 마사아키(市川正明) 박사를 만났다.

필자를 무척이나 아껴주어 필자의 졸저를 일어로 번역·출판까지 해준 그는 그해 여름에, 그때로서는 서울대학교 교수이던 이 대표위원을 도쿄의 한 학술회의에서 만났던 일을 상기하면서, 자신이 그때까지 만난 한국인들 가운데 "가장 걸출하다."라고 높이 평가했다. 그 뒤 이치카와 교수와 이 교수 사이의 친교는 계속됐고, 이치카와 교수의 칭찬은 더욱 커져, 마침내 이 교수를 일본의 정치학계에 '통일한국의 수상(首相) 재목'이라고 공개적으로 소개하기에 이르렀다.

다시 말하지만, 필자는 여기서 이치카와 교수의 지인지감(知人之鑑)을 논하려 하지 않는다. 이치카와 교수의 예언이 맞을 수도 있고 맞지 않을 수도 있다. 필자가 강조하고 싶은 것은 단 한 차례의 만남으로 다른 사람을 매료시키는 이 대표위원 특유의 사람됨이다.

그러면 '인간 이홍구'의 매력은 어디에 있는가. 그가 조선의 군왕들 가운데 성군으로 불린 성종대왕의 아들인 영산군(寧山君)의 직계라는 왕가의 배경에 있는가. 유엔총회 의장으로 사회봉을 잡아도 전혀 손색이 없을 그의 끼끗하면서도 훤칠한 인물에 있는가. 스포츠에 능한 만년 청년의 신선한 면모에 있는가. 미국에서도 명문의 명문으로 꼽히는 에모리 대학교 학사에 예일대학교 석사·박사라는 학벌에 있는가. 미국의 명문대학교 교수, 서울대학교 사회과학연구소장, 한국정치학회장, 통일원장관, 대통령특별보좌관, 주영대사, 통일부총리, 국무총리, 국회의원, 신한국당 대표위원이라는 경력에 있는가.

물론 사람에 따라서는 그것들 가운데 어느 것에 이끌릴 수 있다. 이제 겨우 환갑을 넘긴 연부역강의 나이에 그만한 학력과 경력을 쌓은 지도자도 찾아볼 수 없다. 그러나 필자는 '인간 이홍구'의 매력은 그의 사람됨, 보다 좁혀 말해, 그의 따뜻하면서도 넓은 마음씨에 있다고 말하고 싶다.

● '정치의 인간화' 주장

첫째, 그는 자기 자신보다 남을 먼저 걱정하고 남을 먼저 보살피는 사람이다. 필자는 그가 이제까지 한 번도 자기 걱정, 자기 식구 걱정, 자기 집안 걱정을 하는 소리를 들어본 일이 없다.

그라 해서 어찌 사사로운 걱정이 없겠는가. 그러나 그는 사사로운 걱정을 남에게까지 끼치지 않은 채 혼자 삭이는 자기단련을 게을리하지 않았다. 반면에 남에 대해서는 자기 주머니를 털어서까지 함께 고민하고 돕는 생활을 해 왔다. 그가 서울대 교수로 재직하던 때 가정형편이 아주 어려운 학생들에게 자신의 봉급으로, 원고료로 소리소문 없이 도와주었던 많은 사례는 이제 사회에 진출한 제자들에 의해 감동적으로 밝혀지고 있다.

이렇게 볼 때, 이 대표위원이 일찍부터 국민복지에 대한 관심을 자극시켜 온 대표적인 정치학자였다는 사실은 조금도 놀라운 일이 아니다. 최근에 출판된 전 5권의 『효당(曉堂) 이홍구 문집』에 수록된 그의 글들이 증언하듯, 그는 경제성장만이 강조되고 그래서 일부 계층의 희생은 당연시되던 1960년대 말부터 일관되게 "국민의 복지향상이 국가발전의 목표들 가운데서도 앞자리에 서야 한다."라고 강조해 왔다. 특히 도시 저소득층의 복지향상을 강력히 주장하는 글들을 적지 않게 써 왔다. 남에 대한 관심, 이웃에 대한 애정이 선천적으로 몸에 배었기에 그는 정치학자로서 국민복지에 대해 일찍부터 눈을 뜰 수 있었던 것이다.

흔히 정치를 '힘없는 사람들의 눈물을 닦아주는 작업'이라고 말한다. 이 대표위원은 정치학 교수 시절에 그것을 '정치의 인간화'라고 추상화하면서, '정치의 인간화'는 일반 시민의 복지향상을 통해 구체화된다고 주장했다. 그는 이 지론을 앞으로 보다 더 확실하게 국가정책으로 세우고 추진할 것으로 필자는 믿어 의심하지 않는다.

● **'화(和)의 인간'**

둘째, 그는 너그러운 사람이다. 그는 정치학적으로나 이념적으로 '적'이라는 개념을 기본적으로 거부하는 '관용과 화해의 인간'일지 모른다. 한때의 이해관계, 한때의 오해와 편견 때문에 패가 갈릴 수 있고 그래서 서로 다툴 수 있지만, 그러나 그것들이 구조화되고 확대 재생산되거나 심지어 세습되어서는 안 되며, 그 한때의 특정상황이 끝나면 서로 다 잊고 한 가족이 되어 새로운 출발을 시도해야 한다고 믿는 '화(和)의 인간'이다.

그래서 그는 대화를 중시한다. 대화를 통해 서로의 차이를 극복하고 공통의 광장을 형성할 수 있다고 믿기 때문이다. 앞에 소개한 그의 문집에 수록된 글들 가운데 대담이나 좌담의 글이 적지 않은 사실은 이러한 맥락에서 자연스럽다.

이 대목에서 다시 새롭게 소개하고 싶은 것은 그가 플라톤과 아리스토텔레스로 대표되는 고대 그리스 철학에 매우 조예가 깊다는 사실이다. 대화를 존중한 그 두 철인의 영향을 받은 까닭에 그 역시 대화를 존중해 왔다는 것은 그가 국내 정치세계와 경제의 많은 문제를, 그리고 한국의 복잡한 대외관계를 꾸준한 대화를 통해 풀 수 있는 지도자가 될 것을 부분적이나마 뒷받침한다.

- **중용의 사람**

셋째, 그는 중용의 사람이다. 중용의 철학은 동양에서는 공자에 의해, 서양에서는 아리스토텔레스에 의해 정립되었다. 전통적인 유가의 종가 집안에서 종손으로 성장하는 가운데 유학의 영향을 깊이 받으면서도 미국에서는 서양의 정치철학과 정치전통을 전공해 동서양의 정치사상에 고르게 밝게 된 그가 중용의 길을 중시한다는 것은 당연한 논리의 귀결이라고 하겠지만, 이 점은 '인간 이홍구'를 이해하는 데 매우 중요한 대목이므로 좀 더 부연하기로 하겠다.

그가 중용의 사람이란 말은 그가 극단적인 논리를 배격하는 사람이란 뜻이다. 그는 언제나 극단을 불신해 왔다. 도그마, 곧 독선과 교조주의에 대한 그의 불신은 그의 행동으로 여러 차례 표현됐다.

예컨대, 1980년대에 그는 극좌세력도 배격되어야 하지만 극우세력도 배격되어야 한다는 의견을 용기 있게 공개적으로 제시했다. 그가 말한 극우세력은 물론 그 당시의 군부독재 정치를 옹호하는 5공의 핵심세력이었다. 감옥까지 가면서 아주 내놓고 민주화운동에 적극적으로 참여한 소수의 지식인을 빼놓고, '극좌 극우 세력 배척론'이라는 설득력 강한 논리로써 집권세력을 몹시 괴롭게 만든 지식인은 아마도 이 교수밖에 없지 않았는가 필자는 생각한다.

사실, 중용의 길을 걷기란 어렵다. 무엇이 중용인지를 파악하는 것 자체가 쉽지 않다. 끊임없는 사색과 토론의 생활 속에서, 그리고 스스로 게을리하지 않는 엄격한 자기훈련과 자기관리의 생활 속에서 중용의 길은 찾아진다. 또 어떤 자리나 돈 같은 세속적인 부귀영화에 대해 욕심을 갖지 않는 이른바 무욕의 경지에 이르도록 자기수양을 거듭할 때 중용의 길은 열린다. 그에게 그러한 생활은 일상화되어 있다. 그의 또 하나의 특징인 균형감각은 그러한 생활 속에서 형성된 것이다.

넷째, 그는 남을 편하게 만들어주는 사람이다. 앞에서 말한 그의 인간적 장점들이 어우러져 우리 앞에 나타난 그의 소탈한 인품은 그를 대하는 거의 모든 사람의 마음을 한없이 부드럽게 만들어준다. 무엇을 따져 보겠다고 독한 마음을 먹고 대들려는 계획을 가진 사람도 그의 천성이 조성하는 봄바람 앞에 쉽게 친근감을 느낄 것이다.

● 강할 때는 강한 원리원칙의 사람

다섯째, 그렇다고 해서 그가 줏대가 없이 아무에게나 "당신 옳소."라고 대하는 무골호인(無骨好人)으로 오해되어서는 안 될 것이다. 그는 전형적인 외유내강(外柔內剛)의 사람이다. 원리원칙에 따라 결단을 내릴 때는 단호히 내리는 용기 있는 사람이다. 그렇기에 오히려 그는 남에게 부드러울 수 있고 따뜻할 수 있으며 균형감각과 중용을 지켜올 수 있었다. 그 실례를 필자는 다음 세 가지만 들어보겠다.

(1) 1970년대 후반의 일이다. 그러니까 유신체제 후반기에 미국에서는 카터 행정부가 출범하면서 한국 정부를 상대로 민주화를 요구함과 아울러 코리아게이트 청문회를 통해 한국 정부에 압박을 가해오던 때였다. 유신정권은 국제적으로도 신망이 두텁고 또 카터 행정부의 외교 보좌관들과 가까운 이 교수를 주미대사로 기용하고자 그의 의중을 타진했다. 그러나 그는 한마디로 사양했다.

(2) 5공 정권 출범 초기에 5공 정권의 핵심인사들이 이 교수를 끌어들이려고 회유도 하고 협박도 했다. 10·26사태 이후 개헌 논의가 활발해지면서 KBS가 몇 회에 걸친 토론회를 마련했을 때 오랜 시간 사회를 맡았던 이 교수의 탁월한 역량이 장안의 화제가 되었음을 기억한 권력 핵심의 영관급 장교들이 5·18 직후의 전국계엄령 아래 이 교수 집을 몇 차례 찾아와 졸라댔으나 끝내 응하지 않은 것이다.

그때 우리 후배 교수들은 여러 각도에서 걱정을 했다. 그러나 이 교수는 태연했다. 그 특유의 미소를 잃지 않으면서 "잘 타일러 보냈어"라고 짧게 말할 뿐이었다. 그래서 '타이른다'라는 말이 한때 학계의 유행어가 되기도 했다.

(3) 6공 청와대에서 이 대표위원은 대통령 특별보좌관으로, 필자는 대통령 정책조사보좌관으로 함께 일하던 때였다. 어느 날 이(李) 특보로부터 자기 사무실로 오라는 전갈이 와서 곧바로 찾아갔더니, 심각하게 다음과 같이 말하는 것이었다. 민자당으로 대표되는 집권층 내부의 중요한 한 세력이 내각제 개헌을 본격적으로 추진하기 시작했다는 것, 그러나 자신의 판단으로는 노(盧) 대통령이 절대로 여기에 응해서는 안 된다는 것, 내각제 개헌을 추진하다가는 국민적 저항에 부딪힌다는 것, 더구나 대통령 직선제를 뼈대로 하는 6·29선언이 자신의 정치적 입지의 전부라고 할 수 있는 노 대통령으로서는 국민과의 약속인 6·29선언을 끝까지 지킨다는 도덕적 의무감에서도 내각제 개헌을 추진해서는 안 된다는 것이었다. 필자도 전적으로 같은 의견을 갖고 있던 터였다.

그러자 이 특보는 필자에게 그와 같은 취지로 건의서를 만들어 둘이서 대통령을 설득하자고 제의했다. 건의서는 필자가 만들었다. "내 임기 중에 어떠한 형태라도 개헌은 결코 없을 것이며, 나는 6·29선언을 끝까지 지킬 것이다."라는 담화문을 발표해 내각제 추진세력을 공개적으로 견제한다는 안도 거기에 포함했다.

이 특보와 필자는 곧바로 노 대통령을 만나 건의문을 드렸다. 필자가 읽어나가고 이 특보가 보충해서 설명하는 형식을 취했다. 노 대통령은 신중하게 듣더니, "아무개 아무개는 앞으로의 국제정세 전개와 남북관계 전개 전망에 비추어 내각제 개헌이 큰 어려움 없이 실현될 것이라고 하던데"라는 반응을 보였다. 그러자 이 특보는 그 특유의 조용하면서도 차근차근한 어법으로 "큰일 납니다. 절대로 추진해서는 안 됩니다."라는 취지를 강하게 전달했다. 필자도 똑같이 말했다.

이 특보는 그 뒤에도 국정운영 전반에 대해 여러 차례 솔직하면서도 날카로운 직언을 올렸다. 그러나 그는 서서히 밀리고 있었고, 마침내 주영대사로 옮겼다. 필자가 이 특보에게 "남을 설득하는 데 도가 튼 이 특보 말씀이, 어떻게 된 셈인지 대통령에게는 잘 먹히지 않는 것 같아요."

라고 말하면, 이 특보는 "글쎄 말이야. 그분하고 나하고는 주파수가 안 맞는 것 같아."라며 웃곤 했다.

● 국제감각과 영어 구사능력

이제까지 필자는 주로 이 대표위원의 인간적 측면들을 소개했다. 다음에서는 그의 능력에 관해 간단히 소개하기로 하겠다.

널리 알려져 있듯, 그는 국제적으로 신망을 받는 정치지도자이다. 미국이나 일본을 비롯해 우리나라의 대외관계에 직접적으로 많은 영향을 주는 선진국들의 정치지도자들은 물론이거니와 언론계와 학계의 지도자들과도 교분이 두텁다. 이 국제적 신망은 이른바 대선주자들 가운데 그만이 가진 큰 자산이다.

그는 학문적으로도 한국을 대표할 만한 극소수의 세계적 석학들 가운데 한 사람이다. 세계의 거의 모든 나라의 정치학자들이 가입한 세계정치학회(IPSA)의 집행위원으로 한국의 정치학자로서는 처음으로 선출된 이가 바로 그였다는 사실이 그러한 평가를 뒷받침한다. 그의 논문은 국제적인 수준을 자랑하는 논문집이나 편저에 수록되어 있으며, 그의 강연은 국제사회의 주요 논단에서도 자주 초청을 받고 있다.

그의 국제감각과 영어 구사력은 글자 그대로 탁월하다. 그는 한국을 위해 국제사회를 '타이를 만한' 지도자이다. 이 점 역시 이른바 대선주자들 가운데 그만이 가진 큰 자산이다. 그를 만난 외국의 유수한 언론인들은 다음과 같이 말한다.

"이홍구가 한국을 대표해 미국이나 유럽의 정상들과 회담을 갖게 되어 그것이 TV로 보도되는 경우, 그 나라 국민은 쉽게 한국에 대해 무척 좋은 인상을 갖게 될 것이다. 그가 풍겨주는 지성인다운 인상만으로도 한국이 문화적 선진국임을 즉각 느낄 것이다. 한마디로, 국제무대에서의 그의 활동은 대한민국의 국격을 높일 것이다."

한국은 이제 유엔 회원국일 뿐만 아니라 유엔 안전보장이사회와 경제사회이사회의 이사국으로까지 진출했다. 경제선진국의 대명사와 다름없는 경제협력개발기구(OECD)의 회원국으로까지 진출했다. 이만큼 국가의 위상이 높아졌으면, 그 국가를 대표하는 지도자의 자질과 품격도 높아져야 하지 않겠는가. 이러한 자연스러운 물음 앞에 이 대표위원이 가장 높은 점수를 받을 수 있다고 생각한다면 그것은 필자의 선입견일까.

● 통일문제 전문가

그는 또 북한문제와 통일문제에 대해 아주 밝다. 오늘날에는 「민족공동체통일방안」으로 정리되어 있는 문민정부의 통일정책은 그가 학계에 있을 때부터 주창했으며 6공 정부의 통일원장관 때 성안한 「한민족공동체통일방안」의 복사판이라는 사실 하나만으로도 이 방면의 그의 역량은 증명된다. 이론적으로도 밝지만 통일원장관을 두 차례 역임하면서 쌓은 북한문제와 통일문제에 대한 현실감각은 다른 대선주자들의 추종을 허락하지 않는다. 안보에 대한 소신에서도 그는 확실하다. 민주화와 경제발전을 동시에 추구하면서 개혁을 추진해 나라의 내실을 기하는 바탕 위에서 국방력을 충실히 하고 외교력을 신장시킴으로써 국가안전을 도모할 수 있다는 것이 그의 체계적 안보관이다.

이러한 것들은 그가 세계화시대와 통일시대를 이끌어 갈 만한 경륜의 지도자임을 말해준다. 앞에서 소개한 그의 문집에 21세기에 관한 글들이 많이 들어 있음은 그가 일찍부터 21세기의 한국에 대해 깊이 있게 연구하고 비전을 쌓아왔음을 증명한다.

그는 또 청렴결백한 사람이다. 결코 짧지 않은 요직의 공직생활을 두루 거치면서도 조그만 구설수에도 오른 일이 없었다는 사실은 그가 공사생활 모두에서 얼마나 철저히 자기관리를 해 왔는가를 증명한다. 그가 따뜻하고 너그러운 사람이어서 죄인은 미워하지 않을지라도 죄는 미워하고, 그래서 법치주의를 확립시켜 공직사회의 기강이 바로 서도록 할

675

수 있다는 인간적 바탕을 그 스스로 갖고 있다는 뜻이다.

우리나라는 바야흐로 중요한 전환기에 들어섰다. 그는 평소에 "21세기가 되면 남한에서는 민주와 복지의 공동체를, 한반도에서는 평화와 통일의 공동체를, 그리고 우리 한반도와 이웃한 태평양 연안 지역에서는 협력과 공영의 공동체를 우리 겨레의 손으로 세워야 한다."라고 역설해 왔다. 20세기를 마감하고 21세기를 여는 이 세기적 전환기의 한국이 요청하는 지도자 그룹에 이 대표위원과 같이 비전의 지도자가 우선적으로 포함된다고 감히 말하고자 한다.

Ⅱ

우리 헌법은 의원내각제를 채택하지 않고 대통령제를 채택하고 있다. 그러면서도 대통령제에서는 있게 마련인 부통령은 두지 않으면서 대통령제에서는 없고 의원내각제에서는 있는 국무총리를 두고 있다는 데서 우리 정치의 미묘한 측면을 보게 됨과 아울러 우리 정치역학에서 국무총리가 지니는 위상을 새삼 확인하게 된다.

그것은 흔히 최고 권력자 또는 통치자로 불리는 대통령의 위상 보호 또는 격상으로 귀결된다. 전통적으로 우리나라에서 대통령은 제2인자 또는 후계자의 존재나 등장을 경계해 왔고, 그래서 대통령제로 돌아간 1963년의 제3공화국 헌법 이후 오늘날에 이르기까지 제2인자 또는 후계자로 여겨질 수 있는 부통령의 자리는 사라진 것이다.

다른 한편으로, 대통령은 자신이 행정부의 수반이라는 지위 때문에 입법부의 수장인 국회의장, 그리고 사법부의 수장인 대법원장과 동렬에서 있는 것 같은 인상을 주고 싶어 하지 않는다. 대통령은 전통적으로 국가의 원수임을 앞세우고 싶어 하며, 또 그러한 헌법적 지위에 근거해 자신이 입법부의 수장이나 사법부의 수장에 비해 월등한 상위에 있음을 과시하고 싶어 한다.

위에서 지적한 두 가지 측면에서, 전형적인 대통령제 헌법에서는 존재하지 않는 국무총리가 우리의 대통령제 헌법에서는 참으로 오랫동안 존속하는 까닭을 발견하게 된다. 쉽게 말해, 국무총리를 두어 부통령을 두지 않음으로써 발생한 정치적 공백을 메우고, 또 국무총리로 하여금 국회의장 및 대법원장과 동렬에 서게 함으로써 결과적으로 대통령의 위상을 훨씬 더 높이도록 만드는 것이다.

국무총리의 존재 이유가 이러하기에 우리 정치사에서 국무총리는 대체로 대통령에 대한 방탄조끼였거나, 대통령을 위한 대독(代讀)총리 또는 의전총리, 심지어는 얼굴마담으로 기억되어 왔다. 또 그러하기에 국무총리는 대체로 대통령보다 나이가 많은 원로이거나 선배였고, 정치인 또는 행정인보다는 대권에 대해 야심이 없는 명망가로부터 발탁됐다.

그러므로 '나라의 일을 총체적으로 관리함'이라는 뜻의 국무총리는 그 이름과는 달리 나라의 일을 총체적으로 관리하지 못하는 자리로 여겨지는 것이 당연한 흐름이었다. 그래서 지난날에는 직제에서 국무총리 아래에 있는 장관이 국무총리에게는 보고도 하지 않고 대통령 비서실의 해당 수석비서관에 보고하는 일이 흔했으며, 심지어 어떤 국무총리들은 실세 수석비서관이나 비서실장에게 면담을 요청하기도 했다.

● **치우치지 않은 균형감각**

이번에 이홍구 부총리 겸 통일원장관을 국무총리로 기용하면서 김영삼 대통령은 국무총리를 방탄조끼나 의전총리로만 쓰지 않을 것을 밝혔다. 국무총리가 실질적으로 내각을 관장하면서 행정 각 부서를 이끌어가도록 하며, 그래서 대통령이 앞으로의 국정운영에서 역점을 두고자 하는 세계화의 과제와 통일의 과제를 구체적이면서 가시적으로 앞장서서 추진하도록 하겠다는 뜻을 비친 것이다.

신임 이 총리를 잘 아는 사람들 가운데 한 사람이라고 할 수 있는 필자는 이 총리가 김 대통령의 그러한 뜻에 알맞은 분이라고 확신한다. 오늘날 우리나라가 처한 시대적 상황과 관련지어 볼 때 적재적소(適材適所)라는 느낌이 앞선다.

여기서 필자는 지난 1973년 이후 20년 넘게 가까이서 접해 온 이 총리에 대한 관찰을 독자 여러분에게 보여드리고자 한다. 참고로 덧붙이건대, 필자는 1973년부터 1988년까지 서울대 정치학과 교수로 함께 있었고, 1990년부터 1991년까지 다시 대통령 비서실에서 함께 일했다.

첫째, 이 총리는 따뜻한 성품을 지녔다. 그의 특징인 잔잔한 미소가 상징하듯, 그는 남을 언제나 따뜻한 마음으로 대하며, 남의 어려움을 될 수 있으면 덜어주려고 모든 노력을 기울인다. 그가 어떤 보상을 바라고 그렇게 행동하는 것이 전혀 아니라는 점에 바로 그의 인간적 온화함의 본질이 있다. 그렇기에 그를 대한 사람이라면 누구나 처음부터 편안함을 느낀다.

불교에서는 남을 편안하게 만들어주는 사람을 부처님과 같은 사람이라고 말한다. 그렇다고 해서 이 총리를 부처님과 같은 사람이라고 말할 수 있느냐에 대해서는 논란이 따르겠으나, 필자는 적어도 그가 남을 편안하게 만들어주는 데 도가 튼 사람이라고 부르는 데 주저하지 않을 것이다.

필자는 그의 그러한 성품이 내각의 분위기를, 그리고 당정협의의 분위기를 갈등의 국면보다 화합의 국면으로 유도하는 데 이바지하리라고 확신한다. 남북총리회담이 열리게 된다면, 그의 그러한 성품은 교조주의적 북한대표단에 대해서도 분명히 영향을 줄 것이다.

둘째, 그렇다고 해서 그가 그저 사람만 좋은 '물컹이'라는 뜻으로 오해되어서는 안 될 것이다. 그는 외유내강의 원칙을 중시하며 부정부패를 미워한다.

그는 직언을 꺼리지 않는 강직성과 용기도 겸비하고 있다. 필자가 대통령 정책조사보좌관으로, 그리고 그가 대통령 특별보좌관으로 같은 시기에 노태우 대통령을 모시고 일할 때 그가 직언하는 것을 필자는 여러 차례 목격했다. 뒷날 필자도 자세히 증언하겠지만 여기서는 간단히 쓰기로 하겠는데, 한 예로 그는 그 무렵 정계 일각에서 추진되던 의원내각제로의 개헌을 내놓고 반대했다.

셋째, 그의 장점으로 필자가 늘 배우고자 하는 대상은 균형감각이다. 그는 어느 한쪽으로 치우치지 않으면서 중심을 잡고자 최대한 노력한다. 이것은 그가 자기 판단의 근거에 이성(理性)을 두고 있음을 의미한다. 그는 이성의 존중이 자기 처신의 근본이라고 자주 말하곤 했다.

여기서 필자가 상기시키고 싶은 점은 그가 기본적으로 철학도라는 사실이다. 그는 미국 에모리대학교 철학과를 졸업했고 예일대학교 대학원 철학과에서 석사학위를 받았다. 박사학위는 예일대학교 대학원 정치학과로부터 받았으나 정치학과에서의 전공은 정치철학이었다. 플라톤과 아리스토텔레스의 고대 그리스 정치철학, 그리고 루소의 근대 민주주의 정치철학에 관한 그의 연구는 세계적 수준이다. 이러한 학문적 배경의 결과로 그의 저술이나 강의는 다른 정치학자들에게서 찾기 어려운 심오함을 보여준다.

서양의 정치철학에 조예가 깊으면서도 동양의 정치철학, 특히 한국의 정치철학에 대해서도 끊임없이 탐구해왔다는 데서 그의 학문적 관심과 활동의 귀결점이 어디에 있는가가 엿보인다. 바꿔 말해, 그는 언제나 한국정치의 규범과 이상이 무엇이어야 하는가 하는 문제의식을 지닌 채 서양의 정치철학을 연구해 온 것이다.

넷째, 그는 국제정치 또는 세계문제에 대해 정통하다. 정치학자로서 그의 학문적 명성이 국내의 어느 정치학자보다도 서방선진국의 정치학계에서는 물론, 언론계와 정계 및 관계에서도 잘 알려져 있다고 필자는 보고 있다. 주영대사로서 외교의 실무를 익히기도 했다.

이렇게 볼 때, 세계화를 표방하는 오늘날의 국내 상황에서 그가 과연 어떤 경륜을 제시하고 어떤 역량을 발휘할 것인지 관심을 두고 기다리게

679

된다. 물론 필자로서는 그가 분명히 우수작을 내놓으리라고 확신한다.

다섯째, 그는 북한문제 또는 통일문제에 대해 이론과 현실 양면에서 일가를 이뤘다. 그는 1975년에 이미 민족공동체통일방안을 이론화해서 국제학계에 발표했었는데, 1989년에는 통일원장관으로 한민족공동체통일방안을 정부의 공식적 통일방안으로 성안해 발표했다. 통일원장관을 두 차례나 지내면서 북한문제와 통일문제에 대해 현실감각을 체득하기도 했다. 바야흐로 북한은 중대한 전환기에 들어가고 있다. 남북한관계 역시 중대한 국면을 맞이할 수 있다. 이러한 시점에 그러한 배경의 그가 국무총리로 기용됐다는 것은 믿음직스럽다.

이제 결론을 내려본다. 필자는 일찍부터 이분이야말로 훌륭한 재상이 되리라고 여러 곳에서 공개적으로 천거해 왔다. 나라 안팎으로 매우 어렵고 중대한 시기에 마침내 그는 국무총리로 부름을 받았다. 학식, 경륜, 경험, 능력, 봉사의 정신 그리고 청렴성에서 누구보다 앞서있다. 필자는 그가 김 대통령 정부의 마지막 국무총리가 되고 국민으로부터 존경과 사랑을 받는 국무총리가 되기를 기원한다.

정치, 정치학, 정치학의 주요 개념,
그리고 역사적 사건에 한정하여

이 전 총리는 예일대학교에서 정치학박사학위를 받고 귀국한 뒤 저술을 통해서나, 강연회·좌담회 등에서의 발언을 통해서 국내문제는 물론 국제문제에 관해 많은 의견을 개진했다. 그것들 가운데 특히 정치, 정치학, 정치학의 주요 개념, 그리고 역사적 사건에 한정해 소개하기로 한다.

1969년

"정치가 적으면 적을수록 행정이나 경제의 발전이 클 것이라는 가정(假定)은 설사 그것이 정책의 전제가 아닌 대중적인 '짐작'에 불과하다고 하더라도 지극히 그릇된 것임을 지적하지 않을 수 없다. […] 정치과정에 활동적으로 참여할 수 있는 잠재적인 능력을 가진 집단과 계층으로 하여금 […] 좀 더 적극적으로 [국정의 과제와 방향에 관한 토론에] 참가하게 이끄는 분위기를 힘써 만들어야 한다. [정치는] 지적 엘리트들 사이에서의 변증법적 대화와 토론을 통해 이루어져야 한다."

   - 이홍구, 「박 대통령 연두회견의 정치적 의의」, 『신동아』(1969년 2월), 68~75쪽.

"역사는 단순한 시간의 흐름이 아니라 창조적 과정이라는 데 그 의의가 있는 것이다. […] 정치란 필연적 과정이 아니다. 정치의 특징은 그것이 어떤 실재적인 사실이나 조건들에 의하여 만들어진 어쩔 수 없는 결과가 아니라 정치에 참여한 사람의 결정에 따라 이룩된 현상이라는 것이다."

   - 이홍구, 「역사의 재창조와 정치규범; 3·1운동의 정치사상을 중심으로」, 『신동아』(1969년 3월), 196~204쪽; 『이홍구문집』 Ⅲ, 15~29쪽. 인용된 부분은 20쪽에 있다.

"[우리나라 정치에서] 이식된 민주정치의 구조와 이념을 전통적 정치문화의 발전과정으로 동화시키는 길을 찾아야 한다. […] 확고한 주체성과 정통성 위에서 민주정치를 이룩하려면 우리는 무엇보다 확고한 자율적인 헌법규범이 필요하고, 그러한 규범의 확립을 위하여는 한국적 이데올로기의 발전이 시급한 것이다. 우리는 이데올로기의 종말이 아니라 여명을 기다리고 있는 것이다."

> – 이홍구, 「한국의 헌법이념과 정치현실: 규범과 현실과의 괴리」, 『세대』(1969년 7월), 70~76쪽; 『이홍구문집』 I , 217~227쪽에 재수록. 인용된 부분은 223쪽에 있다.

1970년

"케네디 대통령은 '권력이 우리를 교만하게 만들 때 시(詩)는 우리의 부족함을 상기시켜준다. 권력이 우리의 관심의 범위를 좁힐 때 시는 인생의 화려함과 다양함을 상기시켜주는 것이다. 권력이 부패할 때 시는 정화시키는 것이다.'라고 말했다. 정녕 우리의 정치는 시를 필요로 하고 있는 것이다. [⋯] 시를 모르는 정치는 권력의 부패를 가져올 수도 있기 때문이다."

> – 이홍구, 「시와 정치」, 『대학신문』(1970년 1월 8일); 『이홍구문집』 I , 45~46쪽. 인용된 부분은 45~46쪽에 있다.

"정치는 전쟁이 아니다. 불가능한 꿈에 대한 믿음만으로 정치문제를 해결할 수는 없다. 폭발을 통한 문제의 소멸이 곧 해결은 아니다. 그래서 영웅적인 장군이 곧 위대한 정치가가 된다는 필연성은 없는 것이다. 문제를 현실적으로 파악하여 가능한 최선의 해결책을 찾을 수 있는 '가능의 예술가'가 정치를 해야 한다. [⋯] 정치는 만용으로 뛰어드는 투기가 아니라 차근차근한 이성으로 이룩될 수 있는 예술인 것이다."

> – 이홍구, 「가능과 불가능」, 『대학신문』(1970년 1월 15일); 『이홍구문집』 I , 47~48쪽에 재수록. 인용된 부분은 48쪽에 있다.

"한국 정치인은 협잡은 잘하는데 협상은 못 한다는 말까지도 들려오는 것 같다. [⋯] 오직 올바른 정치인이 공익을 위한 타협을 추구할 때만 협잡이 아닌 협상이 가능한 것이다."

> – 이홍구, 「협상과 협잡」, 『대학신문』(1970년 2월 5일); 『이홍구문집』 I , 53~54쪽. 인용된 부분은 53~54쪽에 있다.

"정치적 권모술수의 이론가처럼 알려진 마키아벨리도 정치의 기복을 결정하는
마지막 변수는 천운(天運)이라고 하였다. 유능하고 성실한 정치가가 반드시 집권한
다는 역사적 필연성은 존재하지 않는다. 그러나 수인사대천명(修人事待天命)하는 정
치인이 많을수록 정치의 발전을 기대할 수 있다. 제비뽑는 흥분으로 달려드는 정상
배(政商輩)가 범람할 때 정치는 퇴화하는 것이다."

> ─ 이홍구, 「수인사대추첨(修人事待抽籤)」, 『대학신문』(1970년 2월 19일); 『이홍구문집』 I,
> 57~58쪽. 인용된 부분은 58쪽에 있다.

"양심이 이권의 포장지로 추락할 때는 정치는 비극적 엄숙함은 잃고 조잡한 아
귀다툼으로 퇴화하는 것이다. […] 우리 주변엔 소신껏 행동하겠다는 정치인이 많
다. 그들이 한 가지로 애국심에 불타고 있는 것은 의심할 여지가 없다. 그러나 그 정
치적 소신보다도 인간적인 양심을 더 아쉬워할 수도 있다."

> ─ 이홍구, 「양심과 비극」, 『대학신문』(1970년 2월 26일); 『이홍구문집』 I, 59~60쪽. 인용된 부
> 분은 59~60쪽에 있다.

"자유는 각개 인격의 독자적 구현으로서의 자아실현의 원동력이며, 자유화(自由
化)는 숭고한 인격정신의 정화(精華)가 성장 확대되는 과정인 것이다. 사회나 국가는
그러한 개인의 기본적 자유를 침해할 수 없는 것이며, 다수에 의한 횡포는 필연적으
로 자유의 가능성을 박탈하는 것이다. 개인의 자유는 각 개인이 존재하는 구체적인
시간적 공간적 상황, 다시 말해 사회관계를 통해서만 그 진정한 의미를 지니게 된다.
민족적 자유는 각 개인의 자유를 알맹이로 한 다양성으로 창조되는 통일이며, 개인
의 자유는 민족이라는 공동체 안에서 구체화하는 개별성인 것이다."

> ─ 이홍구, 「민주적 자유주의: 한국적 자유론의 서장」, 『창작과 비평』 제5권 1호(1970년 봄),
> 73~81쪽; 『이홍구문집』 III, 43~55쪽에 재수록됐다.

"자유로 향한 세계사적 대조류를 시대적 배경으로 한 민족사의 창조적 전개는
한국적 자유를 실현시키는 겨레의 대행진인 것이다. 민족의 전통과 양심은 창조를
속박하는 빈곤을, 문화를 파괴하는 폭력을, 이성을 배반하는 무지를, 그리고 인간을
노예화하는 비굴을 송두리째 뽑아버릴 것을 명령하고 있다. 이제 우리는 빈곤, 무
지, 폭력 그리고 비굴이라는 부자유의 준령을 넘어서서 번영과 예지와 평화와 긍지

683

가 충만한 자유의 평원으로 전진할 뿐이다. 따라서 미래의 모든 정치적 행동은 민족적 자유주의에 의하여 규율되어야 할 것이다. 그것만이 이 땅에서 공산주의를 비롯한 일체의 반민주적 반자유적 반인도적 요소를 구축하는 길이다. 민족적 자유주의의 전개는 한국적 자유의 구현을 위한 진지한 시도인 것이다.”

  - 이홍구, 「민주적 자유주의: 한국적 자유론의 서장」, 『창작과 비평』 제5권 1호(1970년 봄), 73~81쪽; 『이홍구문집』 Ⅲ, 43~55쪽에 재수록됐다. 인용된 부분은 55쪽에 있다.

“아름다운 건물은 정치적 결정만으로 지어질 수 있는 것이 아니다. 쉘링의 말대로 ‘건축은 동결된 음악’이라면 아름다움의 창조를 이해하고 감사하고 장려하는 정치만이 훌륭한 건물의 탄생을 수월케 한다. 정치를 권력의 획득과 유지를 위한 수단으로만 여기지 않고 새로운 아름다움의 창조를 가능하게 하는 노력으로 생각할 때 아름다운 정치와 아름다운 건물은 정립되는 것이다.”

  - 이홍구, 「건축과 정치」, 『대학신문』(1970년 3월 6일); 『이홍구문집』 Ⅰ, 61~62쪽. 인용된 부분은 61쪽에 있다.

“오늘날의 대학은 속세를 떠난 상아탑(象牙塔)이 아니라 현실을 창조하는 적극적 이성의 집단인 것이다. 대학이 사회의 양심과 양식을 보존하는 전당이라면, 사회 문제를 외면할 수 없다는 것은 오히려 당연한 자세인 것이다.”

  - 이홍구, 「대학과 도시」, 『대학신문』(1970년 3월 13일); 『이홍구문집』 Ⅰ, 67~68쪽. 인용된 부분은 68쪽에 있다.

“인간의 불행을 극복하기 위하여 인간이 노력하는 것이 정치이다.”

  - 이홍구, 「정치와 해학」, 『대학신문』(1970년 3월 21일); 『이홍구문집』 Ⅰ, 65~66쪽. 인용된 부분은 66쪽에 있다.

“과거를 아끼고 미래를 꿈꿀 수 있는 민족만이 알찬 현재를 가질 수 있는 것 같다. […] 과거와 미래의 문화에 대한 창조적인 평가와 상상을 할 수 있는 정치만이 힘차고 뜻있는 현재를 건설할 수 있는 것이다.”

  - 이홍구, 「박물관과 박람회」, 『대학신문』(1970년 4월 9일); 『이홍구문집』 Ⅰ, 69~70쪽. 인용된 부분은 69~70쪽에 있다.

"자존심은 희미한 데다가 자만심만이 짙은 용렬한 삼류의 인간들이 혹시 정치에 관여한다면 저속한 사치의 홍수 속에서 한 가닥의 존엄도 남기지 못한 채 우리의 정치는 익사하여 버린다는 악몽 같은 우려에 잠길 수도 있다."

- 이홍구, 「자존과 자만」, 『대학신문』(1970년 5월 26일); 『이홍구문집』 I , 77~78쪽. 인용된 부분은 78쪽에 있다.

"위대한 정치가가 반드시 위대한 철인은 아니다. 그러나 아무런 정치철학도 없이 위대한 정치가가 될 수는 없다."

- 이홍구, 「뚜렷한 역사의식: 드골의 정치철학」, 『한국일보』(1970년 11월 12일); 『이홍구문집』 I , 93~96쪽. 인용된 부분은 93쪽에 있다.

1971년

"인간은 이성의 소유자인 동시에 정치적 존재이다. 정치적 조직으로서의 국가의 목적은 모든 시민으로 하여금 이성에 입각한 윤리적 생활을 가능케 하는 것이다."

- 이홍구, 「칼 J. 프리드리히의 정치철학」, 동아일보사 신동아 편집실 편, 『현대의 사상 77인』(동아일보사, 1971년 1월, 『신동아』 신년호 특집 별책), 136~139쪽; 『이홍구문집』 II, 241~248쪽에 재수록. 인용된 부분은 243쪽에 있다.

"국가의 비상시라는 것이 바로 입헌체제가 위기에 처하였다는 것을 말하는 것이므로 비상권의 발동이나 계엄의 선포는 입헌의 수호를 위하여 헌법적 절차의 권리를 정지시킨다는 어쩔 수 없는 피상적 모순을 내포하고 있는 것이다. 그러기에 칼 프리드리히는 헌법적 절차에 따른 '독재'가 입헌정치의 최종의 테스트라고 말하는 것이다."

- 이홍구, 「칼 J. 프리드리히의 정치철학」, 동아일보사 신동아 편집실 편, 『현대의 사상 77인』(동아일보사, 1971년 1월, 『신동아』 신년호 특집 별책), 136~139쪽; 『이홍구문집』 II, 241~248쪽에 재수록. 인용된 부분은 244~245쪽에 있다.

"정치학이 해결하여야 할 최대의 과제는 어떻게 하면 능률적이면서 강력한 행정을 할 수 있으면서도 독재적인 힘의 집결을 초래하지 않을 정치체제를 고찰하느냐는 것이다."

  – 이홍구, 「칼 J. 프리드리히」, 신동아 편, 『현대의 사상 77인』(동아일보사, 1971년 신년호 부록),
136~139쪽; 『이홍구문집』 II, 241~247쪽에 재수록. 인용된 부분은 245쪽에 있다.

  "정치는 현실인 동시에 이상이다. 이상의 규범이 현실의 경험 속에서 작용하는
과정이다. 그러한 규범과 경험을 연결하는 것이 정치철학의 중심과제이다."
  – 이홍구, 「칼 J. 프리드리히」, 신동아 편, 『현대의 사상 77인』(동아일보사, 1971년 신년호 부록),
136~139쪽; 『이홍구문집』 II, 241~247쪽에 재수록. 인용된 부분은 247쪽에 있다.

  "만일 인간에게 윤리적인 차원이 존재하지 않는다면 정치에도 따라서 윤리적인
차원이 없을 것이고 그때 정치는 퇴화하기 시작한다. 그러나 정치가 단순히 기능적
인 면에서 불편을 덜어줄 뿐만 아니라 좀 더 올바르게 생활할 수 있는 인간의 공동
사회를 운영하는 방식이라고 할 때 정치는 단순한 힘의 차원을 넘어서서 순화할 수
있고 그것은 인간생활의 최고의 윤리적인 표현이 될 수도 있다."
  – 이홍구, 「현대정치와 인간소외: 인간소외의 본질과 한국근대화의 방향」, 『세대』(1971년 1월),
90~97쪽; 『이홍구문집』 III, 57~66쪽에 재수록. 인용된 부분은 92쪽에 있다.

  "오늘날의 사회에서 정치학자로서의 자신이 지키고 싶은 이미지가 무엇인가를
작정하지 못한다면 참다운 의미에서의 '학자적인 고민'은 불가능할지도 모른다."
  – 이홍구, 「고민으로 향한 고집의 자세: 어떤 정치학자의 경우」, 『문학비평』(1971년 봄), 66~70
쪽; 『이홍구문집』 I, 101~106쪽. 인용된 부분은 102쪽에 있다.

  "미국정치학계가 막스 베버가 말한 '가치중립'론을 중시해 정치현상도 '가치중
립'의 입장에서 분석할 수 있다고 주장하며 정치현상을 가치나 규범의 문제를 소외
시킨 채 '과학적'으로 접근하려고 시도함으로써 '정치학의 불완전화(不完全化)'를 초
래하게 되었다. 그러나 가치나 규범의 문제는 고전적 정치학의 전통 속에서 언제나
정치학의 중심과제였다."
  – Hongkoo Lee, "Reflections on Value-Free Science of Politics," 『논문집: 인문사회과학 편』
(서울대학교 교양과정부), 3(1971년 4월), 299~314쪽; 『이홍구문집』 V, 219~242쪽.

1972년

"지식이 곧 지성은 아니지만, 또 지식이 지성의 충분조건은 아니지만, 필요조건 임에는 틀림없다. 무식한 지성이란 존재할 수 없는 것이다. 대체로 무지가 반지성의 원천인 것이다. 사색 그 자체를 아끼고 사색을 통한 이성적(理性的) 판단을 끝내 주장하는 것이 지성의 자세인 것이다."

- 이홍구, 「저항, 용기, 비극 없는 지성은 공허하다」, 『이대학보』(1972년 4월 17일); 『이홍구문집』 I, 120~122쪽. 인용된 부분은 121쪽에 있다.

"애국심도 무한히 저장되어 있는 것은 아니고, 따라서 고갈될 수 있는 것인지도 모른다. 감정 그 자체는 한계가 있다는 것이다. 따라서 강력한 상징에 자극되어 일어 나는 애국심도 너무나 자주 무분별하게 유발되다 보면 점차 그 열과 생기가 식어갈 수도 있다. […] 위기를 극복하기 위한 민족주의가 애국심을 필요조건으로 한다면 일시적 위기감각에 휘말린 애국심의 낭비는 철저히 경계하여야 할 것이다."

- 이홍구, 「한국민족주의의 본질과 방향」, 『신동아』(1972년 6월), 54~63쪽; 『이홍구문집』 III, 75~88쪽에 재수록. 인용된 부분은 79쪽에 있다.

"정치 그 자체를 공해라고 생각하는 사람도 있다. 그것은 모든 정치를 혐오하는 아나키스트적 반응이기보다는 오히려 정치에 대한 이상을 버리지 않으려는 유토피 안적 심정을 반영하고 있다. 정치는 물론 공익이어야지 공해이어서는 안 된다."

- 이홍구, 「환상을 넘어서 4」, 『신동아』(1972년 11월), 228~231쪽; 『이홍구문집』 I, 324~330쪽 에 재수록. 인용된 부분은 324쪽에 있다.

1973년

"인간은 정치적 존재인 동시에 이성(理性)을 지닌 존재라는 것을 잊어서는 안 된 다. 그것은 곧 정치란, 인간의 이성을 떠나서는 이해될 수 없다는 지극히 자명하지만 가끔 망각되기 쉬운 명제를 부각시키는 것이다."

- 이홍구, 「역자서문」, 프레데릭 왓킨스 저/이홍구 역, 『근대정치사상사』(을유문화사, 1973), 1~14쪽 가운데 3~4쪽.

"정치사상은 정치적 행동과 직결된 규범적 판단을 바탕으로 한 체계적 사고(思

考)이다.”

  – 이홍구, 「역자서문」, 프레데릭 왓킨스 저/이홍구 역, 『근대정치사상사』(을유문화사, 1973),

1~14쪽 가운데 7쪽.

“인간사회나 국가가 공동체라고 하는 것은 바로 그 공동체를 구성하는 개인이
나 시민의 인격과 위치를 소중히 한다는 점에서 서양정치사상에는 휴머니즘적 색
채가 짙은 것이다. 어떤 의미에서는 ‘공동체’라는 개념 자체가 바로 서양정치사상의
특성을 가장 뚜렷하게 나타내고 있다고 볼 수도 있다. 그렇기에 정치사상이나 정치
철학의 중심적 문제가 되는 ‘권력의 정당성’ ‘법의 타당성’ ‘복종과 의무’ 등이 서양
정치사상사에서는 주로 개인과 공동체의 관계라는 차원에서 취급되어 온 것이다.”

  – 이홍구, 「역자서문」, 프레데릭 왓킨스 저/이홍구 역, 『근대정치사상사』(을유문화사, 1973),

1~14쪽 가운데 11쪽.

1974년

“오늘날의 국제관계는 안보 · 군사 차원의 문제도 중요하지만 자원문제에 의해
크게 영향을 받고 있다. 이로써 ‘자원통제의 정치 시대’가 한반도를 포함한 동아시
아 전역과 제3세계에서 전개되고 있다.”

  – 미국 연방하원 대외관계위원회 산하 아시아·태평양소위원회 청문회(1974년 2월 20일)에서의
증언 가운데 핵심적인 부분. Hongkoo Lee, “Oil and Asian Rivals: Sino-Soviet Conflict; Japan
and the Oil Crisis,” (February 20, 1974), *Hearings Before the Subcommittee on Asian and
Pacific Affairs of the Committee on Foreign Affairs, House of Representatives, Ninety-
third Congress, First and Second Sessions*(Washington, D. C.: United States Government
Printing Office, 1974), pp.75~86; 『이홍구문집』 V, pp.253~269.

1975~1976년

“환경보호의 문제는 자연과학적 · 공학적 수준의 기술적 문제에 국한된 문제가
아니라 정치적 문제이므로, 정치를 통해 이 문제를 풀어야 한다. 개발도상국가가 어
느 다른 가치보다도 경제성장을 우선시하며 경제성장을 추구하면 자체 내에서 환경
오염 문제가 발생한다.”

  – Hongkoo Lee, “What China Expects and Plans For,” Worldview, Vol. 15, No. 5(May

1975), pp.39~41; Hongkoo Lee, "China in the Politics of Resource Control: From the Socialist Camp to the Third World," *Korean Journal of International Studies*, Vol. 7, No. 3(1976); 『이홍구문집』 V, pp.293~321.

1977년

"4 · 19가 새 세대의 시민적 성향과 그를 바탕으로 한 새 물결의 힘을 극적으로 보여준 사건임에 틀림없다고 믿고 있네. 그러나 나는 4 · 19를 진정한 의미에서 혁명이라고 할 수 없다는 입장을 취하여 학생들과 의견을 달리하고 그들에게 가끔 서운함을 안겨주었어."

    – 이홍구, 「의지 속의 불꽃」, 『문학사상』(1977년 10월), 121~125쪽; 『이홍구문집』 I, 139~143쪽에 재수록.

"원수는 꼭 외나무다리에서만 만나야 하는 것은 아니다. 원수는 예루살렘에서 악수를 나눌 수도 있다. 이스라엘을 찾아간 이집트의 사다트 대통령이 그것을 증명하고 있다. 그것은 정녕 흥분이 넘치는 역사의 한 장(章)이었다. 아니, 너무나 지리하게 긴 아랍 · 이스라엘 혈투극 가운데서 비교적 재미있는 한 막(幕)이었다. 결국 정치란 끝없이 계속되는 그러면서도 가끔 너무나 흥미로운 연극이란 말인가."

    – 이홍구, 「사다트와 정치 '연극'」, 『동아일보』(1977년 11월 26일); 『이홍구문집』 I, 144~146쪽. 인용된 부분은 144쪽에 있다.

1978년

"정치는 법을 만드는 힘도 그리고 법을 깨뜨리는 힘도 지닌 것이다."

    – 이홍구, 「법과 권력」, 『대학신문』(1978년 5월 1일); 『이홍구문집』 I, 150~153쪽. 인용된 부분은 151쪽에 있다.

"인간이 공동생활을 영위해나가기 위해서는 항상 권력을 어떻게 조직하고 사용하느냐에 대한 기본적인 목표가 있어야 하고 방법이 있어야 합니다. 이것이 정치입니다."

    – 이홍구·김성식, 「대담: 정치에 대하여」, 『신동아』(1978년 5월), 56~73쪽; 『이홍구문집』 IV, 421~448쪽에 재수록.

"우리 제도에 […] 결함이 있다면 사표를 제출하는 일이 매우 적다는 것입니다. 누가 무엇에 책임을 지고 그만두었다든지, 나는 이것과 의견을 달리 하기 때문에 그만두겠다 하는 경우를 거의 볼 수 없습니다. 정당한 이유로 그만두는 경우가 드물다는 것은 도덕적 판단의 기준이 희미해졌다는 인상을 주며, 그 속에서 일하는 사람들이 무조건 자리를 지키는 것을 최고의 목표로 삼는 듯한 인상을 줍니다."

- 이홍구·소홍렬, 「대담: 정치하는 마음, 정치하는 몸가짐」, 『세대』(1978년 10월), 64~78쪽; 『이홍구문집』 IV, 449~463쪽. 인용된 부분은 461쪽에 있다.

1979년

"결국 우리는 '이성' '자유' '혁명'을 아직도 서양정치사상의 본질적 규범이라고 판단하는 입장에 머물고 있는 것이다."

- 이홍구, 「서양정치사상의 전통과 본질」, 연세대학교 동서문제연구원 편, 『동서양사회의 비교연구』(연세대학교 동서문제연구원, 1979), 117~130쪽; 『이홍구문집』 II, 275~289쪽에 재수록. 인용된 부분은 289쪽에 있다.

1980년

"한국의 정치는 달리는 삼륜차(三輪車)와 같이 세 바퀴를 갖고 있다. 남북대결, 국제관계, 국내발전이라는 세 바퀴가 다 함께 유기적으로 연결되어 돌아갈 때만 한국정치체제는 안정을 유지할 수 있다."

- 이홍구, 「한국적 정치발전의 과제: 80년대에 거는 기대」, 『신동아』(1980년 1월), 110~115쪽; 신동아』(1981년 4월), 300~305쪽에 재수록; 『이홍구문집』 I, 370~379쪽에 재수록. 인용된 부분은 373쪽에 있다.

"정치 없는 행정국가가 가능하다는 환상, 권력의 수입 없는 지출이 계속될 수 있다는 환상, 장기집권이 정치안정의 유일한 수단이라는 환상, 민중의 힘이 아니라 관료의 능력이 성장의 핵심이라고 믿는 환상, 무능한 정치인이 현명한 국민을 이끌어갈 수도 있다는 환상, 자기의 도덕적 우월성이 국민을 대표할 권리를 독점할 수 있다는 환상, 현실의 한계를 무시하는 것이 애국의 최상방법이라고 믿는 환상 등을 우선 말끔히 씻어버렸을 때 비로소 정치발전에로의 대로는 우리 앞에 펼쳐질 것이다."

- 이홍구, 「한국적 정치발전의 과제: 80년대에 거는 기대」, 『신동아』(1980년 1월), 110~115쪽;

『신동아』(1981년 4월), 300~305쪽에 재수록; 『이홍구문집』 I , 370~379쪽에 재수록. 인용된 부분은 379쪽에 있다.

"정치는 윤리적 차원을 떠나서는 그 최상의 의미를 잃게 되는 것이며 비인간화하는 것이다. 현대정치는 인간소외의 극복을 목표로 하고 인간화를 지상과제로 삼았을 때, 즉 정치가 순화되었을 때 비로소 근대화가 수반한 어지럽고 탁한 물결로부터 인간과 사회를 구제하는 실마리를 찾게 되는 것이다."

- 이홍구, 「현대정치와 인간소외」, 『상황 '80』(다락원, 1980), 76~81쪽; 『이홍구문집』 II, 129~135쪽에 재수록. 인용된 부분은 135쪽에 있다.

"정치는 단순히 사회의 운영을 위하여, 그 안전보장을 위하여 그리고 여러 가지 수요를 공급하기 위하여 존재하는 것이 아니어야 한다. 정치사회, 즉 국가란 궁극적으로 인간성을 개발하고 보존하기 위하여, 그리고 인간성의 일부(一部)인 정치참여를 가능하게 하기 위하여 존재하는 것이다. 그런 뜻에서 정치는 윤리적 차원을 떠나서는 그 최상의 의미를 잃게 되는 것이며 비인간화하는 것이다. 현대정치는 인간소외의 극복을 목표로 하고 인간화를 지상과제로 삼았을 때, 즉 정치가 순화되었을 때 비로소 근대화가 수반한 어지럽고 탁한 물결로부터 인간과 사회를 구제하는 실마리를 찾게 되는 것이다."

- 이홍구, 「현대정치와 인간소외」, 『상황 '80』(다락원, 1980), 76~81쪽; 『이홍구문집』 II, 129~135쪽에 재수록. 인용된 부분은 135쪽에 있다.

"우리가 말하는 헌법정신이란 대체로 근대적 헌법, 즉 시민헌법을 밑받침하는 규범을 뜻한다. 따라서 시민혁명 이전의 헌법, 시민문화의 부재 속에서 제정되고 운영되는 헌법, 그리고 왕국이나 제국의 존속을 위한 헌법 등은 우리가 말하는 헌법정신과는 무관한 것이다. […] 우리가 간직하려는 헌법정신이란 정확히 말하여 시민헌법의 정신인 것이다."

- 이홍구, 「헌법정신과 사회정의」, 『한국기자협회 동계연수회 주제논문집』(1980); 『이홍구문집』 I , 392~393쪽에 재수록.

"'인간은 정치적 동물'이라는 '아리스토텔레스'의 명제를 '정치는 동물적으로'라는 행동지침으로 오해한 정당인이 혹시 있지 않냐 하는 걱정을 할 수밖에 없는 것이 작금의 형편이다."

　　– 「정당구조적개혁 서둘 때」, 『동아일보』(1980년 3월 24일), 3쪽; 『이홍구문집』 I , 169~173쪽
　　에 재수록. 인용된 부분은 169쪽에 있다.

1981년

"아리스토텔레스의 정치사상은 그것이 얼마나 현대정치이론에 직결되어 있는가를 항시 유념하면서 공부하는 것이 바람직하다. 아리스토텔레스의 『정치학』은 좁은 의미에서의 정치학이 아니라 종합사회과학적 사회과학의 입장에서 국가와 정치의 성격을 규범적 차원과 분석적 차원에서 동시에 연구함으로써 정치사상 · 정치이론 · 정치철학의 연계성을 보여준 대작이라고 할 수 있다. 『정치학』은 그렇듯 포괄적 저서이지만 이를 적절히 이해하기 위하여는 이 책에 대한 철저한 지식이 반드시 요구된다."

　　– 서울대학교 사회과학대학 정치학과 기획/김영국 편, 『현대정치학의 대상과 방법』(법문사,
　　1981), 19~44쪽; 『이홍구문집』 II , 347~372쪽에 재수록.

1982년

"한국의 사회과학이 심각한 자기분열의 증세를 나타내고 있다는 의구심이 날로 깊어지고 있다."

　　– 이홍구, 「머리말」, 『사회과학과 정책연구』 제4권 제3호(1982년 12월), ⅰ 쪽.

1983년

"국가안보를 군사적 차원에서만 볼 것이 아니라 정치적 차원에서 접근해야 하며, 따라서 진정으로 국가안보를 원한다면 국내정치를 민주적으로 운영함으로써 대한민국이 민주국가임을 국제사회에 주지시키는 것이 중요하다."

　　– 이홍구, 「1983년의 국제정치: 정치적 팽창주의와 경제적 보호주의의 위험」, 『제11회 변호사연
　　수회』(1983); 『이홍구문집』 I , 403~411쪽에 재수록.

1984년

"평등과 더불어 가장 빈번하게 논의되는 정치규범은 자유이다. 자유와 평등 사

이의 변증법적 관계, 즉 자유의 신장은 불평등을 초래할 가능성이 크고 평등의 실현은 자유를 제한할 위험이 있다는 것은 정치철학에서 자주 논의되는 주제이다."

　　- 이홍구, 「한국민족주의를 보는 새 시각의 모색: 그 전개과정의 시대구분을 위한 시론」, 『아세아연구』 제17권 제1호(1984년 1월), 3~12쪽; 김준엽박사화갑기념출간위원회 편, 『한국과 아세아』(고려대학교 아세아문제연구소, 1984), 3~12쪽; 『이홍구문집』 III, 129~143쪽에 재수록.

1985년

"정치가 사회의 근본적인 변화를 잘 수렴해서 극단이나 폭력에 의해서가 아니라 민주적인 절차에 의해서 해결하는 고도의 정치공학이 필요하다."

　　- 이홍구·김대중, 「대담: 급진론은 '민주' 말살할 수도」, 『월간조선』(1985년 6월), 132~149쪽; 『이홍구문집』 IV, 521~539쪽에 재수록. 인용된 부분은 527쪽에 있다.

1986년

"한마디로 개인의 자유와 민족의 자유는 순환관계에 있다. 개인의 자유 없는 민족의 자유가 있을 수 없고 민족의 자유가 부재한 속에서 개인의 자유가 존재할 수도 없는 것이다."

　　- 이홍구, 「통일이념으로서의 민주와 자유」, 『민족화합민주통일론』 5(국토통일원, 1986년 12월), 9~38쪽; 『이홍구문집』 III, 245~265쪽에 재수록. 인용된 부분은 259쪽에 있다.

"1986년은 신학문으로서의 정치학 100주년일 수 있다. 지난 100년간, 적어도 [8·15 이후] 지난 40년간 한국정치학은 많은 발전을 하였다는 자부심이 없지 않으면서도 그것이 오늘의 정치학과 그 성격이나 내용에서 크게 다를 바가 없다는 것을 발견할 때 우리는 놀라움과 함께 당황하지 않을 수 없다. 따라서 근대정치학 100년을 맞는 이 시점은 우리에게 자축(自祝)보다는 자성(自省)의 계기가 될 수밖에 없다."

　　- 이홍구, 「회장연설: 근대한국정치학 100년: 그 한계성의 극복을 위한 자성」, 『한국정치학회보』 제20집 제2호(1986년 12월), 6~11쪽; 『이홍구문집』 II, 425~432쪽에 재수록.

1987년

"한국의 정치학은 세계의 정치학과 흐름을 같이 하되, 한국정치가 지닌 특수성, 특히 건국과 분단극복이라는 역사적 과업을 위한 학문적 기초와 처방을 마련하는

데 힘을 써야 한다.”

> — 이홍구, 「서울대학교 정치학 40년: 그 흐름과 학풍」, 『서울대학교학문연구40년』 전 2권(서울
> 대학교출판부, 1987년 7월) 제1권(총괄·인문·사회과학), 241~255쪽; 『이홍구문집』 Ⅱ, 469~488
> 쪽에 재수록.

“민주정치를 하기 위해서는 남의 얘기를 많이 들을 수 있는 인내력을 길러야 하고 개인의 의견이 존중되어야 한다. 우리나라에서는 말이 많으면 싫어하고 말없이 결단하는 사람을 높이 평가하는 경향도 있다. 그러나 이러한 것이 축적된다면 개인을 무시하고 집단을 중요시하는 반(反)자유주의적 민주주의가 될지도 모른다.”

> — 이홍구, 「한국여성유권자연맹에서의 강연(1987년 9월 29일)」, 『이홍구문집』 Ⅳ, 607~615쪽에
> 재수록. 인용된 부분은 615쪽에 있다.

1988년

“무엇이든 ‘무조건적’이라고 말하는 것은 지적(知的)으로 대단히 무책임한 발언이다. 중간에 개입되는 여러 복잡한 과정들을 일거에 뛰어넘고자 하는 것은 지적 태만이라고 할 수 있다. 무조건적 통일을 주장하는 것은 평화라는 문제에 대한 경시나 무지를 의미하는 것이다.”

> — 이홍구·최상용, 「대담: 탈냉전시대의 통일논의」, 『월간중앙』(1988년 5월), 297~298쪽.

“의회민주주의가 반드시 가장 능률적인 제도가 아닐 수도 있다. 그러나 능률을 명분으로 민주적 절차를 우회하거나 무시하는 반민주적 교조성은 절대 용납될 수 없다. 우리의 정치문화 속에는 절차에 구애받거나 오랜 기다림에 시달리지 않고 만사를 즉시 해결하고 싶은 속결에 대한 바람이 잠재하여 있음을 경계해야 한다. 다음 선거에서 국민의 판단을 받겠다는, 또 그를 위하여 국민을 설득하겠다는 민주적 인내와 겸손의 미덕을 가볍게 무시하려는 경향도 있다. 다른 사람들은 나만큼 애국심과 민주화에 대한 열망이나 통일에 대한 관심을 갖고 있지 않다는 독선적 확신을 바탕으로 국가·사회문제에 관해 해결사를 자처하는 소아적 영웅주의의 유혹도 있다. 이렇듯 좌우로부터의 수다한 위협과 유혹 속에서 우리는 비싼 대가를 치르고 그 기초를 닦기 시작한 의회민주주의를 꼭 키워가야 한다.”

> — 이홍구, 「중도세력의 확대와 민주개혁」, 『전망』(사회발전연구소, 1988년 11월); 『이홍구문집』

694

Ⅳ, 617~627쪽에 재수록.

1989년

"극우복고노선과 극좌혁명노선 사이의 중간지대에서 원활한 타협의 정치를 제도화해야 한다. 중도정치의 제도화를 통해 민주정치의 틀 속에서 극단세력을 제어해야 한다. 우리가 다른 나라의 민주화과정과 의회민주주의 정착과정을, 특히 권위주의체제가 오래 지속되었다가 민주화로 나아가고 있는 라틴아메리카나 '지중해모델'을 돌아볼 필요가 있다. 우리나라는 그리스, 포르투갈, 스페인 등 지중해형 모델을 따르는 것이 좋다."

- 이홍구·최재현, 「대담: 민주화가 남북통일의 첫걸음」, 『월간 다리』(1989년 9월), 54~62쪽; 『이홍구문집』 Ⅳ, 629~641쪽에 재수록. 인용된 부분은 630쪽에 있다.

1990년

"온건한 것이 화려한 것은 아니다. 그러나 온건의 미덕을 유지할 때만 민주화와 통일로의 행진은 실질적 소득을 얻게 되는 것이다. […] 온건은 우리 시대의 지혜라고 할 수 있다."

- 이홍구, 「공동체와 국가: 통일과 자유의 제문제」, 인산(仁山)김영국(金榮國)박사화갑기념논문집간행위원회 편, 『정치학의 전통과 한국정치』(박영사, 1990), 253~259쪽; 『이홍구문집』 Ⅲ, 411~419쪽에 재수록. 인용된 부분은 418~419쪽에 있다.

1992년

"영국은, 특히 런던은 세계금융시장의 중심지로 기능하고 있는데, 그것은 곧 정보의 중심을 의미한다. 영국에 대한 외교의 강화를 통한 유럽연합 국가들과의 관계 강화를 위해 노력하고 있다."

- 박두식, 「이홍구 주영대사 인터뷰」, 『조선일보』(1992년 3월 7일), 2쪽.

1993년

"우리뿐만 아니라, 그동안 공산당과의 교섭사(交涉史)를 보면 공산당이라고 하는 사람들은 복잡하게 얘기하면 잘못 알아듣는 경향이 있다. 확실하게 아주 단순화해서 '이것이 우리가 원하는 것이고 이것은 절대 양보를 못 하는 것이다.'를 확실하게 얘기해줘야 이해를 하지, 너무 어렵고 복잡하게 얘기하는 것은 잘못 알아듣는 경향이 있다. 그래서 우리는 남북대결에서는 확고한 자세를 취해야 한다."

– 이홍구, 「통일조국의 미래상과 국제환경」, 『통일강좌』 4(민주평화통일자문회의)(1993년 12월); 『이홍구문집』 III, 443~461쪽에 재수록.

1994년

"당위론적으로 볼 때, 만일 우리에게 통일의 기회가 온다면 우리에게 얼마의 대가가 오더라도 대가에 대해서는 말하지 말고 반드시 통일을 이뤄야 합니다."

– 이홍구, 「국제체제의 변화와 통일의 전망(자유지성300인회 강연)」, 『자유지성』 14(1994년 1월 31일); 『이홍구문집』 III, 463~473쪽에 재수록. 인용된 부분은 468~469쪽에 있다.

"어떤 의미에서는 지구 전체에 대한 관심이 제일 많은 사람이 자신의 문화를 보존하는 데에도 제일 앞섭니다. 국제화와 민족적인 것을 지키는 것은 절대 대립되는 것이 아니에요. 잘하는 나라는 둘 다 잘하고, 못하는 나라는 둘 다 못합니다."

– 이홍구·오재식·이호철, 「좌담: 냉전의 판도라상자를 열고」, 『계간 대화』(1994년 봄), 154~169쪽; 『이홍구문집』 IV, 689~711쪽에 재수록. 인용된 부분은 708쪽에 있다.

"북핵문제는 사상이나 이념의 문제가 아니라 민족생존의 문제이기 때문에 정부의 대북정책에서 0순위이고, 북한이 핵무기를 한 개가 아니라 반(半) 개만 갖고 있어도 남과 북이 1991년에 함께 서명하고 1992년에 함께 발효한 「한반도비핵화공동선언」은 무효다."

– 한국신문편집인협회 주최 조찬토론회(1994년 5월 12일)에서의 연설; 「북핵 반 개만 있어도 '비핵화선언'은 무효: 이 통일 밝혀」, 『동아일보』(1994년 5월 13일), 1쪽.

1995년

"중국의 경제발전과 더불어 서울~베이징~도쿄를 잇는 경제축(經濟軸)이 등장할 것이며 이러한 베세토(BE-SE-TO)는 21세기를 아시아·태평양의 세기로 만드는 데 크게 기여할 것이다."

– Hongkoo Lee, "Keynote Remarks at Beijing Conference Sponsored by the Asia Society: BESETO Axis to the Opening of Asia Pacific Century(May 13, 1995)," 이홍구, 『이홍구 국무

총리 연설문집』, 108~118쪽.

1996년

"여와 야는 절대 50대 50이 아니다. 국민은 여당이 책임을 지고 새 정치를 주도하라는 것이다."

　－ 「야 설득 정치기술 모자라 애로: 이홍구 대표 자택서 기자초청」, 『중앙일보』(1996년 5월 19일), 5쪽.

"우리가 21세기를 맞아 어떤 리더십 스타일이 가장 중요하나 하면 구체적으로는 회의를 하는 리더십이라고 생각합니다. 회의를 하려면 시간이 많이 걸립니다. 여러 사람 얘기를 다 들어야 하니까 비능률적이라는 생각이 들 수도 있습니다. 그러나 누가 자꾸 주장하는 것이 있으면 그것을 다 듣고, 그런 주장이 일리가 있음에도 불구하고 왜 그것을 택할 수 없는가 하는 것은 회의를 해보면 드러납니다."

　－ 전진우, 「인터뷰: "시대착오적, 투쟁적 리더십으론 이제 안돼"; 신한국당 이홍구 대표」, 『신동아』(1996년 8월), 148~159쪽. 인용된 부분은 152~153쪽에 있다.

"권위주의체제가 근대화작업의 효율성을 높인다고 해서 근대화와 민주화를 동시에 성공적으로 진전시킬 수 있다는 가능성을 배제할 수는 없는 일이다. 자유로운 참여를 통하여 인간의 권리와 존엄성을 구현하겠다는 민주화는 근대화의 수단이 아니라 목적으로 이해되어야 하며 국민의 꿈의 결집이라고 할 수 있다. 근대화작업을 지속적으로 추진하면서 어떻게 민주화도 동시에 실현하느냐는 고민스런 과제를 한국의 지성인은 피할 수 없었고 나도 물론 예외가 아니었다."

　－ 이홍구, 「머리말」, 『이홍구문집』 I (나남출판사, 1996년 9월), 5~9 가운데 7쪽.

"정치는 역시 국민을 위한 것이기 때문에 사익이 앞서면 절대 안 되며, 사익을 언제나 경계해야 합니다."

　－ 권영기, 「신한국당 이홍구 인터뷰: "클린턴 같은 '젊은 대통령' 나와야 한다"」, 『월간조선』(1996년 8월), 99~112쪽 가운데 109쪽.

2000년

"한국전쟁에서 미국이 이끄는 유엔군의 지원이 없었다면 한국의 오늘은 지금과 크게 달랐을 것이다."

　　– 이홍구, 「한국전쟁50주년기념식에서의 연설」, 『중앙일보』(2000년 6월 27일), 2쪽.

2002년

"세계화는 선택의 대상이 아니다. […] 세계화의 가장 핵심적 부분은 바로 새로운 보편윤리를 만들어가는 공동작업이다."

　　– 유네스코한국위원회와 한국정신문화연구원 공동주최, 「세계화의 윤리적 문제와 전망 세미나」(2002년 4월 26일)에서의 주제발표.

2003년

"북핵문제는 체제존립이 흔들리는 북한이 극심한 불안감에서 내놓은 초강수 대응이며, 이것을 해결하기 위해서는 한반도의 비핵화와 평화적 해결이라는 두 원칙에서 접근해야 한다."

　　– 이홍구, 「평화포럼 토론회」(서울 종로구 올림피아호텔, 2003년 1월 28일)에서의 주제강연.

"이러한 국제정치의 원천적 성격 변화는 국가 간 동맹의 의미도 바꿔놓게 되는 것 같다. 이미 미국은 '동맹국(coalition)이 작전(mission)을 결정하는 것이 아니라 작전에 따라 동맹국을 결정한다'는 방침을 밝힌 바 있다. 국제정치에선 영원한 적도 우방도 없다는 오랜 경구가 새로운 의미를 얻게 된 것이다. 테러와의 전쟁에 적극적으로 동참하지 않는 동맹국은 있을 수 없다는 것이 미국의 입장이다. 우리가 직면한 북한핵문제의 해결이나 민족통일로의 전진은 국제정치의 흐름과 틀을 벗어날 수 없다. 그렇다면 국제정치의 급격한 성격변화를 적절히 이해하고 대처하는 지혜와 능력이 우리의 미래를 좌우할 것이다. 우리는 바로 그러한 역사적 테스트를 피할 수 없는 시점에 서 있는 것이다."

　　– 「이홍구칼럼: 국제정치의 흐름을 타라」, 『중앙일보』(2003년 4월 21일).

"정치의 파탄에 의해 국민이 고생하는 것은 그 일차적 책임이 정치인에게 있다. 그러나 정치상황을 분석하고 설명하며 국가발전의 길을 처방하고 평가하는 것을 본업으로 삼는 정치학자들도 부차적 책임이 없다고 말할 수는 없다.”

　- 「이홍구칼럼: 정치학자들 역할을 기대한다」, 『중앙일보』(2003년 7월 13일), 31쪽.

“1950년대로부터 비롯된 정치학의 중심과제는 경제발전과 민주화를 통해 빈곤과 폭력으로부터의 자유를 광범위하게 실현시키는 것이었다. 그동안 그러한 목표를 향해 상당한 진전이 이뤄졌다고 자부할 여지는 충분히 있다. 경제성장과 민주화의 물결은 수많은 국가의 모습을 바꿔놓았다. […] 21세기형 민주주의의 위기는 정치학의 시급한 당면과제를 명백히 제시하고 있다. 그것은 시민사회의 발전과 효율적 국가체제의 강화를 어떻게 균형있게 관리하느냐는 것이다.”

　- 「이홍구칼럼: 정치학자들 역할을 기대한다」, 『중앙일보』(2003년 7월 13일), 31쪽.

“정치인들은, 특히 대통령 지망생들은 부시 대통령이나 푸틴 대통령보다는 블레어 총리나 고이즈미 총리를 모델로 삼아 총리지망생으로 방향을 바꿔 가는 노력이 필요해질 것이다. 새 시대의 국가지도자는 군림하는 지도자가 아니라 동료들을 결집시키는 데 앞장서는 화합과 타협의 명수여야 한다. 정당은 대통령을 당선시키고 뒷받침하는 보조집단이 아니라 정치의 중심에 선 정책집단으로 국정의 성패에 대해 국민에게 책임지는 본연의 자세를 확립하게 될 것이다.”

　- 「이홍구칼럼: 내각제 결단의 시점이다」, 『중앙일보』(2003년 12월 29일).

2004년

“한국정치가 나빠진 원인은 인간이 나빠서가 아니라 잘못된 정치의 틀, 즉 부적절한 제도에 있다.”

　- 「이홍구칼럼: 대통령 무책임제를 개혁하라」, 『중앙일보』(2004년 1월 19일).

“생사결단을 단판승부로 내리는 대통령선거는 무차별 난타식 총력전이 될 수밖에 없고 그 결과로 유지·운영되는 대통령 무책임제의 폐단이 얼마나 심각한 것인가를 우리는 이미 여러 해에 걸쳐 경험했다. 그러한 정치의 틀을 방치하면서 정치인의 허점만을 비판하는 것은 공염불일 수밖에 없음도 자명해졌다. 이제는 두 단계의 정치개혁을 지체없이 실천에 옮겨야 할 시점이다. 첫째는 선거법·정치자금법·정당법을 획기적으로 개정하는 작업이고 둘째는 대통령 무책임제에 종지부를 찍는 내각제개헌을 실현시키는 일이다.”

> － 「이홍구칼럼: 대통령 무책임제를 개혁하라」, 『중앙일보』(2004년 1월 19일).

“우리의 의회정치는 만신창이의 초라한 모습으로 전락하였다. […] 그동안 한국
정치사에서 고질적 문제로 작용해온 '무책임한 정치' 또는 '무책임한 정부'의 폐단
을 얼마만이라도 시정하려는 권력구조 개혁에 대한 결단이 우선돼야 한다.”

> － 「이홍구칼럼: 생사(生死) 기로에 선 의회민주주의」, 『중앙일보』(2004년 4월 12일).

“우리 사회는 그동안 [오늘날의 우리 사회를 만들어옴에 있어서 치러진] 희생과
아픔에 대해 얼마만큼의 대가를 치렀는가 […] 지금이 한국사회의 역사적 전환기라
면 바로 그렇듯 쌓인 한(恨)과 아픔을 풀어주고 치유해야 할 고비이다.”

> － 「이홍구칼럼: '역사의 희생자' 감싸는 정치」, 『중앙일보』(2004년 5월 3일), 35쪽.

“천하대세를 보는 눈이 어두워지면 나라사정은 물론 주위 형편이 힘들어지고
국가의 진로가 험난해지게 마련이다. […] 우리는 동북아중심국가의 시민을 자처하
고 있지만 정작 이웃인 아시아의 정세변화에 대해서는 무관심으로 일관하는 우둔함
이 체질화된 듯하다.”

> － 「이홍구칼럼: 아세안 국가와 협력 강화해야」, 『중앙일보』(2004년 8월 18일).

2005년

“인간의 자주성과 위엄을 지킨 그분의 순국은 우리가 다시는 열강의 각축전에
희생당하는 딱한 민족이 되지 않아야 한다는 교훈을 남겼다.”

> － 이홍구, 「을사늑약 항의해 자결 이한응 열사 100주기」, 『한국일보』(2005년 5월 13일).

2006년

“한국의 민주화과정이 비교적 높이 평가되는 것은 그 방향성 못지않게 뛰어난
속도조절의 힘으로 국민통합, 정확히는 분열예방의 묘를 보여 왔기 때문이다. 네
번의 대통령선거를 돌아보자. 87년 대선에선 당연히 민주화세력이 승리할 수 있었
음에도 불구하고 3김의 분열로 36.7%를 득표한 노태우 후보를 당선시킴으로써 급
격한 체제변화의 충격을 최소화하고 기존세력의 집단적 소외를 예방하였다. 반면

700

대통령 취임 후 두 달 만에 있었던 13대 총선에서 압도적인 여소야대 국회를 만들면서 민주화의 동력은 그대로 지탱되었다. 92년 대선을 통해 민주화운동의 기수 중 한 사람인 김영삼 후보가 당선됨으로써 한 발짝 좌로 가는 문민화를 실현했지만, 이는 3당 합당이란 타협의 산물이었다. 97년 대선에서 김대중 후보의 당선으로 한국정치의 좌향행진이 지속되었지만, 그의 승리는 DJP연립이란 좌우합작의 결과임을 잊어서는 안 된다. 2002년 대선의 결과는 보폭이 훨씬 큰 좌로의 이동을 가져왔지만, 그 선거과정에서 중요한 기폭제가 되었던 노무현·정몽준 합작도 단순한 해프닝으로만 치부해 버릴 수는 없다. 요컨대 한국정치의 변화가 민주화과정의 성공적 모형으로 보이는 것은 그 변화가 과속과 과격을 피하고 타협과 공론을 존중하며 반걸음씩 전진하는 '반보(半步)의 지혜'에 의존하였기 때문이다.

2007년 대선을 향하여 요동치기 시작한 한국정치는 벌써 심상치 않은 증세를 나타내고 있다. 사학법, 북한 핵과 인권 등을 둘러싼 분열과 대결은 이미 위험수위를 넘고 있다. 이럴 때일수록 우리는 민주화과정에서 습득한 평이한 교훈을 외면하지 말아야 한다. 우리 손으로 뽑았던 역대 대통령은 한 사람의 예외도 없이 소수의 대통령이었다. 오직 연립과 합작, 그리고 타협을 통해서만이 국가를 운영할 수 있고 국민적 분열을 예방할 수 있었다. 그러기에 절대다수의 국민에게 지지받고 있다는 환상이나 역사에 길이 남을 인물이 되겠다는 유아독존적인 망상은 지난날의 대통령이든, 오늘의 대통령이든, 내일의 대통령을 꿈꾸는 지망생들이든 반드시 경계해야 한다."

　– 「이홍구칼럼: 한국 민주화 '반보의 지혜'」, 『중앙일보』(2006년 7월 6일), 31쪽.

2007년

"한국의 현행 대통령책임제에서는 대통령직 사퇴 이외에는 책임질 방법이 마땅히 없다. 한국의 대통령제는 책임 대통령제가 아니라 무책임 대통령제이다."

　– 이홍구, 「한우리공동선실천연대에서 행한 연설」(2007년 7월 18일).

"이승만 박사는 농림부장관에 사회주의자 조봉암(曺奉岩)을 기용했으며 농지개혁이라는 당시로서 혁명적인 정책을 집행한 데 보이듯, 여러 의견과 입장을 광범위하게 수렴할 줄 아는 정치적·지성적 포용력이 있었다."

　– 이홍구 연설, 「19일 이승만 박사 42주기 추도식」, 『동아일보』(2007년 7월 19일), A32쪽.

"동아시아공동체 건설을 위해 한국은 작은 나라라는 인식에서 벗어나 외부의 것을 받아들이는 데 대한 뿌리 깊은 두려움을 극복해야 한다."

  – 「이홍구 전 총리 "한국, 작은 나라란 인식 벗어나야"」, 『동아일보』(2007년 11월 1일), A31쪽.

2010년

"국가를 이끌려면 계속 어려운 선택을 할 수밖에 없다."

  – 「대한민국 정책브리핑: 제2차 국민원로회의 및 오찬 관련 브리핑(이홍구 발언)」(청와대 홍보수석실, 2010년 1월 14일).

2011년

"어떤 나라든지 융성기에는 큰 희생을 감내하며 나라를 지키는 충신들이 있었다. 지난날 6·25전쟁 당시 선배들이 맨주먹으로 희생하며 나라를 지켜온 것에 국민 모두는 감사해야 한다."

  – 이홍구, 「재향군인회, 범국민 안보공감 캠페인 출범식」, 『중앙일보』(2011년 7월 16일), 32쪽.

2017년

"대통령의 막강한 권한과 책임을 적절히 나누는 분권은 국가권력을 줄이는 것이 아니라 오히려 국가역량을 높이는 것이다. […] 국가운영의 효율성을 향상시키기 위해서라도 분권이 필요하다."

  – 이홍구, 「'국가원로 개헌 대토론회' 개최 새로운 개헌의 과제 논의」, 『국회보』(2017년 8월), 6~9쪽.

2018년

"새로운 냉전이 도래하는 현시기에 한반도 평화정착이 무엇보다 절실하다. 20세기 초 안중근 의사가 '동양평화론'을 구상했던 것처럼 21세기에도 동아시아의 평화와 한반도의 화해통일을 선순환적으로 연결하려는 노력이 매우 중요하다."

  – 포스텍평화연구소·포스코경영연구원(POSRI) 공동개최, 「포스텍·포스리 평화포럼」(서울 팔레스호텔, 2018년 11월 29일)에서의 기조발표.

2019년

"2차대전이 끝나면서 미국과 소련 사이에 '냉전1.0'이 시작됐음에 비해, 이제 미국·중국 사이에 '냉전2.0'이 시작됐다. 이것은 한반도가 새로운 전기를 맞았음을 의미한다. […] 변화의 속도가 빠르지만 큰 흐름을 놓쳐서는 안 된다."

　　－「김진국이 만난 사람: 이홍구, 중국도 미국과 함께 북한의 비핵화 적극적으로 밀 것」, 『중앙 SUNDAY』(2019년 1월 12일), 20쪽.

2021년

"38선을 넘어 대한민국을 단숨에 삼켜버리겠다는 김일성의 경솔한 판단은 결국 미국과의 전쟁을 전제로 할 수밖에 없었다는 상황의 논리를 망각한 무지의 소치였던 것이 곧바로 증명되었다. 그러한 김일성의 오판에 동조했던 스탈린이나 마오쩌둥의 경우도 주요국 지도자의 상황 오판이나 무지의 대가가 얼마나 큰 것인가를 역사는 극명하게 보여주었다."

　　－ 이홍구, 「6·25 특별기고: 권력자의 무지가 낳은 비극 되풀이 말아야」, 『중앙일보』(2021년 6월 25일), 22쪽.

"'미국이냐 중국이냐'가 아니라, '미국과 중국이다'라는 시각으로 새로운 상황에 대비해야 한다."

　　－ 이홍구, 「추천의 글」, NEAR재단 편저, 『외교의 부활: 미·중 충돌 속 흔들리는 체스판, 한국은 어떤 수를 둘 것인가?』(중앙books, 2021년 11월), 26~30쪽.

2022년

"새해에 대한민국은 민주공화국을 천명한 헌법 제1조 1항을 자신 있게 외칠 수 있도록 대권정치의 폐해에서 벗어나야 한다. 봉건시대에는 왕권이 있었고 독재시대에는 패권이 있었지만, 근래 한국정치에서는 국가운영을 좌우하는 권력을 대권이라 부른다. 이는 한국 정치가 그만큼 민주정치의 정상적 기준에서 이탈한 것을 반영한다. […] 청와대가 모든 걸 결정해 국민과 정치권의 참여를 무의미하게 만드는 한국 특유의 '대권병'은 피하기 힘든 역경이다. 지도자와 국민이 대한민국을 모범적 민주국가로 발전시키는 데 노력하겠다는 새로운 각오를 함께 한다면 올해 대선은 밝은 미래를 내다보는 계기가 될 것이다."

　　－「Opinion: 리셋 코리아; 이홍구, '대권정치'의 폐막과 '민권정치'의 복원」, 『중앙일보』(2022년 1월 3일), A29쪽.

Ⅰ. 박사학위논문

Hongkoo Lee, "Social Conservation and Political Development: A Normative Approach to Political Change with Special Reference to Meiji, Japan," unpub. Ph.D. diss., Yale University, 1968.

Ⅱ. 문집

효당(曉堂)이홍구(李洪九)문집간행위원회 편,『이홍구문집』전 5권(나남출판, 1996).
　　제1권『인간화와 정치』
　　제2권『정치사상과 자유의 모색』
　　제3권『민족공동체와 통일』
　　제4권『시민정신과 역사의식』
　　제5권『Social Conservation and Political Development』

Ⅲ. 편저

이홍구 편저,『마르크시즘 100년: 사상과 흐름』(문학과지성사, 1984).
　　이홍구,「서(緖): 마르크시즘 100년; 사상과 흐름」, 11~33쪽;『이홍구문집』Ⅱ, 579~591쪽에 재수록.
　　____,「마르크스와 정치이론」, 127~153쪽.
이홍구 편,『마르크스주의와 오늘의 세계: 변용의 제(諸) 형태』(법문사, 1984).
　　이홍구,「서(緖): 마르크스주의와 오늘의 세계」, 11~22쪽;『이홍구문집』Ⅱ,

571~577쪽에 재수록.

IV. 역서

Frederick M. Watkins, *The Age of Ideology: Political Thought, 1750 to the Present*(New York: Prentice-Hall, 1964)/이홍구 역, 『근대정치사상사』(을유문화사, 1973, 1976, 1980, 1981).

Shlomo Avinery, *The Social and Political Thought of Karl Marx*(New York: Cambridge University Press, 1968)/이홍구 역, 『칼 마르크스의 사회사상과 정치사상』(까치, 1983, 1987, 1989).

V. 보고서

Hongkoo Lee, *Meeting the Pressure for Change: Seoul National University's Ten Year Development Plan*(The Asian Foundation, 1971); 『이홍구문집』 V, pp.243~251에 재수록.

이홍구, 「IPSA Washington Congress에 대한 기대와 기획」, 『한국정치학회 소식』(1987); 『이홍구문집』 IV, 591~592쪽에 재수록.

VI. 논문

학술지(국문)

이홍구, 「루소에서의 추상과 구체: Volonté générale을 중심으로」, 『논문집: 인문·사회과학편』(서울대학교 교양과정부) 1(1969년 4월), 413~420쪽; 『이홍구문집』 II, 195~205쪽에 재수록.

＿＿＿, 「기본권 해석의 변천: 존 로크의 사상과 미 대법원 판례에 나타난 '자유권'과 '재산권'의 해석을 중심으로」, 『미국학논집』(한국아메리카학회) 1(1969년 5월), 3~21쪽; 『이홍구문집』 II, 207~226쪽에 재수록.

＿＿＿, 「적극적 자유와 소극적 자유: 존 스튜어트 밀의 『자유론』을 중심으로」, 『한국정치학회보』 제3집(1969년 12월) 213~221쪽; 『이홍구문집』 II, 227~240쪽에 재수록.

_____, 「국민총화와 민주정치」, 『존 듀이 19주기 기념세미나』(1970), 『이홍구문집』 I, 284~293쪽에 재수록.

_____, 「국제정치의 미래: 그 전망과 희망」, 한국미래학회 편, 『미래를 묻는다』(서울대학교출판부, 1971), 66~73쪽; 『이홍구문집』 I, 256~265쪽에 재수록.

_____, 「개인적 자유와 사회적 규제: 산타야나의 자유론을 중심으로」, 『문리대학보』(서울대학교 문리대 학생회) 제18권 제1·2합병호(1972년 4월), 171~180쪽; 『이홍구문집』 II, 249~264쪽에 재수록.

_____, 「한국의 정치문화와 정치발전: 서울시 저소득층 정치성향의 한 단면」, 『한국정치학회보』 제11집(1977년 12월), 114~134쪽; 『이홍구문집』 II, 45~75쪽에 재수록.

_____, 「이데올로기적 혼란과 시민적 정치문화의 발전」, Korea Journal, Vol. 18, No. 4(April 1978), pp.12~21; 『이홍구문집』 V, pp.383~407에 재수록.

_____, 「군축과 평화: 그 한국적 의미의 모색」, 『국제정치논총』 제18집(1978년 12월), 243~253쪽; 『이홍구문집』 II, 77~91쪽에 재수록.

_____, 「새 정치이론의 중심과제: 구조·의식·상황의 분석과 모색」, 『한국정치학회보』 제12집(1978년 12월), 13~20쪽; 『이홍구문집』 II, 265~274쪽에 재수록.

_____, 「맑시즘·유로코뮤니즘·사회복지」, 『사회과학과 정책연구』 제1권 제1호(1979년 8월), 287~292쪽; 『이홍구문집』 II, 523~529쪽에 재수록.

_____, 「서양정치사상의 전통과 본질」, 연세대학교 동서문제연구원 편, 『동서양 사회의 비교연구』(연세대학교 동서문제연구원, 1979), 117~130쪽; 『이홍구문집』 II, 275~289쪽에 재수록.

_____, 「유로코뮤니즘과 남구정치(南歐政治): 이탈리아공산당의 '역사적 타협'의 의의」, 『사회과학과 정책연구』 제3권 제2호(1981년 6월), 1~12쪽; 『이홍구문집』 II, 531~545쪽에 재수록.

_____, 「사회복지와 사회정의: Rawls 정의론에 연관된 사색」, 『한국정치학회보』 제15집(1981년 12월), 253~263쪽; 『이홍구문집』 II, 329~345쪽에 재수록.

_____, 「미·소의 동북아 군사균형과 한반도 안보」, 국방부 정보분과위원회 편, 『80년대 국방과제연구』(국방부 정보분과위원회, 1982); 『이홍구문집』 II, 171~179쪽에 재수록.

_____, 「유로코뮤니즘과 유럽의 위기 II: 복지국가와 협동민주주의의 문제와 전망」, 『사회과학과 정책연구』 제4권 제2호(1982년 6월), 45~57쪽; 『이홍구문집』 III,

511~523쪽에 재수록.

______,「맑스 100년과 정치이론」,『사회과학과 정책연구』제5권 제2호(1983년 10월), 1~24쪽;『이홍구문집』Ⅱ, 373~400쪽에 재수록.

______,「한국민족주의를 보는 새 시각의 모색: 그 전개과정의 시대구분을 위한 시론」,『아세아연구』제17권 제1호(1984년 1월), 3~12쪽; 김준엽박사화갑기념출간위원회 편,『한국과 아세아』(고려대학교 아세아문제연구소, 1984), 3~12쪽;『이홍구문집』Ⅲ, 129~143쪽에 재수록.

______,「아시아 정치문화와 민주주의: 그 수용과정의 성격」,『동아연구』(서강대학교 동아연구소) 제12집(1987년 9월), 7~12쪽;『이홍구문집』Ⅰ, 426~488쪽에 재수록.

______,「한국근대정치사의 전개와 민주주의: '집단'과 '평등'의 강조와 '개인'과 '자유'의 침체」,『한국정치연구』창간호(1987년 11월);『이홍구문집』Ⅱ, 489~501쪽에 재수록.

______,「공동체의 논리와 윤리」,『사회과학과 정책연구』제16권 제3호(1994년 12월), 3~17쪽;『이홍구문집』Ⅲ, 145~159쪽에 재수록.

______,「15대 국회의 출범과 우리의 정책적 과제」,『국책연구』(신한국당 국책자문위원회)(1996년 여름), 2~3쪽.

______,「새 정치 구현과 우리 당의 진로」,『국책연구』(1996년 가을), 2~3쪽.

이홍구,「4자회담에만 매달려선 안 된다」,『신동아』(1997년 7월), 354~361쪽.

학술지 및 국제학술대회(영문)

Hongkoo Lee, "Actuality and Potentiality in Aristotle's Metaphysics,"『논문집: 인문 · 사회과학편』(서울대학교 교양과정부), 2(1970년 4월), 427~435쪽;『이홍구문집』V, 193~206쪽.

______, "Neutralization and Unification of Korea: Polemics or Semantics," *Journal of Asiatic Studies*, Vol. 13, No. 4(December 1970), pp.311~316.『이홍구문집』V, pp.207~218에 재수록.

______, "Reflections on Value-Free Science of Politics,"『논문집: 인문사회과학 편』(서울대학교 교양과정부), 3(1971년 4월), 299~314쪽;『이홍구문집』V, 219~242쪽.

______, "The Politics of Environmental Protection in International

Transactions," a position paper delivered at the "Symposium on Private Investment and International Transactions in Asian and South Pacific Countries," Sydney, Australia(August 19~23, 1974);『이홍구문집』V, pp.271~275.

_____, "What China Expects and Plans For," *Worldview*, Vol. 15, No. 5(May 1975), pp.39~41.

_____, "China in the Politics of Resource Control: From the Socialist Camp to the Third World," *Korean Journal of International Studies*, Vol. 7, No. 3(1976);『이홍구문집』V, pp.293~321.

_____, "World Peace and Intra-System Confrontation: The Politics and Dialectics of Korean Unification," Gottfried-Karl Kindermann, ed., *Inter-System Detente in Germany and Korea: World Peace Promotion Through Inter-System Detente in Germany and Korea; A Comparative Evaluation*(München: Tuduv-Verlagsgesellschaft, 1976), pp.51~59;『이홍구문집』V, pp.323~334에 재수록.

_____, "The Korean Commonwealth and the Asian Community: A Vision for a New Strategy for Peace," a paper presented at the 30th International Congress of Human Science in Asia and North Africa, Mexico City(August 3~8, 1976);『이홍구문집』V, pp.283~291에 재수록.

_____, "Memory and Consciousness in Political System: Nationalism and Social Conservation," a paper presented at the 10th World Congress of the International Political Science Association(IPSA) held on August 15~21, 1976 Edinburgh, Scotland;『이홍구문집』V, pp.353~382.

_____, "From an Alliance to a Community: An Idealistic Vision for the Future Korea-Japan-United States Relations," *Korea and World Affairs*, Vol. 1, No. 1(Spring 1977), pp.5~14;『이홍구문집』V, pp.335~352에 재수록.

_____, "The Impact of Partition upon National Self-Image of Korea," Research Center for Peace and Unification(1978; 원전 불분명);『이홍구문집』V, pp.409~414에 재수록.

_____, "Ideological Confusion and the Development of Citizen Political Culture," *Korea Journal*, Vol. 18, No. 4(April 1978), pp.12~21;『이홍구문집』V, pp.383~407에 재수록.

______, "The Korean Commonwealth: a Road to Unification," a paper delivered at The International Symposium in Search of a Peace System in Northeast Asia, held at the Japan Press Center, Tokyo on November 15~17, 1978; 『이홍구문집』 V, pp.423~434에 재수록.

______, "Security Issues Confronting the Republic of Korea," a paper presented at the Workshop on Security and Strategic Issues in Northeast Asia jointly sponsored by Asiatic Research Center, Korea University and Center for Strategic and International Studies, Georgetown University November 20~21, 1978; 『이홍구문집』 V, pp.415~421에 재수록.

______, "Psychological Ambivalence and Security Commitment: A Postcript to 'Security Issue Confronting Korea,'"(1979, 출전 불분명); 『이홍구문집』 V, pp.435~442.

______, "Deterrence, Arms Control and Unification: Towards a New Strategy and Political Design in the Republic of Korea," C. S. Chung and C. W. Chung, eds., *Major Powers and Peace in Korea* (Seoul: Research Center for Peace and Unification, 1979), pp.120~135; 『이홍구문집』 V, pp.443~463에 재수록.

______, "Three Dimensions of National Security for the Republic of Korea," 『아세아연구』 63(1980년 1월), 17~31쪽; 『이홍구문집』 V, 465~485쪽에 재수록.

______, "Dialectics of Unbalanced Growth: The Case of Two Koreas," in Chong-sik Chung and Hakjoon Kim, eds., *Korean Unification Problems in the 1970's* (Seoul: Research Center for Peace and Unification, 1980), pp.50~88; 『이홍구문집』 V, 487~525쪽에 재수록.

______, "Ideology and Community in Asia," *Pacific Region Interdependencies* (June 1981); 『이홍구문집』 V, 527~537쪽에 재수록.

______, "Foundations of Future U.S.-Korea Relations: Toward a Community of Mature Partners," *Journal of Northeast Asian Studies*, Vol. 1, No. 1 (March 1982), pp.57~69; 『이홍구문집』 V, 539~560쪽에 재수록.

______, "Political Unification and Social Welfare," *Korea and World Affairs*, Vol. 8, No. 1 (Spring 1984), pp.5~16. 이 논문은 『이홍구문집』에는 수록되지 않았다.

_____, "Korea: A Tricycle in Transition," *Security Conference on Asia and the Pacific*(Tokyo, Japan, August 12~21, 1985);『이홍구문집』 V, 561~570쪽에 재수록.

_____, "The Global Deterrence and the Local Deterrence: Geneva Talks and Korea," (1986);『이홍구문집』 V, 571~579쪽에 재수록.

_____, "'The End of Ideology?': A Korean Outlook for Regional Cooperation," a paper presented at the Conference on Security and Economic Cooperation in Asia and Pacific Region, Tokyo, May 28~30, 1987;『이홍구문집』 V, 589~596쪽에 재수록.

_____, "New Perspectives in Asia for National Development and Regional Peace," a paper presented at the Joint IPSA-GDR Round Table on "New Approaches to Political Thinking in View of Global Issues," Berlin, GDR, April 6~8, 1987;『이홍구문집』 V, 597~604쪽에 재수록.

_____, "'Social Conservation' Reconsidered,"(고려대학교 아세아문제연구소 창립 30주년 기념「아세아근대화와 사회개발 국제학술회의」, 1987년 6월 28일~7월 1일);『이홍구문집』 V, 581~587쪽.

_____, "The Rise of an Authoritarian State in Korea," a paper presented at the Conference on "The Rise of State in Economic Development: The Republic of Korea," jointly organized by the University of California, Los Angeles and the University of San Diego, August 14~16, 1987 at James E. West Center, UCLA;『이홍구문집』 V, 605~610쪽에 재수록.

_____, "Unification through a Korean Commonwealth: Blueprint for a National Community," *Korea and World Affairs*, Vol. 13, No. 4(Winter 1989), pp.635~646;『이홍구문집』 V, 611~626쪽에 재수록.

_____, "Call for Building National Community: As a Prerequisite to Reunification," *Korea and World Affairs*, Vol. 14, No. 4(Winter, 1990), pp.601~609;『이홍구문집』 V, 627~637쪽에 재수록.

_____, "The End of the Cold War and the Prospect for Korean Unification," T. B. Millar and James Walter, eds., *Asian-Pacific Security after the Cold War*(Canberra: Allen and Unwin, 1993);『이홍구문집』 V, 639~646쪽에 재수록.

정기 간행물(월간 및 계간 등)

이홍구, 「정치발전의 정의문제: 한국의 정치발전과 정치학」, 『정경연구』(1969년 2월), 105~111쪽.『이홍구문집』Ⅱ, 15~25쪽에 재수록.

______, 「박 대통령 연두회견의 정치적 의의」, 『신동아』(1969년 2월), 68~75쪽.

______, 「역사의 재창조와 정치규범: 3·1운동의 정치사상을 중심으로」, 『신동아』(1969년 3월), 196~204쪽;『이홍구문집』Ⅲ, 15~29쪽에 재수록.

______, 「정치의 방향: 자유와 평등 개념조화로 자율적 정치규범 창조해야」, 『대학신문』(1969년 4월 7일), 5쪽;『이홍구문집』Ⅰ, 189~192쪽에 재수록.

______, 「근대화·서양화·민주화: 근대화의 방향정립을 위한 성찰」, 『아세아』(1969년 5월), 52~57쪽;『이홍구문집』Ⅰ, 193~204쪽에 재수록.

______, 「한국 정당의 성격과 방향: 신민당 제3차 전당대회를 참관하고」, 『신동아』(1969년 7월), 81~87쪽;『이홍구문집』Ⅰ, 205~216쪽에 재수록.

______, 「한국의 헌법이념과 정치현실: 규범과 현실과의 괴리」, 『세대』(1969년 7월), 70~76쪽;『이홍구문집』Ⅰ, 217~227쪽에 재수록.

______, 「적극적 자유에로의 지향, 한국적 참여정치의 방향: 소외에서 참여로」, 『정경연구』(1969년 8월), 70~76쪽;『이홍구문집』Ⅰ, 228~238쪽에 재수록.

______, 「영웅의 독재와 성웅의 저항: 나폴레옹 탄생 200주와 간디 탄생 100주를 맞아」, 『신동아』(1969년 10월), 69~79쪽;『이홍구문집』Ⅰ, 239~255쪽에 재수록.

______, 「민족적 자유주의」, 『세대』(1970년 1월), 126~129쪽;『이홍구문집』Ⅲ, 31~36쪽에 재수록.

______, 「민족적 자유주의: 한국적 자유론의 서장」, 『창작과 비평』제5권 제1호(1970년 봄), 73~81쪽;『이홍구문집』Ⅲ, 43~55쪽에 재수록.

______, 「정치권력·정치규범·정치문화: 정치변화와 헌법개정」, Fides, Vol. 16, No. 1(April 1970), 60~62쪽;『이홍구문집』Ⅰ, 266~272쪽에 재수록.

______, 「민족적 주체성의 정의와 정립」, 『기러기』(흥사단) 74(1970년 9월), 33~36쪽;『이홍구문집』Ⅲ, 37~41쪽.

______, 「민족통일에의 의지와 논의: ‘통일문제 국제학술회의’의 성과」, 『신동아』(1970년 10월), 92~100쪽;『이홍구문집』Ⅲ, 163~177쪽에 재수록.

______, 「근대화와 비인간화: 다른 측면에서」, 『대화』17(1970년 12월), 44~47쪽;『이홍구문집』Ⅱ, 39~43쪽에 재수록.

_____, 「칼 J. 프리드리히의 정치철학」, 동아일보사 신동아 편집실 편, 『현대의 사상 77인』(동아일보사, 1971년 1월, 『신동아』 신년호 특집 별책), 136~139쪽; 『이홍구문집』 II, 241~248쪽에 재수록.

_____, 「현대정치와 인간소외: 인간소외의 본질과 한국근대화의 방향」, 『세대』(1971년 1월), 90~97쪽; 『이홍구문집』 III, 57~66쪽에 재수록.

_____, 「한국통일을 위한 정치이념의 전개: 그 필요와 방향」, 『국토통일』(1971년 3월), 11~20쪽.

_____, 「고민으로 향한 고집의 자세: 어떤 한국정치학자의 경우」, 『문화비평』(1971년 봄), 66~70쪽; 『이홍구문집』 I, 101~106쪽에 재수록.

_____, 「지성의 불연속선을 넘어서: 민족적 평등규범의 정립을 위하여」, 『문학과지성』 제2권 제4호(1971년 11월), 801~805쪽; 『이홍구문집』 III, 67~73쪽에 재수록.

_____, 「70년대의 정치사상과 시민사회」, 『논단』(1972년 1월 27일); 『이홍구문집』 I, 301~302쪽에 재수록.

_____, 「한국민족주의의 본질과 방향」, 『신동아』(1972년 6월), 54~63쪽; 『이홍구문집』 III, 75~88쪽에 재수록.

_____, 「70년대의 의의와 통일의 정치: 민주적 민족주의세력의 형성」, 『세대』(1972년 7월), 78~85쪽; 『이홍구문집』 III, 189~199쪽에 재수록.

_____, 「환상을 넘어서: 혁명세계에의 환상」, 『신동아』(1972년 8월), 202~205쪽; 『이홍구문집』 I, 303~309쪽에 재수록.

_____, 「환상을 넘어서 2: 승전국과 패전국」, 『신동아』(1972년 9월), 202~205쪽; 『이홍구문집』 I, 310~316쪽에 재수록.

_____, 「환상을 넘어서 3: 무기명과 무책임」, 『신동아』(1972년 10월), 284~287쪽; 『이홍구문집』 I, 317~323쪽에 재수록.

_____, 「이데올로기와 휴머니즘」, 『월간 민족』(1972년 10월); 『이홍구문집』 III, 89~92쪽에 재수록.

_____, 「환상을 넘어서 4」, 『신동아』(1972년 11월), 228~231쪽; 『이홍구문집』 I, 324~330쪽에 재수록.

_____, 「특집: 아메리카 200년과 한국: 한국에 있어서의 미국」, 『신동아』(1976년 7월), 76~82쪽; 『이홍구문집』 I, 341~352쪽에 재수록.

_____, 「의지 속의 불꽃」, 『문학사상』(1977년 10월), 121~125쪽; 『이홍구문집』 I,

139~142쪽에 재수록.

　　　　, 「현대정치와 인간소외」, 『상황 '80』(다락원, 1980), 76~81쪽; 『이홍구문집』 Ⅱ, 129~135쪽에 재수록.

　　　　, 「한국적 정치발전의 과제」, 『신동아』(1980년 1월), 110~115쪽; 『이홍구문집』 Ⅰ, 370~379쪽에 재수록.

　　　　, 「80년대 국제정치와 한국의 진로」, 『대한변호사협회지』 54(1980년 2월), 35~37쪽; 『이홍구문집』 Ⅰ, 385~391쪽에 재수록.

　　　　, 「지방자치와 정치발전」, 『사회과학과 정책연구』 제6권 제4호(1984년 12월), 11~19쪽; 김경동·안청시 등 공저, 『한국의 지방자치와 지역사회 발전』(서울대학교출판부, 1985), 11~20쪽; 『이홍구문집』 Ⅰ, 416~425쪽에 재수록.

　　　　, 「중도세력의 확대와 민주개혁」, 『전망』(사회발전연구소, 1988년 11월); 『이홍구문집』 Ⅳ, 617~627쪽에 재수록.

　　　　, 「통일환경과 정책방향: 월간 『양지』 기고문(1988년 11월 30일)」, 『이홍구문집』 Ⅲ, 337~348쪽에 재수록.

　　　　, 「올가을 남북총리회담 열린다」, 『월간 옵서버』(1990년 4월), 372~377쪽; 『이홍구문집』 Ⅳ, 677~684쪽에 재수록.

　　　　, 「세계사 흐름에서 본 전환기의 참뜻」, 『헌정』(대한민국헌정회) (1990년 6월); 『이홍구문집』 Ⅰ, 438~449쪽에 재수록.

　　　　, 「북방정책과 통일전망」, 『국책연구』(민주자유당 국책연구원)(1990년 가을), 56~75쪽; 『이홍구문집』 Ⅲ, 397~404쪽.

　　　　, 「통일은 공동체를 만드는 작업」, 『통일로』(민주평화통일자문회의 사무처) 49(1993년 8월); 『이홍구문집』 Ⅰ, 182~183쪽에 재수록.

　　　　, 「세계와 한국을 잇는 가교역할」, 『민주평통』(1993년 9월 15일); 『이홍구문집』 Ⅰ, 184~186쪽에 재수록.

　　　　, 「민족공동체와 사회계약: 미래를 향한 시민사회의 원리」, 『계간 비판』(옥인방)1 (1993년 가을); 『이홍구문집』 Ⅲ, 431~441쪽에 재수록.

　　　　, 「국제교류: 수세적 부정에서 적극적 긍정으로」, 『한국논단』(1993년 11월), 43~46쪽; 『이홍구문집』 Ⅲ, 539~544쪽에 재수록.

　　　　, 「세계화로 향한 의식개혁의 과제」, 『계간 사상』(사회과학원)(1993년 겨울), 11~23쪽; 『이홍구문집』 Ⅲ, 545~557쪽에 재수록.

_____, 「세계화시대와 한국의 진로」, 『통일한국』(1994년 1월); 『이홍구문집』Ⅲ,
559~562쪽에 재수록.

Ⅶ. 공저·공편 가운데 포함된 논문

이홍구, 「미국의 반체제운동과 젊은이」, 『미국의 청소년상: 제5차 아메리카나 심
포지엄』(한국아메리카학회, 1970년 9월); 『이홍구문집』Ⅱ, 27~38쪽에 재수록.

_____, 「민주화의 과제: 문제점과 방향」, 남재희 편, 『현대 한국의 위치와 과제:
현대문명과 한국』(현대사상사, 1970년 12월), 96~110쪽; 『이홍구문집』Ⅰ, 273~283
쪽에 재수록.

_____, 「한국의 중립화와 통일」, 고려대학교 아세아문제연구소 공산권연구실 편,
『한국통일의 이론적 기초: '한국통일문제국제학술회의' 발표논문 (3)』(고려대학교 아
세아문제연구소, 1973), 193~201쪽.

_____, 「공산주의의 이론과 실제」, 서울대학교 사회과학대학 정치학과 편, 『정치학
개론』(서울대학교출판부, 1975), 422~437쪽; 『이홍구문집』Ⅱ, 509~522쪽에 재수록.

_____, 「제5편 현대정치사상」, 서울대학교 사회과학대학 정치학과 편, 『정치학개
론』(서울대학교출판부, 1975), 390~456쪽.

_____, 「한국민족주의 연구를 위한 기초적 사고」, 효강최문환선생기념사업추진
위원회 편, 『효강최문환박사추념논문집』(효강최문환선생기념사업추진위원회, 1977),
377~408쪽; 『이홍구문집』Ⅲ, 93~127쪽에 재수록.

_____, 「제7편 현대정치사상」, 서울대학교 사회과학대학 정치학과 편, 『신정치학
개론』(서울대학교출판부, 1978), 483~521쪽; 『이홍구문집』Ⅱ, 291~327쪽에 재수록.

_____, 「국제질서에의 참여와 대응」, 전국경제인연합회 · 한국미래학회 공편, 『90년
대 도전과 미래의 창조』(1978년), 277~286쪽; 『이홍구문집』Ⅰ, 360~369쪽에 재수록.

_____, 「사회보존과 정치발전」, 김경동 · 임종철 · 이홍구 · 김여수 분담집필,
『근대화: 그 현실과 미래』(서울대학교출판부, 1979), 149~196쪽; 『이홍구문집』Ⅱ,
93~127쪽에 재수록.

_____, 「국가방위와 전쟁억제: 안보정책을 위한 새 관점의 모색」, 국방부 전략분
과위원회 편, 『80년대 국방과제연구』(국방부 전략분과위원회, 1981); 『이홍구문집』Ⅰ,
396~402쪽에 재수록.

_____, 「제1장 공산권연구의 시각과 문제점」, 한국공산권연구협의회 편, 『공산권연구 현황』(법문사, 1981), 13~23쪽;『이홍구문집』 II, 547~557쪽에 재수록.

_____, 「북한연구의 학문적 과제」, 김준엽·스칼라피노 공편,『북한의 오늘과 내일』(법문사, 1982), 9~21쪽/Hongkoo Lee, "North Korea: One South Korean Perspective," Robert A. Scalapino and Jun-Yop Kim, eds., *North Korea Today: Strategic and Domestic Issues* (Berkeley, C. A.: Institute of East Asian Studies, University of California, 1983), pp.10~18;『이홍구문집』 II, 559~569쪽에 재수록.

_____, 「'민족화합민주통일방안'의 역사적·이념적 조명」, 국토통일원 남북대화사무국 편,『민족화합민주통일론』전 5권(국토통일원 남북대화사무국, 1984년 12월) III, 9~38쪽;『이홍구문집』 III, 201~225쪽에 재수록.

_____, 「분단 40년, 새 통일관의 모색」, 이홍구·김학준·안병준·진덕규 공저, 『분단과 통일, 그리고 민족주의』(박영사, 1984), 11~24쪽;『이홍구문집』 III, 219~225쪽에 재수록.

_____, 「'반(反)자유주의적 민주주의'와 한국정치문화」, 서울대학교 사회과학연구소 편,『한국사회의 변동과 발전: 농석이해영교수추념논문집』(범문사, 1985), 35~45쪽;『이홍구문집』 II, 181~192쪽에 재수록.

_____, 「분단시대의 역사인식과 통일문화 창조」, 한국정신문화연구원 편,『통일문화 창조를 위한 연구』(경기도 성남시:한국정신문화연구원, 1985년 6월), 25~42쪽;『이홍구문집』 III, 227~244쪽에 재수록.

_____, 「이데올로기의 시대와 민주주의: 엘리트 통치기능과 정치참여」, 서울대학교 현대사상연구회 편,『이데올로기와 사회변동』(서울대학교출판부, 1986), 187~208쪽;『이홍구문집』 II, 401~423쪽.

_____, 「제8장 정치사상·철학·이데올로기」, 서울대학교 사회과학대학 정치학과 편,『정치학개론』(박영사, 1986), 301~339쪽;『이홍구문집』 II, 433~468쪽에 재수록.

_____, 「통일이념으로서의 민주와 자유」, 국토통일원 남북대화사무국 편,『민족화합민주통일론』5(국토통일원, 1986년 12월), 9~38쪽;『이홍구문집』 III, 245~265쪽에 재수록.

_____, 「서울대학교 정치학 40년: 그 흐름과 학풍」,『서울대학교학문연구40년』전 2권(서울대학교출판부, 1987년 7월) 제1권(총괄·인문·사회과학), 241~255쪽;『이홍구문집』 II, 469~488쪽에 재수록.

_____,「복지사회 구현의 정치적 기초와 그 전망」, 아산사회복지사업재단 편,『한국의 사회복지 현재와 미래: 창립10주년기념 복지사회심포지엄(제9회)』(아산사회복지사업재단, 1987), ⅰ-11~24쪽;『이홍구문집』Ⅲ, 525~538쪽에 재수록.

_____,「공동체와 국가: 통일과 자유의 제(諸)문제」, 인산김영국박사화갑기념논문집간행위원회 편,『정치학의 전통과 한국정치』(박영사, 1990) 253~259쪽;『이홍구문집』Ⅲ, 411~419쪽에 재수록.

_____,「국제정세의 변화와 우리의 통일정책」, 도산아카데미연구원 편저,『한국사회의 과제와 발전 방향』(흥사단출판부, 1990), 277~286쪽;『이홍구문집』Ⅲ, 385~395쪽에 재수록.

_____,「제2장 서양정치사상」, 서울대학교 사회과학대학 정치학과 기획/김영국 편,『현대정치학의 대상과 방법』(법문사, 1991), 19~44쪽;『이홍구문집』Ⅱ, 347~372쪽에 재수록.

_____,「통일조국의 미래상과 국제환경」,『통일강좌』4(민주평화통일자문회의) (1993년 12월);『이홍구문집』Ⅲ, 443~461쪽에 재수록.

이홍구,「민족공동체와 통일을 다시 생각한다」, 한반도선진화재단 편,『전환기에 선 한반도, 통일과 평화의 새로운 모색』(한반도선진화재단, 2009년 9월), 5~7쪽.

Ⅷ. 공동논문

이홍구 · 안청시,「한국의 교육과 기회균등」,『한국정치학회보』14(1980년 12월), 141~170쪽; 한국정치학회 편,『한국정치와 복지국가』(삼영사, 1981), 278~307쪽에 재수록;『이홍구문집』Ⅲ, 477~510쪽에 재수록.

임종철 · 이홍구,「결론」 가운데「제1장 한국과 ASEAN 제국과의 경제관계」 및 「제2장 동남아와 한국외교의 진로; 인식의 부재와 이익의 실재를 넘어서」, 안청시 · 김광웅 · 임종철 · 김일철 · 이홍구 분담집필,『동남아와 ASEAN』(서울대학교출판부, 1981), 222~252쪽 가운데 222~243쪽 및 244~252쪽;『이홍구문집』Ⅱ, 137~160쪽 및 161~169쪽에 재수록.

길승흠 · 이홍구,「제11대 국회의원의 역할인지에 관한 연구」,『사회과학과 정책연구』제5권 제1호(1983년 7월), 253~290쪽.

이홍구, 「로버트 워드, 로이 매크리디스 저/구범모 역, 『아시아정치론』(서울대학교출판부, 1969)」, 『대학신문』(1969년 12월 15일), 4쪽; 『이홍구문집』 IV, 15~17쪽에 재수록.

______, 「위기시대와 이성의 고집: 이 달의 잡지 상(上)」, 『동아일보』(1971년 11월 27일), 『이홍구문집』 IV, 18~21쪽에 재수록.

______, 「시대분석과 직관적 예지: 이 달의 잡지 하(下)」, 『동아일보』(1971년 11월 29일), 『이홍구문집』 IV, 22~24쪽에 재수록.

______, 「지성의 시대적 성격과 자세: 이 달의 잡지 상(上)」, 『동아일보』(1971년 12월 22일); 『이홍구문집』 IV, 25~28쪽에 재수록.

______, 「1971년의 국내외 정세와 새해의 도전: 이 달의 잡지 하(下)」, 『동아일보』(1971년 12월 23일); 『이홍구문집』 IV, 29~31쪽에 재수록.

______, 「역사의식의 긍정적 배양: 이 달의 잡지 상(上)」, 『동아일보』(1972년 1월 28일); 『이홍구문집』 IV, 32~35쪽에 재수록.

______, 「한국민족주의의 전개과정: 이 달의 잡지 하(下)」, 『동아일보』(1972년 1월 29일); 『이홍구문집』 IV, 36~38쪽에 재수록.

______, 「사회과학의 방법과 전통: 하경덕, 『사회법칙』 출간 40주」, 『대학신문』(1972년 4월 17일); 『이홍구문집』 IV, 39~40쪽에 재수록; ______, 「칼럼: 하경덕의 『사회법칙』 80주년」, 『중앙일보』(2010년 3월 9일).

______, 「서평: 신용하, 『독립협회연구: 독립신문 · 독립협회 · 만민공동회의 사상과 운동』」, 『대학신문』(1976년 3월 8일), 4쪽.

______, 「서평: 양호민 · 한배호 · 노재봉 · 문승익 · 최상용 공저, 『한국민족주의의 이념』(아세아정책연구원, 1977)」, 『국제정치논총』 17(1977년 12월), 229~238쪽; 『이홍구문집』 IV, 41~55쪽에 재수록.

______, 「서평: 낙관적 정치평론의 실험; 남재희 저, 『모래 위에 쓰는 글』(경미문화사, 1978)」, 『세대』(1978년 8월), 188~191쪽.

______, 「서평: Collingwood의 독일전통 비판: *The New Leviathan*을 중심으로」, 한우근박사정년기념사학논총간행준비위원회 편, 『한우근박사정년기념사학논총』(지식산업사, 1981), 835~844쪽; 『이홍구문집』 IV, 69~81쪽에 재수록.

______, 「서평: 김한식 저, 『실학의 정치사상』」, 『한국정치학회보』 제13집(1979년

12월), 261~265쪽;『이홍구문집』Ⅳ, 61~68쪽에 재수록.

_____,「함재봉의『한국 사람 만들기』와 나라 지키기」,『중앙일보』(2017년 11월 5일).

X. 칼럼

일간지·주간지

_____,「4·19학생운동 오늘의 의의」,『대구일보』(1970년 4월 22일);『이홍구문집』Ⅰ, 73~74쪽에 재수록.

_____,「새 출발점에 선 한·미·일 3각시대」,『경향신문』(1970년 8월 10일);『이홍구문집』Ⅰ, 86~88쪽.

_____,「젊은이와 창조적 부정: 청년문화의 시대성과 방향」,『독서신문』(1970년 10월);『이홍구문집』Ⅰ, 89~92쪽.

_____,「뚜렷한 역사의식: 드골의 정치철학」,『한국일보』(1970년 11월 12일);『이홍구문집』Ⅰ, 94쪽에 재수록.

_____,「민족적 규범의 공백과 정치퇴화」,『동아일보』(1971년 5월 3일);『이홍구문집』Ⅰ, 297~300쪽에 재수록.

_____,「주체성·역사성·창조성: 어느 학자의 입장에서」,『독서신문』(1971년 6월 6일);『이홍구문집』Ⅰ, 107~111쪽에 재수록.

_____,「합리적 인간」,『한국일보』(1971년 12월 18일);『이홍구문집』Ⅳ, 285~290쪽에 재수록.

_____,「역사의식의 긍정적 배양」,『동아일보』(1972년 1월 28일);『이홍구문집』Ⅳ, 32~35쪽에 재수록.

_____,「저항, 용기, 비극 없는 지성은 공허하다」,『이대학보』(1972년 4월 17일);『이홍구문집』Ⅰ, 120~122쪽에 재수록.

_____,「4·19세대의 새로운 의의」,『동아일보』(1972년 4월 19일);『이홍구문집』Ⅰ, 123~125쪽에 재수록.

_____,「민족이란 무엇인가」,『서울신문(1972년 9월 13일);『이홍구문집』Ⅰ, 129~132쪽에 재수록.

_____,「1972년을 보내는 세모: 집」,『서울신문』(1972년 12월 26일);『이홍구문집』Ⅰ, 136~138쪽에 재수록.

______, "Seoul-Washington D. C. Ties Based on Common Interests," *Korea Times* (June 29, 1979), 『이홍구문집』 V, pp.277~282에 재수록.

______, 「사다트와 정치 '연극'」, 『동아일보』(1977년 11월 26일); 『이홍구문집』 Ⅰ, 144~146쪽에 재수록.

______, 「남북 복지공동체의 필요성」, 『동아일보』(1978년 11월 18일); 『이홍구문집』 Ⅰ, 154~156쪽에 재수록.

______, 「우리는 어디에 서 있는가: 극복해야 할 열등감, 씻어야 할 허세; 자주성과 사대성」, 『조선일보』(1978년 8월 29일); 『이홍구문집』 Ⅰ, 353~359쪽에 재수록.

______, 「신민당의 당권경쟁: 정책부재를 극복 공당기반 굳혀야」, 『동아일보』(1979년 4월 16일); 『이홍구문집』 Ⅰ, 157~160쪽에 재수록.

______, 「정치발전을 위한 새 기풍」, 『영남일보』(1980년 1월 1일); 『이홍구문집』 Ⅰ, 161~163쪽에 재수록.

______, 「정당 구조적 개혁 서둘 때」, 『동아일보』(1980년 3월 24일), 3쪽; 『이홍구문집』 Ⅰ, 169~173쪽에 재수록.

______, 「한 · 미 안보회의 제1차 회의: 서로 얽힌 3국관계; 한 · 미 · 일 관계에 대한 한국의 관심」, 『동아일보』(1984년 4월 23일); 『이홍구문집』 Ⅰ, 412~415쪽에 재수록.

『대학신문』(서울대학교 교내신문, 주간지)

이홍구, 「정치의 방향」, 『대학신문』(1969년 4월 7일); 『이홍구문집』 Ⅰ, 189~192쪽에 재수록.

______, 「제9차 세계공산당대회」, 『대학신문』(1969년 6월 16일); 『이홍구문집』 Ⅱ, 505~507쪽에 재수록.

______, 「시와 정치」, 『대학신문』(1970년 1월 8일); 『이홍구문집』 Ⅰ, 45~46쪽에 재수록.

______, 「가능과 불가능」, 『대학신문』(1970년 1월 15일); 『이홍구문집』 Ⅰ, 47~48쪽에 재수록.

______, 「아마추어와 문외한」, 『대학신문』(1970년 1월 22일); 『이홍구문집』 Ⅰ, 49~50쪽에 재수록.

______, 「웅변과 정치」, 『대학신문』(1970년 1월 29일); 『이홍구문집』 Ⅰ, 53~54쪽에 재수록.

______, 「협상과 협잡」, 『대학신문』(1970년 2월 5일); 『이홍구문집』 I , 53~54쪽에 재수록.

______, 「서열과 불안」, 『대학신문』(1970년 2월 12일); 『이홍구문집』 I , 55~56쪽에 재수록.

______, 「수인사대추첨(修人事待抽籤)」, 『대학신문』(1970년 2월 19일); 『이홍구문집』 I , 57~58쪽에 재수록.

______, 「양심과 비극」, 『대학신문』(1970년 2월 26일); 『이홍구문집』 I , 59~60쪽에 재수록.

______, 「건축과 정치」, 『대학신문』(1970년 3월 6일); 『이홍구문집』 I , 61~62쪽에 재수록.

______, 「대학과 도시」, 『대학신문』(1970년 3월 13일); 『이홍구문집』 I , 67~68쪽에 재수록.

______, 「연습부족」, 『대학신문』(1970년 3월 14일); 『이홍구문집』 I , 63~64쪽에 재수록

______, 「정치와 해학」, 『대학신문』(1970년 3월 21일); 『이홍구문집』 I , 65~66쪽에 재수록.

______, 「박물관과 박람회」, 『대학신문』(1970년 4월 9일); 『이홍구문집』 I , 69~70쪽에 재수록.

______, 「공정과 중립」, 『대학신문』(1970년 4월 16일); 『이홍구문집』 I , 71~72쪽에 재수록.

______, 「죽음과 불평등」, 『대학신문』(1970년 4월 28일); 『이홍구문집』 I , 75~76쪽에 재수록.

______, 「자천 · 타천 · 공천」, 『대학신문』(1970년 5월 5일); 『이홍구문집』 I , 79~80쪽에 재수록.

______, 「왕국과 공화국」, 『대학신문』(1970년 5월 15일); 『이홍구문집』 I , 81~82쪽에 재수록.

______, 「자존과 자만」, 『대학신문』(1970년 5월 26일); 『이홍구문집』 I , 77~78쪽에 재수록.

______, 「영국정치의 생리와 인상: 70년 총선거를 관망하며」, 『대학신문』(1970년 6월 29일); 『이홍구문집』 I , 97~100쪽에 재수록.

_____, 「종합화의 이상과 현실」, 『대학신문』(1971년 3월 28일).

_____, 「선거의 의의와 여운: [1971년] 4·27 대통령선거의 결산」, 『대학신문』 (1971년 5월 3일); 『이홍구문집』 I, 294~296쪽에 재수록.

_____, 「신앙의 자유와 정치참여」, 『대학신문』(1971년 11월 8일); 『이홍구문집』 I, 112~115쪽에 재수록.

_____, 「한국사회와 대학」, 『대학신문』(1971년 12월 6일); 『이홍구문집』 I, 116~119쪽 가운데 116쪽.

_____, 「애국심」, 『대학신문』(1972년 5월 8일); 『이홍구문집』 I, 126~128쪽에 재수록.

_____, 「자유」, 『대학신문』(1972년 10월 9일); 『이홍구문집』 I, 133~135쪽에 재수록.

_____, 「정치이념의 혼란과 전개: 해방30년 시련과 극복의 역정 2」, 『대학신문』 (1975년 6월 9일); 『이홍구문집』 I, 331~340쪽에 재수록.

_____, 「계열별 모집과 복수전공제」, 『대학신문』(1978년 3월 13일); 『이홍구문집』 I, 147~149쪽에 재수록.

_____, 「법과 권력」, 『대학신문』(1978년 5월 1일); 『이홍구문집』 I, 150~153쪽에 재수록.

_____, 「칼럼: 가능성과 불가능 융합해야」, 『영남일보』(1980년 1월 1일).

_____, 「칼럼: 대학의 자치와 자유」, 『대학신문』(1980년 3월 10일).

_____, 「초점: 정당 구조적개혁 서둘 때」, 『동아일보』(1980년 3월 24일).

_____, 「특별기고: 통일인식의 단순화를 넘어서」, 『한국일보』(1989년 8월 10일).

_____, 「시론: 국제화 시대와 한국의 진로」, 『통일한국』(1994년 1월호).

『중앙일보』

_____, 「칼럼: 정부리더십 필요할수록 국민적 합의 끌어내야」, 『중앙일보』(2001년 2월 23일).

_____, 「칼럼: 자유 없는 자주는 허구, 감상적 통일론 경계를」, 『중앙일보』(2001년 4월 14일).

. _____, 「칼럼: 열강의 교차로에 선 한국 비전 지닌 국가전략 절실」, 『중앙일보』 (2001년 5월 19일).

_____, 「칼럼: 이제는 통일과 정쟁을 분리하자」, 『중앙일보』(2001년 6월 16일).

_____, 「칼럼: 갈등 · 분열 몰아낼 국민적 합의를」, 『중앙일보』(2001년 7월 5일).

_____, 「칼럼: 대통령 짐 덜어 총리에게 맡겨라」, 『중앙일보』(2001년 8월 8일).

_____, 「칼럼: 테러는 우리 시대의 암, 미(美) 합리적 절차로 응징하길 」, 『중앙일보』(2001년 9월 19일).

_____, 「칼럼: 신(新)질서 태동기--천하대세 읽어야」, 『중앙일보』(2001년 10월 11일).

_____, 「칼럼: 정치무대 당(黨)서 국회로 옮기자」, 『중앙일보』(2001년 11월 15일).

_____, 「칼럼: 중동 테러 전(戰) 강 건너 불 아니다」, 『중앙일보』(2001년 12월 20일).

_____, 「칼럼: 월드컵으로 공동체의 힘 다시 모으자」, 『중앙일보』(2002년 1월 10일).

_____, 「칼럼: 한미동맹 강화해 북(北)변화 이끌자」, 『중앙일보』(2002년 2월 19일).

_____, 「칼럼: 공동체 힘 키울 사회계약 만들자」, 『중앙일보』(2002년 3월 25일).

_____, 「칼럼: ‘대통령 무(無)책임제’로 표류할 것인가」, 『중앙일보』(2002년 5월 2일).

_____, 「칼럼: 월드컵 · 아르헨티나 그리고 민주화」, 『중앙일보』(2002년 5월 23일).

_____, 「칼럼: 대선을 국가과제 선택의 장(場)으로」, 『중앙일보』(2002년 8월 21일).

_____, 「칼럼: 현(現)정권 시련은 ‘소수’ 자인 안한 탓」, 『중앙일보』(2002년 9월 30일).

_____, 「칼럼: 살아 숨 쉬는 한 · 미 동맹관계」, 『중앙일보』(2003년 1월 4일).

_____, 「칼럼: 한 · 미 관계는 살아 숨 쉰다」, 『중앙일보』(2003년 1월 6일).

_____, 「칼럼: ‘아메리카제국’의 딜레마」, 『중앙일보』(2003년 1월 27일).

_____, 「칼럼: 책임총리제로 가는 첫걸음」, 『중앙일보』(2003년 2월 17일).

_____, 「칼럼: 세계지도 펴고 ‘생존비전’ 찾기를」, 『중앙일보』(2003년 2월 25일).

_____, 「칼럼: 평양의 결단을 기대하며」, 『중앙일보』(2003년 3월 10일).

_____, 「칼럼: 세계적 불안의 시대」, 『중앙일보』(2003년 3월 31일).

_____, 「칼럼: 국제정치의 흐름을 타라」, 『중앙일보』(2003년 4월 21일).

_____, 「칼럼: 북핵대응 혼선 정리할 기회」, 『중앙일보』(2003년 5월 12일).

_____, 「칼럼: 자격지심 굴레서 벗어나자」, 『중앙일보』(2003년 6월 2일).

_____, 「칼럼: ‘권력의 함정’을 극복하라」, 『중앙일보』(2003년 6월 23일).

_____, 「칼럼: 정치학자들 역할을 기대한다」, 『중앙일보』(2003년 7월 14일).

_____, 「칼럼: 대통령의 직업병이란」, 『중앙일보』(2003년 8월 4일).

_____, 「칼럼: 한반도 · 동북아 평화 틀 마련을」, 『중앙일보』(2003년 8월 25일).

_____, 「칼럼: 삐걱거리는 민주화 모범국」, 『중앙일보』(2003년 9월 15일).

_____, 「칼럼: 동맹관계, 만만히 볼 게 아니다」, 『중앙일보』(2003년 10월 6일).

_____, 「칼럼: 정수(正手)의 정치를 원한다」, 『중앙일보』(2003년 10월 27일).

_____, 「칼럼: '적자(赤字) 통치' 빨리 벗어나라」, 『중앙일보』(2003년 11월 17일).

_____, 「칼럼: '민족공동체 통일안' 살리자」, 『중앙일보』(2003년 12월 8일).

_____, 「칼럼: 내각제 결단의 시점이다」, 『중앙일보』(2003년 12월 29일).

_____, 「칼럼: 대통령 무책임제를 개혁하라」, 『중앙일보』(2004년 1월 19일).

_____, 「칼럼: 헷갈리는 4월 총선」, 『중앙일보』(2004년 2월 9일).

_____, 「칼럼: 3·1절 정신 어디로 갔나」, 『중앙일보』(2004년 3월 1일).

_____, 「원로의 고언: 1. 탄핵정국 정치개혁 기회 삼아야」, 『중앙일보』(2004년 3월 13일).

_____, 「칼럼: 보통 국가와 특수 국가」, 『중앙일보』(2004년 3월 22일).

_____, 「칼럼: 생사 기로에 선 의회민주주의」, 『중앙일보』(2004년 4월 12일).

_____, 「칼럼: '역사의 희생자' 감싸는 정치」, 『중앙일보』(2004년 5월 3일).

_____, 「칼럼: 얄타시대의 종언」, 『중앙일보』(2004년 5월 24일).

_____, 「칼럼: 아세안국가와 협력 강화해야」, 『중앙일보』(2004년 6월 13일).

_____, 「칼럼: 노무현 대통령의 고독한 결정」, 『중앙일보』(2004년 7월 5일).

_____, 「칼럼: 동북아 중심국가로 가는 첫발은」, 『중앙일보』(2004년 7월 26일).

_____, 「칼럼: 역사의 정치화가 문제다」, 『중앙일보』(2004년 8월 16일).

_____, 「칼럼: 정책 우선순위 결단을 촉구하며」, 『중앙일보』(2004년 9월 6일).

_____, 「칼럼: '인간 안보' 더 미룰 수 없다」, 『중앙일보』(2004년 10월 4일).

_____, 「칼럼: 미 대선이 새 국제체제 분수령」, 『중앙일보』(2004년 10월 25일).

_____, 「칼럼: 한국 민주정치의 위기」, 『중앙일보』(2004년 11월 15일).

_____, 「칼럼: 이 시대의 정치이념 논쟁」, 『중앙일보』(2004년 12월 6일).

_____, 「칼럼: 공동체정신 복원시키자」, 『중앙일보』(2004년 12월 27일).

_____, 「칼럼: 올해를 '대권'추방의 해로」, 『중앙일보』(2005년 1월 14일).

_____, 「칼럼: '보전(保全)세력'을 기다린다」, 『중앙일보』(2005년 2월 7일).

_____, 「칼럼: 3·1절에 다시 생각해 보는 통일」, 『중앙일보』(2005년 2월 28일).

_____, 「칼럼: 마드리드의 3·11 종소리」, 『중앙일보』(2005년 3월 21일).

_____, 「칼럼: 미국과 협조해야 '균형자론' 힘 받아」, 『중앙일보』(2005년 4월 11일).

_____, 「칼럼: 조선외교관 이한응의 순국」, 『중앙일보』(2005년 5월 2일).

_____, 「칼럼: 정권이 아닌 민족의 눈으로」, 『중앙일보』(2005년 5월 23일).

_____, 「칼럼: 세종과 '지혜'의 정치」, 『중앙일보』(2005년 6월 13일).

_____, 「칼럼: 헌법, 함부로 손댈 일 아니다」, 『중앙일보』(2005년 7월 4일).

_____, 「칼럼: '한반도 비핵 8원칙' 뿐이다」, 『중앙일보』(2005년 7월 25일).

_____, 「칼럼: 반성이 앞서야 할 광복 60주년」, 『중앙일보』(2005년 8월 15일).

_____, 「칼럼: 경제를 위해 국회가 할 일」, 『중앙일보』(2005년 9월 5일).

_____, 「칼럼: 중국 지도자들의 고민」, 『중앙일보』(2005년 10월 3일).

_____, 「칼럼: 한국이 통일을 기약하려면」, 『중앙일보』(2005년 10월 24일).

_____, 「칼럼: '통일지상주의' 신화서 깨어나자」, 『중앙일보』(2005년 11월 14일).

_____, 「칼럼: 미국의 고립주의화와 아시아」, 『중앙일보』(2005년 12월 5일).

_____, 「칼럼: 민주화 피로증」, 『중앙일보』(2005년 12월 26일).

_____, 「칼럼: 한국의 민주화 '반보(半步)의 지혜'」, 『중앙일보』(2006년 1월 16일).

_____, 「칼럼: 세계는 지금 자원전쟁 중」, 『중앙일보』(2006년 2월 13일).

_____, 「칼럼: DJ 방북에 바라는 것들」, 『중앙일보』(2006년 3월 6일).

_____, 「칼럼: 이승만 박사의 젊은 시절」, 『중앙일보』(2006년 3월 27일).

_____, 「칼럼: 미·중 양강 시대의 국제 전략」, 『중앙일보』(2006년 4월 17일).

_____, 「칼럼: 개헌 언제하면 좋을까」, 『중앙일보』(2006년 5월 8일).

_____, 「칼럼: 투표소에 꼭 가야 할 이유」, 『중앙일보』(2006년 5월 29일).

_____, 「칼럼: 월드컵 축구의 시대정신」, 『중앙일보』(2006년 6월 19일).

_____, 「칼럼: 정말 중요한 9월 한·미 정상회담」, 『중앙일보』(2006년 7월 10일).

_____, 「칼럼: 정치 하한기가 아닌데…」, 『중앙일보』(2006년 7월 31일).

_____, 「칼럼: 급변하는 국제안보환경」, 『중앙일보』(2006년 8월 21일).

_____, 「칼럼: 한·미 '동맹의 예의'를 지켜라」, 『중앙일보』(2006년 9월 11일).

_____, 「칼럼: 블레어 정권 10년의 교훈」, 『중앙일보』(2006년 10월 2일).

_____, 「칼럼: 시험대 오른 미국의 리더십」, 『중앙일보』(2006년 10월 23일).

_____, 「칼럼: 권력의 적자운영」, 『중앙일보』(2006년 11월 13일).

_____, 「칼럼: 이승만과 아데나워의 통찰력」, 『중앙일보』(2006년 12월 4일).

_____, 「칼럼: 크리스마스에 생각하는 입양」, 『중앙일보』(2006년 12월 25일).

_____, 「칼럼: 개헌 두 번 하고도 남는 시간이라고?」, 『중앙일보』(2007년 1월 15일).

_____, 「칼럼: 외교대국 외치는 대선 후보 없나」, 『중앙일보』(2007년 2월 5일).

_____, 「칼럼: 새 공동체 이념이 필요하다」, 『중앙일보』(2007년 3월 5일).

_____, 「칼럼: 파산으로 치닫는 '정당정치'」, 『중앙일보』(2007년 3월 26일).

_____, 「칼럼: 한 · 미 FTA보다 더 큰 과제」, 『중앙일보』(2007년 4월 16일).

_____, 「칼럼: 방관할 수 없는 '지구 온난화'」, 『중앙일보』(2007년 5월 7일).

_____, 「칼럼: 20년 만의 '온난화 경종'」, 『중앙일보』(2007년 5월 28일).

_____, 「칼럼: 6 · 25를 잊지 말라」, 『중앙일보』(2007년 6월 18일).

_____, 「칼럼: 이준 열사 순국 100주년에 부쳐」, 『중앙일보』(2007년 7월 9일).

_____, 「칼럼: 이휘소 박사를 그리며」, 『중앙일보』(2007년 7월 30일).

_____, 「칼럼: 국내 · 국제 · 남북관계의 3차 방정식」, 『중앙일보』(2007년 8월 20일).

_____, 「칼럼: 메르켈과 사르코지」, 『중앙일보』(2007년 9월 10일).

_____, 「칼럼: 감격은 작더라도 성과 큰 회담되길(정상회담에 바란다)」, 『중앙일보』(2007년 10월 2일).

_____, 「칼럼: 지금 대한민국의 건강상태는?」, 『중앙일보』(2007년 10월 8일).

_____, 「칼럼: 대선과 남북문제」, 『중앙일보』(2007년 10월 29일).

_____, 「칼럼: 현행 '대통령 무책임제' 개선해야」, 『중앙일보』(2007년 11월 19일).

_____, 「칼럼: 위기의 인간안보」, 『중앙일보』(2007년 12월 10일).

_____, 「칼럼: 잊을 수는 없지만 잊기로 하자」, 『중앙일보』(2007년 12월 31일).

_____, 「칼럼: 경제 못지않게 중요한 정치 살리기」, 『중앙일보』(2008년 1월 21일).

_____, 「칼럼: 지금이 개헌 논의의 적기다」, 『중앙일보』(2008년 2월 11일).

_____, 「칼럼: 선진화의 이론적 토대 구축해야」, 『중앙일보』(2008년 3월 3일).

_____, 「칼럼: 선진화와 기후변화협약」, 『중앙일보』(2008년 3월 24일).

_____, 「칼럼: 한 · 미 정상회담과 남북 문제」, 『중앙일보』(2008년 4월 14일).

_____, 「칼럼: 미 · 중 관계와 한국」, 『중앙일보』(2008년 5월 5일).

_____, 「칼럼: 5년 단임 대통령의 길」, 『중앙일보』(2008년 5월 26일).

_____, 「칼럼: 민주정치의 원초적 딜레마」, 『중앙일보』(2008년 6월 16일).

_____, 「칼럼: 7 · 7 선언과 민족 공동체 통일」, 『중앙일보』(2008년 7월 7일).

_____, 「칼럼: 헌법 논의와 사회계약」, 『중앙일보』(2008년 7월 28일).

_____, 「칼럼: 내우외환의 위기와 국민통합」, 『중앙일보』(2008년 8월 18일).

_____, 「칼럼: 특별한 국민, 특별한 대통령」, 『중앙일보』(2008년 9월 8일).

_____, 「칼럼: 시험대에 오른 국가 위기관리 능력」, 『중앙일보』(2008년 10월 6일).

______, 「칼럼: 금융위기는 곧 정치위기다」, 『중앙일보』(2008년 10월 27일).

______, 「칼럼: 오바마와 자기 쇄신의 경쟁시대」, 『중앙일보』(2008년 11월 17일).

______, 「칼럼: 인권선언 60주년과 위기 극복의 원칙」, 『중앙일보』(2008년 12월 8일).

______, 「칼럼: 위기극복과 한국 민주주의의 선택」, 『중앙일보』(2008년 12월 29일).

______, 「칼럼: 헌법 존중하는 법치로 민주화 2기를」, 『중앙일보』(2009년 1월 19일).

______, 「칼럼: 힐러리 장관 방한에 거는 기대와 우려」, 『중앙일보』(2009년 2월 16일).

______, 「칼럼: 정치 복원 위해 헌법문화 키우자」, 『중앙일보』(2009년 3월 9일).

______, 「칼럼: 정치권의 심기일전을 촉구한다」, 『중앙일보』(2009년 3월 30일).

______, 「칼럼: 위기를 넘어 멀리 보는 '정치경제학' 기대한다」, 『중앙일보』(2009년 4월 20일).

______, 「칼럼: 절실해진 통일외교의 비전과 전략」, 『중앙일보』(2009년 5월 11일).

______, 「칼럼: 대통령의 고뇌와 고민」, 『중앙일보』(2009년 6월 1일).

______, 「칼럼: 통일을 향한 결단의 시기」, 『중앙일보』(2009년 6월 22일).

______, 「칼럼: 국회의 헌법 논의로 민주정치 숨통 트자」, 『중앙일보』(2009년 7월 13일).

______, 「칼럼: 통일의 그날이 오면」, 『중앙일보』(2009년 8월 3일).

______, 「칼럼: 미국을 바로 알지 못하는 북한」, 『중앙일보』(2009년 8월 24일).

______, 「칼럼: 민족공동체 통일로 향한 '기회의 창'」, 『중앙일보』(2009년 9월 14일).

______, 「칼럼: '핵무기 없는 세계'와 한반도 비핵화」, 『중앙일보』(2009년 10월 5일).

______, 「칼럼: 국가운영체제 개혁 늦추지 말아야」, 『중앙일보』(2009년 10월 26일).

______, 「칼럼: 오바마 대통령 방한과 한·미관계 새 지평」, 『중앙일보』(2009년 11월 16일).

______, 「칼럼: 주는 것이 받는 것보다 어려운 개발원조」, 『중앙일보』(2009년 12월 7일).

______, 「칼럼: 건강한 국민, 병든 정치」, 『중앙일보』(2009년 12월 28일).

______, 「칼럼: 통치는 곧 우선순위의 선택이다」, 『중앙일보』(2010년 1월 4일).

______, 「칼럼: 세종시, 6자회담, G20 – 기회와 선택」, 『중앙일보』(2010년 1월 25일).

______, 「칼럼: 고향길에 불러보는 우리의 소원」, 『중앙일보』(2010년 2월 13일).

______, 「칼럼: 하경덕의 '사회법칙' 80주년」, 『중앙일보』(2010년 3월 8일).

______, 「칼럼: 국민의 희생을 요구하는 정치」, 『중앙일보』(2010년 3월 29일).

______, 「칼럼: '아시아의 세기' 기다리며 중국에 거는 기대」, 『중앙일보』(2010년 4월 19일).

______, 「칼럼: 제헌국회의 정신으로 돌아가자」, 『중앙일보』(2010년 5월 10일).

______, 「칼럼: 단호하게, 그러나 슬기롭게」, 『중앙일보』(2010년 5월 31일).

______, 「칼럼: 6·25의 회상, 월드컵의 흥분, 통일한국의 꿈」, 『중앙일보』(2010년 6월 21일).

______, 「칼럼: 선진국 민주정치의 시련이 주는 교훈」, 『중앙일보』(2010년 7월 12일).

______, 「칼럼: 8월에 돌아보는 이념 분열 백 년」, 『중앙일보』(2010년 8월 2일).

______, 「칼럼: 핵무기 없는 세상과 한민족의 운명」, 『중앙일보』(2010년 8월 23일).

______, 「칼럼: G20 정상회의 의장국의 영예와 부담」, 『중앙일보』(2010년 9월 13일).

______, 「칼럼: 필리핀 대통령들의 6·25전쟁 인연」, 『중앙일보』(2010년 10월 4일).

______, 「칼럼: 역사의 주류와 역류의 갈림길에서」, 『중앙일보』(2010년 10월 25일).

______, 「칼럼: G20 이후의 세상, 정치가 걱정이다」, 『중앙일보』(2010년 11월 15일).

______, 「칼럼: 안보위기일수록 외교가 중요하다」, 『중앙일보』(2010년 12월 6일).

______, 「칼럼: 카타르의 강력한 월드컵 유치 리더십」, 『중앙일보』(2010년 12월 27일).

______, 「칼럼: 미·중 정상회담 지켜보는 한국인의 시각」, 『중앙일보』(2011년 1월 17일).

______, 「이슈진단: 북한에 가장 매력적인 선물은 명분」, 『중앙일보』(2011년 1월 22일).

______, 「칼럼: 퍼져가는 민주화 물결, 혼돈 속의 민주정치」, 『중앙일보』(2011년 2월 7일).

______, 「칼럼: 민주화 제4의 물결, 어디로 이어지는가」, 『중앙일보』(2011년 2월 28일).

______, 「칼럼: 자연보전 그리고 인간보전」, 『중앙일보』(2011년 3월 21일).

______, 「칼럼: 대통령의 공약 그리고 헌법」, 『중앙일보』(2011년 4월 11일).

______, 「칼럼: '문명의 충돌'과 열린 문화의 선택」, 『중앙일보』(2011년 5월 2일).

______, 「칼럼: 빈 라덴의 죽음과 '문명의 충돌'」, 『중앙일보』(2011년 5월 23일).

______, 「칼럼: 분단의 현상유지냐, 통일로의 변화추구냐」, 『중앙일보』(2011년 6월 13일).

______, 「칼럼: 분열의 계절 … 통합의 선구자들」, 『중앙일보』(2011년 7월 4일).

______, 「칼럼: 2012 북한의 변화에 거는 기대」, 『중앙일보』(2011년 7월 25일).

______, 「칼럼: 8·15에 생각하는 민주국가의 위기」, 『중앙일보』(2011년 8월 15일).

_____, 「칼럼: 민주공동체 지키는 구심력 키우자」, 『중앙일보』(2011년 9월 5일).

_____, 「칼럼: 요동치는 세계시장, 누가 관리할 것인가」, 『중앙일보』(2011년 10월 3일).

_____, 「칼럼: 시장선거, 분열 아닌 개혁의 계기 되어야」, 『중앙일보』(2011년 10월 24일).

_____, 「칼럼: '나눔의 지구촌' 향한 한국인의 선택」, 『중앙일보』(2011년 11월 14일).

_____, 「칼럼: 독일통일은 벌써 21년, 우리는 언제」, 『중앙일보』(2011년 12월 5일).

_____, 「김정일 사후 특별기고: 김일성 사후 궤도 이탈한 남북관계, 정상화 기회 왔다」, 『중앙일보』(2011년 12월 20일).

_____, 「칼럼: 새로운 커뮤니케이션문화와 민주공동체」, 『중앙일보』(2011년 12월 26일).

_____, 「특별기고: 격변 한반도, 우리하기 달렸다」, 『중앙일보』(2012년 1월 1일).

_____, 「칼럼: 폭력으로부터의 자유는 학교로부터」, 『중앙일보』(2012년 1월 16일).

_____, 「칼럼: 민주화 25년, 반성과 재충전」, 『중앙일보』(2012년 2월 13일).

_____, 「칼럼: 내년이 걱정이다」, 『중앙일보』(2012년 3월 5일).

_____, 「칼럼: 핵 안보와 안전, 민족의 생존이 걸려 있다」, 『중앙일보』(2012년 3월 26일).

_____, 「칼럼: 그래도 의회민주주의를 키워가자」, 『중앙일보』(2012년 4월 16일).

_____, 「칼럼: 정치불신의 벽을 넘어서려면」, 『중앙일보』(2012년 5월 7일).

_____, 「칼럼: 유럽 재정위기와 공동체 정치의 시련」, 『중앙일보』(2012년 5월 28일).

_____, 「칼럼: 다시 새겨보는 루소의 『사회계약론』」, 『중앙일보』(2012년 6월 18일).

_____, 「칼럼: 올림픽 감격과 월드컵 흥분」, 『중앙일보』(2012년 7월 9일).

_____, 「칼럼: 휴전 60년을 넘어서」, 『중앙일보』(2012년 7월 30일).

_____, 「칼럼: '환경올림픽'에도 국민적 관심을」, 『중앙일보』(2012년 8월 20일).

_____, 「칼럼: 미·중 냉전과 동아시아 혼전」, 『중앙일보』(2012년 9월 10일).

_____, 「칼럼: 재정적자, 사회분열, 권력적자」, 『중앙일보』(2012년 10월 8일).

_____, 「칼럼: 박경리와 울리츠카야」, 『중앙일보』(2012년 10월 29일).

_____, 「칼럼: 오바마가 아시아로 오는 길」, 『중앙일보』(2012년 11월 19일).

_____, 「칼럼: 시민운동과 국가경영의 연결고리」, 『중앙일보』(2012년 12월 10일).

_____, 「칼럼: 그래도 젊은이의 창의력을 믿자」, 『중앙일보』(2012년 12월 31일).

_____, 「칼럼: 미드필드 정치로의 전환 실험 5년」, 『중앙일보』(2013년 1월 21일).

_____, 「칼럼: 국민통합과 정책의 연속성」, 『중앙일보』(2013년 2월 18일).

_____, 「칼럼: 한강의 기적Ⅱ, 새 정치로 열어가야」, 『중앙일보』(2013년 3월 11일).

_____, 「칼럼: 최악의 시나리오를 비켜갈 예방외교」, 『중앙일보』(2013년 4월 1일).

_____, 「칼럼: 한반도의 평화를 위한 새 틀 짜기」, 『중앙일보』(2013년 4월 22일).

_____, 「칼럼: 다시 읽는 마루야마 마사오」, 『중앙일보』(2013년 5월 13일).

_____, 「칼럼: 큰 이웃 중국에 거는 기대」, 『중앙일보』(2013년 6월 3일).

_____, 「칼럼: 되돌아보는 역사의 고비 6 · 25」, 『중앙일보』(2013년 6월 24일).

_____, 「칼럼: 다중외교 시대의 6차 방정식」, 『중앙일보』(2013년 7월 15일).

_____, 「칼럼: 흔들리는 자신, 만연하는 불신」, 『중앙일보』(2013년 8월 5일).

_____, 「칼럼: 김경원의 자유주의적 현실주의」, 『중앙일보』(2013년 8월 26일).

_____, 「칼럼: 세력화된 반체제 정서와 민주공동체」, 『중앙일보』(2013년 9월 16일).

_____, 「칼럼: 새 정치지형도의 모색」, 『중앙일보』(2013년 10월 7일).

_____, 「칼럼: 지금이 미래를 걱정할 때입니다」, 『중앙일보』(2013년 10월 28일).

_____, 「칼럼: 정상외교에서 통일외교로」, 『중앙일보』(2013년 11월 18일).

_____, 「칼럼: 아시아 패러독스와 베 · 세 · 토 · 하대학」, 『중앙일보』(2013년 12월 9일).

_____, 「칼럼: 한민족공동체 어디로 가고 있나」, 『중앙일보』(2013년 12월 30일).

_____, 「칼럼: '87년 체제'의 리모델링」, 『중앙일보』(2014년 1월 20일).

_____, 「칼럼: 미 · 중 외교와 남북대화의 이중주」, 『중앙일보』(2014년 2월 10일).

_____, 「칼럼: 3 · 1절에 돌아본 왕도와 패도」, 『중앙일보』(2014년 3월 3일).

_____, 「칼럼: 간송, DDP, 동대문시장」, 『중앙일보』(2014년 3월 24일).

_____, 「칼럼: 제국으로의 향수를 넘어서」, 『중앙일보』(2014년 4월 14일).

_____, 「칼럼: 국가개조와 권력의 적자운영」, 『중앙일보』(2014년 5월 12일).

_____, 「칼럼: 6 · 3 50주년 회고와 과제」, 『중앙일보』(2014년 6월 2일).

_____, 「칼럼: 민주화의 퇴조, 민주정치 재활의 시련」, 『중앙일보』(2014년 6월 23일).

_____, 「칼럼: 남북정상회담, 아쉬움과 바람」, 『중앙일보』(2014년 7월 14일).

_____, 「칼럼: 미 · 중 협조시대 여는 한 · 일 관계의 모색」, 『중앙일보』(2014년 8월 4일).

_____, 「칼럼: '예외성의 덫'으로부터 해방을 모색하며」, 『중앙일보』(2014년 8월 25일).

_____, 「칼럼: 한국정치의 마비, 속수무책인가」, 『중앙일보』(2014년 9월 22일).

_____, 「칼럼: 요동치는 국제질서, 전략적 선택의 계절」, 『중앙일보』(2014년 10월 13일).

_____, 「칼럼: 미국과 중국, 대국외교의 멋이란」, 『중앙일보』(2014년 11월 3일).

_____, 「칼럼: 21세기형 강대국 실험에 나선 인도」, 『중앙일보』(2014년 11월 24일).

_____, 「칼럼: 제국시대를 넘어서려는 세계화로의 진통」, 『중앙일보』(2014년 12월 15일).

_____, 「특별기고: 광복 70년, 새로운 대한민국」, 『중앙일보』(2015년 1월 1일).

_____, 「칼럼: 동양평화의 꿈, 한국이 앞장서야」, 『중앙일보』(2015년 1월 5일).

_____, 「칼럼: 정치와 정치학의 한계, 올랑드와 피케티」, 『중앙일보』(2015년 1월 26일).

_____, 「칼럼: 설날에 생각해보는 지구촌의 운명」, 『중앙일보』(2015년 2월 16일).

_____, 「칼럼: 이 어찌 구구한 감정상 문제리오」, 『중앙일보』(2015년 3월 9일).

_____, 「칼럼: 민주정치와 국가운영의 효율성」, 『중앙일보』(2015년 3월 30일).

_____, 「칼럼: 4·19의 유산, 국가전략 선택의 지표」, 『중앙일보』(2015년 4월 20일).

_____, 「칼럼: 개헌보다 경제, 그보다는 정치개혁」, 『중앙일보』(2015년 5월 11일).

_____, 「칼럼: 세종께 길을 묻는다」, 『중앙일보』(2015년 6월 1일).

_____, 「칼럼: 과거와 미래를 잇는 역사의 마디마디」, 『중앙일보』(2015년 6월 22일).

_____, 「칼럼: 정치파행에 흔들리는 국민적 자존심」, 『중앙일보』(2015년 7월 13일).

_____, 「칼럼: 지켜가야 할 이상, 피할 수 없는 현실」, 『중앙일보』(2015년 8월 3일).

_____, 「칼럼: 정상외교의 계절, 평화통일전략의 기회」, 『중앙일보』(2015년 8월 24일).

_____, 「칼럼: 평화통일을 위한 분단체제의 제도화」, 『중앙일보』(2015년 9월 14일).

_____, 「칼럼: 마그나 카르타 800주년의 단상」, 『중앙일보』(2015년 10월 12일).

_____, 「칼럼: 평화의 기수 자처한 한국외교의 진로」, 『중앙일보』(2015년 11월 2일).

_____, 「칼럼: 북한 급변보다 평화 궤도 진입에 거는 기대」, 『중앙일보』(2015년 11월 23일).

_____, 「칼럼: 정치표류, 그럴수록 중요한 국민의 선택」, 『중앙일보』(2015년 12월 14일).

_____, 「칼럼: 새해에 짚어보는 민주화 II 의 행로」, 『중앙일보』(2016년 1월 4일).

_____, 「칼럼: 사대를 넘어 자주, 그리고 평화」, 『중앙일보』(2016년 1월 30일).

_____, 「칼럼: 민족의 안전, 나라의 안보」, 『중앙일보』(2016년 2월 22일).

_____, 「칼럼: 전쟁과 평화의 갈림길에서」, 『중앙일보』(2016년 3월 14일).

_____, 「칼럼: 선거로 검진 받는 나라 건강」, 『중앙일보』(2016년 4월 4일).

_____, 「칼럼: 총선이 안겨준 국가적·국민적 숙제」, 『중앙일보』(2016년 4월 25일).

_____, 「칼럼: 판짜기보다는 틀 고치는 것이 기본」, 『중앙일보』(2016년 5월 28일).

_____, 「칼럼: 6·25 66주년, 평화의 구조와 대가」, 『중앙일보』(2016년 6월 25일).

_____, 「칼럼: 무산된 7·25 남북정상회담의 뒤풀이」, 『중앙일보』(2016년 7월 23일).

_____, 「칼럼: 강원룡 목사 10주기, 대화의 힘 되찾아야」, 『중앙일보』(2016년 8월 20일).

_____, 「칼럼: 헌법 개정, 기약 없는 표류 방치할 것인가」, 『중앙일보』(2016년 9월 24일).

_____, 「칼럼: 전쟁과 평화에 동시 대처한 시몬 페레스」, 『중앙일보』(2016년 10월 22일).

_____, 「칼럼: 대통령 무책임제, 이대로 방치할 것인가」, 『중앙일보』(2016년 11월 19일).

_____, 「칼럼: 2016년 12월 17일, 촛불이성과 한류민주주의」, 『중앙일보』(2016년 12월 17일).

_____, 「칼럼: 헌법무시의 관행 청산이 가장 시급하다」, 『중앙일보』(2017년 1월 14일).

_____, 「칼럼: 국민적 지혜와 의지로 국난극복을」, 『중앙일보』(2017년 2월 18일).

_____, 「칼럼: 폭풍우 뒤의 격랑, 국민분열의 위기」, 『중앙일보』(2017년 3월 18일).

_____, 「칼럼: 국민이 보고 싶은 대선후보의 자세」, 『중앙일보』(2017년 4월 15일).

_____, 「칼럼: 국민통합은 국민적 합의로부터」, 『중앙일보』(2017년 5월 13일).

_____, 「칼럼: 자유공동체와 민주국가를 지켜 가는 길」, 『중앙일보』(2017년 6월 10일).

_____, 「칼럼: 민주주의와 국제주의 동행 이끄는 한·미동맹」, 『중앙일보』(2017년 7월 8일).

_____, 「칼럼: 의회민주주의 위기 속의 '국민'과 '시민'」, 『중앙일보』(2017년 8월 5일).

_____, 「칼럼: "동양비핵평화구상"」, 『중앙일보』(2017년 9월 2일).

_____, 「칼럼: 대결과 파국 넘어 외교의 계절을 기다리며」, 『중앙일보』(2017년 9월 30일).

_____, 「칼럼: 함재봉의 「한국사람 만들기」와 나라 지키기」, 『중앙일보』(2017년 11월 4일).

_____, 「칼럼: 전쟁과 평화의 갈림길에 선 동아시아」, 『중앙일보』(2017년 12월 2일).

_____, 「칼럼: 냉전 2.0 시대의 한반도 평화는?」, 『중앙일보』(2017년 12월 30일).

_____, 「특별기고: 평화·통일 월계관은 끝까지 인내하는 자의 몫」, 『중앙일보』(2018년 4월 30일).

_____, 「특별기고: 평화공존과 민족공동체 향한 국민적 지혜 모을 때다」, 『중앙일보』(2018년 8월 15일).

_____, 「칼럼: 하노이 정상회담, 동아시아 평화체제 출범 계기되기를」, 『중앙일보』(2019년 2월 22일).

_____, 「특별기고: 시진핑 방북, 중국 한반도정책 전환 계기되길」, 『중앙일보』(2019년 6월 20일).

_____, 「리셋 코리아: 한·미 정상회담에서 '동아시아 비핵지대화' 논의해야」, 『중앙일보』(2019년 9월 23일).

_____, 「신년특별기고: 핵무기 확산시대 새 지정학 판도, 한국의 갈 길은」, 『중앙일보』(2020년 1월 10일).

_____, 「특별기고: 6·25전쟁 70주년에 되새겨보는 역사의 교훈」, 『중앙일보』(2020년 6월 24일).

_____, 「외교전략 제언: '한국 핵 가져도 괜찮나' 미국이 북핵 용인한 중국에 따져야」, 『중앙일보』(2021년 3월 17일).

_____, 「6·25 특별기고: 권력자의 무지가 낳은 비극 되풀이 말아야」, 『중앙일보』(2021년 6월 25일).

_____, 「8·15 특별기고: 해방76주년, 지금 더욱 절실한 안중근의 동양평화론」, 『중앙일보』(2021년 8월 13일).

_____, 「미래학회 40주년 기고: 2048년의 대한민국을 조망 한다」, 『미래학회보』(2021년 8월 23일).

_____, 「리셋 코리아: '대권정치'의 폐막과 '민권정치'의 복원」, 『중앙일보』(2022년 1월 4일).

XI. 강연·좌담·인터뷰

장관으로서의 발표문

이홍구, 「남북교류의 필요성과 창구의 일원화: 8·15남북학생회담 관련 국회

통일정책특위 발표문」, 『평화신문』14(1988년 8월 14일~20일); 『이홍구문집』 Ⅲ, 267~270쪽에 재수록.

강의 및 연설

이홍구, 「대학의 자치와 자유」(1980년도 서울대학교 신입생 환영 연설), 『대학신문』(1980년 3월 10일); 『이홍구문집』 Ⅰ, 164~168쪽.

_____, 「헌법정신과 사회정의」, 『한국기자협회 동계연수회 주제논문집』(1980); 『이홍구문집』 Ⅰ, 392~393쪽에 재수록.

_____, 「1983년의 국제정치: 정치적 팽창주의와 경제적 보호주의의 위협」, 『제11회 변호사연수회』(1983); 『이홍구문집』 Ⅰ, 403~411쪽에 재수록.

_____, 「회장연설: 근대한국정치학 100년: 그 한계성의 극복을 위한 자성」, 『한국정치학회보』 제20집 제2호(1986년 12월), 6~11쪽; 『이홍구문집』 Ⅱ, 425~432쪽에 재수록.

_____, 「한국의 정치문화: 권위주의와 민주화」(한국여성유권자연맹에서의 강연, 1987년 9월 29일)」, 『이홍구문집』 Ⅳ, 607~615쪽에 재수록.

_____, 「통일정책의 어제와 오늘: 국방대학원 '88년도 안보과정 특강」(1988년 4월 26일); 『이홍구문집』 Ⅲ, 271~292쪽에 재수록.

_____, 「한국의 통일정책과 북방외교」(전국경제인연합회 월례특강, 1988년 4월 29일); 『이홍구문집』 Ⅲ, 293~307쪽에 재수록.

_____, 「민주화시대의 통일정책: 한국능률협회 경영자 하계세미나 특강(1988년 7월 21일)」; 『이홍구문집』 Ⅲ, 309~327쪽에 재수록.

_____, 「올림픽 이후 한국사회-'새세계·미래지향 국민의식 눈떴다': 사회발전연구소 주제발표(1988년 10월 8일)」.

_____, 「미래를 향한 새 시각: 기독교지도자 초청 통일문제세미나 연설(1988년 10월 31일)」, 『이홍구문집』 Ⅲ, 329~336쪽에 재수록.

_____, 「민족공동체 형성을 통한 통일로의 전진」(3·1성서연구회에서의 연설, 1989년 1월 19일); 『이홍구문집』 Ⅲ, 349~359쪽에 재수록; _____, 「이것이 통일방안입니다」, 『샘터』(1989년 3월), 123~135쪽에 재수록. 『이홍구문집』 Ⅲ, 349~359쪽에 재수록.

_____, 「제6공화국의 통일정책 기조와 과제: 국방대학원 89년도 안보과정 특강

(1989년 6월 3일)」,『이홍구문집』Ⅲ, 361~383쪽에 재수록.

______,「민족공동체 형성을 통한 통일로의 전진: 월간 여성 통일세미나 특강 (1989년 7월호)」.

______,「민족동질성 회복을 위한 남북여성교류」,『제27회 전국여성대회: 한국여성단체협의회』(1990);『이홍구문집』Ⅲ, 405~410쪽.

______,「화해협력→남북연합→1개 국가통일 3단계 방안 제시: 민주평통에서의 연설」,『동아일보』(1993년 7월 7일), 1쪽.

______,「신세계질서의 전개와 통일전망」(신아세아질서연구회에서의 강연, 1993년 10월);『이홍구문집』Ⅲ, 421~430쪽에 재수록.

______,「국제체제의 변화와 통일의 전망」(자유지성300인회에서의 강연, 1994년 1월),『자유지성』14(1994년 1월 31일);『이홍구문집』Ⅲ, 463~473쪽에 재수록.

______,「통일정책의 새 지평: 관훈클럽초청토론회에서의 연설」(롯데호텔, 1994년 8월 26일); ______,「통일정책의 새 지평」,『관훈저널』58(1994년 12월), 271~310쪽.

______,「15대 국회개원과 새 정치과제」(한국방송기자클럽 토론회에서의 기조발제, 6월 28일);『경향신문』(1996년 6월 29일), 2쪽;『한겨레』(1996년 6월 29일), 4쪽.

______,「이홍구 전 총리 고대 특강: "IMF는 전 정권의 책임"」,『동아일보』(2000년 11월 1일), A5쪽.

______,「세계화의 윤리적 문제와 전망」(유네스코 '공동가치 포럼' 개최, 2002년 4월 26일),『유네스코신문』(2002년 4월 30일), 1쪽 및 4쪽.

______,「세종학과 대한민국 리더십」(여주대학교 산학협력단 세종리더십연구소, 2015년 5월 16일).

미국 연방하원 청문회에서의 연설

Hongkoo Lee, "Oil and Asian Rivals: Sino-Soviet Conflict; Japan and the Oil Crisis," (February 20, 1974), *Hearings Before the Subcommittee on Asian and Pacific Affairs of the Committee on Foreign Affairs, House of Representatives, Ninety-third Congress, First and Second Sessions*(Washington, D. C.: United States Government Printing Office, 1974), pp.75~86;『이홍구문집』V, pp.253~269.

좌담(대담 및 정담 포함)

이만갑·이홍구, 「대담: 스튜던트 파워」, 『세대』(1969년 4월), 52~63쪽; 『이홍구문집』 IV, 85~101쪽에 재수록.

함병춘·이홍구, 「대담: 시민정신」, 『세대』(1969년 10월), 52~65쪽; 『이홍구문집』 IV, 103~122쪽에 재수록.

고영복·구범모·손제석·이정식(李廷植)·이홍구, 「좌담: 한국사회와 민주정치」, 『대학신문』(1969년 12월 21일), 4~5쪽; 『이홍구문집』 IV, 123~145쪽에 재수록.

강원용·이규호·함병춘·이홍구, 「좌담: 시민사회의 성숙과 그에 대응하는 시민정신의 기조」, 『세대』(1970년 1월), 118~123쪽.

선우휘·민병기·지명관·이홍구, 「좌담: 또 하나의 초점: 대일관계」, 『조선일보』(1970년 3월 5일); 『이홍구문집』 IV, 147~163쪽에 재수록.

선우휘·박준규(朴浚圭)·이홍구·윤식, 「좌담: 4·19를 재평가해본다」, 『조선일보』(1970년 4월 19일), 5쪽; 『이홍구문집』 IV, 165~172쪽에 재수록.

이만섭·임방현·이홍구·양동안·이영일, 「좌담: 정치과정과 청년학생」, 『정경연구』(1970년 7월), 40~58쪽; 『이홍구문집』 IV, 173~198쪽에 재수록.

신영철·박동운·박봉식·김영준·이홍구, 「좌담: 통일에의 방향과 지표」, 『세대』(1970년 9월), 68~79쪽; 『이홍구문집』 IV, 199~215쪽에 재수록.

이홍구·조지 베크먼, 「대담: 통일에 대처할 의지와 지혜」, 『월간 다리』(1970년 10월), 20~27쪽; 『이홍구문집』 IV, 217~223쪽에 재수록.

윤태림·진철수·이홍구, 「좌담: [1971년] 5·25는 의정회복 갈림길」, 『동아일보』(1971년 5월 24일), 3쪽; 『이홍구문집』 IV, 225~230쪽에 재수록.

차인석·현영학·김동길·하동훈·이홍구, 「좌담: 대학의 미래상」, 『신동아』(1971년 11월), 164~187쪽; 『이홍구문집』 IV, 231~266쪽에 재수록.

이홍구·김형규·오연천·조무상, 「좌담: 10·15사태와 대학정상화」, 『대학신문』(1971년 11월 22일), 4~5쪽; 『이홍구문집』 IV, 267~284쪽에 재수록.

안병욱·이홍구, 「대담: 합리적 인간」, 『한국일보』(1971년 12월 18일); 『이홍구문집』 IV, 285~290쪽에 재수록.

홍이섭·이홍구, 「대담: 한국민족주의의 향방」, 『대학신문』(1972년 3월 13일), 4쪽; 『이홍구문집』 IV, 291~305쪽에 재수록.

홍승직·이홍구·이영호, 「대담: 근대화와 민족과 자유의 조화; 『한국인의 가치관」 연재를 마치고」, 『조선일보』(1972년 5월 25일), 4쪽; 『이홍구문집』 Ⅳ, 307~312쪽에 재수록.

구범모 · 박봉식 · 이환 · 이홍구, 「대담: '7 · 4성명'과 대학의 자세」, 『대학신문』(1972년 8월 7일), 4~5쪽; 『이홍구문집』 Ⅳ, 313~329쪽에 재수록.

양병우 · 조순 · 이홍구, 「대담: 민족통일의 염원과 현실」, 『대학신문』(1972년 9월 11일), 4쪽; 『이홍구문집』 Ⅳ, 331~340쪽에 재수록.

고병익 · 한우근 · 김용직 · 이홍구 · 신용하, 「좌담: 개항 백년 논의의 의미와 반성」, 『대학신문』(1976년 3월 22일); 서울대학교 대학신문사 편, 『한국근대사의 재조명』(서울대학교대학신문사, 1977), 9~18쪽; 『이홍구문집』 Ⅳ, 387~397쪽에 재수록.

양호민 · 이홍구, 「대담: 서구공산당, 변질인가 전술인가」, 『월간중앙』(1976년 7월), 74~91쪽; 『이홍구문집』 Ⅳ, 341~365쪽.

김동길 · 이홍구, 「대담: 국민이 바라는 정당」, 『신동아』(1977년 10월), 54~65쪽; 『이홍구문집』 Ⅳ, 367~385쪽.

이홍구 · 이상우, 「대담: '4강의존'서 '남북주도'로: 한반도와 그 주변 새해 진단」, 『조선일보』(1978년 1월 6일), 3쪽; 『이홍구문집』 Ⅳ, 399~406쪽.

남재희 · 이홍구 · 소흥렬, 「좌담: 경제발전 이후의 문제들」, 『세대』(1978년 4월), 62~73쪽; 『이홍구문집』 Ⅳ, 407~419쪽.

김성식 · 이홍구, 「대담: 정치에 대하여」, 『신동아』(1978년 5월), 56~73쪽; 『이홍구문집』 Ⅳ, 447쪽.

이홍구 · 소흥렬, 「대담: 정치하는 마음, 정치하는 몸가짐」, 『세대』(1978년 10월), 64~78쪽; 『이홍구문집』 Ⅳ, 449~463쪽.

이홍구 · 이영호 · 안병준, 「좌담: 한국정치, 향후 10년을 전망한다」, 『이대학보』(1979년 4월 20일), 4쪽; 『이홍구문집』 Ⅳ, 465~473쪽에 재수록.

이홍구 · 강재윤 · 김규택, 「좌담: 남북문제: 군사차원서 정치차원으로」, 『중앙일보』(1979년 7월 3일), 3쪽; 『이홍구문집』 Ⅳ, 475~480쪽에 재수록.

이홍구 · 이강걸 · 한승주, 「좌담: 70년대 미국외교의 내막과 80년대 세계질서」, 『경향신문』(1979년 11월 7일), 13쪽; 『이홍구문집』 Ⅳ, 481~487쪽에 재수록.

이홍구 · 김철수, 「대담: 새 헌법 국민합의기반 선행돼야」, 『동아일보』(1979년 12월 10일), 3쪽; 『이홍구문집』 Ⅳ, 489~496쪽에 재수록.

강만길 · 조향록 · 이오덕 · 이홍구, 「좌담: 우리는 지금 어디에 서 있는가」, 『신동아』(1980년 3월), 82~96쪽;『이홍구문집』IV, 497~516쪽에 재수록.

이홍구·김대중,「대담: 급진론은 '민주' 말살할 수도」,『월간조선』(1985년 6월), 132~149쪽;『이홍구문집』IV, 521~539쪽에 재수록.

안병영·이홍구,「대담: 통일에의 문은 열리는가」,『정경문화』(1985년 11월), 84~101쪽;『이홍구문집』IV, 541~562쪽에 재수록.

이홍구·남재희·김경동·조동필·강원용·정문길·소흥렬·장원종·어윤배·박경서·이항녕·김충열·김성두·박영기·유인호·정헌주·박청산·송보경·이근후·이명현·노정선·표세진,「좌담: 복지화의 의미와 우리의 현실」(한국크리스천아카데미, 1985);『이홍구문집』IV, 563~586쪽에 재수록.

이홍구,「머리말」,「'조선일보 21세기 모임' 선언 미래를 보는 철학과 자세」그리고「'21세기모임'기획 시리즈를 끝내며」, 이홍구·이인호·권태준·한승수·이상우·권태완·정근모·김우창·서광선 분담집필/이홍구 편,『한국 21세기: 오늘의 문제와 내일의 과제』(조선일보사, 1987), 9~14쪽, 16~22쪽 그리고 317~321쪽;『이홍구문집』IV, 593~606쪽에 재수록.

이홍구·한상진·유근일,「대담: 중간층이 대세 잡아야 민주화 된다」,『조선일보』(1987년 1월 1일).

이홍구·이경자·권오기「동아일보 67주년 기념대담: 언론 커져야 민주발전 바로 된다」,『동아일보』(1987년 4월 1일).

이홍구·남재희·조세형·인명진,「좌담: '운동정치'는 청산해야」,『조선일보』(1988년 1월 1일, 1월 5일 상,하).

이홍구·최상용,「대담: 탈냉전시대의 통일논의」,『월간중앙』(1988년 5월), 297~298쪽.

이홍구·장영옥,「대담: 정부는 통일방향의 주도적 역할만, 실질 접촉은 국민을 대표하는 기관·단체에서」,『통일』(1988년 7월); 국토통일원,『민족공동체 형성을 통한 통일로의 전진: 이홍구 국토통일원장관 강론집(1988.2~1989.5)』(국토통일원, 1989), 131~142쪽에 재수록.

이홍구·구종서,「대담: 무분별한 반공·환상적 낙관 모두 금물」,『중앙일보』(1988년 6월 6일).

이홍구·양호민·이호재,「특집대담: 남북정상회담 낙관도 비관도 말자」,『중앙일보』(1988년 9월 22일).

이홍구·김종심,「대담: 북방정책과 한반도평화; "통일논의에 정부·재야가 어디 있습니까"」,『신동아』(1988년 11월), 252~269쪽;『이홍구문집』 IV, 643~657쪽에 재수록.

이홍구·안병영,「대담: 통일은 장정(長征)…평화정착이 선결」,『동아일보』(1989년 1월 9일), 5쪽.

신태환·이홍구,「대담: 통일문제 국민적 합의로 풀어야죠」,『조선일보』(1989년 3월 1일), 5쪽.

이홍구·최재현,「대담: 민주화가 남북통일의 첫걸음」,『월간 다리』(1989년 9월), 54~62쪽;『이홍구문집』 IV, 629~641쪽에 재수록.

이홍구·이경재,「대담:「남북연합」은 공존공영의 통일과정」,『동아일보』(1989년 9월 22일).

이홍구·이상우,「대담: 90년대엔 통일 가능한가」,『경향신문』(1989년 10월 6일), 15쪽.

이홍구·최장집,「대담: '북한고립화' 통일지향적인가」,『한겨레』(1990년 1월 1일), 22쪽.

이홍구·안태용,「대담: '정치해결 앞서 '공동권' 확대」,『국민일보』(1990년 1월 4일).

이홍구·박근,「대담: '동토의 평양'에도 멀잖아 봄바람이」,『세계일보』(1990년 2월 1일).

이홍구·박관용·라종일,「대담: '이념'의 벽부터 허물자」,『부산일보』(1990년 8월 16일).

이홍구·이경형,「대담: 북은「총리회담」에 나올겁니다」,『서울신문』(1990년 8월 27일).

이홍구·박수길·권동만·신동원·노영찬,「좌담: 유럽 '새질서' 태동 주목할 때」,『동아일보』(1992년 3월 12일).

이홍구·이상우,「대담: 21세기시민양성 '교육혁명' 급선무」,『조선일보』(1993년 8월 1일).

이홍구·강경식·김진현,「특별좌담: 21세기의 한국을 좌우 한다」,『중앙일보』(1993년 9월 21일).

이홍구·최상용,「신년대담: 예측 불가능시대가 오고있다」,『동아일보』(1994년 1

월 4일).

이홍구·김용정, 「대담: 월드컵 남북공동개최 통일애도 기여」, 『동아』(1994년 1월 22일).

이홍구·이상우·김우창·권태완·안병훈·최병열·정근모·이인호, 「기념좌담:그린-테크노라운드 이겨내야 1등국민」, 『조선일보』(1994년 1월 29일).

이홍구·오재식·이호철, 「좌담: 냉전의 판도라상자를 열고」, 『계간 대화』(1994년 봄), 154~169쪽; 『이홍구문집』 IV, 689~711쪽에 재수록.

이홍구·김재홍, 「대담: 「남북기본합의서」의 감동으로 돌아가자」, 『신동아』(1994년 6월), 338~352쪽.

이홍구·김윤곤, 「대담: 이제 남북관계는 우리가 주도권 잡는다」, 『월간조선』(1994년 6월), 226~237쪽.

윤영오 질의, 「여의도초대석: 이홍구 신한국당 대표위원에게 묻는다; 정책정당화로 선진의회정치를 지향한다」, 『여의도정책논단』(1996년 여름), 25~35쪽.

이홍구·에르네스토 세디요(전 멕시코 대통령), 「좌담: 미(美) 일방주의, 세계화까지 위협」, 『중앙일보』(2003년 3월 25일).

이홍구·킴 캠벨, 「한국·캐나다 전 총리 대담: 북(北) 핵개발 위협은 자살폭탄」, 『중앙일보』(2003년 9월 4일).

이홍구·마이클 아머코스트·데이비드 스타인버그 「한·미 관계현안 대담: 이라크 파병-북핵 연계 말아야」, 『중앙일보』(2003년 10월 15일).

이홍구·김인규 이사, 「대담: 내각제로 개헌, 총선 후 개헌작업 착수해야」, 『서울대동창회보』(2004년 2월 15일).

이홍구·테드 터너 전 CNN 회장, 「대담: 핵 평화적 이용 허용해 북 체면 세워줘야」, 『중앙일보』(2005년 8월 18일).

이홍구·마이클 아머코스트 전 주일 미대사·스테이플턴 로이 전 주중 미대사, 「한·미관계 약할수록 북한문제 해결 어려워」, 『중앙일보』(2006년 1월 10일).

김진국, 「김진국이 만난 사람: 30년 전엔 국회에서 통일방안 만들었는데, 지금은 왜 못하나」, 『중앙SUNDAY』(2019년 9월 7일).

이홍구·김종인·김종휘, 「7·7선언 20주년 좌담: 러·중과 수교 없었으면 한국경제 이만큼 발전 못했을 것」, 『중앙일보』(2008년 7월 7일).

이홍구·비라이터 아시아재단 총재, 「대담: 미국 내 보호무역주의 대두-한·미

FTA 기대 반 걱정 반」, 『중앙일보』(2008년 7월 24일).

이홍구·한상진, 「대담: 세계화 2단계로 진입」, 『문화일보』(2008년 11월 3일).

주고받은 대화 형식의 글

이홍구, 「한국의 세미나와 심포지엄: 고영복 씨 소론과 관련하여」, 『동아일보』 (1970년 7월 27일), 338~352쪽; 『이홍구문집』 I, 83~85쪽에 재수록.

______, 「통일인식의 단순화를 넘어서」, 『한국일보』(1989년 8월 10일); 『이홍구문 집』 I, 174~176쪽에 재수록.

여행기

이홍구, 「유럽에서 생각해본 통일과 민주화」, 『서울대학교동창회보』(1990년 12월 1일); 『이홍구문집』 I, 177~181쪽에 재수록.

인터뷰

『경향신문』(1985년 5월 23일) 인터뷰: 「동경 5개국 학술회의에 비친 한반도」-중 국의 「남북수뇌회담」 지지 주목, 『이홍구문집』 IV, 517~519쪽에 재수록.

『*New York Times*』(May 4, 1988), Section A; Flora Lewis, "Foreign Affairs: Korea's North Politik."

『동아일보』(1988년 5월 6일), 2쪽.

『매일경제』(1988년 5월 6일), 1쪽.

『조선일보』(1988년 5월 7일), 4쪽.

『요미우리』(1988년 5월 8일) 인터뷰: 「남북고위레벨접촉: 한국 이(李) 통일장관 표명」.

『월간 동화』(1990년 1월), 226~241쪽, 김효숙 「이홍구 통일원장관 인터뷰: "90 년대 통일전망은 밝다"」, 『이홍구문집』 IV, 659~676쪽에 재수록.

『평화신문』(1989년 1월 15~21일), 박권상: 「이홍구 인터뷰: 남한 민주화가 '통일' 가능성 높인다」.

『일요신문』(1989년 3월 5일) 인터뷰: 외국언론에 강한 통일논의 해결사.

『조선일보』(1988년 6월 4일) 인터뷰: 통일문제는 국민합의 바탕서 정부가 하는 것.

『한국일보』(1989년 7월 10일) 인터뷰(장명수): "통일정책은 실현가능성이 최우선".

『중앙일보』(1989년 8월 9일) 인터뷰(이제훈): 커진 경제력바탕 이념 넘어 전 방위 노크.

『경향신문』(1989년 11월 17일) 인터뷰: 운 좋은 「공부꾼」이 벼슬까지 했으니.

『시사저널』(1989년 12월 3일) 인터뷰: 통일 위한 국제환경 한반도가 독일보다 유리.

『매일신문』(1990년 1월 1일) 인터뷰: "90년대 안에 통일 가시화".

『서울신문』(1990년 8월 27일)「'북방정책의 두뇌' 이홍구 대통령정치특보」.

박성범 앵커,「이홍구 대통령 정치담당 보좌관 인터뷰」(KBS, 1990년 10월 19일).

백지연 앵커,「이홍구 특보 인터뷰」(MBC, 1990년 12월 15일).

『조선일보』(1992년 3월 7일) 박두식,「이홍구 주영대사 인터뷰」.

『중앙일보』(1992년 11월 1일) 김진국「영국 찰스 왕세자 방한 준비: 이홍구 주영 대사 인터뷰」.

『문화일보』(1993년 10월 26일) 인터뷰: 북핵문제 국제공조 바람직.

『한국일보』(1993년 12월 27일) 인터뷰: "제2의 88신화 꼭 만들겠다".

『중앙일보』(1994년 1월 15일) 인터뷰: 일(日)과 경합 "해볼만한 게임".

『한겨레신문』(1994년 1월 25일) 인터뷰: 남북 월드컵 공동개최 낙관.

『인사이더 월드』(1994년 2월호) 인터뷰: "남북공동개최 꼭 실현 하겠다".

『경향신문』(1994년 3월 23일) 인터뷰: 남북관계 개선 인내 필요.

박성숙,「탐방: 최선을 다한 후 결과는 운명에 맡겨야; 2002년 월드컵축구유치위 원회 이홍구 위원장을 찾아서」,『인생을 어떻게 살아야 하는가』(1994년 봄);『이홍구 문집』Ⅳ, 685~688쪽에 재수록.

『조선일보』(1994년 4월 16일) 인터뷰: "한 · 미 대북정책 절충 필요".

『매일경제』(1994년 5월 1일),「이홍구 새 통일부총리 인터뷰 "통일정책 국민 신 뢰 일관성 중시"」.

『중앙일보』(1994년 5월 12일) 인터뷰:「이홍구 통일부총리에 들어본 대북정책」.

『동아일보』(1994년 6월 29일) 인터뷰:「이홍구 우리측 대표 일문일답 남북정상 결단으로 전격 합의」.

『한겨레』(1994년 8월 27일) 인터뷰:「김정일 체제 안정 남북관계 도움 이 부총리 일문일답」.

『한겨레』(1994년 12월 18일) 기자회견:「이홍구 새 총리 기자회견 "국가 봉사기회 최선 다할 터」.

『중앙일보』(1995년 12월 17일) 인터뷰: 「떠나가는 이홍구 총리: 전국구 출마 관심 밖의 일」.

『WIN』(1996년 6월), 28~31쪽: 김진, 「커버스토리: 신한국당 대표 이홍구」.

『신동아』(1996년 8월), 148~159쪽: 전진우, 「"시대착오적, 투쟁적 리더십으론 이제 안돼": 신한국당 이홍구 대표」.

『월간조선』(1996년 8월), 99~112쪽 권영기 인터뷰: 「신한국당 이홍구: "클린턴 같은 '젊은 대통령' 나와야 한다"」.

『동아일보』(1998년 3월 25일) 인터뷰: 「주미대사 내정 이홍구 씨 "나라 어려워 고사(固辭) 한계 초당적 각오 다졌다"」.

『한겨레』(1999년 2월 23일) 인터뷰: 「이홍구 주미대사, '한 · 미 대북관심' 초점 달라」.

『월간조선』(2000년 4월), 308~322쪽 「박두식 인터뷰: 이홍구 주미대사」.

『신동아』(2000년 12월), 230~247쪽 최영재 인터뷰: 「YS정권 핵심실세가 회고하는 문민정부 5년 이홍구」.

『International Youth Fellowship』(2004년 가을호) 인터뷰: 「한국사회의 총체적 진단」.

『통일시대』(2008년 3월호) 특별인터뷰: 「통일문제는 여 · 야 초월, 국민합의 · 남북상생 이루길」.

『문화일보』(2008년 11월 6일) 인터뷰: 「'美가 기댈 수 있는 나라' 재확인 기회로」.

『월간조선』(2010년 1월)「신년 인터뷰: 이홍구 6 · 25전쟁 60주년 기념사업 위원장 "은혜를 갚는 대한민국 보여줘야"」.

『한국경제』(2011년 3월 7일) 월요인터뷰: 「"리더십 부족한 갈등의 시대-정주영 '해봤어' 정신 그리워"」.

『문화일보 주말섹션』(2012년 9월 28일) 파워인터뷰: 「"대선 '교과서'대로 안 갈 것-후보 간 창의력 경쟁이 관건"」.

『중앙SUNDAY』(2019년 9월 7-8일) 김진국 인터뷰: 「30년 전엔 국회서 통일방안 만들었는데, 지금은 왜 못하나」.

『중앙일보』(2021년 11월 12일) 고정애 인터뷰: 「의회주의 발전에 관심 · 계획 있는 후보가 안 보인다」.

XI. 인사말(머리말·축사·조사·회고)

이홍구, 「역자서문」, 프레데릭 왓킨스 저/이홍구 역, 『근대정치사상사』(을유문화사, 1973), 1~14쪽.

이홍구, 「창간사」, 『사회과학과 정책연구』 제1권 제1호(1979년 8월), ⅰ쪽.

이홍구, 「머리말」, 『사회과학과 정책연구』 제1권 제3호(1979년 12월), ⅰ쪽.

____, 「서문」, 이해영·한승수 공저, 『영국의 사회복지: 복지국가의 이념과 제도화』(서울대학교출판부, 1980), ⅰ~ⅱ쪽.

____, 「서문」, 최종태, 『서독의 사회복지와 노사관계』(서울대학교출판부, 1980), ⅰ~ⅱ쪽.

____, 「서문」, 김동희, 『프랑스의 사회보장제도』(서울대학교출판부, 1980), ⅰ~ⅱ쪽.

____, 「서문」, 김학준, 『소련외교론서설』(서울대학교출판부, 1982), ⅰ쪽.

____, 「옮기고 나서」, 이홍구 역, 『칼 마르크스의 사회사상과 정치사상』(까치, 1983), 339~342쪽.

____, 「학문을 통한 인간적 유대」, 『한국정치학회 소식』(1986년 11월 25일); 『이홍구문집』 Ⅳ, 587~589쪽에 재수록.

____, 「하서(賀序)」, 김영국 외, 『레오 스트라우스의 정치철학』(서울대학교출판부, 1995), ⅴ~ⅵ쪽.

____, 「머리말」, 『이홍구문집』 Ⅰ(1996), 5~9쪽.

____, 「나의 정치학과 시절」, 서울대학교정치학과60년사 발간위원회 편, 『서울대학교정치학과60년사』(서울대학교 사회과학대학 정치학과, 2007), 173쪽.

____, 「김경원의 자유주의적 현실주의」, 『중앙일보』(2013년 8월 26일), 31쪽.

가족관계

- 1934년 5월 9일: 경기도 개성시 남산동 623번지에서, 아버지 이봉훈과 어머니 주인임 사이에서 장남(조선왕조 9대 성종의 아들 영산군의 15대 종손)으로 출생
- 1937년: 부모, 서울로 이사
- 1969년 4월 13일: 이현경 양과 결혼

  1970년 4월 7일: 장녀 소영 출생

  (1998년 12월 22일: 변호사 이상훈과 결혼: 아들 이태희, 아들 이재희)

  1971년 4월 1일: 차녀 민영 출생

  (2003년 6월 23일: 첼리스트 이강호와 결혼: 딸 이희윤, 아들 이희재)

  1974년 11월 26일: 장남 이현우 출생

  (2000년 9월 22일: 황지영과 결혼: 딸 이규원, 아들 이준형, 딸 이준원)
- 1976년 6월 15일: 이현경 여사 별세
- 1978년 4월 22일: 박한옥 양과 재혼
- 1978년 8월 25일: 모친 별세
- 1990년 9월 19일: 부친 별세

국내에서의 배움의 시기(1941~1954)

- 1941년 4월: 경성재동공립심상소학교(현재 서울재동초등학교) 입학
- 1947년 3월: 서울재동국민학교 졸업(제36회)
- 1947년 4월 1일: 경기중학교 입학
- 1951년 8월 31일: 교육법에 의해 6년제 중학교가 3년제 중학교와 3년제 고등학교로 분리됨에 따라 경기고등학교 2학년이 됨
- 1953년 3월 18일: 경기고등학교 졸업(제49회)

· 1953년 4월 13일: 서울대학교 법과대학 법학과 입학(제11기)

미국에서의 유학과 교수의 시기(1954~1968)

· 1954년 1월 4일: 미국 에모리대학교에 장학생으로 입학
· 1954년 4월~1957년 5월: 약 30개월 입원(결핵으로 폐 중간부위 제거하는 수술 포함)
· 1957년 9월: 에모리대학교 복교
· 1959년 6월 5일: 에모리대학교 철학과 우등졸업(철학사). 전 미국 인문대학의 상위 10% 우등생만이 구성원 자격을 얻는 '파이 베타 카파(Phi Beta Kappa Society)' 메달 수여자로 선정되고, 대학원 진학을 준비하여 댄포스재단의 펠로십 수상자로 선정됨
· 1959년 9월 초: 예일대학교 대학원 철학과 입학
· 1961년 6월 14일: 예일대학교 대학원 철학과 졸업(철학석사)
· 1961년 9월 초: 예일대학교 대학원 정치학과 편입
· 1963년 9월 초~1964년 8월 말: 에모리대학교 정치학과 방문조교수
· 1964년 9월 초~1967년 8월 말: 케이스웨스턴리저브대학교 정치학과 조교수
· 1968년 6월 11일: 박사학위청구논문 「사회보존과 정치발전: 메이지시대의 일본에 특별히 유의해 살핀 정치적 변화에 대한 규범적 접근」으로 예일대학교 대학원: 정치학과 졸업(정치학박사)
· 1968년 6월 25일: 귀국

교수로서의 활동의 시기(1968~1988)

· 1968년 7월 1일~1969년 2월 28일: 육군사관학교, 서울대학교 행정대학원, 고려대학교 대학원 정치외교학과에 출강
· 1969년 3월 1일 서울대학교 교양과정부 강사
· 1969년 6월 1일: 서울대학교 교양과정부 조교수
· 1971년 3월 30일: 서울대학교 문리대 정치학과 조교수로 옮김
· 1973년 1월 7일~1974년 2월 4일: 우드로윌슨센터(워싱턴D.C. 소재) 펠로
· 1974년 2월 5일~1975년 1월 18일: 록펠러재단 펠로로 하버드대학교 동아시아법률센터에서 연구
  1974년 2월 20일: 연방하원 대외관계위원회 산하 아시아·태평양소위원회 개

최 「석유와 아시아」 청문회에 초청을 받아, 동아시아의 국제관계 전반과 자원의 정치에 관해 발표

· 1975년 4월 1일: 서울대학교 사회과학대학 정치학과 부교수
· 1975년 6월 16~19일: 제1차 한 · 독학술회의(뮌헨대학교)에서 「코리안 코먼웰스」안(영문) 발표
· 1976년 3월 3~8일: 제30회 아시아 · 북아프리카인문학국제학술대회(멕시코시티)에서 「코리안 코먼웰스」안(영문)의 구체적 내용을 발표
· 1976년 6월 9일: 서울대학교 사회과학연구소 부소장
· 1976년 8월 16~21일: 제10회 세계정치학회 세계대회(에든버러)에서 「정치체계에 있어서 기억과 의식」(영문) 발표
· 1978년 11월 15~17일: 전국경제인연합회(한국) · 세계경제조사회(일본) 공동주최, 「동북아시아에 있어서의 평화체제 추구를 위한 국제심포지움」(도쿄)에서 「코리안 코먼웰스」안의 구체적 내용을 발표
· 1979년 1월 1일~1983년 1월 4일: 서울대학교 사회과학연구소 소장
· 1979년 6월 1일~1984년 6월 1일: 한국공산권연구협의회 부회장, 회장
· 1979년 8월 12~18일: 제11회 세계정치학회 세계대회(모스크바)에서 「불균형적 성장의 변증법: 두 개 한국의 사례」(영문) 발표
· 1980년 4월 1일: 서울대학교 사회과학대학 정치학과 정(正)교수
· 1980년 6~8월: 유럽대학교(이탈리아 피에솔레 소재)에서 유로코뮤니즘과 지중해 연안국가의 민주화과정에 관해 연구
· 1984년 8월 9~14일: 제12회 세계정치학회 세계대회(리우데자네이루)에서 한반도통일에 관한 분과 개설
· 1985년 7월 15~20일: 제13회 세계정치학회 세계대회(파리)에서 집행위원 선출
· 1985년 12월 11일~1986년 12월 9일: 제15대 한국정치학회 회장
· 1986년 6월: 서울국제포럼 창립 주도, 초대 이사장 취임
· 1987년 4월 6~8일: 세계정치학회 · 동독 원탁회의(베를린)에서 연설
· 1988년 2월 24일: 서울대학교 사회과학대학 정치학과 교수 사직

정·관계에서의 활동의 시기

· 1988년 2월 25일~1990년 3월 18일: 제14대 국토통일원장관

1988년 8월 4일: 8·15남북학생회담 관련 국회통일정책특별위원회에서 「남북
교류의 필요성과 창구의 일원화」 발표

1988년 10월 19~22일: 제43회 유엔총회, 대통령 수행 참석

1989년 2월 24일: 국회에서 「남북연합」안 발표

1989년 9월 11일: 노태우 대통령, 국회에서 이 국토통일원장관의 「남북연합」안
에 기초한 한민족공동체통일방안 발표

1990년 1월 11~15일: 서독 방문, 빌리 브란트 전 서독 총리와 회담

· 1990년 3월 18일~1991년 3월 16일: 대통령정치담당특별보좌관

1990년 8월 26일~9월 12일: 대통령특사로 프랑스·독일·오스트리아·이탈리
아·영국 다섯 나라 방문

1990년 12월 13~15일: 노태우 대통령의 소련 국빈방문 공식 수행

1990년 12월 17~19일: 노태우 대통령 특사로 일본 방문

· 1991년 3월 16일~1993년 4월 21일: 제12대 주영대사

1992년 10월 28일: 찰스 영국 왕세자 방한 준비로 일시 귀국

· 1993년 6월 29일~1994년 4월 29일: 제5대 민주평화통일자문회의 수석부의장

1994년 1월 18일: 「2002년월드컵축구대회유치위원회」 위원장

· 1994년 4월 30일~1994년 12월 16일: 제20대 통일부장관 겸 부총리

1994년 6월 28일: 남북정상회담 개최를 위한 남북예비접촉회담(판문점 「평화의
집」)에서 북한의 김용순 조선로동당 중앙위원회 대남비서를 상대로 회담해 여덟
시간 만에 합의를 이끌어내고 곧바로 발표

1994년 11월 30일~1994년 12월 2일: 멕시코 대통령취임식 대통령특사

· 1994년 12월 17일~1995년 12월 17일: 제28대 국무총리

· 1996년 4월 11일~1998년 4월 14일: 제15대 국회의원

· 1996년 5월 7일~1997년 3월 12일: 제2대 신한국당 대표

1996년 7월 10일: 국회에서 신한국당 대표연설(연제:「21세기를 향한 선택의 정치」)

· 1997년 6월 26~28일: 「잘츠부르크 글로벌 세미나」 이사로, 발족 50주년 기념식
참석

· 1998년 4월 17일~2000년 8월 1일: 제17대 주미대사

1998년 6월 8~12일: 김대중 대통령 방미 행사 수행

1998년 11월 20~23일: 클린턴 대통령 방한 일시 귀국해 각종 행사 참여

1999년 7월 2~5일: 김대중 대통령 2차 방미 행사 수행

언론인·시민운동가·국가원로로서의 활동의 시기

· 2000년 10월~2007년 1월: 「사단법인 평화포럼」 이사
· 2000년 11월 23일: 김대중 정부 대통령통일고문
· 2001년 1월 1일~2021년 12월 31일: 중앙일보사 상임고문
· 2002년 5월 20일: 동티모르 대통령취임식 대통령특사
· 2003년 4월 11~14일: 유럽·북미·동아시아의 지도자들로 구성된 「3자위원회」
  2003년 연례총회에서 개식연설
· 2005년 3월 8~11일: 마드리드클럽 주최 「국제반(反)테러회의」(마드리드) 참석
· 2005년 5월 12일: 대한제국주영서리공사 이한응 열사 추모회 회장
· 2008년 4월 2일: 「아시아 소사이어티 한국지부」 명예회장
· 2009년 2월 3일: 이명박 정부 대통령통일고문회의 의장
· 2009년 3월 12일: 국민원로회의 위원
· 2009년 7월~2010년 6월: 사법정책자문위원회 위원장
· 2011년 5월 3일: 「대화문화아카데미」 고문; 「재단법인 여해와 함께」 고문
· 2012년 9월 6~15일: 제5회 세계자연보존총회 조직위원장으로 총회를 제주에서
  개최
· 2012년 10월 17일: 전(前) 여·야지도자17인회의 참석
· 2014년 12월 18일: 「일본 평화헌법 9조 노벨상 추천 한국위원회」 대표
· 2015년 8월 15일: 「동아시아평화회의」 출범 주도
  2018년 4월 20일: 「동아시아평화회의」 좌장으로 북·미협상의 성공을 염원하는
  성명 발표
  2018년 6월 12일: 「동아시아평화회의」 좌장으로 「6·12북미정상회담의 성공을
  기원하며」 발표
  2020년 8월 14일: 「동아시아평화회의」 좌장으로 대화문화아카데미와 함께 「광복
  75주년 성명」을 발표

명예박사

· 1986년 12월 10일: 미국 에모리대학교 명예인문학박사

· 2002년 7월 23일: 영국 셰필드대학교 명예문학박사

훈장

· 1996년 2월 14일: 청조근정훈장
· 1997년 6월 2일: 체육훈장 청룡장
· 2014년 11월 14일: 일본 욱일대수장

Ⅰ. 1차 자료

출신학교(국내) 교사(校史)

경기90년사편찬위원회 편, 『경기90년사, 1900~1990』(경기고등학교동창회, 1990).

경기백년사편찬위원회 편, 『경기100년사, 1900~2000』(경기고등학교동창회, 2000).

서울대학교50년사편찬위원회 편, 『서울대학교 50년사(1946~1996)』(서울대학교출판부, 1996).

서울대학교70년사편찬위원회 편, 『서울대학교 70년사: 1946~2016』 전 2권(서울대학교, 2016).

서울대학교법과대학동창회 편, 『서울대학교법과대학 백년사: 1895~1995』(서울대학교법과대학동창회, 2004).

서울대학교정치학과60년사발간위원회 편, 『서울대학교 정치학과 60년사』(서울대학교사회과학대학정치학과, 2009).

출신학교(미국) 교사

English, Thomas H., *Emory University, 1915~1965: A Semicentennial History*(Atlanta, G.A.: Emory University, 1966).

Hauk, Gary S., *A Legacy of Heart and Mind; Emory Since 1836*(Atlanta, G.A.: Book House Group, Inc., 1999).

Yale University, *Bulletin of Yale University: University Directory*(1967~1968)(New Haven, C.T.: Yale University Press, 1969).

Kelley, Brooks Mater, *Yale: A History*(New Haven, C.T.: Yale University Press, 1999).

Cramen, Charles H., *Case Western Reserve University* (Boston, M.A.: Little, Brown and Co., 1976).

한국정치학회 역사 및 활동

안청시, 「1986년도 학회활동: 총무위원회 보고」, 『한국정치학회보』 제20집 제2호(1986년 12월), 227~228쪽.

한국정치학회50년사편찬위원회 편, 『한국정치학회50년사』(한국정치학회, 2003).

국토통일원=통일부 및 통일 관련 자료

국회 국토통일연구특별위원회 편, 『통일백서』(국회국토통일연구특별위원회, 1967).

국토통일원, 『민족통일로의 전진: 국토통일원 20년』(국토통일원, 1989).

『민족공동체 형성을 통한 통일로의 전진: 이홍구 국토통일원장관 강론집(1988.2~1989.5)』(국토통일원, 1989).

노중선 편, 『연표: 남북한 통일정책과 통일운동 50년』(사계절, 1996).

국무총리 연설문

『이홍구국무총리연설문집: 1994.12.17.~1995.12.18.』(국무총리비서실, 1996), 13~16쪽.

자서전(회고록)

강원용, 『역사의 언덕에서: 젊은이들에게 들려주는 나의 현대사체험』 전 5권(한길사, 2003), 제4권(『미완성의 민주화』).

김영삼, 『김영삼대통령회고록: 민주주의를 위한 나의 투쟁』 전 2권(조선일보사, 2001).

김대중, 『김대중자서전』 전 2권(삼인, 2011).

노태우, 『노태우 회고록』 전 2권(조선뉴스프레스, 2011).

안재웅, 『역사가 내미는 손 잡고: 안재웅목사회고록』(대한기독교서회, 2021).

이희호, 『동행: 고난과 영광의 회전무대』(웅진지식하우스, 2008).

임동원, 『임동원 회고록; 피스메이커: 남북관계와 북핵문제 20년』(중앙books,

2008).

정두언, 『최고의 총리 최악의 총리: 공직생활 20년의 정두언이 털어놓는 행정부 실태』(나비의활주로, 2011).

천상준, 『매산의 자서』(광승인쇄, 2021).

Carter, Jimmy, *Sharing Good Times* (New York: Simon and Schuster, 2004).

Clinton, Bill, *My Life* (New York: Alfred A. Knoph, 2004).

인명사전

서울신문사 편, 『2005 북한인명사전』(서울신문사, 2004).

II. 2차 자료

1. 저서

국내저서

김한식, 『실학의 정치사상』(일지사, 1979).

박명림 · 장훈각, 『여해(如海) 강원용 평전: 강원용 인간화의 길 평화의 길』(한길사, 2017).

백기완, 『통일이냐 반(反)통일이냐』(형성사, 1987).

신복룡, 『한국사 새로 보기: 아무도 의심하지 않았던 역사의 진실』(풀빛, 2001).

안형주, 『박용만과 한인소년병학교』(지식산업사, 2007).

우사연구회 엮음/심지연 지음, 『송남헌회고록: 김규식과 함께한 길』(한울, 2000).

이광린, 『한국사강좌』 5(『근대편』(일조각, 2002년 수정판).

이종욱, 『역사충돌: 한국고대사의 민족만들기 역사만들기 신화무너뜨리기』(김영사, 2003).

정운현, 「재미 '한국학 대가' 고(故) 양기백 박사의 삶과 업적: 부음기사로 쓴 인물평; 고 양기백 박사는 지성인이요 진정한 애국자」, 『진실의 길』(2015년 2월 14일).

정종현, 『특별한 형제들: 친일과 항일, 좌익과 우익을 넘나드는 근현대 형제 열전』(휴머니스트, 2021).

한국공산권연구협의회 편, 『공산권연구 현황』(법문사, 1981).

한영우, 『한국선비지성사: 한국인의 문화적 DNA』(지식산업사, 2010).

외국어저서

Almond, Gabriel A. and Sidney Verba, *The Civic Culture: Political Attitudes and Democracy in Five Nations*(Princeton, N.J.: Princeton University Press, 1963).

Boettcher, Robert with Gordon L. Freedman, *Gifts of Deceit: Sun Myung Moon, Tongsun Park, and the Korean Scandal*(New York: Holt, Rinehart and Winston, 1980).

Friedrich, Carl J., *Constitutional Government and Politics*(New York: Harper and Brothers, 1937); _____, *Constitutional Government and Democracy*(Boston, M.A.: Little, Brown, and Co., 1941); _____, *Man and His Government: An Empirical Theory of Politics*(New York and London: McGraw Hill, 1963).

Friedrich, Carl J. and Zbigniew K. Brzezinski, *Totalitarian Dictatorship and Autocracy*(Cambridge, M.A.: Harvard University Press, 1956).

Gallucci, Robert L., *Going Critical: The First North Korean Nuclear Crisis* with Joel S. Wit and Daniel B. Poneman(Washington, D.C.: Brookings Institution, 2004).

Griswold, Alfred Whitney, *The Far Eastern Policy of the United Stats*(New Haven, C.T.: Yale University, Institute of International Studies, 1938).

Ha, Young-Sun, *Nuclear Proliferation, World Order, and Korea*(Seoul: Seoul National University, 1983).

Har, Kyung Durk, *Social Laws: A Study of the Sociological Generalizations*(Chapel Hill, N. C.: University of North Carolina Press, 1930).

Huntington, Samuel P., *Political Order in Changing Societies*(New Haven, C.T.: Yale University Press, 1968).

Koo, Youngnok, *Politics of Dissent in U.S. Foreign Policy: A Political Analysis of the Movement for the Bricker Amendment*(Seoul: American Studies Institute, Seoul National University. 1978).

LaPalombara, Joseph, *The Italian Labor Movement: Problems and Prospects*(Ithaca, N.Y.: Cornell University Press, 1957); _____, *Interest Groups in Italian Politics*(Princeton, N.J.: Princeton University Press, 1964); _____, *Italy: The Politics of Planning*(Syracuse, N.Y.: Syracuse University Press, 1966); _____,

Democracy, Italian Style (New Haven, C.T.: Yale University Press, 1989).

Lijphart, Arend d'Angremond, *The Politics of Accomodation: Pluralism and Democracy in the Netherlands* (Berkeley, C.A.: University of California Press, 1968).

Lipson, Leslie, *The Great Issues of Politics: An Introduction to Political Science* (New York: Prentice Hall, 1954; 1960; 1965).

Marcuse, Herbert, *One-Dimensional Man: Studies in Ideology of Advanced Industrial Society* (Boston: Beacon Press, 1964).

Oberdorfer, Don, *The Two Koreas: A Contemporary History* (Reading, M.A.: Addison-Wesley, 1997).

Oppert, Ernst Jakov, *A Forbidden Land: Voyages to Corea, With an Account of Its Geography, History, Productions, and Commercial Capabilities* (New York: G.P. Putnam's Sons, 1880).

Rawls, John B., *A Theory of Jusitce* (Cambridge, M. A.: Harvard University Press, 1971); ______, *Political Liberalism* (New York: Columbia University Press, 1999); ______, *The Law of Peoples* (Cambridge, M. A.: Harvard University Press, 1999); ______, *Justice As Fairness: A Restatement* (Cambridge, M. A.: Harvard University Press, 2001).

Sartori, Giovanni, *Parties and Party Systems: A Framework for Analysis* (New York: Cambridge University Press, 1976).

Scalapino Robert A. and Jun-Yop Kim, eds., *North Korea Today: Strategic and Domestic Issues* (Berkeley, C. A.: Institute of East Asian Studies, University of California, 1983).

Yang, Key P., ed., *Compendia of Korean Records Appearing in the US Congressional Records, 1878~1949* (Washington D.C.: 2001); 양기백, 『미 의사록 한국 관계 기록 요약집, 1878~1949』(선인, 2008).

2. 논문

국내논문

고도원, 「대혼돈: 막오른 1년 7개월의 장정; 서서히 등장하는 '빅9' 그 인물별 시나리오」, 『WIN』(1996년 6월), 34~43쪽 가운데 38쪽.

김영수, 「김영수 교수의 '조선을 만든 사람들' 19: '영원한 동북인' 이성계 (1)」, 『월간중앙』(2017년 8월호) 부록.

김용권, 「예술론에서의 표현의 문제」, 『성곡논총』6(1975년 11월), 598~629쪽.

김용민, 「한국에서 루소사상 수용과 연구현황에 관한 일(一) 고찰」, 『정치사상연구』18(2012년 11월), 87~111쪽.

김용직, 「한국프로문학의 이데올로기 추구과정에 관한 연구」, 『사회과학과 정책연구』제4권 제3호(1982년 12월), 133~156쪽.

김호균, 「노태우 · 김영삼 · 김대중 정부의 장관성적표」, 『신동아』(2001년 10월), 246~259쪽.

노재봉, 「Prudence에 관한 소고(小考)」, 『국제정치논총』제9집(1969년 12월).

박동원, 「BAM(Baikal-Amur Mainline)에 대한 지리학적 연구」, 『사회과학과 정책연구』제4권 제1호(1982년 5월), 151~186쪽.

박수헌 · 신범식, 「'제3세대' 이후 국내 러시아 연구의 현황과 과제: 사회과학을 중심으로」, 『러시아연구』제16권 제2호(2006년 12월), 319~353쪽.

오태규, 「대담: 국회의원으로 새 출발하는 이회창 전 총리」, 『한겨레21』(1996년 5월 23일), 12~14쪽.

이용희, 「정치명분으로서의 '근대화': 한국의 케이스를 중심으로」, 『신동아』(1965년 8월); 동주기념사업회 편, 『동주이용희전집』(경기도 고양시: 연암서가, 2017) 전 10권 가운데 제2권(『정치사상과 한국민족주의』).

이정복, 「제1장 한국정치학의 변화와 발전방향」, 임희섭 편, 『사회와 과학의 새로운 지평』(나남출판, 1999)

이정복, 「폴란드 반체제운동 연구: 자유노조운동, 지식인 그리고 소련의 압력」, 『사회과학과 정책연구』제4권 제2호(1982년 8월), 59~90쪽.

이창헌, 「한민족공동체통일방안의 특징과 평가」, 『동북아연구』(조선대학교 통일문제연구소) 9(1991년 12월), 75~92쪽.

장명봉, 「새 통일방안, 체제연합이냐 국가연합이냐」, 『신동아』(1989년 2월), 152~162쪽.

정대규, 「한민족공동체통일방안」, 『통일문제연구』(영남대학교 통일문제연구소) 14(1990년 12월), 143~153쪽.

정윤재, 「안재홍의 정치사상 연구: 그의 신민족주의론을 중심으로」, 『사회과학과

정책연구』 제3권 제4호(1981년 11월), 167~189쪽.

윤영찬·박성원, 「특별기획: 15대 국회의원 299명 대상 설문조사; "여당 대권주자는 이 사람"」, 『신동아』(1996년 8월), 102~117쪽; _____, 「정치초점: 여권 대권 주자들의 뜨거운 여름 사조직전쟁 시작됐다」, 『신동아』(1996년 8월), 118~131쪽.

허용범, 「최초 확인: 94년 미완의 '남북정상회담' 비사」, 『월간조선』(1998년 3월), 195~211쪽.

외국어논문

Brown, David G., "North Korea in 1998: A Year of Foreboding Developments," *Asian Survey*, Vol. 39, No. 1(January 1999), pp.125~132.

Chang, Parris, "Elite Conflict in the Post-Mao China," 『사회과학과 정책연구』 제3권 제3호(1981년 11월), 69~80쪽.

Cho, Soon Sung, "The Politics of North Korea's Unification Policies, 1950-1965," World Politics, Vol. 18, No. 2(January 1967), pp.218~241.

Daaldes, Hans, "The Consociational Democracy Theme," *World Politics*, Vol. 26, No. 4(July 1974), pp.604~621.

Edinger, Lewis J., "Political Science and Political Biography: Reflections on the Study of Leadership (Ⅰ)," *Journal of Politics*, Vol. 26, No. 2(May 1964); _____, "Political Science and Political Biography: Reflections on the Study of Leadership (Ⅱ)," *Journal of Politics*, Vol. 26, No. 3(August 1964).

Fukuyama, Francis, "The End of History?," *The National Interest*, No. 16(Summer 1989), pp.3~18.

Huntington, Samuel P., "Political Development and Political Decay," *World Politics*, Vol. 17, No. 3(April 1965), pp.386~430.

Koh, B. C., "North Korea in 1988: The Fortieth Anniversary," *Asian Suvey*, Vol. 29, No. 1(January 1989), pp.39~45.

Lee, Chongsik and Hyuksang Sohn, "South Korea in 1993: The Year of the Great Reform," *Asian Survey*, Vol. 34, No. 1(January 1994), pp.1~9.

Merrill, John, "North Korea in 1993: In the Eye of the Storm," *Asian Survey*, Vol. 34, No. 1(January 1994), pp.10~18.

Park, Choon-ho, "China's Position on the Law of the Sea: With Special Reference to Offshore Oil Development,"『사회과학과 정책연구』제4권 제1호 (1982년 5월), pp.107~128.

Park, Tong Whan, "South Korea in 1998: Swallowing the Bitter Pills of Restructuring," *Asian Survey*, Vol. 39, No. 1(January 1999), pp.133~139.

Rhee, Sangwoo, "North Korea in 1990: Lonesome Struggle to Keep Chuch'e," *Asian Survey*, Vol. 31, No. 1(January 1991), p.71.

Treadgold, Donald W., "Solzhenitsyn and His Critics,"『사회과학과 정책연구』제3권 제3호(1981년 11월), 95~105쪽.

Weede, Erich and Wolfgang Jagodzinski, "National Security, Income Inequality, and Economic Growth: A Cross-National Analysis,"『사회과학과 정책연구』제3권 제3호(1981년 11월), 91~108쪽.

학위논문

Chung, Yoon-Jae, "A Medical Approach to Political Leadership: An Chae-hong and a Healthy Korea 1945~1948," unpub. Ph.D. diss., University of Hawaii, Manoa, 1988.

Har, Kyung Durk, "A Digest, Classification and Critical Examination of One Hundred Thirty-Six Social Laws, as Enunciated by Forty-One Social Scientists, European and American." unpub. Ph.D. diss., Harvard University, 1928.

Hartshorne, Charles, "An Outline and Defense of the Argument for the Unity of Being in the Absolute on Divine Good," unpub. Ph.D. diss., Harvard University, 1923.

Hong, Guang-yob, "La réception des idées de Karl Marx par Mao Ze-Dong," unpub. Ph.D. diss., Université Paris-Panthéon-Assas, 1979.

Kim, Hong-woo, "David Hume and Edmund Husserl: A Comparative Study of Their Epistemological Foundations for Political Inquiry," unpub. M.A. thesis., University of Georgia, 1972; _____, "Phenomenology and Political Philosophy: A Study of the Political Implications of Husserl's Account of the

Life-World," unpub. Ph.D. diss., University of Georgia, 1975.

Kim, Yong Min, "The Utility of Conscience in the Philosophical Education of Emile," unpub. Ph.D. diss., University of Chicago, 1993.

Lee, Sam-sung, "American Political Elites and Changing Meanings of the Vietnam War: The Moral Dimension in Congressmen's Foreign Policy Perspectives," unpub. Ph.D. diss., Yale University, 1988.

Paik, Young-chul, "Legislative Institutionalization and Political Instability in the Modernization Process: A Case Study of the First Republic of Korea," unpub. Ph.D. diss., University of Hawaii, Manoa, 1985.

Ryu, Paul Kichyun, "Korean Culture and Criminal Responsibility: An Application of a Scientific Approach to Law," unpub. J.S.D. diss., Yale University, 1958.

3. 이 전 총리에 대한 회고 및 논평 등

김용호, 「신민당 리더십의 세대교체가 주는 정치적 교훈: 1969년의 40대 기수론」, 이정복 외 16인 지음, 『이홍구선생미수기념문집2: 대전환기의 한국 민주정치』(중앙books, 2021).

박창식, 「이홍구 대화·중재능력 내세워 호감 유도하는 '권력분산론' 원조」, 『신동아』(1997년 7월), 132~136쪽.

송진혁, 「송진혁 칼럼: '무욕전법(無慾戰法)'의 승리」, 『중앙일보』(1996년 5월 10일), 7쪽.

이삼성, 「한나 아렌트의 정치철학에서 국가와 그 너머」, 김홍우 외 15인 지음, 『이홍구선생미수기념문집: 정치사상과 사회발전』(중앙books, 2021), 448~496쪽.

이재원, 『대한민국의 국무총리』(경기도 파주시 나남, 초판 1998/개정판 2007).

장훈, 「이홍구 정치학의 전개와 한국 민주주의 연구」, 이정복 외 16인 지음, 『이홍구선생미수기념문집2: 대전환기의 한국 민주정치』(중앙books, 2021).

정연욱, 「'관리형' 이홍구 허허실실 대권 드라이브」, 『신동아』(1996년 8월), 139~147쪽.

조성관, 「대선가도의 새 흐름: 이홍구 이회창 이한동의 부상, 인맥과 조직 그리고 역사관과 정책」, 『월간조선』(1996년 10월), 186~195쪽.

최명, 「간행사」, 효당이홍구선생문집간행위원회 편, 『이홍구문집』 I (『인간화와 정치』)(나남출판사, 1996), ii ; ____, 「축사」, 김홍우 외 15인 지음, 『이홍구선생미수기념문집: 정치사상과 사회발전』(중앙Books, 2021), 8쪽.

최장집, 「이홍구의 "사회적 보전 공리"와 한국 민주주의에 대한 그 적용」, 이정복 외 16인 지음, 『이홍구선생미수기념문집2: 대전환기의 한국 민주정치』(중앙books, 2021).

4. 번역서

Dahl, Robert A., *How Democratic Is the American Constitution?*(New Haven, C.T.: Yale University Press, 2001)/최장집 해설/박상훈 · 박수형 옮김, 『미국 헌법과 민주주의』(후마니타스, 2016); ____, *A Preface to Democratic Theory*(Chicago, I.L.: University of Chicago Press. 1956)/한상정, 『민주주의이론을 위한 서설』(후마니타스, 2022).

Harrison, Selig S., *Korean Endgame A Strategy for Reunification and U.S. Disengagement*(Princeton, N.J.: Princeton University Press, 2002)/이홍동 · 강태호 · 류재훈 · 이제훈 옮김, 「셀리그 해리슨의 코리안 엔드게임」(삼인, 2003).

Iklé, Fred Charles, *How Nations Negotiate*(New York: Harper & Row, Publishers, 1964; Millwood, N.Y.: Kraus Reprint, 1987)/이영일 · 이형래 공역, 『협상의 전략』(한얼문고, 1972).

Joy, Admiral Charles Turner, *How Communists Negotiate*(New York: Macmillan, 1955)/김홍열 역, 『공산주의자는 어떻게 협상하는가』(한국해양전략연구소, 2003).

Lasswell, Harold D., *Politics: Who Gets What, When, How*(New York: Whittlesey House. 1936)/이극찬 역, 『정치동태의 분석』(일조각, 1960)/ 이극찬 개역, 『정치: 누가 무엇을 언제 어떻게 얻는가?』(전망사, 1979).

마르케스, 가브리엘 가르시아 저/안정효 역, 『백년 동안의 고독』 전 2권(문학사상출판부, 1977).

후지모토 겐지 저/신현호 역, 『김정일의 요리사』(월간조선사, 2003).

이홍구 평전

초판 1쇄 2023년 3월 1일

지은이 | 김학준

발행인 | 박장희
부문대표 | 정철근
제작총괄 | 이정아
편집장 | 조한별
마케팅 | 김주희, 한륜아

디자인 | 김윤남

발행처 | 중앙일보에스(주)
주소 | (03909) 서울시 마포구 상암산로 48-6
등록 | 2008년 1월 25일 제2014-000178호
문의 | jbooks@joongang.co.kr
홈페이지 | jbooks.joins.com
네이버 포스트 | post.naver.com/joongangbooks
인스타그램 | @j__books

© 김학준, 2023

ISBN 978-89-278-7966-4 03340

중앙북스는 중앙일보에스(주)의 단행본 출판 브랜드입니다.